애자일
테스팅

테스터와 애자일 팀을 위한 실용 가이드

리사 크리스핀, 자넷 그레고리 지음
김도균, 한동준 옮김

Authorized translation from the English language edition, entitled AGILE TESTING: A PRACTICAL GUIDE FOR TESTERS AND AGILE TEAMS, 1st Edition, 9780321534460 by CRISPIN, LISA; GREGORY, JANET, published by Pearson Education, Inc, publishing as Addison-Wesley Professional, Copyright ⓒ 2009.

All rights reserved. No part of this book may be reproduced or transmitted in any form or by any means, electronic or mechanical, including photocopying, recording or by any information storage retrieval system, without permission from Pearson Education, Inc.KOREAN language edition published by IPG, Copyright ⓒ 2012.

테스터와 애자일 팀을 위한 실용 가이드
애자일 테스팅

초판 1쇄 인쇄 | 2012년 11월 26일
초판 1쇄 발행 | 2012년 12월 3일

저　　　자 | 리사 크리스핀, 자넷 그레고리
역　　　자 | 김도균, 한동준
발　행　인 | 이상만
발　행　처 | 정보문화사

편 집 팀 장 | 김우진
편 집 팀 장 | 정수진
표지 디자인 | 김은주
내지 디자인 | 최우정, 성연미
주　　　소 | 서울 종로구 동숭동 1-81
전　　　화 | (02)3673-0037~9(편집부) (02)3673-0114(대)
팩　　　스 | (02)3673-0260
등　　　록 | 제1-1013호
I S B N | 978-89-5674-579-4

도서 문의 및 A/S 지원
정보문화사 홈페이지 | http://www.infopub.co.kr

이 책은 저작권법에 따라 보호받는 저작물이므로 무단 전재와 무단 복제를 금지하며,
이 책 내용의 전부 또는 일부를 사용하려면 반드시 저작권자와 정보문화사의 서면동의를 받아야 합니다.

- 정보문화사는 독자 여러분의 의견에 항상 귀를 기울이고 있습니다.
- 잘못된 책은 구입처에서 교환해 드립니다.
- 가격은 뒤표지에 있습니다.

AGILE
애자일 테스팅에 쏟아진 찬사

"애자일 방법론이 주류로 편입되면서 우리는 애자일 프로젝트에 적합한 테스팅 원칙과 관련한 다양한 방법에 대해 배웠습니다. 리사와 자넷은 애자일 테스팅에서 해야 할 일은 무엇이고, 피해야 할 일은 무엇인지 매우 잘 보여주었습니다."

— 론 제프리즈(Ron Jeffries), www.XProgramming.com

"애자일에 대한 뛰어난 소개가 담긴 책이며, 소프트웨어 테스트 커뮤니티에 많은 영향을 끼쳤습니다."

—제라드 메스자로스(Gerard Meszaros), 애자일 코칭과 린 소프트웨어 개발 컨설턴트 회사인 Solution Frameworks, Inc.의 애자일 실천 책임자이자 최고 테스트 전략가

"스포츠와 음악 분야에 활동하는 사람은 자신의 기술을 발전시키기 위해 연습이 중요함을 알고 있습니다. 이 책은 소프트웨어 개발에서 모든 개발팀이 2번째 천성으로 익혀야 하는 품질 높은 코드를 개발하는 방법에 대한 가장 기초적인 테크닉을 다룬 책입니다. 이 책은 개발 프로세스의 앞 단계로 테스팅이 이동하는 방법을 실생활의 예제와 함께 자세하고 다양하게 제공하고 있습니다."

— 메리 포펜딕(Mary Poppendieck), 『린 소프트웨어 개발』(2007, 인사이트), 『린 소프트웨어 개발의 적용』(2007, 위키북스)의 저자

"매우 실용적이고 지혜로 가득 차있으며 독단을 배제한 책입니다. 이 책은 새로운 비전을 제시하고 있습니다. 모든 소프트웨어 전문가가 읽어야 할 책입니다."

—엉클 밥 마틴, Object Mentor, Inc.

"이 책에서 리사와 자넷은 테스터와 팀이 기꺼이 그들의 문화를 변화시켜 테스트의 영향을 받아들이도록 하는 데 그들의 감성적인 부분을 이용했습니다. 실제 프로젝트 경험과 특별한 기술의 조합을 통해 프로젝트가 필요한 방향으로 지속적으로 변화할 수 있는 훌륭한 방법을 배우고 적용할 수 있습니다"

-아담 제라스(Adam Geras), 이학석사, Ideca Knowledge Services의 개발자이자 테스터

"애자일 프로젝트에서 다음과 같이 물어보는 경우를 많이 봅니다. '테스트하는 대상이 무엇입니까?' 전체적으로 개발팀의 역할인가요, 테스트 팀의 역할인가요, 아니면 개발자와 테스터가 협력해야 하는 일인가요?' 또는 '얼마나 많은 테스트를 자동화해야 할까요?' 리사와 자넷은 이런 종류의 질문을 포함한 여러 가지 질문에 대한 최종 대답을 이 책에 옮겨놓았습니다. 여러분이 테스터인지 개발자나 관리자인지 여부와 상관없이, 저자가 이 훌륭한 책에서 공유하고 있는 매우 뛰어나면서도 실제적인 예제와 스토리에서 많은 것을 배우게 될 것입니다."

-폴 듀발(Paul Duvall), Stelligent의 CTO이자
『지속적인 통합: 소프트웨어 품질을 높이고 위험을 줄이기』(2008, 위키북스)의 공동 저자

"애자일 팀의 테스터를 위한 이 책에서는 결론적으로 단 하나의 올바른 방법은 없다고 말합니다. 이 책은 테스터가 애자일로 옮겨갈 때 직면하는 이슈를 역할부터 프로세스에 따른 도구 및 측정지표까지 광범위하게 다루고 있습니다. 많은 공헌자의 다양한 스토리와 예제가 실려 있고, 이들 내용은 오늘날 성공적인 애자일 테스터가 무엇을 해야 하는지 명확한 그림을 보여줍니다."

-브렛 페티코드(Bret Pettichord), WatirCraft의 최고 기술 책임자(CTO)이자 Watir의 수석 개발자

AGILE
역자의 글

테스트 분야에 관심을 많이 가졌던 2006년 즈음에 『소프트웨어 테스팅 2판』을 번역하고 언젠가 테스트 분야의 사례연구가 풍부히 담긴 책을 보고 싶다는 생각을 하던 차에 리사와 자넷이 쓴 『애자일 테스팅』을 접하게 되었습니다. 애자일이 드디어 테스트 영역까지 진출했구나, 하는 생각으로 책을 펼쳤다가 이전에 제가 그리도 궁금해 했던 이야기를 이 책의 저자 두 분이 주거니 받거니 풀어가는 흐름에 매료되었습니다. 이 책은 이전엔 주목 받지 못했던 테스터들이 이제 소프트웨어 개발에 관여한 여러 팀간의 플레이에서 핵심적인 가교가 될 수 있는 지혜로 가득 차 있습니다.

몇 년 전부터 애자일 개발 방법에 관심을 갖는 사람이 늘어나고 소프트웨어 개발에 있어 점점 중요한 철학이 되어 가고 있지만, 이런 커다란 물결을 인도해줄 좋은 자료는 턱없이 부족한 편입니다. 품질과 테스팅, QA활동에 애자일의 철학을 담고자 한다면, 이 책이 많은 도움이 될 것입니다. 특히 이 책에서는 애자일 테스팅 사분면을 하나씩 풀어내면서 고객과 개발팀, 테스터의 협력적 관계 구축과 다양한 기술적 배경, 유용한 도구들을 풍부하게 설명하고 있습니다. 앞으로 테스팅 분야의 전문가를 지향한다면 이 책이 멘토가 되어 어떤 능력을 길러야 할지를 실제 사례를 중심으로 안내할 것입니다.

이 책이 출간되기까지 관련 분야 많은 분의 도움이 있었습니다. 한길 소프트의 박종규 이사님, KTDS의 안철진 과장님, 마이크로소프트의 이원영 과장님, 비트 캠퍼스의 구정은 강사님, 절친한 친구 이지헌, 이 분들의 격려와 적극적인 검토가 큰 힘이 되었습니다. 특히 대학원에서 테스트 분야를 전공하고 차세대 테스팅 전문가를 지향하는 KTH의 후배 한동준님이 공역자로 참여하지 않았다면 더욱 힘든 여정이 되었을 겁니다. 두 사람 모두 직장 생활을 병행하면서 번역을 하다보니 생각보다 오랜 시간이 지났고, 그 동안에 여러 번의 힘겨운 시기도 있었습니다. 힘든 시기를 이겨낼 수 있었던 것은 하나님의 신실한 인도와 제게 허락된 가족이라는 큰 울타리가 있기에 가능했습니다. 몸이 편찮으신 와중에도 아들을 위해 노심초사 기도하시는 어머니에게 무엇보다 감사와 사랑을 전히

고 싶습니다. 작업 기간 내내 역자들의 게으름을 인내와 넓은 아량으로 격려해주신 정보문화사의 김우진 팀장님과 정수진 편집자님, 그 외 알게 모르게 도움을 주신 정보문화사의 식구들에게 고개 숙여 감사를 전합니다.

역자 김도균, 한동준

김도균 | dokyun@hotmail.co.kr

"강철 벼룩"이라는 필명으로 글 쓰는 엔지니어로 살아오고 있다. 마이크로소프트 공인강사(MCT)이자 MVP(Exchange)이며, 20 여권의 역서를 출간한 전문서 번역가다. 스마트 라이프를 추구하는 라이프 스타일 이노베이터로서 사소하고 일상적인 것에 새로운 가치를 부여하는 일을 즐긴다. 기술 전문가 집단 GoDev(www.godev.kr)의 기술 창의성 리더이며 프리지아랩(www.dokyun.pe.kr)이라는 블로그를 통해 기술적 관심사를 공유하고 있다.

한동준 | handongjoon@gmail.com

현재 KTH의 QA로 모바일앱의 품질 향상을 담당하고 있다. CMMI 기반 SW 프로세스 개선과 성능 테스트를 진행하고, 최근에는 국민 앱인 "푸딩얼굴인식" 서버 개발에 테스트 자동화를 적용했다. 제품 품질과 프로세스 품질이 모두 좋아야 높은 품질의 SW가 개발된다고 믿으며, 상명대학교 SW공학 연구실에서 SW 품질 전공 석사를 이수했다.

AGILE
추천의 글

-마이크 콘(Mike Cohn)

"품질은 만들어지는 것이다(Quality is baked in)"라는 말은 많은 프로그래머로부터 듣는 말입니다. 인수 제안의 일환으로, 나의 상사는 개발팀과 개발 제품을 마지막으로 점검해 줄 것을 요구했습니다. 회사가 최근 출시한 제품은 이미 시장에서 잘 나가고 있었으나, 나는 이익보다는 스스로 무덤을 파고 있는 것은 아닌지 확인하고 싶었습니다. 그래서 개발팀과 함께 시간을 투자했습니다. 서둘러 출시했던 제품에서 발생할 수 있는 문제를 찾기 시작했죠. "코드는 명확하게 작성되었을까? 개발자 한 명이 만든 모듈은 없었을까? 수많은 결함이 아직 발견되지 않은 것은 아닐까?" 하는 의심이 꼬리를 물었습니다. 그리고 테스팅에 대한 팀의 접근 방법을 물었을 때, 돌아온 대답이 "품질은 만들어지는 것이다"라는 말이었습니다.

다소 특이한 이런 구어적 표현은 다양한 해석을 낳을 수 있기 때문에, 조금 더 파고 들었습니다. 그러다가 품질의 대가인 에드워즈 데밍의 유명한 14가지 요점 중 하나를 휘갈겨 쓴 회사 창립자의 메모에서 "나중에 테스트를 통해서가 아니라 처음부터 제품 속에 품질을 만들어 넣어라"는 내용을 보게 되었습니다.

제품 안에 품질을 만들어 넣는다는 개념은 애자일 팀이 일하는 핵심적인 방법입니다. 애자일 팀은 애플리케이션의 품질이 알려진 상태로 유지되는지 확인하기 위해 짧은 이터레이션으로 개발을 진행합니다. 애자일 팀은 인수 테스트 주도 개발, 테스팅 자동화에 대한 강조, 전체 팀 사고와 같은 기법을 통해 품질을 제품 안에 녹여넣을 수 있도록 프로그래머와 테스터, 기타 관련자들이 각 이터레이션 내내 일인 다역을 수행합니다. 좋은 애자일 팀은 지속적으로 제품을 만들고 완료되면 새로운 업무를 통합하면서 품질을 구축해갑니다. 애자일 팀은 기술적 채무가 누적되는 것을 피하기 위해 리팩터링과 단순한 추구와 같은 기법을 활용합니다.

이 기법의 수행 방법을 배우는 일은 특히나 테스터에게 더 어렵고, 이러한 테스터의 역할은 기존의 책에서는 부족하게 다루어졌습니다. 다행히도 여러분이 지금 손에 들고 있는 이 책은 애자일 프로젝트의 업무를 시작하는 모든 테스터들이 마음에 품고 있는 다음의 질문에 답을 줄 것입니다.

- 나의 역할과 책임은 무엇인가?
- 프로그래머와 더 밀접하게 일할 수 있는 방법은 없을까?
- 자동화를 어느 정도나 해야 하며, 어떻게 자동화를 시작해야 할까?

리사와 자넷의 경험은 이 책의 모든 페이지에서 빛나고 있습니다. 하지만 이 책에는 단지 그들의 이야기만 있는 것은 아닙니다. 이 책에서 리사와 자넷은 실제 애자일 테스터의 수많은 이야기를 담았습니다. 이러한 이야기는 이 책의 핵심이 되었으며 이 책을 특별하게 만들었습니다. 상아탑에서 "여기에 애자일 테스팅을 수행하는 방법이 있다"라고 주목하는 유일한 책입니다. 또한 이 책에는 팀이 허우적거리다 애자일이 알려진 후 사용성 테스팅과 자동화를 방해하는 레거시 코드, 전통적인 단계별 개발을 사용했던 테스터의 변신, 짧은 이터레이션으로 유지하려는 테스트, 언제 기능이 "완료"되는지를 아는 것과 같은 도전을 이겨내는 이야기도 있습니다.

리사와 자넷은 애자일 팀은 테스터가 필요하지 않고 프로그래머 스스로 품질을 만들 수 있다는 지식이 우세하던 때에 애자일 테스팅을 수행하는 방법을 배웠습니다. 몇 년이 지나 기사와 컨퍼런스 발표, 고객과 팀의 협업을 통해 리사와 자넷은 애자일 프로젝트에서 테스터의 역할에 대해 올바른 관점을 갖는 데 기여했습니다. 이 책에서 리사와 자넷은 테스트 자동화 피라미드와 (자칭 또 다른 정상급 애자일 테스터인) 브라이언 매릭(Brian Marick)의 애자일 테스팅 사분면, 테스팅이 필요하다고 말하지만 테스터는 없었던 사고 방식에서 놓치고 있는 것이 얼마나 많은지 보여주는 여러 기법을 활용했습니다.

여러분의 제품에 품질을 만드는 방법을 배우길 원하거나 여러분의 역할을 이해하기 위해 노력하고 있는 애자일 테스터라면, 리사와 자넷의 가이드보다 더 나은 것은 없다고 생각합니다.

— 브라이언 매릭(Brian Marick)

수천 년 전 풍경을 떠올려 보면서 그 곳의 사람들을 보고 있다고 상상해봅시다. 그들은 적자 생존의 지역에서 수렵을 하거나 고기를 낚거나, 소규모 경작을 통해 가까스로 생존을 유지하고 있습니다. 저 멀리서 반짝거리는 빙하가 보입니다. 가까이 가보니 빙하는 빠르게 녹으면서, 거대한 호수를 이루고 있는 것을 보게 됩니다. 호수는 빙하를 뚫고 지나가며 강바닥을 쓸어 깊게 패이게 만들고, 풍경 저편의 절벽에 부딪혀 튀어 오릅니다.

두려움에 휩싸인 주민들은 새로운 개척지를 찾아 탐험을 시작합니다. 반대편에는 목초가 우거진 풍경이 펼쳐지고 이 전에 봤던 것보다 더 큰 몸집의 동물들이 무리지어 살고 있으며, 목초지에는 커다란 씨앗 머리가 있는 풀이 있고 그 옆에는 산더미처럼 과일이 떨어져 쌓여 있습니다.

사람들은 즉시 그곳으로 옮겨와 더 나은 삶을 살기 시작합니다. 몇 년이 지난 후 그들은 그곳에 적응합니다. 사람들은 이제 빠르게 움직이는 물살을 헤치며 물고기를 잡는 데 도구를 사용하기 시작합니다. 도중에 몇몇은 세상을 떠나기도 했지만 더 큰 동물을 잡는 팀워크를 배웁니다. 이들은 새로운 풀을 재배하기 위한 더 나은 방법을 발견하고 그 풀을 "밀"이라고 부릅니다.

상상 속에서 본 것처럼, 혁신의 대폭발은 안정적인 솔루션, 새로운 세계에서 살아가는 좋은 방법, 새로운 세대를 가르치는 방법을 제공합니다. 하지만 저 너머에서 누군가 바퀴를 발명하고 있는 것을 갑자기 보게 되는 거죠……

. . .

21세기 초반에, 더 생산적이면서 더 즐겁게 소프트웨어를 개발하는 보다 나은 방법인 애자일 방법론의 적용은 거대한 댐에 막힌 것처럼 보일 때가 많았습니다. 많은 얼리어답터가 바로 효과를 보았으나, 스스로도 하고 있는 일을 제대로 알지는 못했습니다.

일부는 다른 사람보다 여유로운 시간을 보냈습니다. 프로그래머는 우화에 나오는 사냥꾼 같습니다. 프로그래머는 들소를 사냥하기 위한 새로운 기술을 배워야 하지만, 토끼를 사냥하는 방법만 알고 있고 주변에는 토끼가 널려있죠. 테스터는 작살로 물고기를 잡을 수 없는 곳에서 작살로 물고기를 잡으려고 하는 상황과 비슷합니다. 작살로 물고기를 잡는 방식에서 그물로 물고기를 잡는 방식으로 옮겨가는 일은 토끼를 잡다가 들소로 옮겨가는 것보다 훨씬 큰 개념적 도약입니다. 그리고 물고기를 손질하는 일과 같은 여러 기술이 새로운 세계에서도 필요해지는 동안, 테스터는 실제 그물을 짜는 새로운 기술을 발명해야만 자신의 역할을 다할 수 있게 되었습니다.

그래서 테스팅이 뒤쳐지게 된 것입니다. 다행스럽게도 리사와 자넷 같은 얼리어답터가 있습니다. 프로그래머와 나란히 자기 역할을 다하는 사람이면서, 자신의 역할이나 독립성을 고집하지 않고 애자일 테스팅의 가장 큰 변화를 발견하고 정말로 기뻐하는 사람들입니다. 이들이 테스터의 새로운 사회적 역할입니다.

결론적으로, 이 책에서 그런 역할을 배울 수 있습니다. 이 책은 테스터가 새로운 애자일 세상을 살아가는 데 좋은 방법이 되는 안정적인 해결책입니다. 이미 만들어진 것을 사용하면서 누군가가 새로운 것을 만들어 주길 염원하듯이, 이 책의 내용이 마지막은 아니므로 리사와 자넷 같은 누군가 나타나서 다음 차례의 큰 변화를 가져올 때까지 이 책의 가르침이 여러분을 도울 것입니다.

AGILE
저자 서문

우리는 익스트림 프로그래밍(XP: Extreme Programming)의 얼리어답터(early adopter)였고, 테스터와 그들의 테스팅이 적합한지 확신하지 못하는 XP 팀에서 테스팅을 수행했다. 그 때는 애자일(아직은 애자일이라 부르지 않는)의 인수 테스팅에 대한 글이나 전문 테스터가 기고한 기사가 많지 않았다. 그래서 우리는 경험을 통해서뿐만 아니라, 애자일 커뮤니티라면 모두 찾아 다니면서 애자일에 대해 배워야 했다. 2002년에 리사가 팁 하우스(Tip House)와 공동 저술한 『Testing Extreme Programming』에 자넷이 많은 도움을 주었다. 그 이후로 애자일 개발은 진화했고 애자일 테스팅 커뮤니티는 점점 활성화됐다. 많은 사람이 아이디어를 공유했고 우리는 애자일 테스팅에 대해 더 많이 알게 되었다.

개인적으로나 함께 하면서 팀이 애자일로 변화하는 데 도움을 주었고, 테스터가 애자일 팀에 기여하는 데 도움을 주었으며, 애자일 커뮤니티의 여러 사람과 애자일 팀이 더 성공적으로 테스팅하는 방법을 같이 찾았다. 리사와 자넷의 경험은 서로 달랐다. 리사는 대부분 판매, 통신, 금융 산업의 웹 애플리케이션을 몇 년간 개발한 안정적인 팀의 애자일 테스터로 지냈다. 반면 자넷은 다양한 산업의 기업용 시스템을 개발하는 소프트웨어 조직에서 일했다. 자넷이 참여한 애자일 프로젝트는 메시지 처리(message-handling) 시스템, 환경 추적(environmental-tracking) 시스템, 원격 데이터 관리 시스템(네트워크로 통신하는 임베디드 애플리케이션 포함), 석유 제품 회계 애플리케이션, 항공 운송 산업 애플리케이션 등이 있다. 자넷은 가끔은 테스터로, 또 다른 시기에는 코치로 여러 다른 역할을 수행했다. 그러나 테스터가 다른 팀원과 더 잘 어울리게 하기 위해 항상 애썼다. 자넷은 짧게는 6개월, 길게는 1년 반 동안 한 팀에서 일했다.

다른 관점에서 보면, 우리는 함께 일하고 서로가 가지고 있는 기술을 보완하면서 서로 많이 배웠고 수많은 발표와 튜토리얼을 함께 했다.

이 책을 쓴 이유

테스팅과 테스트 패턴에서 애자일 개발을 지향하는 뛰어난 책이 여러 권 출간되었다(참고문헌 참조). 이들 책은 일반적으로 개발자를 돕는 데 초점이 맞추어져 있었다. 우리는 애자일 팀이 비즈니스에서 이해할 수 있는 테스트를 이용해 더 성공적으로 비즈니스 가치를 인도하는 일을 돕는 책을 쓰기로 마음 먹었다. 그리고 전통적인 개발 방법론에서 애자일 개발로 이동하고자 하는 테스터와 품질 보증(QA: Quality Assurance) 전문가를 돕고 싶었다.

다양한 규모의 팀에서 일한 경험과 애자일을 실천한 사람들의 많은 아이디어를 모아 실제적이면서 하루하루 적용할 수 있는 방법을 찾았다. 그리고 테스터, 품질 보증 관리자, 개발자, 개발 관리자, 제품 책임자, 고객이 요구한 소프트웨어를 인도하는 효과적인 애자일 프로젝트 테스팅을 하는 데 관련된 누구에게라도 도움이 되도록 이런 모든 내용을 책에 포함시켰다. 하지만 테스터의 역할과 다양한 전문가에게 적용할 수 있는 역할에도 초점을 맞추었다.

애자일 테스팅 실천법은 애자일 팀 구성원에 제한을 두지 않는다. 이 실천법은 전통적인 개발 방법론을 사용한 프로젝트에서 테스팅을 개선하기 위해 사용할 수도 있다. 이 책은 또한 여러 개발방법론에서 일하는 테스터를 도우려는 의도도 있다.

애자일 개발이 소프트웨어를 성공적으로 인도하는 유일한 방법은 아니다. 그러나 애자일을 사용하든지 폭포수 방법을 사용하든지 우리가 경험한 모든 성공적인 팀은 중요한 공통점이 여러 가지 있다. 프로그래머는 좋은 커버리지를 가진 단위 및 통합 테스트를 작성하고 자동화한다. 그리고 이들은 소스 코드 통제와 코드 통합을 사용하는 데 익숙하다. 숙련된 테스터가 개발 주기 초기부터 참여하고, 필요한 모든 테스팅의 업무를 적절히 수행하도록 시간과 자원이 주어진다. 상위 수준의 시스템 기능을 포함한 자동화된 회귀 수트가 수행되고 정기적으로 확인된다. 개발팀은 고객의 업무와 요구를 이해하고, 비즈니스 전문가와 밀접하게 같이 일한다.

방법론이나 도구가 아니라 사람이 프로젝트를 성공적으로 만든다. 우리는 애자일 개발의 가치, 원칙, 핵심 실천법이 사람으로 하여금 최고의 업무를 하도록 만들고 테스팅과 품질이 애자일 개발의 중심이 되도록 만들기 때문에 애자일 개발을 좋아한다. 이 책에서는 독자 여러분의 독특한 테스팅 상황에 애자일 가치와 원칙을 적용하고 팀을 성공으로 이끄는 방법에 대해 설명한다. Chapter 1

"애자일이란 대체 무엇인가?", Chapter 2 "애자일 테스터의 열 가지 원칙"에서 이 내용에 대해 자세히 설명하고 있다.

이 책은 어떻게 썼나?

이 책의 저자인 우리는 애자일 개발이 주는 유익을 경험했으므로, 이 책을 쓰는 데 애자일 원칙을 사용했다. 이 책의 작업을 시작하면서 전 세계의 애자일 테스터와 애자일 팀을 접촉했고, 그들이 직면한 문제는 무엇이고 어떻게 해결하는지 이야기를 나눴다. 그리고 이 책에서 그런 문제를 어떻게 다룰지 계획했다.

우리는 2주 이터레이션을 기준으로 릴리즈 계획을 작성했다. 매 2주마다 2챕터 분량의 초판을 책 웹사이트에 인도했다. 우리는 같은 장소에 있지 않았기 때문에 의사소통을 하고, 서로가 작성한 부분에 대해 "소스 코드 통제" 기능을 제공하고, 고객에게 제품을 인도하고, 그들의 피드백을 얻을 수 있는 도구를 찾았다. 또한 실시간으로 "함께(pair)" 할 수는 없었으나 검토와 교정을 위한 의견을 주고받기 위해 작성한 부분을 교환했고, 메신저를 통해 비공식적인 일일회의를 가졌다.

우리의 "고객"은 초판 검토를 자원한 아량이 넓은 애자일 커뮤니티의 일원이었다. 그들은 전자 메일이나 (운이 좋을 때는) 직접 피드백을 해주었다. 이 책을 지속적으로 작성하고 개정하는 데 가이드로 이러한 피드백을 사용했다. 초판 작성이 완료된 후 개정을 위한 새로운 계획을 작성했고, "고객"의 모든 유용한 아이디어를 포함시켰다.

우리가 사용한 가장 중요한 도구는 마인드맵이었다. 처음 시작은 전체 책에 대한 생각을 마인드맵에 그리면서 시작했다. 그리고는 책의 각 부분에 대한 마인드맵을 작성했다. 각 장을 작성하기 전에 우리는 마인드맵을 이용해 브레인스토밍을 했다. 개정할 때는 마인드맵을 확인하여 우리가 놓친 아이디어가 없는지 확인했다.

마인드맵이 더 많은 가치를 더한다고 생각했기 때문에 각 장의 시작 부분에 마인드맵을 포함시켰다. 이 마인드맵을 통해 각 장이 가지고 있는 모든 정보에 대한 개요를 볼 수 있으니 여러분 역시 마인드맵을 사용해서 도움을 받길 바란다.

이 책의 독자

우리가 여러 번 들었던 다음과 같은 훌륭한 질문을 여러분도 고민하고 있다면, 이 책이 도움이 될 것이다.

- 개발자가 테스트를 작성한다면, 테스터는 무슨 일을 하는가?
- 나는 QA 관리자이고 회사는 애자일 개발(스크럼, XP, DSDM 등)로 구현하고 있다. 그렇다면 지금의 내 역할은 무엇인가?
- 나는 전통적인 폭포수 방법론을 사용하는 팀의 테스터고, 내가 읽은 애자일에 대한 내용이 정말 흥미로웠다. 애자일 팀에서 일하기 위해 알아야 할 것은 무엇인가?
- "애자일 테스터"란 무엇인가?
- 나는 애자일 팀의 개발자다. 우리는 테스트 우선 방식으로 코드를 작성하지만 고객은 우리가 인도하는 것에 대해 여전히 만족하지 않는다. 무엇을 놓친 것일까?
- 나는 애자일 팀의 개발자다. 우리는 테스트 우선 방식으로 코드를 작성한다. 그리고 모든 코드를 테스트했는지 확인한다. 그렇다면 우리에게 테스터가 굳이 필요할까?
- 나는 애자일 개발팀을 코치하고 있다. QA 팀은 우리를 따라오지 못하고 테스팅은 항상 뒤쳐지고 있다. 우리는 개발 뒷단에서 단지 이터레이션의 테스트 계획만 세우면 될까?
- 나는 소프트웨어 개발 관리자다. 최근에 애자일로 전환했으나 테스터는 모두 회사를 떠났다. 이유가 뭘까?
- 2주간의 이터레이션에 맞춰 테스트하는 것이 어떻게 가능할까?
- 부하 테스팅, 성능 테스팅, 사용성 테스팅 등 "~성" 테스팅은 어떻게 하는가?
- 우리는 감사에 대한 요구사항이 있다. 애자일 개발과 테스팅에서 감사를 어떻게 다룰 수 있는가?

이런 비슷한 질문을 가지고 있고 테스터가 애자일 팀에 공헌하고 애자일 팀이 효과적으로 테스팅 업무를 할 수 있는지에 대한 실제적인 조언을 찾고 있다면, 제대로 된 책을 선택한 것이다.

애자일 개발에 대해 말하는 많은 "유형"이 있지만, 모두 공통점을 가지고 있다. 우리는 애자일 선언을 지지하고 이 내용을 Chapter 1 "애자일이란 대체 무엇인가?"에서 설명한다. 여러분이 스크럼, XP, Crystal, DSDM, 자체적인 애자일 개발 중 무엇을 사용하든지 이 책에서 여러분의 테스트 노력에 도움이 되는 정보를 찾을 수 있다.

애자일 테스팅 책을 위한 사용자 스토리

많은 팀의 린(lean)과 애자일 적용을 돕는 컨설턴트와 트레이너를 관리하는 로빈 다이몬드(Robin Dymond)가 이 책의 집필 소식을 듣고 책에 포함되길 바랐던 사용자 스토리를 보내주었다. 이 사용자 스토리에는 우리가 인도를 계획했던 많은 요구사항이 담겨 있었다.

> **Story PA-1**
>
> QA 전문가로서, 나는 전통적인 QA 전문가와 QA 경험이 있는 애자일 팀원의 주요 차이점에 대해 이해하고 있다.
>
> 이를 통해 나의 새로운 책임을 내재화하고, 고객에게 더 일찍, 그리고 보다 덜 어렵게 가치를 전달할 수 있다.

인수 조건

- 테스팅에 관한 통제권을 잃어버릴까봐 두려운 나의 걱정을 다루고 있다.
- (이전에 해보지 않았던) 코드를 작성하는 일에 대한 나의 걱정과 두려움을 다루고 있다.
- 팀에서 테스터로서 나의 새로운 가치를 이해한다.
- 신입 애자일 테스터로서 나의 새로운 역할 중 가장 중요한 사항을 쉽게 이해할 수 있다.
- 신입 애자일 테스터로서 나의 새로운 역할 중 상대적으로 덜 중요한 사항을 쉽게 무시할 수 있다.
- 신입 애자일 테스터로서 애자일 테스팅에 관해 내가 처한 상황에서 중요한 상세 내용을 쉽게 얻을 수 있다.

이 문제를 해결할 방법을 제안하자면, 스크럼과 XP를 비교하는 것이나. 스크럼을 이용한다면 사람들이 애자일 적용에 대한 단순한 관점을 빨리 갖게 될 것이다. 그러나 스크럼은 성공적인 애자일 팀에게는 빙산의 일각일 뿐이다. 새롭게 시작하는 테스터를 위해서 각 단계별로 상세하게 표현되어 있는 애자일 테스팅 아이디어가 필요하다. 내가 오늘 무엇을 알아야 하고 내일은 무엇을 알아야 하며, 지속적인 개선을 위해서 고려해야 할 것은 무엇일까?

우리는 책에 이들 단계의 상세한 부분을 포함하기 위해 노력했다. 그리고 애자일 개발로의 변화, 테스팅을 안내하는 애자일 테스팅 매트릭스의 사용, 애자일 개발 주기의 단계마다 행하는 테스팅 활동에 대한 설명 등 몇 가지 다른 관점에서 애자일 테스팅을 접근했다.

이 책을 이용하는 방법

이 책을 어디부터 살펴봐야 할지 잘 모르거나 빠르게 전체를 살펴보기를 원한다면, 마지막 장인 Chapter 22 "핵심 성공 요인"을 먼저 읽고 다른 부분을 읽어보길 바란다.

Part 1: 소개

"애자일 테스팅이 폭포수 방법론을 사용한 프로젝트의 테스팅과 다른 것인가?" 또는 "전통적인 팀의 테스터와 애자일 테스터는 무엇이 다른가?"라는 질문에 빠른 답변을 원한다면, Part 1로 시작하자. Part 1은 다음과 같이 구성되어 있다.

- chapter 1: 애자일이란 대체 무엇인가?
- chapter 2: 애자일 테스터를 위한 열 가지 원칙

이 2개의 장은 로빈(Robin)이 그의 사용자 스토리에서 요구한 것의 "빙산의 일각"에 불과하다. 이 장은 애자일이 전통적인 단계적 접근방법과 어떻게 다른지에 대한 개요를 설명하고, 품질과 테스팅을 위한 "전체 팀" 접근방법을 살펴본다.

우리는 이 부분을 "애자일 테스팅 사고방식"이라고 정의하고 무엇이 애자일 팀의 테스터를 성공적으로 만드는지 설명했다. 그리고 테스터가 애자일 가치와 원칙을 그들의 특별한 전문지식에 공헌하도록 적용하는 방법을 설명했다.

Part 2: 조직이 경험하는 도전

여러분이 전통적인 QA 팀의 테스터나 관리자, 혹은 애자일로 변화하려는 팀을 코치하고 있다면 Part 2는 여러분의 팀이 변화에 직면한 조직적 도전을 헤쳐나가는 데 도움이 될 것이다. "전체 팀" 자세는 팀 구성원의 많은 문화적 변화를 의미하지만, 코드 작성이 가능해야 하거나 사람들이 코드 작성하기를 기대하는 것이 아닐까 생각하며 두려워하는 테스터가 이 문제를 극복하는 데 도움이 될 것이다.

Part 2에는 다음과 같은 질문의 답이 있다.

- 어떻게 QA 팀이 일에 몰두하도록 할 것인가?
- 관리자가 기대하는 것은 무엇인가?
- 애자일 팀을 어떻게 구성하고, 테스터의 적합한 위치는 어디일까?
- 애자일 테스터를 고용할 때 살펴봐야 할 부분은 무엇인가?
- 팀이 전세계적으로 분산되어 있을 때 어떻게 대처해야 할까?

Part 2 역시 우리가 즐겨 이야기하지 않았던 주제에 대해 소개한다. 감사나 SOX 규약과 같은 전통적인 환경에서 프로세스와 모델을 전환하는 방법에 대해 살펴본다.

측정지표와 논쟁의 여지가 될 수 있는 이슈에 이 측정지표를 적용하는 방법, 그리고 팀에 이익이 되는 긍정적인 방향으로 사용하는 방법이 있다. 결함 추적은 "결함 추적 시스템을 사용해야 하는가?" 또는 "언제 버그를 기록하는가?"와 같은 질문과 함께 흔하게 팀의 논쟁거리가 된다.

애자일 테스팅과 관련해 전통적인 테스트 팀을 경험한 사람들은 "테스트 계획은 무엇에 대한 것인가?"와 "애자일 프로젝트에는 문서가 없다는 것이 사실인가?"와 같은 2개의 공통적인 질문을 한다. Part 2에서는 이러한 미스터리를 풀어본다.

Part 2는 다음과 같이 구성되어 있다.

- chapter 3: 문화적 과제
- chapter 4: 팀 전략
- chapter 5: 전통적인 프로세스 전환하기

Part 3: 애자일 테스팅 사분면

애자일 프로젝트에서 수행하는 테스팅에는 어떤 종류가 있는지 상세히 알고 싶은가? 누가 어떤 테스팅을 하는지 궁금한가? 필요한 모든 테스팅을 완료해야 하는지 궁금한가? 어느 실천사항, 기술, 도구가 여러분의 특정한 상황에 맞는지 어떻게 결정해야 하는가? 이러한 내용에 관심을 가지고 있다면, Part 3를 확인해보자.

우리는 브라이언 매릭(Brian Marick)의 애자일 테스팅 사분면을 테스팅의 목적을 설명하는 데 활용했다. 이 사분면은 단위 테스트에서 신뢰성 및 다른 "~성" 테스트까지 여러분이 테스팅하려는 모든 영역을 정의하는 것을 도와준다. 그리고 높은 품질의 제품을 인도하는 방법에 대한 핵심을 이야기한다. 여러분의 고객과 의사소통하고 그들의 요구사항을 더 잘 이해하는 데 도움이 되는 기법을 설명했다. 이 부분은 테스트가 개발을 주도하는 방법을 여러 수준에서 보여준다. 또한 팀을 지원하고 제품을 평가하기 위한 테스트를 효과적으로 정의하고, 설계하고, 수행하는 데 도움이 되는 도구를 제공한다. 다음과 같은 내용이 Part 3에 포함되었다.

- chapter 6: 테스팅의 목적
- chapter 7: 팀을 지원하는 기술 중심 테스트
- chapter 8: 팀을 지원하는 비즈니스 중심 테스트
- chapter 9: 팀을 지원하는 비즈니스 중심 테스트를 위한 툴킷
- chapter 10: 제품을 평가하는 비즈니스 중심 테스트
- chapter 11: 제품을 평가하는 기술 중심 테스트
- chapter 12: 테스팅사분면 요약

Part 4: 테스트 자동화

테스트 자동화는 애자일 팀 성공의 핵심이다. 또한 많은 사람에게 어려운 주제다(우리도 이전에 어렵게 수행했기 때문에 잘 알고 있다). 어떻게 짧은 이터레이션에 테스트 자동화를 구겨넣고 모든 스토리를 완료할 수 있을까?

Part 4에서는 언제 그리고 왜 자동화를 해야 하는지, 어떻게 테스트 자동화의 장애물을 극복할지, 팀에 맞는 테스트 자동화 전략을 어떻게 개발하고 구현할지를 상세하게 설명했다. 테스트 자동화 도구는 빠르게 바뀌고 진화하기 때문에 특정 도구를 어떻게 사용하는지 설명하지 않고 여러분의 상황에 맞게 적절한 도구를 선택하고 사용하는 데 도움이 되도록 했다. 우리의 애자일 테스트 자동화 팁은 레거시 코드를 테스팅하는 것과 같이 어려운 도전에 직면하고 있는 사람에게 도움이 될 것이다.

다음의 내용이 Part 4에 포함되었다.

- chapter 13: 테스트를 자동화하는 이유와 자동화의 장애물
- chapter 14: 애자일 테스트 자동화 전략

Part 5: 테스터 삶에서의 이터레이션

애자일 개발 주기 내내 테스터가 무엇을 하는지 느껴보고 싶거나 이 책의 모든 정보를 종합적으로 판단하고 싶다면 Part 5를 보자. 이 부분에 애자일 테스터의 삶에 대한 연대기를 기록했다. 테스터는 애자일 소프트웨어 개발 주기 내내 엄청난 가치를 공헌한다. Part 5에서는 테스터가 하루 단위로 하는 활동을 설명했다. 우리는 각 이터레이션이 좋은 출발을 하도록 릴리즈와 이터레이션 계획에서 시작해서 고객/개발팀과 협업하며 테스팅, 코드 작성을 하는 이터레이션의 순으로 설명했다. 그리고 새로운 기능을 인도하고 팀이 프로세스를 개선하는 방법을 찾는 것으로 이터레이션을 마무리했다.

Part 5에서는 다음의 방법들이 소개되었다.

- chapter 15: 릴리즈와 테마 계획에서 테스터의 활동
- chapter 16: 본격적인 시작
- chapter 17: 이터레이션 킥오프
- chapter 18: 코딩과 테스팅
- chapter 19: 이터레이션 마무리
- chapter 20: 성공적인 인도

Part 6: 요약

chapter 21 "핵심 성공 요인"에서는 애자일 팀이 성공적인 테스팅을 하는 데 활용할 수 있는 7가지 핵심 요인을 설명했다. 여러분이 애자일 테스팅을 어디에서부터 시작하고 어떻게 지금 하는 일을 개선할 수 있을지 결정하는 데 문제가 있다면, 여기서 설명한 성공 요소가 방향을 제시해 줄 것이다.

다른 요소

우리는 여러분이 유용하게 사용하길 바라는 용어집을 포함시켰고, 참조할 만한 도서, 기사, 웹사이트, 블로그를 참고 문헌에 포함시켰다.

오늘 시작하자!

애자일 개발은 최선의 작업을 해내는 데 필요한 모든 내용에 집중한다. 각각의 팀은 자신만의 도전이 있다. 우리는 애자일 테스터, 그들의 팀, 관리자, 고객을 도울 수 있다고 생각되는 모든 정보를 표현하려 노력했다. 여러분의 상황에 적절하다고 생각되는 기법을 적용해보자. 끊임없이 경험하고, 결과를 평가하고, 스스로 개선하는 데 도움이 될 만한 것을 찾기 위해 이 책을 살펴보자. 우리의 목적은 테스터와 애자일 팀이 자신이 할 수 있는 최고의 제품, 가장 가치 있는 제품의 인도를 즐기도록 돕는 것이다.

우리가 CanooWebtest의 설립자이자 프로젝트 관리자인 디에크 쾨니희(Dierk König)에게 애자일 테스팅에서 성공요소가 무엇인지 그의 생각을 물었을 때, 그는 "오늘 시작하자!"라고 답했다. 이제 여러분 스스로 팀의 테스팅을 개선하기 위한 단계를 시작할 수 있다. 자, 오늘 시작해보자!

AGILE
감사의 글

이 책을 쓰는 데 많은 분들이 도움을 주었다. 이 분들께 먼저 감사하다는 말을 전하고 싶다. 크리스 구지코우스킴스(Chris Guzikowskisms)는 이 책을 쓸 기회를 주고 계속해서 용기를 주었다. 마이크 콘(Mike Cohn)은 이 거대한 업무의 진행여부를 결정할 때 우리에게 이 책을 써야 하는 가장 중요한 이유에 대해 사려 깊은 조언을 해주었다. 우리는 애자일 테스팅에 대해 할 이야기가 많았고, 운 좋게도 많은 사람이 기꺼이 손을 내밀어 도와주었다.

추천의 글을 써준 브라이언 매릭(Brian Marick)과 마이크 콘(Mike Cohn)에게 깊은 감사를 전한다. 마이크가 이 책을 그의 서명(signature) 시리즈로 선택해준 것은 우리에게 큰 영광이었다. 이 책에 포함된 마이크의 많은 아이디어와 의견을 고맙게 생각한다.

브라이언 매릭의 『애자일 테스팅 매트릭스』는 2명의 저자 모두가 지난 몇 년간 수행한 애자일 프로젝트의 가이드가 되었다. 그리고 이 내용이 Part 3의 기초가 되었다. 사분면을 생각해내고(그리고 애자일 테스팅에 많은 공헌을 하고) 우리가 이것을 사용할 수 있게 해준 브라이언에게 감사를 전한다.

우리는 피드백이라는 애자일 가치를 끊임없이 이용했다. 공식적인 검토자인 제니타 안드레아(Jennitta Andrea), 제라드 메스자로스(Gerard Meszaros), 본 제프리스(Ron Jeffries), 폴 듀발(Paul Duval)에게 깊은 감사를 보낸다. 각각의 검토가 특별하면서도 통찰력 있는 의견이었으며 우리가 이 책을 개선하는 데 큰 도움이 되었다. 제라드는 또한 우리의 테스팅 기술을 일관되고 정확하게 하는 데 일조했으며, 애자일 테스팅 성공 스토리에 도움을 주었다.

이 책의 모든 부분을 읽고 우리와 얼굴을 맞대고 초기 버전을 의논하는 데 시간을 할애해준 최고의 애자일 테스터인 피에르 베라르겐(Pierre Veragen)과 폴 로저스(Paul Rogers)에게 특별한 감사를 보낸다. 이 책의 많은 훌륭한 아이디어는 이들이 제공해 주었다.

우리는 또한 여러 팀의 인터뷰를 통해 새로운 팀과 테스터에게 필요한 조언을 얻었고, 애자일 테스팅 커뮤니티의 동료들에게 성공적인 스토리와 "교훈(lesson learned)"을 요청했다. 보조 기사와 인용글에 도움을 주고 값진 피드백을 제공해준 다음의 여러분에게 가슴에서 우러난 감사를 전한다(순서는 무작위). 로빈 다이몬드(Robin Dymond), 브렛 페티코드(Bret Pettichord), 태 창(Tae Chang), 밥 갈렌(Bob Galen), 에리카 보이어(Erika Boyer), 그리그 게오르규(Grig Gheorghiu), 에릭 보스(Erik Bos), 마크 버난더(Mark Benander), 조나단 라스무센(Jonathan Rasmusson), 앤디 폴스(Andy Pols), 디에크 쾨니히(Dierk König), 라파엘 산토스(Rafael Santos), 제이슨 홀저(Jason Holzer), 크리스토프 루비옹(Christophe Louvion), 데이비드 리드(David Reed), 존 보리스(John Voris), 크리스 맥맨(Chris McMahon), 데클런 휠렌(Declan Whelan), 마이클 볼튼(Michael Bolton), 엘리자베스 헨드릭슨(Elisabeth Hendrickson), 조 야키치(Joe Yakich), 앤드류 글로버(Andrew Glover), 알레산드로 콜리노(Alessandro Collino), 코니 타르탈지아(Coni Tartaglia), 마커스 가트너(Markus Gärtner), 메간 숨렐(Megan Sumrell), 나단 실버맨(Nathan Silberman), 마이크 토마스(Mike Thomas), 마이크 부스(Mike Busse), 스티브 퍼킨스(Steve Perkins), 조셉 킹(Joseph King), 야쿠프 올레즈키에비츠(Jakub Oleszkiewicz), 피에르 베라르겐(Pierre Veragen-다시 한번), 폴 로저스(Paul Rogers- 다시 한번), 존 헤이거(Jon Hagar), 안토니 마르카노(Antony Marcano), 패트릭 윌슨-웰시(Patrick Wilson-Welsh), 패트릭 플라이쉬(Patrick Fleisch), 아푸르바 챈드라(Apurva Chandra), 켄 데 수자(Ken De Souza), 캐롤 배지(Carol Vaage).

그리고 각 장을 읽고, 피드백과 아이디어를 주었던 다음에 소개하는 커뮤니티의 비공식 검토자에게도 많은 감사를 전한다. 톰 포펜딕(Tom Poppendieck), 준 부에노(Jun Bueno), 케빈 로렌스(Kevin Lawrence), 한누 콕코(Hannu Kokko), 타이투스 브라운(Titus Brown), 빔 반 데 구어(Wim van de Goor), 루카스 캄포스(Lucas Campos), 케이 요한센(Kay Johansen), 아드리안 하워드(Adrian Howard), 헨릭 크니버그(Henrik Kniberg), 쉘리 파크(Shelly Park), 로버트 스몰(Robert Small), 세나카 수리야치치(Senaka Suriyaachchi), 에릭 피터슨(Erik Petersen). 혹시 이 목록에 여러분이 없다고 해도 우리가 여러분의 공헌을 무시해서는 아니다. 단지 우리가 제대로 기록하지 못했을 뿐이다. 이 책에서 여러분의 시간과 노력이 반영된 부분을 볼 수 있기를 바란다.

우리에게 도움을 주고 우리 팀이 애자일을 성공으로 이끌 수 있도록 해준 애자일 선구자에게도 고

마음을 표하고 싶다. 이들의 업적은 참고문헌에서 확인할 수 있다. 그리고 우리 팀이 가치 있는 제품을 인도하는 데 도움이 된 많은 오픈 소스 테스트 도구를 우리에게 알려준 애자일 팀에게도 감사를 표한다. 이 도구의 일부는 참고문헌에 포함되었다.

이 책의 애자일 팀의 활동을 사진으로 촬영해준 마이크 토마스(Mike Thomas)에게도 감사를 전한다. 이 사진을 통해 새로운 애자일 테스팅과 개발에 큰 미스터리가 있는 것이 아니라 단지 사람들이 모여 의논하고, 데모하고, 그림을 그리는 것만으로도 좋다는 것을 보여주었으면 한다.

그리고 많은 질문에 꾸준히 답해주고 이 책을 전문적인 책으로 만들어준 Addison-Wesley의 편집, 제작팀의 레이나 크로바크(Raina Chrobak), 크리스 잔(Chris Zahn), 존 풀러(John Fuller), 샐리 그렉(Sally Gregg), 보니 그라나트(Bonnie Granat), 다이앤 프리드(Diane Freed), 잭 루이스(Jack Lewis), 킴 아니(Kim Arney)에게도 감사를 전한다.

● 리사의 이야기

나와 함께 이 책을 집필한 자넷에게 항상 감사한다. 자넷은 우리가 일하는 체계를 유지하고 추적함으로써 계속되는 업무와 개인적인 생활을 병행하면서도 이 책을 쓰게 하는 마법을 부렸다. 내 경험을 보완할 수 있는 집필 파트너가 있다는 것은 나에게 행운이었다. 다른 성공적인 애자일 프로젝트처럼, 이 책도 팀 노력의 결과다. 책을 집필하는 것은 어려운 작업이었지만 매우 즐거운 작업이어서 자넷에게 다시 한번 감사를 표하고 싶다.

그리고 2003년부터 참여한(우리의 첫 번째 리더인 마이크 콘(Mike Cohn), 고마워요) "ePlan Services Inc."의 현재 팀(Fast401K) 멤버에게도 감사를 전한다. 우리 모두는 마이크와 함께 일한 첫 해에 많은 것을 배웠다. 비즈니스를 계속해서 개선하고 성장시키는 데 도움을 주었던 마이크의 리더십이 현재의 성장에 대한 증거이다. 그리고 내가 더 나은 테스터와 애자일 팀원이 될 수 있도록 도와준 멋진 우리 팀원에게도 고맙다는 말을 전하고 싶다. 우리 모두는 마이크 토마스가 사진을 찍는 동안 즐거웠다 그들의 이름을 여기 적었다. 난다 란카팔리(Nanda Lankapalli), 토니 스위츠(Tony Sweets), 제프 더스(Jeff Thuss), 리사 오언즈(Lisa Owens), 마이크 토마스(Mike Thomas), 빈스 팔룸보(Vince Palumbo), 마이크 부세(Mike Busse), 네루 카자(Nehru Kaja), 트레버 스테리트(Trevor Sterritt), 스티브 카이브(Steve Kives). 그리고 조 야키히(Joe Yakich), 제이슨 카이(Jason Kay), 제니퍼 리펜베르크(Jennifer Riefenberg), 매트 티어니(Matt Tierney), 찰스 르호즈(Charles LeRose)는 지금은 같이 있지 않지만 여전히 사랑하는 팀원이다. 또한 어니서든 최고의 고객팀과 함께 일할 수 있는 행운을 누렸다. 여기에 일일이 나열하기에는 너무 많지만 이들 모두에게도 감사를 표하며, 특히 스티브 퍼킨스(Steve Perkins), 앤 올긴(Anne Olguin), 재커리 섀넌(Zachary Shannon)은 우리가 가치를 인도하는 데 집중할 수 있도록 도와줬다. 그리고 우리가 애자일 개발로 성공할 수 있는 기회를 준 ePlan Servies를 설립하고 이끌고 있는 마크와 댄(Mark and Dan Gutrich)에게도 감사를 표한다.

애자일 2006에서 마인드맵에 대해 가르쳐준 케이와 존 요한센(Kay and Zhon Johansen)에게도 고맙다는 말을 전하고 싶다. 그들이 가르쳐준 마인드맵을 이 책에 멋지게 활용했다.

이 책을 작성하는 오랜 시간 동안 내가 많이 소홀했으나 그럼에도 불구하고 변함없이 나를 지원해준 나의 모든 친구와 가족에게 매우 감사한 마음을 전한다. 하고 싶은 말은 너무 많지만, 계속 나를 이해해주고 당나귀 요법을 제공해준 안나 블레이크(Anna Blake)에게 특별한 감사를 전하고자 한다. 제 마음의 당나귀인 체스터(Chester)와 어니스트(Ernest)는 제가 계속 일을 할 수 있게 해주었다. 다저(Dodger)는 제가 책의 세상에서만 살지 않게 해주었고, 그의 기억은 나를 계속 힘낼 수 있도록 해주었다. 나의 푸들 탱고는 내가 집에서 책을 쓰는 동안 늘 내 곁에 있어주었고, 가끔씩은 브루노, 부바, 올리브, 스퀴기, 스타키, 밥캣, 패티가 함께 해줬다. 그리고 항상 저를 자랑스러워하고, 이 책을 집필하는 동안 소홀히 했으나 불평하지 않으셨던 부모님께 감사드린다.

남편인 밥 다우닝(Bob Downing)은 "내가 또 다른 애자일 테스팅에 대한 책을 쓸 기회를 잡게 됐어."라고 외치자 한숨을 쉬었다. 그럼에도 불구하고 밥은 계속해서 나를 응원해주고 책을 집필할 시간을 만들어 주었다. 그는 내게 피난처가 되어 주었고, 우리의 생활을 지속시켜 주고, 기운을 북돋아 주고, 아주 멋진 식사로 저를 격려해 주었다. 그는 내 삶의 빛이다.

● 자넷의 이야기

리사와 나는 각각 능력 있는 훌륭한 팀을 만들었다. 우리 중 한 명이 잠시 망설이며 회복할 시간을 가질 때, 다른 한 명은 그 느슨한 상태에서 회복하게 만들어 주었다. 나는 리사에게서 많이 배웠고(나에게 이런 기회를 준 리사에게 감사를 표하고 싶다), 나 스스로에게서도 많이 배웠다. 생각을 명확하게 표현하는 절차는 오랫동안 머릿속에서만 굴러다니던 생각을 명확히 하는 데 도움이 되었다. 애자일 2007 워크숍에서 마인드맵을 활용한, 강력하지만 간단한 도구를 알게 해준 켄지 히라나베(Kenji Hiranabe)에게 감사를 전한다.

이 책을 집필해온 여정은 매우 놀라운 경험이었다. 이 책의 많은 예제를 제공해준, 나와 함께 일했던 모든 팀의 사람들에게 감사를 전한다.

이 책을 쓰는 기간은 매우 특별한 해였다. 그 동안 우리 가족은 늘어갔다. 나의 두 딸인 데이나(Dana)와 수잔(Susan)은 내게 손자를 안겨주었다. 이때가 리사가 나를 게으름에서 꺼내준 시기였다. 그리고 나를 컴퓨터 앞을 떠나서 놀게 해준 손녀인 (이제 세 살이 된) 로렌(Lauren)에게 감사를 보낸다. 이 시간이 나를 제정

신일 수 있게 해주었다. 너무 오랜 시간 이 일에 매달려 내 자신이 매몰되어 가는 기분이 들 때면 인스턴트 메신저를 통해 아침마다 격려해주었던 자매 콜린(Colleen)에게 감사를 전한다.

그리고 내가 이 일을 맡았을 때 그의 사무실을 아래층으로 옮겨준 남편 잭(Jack)에게 매우 특별한 감사를 보내고 싶다. 그 기간은 아내가 있음에도 오랜 시간을 혼자 보냈기 때문에 방치된 기분이었을 것이다. 그러나 그는 항상 내 곁에 있어주었고 나를 격려하고 지원해주려 애썼다.

AGILE
저자 소개

리사크리스핀(Lisa Crispin)은 애자일 테스팅 전문가이자 코치다. 리사는 테스터와 애자일 팀에 가치를 더할 수 있는 방법과 비즈니스 중심의 테스트로 개발을 안내하는 일을 전문적으로 하고 있다. 리사는 소프트웨어 테스팅 세상에서 애자일을 즐기게 하는 것과 애자일 개발 세상에서 테스팅을 즐기게 하는 것을 사명으로 여기고 있다. 그녀는 2000년에 첫 번째 애자일 팀에 참여했고, 오랜 기간 프로그래머, 분석가, 테스터, QA 관리자로서의 업무를 수행했다. 2003년부터 ePlan Services, Inc.의 스크럼/XP 팀 테스터로 몸담고 있고 종종 북미와 유럽에서 열리는 애자일 테스팅컨퍼런스에서 튜토리얼과 워크숍을 이끌고 있다. 또한 정기적으로 'Better Software' 매거진, 'IEEE Software', 'Method and Tools' 와 같은 매체에 애자일 테스팅에 관한 글을 기고하고 있다. 팁 하우스(Tip House)와 『Testing Extreme Programming』(Addison-Wesley, 2002)을 공동 저술했다.

웹사이트 www.crispin.com 또는 www.agiletester.ca
전자 메일 lisa@agiletester.ca

자넷그레고리(Janet Gregory)는 애자일 품질 프로세스 컨설팅과 교육을 하는 DragonFire Inc.,의 창립자다. 그녀는 팀이 품질 시스템을 만드는 일을 돕는 데 열정을 쏟고 있다. 지난 10년간 코치와 테스터로서 기업의 규모에 관계 없이 애자일 원칙을 소개하고 있으며 비즈니스 사용자와 테스터가 애자일 프로젝트에서 같이 일하면서 그들의 역할을 이해하는 것에 초점을 맞추고 있다. 자넷의 프로그래밍 경력은 그녀가 애자일 팀에서 개발자와 함께 혁신적인 애자일 테스트 자동화 솔루션을 구현할 때 확실히 도움이 되었다. 종종 애자일 및 테스팅 소프트웨어 컨퍼런스에서 연사로 나서며, 북미 애자일 테스팅 커뮤니티의 주요 기고가이다.

웹사이트 www.janetgregory.ca, www.janetgregory.blogspot.com, www.agiletester.ca
전자 메일 janet@agiletester.ca

AGILE
차례

애자일 테스팅에 쏟아진 찬사 3
역자의 글 5
추천의 글 7
저자 서문 11
감사의 글 21
저자 소개 26

Part I   소개

Chapter 01   애자일 테스팅이란 대체 무엇인가? 47
애자일 가치 47
"애자일 테스팅"이란? 48
애자일 팀에서의 역할과 활동에 따른 조직 관계 51
    고객팀 51
    개발팀 51
    고객팀과 개발팀 간의 상호작용 52
애자일 테스팅은 어떻게 다른가? 53
    전통적인 팀에서 일하기 53
    애자일 팀에서 일하기 54
    전통적인 테스팅 VS. 애자일 테스팅 57
전체 팀(Whole-Team) 접근방법 60
요 약 62

Chapter 02 애자일 테스터를 위한 열 가지 원칙 ... 63

애자일 테스터란 누구인가? ... 64
애자일 테스팅을 위한 사고방식 ... 64
애자일 원칙과 가치의 적용 ... 66
 끊임없는 피드백 제공 ... 67
 고객 가치 창출 ... 67
 대면을 통한 커뮤니케이션 ... 69
 용기 ... 70
 단순함 지향 ... 71
 지속적인 개선 실행 ... 73
 변화에 대응 ... 74
 자기 조직화 ... 75
 사람 중심 ... 76
 즐기기 ... 77
가치 부여 ... 78
요 약 ... 80

Part 2 조직이 경험하는 도전

Chapter 03 문화적 과제 ... 83

조직 문화 ... 83
 품질 철학 ... 84
 진행 속도 유지 ... 86
 고객 관계 ... 87
 조직 규모 ... 88
 팀에 권한 부여 ... 90
테스트/QA팀에서 애자일 채택을 가로막는 장애물 ... 90
 정체성(Identity) 상실 ... 90
 역할 추가 ... 91

훈련 부족 ... 91
애자일 개념에 대한 몰이해 ... 92
과거의 경험과 자세 ... 94
역할 간 문화적 차이 ... 95
변화에 대해 알리기 ... 95
두려움에 관해 이야기하라 ... 96
팀에게 주인의식 심어주기 ... 97
성공 축하하기 ... 97
기대 관리 ... 98
관리자가 겪는 문화적 변화 ... 99
관리자의 언어로 말하기 ... 101
쉽지 않은 변화 ... 103
인내하라 ... 103
고통을 느끼게 놔두기 ... 103
신뢰 쌓기 ... 103
자신만의 개발 전문성을 갖고 일하기 ... 104
품질 경찰 정신(Quality Police Mentality) 경계하기 ... 104
불만 표출하기 ... 104
요 약 ... 105

Chapter 04 팀 전략 ... 107

팀 구조 ... 107
독립된 QA 팀 ... 108
애자일 프로젝트와 테스터의 융화 ... 109
애자일 프로젝트 팀 ... 112
물리적 배치 ... 113
자원 ... 114
테스터와 개발자의 비율 ... 115
애자일 테스터 고용하기 ... 116
팀 구축 ... 117

자기 조직화 팀 118
　　　타 팀과의 공조 118
　　　모든 팀원에 대한 동등한 가치 부여 119
　　　성과와 보상 119
　　　당신이 할 수 있는 것 120
　요 약 120

Chapter 05　전통적인 프로세스 전환하기 123

　가벼운 프로세스 찾기 124
　측정지표 124
　　　린 측정 124
　　　측정지표의 필요성 125
　　　측정지표로 하지 말아야 할 일 127
　　　측정지표로 의사소통하기 128
　　　측정지표 ROI 129
　결함 추적 130
　　　결함 추적 시스템(DTS: defect tracking system)을 사용하는 이유 ... 130
　　　DTS를 사용하지 않아야 하는 이유 133
　　　결함 추적 도구 135
　　　초점 유지하기 137
　테스트 계획 137
　　　테스트 전략 vs. 테스트 계획 137
　　　추적성 139
　기존의 프로세스와 모델 140
　　　감사 140
　　　프레임워크, 모델, 표준 141
　요 약 144

Part 3 애자일 테스팅 사분면

Chapter 06 테스팅의 목적 147

애자일 테스팅 사분면 148
    팀을 지원하는 테스트 149
    제품을 평가하는 테스트 151
스토리 완료 시기 알기 155
    책임 공유 156
기술적인 채무(TECHNICAL DEBT) 관리하기 156
정황에 맞춘 테스트 157
요 약 159

Chapter 07 팀을 지원하는 기술 중심 테스트 161

애자일 테스팅의 기초 161
    1사분면 테스트의 목적 162
    인프라 차원의 지원 163
이들 테스트를 작성하고 실행하는 이유 164
    속도 그 이상을 추구하자 164
    테스터의 일을 수월하게 166
    테스팅을 염두에 둔 설계 167
    시기적절한 피드백 170
어디서 기술 중심 테스트를 멈춰야 하는가? 172
팀에서 이들 테스트를 실행하지 않는다면? 173
    테스터가 할 수 있는 일 174
    관리자가 할 수 있는 일 175
    팀 문제 176
도구 키트 176
    소스 코드 제어 177
    다양한 IDE 178
    빌드 도구 179

빌드 자동화 도구 179
　　　단위 테스트 도구 180
　요 약 181

Chapter 08　팀을 지원하는 비즈니스 중심 테스트 183

　비즈니스 중심 테스트로 개발 주도하기 183
　진퇴양난에 빠진 요구사항 186
　　　공통 언어 188
　　　요구사항 끌어내기 190
　　　명확성 증진 196
　　　만족 조건 197
　　　파문 효과 198
　얇고 작은 조각 199
　작업이 끝났는지 어떻게 알 수 있을까? 202
　테스트가 위험을 완화시킨다 203
　테스트 용이성과 자동화 206
　요 약 207

Chapter 09　팀을 지원하는 비즈니스 중심 테스트를 위한 툴킷 209

　비즈니스 중심 테스트 도구 전략 209
　사례와 요구사항을 이끌어내는 도구들 211
　　　체크리스트 212
　　　마인드맵 214
　　　스프레드시트 215
　　　모형(Mock-Up) 216
　　　흐름도 218
　　　소프트웨어 기반 도구 220
　사례에 기반을 둔 테스트 자동화를 위한 도구 222
　　　GUI와 API 하부에서 테스트하는 도구 222
　　　GUI를 테스트하는 도구 228
　테스트 작성을 위한 전략 236

테스트를 점진적으로 구축하라	237
계속해서 테스트를 통과하도록 유지하라	238
적절한 테스트 디자인 패턴 사용하기	239
키워드 주도 테스트와 데이터 주도 테스트	242
테스트 용이성	**244**
코드 설계와 테스트 설계	244
자동화 vs. 수작업 2사분면 테스트	245
테스트 관리	**246**
요 약	**246**

Chapter 10 제품을 평가하는 비즈니스 중심 테스트 249

3사분면 소개	**250**
데모	**251**
시나리오 테스트	**253**
탐색적 테스팅	**255**
세션 기반 테스팅	260
자동화와 탐색적 테스팅	261
탐색적 테스터	261
사용성 테스팅	**262**
사용자 요구와 페르소나 테스팅	262
탐색	264
경쟁 제품 확인	264
GUI의 뒷단	**265**
API 테스팅	265
웹 서비스	268
테스팅 문서와 문서화	**268**
사용자 문서화	268
보고서	269
탐색적 테스팅에 도움이 되는 도구	**272**
테스트 설정	273
테스트 데이터 생성	274

모니터링 도구 274
시뮬레이터 274
에뮬레이터 275
요 약 276

Chapter 11 제품을 평가하는 기술 중심 테스트 277

4사분면 소개 277
누가 비기능 테스트를 하는가? 280
언제 테스트를 하는가? 282
"~성" 테스팅 283
   보안 283
   유지보수성(Maintainability) 287
   상호 운용성(Interoperability) 288
   호환성(Compatibility) 289
   신뢰성(Reliability) 290
   설치 용이성(Installability) 292
   "~성" 요약 292
성능, 부하, 스트레스, 확장성 테스트 293
   확장성(Scalability) 293
   성능과 부하 테스팅 294
   성능 테스팅과 부하 테스팅 도구 295
   기준선(Baseline) 296
   테스트 환경 298
   메모리 관리 298
요 약 299

Chapter 12 테스팅 사분면 요약 301

테스팅 사분면 리뷰 301
시스템 테스트 사례 302
   애플리케이션 302
   팀과 프로세스 304

테스트 주도 개발(TDD) 304
 단위 테스트 304
 인수 테스트 305
자동화 306
 자동화된 기능 테스트 구조 306
 웹 서비스 307
 임베디드 테스팅 308
비즈니스 중심 테스트로 제품 평가하기 309
 탐색적 테스팅 309
 데이터 공급 테스팅 309
 종단 간 테스트(The End-to-End Tests) 310
 사용자 인수 테스팅 310
 신뢰성 311
문서화 311
 테스트 코드 문서화하기 311
 테스트 결과 보고하기 312
애자일 테스팅 사분면 사용하기 313
요 약 314

Part 4   자동화

Chapter 13   테스트를 자동화하는 이유와 자동화의 장애물 317

자동화하는 이유? 318
 너무 오래 걸리는 수작업 테스트 318
 수작업 처리는 오류를 일으키기 마련 319
 본연의 업무에 집중하게 해주는 자동화 319
 안전망을 제공하는 자동화된 회귀 테스트 321
 더 빨리, 더 자주 피드백을 주는 자동화 테스트 322
 테스트외 사례가 코딩을 주도하면 더 많은 일을 할 수 있다 323

테스트 자체가 훌륭한 문서 324
ROI와 자금회수 324
자동화의 장벽 – 방해물 325
브렛의 리스트 325
우리의 리스트 326
프로그래머의 태도 – 자동화를 왜 해야 하나? 326
고통의 고갯마루 – 학습 곡선 327
초기 투자 328
끊임없이 변화하는 코드 330
레거시 코드 330
공포심 331
오래된 습관들 331
이런 장애물을 극복할 수 있을까? 332
요 약 332

Chapter 14 애자일 테스트 자동화 전략 335

테스트 자동화를 위한 애자일 접근법 336
자동화 테스트의 범주 336
테스트 자동화 피라미드 338
무엇을 자동화할 것인가? 342
지속적인 통합, 빌드, 배포 342
단위 테스트와 컴포넌트 테스트 344
API와 웹 서비스의 테스트 344
GUI 내부 테스팅 345
GUI 테스트 345
부하 테스트(Load Test) 346
비교(Comparison) 346
반복 작업 346
데이터 생성 또는 설정 347
자동화가 적절하지 않은 분야 348
사용성 테스트 348

탐색적 테스팅 349
　　　결코 실패하지 않는 테스트 349
　　　일회성 테스트 350
　자동화하기 어려운 분야 351
　자동화 전략 수립 – 어디서부터 시작할까? 352
　　　가장 아픈 곳이 어디인가? 352
　　　다계층 접근방법 354
　　　테스트 설계와 유지·보수 고려 355
　　　최적의 도구를 선택하기 358
　테스트 자동화에 애자일 원칙 적용 362
　　　단순함을 유지하기 362
　　　반복적 피드백 363
　　　전체 팀(Whole-Team) 접근법 364
　　　제대로 작업할 시간 확보하기 365
　　　실천하면서 배우자 367
　　　애자일 코딩 실천방법을 테스트에 적용하기 368
　테스트용 데이터 제공하기 368
　　　데이터 생성 도구 369
　　　데이터베이스 액세스는 피하자 370
　　　데이터베이스 접근이 불가피하거나 오히려 바람직한 경우 372
　　　필요를 이해하자 375
　자동화 도구 평가하기 376
　　　자동화 도구에 필요한 요구사항 식별하기 376
　　　한 번에 도구 하나씩 377
　　　도구 선택하기 379
　　　애자일 친화적 도구 381
　자동화의 구현 381
　자동화된 테스트 관리 384
　　　테스트의 조직화 385
　　　테스트 결과 구성하기 387
　이제 시작해 보자 389

요 약 390

Part 5 　테스터 삶에서의 이터레이션

Chapter 15 　릴리즈와 테마 계획에서 테스터의 활동 393

　릴리즈 계획의 목적 394
　크기 결정하기 396
　　스토리의 크기를 결정하는 방법 396
　　스토리의 크기 결정에 테스터의 역할 398
　　스토리 크기 결정의 예제 399
　우선순위 결정하기 402
　　왜 스토리의 우선순위를 정하는가? 403
　　우선순위 결정 시 테스팅 고려사항 403
　범위에는 무엇이 있는가? 405
　　마감일과 타임라인 405
　　가치에 집중하라 406
　　시스템 전반에 미치는 영향 407
　　외부 업체의 참여 408
　테스트 계획하기 410
　　시작할 곳 410
　　왜 테스트 계획을 작성해야 할까? 411
　　테스팅의 종류 412
　　기반구조 412
　　테스트 환경 413
　　테스트 데이터 413
　　테스트 결과 415
　테스트 계획 대안 416
　　가벼운 테스트 계획 416
　　테스트 매트릭스 사용하기 416

　　　　테스트 스프레드시트 420
　　　　화이트보드 420
　　　　자동화된 테스트 목록 421
　　잘 보일 수 있게 준비하기 421
　　　　테스트 작업과 상태 추적하기 421
　　　　테스트 결과에 대한 의사소통 425
　　　　릴리즈 측정지표 425
　　요 약 434

Chapter 16　본격적인 시작 435

　　능동적으로 하자 436
　　　　혜택 436
　　　　정말 이것이 필요할까? 438
　　　　사전 준비의 잠재적인 단점 439
　　명확성 사전 확보 439
　　　　하나의 목소리로 말하는 고객 440
　　　　스토리 크기 441
　　　　지리적으로 분리된 팀 443
　　사례 444
　　테스트 전략 447
　　결함 우선순위 결정하기 448
　　자원 449
　　요 약 449

Chapter 17　이터레이션 킥오프 451

　　이터레이션 계획하기 451
　　　　상세한 내용 학습하기 453
　　　　모든 관점 고려하기 454
　　　　작업 카드 작성하기 457
　　　　작업량 결정하기 461
　　테스트가 용이한 스토리 462

고객과 협업하기 464
상위 수준 테스트와 사례 465
    고객과 검토하기 468
    프로그래머와 검토하기 468
    문서로서의 테스트 케이스 470
요 약 471

Chapter 18 코딩과 테스팅 473

개발 주도 474
    단순하게 시작하기 474
    복잡성 추가하기 475
    위험 평가하기 475
    코딩과 테스팅을 함께 진행하기 477
    차이 발견하기 478
    3의 힘 480
    하나의 스토리에 집중 480
제품을 평가하는 테스트 481
프로그래머와의 협업하기 482
    짝 테스팅(Pair Testing) 482
    "내게 보여줘" 483
고객과 대화하기 483
    고객에게 보여주기 484
    비즈니스 이해하기 484
테스팅 작업 완료하기 485
버그 다루기 486
    결함인가? 아니면 정상 기능인가? 487
    기술적 채무 487
    버그 무관용 정책 488
결국 선택의 문제다 489
    어떤 버그를 기록할지 결정하기 489
    버그 수정할 시기 선택하기 491

버그 기록에 사용할 매체 선정 493
　　　버그를 다루기 위한 대안과 제안 495
　　　단순하게 시작하기 498
　의사소통 잘하기 499
　　　테스터가 의사소통을 쉽게 만든다 500
　　　분산된 팀 501
　회귀 테스트 503
　　　빌드를 "초록색"으로 유지하기 503
　　　빌드를 빠르게 유지하기 504
　　　회귀 수트 만들기 504
　　　"큰 그림" 확인하기 505
　자원 505
　이터레이션 측정지표 505
　　　진행상황 측정 506
　　　결함 측정지표 507
　요약 510

Chapter 19 　이터레이션 마무리 513

　이터레이션 데모 513
　회고(RETROSPECTIVES) 515
　　　시작, 중지, 계속 515
　　　개선을 위한 아이디어 517
　성공 축하하기 520
　요 약 522

Chapter 20 　성공적인 인도 523

　제품을 만드는 것 523
　충분한 테스트 시간 계획하기 525
　최종 게임(The End Game) 526
　　　릴리즈 후보 베스딩 528
　　　스테이징 환경 테스트 528

최종 비기능 테스팅..528
　　　외부 애플리케이션과의 통합..529
　　　데이터 변환과 데이터베이스 업데이트....................................530
　　　설치 테스팅(Installation Testing)...532
　　　의사소통..532
　　　아직 준비되지 않았다면?...533
　고객 테스팅..534
　　　사용자 인수 테스팅(UAT)..535
　　　알파/베타 테스팅..537
　개발 이후 테스팅 주기...537
　산출물(DELIVERABLES)...539
　제품의 릴리즈..541
　　　릴리즈 인수 기준..541
　　　릴리즈 관리..544
　　　패키징...545
　고객의 기대..545
　　　제품 지원..546
　　　비즈니스에 대한 영향 이해하기...546
　요 약..547

Part 6　요약

Chapter 21　핵심 성공 요인..551

　성공요인 1: 전체 팀 접근법 이용하기..552
　성공요인 2: 애자일 테스팅 사고방식 적용..................................553
　성공요인 3: 자동화된 회귀 테스팅...554
　성공요인 4: 피드백 주고받기...555
　성공요인 5: 핵심 실천사항의 기초를 구축하기...........................557
　　　지속적인 통합...557

  테스트 환경 **557**
  기술적 채무 관리 **558**
  점진적으로 일하기... **558**
  코딩과 테스팅은 한 프로세스의 일부...................................... **559**
  실천법 간의 시너지효과... **560**
성공요인 6: 고객과의 협업 **560**
성공 요인 7: 큰 그림을 보기 **561**
요약 **561**

용어집 **563**
참고문헌 **572**
찾아보기 **582**

AGILE 소개

PART 1

첫 두개의 장에서는 애자일 테스팅이 전통적인 단계적 접근 방법이나 "폭포수" 접근방법의 테스팅과 어떻게 다른지를 중심으로 애자일 테스팅의 개요를 설명한다. 그리고 품질과 테스팅에 대한 "전체 팀(whole-team)" 접근 방법에 대해 살펴본다.

AGILE
Chapter 1
애자일 테스팅이란 대체 무엇인가?

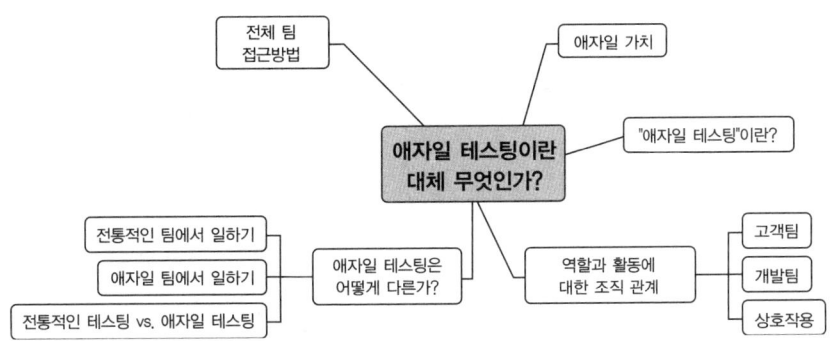

다른 많은 전문용어처럼, 사람들은 "애자일 개발"과 "애자일 테스팅"을 저마다 다른 의미로 받아들인다. Chapter 1에서는 애자일 매니페스토와 일반적 원칙, 그리고 여러 애자일 방법에서 공유하는 가치를 반영해 저자의 애자일에 대한 관점을 설명한다. 독자 여러분과 공감대를 이루기 위해 몇 가지 용어를 설명한다. 그리고 애자일 개발과 전통적인 단계별 접근방법의 테스팅을 비교한다. 애자일 개발에 의해 촉진된 "전체 팀" 접근방법은 품질과 테스팅을 대하는 기본이 되므로 여기서 전체 팀에 대해 다룰 것이다.

애자일 가치

"애자일"이란 언젠가는 한물 갈 유행어이며 그 때가 되면 이 책 또한 진부하게 여겨질 수도 있겠다. 애자일은 여러 상황에 적용되는 다양한 의미를 담고 있는데, "애자일 개발"을 정의하는 방법 중 하나는 애자일 매니페스토를 살펴보는 것이다([그림 1-1] 참조).
애자일 매니페스토 가치의 안내를 받아 우리는 매우 짧은 릴리즈 주기로 핵심 비즈니스 가치를 전달하고자 노력할 것이다.

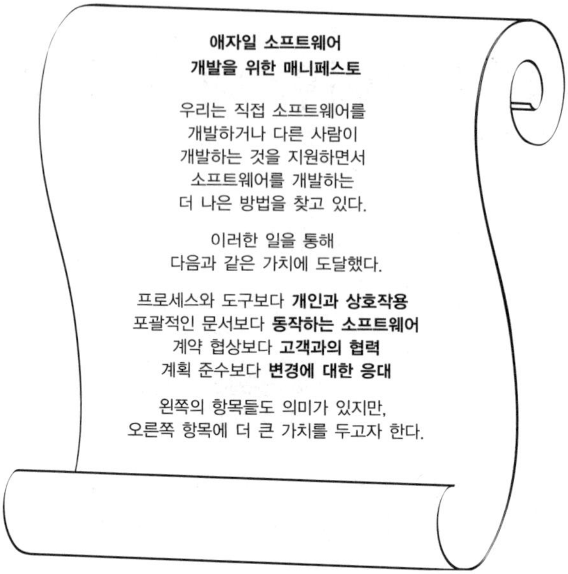

> **애자일 소프트웨어 개발을 위한 매니페스토**
>
> 우리는 직접 소프트웨어를 개발하거나 다른 사람이 개발하는 것을 지원하면서 소프트웨어를 개발하는 더 나은 방법을 찾고 있다.
>
> 이러한 일을 통해 다음과 같은 가치에 도달했다.
>
> 프로세스와 도구보다 **개인과 상호작용**
> 포괄적인 문서보다 **동작하는 소프트웨어**
> 계약 협상보다 **고객과의 협력**
> 계획 준수보다 **변경에 대한 응대**
>
> 왼쪽의 항목들도 의미가 있지만, 오른쪽 항목에 더 큰 가치를 두고자 한다.

[그림 1-1] 애자일 매니페스토

이 책에서 "애자일"은 넓은 의미로 사용된다. 팀에서 스크럼(scrum)이나 XP, Crystal, DSDM, FDD처럼 이름 있는 애자일 방법론을 사용하든지 상황에 맞는 원칙과 실천방법을 적용하든지 간에 이 책의 아이디어를 적용할 수 있다. 높은 품질의 소프트웨어를 사용하면서 시기적절한 방식으로 비즈니스에 가치를 제공하고 팀이 지속적인 개선 노력을 기울인다면 이 책에서 유용한 정보를 얻게 될 것이다. 동시에 모든 팀의 성공에 결정적이라고 느낄만한 특별한 애자일 실천사항도 있다. 책 전반에 걸쳐서 이 내용들을 이야기할 것이다.

"애자일 테스팅"이란?

"테스터"는 테스팅과 품질보증에 관련된 활동을 하는 사람을 말한다. "프로그래머"가 운영코드 작성을 주요 업무로 하는 사람을 지칭하는 것도 보았을 것이다. 우리는 이러한 용어의 의미를 좁은, 혹은 대수롭지 않은 의미 수준으로 한정하지는 않는다. 프로그래머는 설명서를 프로그램으로 바꾸는 것 이상의 일을 한다. 소프트웨어를 만들어내는 과정에 포함된 모든 사람이 개발자이기 때문에, 그들을 "개발자"라 부르지 않는다. 테스터들도 "테스팅 업무" 이상을 수행한다. 애자일 팀 각 구성원은 비즈니스 가치를 제공하고 높은 품질 제품을 만들어내는 일에 집중한다. 애자일 테스터는 자신이 속한 팀이 고객이 요구하는 높은 품질의 제품 제공을 보장하는 일을 한다. 여기서는 편의상 "프로그래머"와 "테스터"라는 용어를 사용한다.

애자일 팀에서 사용하는 몇 가지 핵심 실천사항은 테스팅과 관련이 있다. 애자일 프로그래머는 품질이 좋은 제품 코드를 작성하기 위해 테스트 주도 개발(test-driven development, TDD)을 사용하는데, 이를 테스트 주도 설계(test-driven design)라고도 한다. TDD를 사용하는 프로그래머는 아주 작은 단위 기능에 대한 테스트를 작성해 실패하는지 확인하고 테스트를 통과하도록 코드를 작성한 후 그 다음 기능으로 옮겨간다. 프로그래머는 작은 단위의 코드가 의도한대로 함께 동작하는지 확인하기 위해 코드 통합 테스트도 작성한다. 이러한 필수적인 실천사항은 소프트웨어 설계와 결함 방지를 위한 현명한 방법이기 때문에 "애자일"이라는 용어를 사용하기 이전부터 많은 팀에서 사용해 왔다. [그림 1-2]는 프로그래머가 보게 되는 단위 테스트 결과의 예다.

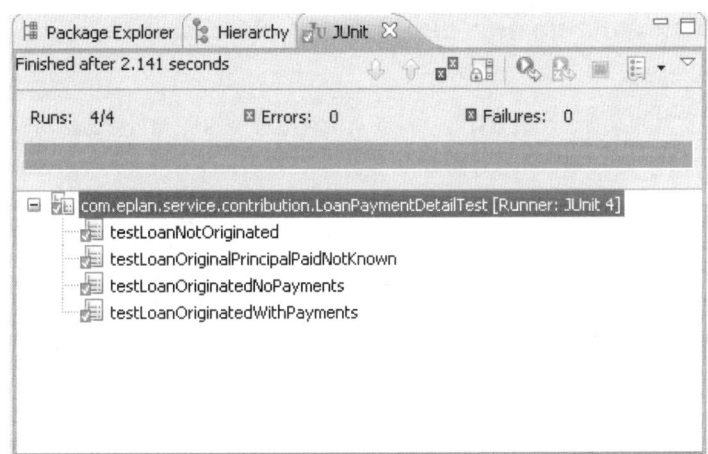

[그림 1-2] 단위 테스트 결과 샘플

이 책은 단위 수준이나 컴포넌트 수준 테스팅에 관한 책이 아니지만 이러한 종류의 테스트는 성공적인 프로젝트에 중요한 요소다. 브라이언 매릭(Brian Marick[2003])은 이런 유형의 테스트를 "팀을 지원하는 것"으로 설명하면서 프로그래머가 이 다음에 어떤 코드를 작성해야 하는지 알도록 도와준다고 했다. 브라이언은 프로그래머의 업무 영역이며 프로그래머의 용어로 설명되는 테스트인 "기술 중심 테스트"라는 용어를 고안했다. Part 2에서는 애자일 테스팅 사분면을 소개하고 애자일 테스팅의 여러 범주를 검토한다. 단위 테스트와 컴포넌트 테스트 작성, TDD에 대해 더 알고 싶다면 이 책 뒤에 있는 참고 문헌 페이지를 참고하자.

테스팅에 적용된 애자일 가치와 원칙, 실천사항이 어떻게 테스터의 업무를 잘 수행하고 팀이 더 많은 비즈니스 가치를 전달하도록 도움을 줄 수 있는지 알고 싶다면 이 책을 끝까지 읽기 바란다. 이 책을 일부러 집어 들었다면 여러분은 아마도 지속적인 성장과 학습을 위해 노력하는 전문가일 것이고 또 애자일 팀의 성공에 필요한 마음가짐을 가졌을 것이다. 이 책은 조직의 제품을 개선하는 방법과 팀에 최대한의 가치를 제공하는 방법, 자신의 일을 즐기는 방법을 이야기한다.

● 리사의 이야기

Chapter 1을 쓰다가 잠시 쉬는 동안 대기업에서 품질보증 업무를 하는 친구와 대화를 나눴다. 그는 1년 중 가장 바쁜 시기였고, 경영진은 모두들 연장 근무해주기를 기대하고 있었다.

"100시간을 더 일해서 문제를 해결할수 있다면 해결될 때까지 일주일을 밤낮으로 일해서 완료했을 겁니다. 그러나 실제로는 4000시간이 필요해요. 그러니 추가 근무는 무의미하죠." 익숙한 얘기 아닌가요?

소프트웨어 산업에서 오랫동안 일했다면 리사의 친구와 같은 상황을 경험해봤을 것이다. 업무의 달성 여부가 불투명할 때 오랫동안 일해도 별로 도움이 되지 않는다. 애자일 개발에서는 일주일이나 하루 중에 생산성이 매우 높은 특정 시간이 있다는 사실과 계획의 변경은 피할 수 없다는 사실을 인정한다.

애자일 개발에서는 팀이 문제를 함께 해결하도록 장려한다. 비즈니스, 프로그래머, 테스터, 분석가 등 소프트웨어 개발에 연관된 모든 사람이 그들의 제품을 향상시키는 최선의 방법이 무엇인지 함께 결정한다. 테스터에게 있어서 무엇보다 최선은 최고의 품질을 만들어내는 데 책임을 느끼고 테스팅에 모든 것을 집중하는 사람으로 구성된 팀과 함께 일하는 것이다. 우린 이 일을 사랑하고 여러분 또한 그럴 것이다.

이 책에서 "애자일 테스팅"이라고 말하는 것은 일반적으로 비즈니스 중심 테스트, 즉 비즈니스 전문가가 바라는 특징과 기능을 정의한 테스트를 의미한다. "고객 중심"을 "비즈니스 중심"과 동의어로 간주한다. 이 책에서 "테스팅"은 제품을 평가하고 완성된 제품의 부족한 점이 무엇인지를 발견하여 제품을 향상시켜주는 테스트를 의미한다. 테스팅에는 단위 수준 테스트와 컴포넌트 수준 테스트 이상의 기능과 시스템, 부하, 성능, 보안, 스트레스, 사용성, 탐색적, 종단 간, 사용자 인수 테스트가 있다. 이런 모든 종류의 테스트는 애자일 프로젝트나 전통적인 방법론을 사용한 프로젝트에 상관없이 적절하게 사용할 수 있다.

애자일 테스팅은 단지 애자일 프로젝트에 대한 테스팅만을 의미하지 않는다. 탐색적 테스팅과 같은 테스트 접근방법은 애자일 프로젝트의 수행 여부와 상관없이 본질적으로 애자일이다. 진행할 애플리케이션에 대한 학습 계획을 갖고 애플리케이션을 테스트하고 그 정보로 테스팅에 지침을 주는 일은 동작하는 소프트웨어를 중시하고 변경에 대응하는 것과 일치한다. 뒤에서 "애자일 테스팅" 실천사항뿐만 아니라 테스팅의 애자일 형식에 대해 다룬다.

애자일 팀에서의 역할과 활동에 따른 조직 관계

이 책에서 "고객팀"과 "개발팀"에 관해 많은 이야기를 나눌 것이다. 두 팀의 차이점은 제품을 인도하는 기술에 있다.

고객팀

고객팀은 비즈니스 전문가, 제품 책임자, 도메인 전문가, 제품 관리자, 비즈니스 분석가, 주제 관련 전문가를 포함해 모두 프로젝트의 "비즈니스" 쪽에 있는 사람들이다. 고객팀은 개발팀이 전달할 기능이나 스토리를 작성한다. 이들은 비즈니스 중심 테스트의 형태로 코드 작성을 주도할 사례를 제공한다. 고객팀은 각 이터레이션 동안 질문에 답하고, 화이트보드에 예제를 그리고, 완료된 스토리나 스토리의 일부 내용을 검토하면서 개발팀과 의사소통하고 협력한다.

테스터는 고객이 요구사항과 예제를 이끌어 내고 그들의 요구사항을 테스트를 통해 표현하도록 돕는 고객팀의 필수적인 구성원이다.

개발팀

코드를 만드는 데 관여된 모든 사람이 개발자이고 개발팀의 일원이다. 애자일 원칙은 팀원들이 여러 활동을 담당하도록 장려하며 팀원은 누구나 어떤 종류의 업무라도 담당할 수 있다. 많은 애자일 실천가들은 팀에서의 전문화된 역할을 제한하고 모든 팀원들이 가능한 한 자신들의 기술을 다른 이들에게 전수해주도록 권장한다. 그럼에도 불구하고 각 팀은 프로젝트에서 필요한 전문분야를 결정해야만 한다. 프로그래머와 시스템 관리자, 아키텍트, 데이터베이스 관리자, 기술 작가, 보안 전문가 등은 실제 팀이나 가상 팀에서 이런 일인다역을 소화해야 할 것이다.

테스팅이 애자일 소프트웨어 개발의 중심 요소이므로 테스터 또한 개발팀에 속하여 고객의 입장에서 품질을 대변하고 개발팀이 최상의 비즈니스 가치를 만들어내도록 지원한다.

고객팀과 개발팀 간의 상호작용

고객팀과 개발팀은 항상 밀접하게 협력한다. 이상적으로 말하면 이들은 조직의 가치를 전달한다는 공통의 목표를 가진 한 팀이다. 애자일 프로젝트는 보통 1주에서 4주 정도 걸리는 짧은 개발 주기의 이터레이션을 진행한다. 개발자의 의견을 듣고 고객팀은 개발되는 스토리의 우선순위를 결정하고, 개발팀은 얼마만큼의 일을 맡을 수 있을지 결정한다. 테스트와 사례들로 요구사항을 정의하고 테스트를 통과할 코드를 작성하기 위해 협력할 것이다. 테스터는 기술적 구현의 복잡성뿐만 아니라 사용자 관점 이해라는 두 영역 모두에 발을 담그고 있다([그림 1-3] 참조).

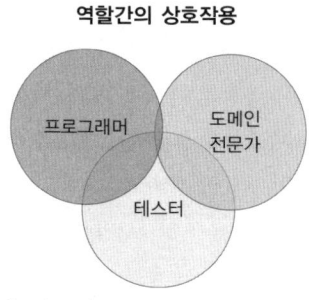

[그림 1-3] 역할간의 상호작용

일부 애자일 팀에서는 자신을 "테스터"라고 말하는 구성원이 없는 경우도 있다. 하지만 팀마다 고객팀이 이터레이션 스토리의 비즈니스 중심 테스트를 작성하고, 그 테스트를 통과하는지 확인하고, 회귀 테스트가 적절하게 적용되었는지 확인해 줄 누군가가 필요하다. 팀이 테스터를 확보하고 있더라도 전체 애자일 팀이 이들 테스팅 작업을 책임진다. 애자일 팀에 대한 개인적인 경험으로는 테스팅 기술과 경험이 프로젝트의 성공에 결정적이며 테스터가 애자일 팀에 가치를 더한다는 것을 보여준다.

애자일 테스팅은 어떻게 다른가?

우리는 둘 다 21세기의 전환점에서 애자일 팀에서 일하기 시작했다. 처음 애자일을 접한 많은 테스터처럼 처음에는 무엇을 기대하는지 알지 못했다. 각자는 애자일 팀과 함께 일하며 애자일 프로젝트에서의 테스팅에 관해 많은 것을 배우게 되었다. 다른 애자일 테스터와 팀이 제안한 아이디어와 실천사항도 적용했다. 수년간 우리는 다른 애자일 테스터와 경험을 나누어왔다. 워크숍을 장려하고 애자일에 대한 튜토리얼과 테스팅 컨퍼런스를 이끌고, 현지 사용자 그룹과 대화하며 애자일 테스팅 메일링 리스트의 수많은 토론에 참여했다. 이러한 경험을 통해 애자일 팀의 테스팅과 전통적인 폭포수 개발 프로젝트의 테스팅의 차이를 파악했다. 애자일 개발은 여러 가지 면에서 테스팅을 전문직으로 바꾸었다.

전통적인 팀에서 일하기

프로그래머와 가까이서 일하거나 프로젝트 초기 단계에서부터 참여하는 일 모두 우리에게는 새롭지 않은 것이다. 하지만 릴리즈 스케줄과 요구사항 정의를 받아서 급하게 테스팅을 진행하고 나서 결국 릴리즈 일정이 지연되는 결말로 끝나는, 빡빡하게 잡힌 소프트웨어 개발 생명 주기의 반강제적인 일정에 익숙해져 있었다. 사실 "미안하지만 요구사항은 확정되었습니다. 그 기능은 다음 번 릴리즈에 포함할 수 있습니다"라고 비즈니스 관리자에게 말하는 문지기 역할을 종종 했다.

품질 보증팀의 리더 역시 종종 품질의 문지기로서의 행동을 요구받았다. 우리는 코드가 어떻게 작성되었는지, 심지어 다른사람과 협업하는 개인적 노력 외에도 프로그래머가 자신의 코드를 테스트했는지 통제할 수 없었다. 개발 후 테스팅 단계는 코드가 완성된 이후 품질을 향상시킬 것이라고 기대한다. 우리는 통제에 대한 환상이 있었다. 우리는 보통 운영 전환에서 핵심 역할을 담당했고, 때때로 릴리즈를 늦추거나 진행을 멈출 수 있는 힘을 지녔다. 사실 리사는 QA 팀의 관리자였을 때 "품질 감독"이라는 타이틀도 있었다.

우리의 개발 주기는 일반적으로 길었다. 데이터베이스 소프트웨어를 개발하는 프로젝트는 일 년 정도 계속되었다. 인터넷 스타트업에 리사가 경험했던 6개월의 릴리즈 주기는 요구사항 확정에 긴 시간이었음에도 그 당시에는 짧아 보였다. 많은 프로세스와 훈련, 다음 단계로 옮겨가기 전에 부지런히 한 단계를 완성하면서 개선을 위해 경쟁에 많은 시간을 들였지만 해당 애플리케이션이 항상 고객이 기대했던 것은 아니었다.

전통적인 팀은 정의된 모든 요구사항이 최종 제품에 반영되는지 확인하는 데 집중한다. 원래 계획한 릴리즈일까지 모든 것이 준비되지 않으면, 릴리즈는 보통 연기된다. 개발팀은 통상 릴리즈하는 제품에 어떤 기능이 있는지, 또는 어떻게 동작해야 하는지에 관한 정보를 갖고 있지 않다. 프로그래머들은 개인별로 코드의 특정 부분을 전담하는 경향이 있다. 테스터는 테스트 계획을 작성하기 위해 요구사항 명세서를 검토한 뒤 테스트 업무가 전달되기를 기다린다.

애자일 팀에서 일하기

짧은 이터레이션의 애자일 프로젝트로 전환하면 초기에는 겁이 나고 압도될 수도 있다. 어떻게 하면 요구사항을 정의하고 테스트한 다음 운영 준비된 코드를 1주나 2주, 3주, 4주 안에 인도할 수 있을까? 이는 각각의 목적을 위해 여러 팀으로 나뉜 큰 조직에서는 힘들 것이고, 특히 지리적으로 분산된 팀에는 더더욱 힘들 것이다. 새로운 애자일 프로젝트에 적합한 이런 다양한 프로그래머, 테스터, 분석가, 프로젝트 관리자 등의 전문가들은 어디서 일할까? 어떻게 코드 작성과 테스트를 그렇게 빨리 할 수 있을까? 테스트 자동화와 같은 힘든 노력을 위한 시간을 어디서 확보할 수 있을까? 운영 환경에 배포되는 악성코드를 어떻게 통제할까?

모든 사람이 어딘가에서 시작하는 지점이 있다는 사실을 보여주기 위해 우리의 첫 애자일 경험을 이야기해 보겠다.

● 리사의 이야기

내가 처음 몸담은 애자일 팀은 기존에 배운 적이 없는 익스트림 프로그래밍(eXtreame Programming: XP)을 받아들였다. 이 팀은 여덟 명의 프로그래머로 구성되었고 모두 단위 테스트를 자동화하는 방법을 배운 적이 없었다. 나는 이런 팀의 유일한 테스터 전문가였기 때문에 낙심할 수밖에 없었다. 첫 두 주간의 이터레이션은 절벽에서 뛰어내리는 기분이었다.

다행히도 우리는 좋은 코치, 우수한 교육, 아이디어를 나눌 수 있는 애자일 전문가 지원 커뮤니티와 학습할 시간이 있었다. 테스트로 프로젝트를 어떻게 주도할 것인지를 포함하여 애자일 프로젝트에 테스팅을 통합하는 방법의 자세한 내용을 이해하게 되었다. 애자일 팀에 진정한 가치를 더하기 위해 나의 테스팅 기술과 경험을 어떻게 사용해야 하는지에 대해서도 배웠다.

(전임 품질 책임자인) 나에게 가장 배우기 고달팠던 것은 내가 아닌 고객이 제품에 대한 품질 기준을 결정한다는 것이었다. 나는 첫 이터레이션에서 두 사용자가 동시에 로그인했을 때 코드가 쉽게 충돌한다는 것을 발견하고 큰 충격에 사로잡혔다. 코치는 나의 집요한 불복에도 불구하고 스타트업 기업인 우리의 고객이 그들의 잠재적 고객에게 기능을 보여주기 원한다는 것을 참을성 있게 설명했다. 신뢰성과 견고성은 아직은 문제가 되지 않았다.

나는 내 직무가 고객이 각각의 이터레이션 동안 그들에게 가치 있는 것이 무엇인지 말하도록 돕는 것과 그들이 인도받은 것을 확인하도록 테스트를 작성하는 것이라는 점을 배웠다.

● **자넷의 이야기**

나는 익스트림 프로그래밍(XP)을 통해 처음으로 애자일 세계에 입문하게 되었다. 얼마 전까지 내가 있던 조직은 6개월 개발한 코드를 테스트 팀이 하루 만에 테스트하는 극단적으로 나쁜 관례의 폭포수 방법론을 사용하고 있었다. 두 번째 업무는 QA 관리자였다. 개발 관리자와 나는 XP의 진정한 의미가 무엇인지 알게 되었다. 우리는 협력이 잘 이루어지고 대부분의 기능 테스트를 자동화해 관리하는 팀을 성공적으로 만들었다. 그러다가 조직이 닷컴 버블로 인해 축소되었을 때, 나는 또 다른 조직에서 10명의 개발자가 있는 XP 프로젝트에 유일한 테스터로써 새롭게 일을 시작했다.

프로젝트의 첫 날에 개발자의 한 명인 조나단 라스무센(Jonathan Rasmusson)은 내게 다가와 내가 그곳에 있는 이유를 물어보았다. 팀은 XP를 사용하고 있었고 프로그래머는 테스트 우선(test-first) 개발을 사용해 모든 테스트를 자동화하고 있었다. 여기에 참여한 것은 저항할 수 없는 도전이었다. 팀원들은 내가 어떤 가치를 더할 수 있는지 알지 못했지만 나 자신은 팀을 지원할 수 있는 특별한 능력이 있음을 알고 있었다. 이 경험은 애자일 프로젝트에 대한 뉘앙스를 이해하고 내 생에 테스터라는 역할을 좀 더 보람을 느끼는 일로 만듦으로써 나의 삶을 영원히 바꾸어 놓았다.

> **조나단의 이야기**
>
> 현재 Rasmusson Software Consulting의 애자일 코치인 조나단 라스무쎈(Jonathan Rasmusson)은 자넷의 두 번째 애자일 팀의 동료였다. 그는 애자일 테스터가 가치를 제공하는지에 대해 다음과 같이 설명했다.
>
> 내가 젊고 적극적인 J2EE 개발자였던 시절에 XP를 이용해서 열정적으로 소프트웨어를 개발했다. 어느 날 테스터 한 명이 새로운 팀 구성원으로 투입됐다. 관리자의 생각에는 팀에 QA 자원이 있는 것이 좋다고 생각한 것 같았다.
>
> 거기까진 좋다. 그 뒤 이 불쌍해 뵈는 테스터는 아무 일도 하지 않았다. 내 말은 XP 프로젝트의 개발자인 내가 테스트를 작성했다는 것이다. 여기서 QA의 역할은 지켜보는 것 외에 아무것도 없었다.
>
> 물론 나는 다가가서 내 소개를 하고 개발자가 모든 테스트를 작성하는데 당신은 프로젝트에서 무엇을 하고 있냐고 직설적으로 물어보았다. 자넷이 어떻게 대답했는지는 정확히 기억나지는 않지만, 이후 6개월 동안 애자일 프로젝트에서 테스터가 무엇을 하는지 명확하게 알게 되었다.
>
> 지루하고 낮은 수준의 경계 조건 테스트 케이스를 자동화하는 동안 자넷은 테스터로서 더 많은 가치를 더할 수 있는 탐색적 테스팅과 사용성, 개발자가 본래 기대하지 않았던 방식의 애플리케이션 테스팅과 같은 영역에 자유롭게 집중할 수 있었다. 자넷은 고객과 함께 일하며 고객이 향후 진행할 스토리의 성공 조건을 정의하는 테스트 케이스 작성을 도와주었다. 자넷은 개발자와 짝을 이뤄 테스트의 부족한 부분을 찾았다.
>
> 그러나 가장 중요했던 것은 작업을 뛰어나게 완료한 개발자에게 웃는 얼굴의 스티커를 나눠줌으로써 품질과 문화에 대한 분위기를 향상시키는데 일조한 것이다(이 스티커는 노트북에 드러나게 붙이고 명예를 상징하게 되면서 인기가 점점 좋아졌다).
>
> 자넷과 함께 일하면서 애자일 프로젝트에서 테스터의 역할에 대해 배우게 되었고 팀에서 테스터의 중요성에 대해 알게 되었다.

애자일 팀은 비즈니스와 밀접하게 일하며 요구사항에 대해 상세하게 이해하고 있다. 이들은 제공할 수 있는 가치에 집중하고 입력을 기능의 우선순위로 다룰 것이다. 테스터는 앉아서 일을 기다리지 않고 능동적으로 개발 주기와 그 이면에 기여할 수 있는 방법을 찾는다.

애자일 프로젝트의 테스팅이 전통적인 프로젝트의 테스트와 같다고 느꼈다면, 이 책을 쓸 필요성을 느끼지 못했을 것이다. 이제 이들 테스트 방법론을 비교하고 대조해보자.

전통적인 테스팅 VS. 애자일 테스팅

전통적인 소프트웨어 개발의 테스팅과 애자일 테스팅의 유사점을 살펴보면 도움이 된다. [그림 1-4]를 살펴보자.

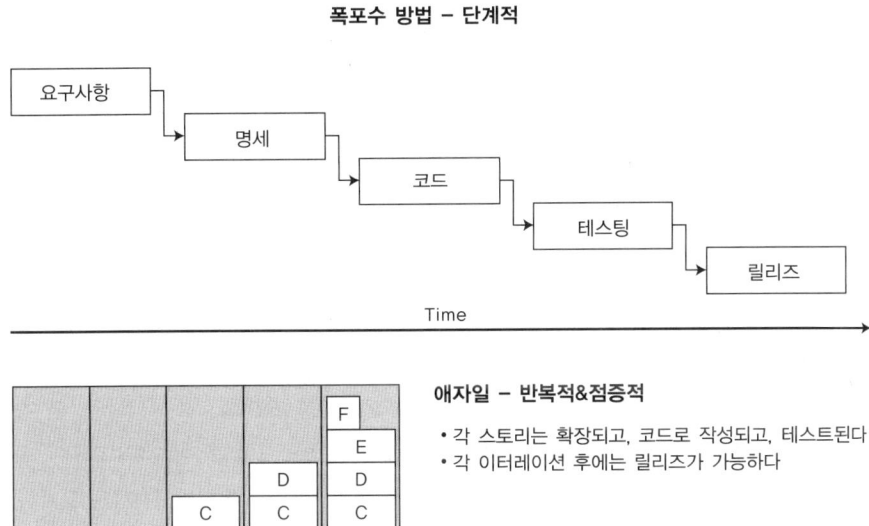

[그림 1-4] 전통적인 테스팅 vs. 애자일 테스팅

단계별 접근방법 다이어그램에서 테스팅은 릴리즈 바로 전 마지막에 진행하게 되어있다. 테스팅 시간이 코딩 시간과 같은 그기로 표현되었기 때문에 다이어그램은 이상적이다. 대부분의 프로젝트에서 이러한 경우는 없다. 팀이 코드 작성-수정 사이클을 반복하게 되면서 코드 작성시간은 예상보다 늘어나게 되고 테스팅 시간은 상대적으로 줄어든다.

애자일은 반복적이고 점증적이다. 테스터가 코드 작성의 매 증분을 완료하자마자 테스트한다는 것을 의미한다. 팀은 코드의 일부분을 빌드한 뒤 테스트하고, 제대로 작업했는지 확인하고, 그 뒤 빌드해야 하는 다음 부분으로 넘어간다. 스토리가 테스트되기 전까지는 완료된 것이 아니기 때문에 프로그래머는 절대 테스터보다 앞서 진행하지 못한다. 우리는 이 책에서 이런 내용에 관해 더 많은 얘기를 풀어나갈 것이다.

애자일 팀에는 프로젝트에서 취할 수 있는 매우 다양한 접근방법이 있다. 한 팀이 하나의 프로젝트에 전념하거나 다른 거대한 프로젝트의 일부분으로 참여할 수 있다. 프로젝트가 아무리 크더라도 어느 부분에서인가 시작해야만 한다. 팀에서 곤란한 일이나 기능, 평가 회의에서 관련된 스토리 모음을 떠맡거나 릴리즈 계획을 위한 회의를 할 수 있다. 프로젝트나 프로젝트의 일부분이 어떻게 시작되었든지 여러분은 프로젝트에 대한 상위 수준의 이해가 필요하다. 릴리즈를 준비할 때 테스팅에 대한 계획이나 전략을 제시할 수도 있지만, 아마도 여러분이 이전에 했던 테스트 계획과 많이 다를 것이다.

모든 프로젝트와 모든 팀, 때때로 모든 이터레이션은 서로 다르다. 팀이 어떻게 특정 문제와 사람, 사용할 수 있는 도구에 의존해야 하는 문제를 해결할 수 있을까? 애자일 팀의 일원으로써, 팀이 필요로 하는 것에 적응해야 할 것이다.

코드 작성을 염두에 두지 않고 비즈니스 분석을 이용해 만든 요구사항 문서를 가지고 테스트를 만들어내기보다는 코딩이 시작되기 며칠 전 혹은 몇 시간 전에 각 스토리의 요구사항을 묘사하는 테스트를 작성해야 한다. 이 작업은 종종 비즈니스 또는 도메인 전문가와 테스터, 분석가, 일부 다른 개발팀 멤버간의 협력적 노력이 필요하다. 비즈니스 전문가가 제공한 사례에 기반하는 상세한 기능 테스트 케이스는 요구사항을 더욱 충실하게 만든다. 테스터는 정의된 테스트 케이스가 놓칠 수 있는 중요한 버그를 찾기 위해 수작업으로 탐색적 테스팅을 해야 할 것이다. 테스터는 각 스토리의 코드를 작성하면서 테스트 케이스를 자동화하고 실행하기 위해 다른 프로그래머와 짝을 이뤄 함께 작업한다. 자동화된 기능 테스트는 회귀 테스트 수트에 추가된다. 최소한의 기능을 기술하는 테스트가 완료되었을 때, 팀은 스토리가 종료되었다고 간주할 수 있다.

10년 전쯤 애자일 컨퍼런스나 세미나에 참석했다면 TDD와 인수 테스팅에 대해 많이 들어봤겠지만 부하, 성능, 보안, 사용성, 기타 "~성" 테스팅 등 중요한 다른 종류의 테스팅에 대해서는 많이 들어보지 못했을 것이다. 프로젝트의 테스터가 여러 개발 방법론을 사용하는 것처럼 애자일 프로젝트에서도 여러 종류의 테스팅은 필수적이기 때문에 약간은 묘하다는 생각을 했다. 실제 차이는 이런 테스트를 최대한 개발 과정 초반에 진행해 설계와 코드 작성을 주도할 수 있다는 사실이다.

팀이 각 이터레이션에서 실제 릴리즈를 한다면, 리사의 팀이 그랬던 것처럼 사용자 인수 테스팅과 훈련, 버그 수정, 스테이징 환경에 배포가 가능할 때 각 이터레이션의 마지막 1~2일 동안 "최종 게임"을 한다. 자넷의 팀처럼 다른 팀은 몇 번의 이터레이션마다 릴리즈를 하고, 릴리즈 준비가 되었는지 확인하기 위해 전체 이터레이션의 "최종 게임" 활동도 할 것이다. 여기서 차이점은 모든 테스팅을 마지막까지 남겨두지는 않는다는 것이다.

애자일 팀에서 테스터는 코드를 운영 환경에 릴리즈하는 데 있어 전통적인 환경에서보다 더욱 핵심적인 역할을 하고 있다. 테스터는 데이터베이스 업데이트 스크립트와 같이 릴리즈의 모든 요소가 제대로 되었는지 확인하기 위해 스크립트를 실행하거나 직접 테스트한다. 모든 팀 구성원은 모든 이터레이션이나 릴리즈에서 수행되는 검토나 기타 프로세스 개선 활동에 참여한다. 전체 팀은 문제를 해결하고 프로세스와 활동을 개선하기 위한 방식을 브레인스토밍한다.

애자일 프로젝트에는 다양한 옵션이 있다. 여러분의 팀이 맨땅에서 신규 개발 프로젝트를 시작하는가? 그렇다면, 팀에서 자동화된 회귀 수트가 전혀 없는 레거시 시스템을 재작성하거나 다시 만드는 상황보다는 나을 것이다. 타사와 함께 일하는 것은 어느 팀에게나 테스팅에 난관을 더하는 일이다.

어떤 개발 방법론을 사용하든지 소프트웨어 개발 생명 주기에 필요한 것들은 매우 유사하다. 애자일의 차이점은 시간 프레임을 매우 짧게 나누어 사용하고, 활동이 동시에 일어난다는 것이다. 참여자와 테스트, 도구가 이에 적응해야 한다.

애자일 프로젝트에서 테스터의 가장 중요한 차이점은 테스팅에서 빠른 피드백을 받는다는 것이다. 이 피드백은 프로젝트를 앞으로 나아가게 하며, 일정한 마일스톤에 이르지 못했다고 프로젝트 진행을 차단하려는 문지기는 없다.

애자일 개발을 혼돈, 원칙과 문서의 부족, 테스터에 적대적인 환경으로 생각하면서 애자일 개발로 옮겨가는 일에 저항하는 테스터와 만난 적이 있다. 일부 팀은 "애자일"이란 용어를 무엇이든 그들이 원하는 것을 간단하게 처리하는 것을 정당화하려고 선전 문구처럼 이용하지만, 진짜 애자일 팀은 효과성과 반복되는 품질을 절대적으로 중요시한다. 경험상 애자일 팀은 테스터의 천국이라고 볼 수 있다.

전체 팀(Whole-Team) 접근방법

애자일 개발과 전통적인 개발의 가장 큰 차이점 중 하나는 "전체 팀" 접근방법이다. 애자일에서는 테스터나 품질 보증팀만 품질에 책임을 지는 것이 아니다. "부서" 단위로 생각하는 것이 아니라 최고의 제품을 도출하는 데 필요한 기술과 자원에 대해서만 생각한다. 애자일 개발의 초점은 높은 품질의 소프트웨어를 비즈니스에 최대의 가치를 부여할 수 있는 시간 내에 내놓는 것이다. 이는 단지 테스터나 품질 보증 전문가만의 작업이 아닌 전체 팀의 업무다. 애자일 팀의 모든 구성원은 "테스트에 전염"되어야 한다. 단위 수준 이상의 테스트로 코드 작성을 주도하고 애플리케이션이 동작 방식을 배우며, 작업이나 스토리를 언제 "완료"하는지 알 수 있다.

애자일 팀은 조직이 요구한 기능을 만들어내기 위해 품질 높은 코드의 개발에 필요한 모든 기술을 갖춰야 한다. 이는 팀에 전문 테스터와 같은 전문가를 포함해야 한다는 의미이긴 하지만, 특정 업무를 특정 팀 구성원이 하도록 제한하는 것은 아니다. 어떤 작업이든 팀 구성원 누구라도 완료할 수 있고, 또는 짝을 이뤄 진행할 수도 있다. 이는 테스트 자동화와 수작업 탐색적 테스팅과 같은 모든 종류의 테스팅 작업에 대해 팀이 책임을 진다는 의미다. 전체 팀이 끊임없이 테스트가 용이한 코드의 설계에 관해 생각해야 한다는 의미이기도 하다.

전체 팀 접근방법은 지속적인 협력을 포함한다. 테스터는 테스팅 작업뿐만 아니라 기반구조를 만들거나 테스트가 가능하도록 설계하는 것 등 테스트 관련된 다른 업무에도 프로그래머와 고객팀, 다른 전문가와 협력한다. [그림 1-5]는 개발자가 두 명의 고객과 한 명의 테스터와 함께 보고서를 검토하는 사진이다(테스터는 사진에 나오지 않았다).

[그림 1-5] 고객과 문제를 논의하는 개발자

전체 팀 접근방법은 모두가 테스팅 작업에 책임을 진다는 것을 의미한다. 이는 팀 구성원이 사례를 테스트와 이와 같은 테스트를 통과시키는 코드로 전환함으로써 테스트가 용이한 설계 등의 도전적 과제에 공격적으로 대응하는 데 필요한 어느 정도의 기술 집합과 경험을 가지고 있음을 의미한다. 이런 다양한 관점은 한마디로 더 나은 테스트와 테스트 커버리지를 할 수 있다는 뜻이다.

애자일 팀에서 가장 중요한 것은 누구나 질문을 하고 도움을 빌릴 수 있다는 것이다. 팀은 가능한 최고의 비즈니스 가치를 제공하는 것에 집중하고, 이 가치를 인도하는 데 필요한 것은 무엇이든 지원받는다. 새롭게 애자일을 접하는 사람은 애자일을 스피드라는 관점으로만 바라본다. 사실은 모두 품질에 대한 것이다. 만약 아니라면, 정말 "애자일" 팀이 맞는지 물어봐야 한다.

우리가 처한 상황은 독특하다. 그것이 팀이 마주치게 될 잠재적인 테스트 장애물을 인식해야 하는 이유이며 여기서 애자일 가치와 장애물을 극복하는 원칙을 적용할 수 있는 방법이 나오기 때문이다.

요약

테스터가 애자일 팀에서 수행하는 활동을 이해하면 소속 팀에 테스터가 더할 수 있는 가치를 보여주는 데 도움이 된다. 애자일 테스팅의 핵심 실천사항을 배우는 일은 팀이 고객을 기쁘게 할 소프트웨어를 만들어내는 데 도움이 될 것이다.

Chapter 1에서는 "애자일 테스팅"이 무슨 의미이고 언제 사용하는지 설명했다.

- 개인과 상호작용, 동작하는 소프트웨어, 고객과의 협력, 변경에 대한 대응을 중심으로 애자일 매니페스토가 테스팅과 어떤 관련이 있는지 살펴보았다.
- 공통의 언어로 얘기할 수 있도록 "테스터", "프로그래머", "고객", 기타 일반적으로 말하는 관련 용어를 포함해 이 책의 배경 내용을 설명했다.
- 고객이 요구하는 비즈니스 가치와 품질을 산출하는 것에 집중하는 애자일 테스팅이 요구사항의 적합성에 집중하는 전통적인 테스팅과 어떻게 다른지 설명했다.
- 애자일 테스팅에서 "전체 팀" 접근방법은 소프트웨어 제공에 관련된 모두가 높은 품질의 소프트웨어를 만들어낼 책임이 있다는 의미임을 소개했다.
- 특정 상황에서 발생하는 애자일 테스팅 장애물을 극복하기 위한 애자일 가치와 원칙을 적용하는 실천적인 접근방법에 대해 조언했다.

AGILE
Chapter 2
애자일 테스터를 위한 열 가지 원칙

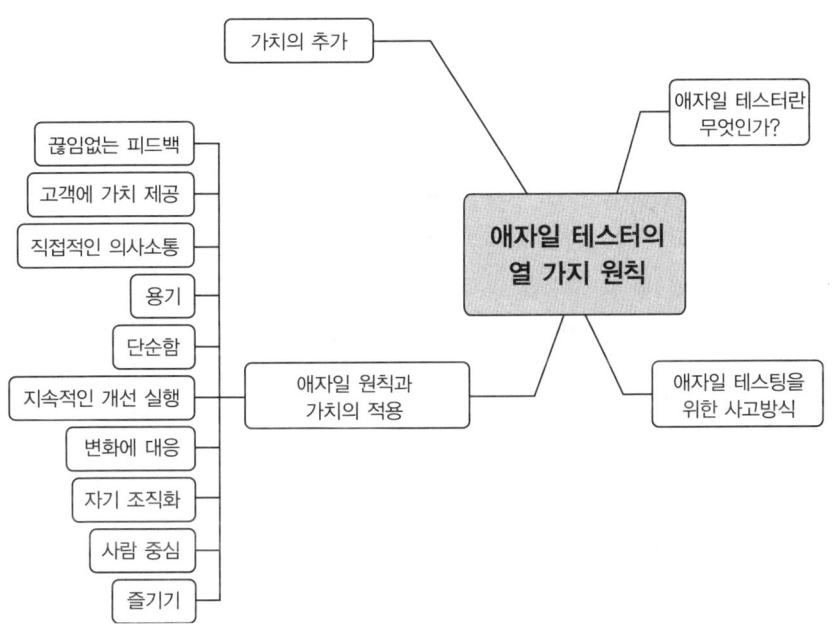

애자일 팀에 속해 있다면 누구나 테스터이다. 누구든지 테스팅 작업을 선택할 수 있다. 그렇다면 도대체 애자일 테스터의 특별한 점은 무엇일까? 내가 애자일 팀의 테스터라고 한다면, 이것은 무엇을 의미하는 것일까? 전통적인 팀의 테스터와 비교해볼 때 애자일 테스터는 어떤 다른 기술이 필요한 것일까? 그들의 일상 업무에 대한 지침은 무엇일까?

Chapter 2에서는 애자일 테스팅 사고방식에 대해서 이야기해 보고, 애자일에서 중요시하는 가치와 원칙들이 어떻게 테스팅을 이끌어가는지, 또한 애자일 팀에서 테스터가 갖는 가치가 무엇인지 살펴본다.

애자일 테스터란 누구인가?

애자일 테스터를 이렇게 정의해볼 수 있겠다.: 전문적인 테스터로 변화를 포용하고 개발자에서 관리자까지 다양한 이해관계자와의 의사소통에 능하며 요구사항을 문서화해 테스트를 사용하는 개념을 이해하고 개발을 이끄는 사람이다. 애자일 테스터는 보통 기술적으로 뛰어나고 테스트를 자동화하기 위해 필요한 협업의 진행방법을 제시할 수 있으며 또한 풍부한 탐색적 테스팅 경험을 가진 사람이다. 이들은 고객이 원하는 것을 열성적으로 배우기 때문에 고객의 소프트웨어 요구사항에 대한 이해도가 높다.

누가 애자일 테스터일까? 바로 팀원 가운데에서 애자일 테스팅을 이끄는 사람을 말한다. 많은 수의 애자일 테스터가 다른 전문 분야에서 애자일 테스터로 넘어온 경우가 많다. 개발자로 일하다가 테스팅에 매료되어 단위 테스트 이상으로 업무를 확대해 나간 경우거나 탐색적 테스터가 애자일 팀의 방식에 매력을 느껴 애자일 관점의 테스팅에 익숙해진 경우 등이다. 비단 애자일 테스터뿐만 아니라 비즈니스 분석가 등의 다른 전문가들도 이와 마찬가지 특징이 있다.

기술은 중요한 요소다. 하지만 자세는 더욱 중요한 요소다. 자넷은 "업무에 대한 올바른 자세가 갖추어지지 않았다면 기술은 의미가 없다"라는 말을 즐겨 한다. 그 동안 애자일 팀을 위해 수많은 테스터들을 고용하는 과정에서 이 주제에 대해 수많은 고민을 하고 애자일 커뮤니티를 통해 많은 사람들과 토론했다. 테스터는 보다 큰 그림을 보는 경향이 있으며, 일반적으로 좀 더 고객에 초점을 두고 애플리케이션을 사용자나 고객의 입장에서 바라본다.

애자일 테스팅을 위한 사고방식

"애자일" 팀을 가능하게 하는 것은 무엇일까? 우리가 생각하는 애자일 팀은 끊임없이 최선을 다해서 최고의 성과를 얻기 위해 매진하는 팀이다. 여기에는 수많은 훈련과 교육, 시간적인 투자, 실험적인 시도 및 협업이 요구된다. 이와 같은 애자일 팀이 누구에게나 적합한 것은 아니며, 다이내믹한 팀과 함께 계속적인 발전을 이루어 나가는 일에 관심을 가지고 있는 이들에게 이상적이라고 할 수 있다.

성공적인 프로젝트는 훌륭한 사람들이 훌륭한 작업을 해낸 결과다. 애자일 팀에서 테스터로 성공하게 해주는 특성은 일반적인 다른 팀에서 테스터로 성공하기 위한 그것과 다르지 않다.

애자일 테스터 스스로는 고객들을 부적합한 코드로부터 보호하기 위해 노력하는 경찰관 역할을 한다고 생각하지는 않는다. 그들은 정보를 모으고 나누며 고객 또는 제품 소유자와의 협업을 통해 그들이 정확하게 요구 사항을 표현할 수 있도록 도와주어 고객이 원하는 기능을 얻을 수 있도록 하고, 프로젝트 진행 사항에 대한 피드백을 모두에게 제공한다.

애자일 테스터뿐만 아니라 어떤 테스터라도 올바른 기술과 그에 맞는 사고방식을 갖췄다면 누구나 팀이 보다 나은 품질의 소프트웨어를 만들어 낼 수 있도록 하는 방법을 찾기 위해 끊임없이 노력할 것이다. 개인적인 측면에서 보면, 지역 사용자 그룹 미팅 등에 적극적으로 참여해 다른 팀은 어떻게 하고 있는지 알아보기도 하고, 새로운 도구를 도입하고 테스트를 통해 고객 요구사항을 명세화하고 실행하고 자동화하는 팀의 제반업무를 향상시킬 수 있는 방법을 모색하는 등의 일들이 포함된다.

근본적으로 애자일 테스터는 다른 애자일 팀 구성원들과 다를 바가 없다. 새로운 기술을 배우거나 도전하는 것을 즐기며, 테스터라고 해서 테스팅에 관련된 이슈에만 자신의 업무 범위를 한정지으려 하지 않는다. 애자일 테스터는 개발자와 고객이 겪을 수 있는 어떠한 이슈라도 기꺼이 도움을 주려고 노력하고, 팀이 과거에 잘했던 점과 실수를 저질렀던 경험을 되짚어 볼 수 있도록 정보를 제공해 줄 수도 있다.

창조성, 열린 생각, 어떠한 임무나 역할도 받아들일 수 있는 의지, 고객 중심적 사고, 그리고 지속적으로 큰 그림을 보려는 자세 등은 애자일 테스팅 사고방식의 일부일 뿐이다. 훌륭한 테스터는 소프트웨어가 어디서 어떻게 잘못된 동작을 하게 되는지 그리고 이와 같은 오류를 추적하는 방법은 무엇인지에 대한 이해와 본능적인 감각을 가지고 있다.

일반적으로 테스터는 테스팅에 관한 경험과 전문성을 기반으로 하고 있는데, 뛰어난 애자일 테스터라면 설계 논의에 뛰어들어 보다 나은 테스트 가능성을 확보하고 또 좀 더 우아한 솔루션을 만들기 위한 제안을 하는 데 노력을 아끼지 않아야 한다. 이와 같이 애자일 테스팅 사고방식은 결과 중심적, 예술가적, 상호 협력적, 배움에 대한 적극성, 일정에 맞춰 비즈니스 가치를 창출하려는 열정 등을 필요로 한다.

애자일 원칙과 가치의 적용

프로젝트의 성공에 있어서 개개인의 역할은 매우 큰 부분을 차지할 수 있다. 아무래도 보다 숙련되고 기술적으로 우위에 있는 팀이 그렇지 못한 팀보다 더 좋은 성과를 얻을 수 있을 거라고 기대하게 된다. 하지만 하나의 팀을 이처럼 단순하게 개인 구성원으로 평가할 수는 없다. 애자일 가치와 원칙들은 프로젝트에 참여한 구성원들이 어떻게 교류하고 커뮤니케이션하는지에 더 많은 관심을 가진다. 실력 있는 개인이 모였지만 엉성하게 운영되는 팀보다 애자일 방식을 따르는 팀이 아마도 사기도 충만하고 더 빠르게 움직일 것이다.

Chapter 1에서 소개한 바 있는 애자일 매니페스토에서 밝힌 네 가지 가치 선언은 선호하는 바를 보여주는 것이지 최후통첩 같은 것이 아니며, 무엇을 해야 하거나 하지 않아야 하는지에 대해 기술한 것도 아니다. 애자일 매니페스토는 소프트웨어 개발에 접근하는 방법을 정의하는 원칙들을 포함하고 있다. 애자일 "테스팅" 원칙 목록은 이 원칙에서 일부 파생되었다고 볼 수 있다. 두 가지 모두 익스트림 프로그래밍(XP) 문화를 근본으로 볼 수 있기 때문에 XP의 가치나 근간이 되는 원칙들을 많은 부분 수용하고 있다. 또한 우리 팀에서 적용해 온 가이드라인이나 원칙들도 여기에 포함시켰다. 자신의 팀의 고유한 가치와 원칙은 업무 방법에 대한 결정을 내려야 하거나 필요한 관례를 선정하려고 할 때 훌륭한 가이드라인이 되어줄 것이다.

애자일 테스터에게 있어 중요한 원칙들은 다음과 같다.

- 끊임없는 피드백 제공
- 고객 가치 창출
- 직접적인 의사소통
- 용기
- 단순함 지향
- 지속적인 개선 실행
- 변화에 대응
- 자기 조직화
- 사람 중심
- 즐기기

끊임없는 피드백 제공

테스트가 애자일 프로젝트를 이끈다고 볼 때 애자일 팀에서 피드백의 중요성은 두말할 필요도 없다. "정보 제공자"라는 테스터의 전통적인 역할은 애자일 팀에서 테스터의 근본적인 가치를 뒷받침하고 있다. 애자일 테스터의 가장 중요한 역할 중 하나는 제품 소유자나 고객으로 하여금 요구사항들을 예시나 테스트의 형태로 이야기할 수 있도록 도와주는 것이다. 테스터는 이와 같이 확인된 요구사항을 팀원들과 함께 실행 가능한 테스트로 만들게 된다. 테스터와 프로그래머, 기타 팀원들은 조기에 이 테스트 수행을 위한 작업을 하고 중요한 피드백을 받아 지속적으로 올바른 개발 방향의 지침으로 삼는다. 이 책에서는 이와 같은 피드팩 과정을 성공적으로 이끌어내기 위한 방법을 설명하는 데 많은 시간을 할애한다.

팀이 장애물을 맞닥뜨린 상황에서 피드백은 어려움을 극복하는 데 도움이 될 수 있다. 예를 들어 고객의 기대에 부응하는 사용자 인터페이스를 제공했는지 의문이 제기됐다면 다음으로 개발할 사용자 인터페이스 스토리를 종이 프로토타입으로 만들어 고객과 협업을 이끌어내보자.

경영진이 프로젝트 진행상황에 대해 걱정하고 있다면? 작성된 시험 목록과 수행 상황, 매일의 진행 상황을 큰 차트로 만들어 쉽게 파악할 수 있도록 하라. 시험 매트릭스와 같은 큰 그림 수준의 기능 제공 현황 자료를 보여주는 것이다. 안정적인 출시 버전을 생성하는 데 어려움이 있는가? 리사의 팀에서는 모든 팀원들이 제 시간에 자신이 맡은 임무를 완료하는 데 집중하기 위해 제품 출시용 빌드까지 남은 날짜를 항상 모두가 확인할 수 있도록 했다. 이것이 습관화되고 나서는 날짜를 굳이 보여줄 필요조차 없었다.

고객 가치 창출

애자일 개발은 고객이 가장 최근에 중요시하고 있는 기능을 소규모의 릴리즈를 통해 제공하기 위한 것이다. 보통 이 과정에서 범위가 제한된다. 고객팀은 멋진 기능을 넣고 싶은 욕심에 사로잡히기 쉽다. 누구나 이런 추가 기능에 대해 의문을 던질 수 있지만 테스터는 테스팅에 대한 영향도를 고려하는 과정에서 추가 기능이 메인 스토리에 미치는 지대한 영향을 인지하게 된다.

● 리사의 이야기

우리 제품 책임자는 각 이터레이션 전에 이루어지는 계획 회의에 참여한다. 그럼에도 불구하고 그는 해당 이터레이션이 시작되어 시나리오가 상세화가 진행되고 테스트 방법에 대한 논의가 진행되는 시점에 계획할 때는 전혀 고려한 적 없는 아이디어를 가지고 불쑥 나타나기 일쑤다. 예를 들면 "음, 이 리포트에서는 X, Y, Z가 포함되고 A에 대해서도 정렬이 되면 정말 멋질 것 같아요"라는 식이다. 별 생각 없는 요청이 하나의 스토리를 엄청나게 복잡한 것으로 만들 수 있다. 나는 이런 요청들이 계획했던 시나리오 범위 내에서 소화할 수 있는지에 대해 이야기할 수 있도록 프로그래머 중 한 명을 미팅에 데리고 간다. 그리고 계획된 범위 외의 요구라고 판단되면 고객에게 다음 이터레이션에서 검토하기 위한 카드를 작성하도록 요청한다.

애자일 테스터는 큰 그림에 집중해야 한다. 가장 중요한 기능을 이번 이터레이션에서 제공하고 추가 기능은 이후에 반영할 수 있다. 신규 기능을 생각 없이 받아들이다 보면 적시에 아무것도 납품할 수 없을 지도 모른다. 주변 기능에 너무 집중한 나머지 핵심 기능을 놓친다면 비즈니스 요구에 진정으로 필요한 가치를 제공하지도 못할 것이다.

● 리사의 이야기

각 이터레이션에서 약속한 기능을 확실하게 제공하기 위해서 우리 팀은 요구 기능의 "주 경로"나 "얇은 조각"을 식별하기 위해 각각의 스토리를 분석해 검토한다. 우리는 이렇게 식별된 작업들을 우선적으로 완료하고 나머지 기능을 구현하는 식으로 접근한다. 이와 같은 방식에서 나올 수 있는 최악의 시나리오는 핵심 기능만 구현해 릴리즈하는 것이다. 물론 아무 것도 제공하지 못하거나 절반만 제대로 동작하는 것보다는 낫다.

애자일 테스터는 리사의 스토리에서와 같은 접근법을 취하게 된다. "주 경로(정상 경로)"를 위한 테스트 케이스를 식별하는 것이 필요한 기술 중 하나지만, 이 같은 정상 경로가 제대로 동작하는 것인지를 확실히 하는 것부터 시작해야 한다. 정상 경로에 대한 테스트 자동화를 우선 적용하고 비정상 및 경계치 테스트를 이후에 추가할 수 있다. 고객에게 가장 중요한 가치가 무엇인지를 항상 명심하고 여러분의 목표를 이해해야 한다. 안정성이 가장 중요한 애플리케이션이라면 비정상 테스트 케이스를 추가하는 것이 필수적이다. 또한 일정을 평가하는 과정에서 "안정적인" 기능을 인도하기 위한 충분한 테스트 시간이 해당 이터레이션에 반영될 수 있도록 고려해야 한다.

대면을 통한 커뮤니케이션

커뮤니케이션 없이 일 잘하는 팀이란 있을 수 없다. 오늘날 수많은 팀이 서로 떨어진 곳에 분산되어 일하고 있고 이 때문에 커뮤니케이션은 더욱 필수적이고 적극적으로 필요하게 되었다. 애자일 테스터는 커뮤니케이션을 위한 독자적인 방법을 찾아내야 하며 이것은 직무를 잘 수행하는 데 필요한 핵심 항목 가운데 하나다.

> ● **자넷의 이야기**
>
> 예전에 어떤 팀에서 일했을 때 이야기다. 그 당시 우리는 프로그래머가 테스터를 제쳐두고 고객과 직접 이야기하는 문제 상황에 처해 있었다. 일이 터진 후에야 변경 사항을 알아채곤 했다. 문제점 중 하나가 조직적인 이유였는데 개발자와 테스터가 함께 마주앉아 근무하지 않는다는 것이었다. 또 다른 문제는 지금까지의 관례 때문이었다. 테스트 팀은 신생 조직이었고 고객은 문제가 생겼을 때 프로그래머에게 직접 이야기하는 데 익숙한 상황이었다.
>
> 나는 팀에 이러한 문제점에 대해 이슈를 제기했고 하나의 규칙을 만들게 되었다. 우리는 "3의 힘(Power of Three)"으로 대단한 성공을 얻었다. 즉, 하나하나의 기능에 대한 모든 논의에 프로그래머, 테스터, 고객 모두가 필요하다는 것이었다. 각 그룹의 멤버 모두가 자신의 그룹을 대표할 책임을 부여받았다. 만일 두 사람이 앉아서 이야기를 나누고 있는 것을 목격했다면, 즉시 그 대화에 끼어들어서 같이 대화하는 식이다. 이런 규칙이 정착하는 데는 그리 오랜 시간이 걸리지 않았고 이후로 누구도 테스터가 빠진 대화를 생각지도 않게 되었다. 팀이 이 방법을 잘 받아들여주었기 때문에 성공할 수 있었다.

언제라도 기능이 어떻게 동작해야 하는지 또는 사용자 인터페이스가 어떻게 생겨야 하는지에 대한 질문이 있게 마련이고 테스터는 프로그래머와 비즈니스 전문가를 불러놓고 논의할 수 있다. 테스터는 결코 고객과 개발자 간의 직접적인 커뮤니케이션에 끼어드는 역할이 되어서는 안되며 오히려 이와 같은 커뮤니케이션이 잘 이루어질 수 있도록 돕는 역할을 할 수 있다.

애자일 테스터는 각각의 스토리나 테마를 고객의 입장에서 바라보는 한편 기술적인 측면과 기능들을 구현할 때의 제한사항들을 이해해야 한다. 또한 고객과 개발자를 도와 서로 이해할 수 있도록 하기도 한다. 비즈니스 관계자와 소프트웨어 관계자는 종종 서로 의사소통에 어려움을 겪게 된다. 이런 상황에서의 협업이 성공을 거두려면 공통된 이해 기준 같은 것이 필요하다. 이 때 테스터는 서로 이해할 수 있도록 프로젝트 용어나 팀 고유의 것들을 공유할 수 있도록 해 줄 수 있다.

브라이언 매릭(Brian Marick, 2004)은 이와 같은 공용 언어를 개발하기 위해 선례들을 이용할 수 있다고 말한다. 리사의 팀이 고객과 단기간의 계획 회의를 통해 요청사항에 대한 초기 논의를 벌이는 동안 리사는 고객에게 유사한 선례나 적용 시나리오를 요청했다. 테스터들은 보다 많은 예를 통한 상세 검토를 위해 화이트보드 토론을 진행할 수도 있다. 이렇게 함으로써 고객은 스스로의 요구사항을 보다 가시적으로 표현할 수 있게 되고, 결국 개발자는 요구사항의 이해도가 높아지므로 이들을 만족시키기 위한 최상의 코드를 작성하게 된다.

대면을 통한 커뮤니케이션은 다른 대안이 없다. 애자일 개발은 끊임없는 협업을 바탕으로 하고 있다. 다른 애자일 팀 구성원들과 마찬가지로 테스팅을 맡고 있는 사람들도 계속해서 고객이나 기술 팀원을 찾아 토론을 벌이고 협업을 이루어 나갈 것이다. 애자일 테스터가 어떤 숨겨진 가정이나 잘못 이해되고 있는 요구사항을 발견했다면, 고객과 개발자 모두와 함께 의견을 나눌 것이다. 만약 지리적인 문제로 한 자리에 모일 수 없다 하더라도 실시간 대면 커뮤니케이션을 할 수 있는 다른 방법을 강구하는 것이 좋다.

용기

용기는 XP의 핵심 가치이며 테스트 자동화나 지속적인 통합 등은 이 가치를 이끌어내는 과정이라고 할 수 있다. 개발자의 경우 자동화된 회귀 테스트 수트라는 안전망을 믿고 코드에 변경과 리팩터링을 용기 있게 반영할 수 있게 된다. 이번 단원을 통해 우리는 애자일 팀으로 전환하기 위해 필요한 감정적인 측면의 용기에 대해 이야기할 것이다.

테스터가 스스로의 속박에서 벗어나지 못하고 비즈니스 이해관계자나 기술팀과 교류가 전혀 없는 조직에서 일해 왔는가? 이 경우 협업을 중시하는 애자일 환경에 뛰어들게 되면 예제를 구하기 위해 고객에게 가서 물어본다거나 매일 하는 스탠드 업 미팅에서 테스트 자동화를 위해 프로그래머에게 도움을 요청하는 것과 같은 상황에 처하면 당황스러울 수도 있다.

처음 애자일 팀에 참여하게 되거나 여러분의 팀이 처음으로 애자일 개발로 전환하는 경우라면, 두려워지거나 누군가 알려줬으면 하는 궁금점이 쌓이는 것이 당연하다. 그 짧은 시간에 각 스토리의 작업마다 테스트를 완료할 수 있는 방법이 도대체 뭘까? 어떻게 하면 테스팅과 개발을 발맞추어 진행할 수 있는가? 어느 정도의 테스트가 충분한지를 판단하는 기준은 무엇인가? 또는 당신이 기능 테스트 관리자나 품질 프로세스 관리자인데 애자일 팀에서 자신의 역할이 명확하지 않고 아무도 확답을 주지 못할 수도 있다. 애자일 테스터는 위와 같은 질문에 대한 답을 찾을 수 있는 용기를 필요로 하며, 그 외에도 테스터에게 용기를 필요로 하는 이유는 여러 가지가 있다.

우리는 실패에 대한 두려움을 이겨내야 하며 일찍 실패를 경험함으로써 교훈을 얻을 수 있음을 알아야 한다. 안정된 빌드에 실패해서 하나의 이터레이션을 고스란히 날려버리고 나면, 다음에 같은 실패를 피하기 위한 방법을 고민하게 될 것이다.

실수를 통해 교훈을 얻을 수 있도록 남의 실수를 받아들이는 용기 또한 필요하다.

> ● 리사의 이야기
> 내가 들어가게 된 어떤 프로젝트에서 담당 애자일 코치가 테스팅 팀을 별도로 꾸리게 하고 개발자와 무관하게 업무를 진행하도록 한 적이 있었다. 나는 군말 없이 그대로 따라야 했다. 테스팅이 끝나지 않아서 릴리즈에 문제가 생기게 되자 나는 코치에게 내 방식으로 이터레이션을 한두 번 정도 해 보자고 제안했고, 그 후로 훨씬 상황이 나아졌다. 각 스토리는 해당 반복이 종료되기 전에 테스트를 완료했고 결과물에 대한 고객의 만족도도 향상되었다.

도움을 요청할 때에도 용기를 필요로 한다. 특히 도움을 줄 수 있는 사람이 매우 바쁘거나 과도한 스트레스를 받고 있는 상황에서는 더더욱 그렇다. 몸에 익은 자신만의 영역에서 벗어나 프로젝트 성패를 가름하는 팀 책임의식에 동참하는 데에도 용기가 필요하다. 심지어 애자일 가치와 원칙들을 기반으로 하는 팀에서도 당신이 결함이라고 생각하는 것을 지적하면서 질의하는 행동도 용기가 필요한 대목이다. 두려워하지 말자. 애자일 팀은 항상 열려있고 새로운 생각을 받아들이는데 관대하다.

단순함 지향

켄트 벡(Kent Beck)은 익스트림 프로그래밍에서 동작할 것 같은 방법 중 가장 단순한 것을 하라고 했다. 이 말은 실제로 첫 번째 시도에서 프로그램이 잘 동작해야 한다는 의미라기보다는 그만큼 단순한 모습이어야 한다는 것을 말한다.

애자일 테스터와 팀은 가능한 단순하게 소프트웨어를 구현해야 할뿐만 아니라 고객 요구사항을 확실하게 만족하는지 확인하는 방법에 있어서도 단순한 접근법을 선택해야 한다. 단순하다고 해서 테마(themes)나 스토리 분석과 적절한 아키텍처와 설계 검토에 시간을 적게 투자해야 한다는 것을 의미하는 것은 아니며, 요구사항이 조금 자세하거나 보다 손쉽게 구현할 수 있는 솔루션이 있는 경우 여기에 매달려 시간을 보내기보다는 이런 것은 비즈니스 쪽에서 해결할 수 있도록 미루는 것이 좋다는 의미다.

우리 중 일부는 소프트웨어 개발 조직에 속해 테스터나 품질 보증 요원으로 일하면서 품질 표준을 정해달라는 요구를 받은 경험이 있다. 이것은 주객이 전도된 것이라고 볼 수 있다. 품질 표준이라는 것은 돈을 지불하는 고객이 그에 상응하는 기준을 정하는 것이기 때문이다. 테스터나 다른 팀원들은 이 과정에서 고객이 성능이나 보안 측면 등의 비 기능 요구사항을 포함하는 품질의 모든 부분을 고려하고 결정할 수 있도록 도와주는 역할을 해야 한다. 궁극적인 결정은 고객이 하는 것이다. 팀은 고객이 올바른 결정을 내릴 수 있도록 도울 수 있는 단순하고 단계적인 업무 접근을 취해야 한다. 애자일 테스팅은 가능한 최소한의 테스트를 통해 해당 기능 요소가 포함되어 있는지, 또는 고객의 품질 표준을 만족하는지를 검증하는 것을 의미한다.

Tip
Chapter 9 "팀을 지원하는 비즈니스 중심 테스트를 위한 툴킷"과 Chapter 11 "제품을 평가하는 기술 중심 테스트"에서는 테스트 도구의 예를 제공한다.

간단하다는 표현이 자주 등장하는데, 절대 쉽다는 뜻은 아니다. 테스터들에게 있어서 간단하다는 것은 최소한의 도구와 기법을 활용한 "딱 적당한 정도의" 테스팅을 의미한다. 여기서 말하는 최소한의 도구는 스프레드시트나 체크리스트다. 빠른 피드백을 얻어내기 위해서는 회귀 테스트(Regression Test)에 대한 자동화를 최대한 세부적인 부분에까지 적용할 필요가 있다. 비즈니스 중심 테스트 자동화는 스모크 테스트(Smoke Test) 정도로 충분할 수 있다.

Tip
Part 4 "테스트 자동화"에서는 실행 가능한 테스트 자동화 전략에 대해서 설명한다.

애플리케이션에 대한 학습과 매우 찾기 힘든 버그를 찾는데 탐색적 테스팅을 활용할 수 있는데, 제한된 일정과 목적을 확실히 해야 한다. 이와 같은 단순성은 위험, 투자 수익, 그리고 가장 취약한 부분에 있어서의 개선에 계속 집중할 수 있도록 해 준다.

지속적인 개선 실행

업무 개선 방안을 찾기 위한 노력 역시 애자일 테스터에게 필요한 사고방식 가운데 하나다. 물론 애자일 팀에서는 테스터뿐만 아니라 다른 구성원도 이와 같은 자세가 필요하다. 테스터는 팀의 과거 업무를 돌아보고 어떤 것이 좋았고 또 어떤 부분에 개선이 필요한지를 평가하는 미팅에 참여하고 전체 팀이 검토해야 할 테스팅 이슈를 제기한다. 개발팀은 테스팅 관련 프로세스 개선에 있어서 이와 같은 과거 프로젝트 분석으로 얻은 개선 이슈나 기록들을 근간으로 매우 좋은 결과를 얻고 있다. 어떤 개선 아이디어는 작업 카드의 도입이 될 수도 있고, 좀 더 큰 문제점은 여러 가지 이슈에 걸쳐 있는 경우가 대부분이므로 단순히 증상 해결보다는 근본적인 문제를 해결하기 위해 팀의 노력을 결집해야 한다.

애자일 테스터와 그가 속한 팀은 항상 고객의 투자에 대해 더 나은 이익을 내고 가치를 창출하는 데 도움이 될 수 있는 도구와 기술, 새로운 기법들을 탐색한다. 애자일 개발에서의 짧은 반복은 이런 도구나 기술의 도입 효과를 확인하고 장기간의 프로젝트에 대한 적용 여부를 판단하는 데 유용하다.

새로운 기술을 배우고 전문가로 성장해 가는 일은 애자일 테스터에게 매우 중요한 부분이다. 탐색적 테스팅 등 각자의 전문 분야를 더욱 향상시키기 위해 이용할 수 있는 다양한 무료 자원 역시 빼놓을 수 없다. 테스터들은 각종 모임이나 컨퍼런스에 참석하고 메일링 리스트에 가입하거나 관련 기사와 블로그, 서적을 통해 새로운 아이디어를 얻는다. 또 일상적이거나 반복적인 업무를 자동화함으로써 생기는 여유 시간을 자신의 전문적인 가치를 향상시키는 데 투자한다.

"iLevel by Weyerhaeuser"의 SQA 팀장 피에르 베라그렌(Pierre Veragren)은 AADD(애자일 주의력 결핍장애, Agile Attention Deficit Disorder)라는 특성을 정의했는데, 애자일 팀에서 종종 볼 수 있는 것이다. AADD는 재빨리 습득되지 않은 것은 무엇이든 쓸모없는 것으로 생각하는 것이다. 애자일 팀 구성원들이 항상 투자 이익을 쫓고, 짧은 시간 내에 아무런 이익을 볼 수 없다면 무시하고 다음으로 넘어가버리는 것이다. 이와 같은 특성은 1-2주 주기로 제품화 될 수 있는 수준의 소프트웨어를 납품해야 하는 상황과 같은 경우에는 부정적인 특성이라고 볼 수만은 없다.

회고하는 과정은 애자일에서 팀이 과거의 경험을 토대로 미래에 더 나은 업무 수행을 할 수 있게 해주는 핵심 요소다. 애자일 테스트는 회고 과정에서 테스팅과 관련된 이슈들을 제기하고 팀은 이슈들을 해결하기 위한 방법을 찾기 위해 토론을 진행한다. 이와 같은 과정을 통해 팀은 스스로에게 피드백을 제공하면서 지속적인 개선을 이루어 간다.

● 리사의 이야기

우리 팀은 회고 방법을 매우 유용하게 잘 사용해 왔는데 어느 순간 좀 더 새로운 무언가가 필요하다고 느꼈다. 나는 생산성을 저하시키는 항목들을 모아서 "방해 목록"으로 만들자고 제안했다. 이 목록에 첫 번째 항목으로 내가 적어 넣은 것은 테스트 환경의 느린 응답속도였다. 그것을 본 시스템 관리자가 어디서 빠르고 멋진 새 서버들을 구해 와서 테스트 환경에 투입했고, 데이터베이스 관리자가 테스트 데이터베이스 성능 분석을 통해 하나의 디스크를 이용하는 시스템이 방해 요소라고 결론을 내자 프로그램 관리자는 선뜻 RAID를 설치해 주었다. 곧 빌드 배포와 탐색적 테스팅을 훨씬 빨리 수행할 수 있게 되었다.

Tip
회고 과정이 어떻게 팀 운영을 지속적으로 개선해 주는가에 대해서는 Chapter 19 "이터레이션 마무리"에서 살펴보자.

변화에 대응

폭포수 개발 방법을 적용하고 있는 팀에서 일하는 경우 "죄송하지만 지금 변경 사항을 반영할 수는 없습니다. 요구사항이 변경 불가하게 확정되었기 때문에 요청하신 사항은 첫 번째 패치에 반영할게요."라는 식의 말에 익숙하다. 이런 상황에 처하게 되면 고객은 앞 단계에서 모든 요구사항을 정의하지 못한 것을 깨닫고 매우 불만스러워 한다.

2주 단위의 애자일 이터레이션을 적용한다면, 아마도 "좋습니다, 요청사항을 카드로 작성해 주시면 다음 이터레이션이나 릴리즈에 포함시키도록 하겠습니다."라는 답변이 나올 것이고, 고객은 우선순위를 조절하면서 원하는 변경을 반영할 수 있다는 것을 알게 된다.

변경에 대한 대응은 애자일을 실천하고자 하는 이들에게는 핵심 가치 중 하나인 동시에 테스터들에게는 가장 어려운 개념 중 하나다. 안정성이야말로 테스터에게 있어서 어쩌면 가장 중요한 가치이며, 그런 의미에서 "그건 내가 테스트했어. 완료된 항목이야"라고 말할 수 있는 것이다. 따라서 계속 변경되는 요구사항은 테스터에게는 악몽이라 할 수 있다. 그러나 애자일 테스터로서 우리는 변경을 기꺼이 받아들여야 한다. 수요일에 스토리 A와 B를 시작해서 다음 주 금요일에 C로 진행하기로 한 상황에, 고객이 금요일에 나타나서 스토리 A, X, Y 순으로 우선순위를 조정할 수 있다. 나머지 팀원들도 동일한 페이스를 유지하면서 일하고 있기 때문에 고객과 계속해서 의사소통을 하고 있는 도중에는 이런 변경에도 충분히 대응할 수 있게 된다.

일부 애자일 팀에서는 상위 수준의 테스트 케이스를 작성, 비즈니스 만족도 조사, 예제 작성 등을 통해 다음 반복을 미리 준비하기도 한다. 이런 경우 스토리 우선순위에 변경이 생기면 시간 낭비가 될 수 있다는 점을 인지해야 하며, 분산되어 운영되는 팀 환경에서는 추가적인 피드백 사이클이 필요하다.

> ● **리사의 이야기**
>
> 한 번은 본사에서 관리자로 있던 사람이 원격지 팀원으로 파견을 나간 경우가 있었다. 그는 비즈니스 관련자들을 도와 스토리를 작성하고 우선순위를 매기는 데 핵심적인 역할을 했었고, 코드와 비즈니스 모두에 탁월한 지식을 바탕으로 비즈니스 요구에 대한 창의적인 해법을 제시하기도 했다. 그가 인도로 파견을 가게 되었을 때 우리는 그의 전문 역량을 계속 이용할 수 있는 방법을 고민하게 되었다. 회의 시간이 그가 참여할 수 있는 시간대로 조정되었고, 고객은 그와 전화 회의를 통해 주기적으로 새로운 스토리에 대해 논의를 진행했다. 또한 목차 카드 등 전산화되지 않은 방법을 이용하던 부분들을 원격지의 인력과 다른 모든 팀원이 똑같이 이용할 수 있는 온라인 도구들로 전환했다.
>
> 팀 전체가 그러한 방법의 변화를 기꺼이 받아들였고, 변화가 진행되는 과정에서도 그가 제 역할을 할 수 있도록 도구를 찾았기 때문에 우리는 그의 전문적인 도움을 계속해서 받을 수 있었다.

어떤 팀에서는 비즈니스 전문가와 함께 일하면서 한발 더 나아간 계획을 수행하는 분석가를 두기도 한다. 각 팀은 각 이터레이션의 첫날부터 미리 솔루션들에 대한 브레인스토밍을 수행하는 것과 처음부터 모두 구현하는 것 간의 균형을 맞추어야 하는 문제에 직면하게 되며, 애자일 테스터들은 이 같은 흐름을 따라가면서 팀과 협업을 통해 변경에 대응하게 된다.

테스팅 자동화가 바로 해법의 핵심 가운데 하나이다. 수작업 테스트만 수행해서 성공하는 애자일 팀은 있을 수 없다는 것은 분명한 사실이다. 비즈니스 가치를 적시에 제공할 수 있기 위해서는 강력한 자동화가 필요하다.

자기 조직화

애자일 테스터는 자기 조직화하는 애자일 팀의 한부분이다. 팀 문화는 애자일 테스팅 철학을 구성원에게 제공하며 프로그래머, 시스템 관리자, 분석가, 데이터베이스 전문가, 고객 팀 모두가 지속적으로 테스팅과 테스팅 자동화에 대해 고려하게 되면 테스터는 완전히 새로운 관점을 경험할 수 있게 된다. 테스팅 자동화는 분명 어려운 과제이지만 전체 팀이 참여한다면 훨씬 쉬워진다. 어떤 테스팅 이슈라도 다양한 기술과 관점을 가진 사람들과 함께 대응하면 풀어나가기 용이하다.

● 리사의 이야기

내가 속한 팀은 자기 조직화의 좋은 예라고 생각한다. 스크럼(Scrum)을 구성했을 때 우리가 가진 것이라고는 버그투성이의 레거시 시스템뿐이었고 자동화된 테스트는 전무했다. 코드 수정에 대한 위험 부담은 당연히 엄청났다. 관리자는 아마도 몇 가지 멋진 솔루션을 가지고는 있었던 것 같은데 실제로 제안한 것은 없었다. 대신 우리는 이들 이슈에 대해 조사를 진행했고 결론적으로 하나의 계획을 만들어냈다.

프로그래머는 테스트 주도 개발(TDD)을 이용해 새롭고도 테스트 가능한 아키텍처 하에 신규 스토리 구현을 시작하기로 하고, 테스터는 수작업 회귀 테스트 스크립트를 작성하고 전체 팀원(프로그래머, 테스터, 시스템 관리자, DBA)이 매 반복의 마지막 이틀 동안 테스트를 실행하기로 했다. 테스터는 사용자 인터페이스를 통해 자동화된 회귀 스모크 테스트 작업도 병행하도록 했다. 결국 새로운 코드의 아키텍처 덕분에 FitNesse와 같은 도구로 기능 테스트를 자동화할 수 있었다.

이 계획을 각 이터레이션마다 거듭 보완하면서 아주 서서히 구현했다. 테스터인 나 혼자 알아서 하는 것보다 모든 팀원의 기술을 이용한 것이 훨씬 훌륭한 접근법이었다고 생각한다.

애자일 팀이 큰 문제에 봉착했다면 아마도 한사람만 너무 뛰어나거나 빌드가 깨진 경우일 것이다. 이런 중대 이슈는 팀원 전체가 풀어야 할 과제이다. 팀원은 즉시 이슈에 대한 분석에 들어가고 어떻게, 또 누가 처리할 것인지를 결정하게 된다.

리사의 상관이 이와 같은 접근법을 통해 자동화 문제들을 풀어나갔을 수도 있었겠지만, 팀 스스로 대처 가능한 계획을 만들 수도 있다. 이 경우 팀이 자체적인 접근법을 고안하고 실행하는 과정에서 팀원은 테스팅에 대한 새로운 자세를 가지게 된다.

사람 중심

프로젝트가 성공하기 위해서는 적절한 인력과 그들이 최선을 다할 수 있는 환경을 빼놓을 수 없다. 애자일 가치와 원칙은 개인과 팀의 성공을 목표로 만들어졌다. 애자일 팀 구성원은 안정감을 가져야 하며 실수에 대한 문책이나 직장을 잃을지도 모른다는 걱정에서 해방돼야 한다. 팀원끼리는 서로를 존중하고 개인의 목표의식이 확실해야 한다. 애자일 팀에 속한 모든 사람들은 기술적인 기량 향상과 사회적인 성장의 기회를 공평하게 가져야 한다. 또한 애자일 팀은 적절한 작업 페이스를 유지함으로써 원칙과 규칙을 따라 업무를 수행하고 항상 새로운 시각을 유지할 수 있다. 애자일 매니페스토에서 말한 것처럼 우리는 개인과 프로세스, 도구의 상호작용에 중요한 가치를 둔다.

소프트웨어 개발의 역사에서 테스터는 개발팀 내의 다른 역할과 항상 동등하게 중요성을 평가받지 못하고 있다. 어떤 이들은 테스터를 프로그래머로서 실패한 사람으로 보기도 하고 소프트웨어 개발 세계에서 한 단계 낮게 여기는 경향이 있다. 새로운 기술을 배우거나 전문가로 커나가는 것에 관심이 없는 테스터는 이런 선입견을 갖게 한다. 심지어 "테스터"라는 용어가 기피되어 온 것도 사실인데, "품질 보증 엔지니어"나 "품질 분석가", "품질 보증부" 등이 그 예다.

애자일 철학을 충실히 따르는 애자일 팀에서 팀 구성원 간의 우선순위란 있을 수 없다. 애자일 테스터들은 자신이 팀에서 가지는 고유의 가치를 확실히 인식하게 되었고, 개발팀은 특정한 테스팅 기법과 경력을 가진 사람의 도움이 팀의 성공을 위해 필요하다는 것을 알게 되었다. 예를 들어 탐색적 테스팅 전문가는 자동화된 기능 테스트에서 절대 찾아낼 수 없는 이슈를 찾아내는 데 탁월한 능력을 보여줄 수 있다. 테스팅에 대한 풍부한 경험을 가진 사람만이 할 수 있는 중요한 질문을 던지기도 한다. 이처럼 테스팅 지식은 가치 창출을 위해 모든 개발팀에 필요한 중요한 하나의 컴포넌트라고 할 수 있다.

즐기기

모든 팀원이 유기적으로 협업을 이루고 있고 테스터가 프로젝트의 시작부터 끝까지 참여하고 있으며 비즈니스 이해관계자와 개발팀이 함께 일하고 모든 팀원들이 품질과 테스팅에 대한 책임감을 가지고 있는 팀에서 일하고 있다면, 그곳은 테스터인 당신에게는 유토피아라고 할 수 있다. 모든 팀원은 자신의 일에서 즐거움을 찾을 수 있어야 한다. 이런 측면에서 애자일 개발은 애자일 테스터에게 열정을 불어넣어 준다.

애자일 테스터로서 우리의 직업이 만족스러운 것은 바라보는 관점과 기술이 팀 전체에 진정한 가치를 더할 수 있도록 해 주기 때문이다. 다음 단원에서 어떻게 이것이 가능한지 알아보도록 하자.

가치 부여

이 원칙이 팀에 무슨 도움이 될까? 모든 원칙은 비즈니스 가치를 창출하기 위한 것이다. 애자일 개발에서 전체 팀은 고품질의 소프트웨어를 개발해냄으로써 고객을 만족시키고 비즈니스 이익을 창출할 수 있도록 하는 책임을 가진다. 이것은 다시 비즈니스에 새로운 이득을 가져다준다.

애자일 개발은 사람들을 전문분야로 구분하는 것을 피하고 있기 때문에 팀 구성원은 대부분 일인다역을 한다. 아무리 짧은 이터레이션이거나 잦은 릴리즈라 하더라도 고객팀의 기대와 개발팀의 산출물 사이에 차이는 쉽게 발생하게 마련이다. 이러한 차이가 발생하는 것을 막기 위해 테스트를 이용할 수 있다. 하지만 여전히 올바른 테스트를 수행하는 것의 중요성을 잊어서는 안 된다.

애자일 테스터는 시스템의 사용자 관점뿐만 아니라 개발팀이 직면한 기술적인 제약이나 세부 구현 측면도 고려해야 한다. 프로그래머는 무언가를 동작하도록 하는 것이 업무의 핵심이다. 이들이 올바른 요구사항에 따라 코딩을 하고 있다면, 결과는 고객 만족으로 이어질 것이다. 하지만 불행하게도 고객은 일반적으로 요구사항을 명확하게 기술하지 못한다. 엉뚱한 테스트를 하면서 개발하다 보면 절대로 원하는 결과물을 얻을 수 없다. 따라서 애자일 테스터는 개발 초기부터 고객과 개발자 모두에게 자주 질문을 던져 올바른 테스트를 수행할 수 있도록 한다.

애자일 테스터는 전통적인 폭포수 유형의 개발 프로젝트에서 일하는 테스터에 비해 훨씬 통합적이고 팀 지향적인 접근을 통해 업무를 진행한다. 애자일 테스터는 그들의 기술과 경험을 팀과 프로젝트에 적합하게 도입한다. 프로그래머를 적대적으로 대하거나 앉아서 일을 기다린다거나 또는 계획에 너무 많은 시간을 소비하는 테스터는 애자일 팀에서 오래 버티기 어렵다.

> **위험: 당신은 "진정한" 팀원이 아닙니다.**
>
> 당신이 테스터인데 기획 회의나 스탠드 업 미팅, 설계 회의 등에 초대받지 못했다면 그 프로젝트에서는 테스터와 개발팀을 따로 떼어서 생각하고 있다고 볼 수 있다. 반면 이런 회의에 참석해서 아무 말도 하지 않고 있다면 테스터가 개발팀의 일원이 아니라는 선입관에 일조하고 있는 것이다. 비즈니스 전문가가 당신의 도움 없이 스토리를 작성하고 요구사항을 정의하고 있다면 애자일 팀에서의 테스터라고 할 수 없다.
>
> 위와 같은 처지에 있다면 당신의 팀이 위험에 처한 것이라고 볼 수 있다. 이런 상황에서 숨어있는 가정은 릴리즈 주기의 후반까지 잘 감지되지 않는다. 다른 구성요소에 대한 스토리의 파급 효과를 발견했을 때는 이미 늦은 경우가 많다. 팀은 팀 구성원 모두의 기술을 최대한 활용하지 못하기 때문에 최고의 소프트웨어를 만들 수 없을 것이다. 대화가 단절되면 프로그래머와 고객이 각각 무엇을 하고 있는지 파악할 수 없는 상황이 될 것이고 또한 팀은 좋지 않은 방향으로 개발자와 테스터로 나누어지며 나아가 개발팀이 고객팀으로부터 소외될 위험성이 높아진다.
>
> 어떻게 이 위험을 피할 수 있을까? 개발자와 가까운 곳에서 업무할 수 있는지 알아보자. 그것이 어렵다면 최소한 개발팀에 자주 찾아가서 대화를 나누고 함께 테스트를 진행하기 바란다. 개발자에게 그들이 무엇을 개발하고 있는지 보여달라고 하고, 당신이 작성한 테스트 케이스들을 검토해 달라고 하자. 또 아무도 부르지 않더라도 회의에 참석해야 한다. 테스팅을 수행하고 피드백을 전달해서 당신의 가치를 알리고 팀에서의 필요성을 확고히 하도록 하자.
>
> 고객의 스토리 작성과 인수 시험을 도와주어야 한다. "전체 팀"이라는 자세를 강조하고 팀에게 테스팅 문제를 해결하도록 요청하자. 당신의 팀이 애자일 방법론의 도입에 어려움을 겪고 있다면 한두 개 정도의 이터레이션에서 새로운 아이디어를 시험해 보도록 제안해 보자. 활발한 커뮤니케이션을 위해 "3의 힘 (Power of Three)"[1]을 제안해 보는 것도 좋다. 이 책의 정보를 이용해서 테스터가 애자일 팀의 성공에 얼마나 큰 역할을 할 수 있는지 보여주도록 하자.

스토리 평가나 기획 회의가 이루어지는 동안 애자일 테스터는 각각의 특성을 다양한 관점(비즈니스, 최종 사용자, 생산 지원, 프로그래머 등)에서 바라본다. 그들은 문제를 비즈니스 관점에서 고려하여 소프트웨어가 어떻게 대처해야 할지를 고민하고, 고객이나 개발팀이 가지고 있는 여러 가정을 말끔하게 정리하기 위한 질문을 던진다. 각 이터레이션을 시작하는 시점에 테스터는 고객이 정확한 요구사항과 예제를 제공하였는지 재확인할 수 있게 도와주고 개발팀이 그에 따른 정확한 테스팅을 수행할 수 있도록 해 준다. 테스트는 개발을 진행시키며 테스트 결과는 개발 진행 경과에 대한 피드백을 제공한다. 고객은 성능이나 신뢰성, 보안 등 비 기능 요소에 대한 요구를 잊어버릴 수 있는

---

1) 역자 주: Power of Three란 애자일 개발에서의 커뮤니케이션을 이루는 세 가지 역할인 고객, 개발자, 테스터를 의미한다.

데 이런 부분을 놓치지 않고 메우는 역할을 하는 것도 테스터다. 테스터는 테스팅 접근법과 도구를 가능한 가볍고 단순하게 유지하고, 이터레이션의 마지막에서는 최소한의 테스팅이 완료되었는지도 확인한다.

애자일 팀에서 각 역할들 간의 구분은 명확하지 않다. 테스터가 수행하는 어떤 활동에 있어서 다른 팀원이 더 유능할 수 있다. 예를 들어 분석가와 프로그래머들 역시 비즈니스 측면의 테스트를 작성한다. 모든 테스팅 활동이 잘 수행되는 경우 애자일 팀에서 테스팅만 수행하는 인력은 필요가 없다. 그러나 전문적인 테스터의 기법이 팀의 이익에 공헌하는 것을 수없이 보아왔다. 지금까지 테스팅과 가치 창출에 있어 어느 팀에게나 훌륭한 도움이 될 수 있는 애자일 원칙과 가치에 대해 살펴보았다.

요약

이번 장에서는 애자일 테스터가 팀에 효과적으로 공헌하기 위해 필요한 원칙과 가치에 대해서 알아보았다.

- "애자일 테스팅 사고방식"은 적기에 비즈니스 가치를 창출하기 위한 고객/결과 중심적이고 협력적, 창조적이면서 배움에 열정적인 자세이다.
- 업무에 임하는 자세는 매우 중요한 항목이며 테스터, 프로그래머 그리고 기타 다른 역할들 간의 명확한 경계 없이 임해야 한다.
- 애자일 테스터는 피드백, 커뮤니케이션, 용기, 단순성 등의 애자일 가치와 원칙을 적용하며 팀이 각 스토리에 대한 고객 요구사항을 식별하고 기능을 제공하는 데 도움을 주기 위한 역할을 수행한다.
- 애자일 테스터는 테스터로서의 고유한 관점과 팀 중심의 접근을 통해 팀과 조직에 가치를 더한다.

AGILE
조직이 경험하는 도전

PART 2

소프트웨어 개발 조직에 애자일 개발을 적용할 때 테스팅이나 QA팀이 보통 전환에 가장 오랜 시간이 걸린다. 많은 조직에서 독립적인 QA팀이 자리잡고 있다. 이 팀이 새로운 애자일 조직에 적응하기 시작할 때 이들은 받아들이기 어려운 문화적 차이를 경험한다. Part 2에서는 애자일로 전환할 때 마주치는 변화와 일부 장벽에 관해 다룬다. 조직을 변화시킬 때 가장 중요한 부분이 훈련이며, 종종 간과되는 부분이기도 하다. 감사와 프로세스 개선 프레임워크와 같은 기존 프로세스가 애자일 환경에서 어떻게 동작하는지 확인하는 것도 어렵다. 독립 QA팀에서 통합 애자일 팀으로 옮겨 가는 것은 커다란 변화다.

Chapter 4 "팀 전략"에서는 테스터가 실제적으로 팀에 잘 적응할 수 있는 팀 구조와 테스터와 개발자 비율에 관한 늘 반복되는 질문에 관해 설명한다. 테스터를 채용하는 것과 성공적인 애자일 테스터를 알아보는 방법에 관해서도 설명한다.

버그 기록과 측정 지표 추적, 테스트 계획 작성과 같은 전통적인 테스팅 활동은 애자일 프로젝트에서 잘 어울리지 않아 보일 수 있다. 특별히 돌아보고 주의를 기울여야 할 전통적인 프로세스 몇 가지를 소개하고 기존 품질 프로세스를 어떻게 적용할지를 논의한다.

여러분은 전통적인 폭포수 형식의 개발 환경에 익숙한 테스터와 테스트 팀이 그들의 조직 구조와 문화를 변화시켜 애자일 개발을 통해 이득을 얻고 가치를 더하게 하는 방법을 찾을 수 있다.

AGILE
Chapter 3
문화적 과제

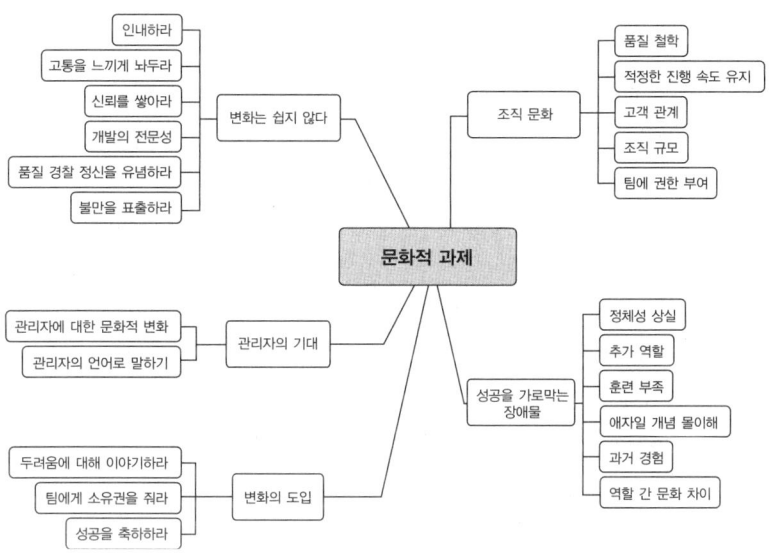

많은 조직의 영향력은 애자일 기법이나 전통적인 단계, 단계적 접근방법의 사용 여부에 무관하게 프로젝트에 영향을 미칠 수 있다. 조직의 팀 문화가 애자일 접근방법의 순조로운 이행을 방해할 수 있다. Chapter 3에서는 애자일 팀에서 테스터의 역할에 직접적으로 영향을 미칠 수 있는 여러 요인들을 살펴본다.

조직 문화

조직 문화는 조직의 가치, 규범, 가정(假定)에 의해 정해진다. 조직의 문화는 사람들이 의사소통하고 관계를 맺고 결정을 내리는 방식을 지배하며, 이러한 조직 문화는 직원의 행동을 통해 쉽게 알 수 있다.

조직의 문화는 애자일 팀의 성공에 영향을 미친다. 애자일 팀은 독립적인 사고가 가능한 조직에 가장 적합하다. 예를 들어 회사의 구조가 계층적이며 모든 프로젝트에 대해 지시하는 관리 스타일을 원한다면 애자일 팀은 아마도 힘겨운 싸움을 해나가야 할 것이다. 조직의 과거 경험도 새로운 애자일 팀의 성공에 영향을 미칠 것이다. 회사가 애자일 방식을 시도해서 형편없는 결과를 얻었다면 사람들은 회의적인 반응을 보이면서 이걸 왜 하면 안되는지 온갖 이유를 댈 것이다. 심지어 애자일에 반대하는 시위를 벌일 지도 모른다.

조직 문화는 애자일 프로세스를 도입하려고 시도할 때 너무나 자주 간과하는 요소이며, 실패를 경험하고 떠나는 사람들은 왜 약속대로 진행되지 않는지 궁금해 한다. 이미 자리 잡은 프로세스를 변경하는 것은 어려운 일이다. 특히 현 상황과 이해관계가 얽혀 있는 사람들이라면 더욱 그럴 것이다. 각각의 기능별 그룹은 그들의 요구에 맞는 하위문화와 프로세스를 개발한다. 이들은 지금까지 해왔던 방식을 편안해한다. 두려움은 강한 감정이고 이 두려움이 해결되지 않는다면 애자일로의 이행은 위태로울 수 있다. 팀 구성원이 새로운 애자일 프로세스가 그들의 일자리를 위협한다고 느낀다면 변화에 저항할 것이다.

우리는 조직 문화가 애자일 환경에서 일하는 테스터에게 미치는 영향에 대해 이야기할 것이다. 참고문헌에는 팀에 영향을 미칠 수 있는 다른 문화적 측면을 다룬 자료들도 포함했다.

품질 철학

소프트웨어 품질의 허용 수준을 결정하는 방법 면에서 조직의 품질 철학을 생각해보자. 형편없는 품질을 용인할 수 있을까? 고객의 품질 요구 사항을 고려하고 있는가? 아니면 가능한 빨리 고객에게 제품을 건네주려고만 하는가? 조직에서 품질 철학이 전체적으로 부족하고 품질을 고려하지 않고 제품 출시만으로 팀을 압박한다면 테스터들은 위기의식을 느끼게 된다. 이와 같은 환경에서 애자일 개발 기법을 사용하려는 팀은 힘겨운 싸움에 직면하게 된다.

일부 조직에서는 영향력을 행사하는 강력하고 독립적인 테스트 팀을 구성하고 있다. 이 팀과 그들의 관리자는 애자일 개발기법이 자신들의 영향력을 사라지게 할지도 모른다고 인식할 수도 있다. 그들은 애자일이 그들의 품질 철학과는 반대로 실행될 것을 우려할 수도 있다. 조직의 품질 철학과 그것을 실행할 팀의 철학을 평가하도록 하자.

> **위험: 품질 경찰 정신**
>
> 기존의 QA(품질 보증)팀에서 "품질 경찰(Quality Police)"이라는 역할을 맡았다면, 그 구성원은 항상 코드를 완벽하게 검토하고 버그를 결함 추적 시스템에서 실행하고 검증해 품질을 보장하도록 강력히 주장한다. 또한 발견한 버그에 대한 측정지표를 관리하고 프로젝트를 출시할지 말 것인지를 최종 결정하는 업무도 담당한다.
>
> 한번은 프로그래머가 코딩 표준을 따르도록 하라고 개발 관리자에게 강요한 것을 성과라고 자랑하는 테스터와 이야기를 나눈 적이 있다. 표준에 미치지 못하는 요구 사항에 대한 버그를 기록하는 데 시간을 소비하는 테스터에 대해 들어본 적도 있다. 이러한 태도는 협업하는 애자일 팀에 적합하지 않으며 대립 구조를 조장하는 행동이다.
>
> "품질 경찰" 역할의 또 다른 위험성은 팀이 이것을 품질을 구축하는 개념으로 받아들이지 않고 프로그래머가 테스터를 안전망으로 활용한다는 것이다. 팀은 결함 추적 시스템을 통해 의사소통을 시작하는데, 이는 의사소통에 있어 그리 효과적인 방법이 아니기 때문에 팀이 절대로 "결속"할 수 없다.
>
> 이러한 위험을 피하는 데 도움이 되는 글을 읽어보자.

모든 사람이 품질에 대한 가치를 높이 평가하는 조직이라면 애자일로의 전환이 빠르게 이루어질 것이다. 어떤 하나의 그룹이 품질에 책임감을 가진다면 성공을 위해 팀의 다른 모든 사람과 공유하는 방법을 배워야만 한다.

| 전체 팀이 품질을 책임진다 |

Chapter 1 "애자일이란 대체 무엇인가?"에서 전체 팀의 품질 접근법에 대해 이야기했다. 많은 테스터들과 QA팀에게는 품질을 책임지는 역할에서 품질을 정의하고 유지하는 참여적인 역할로 변화하는 것을 의미한다. 이러한 급격한 태도 변화는 테스터나 QA팀에는 힘든 일이다.

전통적인 환경에서 작업해온 테스터는 새로운 역할에 적응하기까지 꽤 힘들 것이나, 개발과 QA팀이 적대 관계에 있는 조직에서 왔다면, 품질이 나중에 생각해도 되는 것에서 필수적인 것이 된 것에 적응하기 힘들 수 있다. 그리고 프로그래머와 테스터 모두에게 서로를 믿도록 하는 것이 어려울 수 있다.

| 기술과 적응력 |

애자일 기법에 적응하지 못하는 프로그래머들은 많이 보았지만, 요구 사항 문서에 따라 테스트 스

크립트를 구축하는 데 익숙한 테스터를 본적이 있는가? 이들은 코드가 만들어지는 것을 보면서 질문하고 배울 수 있을까? 자신의 테스팅 접근 방법을 변경하지 않는 테스터는 개발팀과 친밀하게 일하기 어렵다.

수작업 테스트에만 익숙한 테스터는 애자일 개발의 본질인 자동화 접근법을 이해하지 못할 것이다. 이러한 테스터에게 변화란 익숙한 영역에서 벗어나 새로운 기술을 개발하는 것을 의미하기 때문에 그들이 변경될 역할에 대응하려면 많은 용기가 필요하다.

| 도움 요인 |

고려할 문화적 이슈가 많더라도 대부분의 QA팀은 프로세스 향상에 초점을 두고 있고, 애자일 프로젝트는 이전 프로젝트를 회고하는 방법 등을 통해 지속적인 향상과 융통성을 권장한다. 대부분의 품질 보증 전문가는 자신이 배운 것을 적용해서 개선하기 위해 노력한다. 이들은 충분히 적응할 수 있다. 조직이 학습에 초점을 두고 있다면 지속적인 프로세스 향상을 권장할 것이고, 이와 같은 조직이 위기 대응에 더 가치를 두고 있는 조직보다 더 빨리 애자일을 도입할 것이다.

효과적인 품질 철학이 없는 조직의 테스터라면 품질 기법을 받아들이도록 싸워야 한다. 애자일 접근 방법은 고품질 지향 기법(quality-oriented practices)을 도입하기 위한 메커니즘을 제공한다.

테스터도 애자일 프로젝트에서 일하는 방법을 배우고 있는 다른 사람과 마찬가지로 시간과 훈련이 필요하다. 당신이 테스터가 포함된 팀을 관리하고 있다면 아낌없이 지원하자. 종종 테스터는 그린필드 프로젝트[1]의 초반부에는 참여하지 않으면서 몇 달 동안 함께 일해온 팀에 적응하길 기대한다. 테스터들의 조정을 위해 경험이 많은 애자일 테스팅 코치가 필요하다. 이전에 애자일 팀에서 일해온 사람을 채용해 멘토나 교사로 활용하면서 테스터를 기존의 팀을 따라서 애자일로 전환하든지 아니면 새로운 애자일 개발팀에 합류하든지 간에 새로운 애자일 문화에 융합되도록 도울 수 있다.

진행 속도 유지

전통적인 테스트 팀은 프로젝트의 후반부에 엄청 빠르고 맹렬하게 테스팅하는 것에 익숙하며 주말과 늦은 밤까지 일하는 경우가 많다. 프로젝트의 후반부의 이러한 테스팅 단계 동안 일부 조직은 일

---

[1] 역자 주: 이전에 경험해보지 못한 새로운 형태의 프로젝트

정을 맞추기 위해 보통 팀에게 매주 50~60시간, 또는 그 이상의 시간을 투자하도록 요청한다. 조직은 흔히 개인의 충성도를 초과 근무 시간으로 판단한다. 이는 사람들에게 언제나 최선의 일을 해내도록 하는 것을 중시하는 애자일 가치관과 상반된다.

애자일 프로젝트에서는 일정한 개발속도를 유지하도록 권장한다. 이는 팀에서 고품질의 기준을 유지할 수 있도록 일정한 진행 속도를 지속해야 함을 의미한다. 새로운 애자일 팀은 달성할 수 있는 것과 많은 일을 맡는 것에 대해 지나치게 긍정적인 경향이 있다. 2번 정도의 이터레이션 후에는 충분한 작업량이 어느 정도인지 학습하기 때문에 작업을 완료하는 데 초과 근무는 필요하지 않다. XP 팀은 일반적으로 주당 40시간이 진행 관리에 적합하다. 이것은 얼마나 노력하느냐에 달려있다. 즉 주마다 충분한 노력을 투여한다면 뛰어난 가치를 제공하면서 사람들이 시간과 노력이 많이 들여서 하는 대부분의 일을 달성할 수 있게 한다.

가끔은 지속 불가능하지만 엄청난 속도로 작업할 필요가 있지만 예외적인 경우일 뿐이다. 단기간 동안 초과 근무가 필요하다면 팀 전체가 초과 근무해야 할 것이다. 스프린트의 마지막 날인데 일부 스토리를 테스팅하지 못한 경우, 테스트를 완료하려면 테스터만이 아닌 전체 팀이 늦게까지 남아 있어야 한다. 개발과 함께 테스팅을 계획하고 코드 작성을 따라가면서 테스팅할 수 있는 방법을 배우기 위해 이 책에서 추천한 기법과 기술을 사용하자. 팀의 작업 부하와 속도 부분의 관리가 개선될 때까지 진행 속도를 안정적으로 만드는 데 도움이 되는 초과 근무에 대한 예산을 세우자.

고객 관계

전통적인 소프트웨어 개발에서 개발팀과 고객과의 관계는 협력사-공급자 관계에 가까웠다. 고객이 내부에 있어도 비즈니스 가치를 생산한다는 공통의 목표로 작업하는 두 개의 팀이라기보다는 두 개의 분리된 회사처럼 느껴졌다.

애자일 개발에서는 고객의 친밀한 참여가 중요하며 적어도 대리인이라도 참여해야 한다. 애자일 팀은 협력을 위해 고객을 초청하며 개발 과정에 직접 참여할 수 있도록 가능한 한 같은 장소에서 같이 작업한다. 이렇게 하면 양자는 서로의 강점과 약점을 배울 수 있다.

관계 측면에서 고객이 내부에 있든지 외부에 있든지 이러한 변화를 양쪽 모두 인식해야 한다. 열린 관계는 애자일 프로젝트에 있어 성공의 열쇠가 된다. 고객팀과 개발팀의 관계는 협력사-공급자의 관계가 아닌 파트너와 같다.

> **● 자넷의 이야기**
>
> 내가 최근에 맡았던 대규모 프로젝트에서 고객은 실제로 다섯 개 회사로 이루어진 컨소시엄이었고, 그중 하나는 소프트웨어를 제작하는 소프트웨어 회사였다. 각 회사는 그들의 요구사항을 대변할 최고의 전문가 3명을 지원했다. 현장 사용자와 기업 간의 정기적인 커뮤니케이션이 이루어졌고, 또한 그들은 매일 함께 일하는 팀의 주요 부분을 담당했다.
>
> 다섯 회사 모두의 대표자로 구성된 운영 위원회는 지속적으로 진행상황을 보고받고, 중요한 결정을 내려야 할 때만 개입했다.

몇몇 대표적인 도메인 전문가들을 통해 모든 이해 관계자들이 지속적으로 정보를 제공받는 것은 개발자-고객 간의 성공적인 협력관계를 위한 한 가지 접근방법이다. 나머지는 Part 5 "삶 속의 이터레이션"에서 설명할 것이다. 그들은 무엇을 구축할지를 최우선으로 고려하며 제품의 품질에 있어 최종 결정권을 갖는다. 테스터들은 요구사항을 알기 위해서 고객과 친밀하게 작업하고, 만족 조건에 부합하는지를 판별하는 "인수 테스트(acceptance tests)"를 정의한다. 테스팅 활동은 개발팀-고객팀 관계의 핵심이다. 그것이 테스팅 전문가가 애자일 팀에서 필수적인 이유다.

조직 규모

조직 규모는 프로젝트의 실행 방법과 회사 구조의 성숙도에 큰 영향을 줄 수 있다. 더 큰 조직이나 구조가 계층적일수록 더 그러하다. 상명하달의 커뮤니케이션이 발달하면 보고 체계는 명령 계통이 되고 기술과 비즈니스 간 협력은 조화가 깨진다.

| 커뮤니케이션 과제 |

일부 애자일 프로세스는 팀 간의 커뮤니케이션을 촉진하는 방법을 제공한다. 예를 들어 스크럼은 "스크럼 속 스크럼(Scrum of Scrums)"이 있고, 여기서 여러 팀 대표자들이 매일 조율한다.

테스트팀이나 다른 특정 리소스가 프로그램팀과 분리된 대규모 조직이라면 항상 연락할 수 있는 방법을 찾아 작업한다. 예들 들어 데이터베이스팀이 완전히 분리되어 있다면, 제때 필요한 것을 얻기 위해 데이터베이스 전문가와 긴밀하게 일할 방법을 찾을 필요가 있다.

Tip
Chapter 16 "본격적인 시작"에서 큰 조직이 기능 분석가를 통해 원거리의 고객들로 인해 발생하는 문제를 줄이는 방법을 설명한다.

큰 규모의 회사에서 더 흔한 문제는 더 작은 규모의 회사처럼 고객에게 접근할 수 없다는 것이다. 이는 요구사항과 예제를 수집하고, 개발 주기에 걸쳐 고객의 참여를 유도하는 데 큰 장애가 된다. 해결책은 고객을 대신하는 역할을 수행할 수 있는 전문 지식을 갖춘 테스터나 분석가를 보유하여 문제를 해결하는 것이다. 커뮤니케이션 도구는 이와 같은 상황을 잘 처리할 수 있도록 돕는다.

큰 회사라는 규모의 특성상 생기는 문제를 극복하기 위한 창조적인 방법을 찾아보자.

조직 내의 문화 충돌

큰 규모의 소프트웨어 개발 부서에서 애자일 개발은 보통 한 팀이나 몇몇 팀에서 적용한다. 애자일 팀에서 단계별 개발과 점진적 개발 같은 서로 다른 접근법을 사용하는 다른 팀과 조정을 해야 한다면 일련의 추가적인 어려움이 있다. 일부 외부 팀에서 제대로 해내지 못할 경우 더욱 어려워진다. 심지어 회사 전체가 애자일을 채택하려 할 때도 일부 팀은 다른 팀보다 더 성공적으로 전환한다.

여러분이 속한 팀에서 자신들의 영역에 방어적인 전문가 팀의 저항을 만날 수도 있다. 리사(Lisa)는 회사의 형상 관리팀으로부터 팀 구성원이 도움을 받을 수 없었던 팀과 이야기했었는데, 그것은 분명 큰 장애물이었다. 일부 개발팀은 고객과 직접적으로 이야기하는 것이 금지되었다.

타사에서 여러분의 팀과 동일한 시스템을 작업하고 있다면, 그들의 문화와도 충돌이 발생한다. 어쩌면 여러분의 팀이 외주 업체이고 고객을 위해 소프트웨어를 개발하고 있을지도 모른다. 이런 문화 기반의 차이점을 경감시킬 방법에 대해 생각해 보아야 한다. Part 5에서 다른 팀이나 타사와 함께 하는 작업에 대해 구체적으로 알아보겠지만 바로 시작해 볼만한 몇 가지 아이디어가 있다.

더 세부적인 계획 다른 팀과의 조정을 해야 한다면 릴리즈 계획에 시간이 필요하거나 아니면 이터레이션이 시작되기 전에 그들과 함께 일할 시간이 필요할 것이다. 자신의 프로세스와 다른 사람의 프로세스를 조정해 함께 작업하려면 적응할 시간이 필요하고, 요구 사항을 수용하려면 그들의 프로세스를 변경할 필요가 있을 것이다. 성능 테스트 전문가나 부하 테스트 환경과 같은 공유 자원에 대한 접근 처리를 고려하고 자신의 작업을 상대방의 스케줄에 맞춰 계획한다. 이해관계자는 여러분의 애자일 프로세스에 포함되지 않은, 공식적인 테스트 일정 등의 특정 산출물을 기대할지도 모른다. 일부 추가 계획이 이러한 문화적 차이를 해결하는 데 도움이 된다.

일단 행동하고 나중에 사과하라 우리는 문제를 일으킬 만한 제안을 주저하지만, 흔히 대규모 조직의 관료주의적인 조직은 매우 느리게 변하기 때문에 팀 자체에서 솔루션을 찾아내고 구현해야 할지 모른다. 예를 들어 형상 관리팀과 협력할 수 없는 팀은 스스로 간단하게 내부 빌드 프로세스를 구현하고 공식적으로 승인된 프로세스에 통합하는 작업을 계속했다.

필요로 하는 것을 얻을 수 있는 공식적인 채널이 없다면 창조성을 발휘해야 한다. 테스터는 이전에 고객과 직접 이야기를 나눠본 적이 없을 것이다. 스스로 자리를 마련하거나 고객을 대신하거나 매개자로써 활동할 수 있는 누군가를 찾아보라.

팀에 권한 부여

애자일 프로젝트에서 각 개발팀에게 의사 결정권을 부여하는 것은 중요하다. 여러분이 관리자이고 애자일 팀을 성공적으로 이끌고자 한다면 창조적으로 활동하고 반응하는 자유로운 분위기를 만들어보라. 조직의 문화는 성공적인 애자일 프로젝트를 위해 이러한 변화에 적응해야 한다.

테스트/QA팀에서 애자일 채택을 가로막는 장애물

모든 변화는 성공을 가로막는 장애물과 직면하게 된다. 앞서 설명한 것처럼 조직 문화는 극복해야 할 최대의 장애물이다. 일단 조직 문화가 잘 확립되면 변화는 어려워진다. 상당한 시간이 걸려 형성된 조직 문화가 일단 자리 잡으면 직원들은 그 문화에 헌신하게 되고 변화에 극도로 저항하게 된다.

이번 섹션에서는 테스터와 QA팀에서 마주칠 수 있는 애자일 개발 방법론의 도입을 가로막는 특정한 장애물에 대해 논의한다.

정체성(Identity) 상실

테스터는 많은 이유로 독립적인 QA팀의 개념을 고수하지만, 분명 주요 원인은 두려움이다.

- 자신의 QA 정체성을 잃을 수 있다는 두려움
- 개발 관리자에게 보고할 경우 지원이 끊기고 프로그래머가 우선시 될까 하는 두려움
- 애자일 팀에서 일에 대한 기술 부족으로 인해 직장을 잃을까 하는 두려움

- 자신과 자신들의 관리자가 새로운 조직에서 적응하지 못할까 하는 두려움

Tip
Chapter 4 "팀 전략"에서 사람들의 적응 돕기 위해 사용할 수 있는 아이디어들을 다룬다.

"우리 회사는 애자일 개발 방법을 적용하고 있습니다. 나는 어떤 역할을 하면 될까요?"와 같은 질문을 QA 관리자로부터 종종 듣는다. 이는 "정체성 상실"로 인한 두려움과 직접적으로 연관이 있다.

역할 추가

우리는 경험을 통해 새로운 팀이 성공에 핵심적인 전문가를 종종 놓치는 것을 알고 있다. 큰 장애물을 만나면 리사(Lisa)의 팀은 단지 가만히 앉아서 "우리 팀에서 어떤 역할이 빠져서 이런 방해를 받게 된걸까? 무엇이 필요한가? 또 다른 개발자, 또 다른 테스터, 데이터베이스 설계자?"라고 묻기만 했다. 테스팅은 방대한 영역이라는 것을 우리 모두는 알고 있다. 아마도 애자일 팀에서 테스팅 경험이 있는 누군가가 필요할 것이다. 아니면 성능 테스트 전문가가 필요할 수도 있다. 제품의 성공을 위해 필요로 하는 역할이 무엇인지 분석하는 데 시간을 들여야 한다. 외부에서 그런 전문가를 충원해야 한다면 그렇게 하자.

운영팀에서 모든 사람이 그들의 역할을 이해하거나 자신이 새로운 애자일 팀의 일원으로써 현재 자신의 역할이 무엇인가를 알아야 한다. 이렇게 하는 것은 시간과 훈련을 필요로 한다.

훈련 부족

"컨퍼런스 속 컨퍼런스"라는 애자일 2007 행사에서 세션을 주최한 적이 있는데, 그때 사람들에게 애자일 팀이 가지고 있는 테스트 관련 문제들에 대해 질문했다. 참석자들 중 한 사람이 자신들은 애자일 문헌을 참고해서 그들의 테스트 조직을 분리시켰다고 했다. 하지만 그들은 3개월 동안 아무런 훈련 없이 개발 조직에 테스터를 투입했고, 테스터는 자신의 새로운 역할을 이해하지 못해 결국 모두 그만두었다고 한다. 이 같은 문제는 올바른 훈련과 지도로 막을 수 있다.

우리가 처음 애자일 팀과 일하기 시작했을 때는 애자일 테스터가 해야할 일과 팀 안에서 함께 일하는 방법에 대해 배울 수 있는 자료가 많지 않았다. 오늘날에는 테스터가 애자일 환경에 적응할 수 있도록 훈련시킬 수 있고 테스트 팀이 애자일로 전환할 수 있도록 도와주는 전문가를 쉽게 찾을 수 있다. 지역 사용자 모임과 컨퍼런스, 세미나, 온라인상의 지도, 메일링 리스트 등은 모두 테스터와

관리자가 원하는 것을 배울 수 있도록 귀중한 자료를 제공한다. 필요할 때 도움을 구하는 것을 두려워하지 말자. 좋은 코칭은 여러분의 투자에 좋은 결과를 가져다 줄 것이다.

애자일 개념에 대한 몰이해

모든 애자일 팀이 똑같지는 않다. 애자일 개발에는 XP, Scrum(스크럼), Crystal, FDD, DSDM, OpenUP 그리고 이들을 다양하게 혼합한 형태 등의 다양한 접근방법이 있다. 자칭 "애자일" 팀이라고 말하는 팀들 중 일부는 우리가 볼 때 실제로 애자일을 실행하고 있지 않다. 많은 팀이 출처를 신경쓰지 않고 그냥 사례를 가져다 쓰거나 자체적으로 개발한다. 여기까지는 좋으나 애자일의 핵심 가치와 원리를 전혀 따르지 않는다면 애자일이란 이름을 내거는 것에 의문을 가질 수밖에 없다. 예를 들어 매달 제품을 출시하면서 문서화 작업을 생략하고 있다면 이는 애자일 개발이라고 할 수 없다.

사용해야 하는 실천법이나 이들 실천법을 훈련시키는 방법과 같은 "애자일"의 구성요소에 대해 팀의 구성원 서로 간에 반대되는 개념을 가지고 있다면, 문제가 일어날 것이다. 여러분이 테스터이고 지속적인 통합을 실행하기 위해 팀을 계속 압박하는데 프로그래머들은 시도조차 거부한다면 정말 어려운 상황에 놓인 것이다. 여러분이 프로그래머인데 비즈니스 중심 테스트의 개발 등과 같은 실천 사항을 성공적으로 해내지 못했다면 마찬가지로 대립 상황에 놓이게 될 것이다.

팀이 애자일로의 성공적인 전환을 하려면 어떻게 나아갈 것인지에 대한 공감대가 있어야 한다. 많은 애자일 개발의 실천 사항은 상승작용을 하므로 고립된 상태에서 애자일을 사용한다면 팀이 원하는 이익을 제공하지 못한다. 팀은 주요 실천 사항에 대해 주어진 횟수만큼 이터레이션을 실행하고 그 결과를 평가하는 실험에 동의할지도 모른다. 팀 스스로가 실천 사항을 맞춰나가는 방법을 이해하는 데 도움을 얻기 위해 외부적인 조언들을 구하기로 결정할 수도 있다. 다양한 관점은 팀에 유익하지만 모든 사람이 같은 방향으로 나아가야 한다.

우리가 얘기를 나눈 몇몇 사람은 전통적인 소프트웨어 개발 조직에서 애자일 개발 프로세스를 시행할 때 흔히 발생하는 "작은 폭포수 모델" 현상에 대해 이야기했다. 이 조직은 6개월, 혹은 1년의 긴 개발 주기를 2주 혹은 4주에 한번으로 변경하고 그 짧은 기간 안에 전통적인 SDLC 전 단계를 담으려고 쥐어짰다. 자연히 전과 동일한 문제가 계속 발생한다. [그림 3-1]은 코드 작성 후 수정 단계를 거쳐서 테스팅에 이르는 미니 폭포수 모델의 "이상적인" 형태를 보여준다. 여기서 코드 작성 다음에 오는 테스팅은 다음 이터레이션을 시작하기 전까진 완료된 것이다. 하지만 실제로 벌어지는 일은 테스팅이 이터레이션의 끝에 억지로 투입되어 보통 다음 이터레이션 때까지 끌고 간다. 프로그래머는 충분한 수정이 이루지지 않은 상태에서 다음 이터레이션을 위한 일을 시작한다. 머지않아 일부 팀은 항상 테스팅이 "밀린" 상태로 이터레이션에 들어가고, 항상 그래왔던 것처럼 릴리즈 일자는 연기된다.

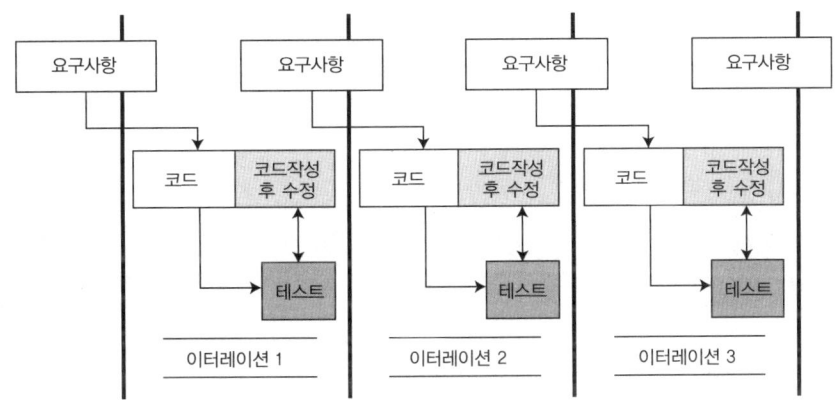

[그림 3-1] 미니 폭포수 프로세스

제품을 만들어 인도하는 데 관여하는 모든 사람들은 핵심 실천 사항뿐만 아니라 애자일의 기반 개념들을 이해하기 위한 시간과 훈련이 필요하다. 숙련된 코치는 테스트 주도적 개발 같은 새로운 실천 기법을 팀이 직접 익히도록 할 수 있다. 더 큰 조직에서는 기능 테스트 관리자가 실천 기법을 이끌고 테스터가 새로운 팀과 의사소통하고 협력하는 방법을 학습하도록 지원과 자원을 제공할 수 있다. 프로그래머와 다른 팀 구성원도 그들의 기능적인 관리자들로부터 이와 유사한 도움이 필요하다. 강력한 리더십은 팀이 "작은 폭포수" 모델에서 벗어나 코드 작성과 테스팅이 하나의 프로세스로 통합해 진정한 협업 개발 모델로 가는 방법을 찾는 데 도움이 될 것이다.

XP(eXtreme Programming)는 팀의 핵심 XP 실천 항목에 대한 적응 수준을 측정하기 위해 레이더 차트를 개발했다. 그들은 5개의 각기 다른 핵심 실천 항목인 팀, 프로그래밍, 계획, 고객, 짝짓기(두 명의 개발자가 드라이버와 옵서버로 역할을 나눠 함께 개발하는 짝 프로그래밍)로 측정하고, 팀의

> **Tip**
> XP 레이더 차트에 대한 자세한 정보를 얻으려면 첨부된 참고문헌을 살펴보자.

실천 항목에 대한 적응 수준을 보여준다. [그림 3-2]의 두 개의 차트를 보면 왼쪽의 차트는 성공적인 적응력을 보여주고 있는 반면에 오른쪽에 있는 차트는 약간의 문제가 있는 영역이 있음을 보여준다.

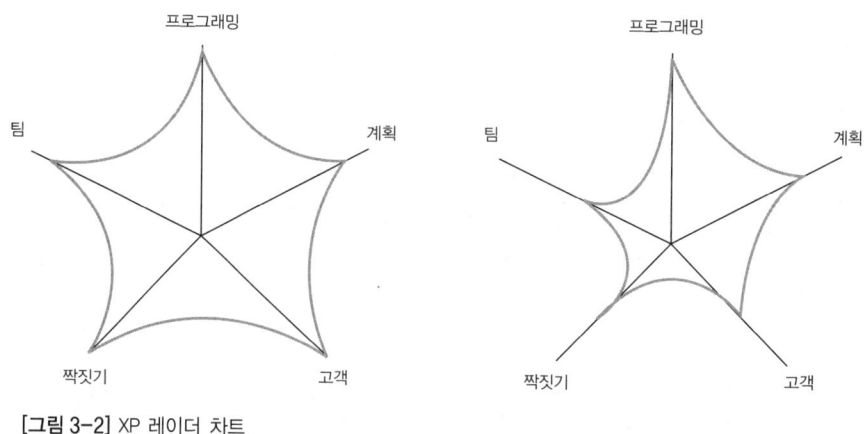

[그림 3-2] XP 레이더 차트

과거의 경험과 자세

많은 사람은 제대로 된 변화를 경험하지 못했다. 일부 개발 조직은 "그때 그때 맞는(du jour) 방법론"을 계승해 생존해왔다. 그들은 체념하고 질문할 것이다. "이걸 왜 또 해야 되죠?" 사람들은 자신들의 오래되고 성공적이지 못한 패턴을 고수한다. 새로운 무언가를 시도하려 할 때도 스트레스로 인해 낡고 오래된 습관으로 되돌아갈지 모른다. 다음은 과거의 경험과 "세상은 원래 그런 거야"라는 식으로 변화에 저항하는 사람들의 몇 가지 사례다.

- 어떤 테스터는 혼자 앉아서 갖고 있는 문제에 대해 프로그래머와 이야기하지 않으면서 그가 원하는 것을 프로그래머들이 이해하지 못한다고 불평한다.
- 어떤 테스터는 프로그래머가 올바른 코드 작성법과 테스트 방법을 모른다는 기존의 태도를 떨치지 못한다.
- 프로그래머는 "항상" 그들이 원하는 것을 어떻게든 하기 때문에, 프로그래머가 고객이 좋아하지 않는 것을 했을 때 고객이 체념한다.

애자일 개발로의 전환에 직면했을 때 이런 부류의 사람들은 종종 새로운 프로세스에 기회를 주지 않고 떠나 버린다. 애자일 개발이 모두를 위한 것은 아니지만 실험을 위한 훈련과 시간은 이러한 태도를 개선하는 데 도움이 될 수 있다. 해결책의 한 부분이 되는 사람에게 요청하고 특정 상황에 최적화된 프로세스와 실천방법을 알아내기 위해 함께 일하라. 자기 조직화한 팀은 그들 자신의 운명을 통제할 수 있다는 확신을 주어 개발팀의 모든 구성원들을 안심시키는 강력한 도구가 될 수 있다.

역할 간 문화적 차이

새로운 애자일 팀 구성원 각각은 서로 다른 관점에서 전환이 이루어진다. 프로그래머는 제품의 코드를 작성하고 가능한 한 빨리 제품을 출시하는 데 익숙하다. 시스템 관리자와 데이터베이스 전문가는 혼자서 작업하고 자신의 스케줄에 맞춰 요구 사항을 수행하는 데 익숙하다. 고객은 직접적으로 개발팀과 이야기를 나눠본 적이 없다. 테스터는 프로젝트의 후반부에 투입되는 것이 관례일 것이고 다른 프로그래머와 상호작용에 익숙하지 않을 것이다.

애자일로의 전환이 두려운 것은 당연하다. 팀은 의사소통이 원활하도록 규칙과 가이드라인을 제공해 함께 어울려 작업할 수 있다. 리사(Lisa)가 새로운 애자일 팀에 합류했을 때 그 팀의 규칙은 누군가와 함께 짝을 이루도록 요청할 경우 동의해야 하는 것이었다. 당장 할 수 없을 지도 모르지만 시간이 나는 대로 팀 동료를 도와주어야 한다.

다른 행동을 취하는 사람들에게 무엇이 필요한지 파악하고 제공할 방법을 알아내도록 하라. 고객은 개발을 어떻게 진행하는지 또는 고객의 만족 조건에 부합하는지 알 수 있는 방법이 필요하다. 개발자는 비즈니스 우선순위와 요구 사항을 알아야 한다. 테스터는 사례를 찾고 그것을 테스트로 변환하는 방법이 필요하다. 모든 팀원은 일류 팀의 구성원이고 자신이 가치가 있다고 느끼길 원한다. 각 팀 구성원은 이슈를 제기하고 새로운 아이디어를 시도하는데 있어 편하고 자유로워야 한다. 각 역할의 관점을 이해하면 전환 시 팀에게 도움이 된다.

변화에 대해 알리기

변화를 시행할 때 부작용을 주의하라. 시작 단계에서 혼란스러울 수 있다. 팀은 새로운 프로세스가 무엇인지 확실하지 않으면, 일부 그룹에서는 낡은 방법을 고수하려고 할 수도 있고 일부는 불안해하며 분열될 수 있다. 사람들은 새로운 현상에 대한 혼란스런 단계를 오해한다. 이를 피하려면 먼저 변화 모델을 설명하고 기대를 심어줘야 한다. 기대감이 있으면 애자일 프로세스 시행 초반의 혼란을 예상하고 받아들인다. 가장 골칫거리인 부분을 찾아 문제를 해결할 수 있는 실천법이 무엇인지 알아내면 혼란에서 벗어나 프로세스를 즉각 진행할 수 있다.

두려움에 관해 이야기하라

반복적인 개발이 시작될 때, 사람들에게 그들의 두려움에 대해 이야기하고 피드백을 줄 수 있는 장소를 제공하기 위한 회고를 활용하라. 두려움을 갖는 것이 정상임을 사람들이 알게 하자. 열린 마음으로 두렵거나 불편하다고 말하는 것을 인정하도록 가르치라. 각자의 두려움의 원인에 대해 논의하고 이 논의를 통해 배우며 결정하고 앞으로 나아가는 것이다. 두려움은 변화에 따른 공통적인 반응이다. 사람들에게 강제로 원치 않는 것을 하도록 하는 것은 긍정적인 변화에 해가 될 수 있다. 본보기가 되어 이끌어야 한다.

● 리사의 이야기

자넷과 나는 각자 처음으로 XP 팀에 합류했다. 그 당시 많은 XP 실천가들은 XP 팀에서 테스터를 위한 공간을 거의 본 적이 없을 때였다. XP는 "고객 권리 장전"과 "프로그래머 권리 장전"을 갖지만, "테스터의 권리 장전"은 분명히 빠져 있었다. 팁 하우스(Tip House)와 나는 애자일 팀의 성공을 위해 테스터를 지원하고 격려할 고유한 "테스터 권리 장전"을 내놓았다. 지난 수년간 많은 테스터들이 우리에게 와서 이 권리 장전이 그들에게 얼마나 도움이 되었는지, 또 다른 팀 구성원과 테스터가 함께 작업하는 방법을 익히는 데 얼마나 도움을 주었는지에 대해 이야기했다. 나는 규칙이 너무 많은 것은 좋아하지 않지만, 팀이 문화적 장벽을 극복하고 새로운 방식으로 일하는 방식을 이해하도록 도와줄 수 있다면 유용할 수 있다. 다음 목록은 "테스터 권리 장전"이다. 테스터와 애자일 팀을 통합하기 위해 아래의 내용을 사용해보자.

- 테스터는 테스팅과 품질, 프로세스와 관련된 이슈를 언제든지 제기할 권리가 있다.

- 테스터는 고객과 프로그래머, 다른 팀 구성원에게 질문하고 적시에 답변을 받을 권리가 있다.

- 테스터는 프로그래머와 관리자, 고객 등 어느 누구에게든지 도움을 요청하고 받을 권리가 있다.

- 테스터는 테스팅 작업을 추정하고 스토리 추정에 포함시킬 권리가 있다.

- 테스터는 시기적절한 방법으로 테스팅 작업을 수행하는 데 필요한 도구를 사용할 권리가 있다.

- 테스터는 혼자가 아니라 전체 팀이 품질과 테스팅에 책임이 있음을 기대할 권리가 있다.

팀에게 주인의식 심어주기

주요 성공 요소는 주인의식을 가지고 접근방식을 조정하는 능력이 있느냐에 달렸다. 사람들을 올바르게 이끌어 주면 태도와 인식은 변할 수 있다. 리사(Lisa)는 마이크 콘(Mike Cohn)이 코치로써 그녀의 팀과 함께 일하는 모습을 볼 수 있었다. 자기 조직화된 팀은 자신의 문제를 스스로 발견하고 해결해야 한다. 마이크(Mike)는 실험과 개선을 위한 시간과 자원이 있는지 확인했다. 그는 비즈니스에서 양이나 속도보다는 품질이 더 중요함을 이해하고 있다는 점을 확인했다. 자기 조직화된 팀을 포함한 모든 팀에서 조직의 관리팀과 효과적으로 상호 작용하는 리더가 필요하다.

성공 축하하기

변화를 시행하면 시간이 걸리고 혼란스러울 수 있으므로, 팀에서 성취한 모든 성공을 반드시 축하하자. 이터레이션 넷째 날쯤 모든 스토리에 대한 높은 수준의 테스트 케이스를 기록하는 목표를 달성했을 때는 스스로를 칭찬해라. 한 이터레이션의 작업을 막 인도했을 때 팀과 함께 가벼운 게임이나 점심을 하자. 제대로 된 변화를 원한다면 인정하는 행위가 중요하다.

지원을 제공하는 QA 관리자에게 지속적으로 보고하도록 하면서 테스터를 개발팀으로 통합하는 것이 애자일 개발로의 전환을 쉽게 하는 방법 중 하나다. 테스터는 프로그래머와 적대 관계에서 협력 관계가 될 방법을 찾을 수 있다. 그들은 개발팀이 고객의 필요를 이해하도록 돕고 적절한 비즈니스의 가치를 제공할 방법을 알려줄 수 있다. 팀 간의 훌륭한 상호 작용을 구축하는 즐거운 활동을 주관할 수 있다. 과자와 초콜릿을 준비해 동료에게 다가가는 것도 친해지는 좋은 방법이다. 인내와 유머 감각은 큰 강점이 된다.

> **애자일에 대한 저항 극복하기**
>
> 퀵오피스(Quickoffice)를 이끄는 품질 보증팀의 마크 버낸더(Mark Benander)는 애자일 팀에서 네 번째 프로젝트 중이었다. 첫 번째 프로젝트는 여덟 명의 개발자와 한 명의 테스터가 테스트 자동화 도구 없이 전체 애플리케이션을 거의 다 다시 작성하는 것이었다. 그는 애자일 개발에서 우려를 극복했던 그의 경험, 특히 개발 관리자에게 보고하는 것에 대해 이야기를 들려주었다.

테스터가 개발 관리자에게 보고하는 시스템의 측정지표 관리 형식이 있었지만, 테스트 관리자가 여전히 공식적인 감독관이었다. 이것은 내게 어느 정도 위안이 되었지만, 예상했던 대다수의 문제들이 발견될 때마다 기각됐기 때문에 사실상 전혀 위안이 되지 않았다. 내 걱정거리는 개발자처럼 생각해서 어쨌거나 릴리즈하는 것이 아니라 테스터가 아닌 관리자가 내 이런 걱정을 애플리케이션에 다시 반영하지 않을 것이라는 점이었다.

궁극적으로 나는 좀 더 개발자처럼 생각하게 되었고 일부 사소한 버그에 대해 덜 걱정하게 되었다. 애플리케이션의 작업에 대한 이해가 깊어지면서 버그 수정으로 인한 위험과 비용이 잠재적으로 이익보다는 위험이 더 클 수 있다는 것을 알았다. 이처럼 생각하는 것은 단지 내부 비용뿐 아니라 최종 사용자에게 미치는 영향을 항상 의식하고 있는 한 결코 나쁘지 않다고 생각한다.

내가 개발자보다 더 개발자처럼 생각하게 되자 개발자들은 테스터보다 더 테스터처럼 생각하기 시작했다. 나는 사실 테스터의 역할이 대립적인 것을 좋아하지만 싸우는 식이어서는 안 된다. 나는 실제로 코드를 견고하고 사용자에게 친숙하게 구현한 개발자에게 금별(초등학교 2학년 받아쓰기 시험 때 받아봤을 법한 작은 스티커)을 주고 아주 악랄한 버그를 "구현"했을 때는 분홍별을 준다. 그들은 내가 오면 또 뭘 발견했나 싶어서 신음 소리를 내거나 그들 스스로 자신의 코드를 테스트하고 내가 어떤 것도 발견하지 못하게 함으로써 "내 일을 지루하게 만드는 것"을 즐긴다. 두말할 필요 없이 여러분은 적대적인 척하며 일할 수 있는 적당한 그룹이 필요하다. 나는 이런 모습이 다른 회사에서 제대로 정착되어 있는 것을 본 적도 없지만, 자발적으로 서로 충돌하고 싸우면서 일한 적도 없다.

마크의 경험은 우리뿐 아니라 우리가 만났던 전통적인 방식에서 애자일 개발로 이동해온 많은 다른 테스터들의 상황과 일치한다. 여러분이 애자일 팀에 막 투입된 테스터라면 열린 마음으로 팀 동료가 어떻게 나와 관점이 다른지 살펴보자.

기대 관리

애자일 채택에 수반되는 도전들을 생각할 때, 대개 실제 팀과 직면한 문제만을 생각한다. 하지만 성공적인 애자일 적용을 위해 관리는 핵심적이다. 단계적인 프로젝트에서 관리란 정기적으로 업데이트를 하고 각 단계의 끝을 나타내는 문서에 서명하는 것이었다. 상급 관리자들도 애자일 프로젝트의 진행상황을 측정할 수 있는 방법을 알지 못할 수 있다. 자신이 통제하지 못할까봐, 또는 "프로세스"가 부족할까봐 두려워할 것이다.

관리자가 겪는 문화적 변화

애자일 프로젝트에서 예상은 변한다. 폭포수 프로젝트에서 자넷(Janet)은 몇 주 동안이나 "이 기능은 90% 완료됐어."라는 말을 들은 적이 있다. 이런 수치는 애자일 프로젝트에서 큰 의미가 없다. 단계의 끝을 나타내는 서명은 없으며 프로젝트의 "완성도"를 단계별로 측정하지도 않는다.

의미가 있는 측정지표는 각 프로젝트 팀이 결정한다. 스크럼에서는 스프린트와 릴리즈 소멸 차트로 스토리의 완성을 추적하고 관리자들에게 진척도를 제공할 수 있지만, 요금을 지불하는 고객들에게는 어려운 "날짜"를 사용하지 않는다. 테스트 측정지표는 기능 테스트 범위를 추적하는 데 사용될 수 있지만 승인된 문서(sign-off documentation)로 제공하지 않는다.

일부 관리자가 받아들이기 힘들어하는 변화 중 하나가 팀이 스스로 기술적인 결정을 내리고 업무 부하를 관리하도록 하는 것이다. 더 이상 관리자는 적합한 결정을 내리지 않는다. 성공적인 애플리케이션을 만들어내기 위해 필요한 품질 수준을 정의해줄 고객이 포함되어 있는 팀이 하는 것이다.

애자일 팀은 전통적인 팀에 비해 더 적은 시간을 예상하고 그만큼의 시간을 들여 일한다. 기술적인 채무가 늘어나지 않는 좋은 설계와 실행을 위해 팀은 상황에 맞추기보다는 충분한 시간을 갖고 계획할 필요가 있다. 저수준으로 팀의 활동을 관리하기보다는 애자일 팀의 관리자는 팀 구성원이 최선을 다할 수 있도록 장애물을 제거하는 것에 초점을 맞춰야 한다.

> ● **자넷의 이야기**
>
> 나는 큰 규모의 애자일 프로젝트를 담당하고 있는 부사장에게 관리자 입장에서 새로운 애자일 환경에서 가장 힘든 부분이 무엇인지를 물었다. 그는 전통적인 폭포수 형식 프로젝트에서는 프로젝트 막바지까지 일이 잘 진행되고 있다고 보고서를 보여주다가 결국 마지막에는 진행된 게 아무 것도 없음을 알고 패닉 상태에 빠지게 된다고 말했다.
>
> 그러나 애자일 프로젝트에서는 매일 해결해야 하는 문제들이 있었다. 애자일 프로젝트에서는 요구 사항에 맞추느라 더 많이 일하게 되었지만 적어도 그는 현실성 있는 보고를 받고 있었다. 그렇기 때문에 프로젝트의 후반부에서 당황하는 일은 없었다.

비지니스 이해관계자들은 놀라는 것을 좋아하지 않는다. 전환을 이뤄내기 위해 팀에 충분한 시간과 자원이 필요함을 이해시킨다면, 애자일 개발을 통해 좀 더 정밀한 계획을 세우고 비즈니스 목표를 꾸준히 달성하게 된다는 것을 알게 될 것이다.

어쩌면 애자일 개발을 시작하도록 결정을 유도하는 것이 실제적인 관리일 수도 있다. 리사의 회사에서 비즈니스 리더는 소프트웨어 위기를 해결하기 위해 애자일 개발을 시도해보기로 결정했다. 효과를 내기 위해 다른 형태의 기대 관리가 필요했다. 큰 변화를 이끄는 것에 대한 어려움에 민감할 필요가 있었다. 특히 제 역량을 발휘하지 못하는 조직에서는 더욱 그렇다.

대부분의 경우 관리자는 높은 역량의 애자일 팀으로 전환하는 데 걸릴 오랜 기간 동안 많은 인내가 필요하다. 필수 자원을 제공하도록 보장하고 모든 개인이 높은 질의 작업을 위한 방법을 배울 수 있도록 지원하는 것이 그들의 일이다.

> **테스팅 관리자의 전환 이야기**
>
> 태 창은 변화 대상으로부터 상향이든 하향이든 모든 통합 지점을 다루기 위해 시스템의 "종단 간 테스팅"을 수행하는 "더블클릭(DoubleClick)"에서 팀을 관리한다. 그들이 스크럼을 시행했을 때, 개발팀은 여러 애플리케이션 팀으로 재구성됐다. 의사소통 문제는 잘못된 의존을 초래하므로, 태의 팀은 조기에 문제를 감지하는 데 도움을 주도록 강화시켰다.
>
> 태는 우리에게 다음과 같이 말했다. "나는 애자일 개발이 팀 간의 의사소통과 종단 간 테스팅(End-to-end testing)의 노력의 중요성을 효과적으로 확대시켰다고 생각한다. 현재 스프린트 구조와의 적합성 면에서 확장 없이 통합 테스팅 프로세스를 계획한다는 것은 쉽지 않다. 사실 계속 조정을 거치고 있지만, 이와 같은 테스팅 노력에 대한 효과는 전체적으로 분명하다." 그들의 팀은 "작은 폭포수" 함정으로 빠져들기 시작했다. "돌이켜 생각해보면 이렇게 된 이유 중에 하나는 애자일 실천법을 내면화하지 않고 애자일 프로세스를 시작했기 때문이었다." 라고 태가 설명했다.
>
> 테스트 자동화와 지속적인 통합에 대해 인식하는 것이 핵심이며 "DoubleClick"에서 팀은 개발팀이 대처하기 위한 전문 빌드와 자동화 팀과 같은 새로운 아이디어를 제시했다. TDD와 짝 프로그래밍을 배우는 데 도움을 주는 전문가 훈련을 도입했고 레거시 시스템의 기술적 채무를 다루기 위해 한걸음씩 나아가기 시작했다.
>
> 태의 팀은 상호 기능적인 의사소통을 가능하게 하고 테스팅과 릴리즈를 조정하기 위해 공식/비공식적인 의사소통 모두를 사용하면서 모든 스프린트 계획과 검토 세션에 참석했다. 미팅은 소규모로 짧고 적절하게 유지하는 것이 유용하다는 것을 깨달았다. 또한 나뉜 공간보다는 열린 작업 공간에서 모든 사람이 함께 앉는 것을 권장한다.

> 태는 애자일로 전환하려는 테스터들을 위해 다음과 같은 조언을 했다.
>
> "일반적으로 애자일 개발은 처음에는 테스터들이 전체적인 요구 사항 문서나 테스팅에 대해 정의된 단계(Stage)에 접근할 수 없을 것이라는 점에서 불만스러울 것이다. 애자일 개발에 대한 나의 견해는 테스터는 언제든지 전통적인 개발 프로세스의 여러 단계부터 작업에 참여해야 할 것이다. 테스터도 엔지니어링, 제품 관리와 함께 디자인 세션에도 참여할 수 있고 당일 제시된 변경 사항에 대한 테스트 케이스를 자동화하고 실행할 수 있다. (테스터는 여기에 주목해서 제시된 코드 변화가 영향을 줄 수 있는 영역의 위험성을 고려하기 시작할 것이다.) 이는 사고방식의 변화이며 일부는 다른 사람들보다 더 빨리 적응한다."
>
> 태의 경험은 우리 자신과 우리와 이야기를 나누었던 많은 다른 팀의 상황을 반영하고 있다.

여러분이 QA 관리자라면 정의한 순차적인 테스팅 단계를 빠른 속도의 이터레이션로 이동시켜 언제든 다양한 작업을 폭넓게 수행하게 함으로써 테스터의 불만을 극복하는 데 도움을 제공하자. 또 테스팅이 더이상 개발 후에 발생하는 별개의 활동이 아니라 테스팅과 코드 작성이 통합된 활동이라는 생각을 받아들이도록 도와야 한다.

여러분이 애자일 개발로의 전환을 위한 지원을 받지 못하고 있는 테스터 혹은 다른 팀의 구성원이라면, 관리자가 애자일 개발을 이해하지 못하는 어려움들에 대하여 생각해보자. 이들이 필요로 하는 지원의 유형이 무엇인지 알도록 도와주자.

관리자의 언어로 말하기

비즈니스 관리자들이 가장 잘 이해하는 것은 무엇일까? 바로 ROI(투자 수익률)이다. 관리자에게서 필요한 지원을 받으려면 그들이 이해할 수 있는 내용으로 여러분의 요구를 표현하도록 하라. 팀의 개발속도는 비즈니스에서 더 수익성을 높이는 새로운 기능으로 변환될 것이다. 자동화된 테스트 도구를 배우고 구현하는 데 시간과 자금이 필요하다면, 시간이 흐를수록 자동화된 회귀 테스트는 팀을 더 빠르게 진행시키고 각 이터레이션 단계에서 보다 많은 기능을 제공할 수 있을 것이라고 관리자에게 설명하라.

> ● 리사의 이야기
>
> 나의 팀은 코드 베이스를 분할해서 독립적인 여러 모듈로 만드는 위험한 리팩터링을 수행할 충분한 시간이 필요하다. 현재 사용 중인 도구를 최신 버전으로 업그레이드하거나 최신 도구를 시도해볼 시간도 필요하

다. 비즈니스를 위한 스토리를 인도하려고 할 때 이 모든 작업을 2주짜리 스프린트로 통합시키는 것은 어려운 일이다.

우리는 관리자에게 이러한 "엔지니어링" 작업들이 너무 오랫동안 지연되면 기술적인 채무는 누적되고 개발속도는 느려질 것이라고 설명했다. 각 이터레이션을 출시하는 스토리 수는 축소되고, 새로운 스토리를 코딩하는데 더 오랜 시간이 걸릴 것이다. 회사는 비즈니스에서 고객을 만족시키기 위해 필요한 새로운 기능을 만드는 데 더 오랜 시간이 걸릴 것이다.

기술적인 채무 관리가 필요한 내부 작업을 수행하기 위해 6개월마다 2주짜리 이터레이션에 전념할 수 있도록 사업적인 동의를 이끌어 내는 것은 어려웠지만, 시간이 지날수록 개발속도에서 그 결과를 확인할 수 있었다. 최근에는 실제로 관리자들이 더 자주 "엔지니어링 스프린트"가 필요한지에 대해 물어본다. 제품과 팀 모두 성장하면서 사업적인 면에서 인프라와 도구 역시 성장하길 원한다.

애자일 팀의 모든 구성원들과 마찬가지로 관리자도 새로운 개념을 학습하고 팀 구성원들과 잘 어울리는 방법을 알아야 한다. 큰 시각적 차트(또는 이에 상응하는 가상 도구들)를 사용하자. ROI(투자수익률)을 극대화시킬 수 있는 방법을 찾아라. 흔히 비즈니스는 비슷한 가치를 제공하는 좀 더 단순하고 빠른 솔루션이 있어도 복잡하고 값비싼 기능을 요청한다. 팀의 작업이 지표에 어떻게 영향을 주는지를 확실히 설명하자. 이해관계자들에게 새로운 기능에 대한 요구 사항을 표현하는 최선의 방법을 찾도록 그들과 협력하자.

제한된 예산은 대부분의 팀들이 직면하는 현실이다. 자원이 제한적일 때 팀은 더 창조적이어야 한다. 전체 팀 접근방법이 도움이 된다. 아마도 리사의 팀처럼 여러분의 팀도 제한된 예산으로 소프트웨어를 구입해야 하기 때문에 보통 사전 구매비용이 크게 필요치 않은 오픈 소스 테스트 자동화 도구를 찾아볼 것이다. 해당 애플리케이션과 동일한 언어를 사용하는 도구는 프로그래머와 협력해서 테스트를 자동화하지 않으면 프로그래밍을 못하는 테스트에게는 도움이 되지 않는다. 팀의 모든 전문가를 활용하면 비즈니스 제약사항 내에서 작업하는 데 도움이 된다.

팀이 새로운 과제를 만날 때마다 가치 있는 제품을 생산하기 위해 개발팀과 관리 조직이 서로 도울 수 있는 새로운 방법을 실험해보도록 하자. 동시에 어떤 개발 방법론을 사용하든지 간에 회계 감사 요건을 맞추는 등의 일부 프로세스를 확실히 해두어서 주목받도록 해야 한다.

쉽지 않은 변화

애자일 개발은 빠른 속도를 가진 것처럼 보이지만 변화는 더디다. 애자일이 생소한 팀은 사용하려고 채택한 몇몇 실천법을 익히는 것이 더딜 것이다. 애자일 개발 주기가 실제로는 작은 폭포수 주기일 뿐이라고 불만스러워하는 테스터를 많이 봐왔다. 테스터는 여전히 압박받고 있고 이런 일은 빈번히 발생한다. 이터레이션은 스토리가 테스트 완료되기 전에 끝난다. 프로그래머는 TDD나 짝 프로그래밍과 같은 중요한 실천법을 거절하거나 채택할 수 없다. 팀은 프로세스를 변화시킬 힘이 없는 테스터의 손에 품질에 대한 책임을 맡겨 버린다.

팀에게 긍정적인 변화를 짠~하고 가져다주는 마법은 없지만, 자신의 팀이 긍정적인 방향으로 변화하길 바라는 테스터들을 위한 몇 가지 팁이 있다.

인내하라

TDD같은 신기술은 어렵다. 팀이 이 기술들을 익히는 데 필요한 시간을 확보할 수 있는 방법을 찾아야 한다. 기다리는 동안 독립적으로 만들어낼 수 있는 변화를 찾아야 한다. 예를 들어 프로그래머가 단위 테스트를 작성하는 법을 배울 동안 최소한의 도움으로 사용 가능한 GUI 테스트 도구를 구현해보자. 팀이 걸음마를 뗄 수 있도록 도와주자. 혼란에 빠지면 효과가 없다는 사실을 알면서도 그들의 오래된 습관으로 돌아간다는 것을 명심하자. 미미하지만 긍정적인 변화에 집중하라.

고통을 느끼게 놔두기

때로는 열차 사고를 목격해야 한다. 개선을 위한 여러분의 제안이 묵살당하고 팀이 실패했다면, 이때 일부 이터레이션 단계에서만이라도 시도해보도록 다시 제안해보자. 사람들은 가장 힘들게 느끼는 부분을 기꺼이 변경하려고 할 것이다.

신뢰 쌓기

테스터와 일해본 적이 없는 프로그래머들과 함께 작업하게 될 수도 있다. 그들에게 당신이 어떤 도움을 줄 수 있는지 보여주자. 공개된 버그 보고서 말고 직접 발견한 문제들을 가지고 그들에게 다가가서 그들이 코드를 체크인하기 전에 먼저 검토해달라고 요청해보자. 실제로 여러분이 가치에 기여한다고 판단하면 여러분의 생각을 기꺼이 들으려고 할 것이다.

자신만의 개발 전문성을 갖고 일하기

책이나 신문 기사를 읽거나 사용자 그룹 미팅이나 컨퍼런스에 참석하고, 새로운 도구나 스크립팅 언어를 배우자. 애플리케이션에 사용된 프로그래밍 언어를 배우면서 함께 작업할 수 있는지 또는 가르쳐 줄 수 있는지 팀의 프로그래머에게 물어보자. 동료들은 기술을 향상시키려는 여러분의 노력을 존중할 것이다. 지역 사용자 그룹에서 애자일 테스팅에 대한 여러분의 프레젠테이션을 들으려하거나 소프트웨어 뉴스레터에서 여러분의 자동화 관련 글을 게시하면, 팀 동료 역시 들을 만한 가치가 있다고 여길 것이다.

품질 경찰 정신(Quality Police Mentality) 경계하기

집행자가 아닌 협력자가 되자. 프로그래머가 코딩 표준을 준수하지 않아 여러분을 괴롭힐 수 있지만 그들이 그렇게 하는 것을 확인하는 일은 여러분의 몫이 아니다. 팀과 함께 문제를 제기하고 그들에게 도움을 요청해라. 그들이 실제 팀을 손상시킬 수 있는 중요한 문제를 무시해버린다면 코치나 관리자에게 도움을 요청해야 한다. 하지만 "이 사람들이 행동하도록 만들자" 라는 식보다는 "제발 해결책을 찾도록 나를 도와줘" 라는 식이어야 한다. 여러분이 문제를 발견했다면 다른 사람들 역시 알고 있을 가능성이 높다.

불만 표출하기

여러분이 계속 참을성을 발휘하고 생각할 수 있는 모든 접근 방법을 시도했음에도 관리 조직은 애자일 개발을 이해하지 못한다. 프로그래머는 여전히 버그 투성이에 테스트하기 힘든 코드를 사전 협의도 없이 넘겨주고 하루에 14시간씩 일하면서 노력해도 그 코드는 그냥 출시된다. 아무도 품질에 대해서는 신경 쓰지 않으며, 최선의 노력에도 불구하고 존재감이 없는 것처럼 느껴진다. 더 나은 팀을 찾을 시기가 도래했을지도 모른다. 어떤 팀은 자신들의 방법에 만족해하며 변화를 원할 정도로 고통스러워하지 않는다. 리사는 혼란을 즐기는 팀에서 일했는데, 거기서는 서버의 충돌 원인을 알아내어 영웅이 될 기회가 자주 있었기 때문이다. 애자일 실천법을 사용해서 성공적으로 프로젝트를 이뤄냈음에도 불구하고 그들은 그들의 오랜 습성들로 돌아갔으며, 리사는 결국 변화시키려는 노력을 그만두었다.

Tip
팀을 효과적으로 변화시키는 에이전트가 되는데 도움이 되는 자료들을 참고 문헌에 소개했다.

요약

Chapter 3에서는 테스터들과 그들의 팀이 애자일 개발로 성공적으로 전환하는 데 문화적 요소들이 어떻게 영향을 미칠 수 있는지에 대해 설명했다.

- 어떤 변화든지 우선 조직의 문화를 고려하자.
- 조직 전체가 품질을 가치 있게 여기면 테스터와 애자일 팀이 더 쉽게 융화된다. 하지만 "품질 경찰"의 마음가짐을 가진 테스터들은 어려울 것이다.
- 고객팀과 개발팀은 서로 긴밀하게 함께 일해야 하고 테스터의 어떤 핵심적인 역할이 이런 관계를 가능하게 하는지 살펴봤다.
- 전문가 팀을 분리시키는 경향이 있는 대규모 조직에서는 특히 의사소통이나 협력과 같은 분야에서 문화적 도전과 마주하게 된다.
- 테스터의 성공적인 애자일 도입을 방해하는 주된 장애물은 두려움과 정체성 상실, 훈련 부족, 새로운 개발 프로세스와 역할 간의 문화적 차이에서 오는 과거의 부정적인 경험이다.
- 변화를 도입하고 의사소통을 촉진하려면 두려움에 대해 논의하고, 아주 작은 성공이라도 축하해주어 팀 구성원을 격려하자.
- "테스터 권리장전"과 같은 지침서는 테스터에게 문제를 제기하는 데 자신감을 주고 그들이 학습하고 새로운 아이디어를 시도하는 것을 편하게 느끼도록 도와준다.
- 관리자는 그들 자신의 문화적 과제와 직면했을 때 애자일 팀에서 테스터의 성공을 돕기 위해 지원과 훈련을 제공해 주어야 한다.
- 테스터는 진행상황을 추적하고 ROI를 결정하기 위해 관리자가 필요로 하는 정보를 제공함으로써 팀이 관리자의 기대에 부응하도록 도울 수 있다.
- 변화는 쉽지 않으므로 인내하고 자신의 기술을 향상시키면서 일하라. 그래야 팀에 도움이 될 수 있다.

AGILE
Chapter 4
팀 전략

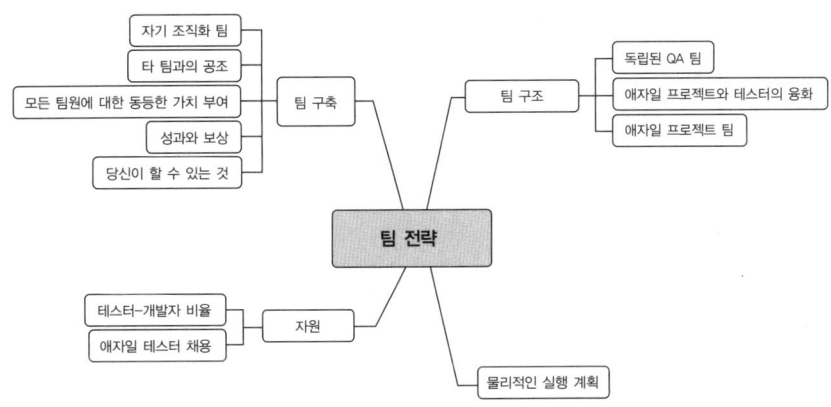

애자일 팀에서는 대면을 통한 의사소통이 프로젝트 성공의 핵심이라고 강조한다. 그들은 또한 '하나로서의 팀', 즉 전체 팀이라는 접근 방식을 선호한다. 과연 이와 같은 것이 테스터에게는 어떤 의미일까? Chapter 4에서는 팀 구조, 물리적인 실행 계획과 관련 이슈들에 대해서 이야기하고자 한다. 강한 응집력을 가진 팀을 만드는 것은 그저 의자와 책상만 옮긴다고 되는 것이 아니다.

팀 구조

애자일 팀에서 별개의 기능 그룹을 만들면 삶이 고달파진다. 지속적인 의사소통은 애자일 팀에 있어서 생명과 같다. 팀 구성원은 물리적인 위치의 멀고 가까움에 관계없이 업무 진행에 있어 서로 밀착되어 있어야 한다.

"QA 팀" 또는 "테스트 팀"이라는 용어를 번갈아가면서 사용하는데, QA 팀이 실질적인 품질 보증 업무를 하느냐에 대한 논쟁이 있을 수 있지만, 보통 테스트 팀이라는 용어와 혼용되는 경우가 일반적이기 때문에 그대로 사용한다.

독립된 QA 팀

크고 작은 많은 조직에서 독립된 QA 또는 테스트 팀을 두는 것이 제품의 품질에 대한 객관적인 관점을 위해 중요하다는 것을 인식하고 있다. 우리는 간혹 "전체 팀 접근방법에서 테스트 조직의 정확한 위치는 어디인가요?"라든가 "그렇다면, 그 역할은 무엇인가요?"라는 질문을 받는다.

이와 같은 질문에 대해 QA 팀이 개발팀과 별개로 유지되어야 하는 이유는 다음과 같다:

- QA 팀의 독립적인 확인 및 참관 역할이 매우 중요하다.
- 제품의 품질에 대한 객관적이고 제3자적인 관점을 제공할 수 있다.
- 테스터와 개발자의 관계가 너무 가까우면 테스터가 개발자처럼 생각하게 되고 고객 관점에서 생각하지 못하게 된다.
- 테스터와 개발자가 같은 사람에게 보고하는 조직의 경우 테스트 완료된 코드가 아니라 어떤 코드라도 인도하기만 하면 된다는 식으로 흘러갈 수 있다.

"독립적인"과 "별개의"라는 표현에 대해 혼란스러워 하는 경우가 간혹 있다. 보고 체계나 예산, 기타 프로세스들이 별개로 나누어져 있다면 프로그래머와 테스터의 분리는 피할 수 없다. 이와 같은 구조는 마찰과 경쟁을 초래하고 "우리 대 그들"이라는 대결 구도를 만든다. 또한 중복된 회의로 인해 시간은 낭비되고 프로그래머와 테스터 사이에는 목표의 공유도, 정보의 공유도 있을 수 없다.

QA 관리자와 독립된 테스트 팀이 필요한 이유가 있다. 하지만 우리는 그 이유뿐만 아니라 구조도 바꾸기를 바란다. 단순히 코딩이 완료된 다음 애플리케이션을 테스트하기 위한 독립된 테스트 팀의 일원으로 테스터를 따로 관리하는 것에서 나아가 이러한 테스트 팀을 하나의 커뮤니티로 발전시켜 나가는 것을 생각해볼 수 있다. 교육조직을 두어 테스터로서의 커리어 개발을 돕고 구성원 간에 아이디어를 나누고 서로 도울 수 있도록 한다. 이 조직에서 QA 관리자가 커뮤니티의 업무 리더가 된다면 이 사람으로 하여금 후배 테스터들을 교육하여 그들이 보다 강력한 기술을 갖추고 변화하는 환경에 보다 쉽게 적응할 수 있도록 할 수 있다.

우리는 테스터를 프로젝트 팀에 통합한다고 해서 그들이 일을 더 잘 할 것이라고 생각하지는 않는다. 애자일 팀에서 일하는 테스터는 고객을 대변하는 것이 자신의 역할이라고 굳게 믿고 팀원들에게 품질의 측면에서 생각하는 자세를 심어줄 수 있다고 생각한다.

애자일 프로젝트와 테스터의 융화

애자일 개발에서 전체 팀 접근방식이 대두되면서 애자일 방법론을 도입한 많은 조직이 독립된 QA 팀을 없애고 테스터를 프로젝트 그룹 소속으로 일하도록 했다. 괜찮을 것 같았지만 몇몇 조직에서 생각처럼 잘 돌아가지 않는 것을 발견하게 되었다. 하나 이상의 조직에서 대부분의 테스터가 팀 내에서 자신의 업무가 무엇인지에 대한 혼란을 겪다가 그만두는 상황이 벌어졌다.

개발자의 경우 짝 프로그래밍, 테스트 주도 개발 등의 애자일 기법을 배우는 기회를 제공받는데 반해 테스터들에게는 아무런 훈련도 제공하지 않는 경우가 적지 않다. 테스터에게 짝 테스팅, 불완전하거나 계속해서 변경되는 요구사항에 대처하는 방법, 자동화 등의 다양한 기법에 대한 습득이 필요하다는 사실을 모르는 조직들이 많다. 테스터들에게 이러한 영역에 대한 교육과 지도가 매우 중요하며 이러한 지원을 통해 테스터들은 프로젝트 성공을 위한 각종 기술 습득과 이해를 얻을 수 있다. 예를 들면 고객과 함께 비즈니스 중심 테스트를 진행하는 방법 등이다. 프로그래머 역시 비즈니스 중심 테스트와 테스트를 작성하고 자동화할 수 있는 전체 팀 접근에 대해 이해할 수 있도록 교육받아야 한다.

자넷은 애자일 프로젝트에 독립된 테스트 팀을 통합하는 것을 수차례 지원한 경험이 있다. 그 과정에서 그녀는 테스터가 새로운 프로세스에 익숙해지는 데 보통 6개월 가량이 소요된다는 것을 알게 되었다.

프로그래머와 테스터를 함께 엮어두면 제품 품질에 대한 의사소통을 보다 효과적으로 향상시킬 수 있다. 개발자는 간혹 자신의 개발 환경에서 재연되지 않는 오류를 확인하기 위해 테스터의 환경에서 애플리케이션을 확인해야 할 경우가 있다. 테스터는 또한 개발자와 붙어 앉아 일함으로써 혼자서 오류에 대해 일일이 기록하려고 애쓰는 것보다 훨씬 용이하게 문제점을 재현할 수 있다. 이와 같이 협업 과정에서 직접적인 대화를 적극 이용하면 많은 시간을 절약할 수 있다.

이러한 주제에 대해 테스터들로부터 얻은 또다른 반응은 다음과 같다:

- "개발자들과 더 가까이서 일하게 되니까 테스터로서의 제 능력을 배가할 수 있었습니다"
- "개발자들과 함께 점심 식사도 하고, 서로 즐겁게 함께 일하고 싶은 팀을 만들 수 있었습니다"

통합 프로젝트 팀의 좋은 점 한 가지는 예산도 일정도 결국 하나라는 것이다. 모든 기능이 마무리되지 않았다면 테스팅에 시간을 할애하지 않는다. 신규 기능에 대한 테스트 시간이 없다면 애초에 이 기능을 개발할 시간이 없었던 것이 맞다. 책을 통해 앞으로도 소개해 나가겠지만 품질에 대한 책임을 부여하는 전체 팀 접근 방식은 매우 강력하다.

● 리사의 이야기

테스터라는 역할이 있었던 적도 없었고 전적으로 단위 테스팅에만 의존해 온 XP팀에 합류한 적이 있었다. 고객의 불만이 쌓여가자 그들은 테스터를 고용하기로 결심했다. 매일 하던 일일 미팅에 참석은 했는데 테스팅 작업에 관해서 이야기할 수가 없었다. 테스팅 시간은 스토리에 포함되어 있지 않았고 테스팅 작업은 이터레이션 계획상에 전혀 고려가 되어 있지 않았다. 스토리는 코딩 작업의 종료와 함께 "완료"로 표시되고 있었다.

2주일 단위의 반복 주기를 세 차례 진행하기로 했던 계획이 제대로 진행되지 않아 납기일을 맞추지 못했을 때, 나는 팀 코치에게 전체 팀 접근법을 통해 테스팅을 보완해보자고 제안했다. 곧 테스팅 작업 목록이 코딩 작업과 함께 나란히 표기되기 시작했고, 테스팅이 완료되기 전에는 그 어떤 스토리도 완료 처리되지 않도록 조치되었다. 프로그래머들이 테스팅에 참여하기 시작했고 나는 일일 미팅에서 완전한 발언권을 갖게 되었다. 그리고 나서부터 그 팀에서는 더는 납기일 문제로 회의가 열리는 일이 없어졌다.

테스터는 개발팀 내에서 제대로 된 권한을 인정받아야 하며 테스팅 작업 역시 다른 작업과 대등하게 취급되어야 한다. 다시 한 번 말하지만, 전체 팀 접근법에 근간한 테스팅은 각 반복과 배포 주기의 마지막에 모든 테스팅 작업이 완료되는 것을 보증하기 위한 멀고먼 여정이라고 할 수 있다. 회고 회의에서는 테스터가 새로 배속된 애자일 팀에 잘 융합되기 위해 필요한 기술 및 제반 사항에 대한 평가가 이루어질 수 있어야 한다는 점을 잊지 말자. 예를 들어, 프로그래머들의 지원이 더 필요할 수도 있고 특정 테스팅에 대한 전문가가 필요할 수도 있다.

애자일 개발을 위한 조직 개편에 성공하려면 계획 단계에서부터 영리하게 대처해야 한다. QA와 개발 관리자에게 새로운 애자일 조직에서 자신의 역할이 무엇인지 스스로 정확하게 인지하도록 요구한다. 그리고 그들이 테스터와 개발자를 도와 새로운 팀의 생산성을 극대화할 수 있는 방법을 찾아낼 수 있도록 유도한다. 팀원들이 아직 익히지 못한 애자일 기법에 대한 교육을 제공하고 모든 팀원들이 상호 의사소통할 수 있도록 한다. 또한 팀이 성장하면서 스스로 학습하고 프로젝트를 성공적으로 이끄는 방법을 찾아낼 수 있는 프레임워크를 제공하도록 한다.

사례 연구 – QA와 엔지니어링 팀의 전환

크리스토프 루비옹은 잘 알려진 인터넷 기업의 CTO이자 애자일 코치다. 그는 자신의 회사에서 애자일 개발을 진행하면서 겪었던 경험에 대해서 우리와 이야기를 나눈 적이 있다. 그는 애자일 코치로서 진정한 애자일 개발이 이뤄지기를 원했고, 흔히, "작은 폭포수" 실수라고 일컫는 오류를 범하지 않기를 바랐다. 작은 폭포수란 예를 들어 개발자들이 일주일간 개발을 완료하면 다음 일주일간 테스터들이 테스트를 진행하는 형태를 말한다.

그 당시 그의 회사는 120여 명의 엔지니어들로 구성되어 있었는데, 여기에는 내부 IT 부서도 포함되어 있었다. 스크럼으로의 이행 전, 회사는 기능 위주로 조직화되어 있었다. QA와 기술부서의 부서장들이 있었고, 제품 기반으로 편성된 팀들은 관리하기가 매우 어려운 상황이었다. 팀장들은 앞으로 무엇을 해야 할지 알지 못해 당황스러워 하며 그에 대한 대답을 원했는데, 크리스토프는 이런 팀장들에게 다음과 같이 대답했다. "당신이 할 일은 당신이 저한테 알려주셔야죠!".

그는 기술팀, QA팀 관리자가 이 새로운 애자일 개발 환경에서 그들의 일이 무엇인지 찾아낼 수 있도록 도왔다. 그들 모두가 한 목소리를 낼 수 있는 경우에만 각자의 팀에 돌아가서 결정된 사항을 팀원들에게 공유할 수 있도록 했다.

새로운 애자일 조직에서는 특정 영역에 대한 지식, 자원, 우선순위 및 기타 발생하는 갖가지 문제점들에 대응하기 위해서 기술팀과 QA 팀 관리자가 머리를 맞대고 함께 일(日) 단위로 협업을 이루었다. 크리스토프와 두 팀장은 2주짜리 반복의 첫 번째 주에 테스터의 생산성을 방해하는 요소를 식별해 이를 근절할 수 있도록 하고, 테스터가 설계에 기여할 수 있도록 가르쳤다.

프로그래머들의 주요 관심사는 "어떻게 하면 테스트하기 쉬운 코드를 만들 수 있을까?"였다. 개발자들은 단계별 개발 방법론에만 익숙해져 있어서 지속적인 통합 방법에 대한 지식이 아주 없었다. 따라서 개발자에 대한 테스트 기반 설계, 지속적인 통합 개발 등에 대한 광범위한 교육이 필요했으며 관리자들은 개발자들의 교육 이수 여부를 꼼꼼하게 확인했다.

빌드 프로세스를 관리하기 위한 형상 관리(Configuration management) 전문가도 채용되었다. 형상 관리팀은 기술팀 및 QA 팀과 별개로 운영되었으며 데이터베이스 개체, 하드웨어 및 기타 환경 설정 등 빌드 프로세스에 관한 모든 것을 포함하는 프레임워크를 제공한다. 일단 빌드 프로세스 프레임워크가 구현되자 코드 작성과 테스팅의 통합은 훨씬 간편해졌다.

> 관리자의 역할을 우선 확인시키고 빌드 프로세스 프레임워크를 도입하여 소스코드 제어에 대한 모든 것을 관장하도록 하는 것이야말로 애자일 체제로 이행하는 과정의 핵심이다. 다른 핵심 요소로는 모든 팀(기술팀, QA, 형상관리, 네트워크, 시스템 관리, 생산팀 등)의 대표자가 일일 업무회의에 참여하도록 하는 것이다. 이렇게 하면 테스팅 이슈 발생시 도울 수 있는 모든 사람이 해결을 위해 힘을 모을 수 있다. 크리스토프는 이 같은 그들의 접근 방식을 통해 모든 구성원을 하나로 뭉치게 하고 테스팅에 집중할 수 있도록 할 수 있었다고 한다.

애자일 프로젝트 팀

일반적으로 애자일 프로젝트 팀은 다양한 분야의 전문성을 갖춘 구성원으로 이루어져 있기 때문에 협업이 중심을 이루는 것으로 인식한다. 전통적인 협업 팀과 애자일 팀의 차이점은 전체 팀원의 역량을 모으는 방법에 있다. 소속이 다양한 구성원들이 단순히 담당하는 업무 분야를 대변하는 것이 아니라 프로젝트나 팀이 존속하는 한 진정한 소속 팀원으로써 업무에 임해야 한다([그림 4-1]).

> **Tip**
> 참고문헌에서 크리스토프의 애자일 팀 관리에 관한 몇몇 저술에 대한 링크를 제공하고 있다.

프로젝트의 규모에 따라 프로젝트 팀의 구조 또한 그에 맞게 구성된다. 대규모 프로젝트 또는 동시에 많은 수의 프로젝트가 진행되는 경우 매트릭스 형태의 구조가 적합하다. 다양한 분야의 사람들로 이루어진 가상의 팀을 구성하되 각 구성원들은 여전히 소속된 개별 조직으로 업무 보고하는 체계를 유지하도록 한다. 대규모 조직에서는 테스터 풀을 구성하고 이들이 프로젝트에서 프로젝트로 이동하는 형태로 운용할 수 있다. 보안이나 성능 시험 분야의 전문가들은 여러 팀에서 공유하기도 한다. 여러분이 프로젝트를 시작하려 한다면 프로젝트에서 필요한 모든 자원 요소들을 식별해내야 한다. 프로젝트 시작 전에 필요한 테스터의 수와 수순을 미리 파악해야 한다. 테스터들은 프로젝트가 시작됨과 동시에 참여해 다음 프로젝트로 넘어갈 때까지 함께할 것이다.

테스터 역시 팀의 일원으로서 이들의 일일 업무 역시 나머지 프로젝트 팀 업무와 동등하게 관리된다. 테스터는 다양한 프로젝트에 소속되어 일하고 있는 많은 테스터들로 구성된 커뮤니티에 자신의 아이디어를 개진하고 의견을 교환할 수 있다. 이런 방법으로 테스터들은 서로의 지식과 생각을 교환할 수 있다. 성능 검토를 수행하는 조직의 경우 QA 관리자가 검토를 진행하고 프로젝트 팀의 의견을 수렴한다.

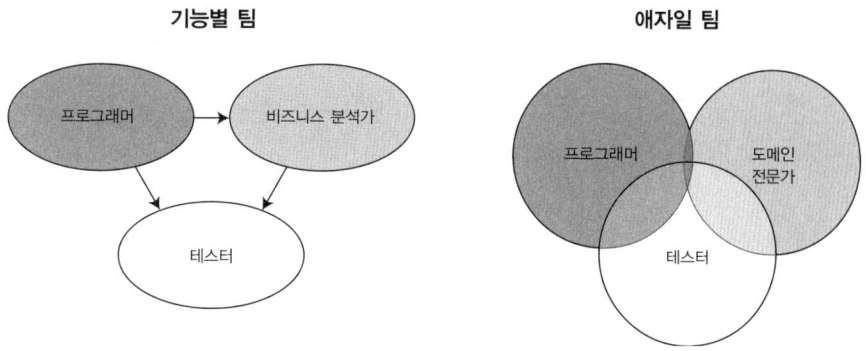

[그림 4-1] 전통적인 기능별 팀 구조와 애자일 팀 구조의 비교

새로 꾸려진 팀이라면 정착하는 데 어느 정도의 시간이 필요하다. 프로젝트 기간이 짧고 팀이 끊임없이 변경된다면, 첫 번째 이터레이션의 1~2주는 새로운 팀원들이 팀에 적응하는 데 소요될 수 있다는 점을 인지하고 있어야 한다. 필요하다면 팀을 재정비하고 고객을 포함해야 한다는 것을 기억하자. 함께 일하는 방법을 알고 팀원 간의 신뢰가 형성된 팀이야말로 최고의 팀이다.

물리적 배치

많은 조직에서 애자일 도입을 검토하면서 프로젝트 팀을 완전히 개방된 한 자리에 모으는 것은 피하려하는 경향이 있다. 애자일 가치와 원칙들을 제대로 지원하는 데는 팀 구성원간의 접촉이 용이하고 프로젝트 진행 상황판이 보이는 곳에 있고 의사소통을 증진시킬 수 있는 환경이 유리하다.

테스터와 고객들이 개발자와 가까이 위치하는 것은 중요하다. 하지만 팀 배치상 이것이 불가능하다면 약간의 창조성이 필요할 수도 있다.

> ● 자넷의 이야기
>
> 공간적 제약으로 팀원들이 함께 일할 수 없는 팀에서 일했던 적이 있었다. 프로그래머들은 짝 프로그래밍이 용이한 형태의 공간을 잡았지만 테스터들과 고객들은 동떨어진 곳에 자리잡고 있었다. 처음에는 테스터들 쪽에서 프로그래머에게 질문 거리가 생길 때마다 프로그래머들이 일일 미팅을 할 때 앉아 있던 스토리보드 근처로 찾아갔다. 몇몇 프로그래머들은 반대로 테스터들을 찾아오기도 했다. 나는 가까운 곳에 사탕 바

구니를 두고는 찾아오는 프로그래머들에게 사탕을 나눠주기 시작했다. 하지만 한 가지 규칙이 있었다. 사탕을 가지러 올 때는 테스터에게 질문거리를 가지고 오라는 조건이었다. 시간이 지나자 팀원들은 서로를 점점 가깝게 느끼게 되었고, 어느 한쪽만 찾아가는 모습도 없어졌으며 자연스러운 의사소통의 채널이 마련되었다.

조직은 팀의 크기에 따라 다양한 형태의 도전과제에 직면하기도 한다. 팀이 작다는 것은 팀을 위해 필요한 공간 역시 작다는 것이고 따라서 팀원들을 한 군데 모으기도 용이하다. 규모가 큰 팀은 광범위하게 흩어져 있을 수 있고 가상의 의사소통 수단이 필요할 수도 있다. 거대한 팀을 한 군데로 모으려면 대개 기존 공간을 고쳐야하는 경우가 많기 때문에 꺼려하는 조직도 있다. 있는 그대로를 받아들이기보다는 직면해 있는 제약사항을 이해하고 문제를 해결하기 위한 해법을 적극적으로 찾는 노력이 절실한 부분이다.

● 자넷의 이야기

내가 일했던 팀 중 하나는 처음에 한 층의 구석에서 시작했지만 3년 정도 프로젝트가 진행되면서 그 층의 70%를 차지하게 되었다. 벽을 허물고 사무실을 없애서 커다란 공간을 만들었다. 개방된 공간에서 여기저기 모여 있는 팀 공간은 매우 효과적이었고 벽이 차지하던 공간은 깡그리 사라졌다. 창문은 스토리 보드와 칠판이 되었고, 팀에서 필요로 하는 바퀴달린 화이트보드가 자리를 잡았다.

팀을 모두 한군데 모아 두는 것이 항상 가능한 것은 아니며 분산된 팀을 꾸려야 하는 경우에는 또 다른 해결 과제가 있다. 분산되어 운영되는 팀은 의사소통과 협업을 위한 기술이 필요하다. 전화회의, 화상회의, 웹캠, 메신저 등을 이용하면 서로 떨어져 있는 팀이 효과적으로 실시간 협업을 이루는 데 도움이 된다.

팀이 붙어있건 떨어져 있건 공통된 과제가 있는데, 바로 어떤 자원이 애자일 팀에 필요하며 이런 자원을 어떻게 확보할 것인가이다. 이것이 바로 다음 단원에서 논할 주제다.

자원

새로운 애자일 팀원과 관리자는 팀 구성에 대해서 많은 궁금증을 갖게 마련이다. 기존 프로젝트에서 함께 했던 테스터를 그대로 기용해도 문제가 없는가? 새로운 테스터를 고용해야 하나? 또 얼마나 많은 테스터가 필요한가? 특수한 기술 분야의 전문가가 필요하지 않은가? 등. 이번 단원에서는 이와 같은 질문들에 대해서 이야기해보자.

테스터와 개발자의 비율

그동안 이 주제에 대해서 '딱 맞는' 비율을 찾기 위한 수많은 논쟁이 있었다. 조직은 이 비율에 따라서 프로젝트에 필요한 테스터의 수를 결정하고 그에 따라 테스터를 채용한다. 전통적인 프로젝트 개념에서는 '딱 맞는' 비율은 정해진 것이 없으며, 각 프로젝트의 상황에 따라 판단한다. 필요한 테스터의 수는 애플리케이션의 복잡도, 테스터의 기술적인 숙련도, 사용되는 도구 등에 따라 가변적이다.

우리는 테스터:개발자 비율이 1:20에서 1:1인 경우까지 일해 봤는데, 그간의 경험을 통해 알게 된 몇 가지를 이야기하자면 다음과 같다.

● 자넷의 이야기

1:10의 비율로 운영되고 있는 팀에서 일한 적이 있었는데 당시 메시지 처리 시스템을 개발하고 있었다. GUI가 매우 적었고 그 부분을 내가 맡아서 테스트하면서 사용성과 고객의 요구에 얼마나 잘 부합하고 있는지를 중점적으로 확인했다. 내가 작성된 테스트 케이스의 유효성을 확인하는 동안 프로그래머들은 자동화된 회귀 테스트를 진행했다. 그리고 짝 테스트 방식으로 프로그래머들과 함께 특정 스토리에 대한 부하 테스팅을 포함한 스토리 테스트를 진행했다.

이처럼 품질은 일부가 아닌 전체 팀의 책임이라는 개발자들의 마음가짐 덕분에 테스팅에 시간이 부족하다는 생각을 단 한 번도 하지 않고 충분히 테스트할 수 있었다고 생각한다.

● 리사의 이야기

한 번은 인터넷 쇼핑몰의 콘텐츠 관리 시스템을 개발하는 20여 명의 개발자로 구성된 팀에서 일한 적이 있는데, 그 당시 테스팅은 나 혼자 담당하고 있었다. 프로그래머들이 수작업 테스트와 테스트 자동화에 적극적으로 참여한 뒤 생산성이 비약적으로 상승하는 것을 목격했다. 한두 명의 프로그래머가 각 이터레이션마다 '테스터 모자'를 쓰고 코딩과 수작업 테스트에 앞서 고객 입장에서의 테스트 케이스를 작성했고, 몇몇 다른 프로그래머들은 테스트 자동화를 담당했다.

대조적으로 현재 일하고 있는 팀은 프로그래머 3~5명 당 두 명의 테스터를 운용하고 있다. 웹을 기반으로 하고 있는 금융 애플리케이션을 만들고 있는데, 엄청나게 복잡한 비즈니스 로직과 위험도 및 그에 따른 강력한 테스팅이 필요한 프로젝트다. 테스팅 작업이 프로그래밍 작업에 소요되는 시간과 비슷한 시간을 필요로 하는 경우도 다반사이고, 비교적 테스터의 비율이 높은 편임에도 불구하고 프로그래머가 기능 테스트 자동화와 수작업 테스트의 일부를 담당하고 있다. 전문적인 테스팅 작업, 즉 상위 수준의 테스트 케이스 및 고객 측면의 테스트 작성과 같은 부분은 대부분 테스터들이 전담해서 작업하고 있다.

단순히 비율만 보기보다는 팀에 필요한 테스팅 기술이 무엇인지 평가하고 적절한 자원을 찾는 노력이 필요하다. 테스팅을 담당하는 팀은 지속적으로 필요한 전문적인 기술 수준이나 능력에 대한 목표를 제시하고 발전해 나가야 한다. 효과적인 문제 해결을 위해서 테스터를 더 고용해야 할지를 결정하기 위해서는 회고 회의를 적극적으로 이용할 필요가 있다.

애자일 테스터 고용하기

chapter 2에서 살펴본 바와 같이 애자일 팀을 위한 테스터에게 요구되는 자질들이 있다. 팀마다의 요구가 모두 같을 수는 없기 때문에 어떤 테스터를 고용해야 하는지에 대해 자세하게 많은 것을 나열하지는 않을 것이다. 하지만 확실한 것은 일에 임하는 자세의 중요성이다. 리사의 팀에서 새로 테스터를 고용하면서 겪은 이야기를 살펴보자.

● 리사의 이야기

새로운 테스터를 고용하려는 첫 번째 시도는 보기 좋게 실패했다. 첫 번째 구직 광고는 좀 어렵긴 했지만 많은 응시자가 있었고, 결국 세 명의 후보자를 선정해서 인터뷰했지만 좋은 결과를 얻지 못했다. 프로그래머는 테크닉이 뛰어난 사람을 원했고 우리는 거기에 더해서 비즈니스 담당자와의 협업에 능하고 그들을 도와 예제와 요구사항들을 만들어내는 능력을 가진 사람을 원했다. 적합한 자세와 사고방식의 소유자에게 어필할 수 있는 구직 광고 문구를 결정하는 것도 쉽지 않았다.

자넷을 비롯한 애자일 테스팅 커뮤니티의 여러 동료들에게 의견을 구한 결과 Chapter 2에서 소개한 바 있는 사고방식의 소유자를 찾기로 결심하게 되었고, 구직 광고에는 아래와 같은 내용이 포함되었다.

- 블랙박스 및 GUI 테스트 케이스 케이스 작성, 위험 축소를 위한 테스트 설계, 비즈니스 전문가와의 협업을 통한 요구사항 정의 경험

- 단순 SQL 질의, insert/update 구문 작성, 오라클이나 타 관계형 데이터베이스에 대한 기본적인 이해 습득

- 최소 1년 이상의 스크립트 또는 프로그래밍 언어 경험, 오픈소스 테스트 도구 사용
- 기본적인 Unix 명령어 사용 능력
- 프로그래머 및 비즈니스 전문가와의 협업 경험
- 문맥 기반, 탐색적, 또는 시나리오 테스팅 경험
- 자기 조직화 팀의 일원으로서 자신의 작업을 일(日) 단위로 스스로 결정하고 동료와 협업하는 능력

이와 같은 요구사항을 내걸자 애자일 테스팅에 보다 적합한 지원자들이 나타났다. 나는 조심스럽게 지원자들을 가려냈는데, 전문적인 개발에 몰두하다가 애자일 개발에 관심을 가지게 된 테스터들이 대체로 훌륭한 사고방식을 가지고 있었다. 그리고 팀은 테스트 도구와 자동화에 대해 능숙한 사람을 필요로 하고 있었기 때문에 배움에 대한 열정은 무엇보다 중요한 사항이었다.

이와 같은 창조적인 접근은 훌륭한 애자일 테스터 후보자를 구하기 힘든 상황에서 사람을 구하는 과정을 훨씬 수월하게 해 주었다. 우리는 Ruby 메일링 리스트나 지역 애자일 사용자 그룹 등에 구인 광고를 냈는데, 이것이 많은 도움이 되었다.

애자일 테스터를 채용하는 과정 동안 애자일 테스팅 사고방식에 대해 많은 것을 알게 되었다. 전통적인 테스트 팀에서 매우 훌륭하게 임무를 수행할 수 있는 뛰어난 기술을 겸비했다 하더라도 테스팅에 임하는 자세 때문에 애자일 팀에는 적합하지 않은 경우도 있었다.

팀 내에서 테스터와 프로그래머는 자신의 역할 이상을 해낼 수 있어야 한다. 역할과 무관하게 가장 중요하게 고려해야 할 것은 그 사람이 여러분의 팀에 얼마나 잘 어울릴 것인가를 보는 것이다. 애자일의 전체 팀 접근법에서는 팀 구성원들은 때에 따라 자신의 전문 분야를 벗어난 작업에 대한 협업도 해낼 수 있어야 한다. 각 팀원은 품질, 비즈니스 가치 제공에 대한 강한 의지를 가져야 한다. 이처럼 팀을 확장하고자 한다면 기술적인 능력 이외의 것을 놓쳐서는 안 될 것이다.

팀 구축

그 동안 전체 팀 접근에 대해서 많은 이야기를 했지만 이와 같은 변화가 단번에 가능할 수는 없다. "어떻게 하면 팀을 안정화할 수 있을까요?", "전체 팀 접근을 성공적으로 이끌어낼 수 있는 방법은 없을까요?" 등의 질문을 받기도 하는데, 그 가운데 가장 많은 질문은 바로 이것이다 : "어떻게 하면

모든 사람에게 비즈니스 가치 창출에 대해 동기를 부여하고 계속해서 집중하게 할 수 있을까요?"

자기 조직화 팀

우리 경험에 비춰봤을 때 팀은 문제점을 스스로 인지하고 해결할 때 최고의 성과를 낸다. 여러분이 관리자라면 본인이 좋다고 생각하는 모든 것을 팀에 적용하겠다는 유혹을 떨쳐내야 한다. 인사 문제 등 관리자의 도움이 반드시 필요한 문제들이 있는 한편 코치가 강력한 리더십을 발휘해야 할 때도 있다. 새로 꾸려진 애자일 팀이 이처럼 다양한 문제에 대한 우선순위를 제대로 파악하고 대처해 내기 위해서는 어느 정도 시간이 필요하고 당연히 이 과정에서 수차례 시행착오를 겪을 수 있다. 우리는 스스로 성장하는 팀이 강력한 팀이라고 믿는다. 여러분이 테스터라면 팀이 재빨리 피드백할 수 있도록 도울 수 있는 위치에 있는 것이며, 회고 회의 등과 같은 기법을 활용하여 이슈들을 찾아 우선순위를 부여하고 또 팀이 더 나은 소프트웨어를 만들어 내는데 도움이 될 만한 기술을 찾는 역할도 수행할 수 있다.

타 팀과의 공조

성공적인 프로젝트 수행을 위해서 다른 팀을 포함시켜야 하는 경우가 있다. 이때 회의를 소집하고 최고의 의사소통을 이끌어낼 수 있는 방법을 찾아야 한다. 스크럼 속 스크럼을 활용하여 다수의 팀과의 협업을 이끌어 내거나 단순히 타 팀을 포함시켜서 진행할 수도 있다. 예를 들어 보안 테스팅에 다른 팀 전문가의 도움이 필요한 경우라면, 보안 전문가와 쌍을 이루어 최대한 배우고 또 한편으로 그들이 여러분의 프로젝트를 이해할 수 있도록 도와야 한다.

Tip
Chapter 9 "팀을 지원하는 비즈니스 중심 테스트를 위한 툴킷"에서는 서로 떨어져 있는 팀과의 협업에 유용한 도구들의 예를 들고 있다.

팀이 여러 군데 흩어져 있거나 동일 시간대의 지역에 있지 않은 경우라면, 최대한 직접적인 의사소통이 가능한 방법을 찾아내도록 한다. 각 팀의 대표자끼리 일주일에 1~2회 정도 시간을 정해서 전화회의를 진행하는 방법도 가능하다. 이메일을 보내기보다는 전화를 거는 방법이 낫다. 리사의 팀은 시차 때문에 근무 시간대가 맞지 않는 팀원이 함께 참여할 수 있도록 계획 회의 시간을 조정했다.

모든 팀원에 대한 동등한 가치 부여

팀의 모든 구성원은 동일한 가치를 갖는다. 테스터라든가 혹은 다른 어느 팀원이라도 소외감을 느끼거나 자신의 가치에 의구심을 가지게 된다면 전체 팀 접근법에 큰 위협이 아닐 수 없다. 테스터는 반드시 모든 회의에 초대되어야 한다. 당신이 테스터이고 누군가 당신을 회의에 초대하는 것을 잊었다면 당당히 스스로 참석하도록 한다. 전문적인 기술 분야에 다소 부족한 테스터는 설계회의에서 할 일이 없거나 무시당할 것이라고 생각할 수도 있지만, 때로 이런 사람들이야말로 기술자들은 꿈에도 생각하지 못할 기상천외한 질문을 한다.

테스터는 도움을 요청할 권리가 있다. 테스터인 여러분이 자동화와 관련한 문제에 막혀 발을 동동 구르고 있다면, 주저하지 말고 다른 팀원의 도움을 요청할 수 있는 용기가 있어야 한다. 도와줄 수 있는 사람이 지금은 바쁠 수 있지만 반드시 도와줄 것이며 또한 그래야 한다. 여러분이 관리자 또는 팀의 리더라면 이와 같은 협력이 잘 이루어질 수 있도록 해야 한다.

성과와 보상

개인별 성과를 측정하고 정량화하는 것은 팀 협업을 약화시킬 수 있는 위험을 내포하고 있다. 프로그래머가 코드를 제때에 만들어내느냐로 평가받는 상황 때문에 테스팅 관련 업무를 기피하게 되는 일은 피해야 한다. 또 시스템 관리자가 개인 목표를 달성하기에 바빠서 테스트 환경 문제를 제쳐두는 상황도 원치 않는다.

반대로 성과가 뛰어난 한 사람의 프로그래머가 다른 팀원의 협력이 부족해서 지쳐 나가떨어지는 것 또한 피해야 한다. 이럴 때야말로 관리자가 나서서 팀이 제대로 된 방향을 찾을 수 있도록 도와주어야 한다. 제품 생산 단계에서 중대한 버그가 발견되었다고 해서 누구라도 테스터를 질책해서는 안 된다. 대신 전체 팀이 단합해 무엇이 문제인지 밝혀내고 재발 방지에 나서는 것이 옳다.

개발팀은 항상 비즈니스 요구를 염두에 두고 있어야 한다. 비즈니스에 도움이 되는 방향으로 목표를 설정하고 결과적으로 더 나은 수익을 창출한다면 고객 만족도를 더욱 높여갈 수 있다. 비즈니스 관계 부서와의 거리를 가깝게 유지해 여러분의 프로젝트 성공이 회사 전체의 성공에 확실하게 기여할 수 있도록 하자.

Chapter 3에서 언급했던 것처럼 아무리 작은 성공이라도 모두 기념하고 축하를 하는 것이 좋다. 서로 하이파이브를 할 수도 있고, 회식비로 점심식사를 하거나 일찍 퇴근하는 것 등 다양한 방법이 있다. 리사가 속한 팀의 경우 특별한 성과를 달성한 경우 스크럼 마스터가 금으로 된 별을 스탠드 업 미팅에서 수여하고 있다. 누가 당신과 팀을 돕고 있는지 잘 알고 있어야 한다.

Tip
Chapter 19 "이터레이션 마무리"의 "고마움 상자" 부분을 읽어보기 바란다.

누군가의 기여를 알리기 위해 팀은 기발한 방법들을 동원하기도 한다. 반복 검토회의나 시연회의 등과 같이 개발팀과 고객이 모두 한 곳에 모인 자리는 개인/조직의 성과를 공표하기에 좋은 기회이다.

당신이 할 수 있는 것

여러분이 애자일 팀에 새로 온 테스터라면(특히 팀 역시 새로 만들어진 경우) 과연 팀을 도와 당면한 조직적인 도전 과제들을 이겨낼 수 있도록 당신이 할 수 있는 것은 무엇일까? 어떻게 팀에 적응하고 팀의 성공을 위해 당신의 능력과 경험을 활용할 수 있을까?

chapter 2에서 살펴본 열 가지 원칙을 따르면 된다. 그러기 위해서는 무엇보다 용기가 필요하다. 자리에서 일어나서 사람들과 이야기를 나누고, 여러분이 무엇을 도와줄 수 있는지를 물어보자. 함께 일하는 팀원들과 직접적인 의사소통을 이루어 내고, 장애물을 인지하면 팀이 함께 그것을 해결할 수 있도록 도움을 요청하기도 해야 한다.

애자일 개발은 우리가 가야할 길에 놓인 장애물을 적극적으로 제거하고 최고의 결과를 이루어 낼 수 있도록 해준다. 이를 통해 개인적으로도 팀의 일원으로서도 자랑스러움과 만족감을 얻을 수 있다. 애자일 원칙을 따를 때 협업하면서 업무 능률을 높이기 위해 피드백을 활용해야 하고, 또 목표 달성을 위해 항상 새롭고 더 나은 방법을 강구하는 자세를 유지해야 한다. 이 모든 수단과 과정을 통해 지속적으로 제품의 품질을 개선해 나갈 수 있다.

요 약

이번 장에서 우리는 팀을 구성하는 방법과 성공적인 애자일 테스팅과 개발을 위한 구조에 대해 살펴보았다.

- 팀 구조의 중요성을 고려하자. 테스터는 독립된 사고방식이 필요하지만, 그렇다고 해서 별도의 팀으로 만드는 것은 역효과를 불러올 수 있다.
- 테스터들은 학습과 새로운 아이디어의 시도를 위해 보다 큰 하나의 커뮤니티에서 활동하는 것이 필요하다. QA 팀은 조직 내에서 이런 커뮤니티를 만들어낼 수 있다.
- 성공적인 협업을 위해 전체 팀이 모두 한 자리에 위치하는 것은 매우 중요하다. 팀이 분산되어 있다면, 원격 의사소통을 지원하기 위한 도구를 활용하여야 한다.
- 채용 시 업무에 임하는 자세를 중요시하라.
- 테스터와 개발자에 대한 황금 비율은 없다. 한마디로 "그때그때 다르다".
- 팀은 자기 조직적일 필요가 있다. 팀이 직면한 문제점을 식별하고 해법과 개선 방안을 스스로 찾아낼 수 있어야 한다.
- 경영진은 팀 활력을 높여 비즈니스 가치를 제공하는 성과에 대해서는 보상해야 하지만 팀이 고전한다고 개인들의 뛰어난 성과에 불이익을 줘서는 안된다.
- 테스터는 애자일 원칙을 통해 자신의 기술력을 향상시키고 팀 내에서의 가치를 높여갈 수 있다. 그러기 위해서는 자신이 팀을 위해 할 수 있는 것이 무엇인지 주도적으로 찾아낼 수 있어야 한다.

AGILE
Chapter 5
전통적인 프로세스 전환하기

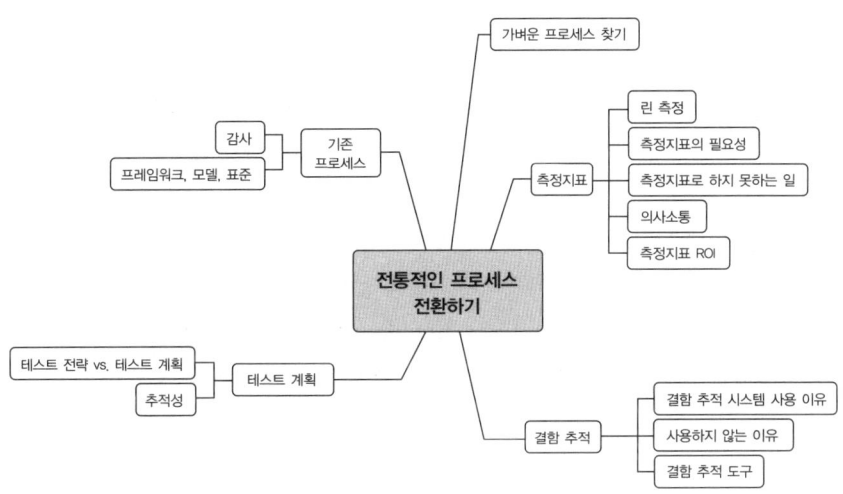

전통적인 프로젝트는 대량의 문서를 요구하거나 각 단계의 마지막에 승인을 요구하는 단계별 프로세스가 있기 때문에 애자일로의 전환이 쉽지 않다.

다른 것들과 마찬가지로 조금 더 빠르고 가벼운 프로세스로 전환하는 방법에는 왕도는 없다. Chapter 5에서는 몇 가지 전통적인 프로세스를 살펴보고 이런 프로세스를 애자일 프로젝트에서 석용하는 방법과 가이드를 제시한다. 적용 방법에 대해서는 Part 3, 4, 5에서 더 많은 사례와 세부사항을 다룰 것이다.

가벼운 프로세스 찾기

프로젝트 팀이 애자일 프로세스 사용 방법에 대해 배울 때 더 전통적인 프로세스는 등한시할 수 있다. 전통적인 단계별 개발 방법론을 사용하는 대부분의 테스터는 측정지표를 만들어 사용하고, 전형적인 결함 추적 도구에 결함을 기록하고, 자세한 테스트 계획을 작성하는 것이 몸에 배어 있다. 애자일 개발에서도 이것들이 적합할까?

많은 소프트웨어 조직은 감사 시스템이나 품질 프로세스 모델을 반드시 준수해야 한다. 여러분이 애자일 개발 실천법을 시작한다고 해서 이러한 요구사항이 사라지지는 않는다. 사실 일부는 애자일 개발이 CMMI나 ISO 9000같은 모델과 표준에 호환되지 않는다고 걱정한다.

애자일 프로젝트를 테스팅할 때 모든 것이 새롭고 다르다고 말하는 것은 어불성설이다. 왜냐하면 진행사항을 측정하거나 결함을 추적하거나 테스팅을 계획하는 방법은 여전히 필요하기 때문이다. 또한 조직의 품질 모델에 맞게 준비할 필요도 있다. 중요한 점은 우리가 제시간에 가치를 전달할 수 있도록 이러한 프로세스를 가볍게 유지하는 것이다. 먼저 측정지표를 한 번 살펴보자.

측정지표

측정지표는 논쟁거리가 될 수 있어 측정지표에 관해 다룰 때 많은 시간이 걸리기도 한다. 측정지표는 숫자를 위한 숫자를 만들어 쓸모없이 노력만 낭비할 수 있다. 활용하는 사람은 나쁜 의도가 없더라도 측정지표는 때때로 좋지 않은 방법으로 사용되기도 한다. 하지만 측정지표를 통해 관련 팀을 지도하고, 목표에 대한 진행사항 측정에 도움 받을 수 있다. 애자일 테스터와 관련 팀들을 돕기 위해 측정지표를 사용하는 방법을 살펴보자.

린 측정

린 소프트웨어 개발 참여자는 측정항목의 수는 줄이고 올바른 행동을 유도하는 측정항목을 찾기 위해 노력한다. 메리(Mary)와 톰 포펜딕(Tom Poppendieck)의 〈린 소프트웨어 개발의 적용: 속도경쟁에서 승리하기〉(위키북스, 2007)는 테스팅과 개발에 린 방식을 적용하는 방법을 알려주는 훌륭한 교재다.

이 책에 따르면, 근본적인 린 측정은 "개념에서 현금으로", 즉 고객의 요구사항에서 소프트웨어로 가는 데 걸리는 시간이다. 이것에 대한 측정값을 "사이클 타임"이라고 한다. 가장 중요한 것은 새로운 비즈니스 가치를 만드는 팀의 "반복성과 신뢰성"이다. 그러면 팀은 지속적으로 프로세스를 개선하고 회전 시간을 줄이려 노력할 것이다.

개별 역할이나 그룹에 국한된 측정보다 모든 팀이 참여한 사이클 타임과 같은 측정단위가 더욱 성공으로 이끌 것이다. 결함을 수정하는 데 일반적으로 어느 정도의 시간이 걸릴까? 지연 시간을 줄이기 위해 팀은 무엇을 할 수 있을까? 이러한 종류의 측정지표는 개선을 위해서 협업할 것을 장려한다.

이 책에서 포펜딕이 설명한 린 측정의 또 다른 점은 재정 수익률이다. 팀이 수익성이 있는 제품을 개발 중이라면 가장 이익을 많이 내도록 일하는 방법을 이해해야 한다. 팀이 사내용 소프트웨어를 개발하는 중이거나 주목적이 수익을 위한 제품이 아닌 경우라도 가장 높은 가치를 실현하기 위해 ROI를 살펴볼 필요가 있다. 비즈니스의 목표를 명확히 하고 팀이 하는 일을 측정하는 방법을 찾아야 한다. 기업이 새로운 고객을 확보하려고 노력하고 있는가? 새로운 기능이 출시될 때 얼마나 많은 새로운 고객이 참여하는지 살펴보자.

린 개발은 고객을 만족하게 할 방법을 찾는데, 이는 모든 소프트웨어 개발의 목표가 되어야 한다. 포펜딕은 고객이 만족하는지 측정할 수 있는 간단한 방법의 예를 들었다.

린 측정지표가 좋은 방법인 이유는 비즈니스 가치를 전달하고자 하는 목표와 일치하기 때문이다. 측정지표가 흥미로운 이유는 무엇일까? 다음 단원에서 살펴보도록 하자.

측정지표의 필요성

측정지표를 만들고 추적해야 하는 여러 이유가 있다. 그리고 그 중에는 정말 나쁜 이유도 있다. 측정지표를 개별 팀 구성원의 성과를 측정하는 기준으로 사용하는 것처럼 좋은 측정지표를 끔직한 방법으로 사용하는 사람도 있다. 하지만 측정지표 없이 진행상항을 측정할 수 있을까?

측정지표는 팀이 정해진 길을 벗어날 때 이정표 역할을 하거나 바른 방향에 대한 피드백을 제공하는 데 사용된다. 단위 테스트를 매일 하는가? 왜 코드 커버리지(code coverage)가 75%에서 65%로 내려갔을까? 사용되지 않는 코드를 제거하고자 테스트로 검사하는 것처럼 좋은 이유가 될 수 있다. 측정지표는 문제를 알려주지만 그 자체만으로 가치를 더해주지는 않는다.

측정지표는 팀의 목표를 달성하는 여행에서 마일스톤으로 사용할 수 있다. 목표가 단위 테스트의 코드 커버리지를 3% 향상시키는 것이라면, 매번 코드 커버리지를 확인해 단위 테스트가 지속적으로 수행되도록 확인할 수 있다. 바라는 개선을 이뤄내지 못했다면, 그 결과로 인해 보너스가 삭감되어 애통해하기보다 이유를 밝혀내는 것이 더욱 중요하다. 개별 측정에 집중하기보다 목표에 도달해 가는 경향에 집중할 수 있다.

측정지표는 팀과 고객에게 해당 이터레이션 내에서나 해당 릴리즈, 또는 에픽 내에서 진행사항을 추적하는 데 도움을 준다. 소멸 차트를 사용하면 차트의 추세가 내려가는 대신 올라가는 경우가 있는데, 이때는 붉은 플래그를 올려서 멈춘 다음 현상을 살피고 문제를 이해하고 처리해야 한다. 팀은 어떤 스토리에 관한 중요한 정보가 부족할 것이다. 소멸 차트를 포함하는 측정지표는 처벌의 형식이나 비난의 도구로 사용되지 말아야 한다. 예를 들어 "낮게 추정한 이유가 뭐죠?"나 "스토리 전체를 끝내지 못한 이유가 뭐죠"라고 하는 것보다 "우리의 추정이 이렇게 낮은 이유가 뭘까요", "스토리를 끝내지 못한 이유가 뭘까요?"라고 하는 편이 훨씬 좋다.

측정지표를 잘 사용하면 팀에 동기부여를 할 수 있다. 리사의 팀은 각각의 빌드마다 단위 테스트 숫자를 기록해서 100번째 테스트, 1000번째 테스트, 3000번째 테스트를 마일스톤으로 삼고 축하한다. 매일 향상되는 단위 테스트의 숫자는 개발자와 고객팀에게 좋은 피드백을 얻는다. 하지만 중요한 것은 숫자 그 자체가 아니다. 예를 들어 테스트가 엉성하게 계획되었거나 잘 테스트해야 하는 제품이라면 10,000번의 테스트가 필요할지도 모른다.

● 리사의 이야기

피에르 베라겐(Pierre Veragen)은 측정지표에 알레르기를 일으키는 팀에서 일한 경험을 말해주었다. 팀원들은 테스트로 검사한 코드가 얼마나 되는지 측정하는 것을 그만두기로 했다. 6개월 후 다시 측정하기로 결정했을 때, 비율이 40%에서 12%로 내려간 것을 발견하고 망연자실했다.

올바른 측정지표를 사용하지 않은 대가는 얼마나 될까?

무엇을 측정할지 결정하기 위해서는, 첫 번째로 풀고자 하는 문제가 무엇인지 이해해야 한다. 문제를 알아냈다면 목표를 설정할 수 있다. 목표는 측정 가능해야 한다. "XYZ 애플리케이션의 평균 응답시간을 20명이 동시에 사용할 때 1.5초로 줄이겠다"라는 목표는 "XYZ 애플리케이션의 성능을 향상시킨다" 라는 목표보다 낫다. 목표가 측정 가능하다면 측정지표에서 추적하거나 수집할 필요가 있는 측정항목은 명확해질 것이다.

측정지표를 팀의 동기를 부여하는 데 사용해야지 사기를 떨어뜨리는 데 사용하면 안 된다. 측정지표가 아닌 목표에 집중하자. 팀이 목표 달성을 확인하는 올바른 측정지표를 사용하지 않을 수도 있고 문맥을 제대로 해석하지 못할 수도 있다. 결함 보고서의 숫자가 증가하면 버그가 많은 코드를 작성한 것이 아니라 테스트 팀이 맡은 일을 잘하고 있다는 의미일 수도 있다. 측정지표가 목표에 대한 진행상황을 이해하는 데 도움이 되지 않는다면 측정지표가 잘못된 것이다.

측정지표로 하지 말아야 할 일

마크 트웨인(Mark Twain)은 이런 유명한 말을 남겼다. "세상에는 세 가지 종류가 있다. 거짓말, 새빨간 거짓말, 그리고 통계다." 측정 가능한 목표는 좋은 것이다. 어떤 방법으로도 측정할 수 없다면 달성했다고 말할 수 없다. 반면에 개인이나 팀의 성과를 측정하는 데 측정지표를 사용하는 것은 위험하다. 스스로 통계의 해석을 왜곡하고 해로운 방법으로 사용할 수 있기 때문이다.

전통적인 소프트웨어 측정 방법인 코드 라인수(line of code)를 살펴보자. 많은 라인의 코드가 좋다면 팀의 생산성이 향상된 것을 의미할까, 팀이 비효율적인 스파게티 스타일의 코드를 작성한 것을 의미할까?

찾아낸 결함의 수는 얼마나 되는가? 테스터가 찾은 결함 수로 테스트를 판단하는 것인 합리적일까? 어떻게 하면 더 일을 잘하게 할 수 있을까? 개발팀이 코드 라인 당 많은 결함을 유입한다면 일을 잘못하고 있다고 말하는 것이 맞는 것인가? 혹은 테스트 팀이 일을 잘해서 더 많은 결함을 찾은 것인가? 또한 어떻게 하면 이 숫자에 의미를 부여해 팀을 동기 부여할까? 팀원들이 결함 없는 코드를 작성하도록 만들 수 있을까?

측정지표로 의사소통하기

측정은 변화를 수반하기 마련이다. 얼마나 많은 테스트가 실행되고 통과되는가? 빌드까지 며칠이 걸리는가? 전체 빌드가 통과되었는가? 쉽게 해석할 수 없거나 볼 수 없는 측정지표는 가치가 없다. 테스트를 통과한 수를 알고 싶다면 적합한 사람이 적절한 방법으로 측정지표를 만들어야 한다. 큰 상황판은 우리가 알고 있는 측정지표를 보여주는 가장 효율적인 방법이다.

● 리사의 이야기

이전 팀은 단위 테스트의 항목 수를 목표로 갖고 있었다. 하지만 단위 테스트에 통과한 숫자를 누구에게도 말하지 않았다. 눈에 보이는 차트나 숫자를 알 수 있는 전자 메일도 보내지 않았다. 흥미롭게도, 팀은 단위 테스트를 자동화하는 데 저항을 겪지 않았다.

현재 회사에서는 모두에게서 단위 수준, GUI 뒷단과 GUI 수준으로 테스트를 통과한 숫자에 대한 보고서를 받는다([표 5-1]과 [표 5-2]의 예시 참고). 관리자는 숫자가 내려가면 신경을 쓴다. 시간이 지날수록 팀은 유용한 테스트의 수를 크게 증가시켰다.

[표 5-1] 시작 지표와 종료 지표

측정지표	시작	끝
NCSS-Whitney	69943	69887
NCSS-Ghidrah	41044	41978
JUnit 테스트의 수	3001	3062
Canoo/Watir Assertions의 수	3215	3215
FitNesse Assertions의 수	57319	61585

[표 5-2] 일일 빌드 결과

날짜	빌드 결과
2008년 1월 25일 금요일	3026 유닛 통과
2008년 1월 28일 월요일	3026 유닛 통과
2008년 1월 29일 화요일	3027 유닛 통과

2008년 1월 30일 수요일	3033 유닛 통과
2008년 1월 31일 목요일	3040 유닛 통과
2008년 2월 1일 금요일	3058 유닛 통과
2008년 2월 4일 월요일	3059 유닛 통과
2008년 2월 5일 화요일	3060 유닛 통과
2008년 2월 6일 수요일	3062 유닛 통과
2008년 2월 7일 목요일	3062 유닛 통과

측정지표가 나빠지고 있는가? 숫자를 위한 측정을 하지 말자. 이 숫자를 통해 무엇을 배울 수 있는지 생각해보자. 다음 단원에서는 측정지표에서 기대하는 투자 대비 효과(ROI: return on investment)를 다룰 것이다.

측정지표 ROI

필요한 측정지표를 식별할 때 소요되는 비용은 합리적인 수준이어야 한다. 지속적인 빌드가 유용한 숫자를 제공한다면 결과적으로 좋은 가치를 제공하는 것이다. 어쨌든 빌드를 실행하고 거기에 추가적인 정보까지 제공한다면 더욱 좋은 일이다. 정보를 얻기 위해 추가적인 작업이 많이 필요하다면 노력을 들일만한 가치가 있는지 스스로에게 물어보자.

리사의 팀은 예상 시간과 실제 시간의 차이를 추적하기 시작했다. 예상했던 분명한 사실 말고 무엇을 배웠을까? 별로 없었다. 경험 있는 팀은 작업판을 통해 진행사항을 측정하는 충분한 정보를 얻을 수 있기 때문에 스프린트 소멸 차트로 내놓을 수 있다. 이런 팀은 작업을 예상하고 남은 시간을 계산하는 데 보낸 그 시간을 더 생산적인 활동에 사용할 수 있다.

이런 결과가 측정을 추적하는 작업을 중단하라는 의미는 아니다. 새로 조직된 팀은 속도와 소멸률을 이해해야 점진적으로 향상시킬 수 있다.

결함률은 전통적인 소프트웨어 측정지표인데, 결함이 없는 상태를 팀의 목표로 설정하는 것은 큰 가치가 없을 것이다. 개발하는 동안 버그를 발견하고 수정하는 비율을 아는 것은 가치가 별로 없는 데, 그 이유는 버그를 발견하고 수정하는 일은 개발의 일부분이기 때문이다. 코드를 작성한 프로그래머에게 테스터가 결함을 보여주면 단위 테스트를 작성한 후 버그가 즉시 고쳐질 것이고 결함을 기록할 필요가 없을 것이다. 반면에 많은 결함이 발견되지 않고 제품이 나온다면, 팀이 개선되고 있는지 여부를 알기위해 숫자를 추적하는 것이 필요할 것이다.

버그가 있는 레거시 애플리케이션을 다시 작성할 때 리사의 팀은 코드가 운영에 적용된 후 6개월 이후에 새로운 코드에서 심각한 수준의 버그가 6개를 넘지 않는 것을 목표로 설정했다. 분명하고 추적하기 쉬운 목표를 설정하자 팀에게는 버그를 찾는 동기부여가 됐고 이 목표를 초과 달성했다.

각 측정지표의 ROI를 확인하고 추적할 것인지 또는 유지할 것인지를 결정하자. 수집하는 데 들어간 노력만큼의 가치를 만들어내는지? 쉽게 의사소통하고 이해할 수 있었는지? 항상 여러분의 상황에서 할 수 있는 일을 하라. 몇 가지 스프린트에 대한 특정 측정지표를 계속 시험하고 성과를 내는지 평가해야 한다.

소프트웨어 품질에 관련된 공통적인 측정지표는 결함 비율이다. 다음 단원에서는 결함을 추적하거나 추적하지 않는 이유와 거기서 배울 수 있는 것을 살펴볼 것이다.

결함 추적

거의 모든 새로운 애자일 팀에게 받는 질문 중 하나는 "결함 추적 시스템에서 버그를 추적하고 있는가?"라는 질문이다. 간단히 답할 수는 없지만 질문에 대한 우리의 견해와 팀에 맞게 결정할 수 있는 몇 가지 대안을 제시한다.

결함 추적 시스템(DTS: defect tracking system)을 사용하는 이유

많은 테스터는 우리가 확인한 이슈에 대해 의사소통하는 유일한 방법으로 결함 추적을 사용하고, 또한 이것이 익숙하기 때문에 계속 사용하기 쉽다. DTS는 결함뿐만 아니라 우선순위, 중요도, 상태를 추적하고 지정된 담당자를 확인할 수 있는 편리한 곳이다. 많은 애자일 실천가들은 더 이상 DTS를 사용할 필요가 없다고 하면서 카드나 다른 간단한 메커니즘으로 결함을 추적할 수 있다고 주장한다. 실패를 확인하고 코드를 수정하기 위해 테스트를 작성하고 회귀 수트에 이 테스트를 유지할 수 있다.

하지만 결함을 기록하고 수정하기 위해 계속 도구를 사용해야 할 이유가 있다. 지금부터 살펴보자.

| 편리함 |

결함 추적 시스템을 사용하지 않으려는 사람들의 염려 중 하나는 버그에 대한 모든 세부사항을 보관할 장소가 없다는 것이다. 테스터는 버그의 재현방법, 환경구성, 운영체제의 종류나 브라우저 버전 등의 많은 정보를 버그와 함께 기록하는 데 DTS를 사용한다. 이러한 모든 정보가 하나의 카드에 들어갈 수 없다. 그러면 세부정보를 어떻게 저장할까? 카드에만 의존해왔다면 의사소통의 활용도 필요하다. 그러나 의사소통을 해도 세부사항을 놓칠 수 있고 특히 프로그래머에게 이슈를 제기하기 며칠 전에 버그를 찾은 경우처럼 때때로 테스터는 정확히 무엇을 했는지 잊어버린다.

DTS는 화면 출력이나 업로드한 파일처럼 추가적인 모든 문서를 보관하는 데도 편리하다.

| 지식 저장소 |

결함 추적의 이유로 "오래된 버그 보고서를 찾아볼 수 있어야 한다"는 이유를 들은 적이 있다. 우리는 오래된 버그 보고서를 살펴봐야 하는 이유에 대해 생각해 보았고, 이번 챕터의 내용을 작성하면서 자넷은 다음과 같은 한 가지 예를 찾아냈다.

> ● **자넷의 이야기**
>
> WestJet의 사전 좌석예약 알고리즘을 테스트할 때 비정상적인 것을 발견했다. 이런 이슈가 전에 있었는지 다른 테스터인 산드라(Sandra)에게 물었다. 산드라는 희미하게 기억을 했지만 어떤 환경이었는지는 정확히 기억하지 못했다. 산드라는 재빨리 버그질라(Bugzilla)에서 검색을 했고 바로 이슈를 찾았다. 비즈니스적인 판단으로 영향이 크지 않았고, 수정하는 데 시간을 들일 가치가 없다고 결정했기 때문에 그대로 둔 채 종료하였다.
>
> 버그질라를 통한 검색은 여기저기 질문을 하거나 버그를 다시 입력하고 또 다시 버그를 종료하는 악순환으로부터 나를 구해주었다. 또 팀원들이 서로 가까이 앉아 있어서 팀의 비즈니스 분석까지도 대화의 주제로 이어졌다. 이런 대화를 통해 새로운 테스터가 이슈를 식별했지만 처리에 대한 결정을 내리지 못한 경우 찾아볼 수 있는 FAQ 페이지나 미해결된 이슈 리스트 같은 것을 만들자는 아이디어가 나왔다.

이 이야기는 버그 데이터베이스가 지식 저장소(knowledge base)로 사용되더라도 비즈니스적인 결정과 배경 정보를 저장하는 다른 메커니즘도 될 수 있음을 보여준다. 이슈가 너무 오래되어 추적할 수 없다면 다시 작성해서 올리면 된다. 환경은 변했을 것이고 비즈니스적인 측면에서도 버그를 수정할 만한 가치가 있다고 결정할 수 있다.

DTS에 보관하는 편이 좋은 버그의 종류는 간헐적으로 발생하거나 추적하는 데 너무 오래 걸리는 버그다. 이러한 버그는 자주 발생하지 않고 정보 부족으로 조사하는 데도 오랜 시간이 걸린다. DTS는 지금까지 밝혀진 내용에 대한 정보를 저장할 수 있는 공간이다. 로그와 추적 등을 포함할 수 있다. 팀이 마지막으로 문제를 살펴보거나 이슈가 더욱 중요해졌을 때 더 가치 있는 정보가 된다.

버그 보고서에 포함되어 있는 정보는 나중에 여러 가지 목적으로 사용될 수 있다. 리사의 팀에서 그 정보를 어떻게 사용했는지에 대한 사례가 있다.

● 리사의 이야기

팀의 개발자 중 한 명은 각 이터레이션마다 동일한 내용의 "제품 지원"을 여러 번 제공했다. 비즈니스 측에서 버그의 수정과 개발팀이 직접 개입할 필요가 있는 제품 문제에 대해 기술 지원 요청이 들어오면 "기술 지원 담당자"는 문제를 조사하고 버그 보고서에 수정되었는지 기술한다. 이러한 노트는 일반적으로 원인에 대한 정보와 SQL문을 포함한다. 나중에 다른 누군가 유사한 에러나 상황을 겪게 된다면 DTS에서 해결책을 쉽게 찾을 수 있다. 특정 종류의 문제가 주기적으로 반복된다면 팀은 DTS를 사용해 조사와 분석을 할 수 있다. 팀의 규모가 작더라도 수많은 레거시 코드를 다룰 수 있고, 모든 문제와 수정을 추적하는 데 사람의 기억력에만 의존할 수는 없다.

결함의 원인이나 특별한 요청이 수행되었는지를 기억하는 것은 팀의 규모가 크거나 지역적으로 떨어져 있을 경우 더 어렵다. 고객은 자신의 문제에 대한 해결책에만 관심이 있다.

| 규모가 크거나 분산된 팀 |

프로젝트가 크다면 한 팀의 결함은 다른 팀에 영향을 줄 수 있고, 이 경우 DTS는 좋은 선택이다. 물론 모든 팀원이 접근할 수 있어야 유용할 것이다. 대면 의사소통은 언제나 첫 번째 선택이지만 그럴 수 없는 환경이라면 DTS 같은 도구가 필요하다.

| 고객 지원 |

제품 출시 이후 고객에 의해 결함이 보고되었다면 고객은 언제 수정되는지 알고 싶을 것이다. 지원

센터나 기술지원 부서에서는 해당 출시 제품에서 무엇이 수정되는지 알기 어렵다. 그들도 출시 시점에 여전히 해결되지 않은 결함을 찾을 수 있고 고객에게도 알려줄 수 있어야 한다. DTS는 이런 여러 정보를 함께 제공하기 쉽다.

| 측정지표 |

결함 비율을 추적하는 데는 이유가 있다. 결함을 추적하지 않는 이유도 있다. 예를 들면 우리는 해당 이터레이션 외에서 버그가 일어나지 않는다면 해당 버그를 결함으로 고려해야 한다고 생각하지 않는다. 물론 이것은 우리가 추적해야 하는 것과 그 이유에 관해 또 다른 논의가 필요하지만 여기서는 다루지 않을 것이다.

| 추적성 |

DTS를 사용해야 하는 또 다른 이유는 결함을 테스트 케이스에 연결시키는 추적성 때문이다. 이것이 적절한 이유인지는 확실하지 않다. 모든 결함이 테스트 케이스에 연결되지 않을 수도 있고 테스트 케이스가 존재하지 않을 수도 있다. 예를 들어 철자 오류 같은 에러는 특별한 테스트 케이스가 필요하지 않을 것이다. 어쩌면 제품이 사용하기에 직관적이지 않을지도 모른다. 이런 경우도 버그로 봐야 하지만 별로 보고되지 않는다. 어떤 기능이 사용 가능한지 여부를 결정하기 위해 테스트를 어떻게 작성할 것인가? 탐색적 테스팅은 자동화 테스트를 작성할만한 가치가 없는 부수적인 조건의 버그를 찾을 수 있을 것이다.

자동화된 테스트 케이스가 버그를 잡으면 그 뒤 해당 결함이 줄어든 것을 기록해야 하는데, 이유는 해당 버그가 다시 나타난다 하더라도 다시 잡게 될 것이기 때문이다. 추적성에 대한 필요는 사라진다. 따라서 결함을 추적할 필요가 없을 수도 있다.

DTS를 사용하지 않아야 하는 이유

애자일과 린은 실천 사항과 원칙을 통해 DTS에 대한 필요를 줄이는 데 도움을 준다. 프로세스가 견고하고 모든 사람이 높은 품질의 제품을 만들기 원한다면, 결함은 적어지고 추적이 아주 간편해질 것이다.

| 의사소통 도구 |

결함 추적 시스템은 분명히 프로그래머와 테스터 사이의 의사소통을 촉진시키지는 않는다. 서로 직접 대화하는 것을 피하게 만들기 쉽다.

| 시간과 인벤토리 낭비 |

DTS에 결함을 재현하는 모든 단계마다 많은 정보를 추가하는 경향이 있다. 버그에 따라서 이들 단계를 작성하는 일이 오래 걸릴 수 있지만, 프로그래머는 버그를 잘 재현할 수 있다. 이 때 문제를 분류하고 누군가는 의견을 내고, 결함을 해석하고, 재현을 시도하고, (이상적으로) 수정한 뒤 의견을 기술하고, 보고서를 작성한 사람에게 해당 문제를 다시 할당한다. 최종적으로 수정한 부분이 검증된다. 프로그래머가 처음에 문제를 잘못 이해한다면 전체 주기는 두 배로 늘어나고 단일 결함 비용이 지나치게 많아질 수 있다.

Tip
Chapter 15 "릴리즈 계획과 테마 계획에서 테스터의 활동"에서 테스터와 프로그래머가 버그를 함께 작업하는 방법에 대해 설명한다.

테스터가 그냥 프로그래머와 직접 대화하면서 발견한 것을 보여주고 개발자가 바로 결함을 수정하는 것이 훨씬 쉽지 않을까? 나중에 이 부분에 관해 다시 자세히 다룬다.

DTS에서 결함은 큐가 되거나 작은 제품 백로그가 된다. 린 원칙에 따르면 이러한 결함 인벤토리는 낭비다. 팀 차원에서 이러한 낭비를 줄일 수 있는 방법을 생각해야 한다.

● 자넷의 이야기

Tip
안토니는 Chapter 18 "코딩과 테스팅"에서 이터레이션 계획을 다룰 때 숨겨진 백로그에 대한 아이디어를 공유할 것이다.

2004년에 TestingRefections.com을 운영하는 안토니 마르카노(Antony Marcano)는 버그 추적 시스템을 사용하지 않는 것에 관해 블로그에 글을 올렸다. 이 내용이 메일링 리스트를 통해 논의되었을 때 많은 테스터가 이단적인 생각이라고 부정적인 메시지를 보냈지만 현재는 안토니가 만든 이 방법이 애자일 사고의 주류가 되었다.

그는 애자일 팀의 버그 추적 시스템은 "비밀 백로그"라고 제안한다.

결함 추적 도구

DTS를 사용하기로 결정했다면 신중하게 선택하자. 요구사항을 이해하고 단순하게 유지하자. 여러분은 팀의 모든 사람이 이 도구를 사용하길 원할 것이다. 부담이 되거나 사용이 어렵다면 사람들은 우회할 방법을 찾을 것이다. 애자일 개발팀에서 사용되는 모든 도구는 모든 팀 전체의 의견을 종합적으로 고려해야 한다. 고객팀의 누군가가 버그 보고에 포함된다면 그의 의견 역시 받아들여라.

자넷이 사용한 가장 간단한 도구 중의 하나는 Alcea의 FIT IssueTrack이다. 구성이 쉽고 사전에 정의된 프로세스를 따르지 않아도 되고 측정지표를 쉽게 얻을 수 있다. 자신에게 가장 적합한 도구를 찾는 것은 여러분의 숙제다. 다양한 오픈소스 결함 추적 시스템과 호스팅 시스템, 통합된 기업용 시스템 등을 사용할 수 있다.

DTS 사용여부와 상관없이 결함을 가능한 한 가시적으로 만들어야 한다.

> ● 리사의 이야기
>
> 우리는 상업용 DTS를 사용하지만 버그를 가시적으로 유지하는 데 가치를 둔다. 버그에 따라 색상을 지정하고 [그림 5-1]처럼 스토리 보드에 이들을 작업으로 포함한다. 노란색 카드는 일반적인 버그, 빨간색 카드는 중요도가 높은 운용 시스템 버그이거나 즉시 처리해야하는 범주의 "테스트 스토퍼(test stopper)" 개발 버그를 나타낸다. 보드를 재빠르게 살펴보면 할 일 목록과 WIP, 검증, 완료 컬럼에 얼마나 많은 버그가 있는지 알 수 있다. 다른 색상의 카드도 있는데 스토리를 위한 파란색 카드, 테스트 작업을 나타내는 녹색 카드, 개발 작업을 나타내는 하얀 카드가 있다. 줄무늬 카드는 이터레이션 계획 이후 추가된 작업을 나타낸다. 노란색과 붉은색 버그 카드는 쉽게 해결될 수 있다.

[그림 5-1] 색상 카드로 구분된 스토리 보드

이 책을 쓰는 동안 원격지에 있는 팀원이 생겨서 가상 스토리 보드로 전환했지만 색상을 사용하는 개념은 여전히 유지했다.

몇 가지 이터레이션의 경우 각 이터레이션에 보통 다른 도구로 시험하는 것을 권장하지만, 이것은 한 시스템에 있는 모든 버그를 사용해보려 하는 새로운 시스템에 옮겨야 하기 때문에 버그 추적 시스템에 더 귀찮은 일이 될 수 있다. DTS에서 어떤 것이 필요한지, 그 목적이 무엇인지 고민하는 데 시간을 들이고 대안을 신중하게 평가하자.

● 리사의 이야기

우리 팀은 기본적으로 경영층에서 도입한 웹 기반의 DTS를 사용했다. 우리는 버그 보고서에 타임스탬프 업데이트와 같은 기본 기능의 부족 등 다소 사용에 불편한 점을 발견했고 라이선스의 제약 때문에 짜증스러웠다. 테스터들은 라이선스 제약으로 동시 사용자가 세 명으로 제한된 사실에 좌절했고 세션의 시간 만료가 빨리 실행되도록 설정했다.

팀은 대안으로 다른 DTS를 평가할 시간을 잡았다. 처음에는 경영층의 이러한 선택을 이해할 수 없었다. 하지만 우리의 모든 요구사항을 만족하는 도구는 찾을 수 없었다. 모든 도구는 중요한 무엇인가 빠져있거나, 도구를 사용해본 사람들로부터 부정적인 이야기를 들었다. 기존의 버그 데이터베이스를 노력을 들여 새로운 시스템으로 변환하는 것에 우려 섞인 목소리를 높이기도 했다.

이 문제가 압력을 받게 된 것은 DTS가 실제로 망가질 때 발생했다. 유지·보수 비용 지원을 몇 년 전에 중단했지만 시스템 관리자는 공급 업체가 이 도구를 어떻게 개선했는지 살펴보았다. 이미 경험한 수많은 문제점이 개선되어 있었다. 예를 들어 모든 업데이트는 이제 시간이 기록되었다. 클라이언트 애플리케이션은 세션이 끊겨도 사용 가능했고, 특히 테스터에게 필요한 기능이 개선되어 있었다.

기존의 도구에 업그레이드와 유지·보수 비용을 지불하고 추가 사용자를 위해 라이선스를 구입하고, 기존의 데이터베이스를 새로운 버전으로 변환해 낮은 비용으로 시스템을 쉽게 사용할 수 있게 되었다. 우리 고객이 새로운 시스템을 배우지 않아도 된 사실은 보너스였다.

개선방법을 찾아 헤매고 있는 경우 최고의 도구는 우리가 이미 사용하고 있는 도구일 수도 있다!

다른 모든 도구를 검색하면서 메일링 리스트나 사용자 그룹 같은 커뮤니티에서 추천받을 만한 다른 도구가 있는지를 살펴보자. 검색을 시작하기 전에 기준을 정하고 가능한 한 많은 부분을 시험해보자. 잘못된 도구를 선택했다면 그 도구에서 손을 떼고 대안에 대한 조사를 시작해야 한다.

초점 유지하기

결함을 보고하고 추적하는 작업에 대한 결정은 중요하지만 주요 목표의 추적을 잃지 말아야 한다. 가능한 한 최고 품질의 제품을 만들어내고 시기적절한 방법으로 비즈니스에 가치를 제공하기 원할 것이다. 프로젝트는 구성원들이 최상의 업무를 할 수 있을 때 성공한다. 의사소통을 개선하고 협업하는 데 집중하자. 결함이 많다면 문제의 원인을 조사하자. 그러기 위해서 DTS가 필요하다면 사용하자. 실행 가능한 테스트에서 결함을 문서로 작성하고 이를 즉시 수정함으로서 팀이 일을 더 잘 할 수 있다면, 그렇게 하자. 일부 조합이 지속적으로 여러분을 개선시킬 수 있다면 그렇게 하자. 기억해야 할 핵심은 전체 팀이 참여해야 한다는 것이다.

Tip
Chapter 18 "코딩과 테스팅"은 버그 문제를 공격하는 다른 방법과 대안을 다룬다.

결함 추적은 전통적인 품질 프로세스의 하나인데 애자일 테스팅에서는 여러 질문과 반론이 있다. 서로 다른 부분은 애자일 프로젝트가 테스트 계획이나 추적성 관련 측정지표와 같은 문서가 필요한지 여부이다. 다음에서 살펴보자.

테스트 계획

전통적인 단계별 소프트웨어 방법론은 전체 문서 요구사항의 일부로 테스트 계획의 중요성을 강조한다. 테스트 계획은 목적과 범위, 접근방식을 대략적으로 파악하고 이해관계자를 위한 소프트웨어 테스팅에 집중한다. 완성된 문서는 테스트 그룹 외부의 사람이 제품 검증을 위한 "이유"나 "방법"을 이해하는 데 도움이 되어야 한다. 이 단원에서는 테스트 계획과 애자일 프로젝트에서 테스트를 준비하고 추적하는 관점을 살펴본다.

테스트 전략 VS. 테스트 계획

애자일 프로젝트에서는 테스터가 필요로 하는 것이 무엇인지에 대한 의사소통을 위해 많은 문서에 의존하지 않는다. 테스터는 나머지 팀과 함께 작업하고 테스팅 업무는 작업 카드 형태로 모두가 볼 수 있다. 그래서 "여전히 테스트 계획이 필요합니까?"라는 질문을 자주 던진다. 이 질문에 대해 대답하려면 테스트 계획과 테스트 전략/접근 방법에 대한 차이를 살펴봐야 한다.

문서에 포함된 정보가 많을수록 그것을 모두 읽는 사람은 더 적어질 것이다. 이해관계자에게 정말로 필요한 정보가 무엇인지 생각해보자. 얼마나 자주, 그리고 사용되는 목적이 무엇인지 생각하자.

일반적으로 테스트 전략은 정적 문서로 좀처럼 변하지 않는다고 생각하는 반면, 테스트 계획은 새로 만들어지고 각각의 새로운 프로젝트 별로 존재한다고 본다.

| 테스트 전략 |

전략은 장기적 활동 계획이며, 여기에서의 키워드는 "장기적"이다. 조직에서 프로젝트에 대한 전반적인 테스트 접근방법에 관한 문서화를 원한다면 시간이 지나도 크게 변하지 않을 내용만 문서에 포함시키도록 하자. 프로젝트와 관련 없는 수많은 정보는 테스트 전략이나 테스트 접근방법 문서에서는 빼도록 하자.

이 문서는 참고용으로 사용되고 프로세스가 변경될 때만 업데이트한다. 테스트 전략 문서는 새로운 직원에게 어떻게 테스트 프로세스가 돌아가는지에 대한 심층적인 이해를 돕는 데 사용될 수 있다.

● **자넷의 이야기**

우리는 여러 조직에서 이 접근방식을 이용해 성공했다. 모든 프로젝트에 공통적인 프로세스는 하나의 문서에 넣었다. 이 형식을 사용하면 대부분의 법적 준수 요구사항을 만족시킬 수 있다. 다뤘던 일부 주제는 다음과 같다.

- 테스팅 실천사항
- 스토리 테스팅
- 솔루션 검증 테스팅
- 사용자 적응성 테스팅
- 시험 테스팅
- 부하와 성능 테스팅
- 테스트 자동화
- 테스트 결과
- 결함 추적 프로세스
- 테스트 도구
- 테스트 환경

| 테스트 계획 |

계획의 힘은 가능한 이슈와 의존성을 식별하고, 위험을 표면위로 드러내 논의해 처리하고, 큰 그림을 그려보는 것이다. 테스트 계획도 마찬가지다. 팀은 각 프로젝트를 시작하기 전에 여러 위험과 의존성, 큰 그림에 관해 생각해야 한다.

Tip
Chapter 15 "릴리즈 계획과 테마 계획에서 테스터의 활동"에서 계획서를 제출할 때 사용할 수 있는 대안에 대해 논의하고 예제를 보여준다.

팀이 테스트 계획 문서를 작성할 것인지의 결정 여부에 상관없이 계획은 완료되어야 한다. 각 프로젝트는 서로 다르기 때문에 같은 해결책이 모두 맞을 거라고 기대해서는 안 된다.

종종 고객은 테스트 계획 문서를 고집하기도 한다. 애플리케이션 개발을 계약했다면 테스트 계획이 요구사항 문서와 설계 문서와 같은 항목과 함께 산출물에 포함될 것이다.

테스트 계획은 때때로 추적성과 관련한 이야기로 이어진다. 도출된 코드의 원하는 동작에 대해 누군가 계획했던 모든 테스트를 실행했는가? 요구사항과 테스트 계획은 실제 테스팅과 최종 기능에 어떻게 관련되어 있는가?

추적성

전통적인 프로젝트에서는 요구사항 전체를 실제로 테스트했는지 여부를 확인하기 위해 추적성 측정지표를 사용했다. 요구사항이 변경되면 테스트 케이스가 그것에 맞게 변경되었는지를 알 필요가 있었다. 엄청난 분량의 요구사항 문서를 통해서만 테스트 팀이 잘 검사했다는 것을 알 수 있었다.

애자일 프로젝트에서는 이러한 제약사항은 없다. 기능을 잘 정의된 작은 단계로 구성한다. 팀원 모두가 서로 가까이서 작업하고 변경사항이 생기면 모두가 알 수 있도록 한다. 프로그래머가 테스트 우선 방식으로 작업한다면 모든 작은 작업단위에 대해 단위 테스트를 한다고 알고 있다. 인수 테스트를 정의하기 위해 고객과 협업할 수도 있다. 우리는 프로그래머가 작업할 때 각 스토리를 테스트하므로, 테스트되지 않은 부분은 없다고 본다.

규제가 심한 산업에서는 추적성이 요구사항이 될 수 있다. 그런 분야에서는 실제로 문제관리를 통해 해결하려는 것이 무엇인지 직접 살펴볼 것을 추천한다. 필요한 것이 무엇인지 이해하면 해결책은 단순해질 수 있다. 추적성을 제공하는 방법은 여러 가지가 있다. 소스 코드의 체크인 주석은 요구사항이나 테스트 케이스를 포함하는 위키 페이지, 또는 결함 번호를 참조할 수 있다. 요구사항의 위치나 식별자에 테스트를 묶어 단위 테스트에 주석을 넣을 수도 있다. 이들 테스트는 FitNesse와 같은 도구에서 요구사항을 직접 통합할 수 있다. 여러분의 팀은 고객의 요구사항을 가장 잘 처리하는 방법을 쉽게 찾을 수 있을 것이다.

추적성 측정지표와 같은 문서는 조직의 감사 표준이나 품질 모델에 의해 부과된 요구사항을 충족하는 데 사용될 수 있다. 이런 지시들이 애자일 개발에서 어떻게 고려되는지 살펴보자.

기존의 프로세스와 모델

다음과 같은 질문을 자주 듣게 된다. "전통적인 품질 모델과 프로세스는 애자일 개발 방법과 공존할 수 있을까요?" 이론적으로 안 될 이유는 없지만 실제로는 선택사항이 아닐 경우가 많다. 품질 모델은 종종 전통적인 품질관리팀의 영역이고, 새로운 애자일 구조에서도 테스터가 잘 따를 수 있다. 새로운 애자일 개발 모델에 이런 품질 모델을 적용하는 것은 쉽지 않다. 몇 가지 전통적인 품질 프로세스를 살펴보고 테스터나 그 팀이 전통적인 품질 모델을 어떻게 수용하는지 알아보자.

감사

각각의 산업마다 다른 감사 요구사항이 있다. 전통적인 개발 조직의 품질 보증팀은 감사를 위한 정보를 제공하고 감사 요구사항의 준수를 보장하는 일도 종종 한다. 세간의 이목을 끌었던 기업의 재정 스캔들에 대응해서 제정한 2002년의 사베인-옥슬리 법(SOX: Sarbanes-Oxley Act)은 비즈니스에 대한 기록을 유지하도록 요구한다. 규제 준수는 일반적으로 IT 부서에 할당된다. SAS 70은 서비스 조직의 감사 표준으로 널리 알려져 있다. 이들은 개발팀에 영향을 주는 감사 통제 유형의 몇 가지 사례에 불과하다.

큰 조직은 규제 준수를 통제하고 감사관과 함께 일하는 특별팀이 있지만, 개발팀이 정보 제공을 요구 받기도 한다. 사례에는 출시한 소프트웨어에 수행한 테스팅이나 계정 조정 입증을 포함한다. 테스터에게 통제 활동의 효율성을 평가하기 위한 테스트 계획을 작성하도록 요구할 수 있다.

● **리사의 이야기**

우리 회사는 정기적으로 SAS 70 감사를 받는다. 감사 일정이 잡히면 감사 지원을 제공하기 위한 스토리 카드를 작성한다. 이 작업의 대부분은 시스템 관리자에게 할당되지만 나는 감사자와 함께 일하는 비즈니스 담당 직원들을 지원한다. 때때로 데모 환경에서 시스템의 기능을 시연해야 할 때도 있다. 질문을 받을 때 도움을 주고 데모를 위한 데이터를 제공한다. 특정 기능을 테스트한 방법에 관한 세부사항을 요청 받을 때도 있다.

우리 내부 프로세스 중 일부는 SAS 70 요구사항을 준수할 필요가 있다. 예를 들면 제품을 출시할 때마다 릴리즈된 빌드의 정보, 각 수준별로 수행한 테스트의 규모, 릴리즈한 사람, 검증한 사람을 양식에 작성해둔다.

애자일 팀의 테스터는 그 팀에 전념해야 한다. 이들 테스터가 감사를 위한 정보 제공이나 규제 준수에 도움을 주는 정보를 제공해야 한다면, 여기에 대한 스토리를 작성하고 팀의 남은 작업을 그것에 맞춰 계획하자. 검사팀이나 내부 감사팀과 함께 일하면서 팀의 책임을 이해하도록 하라.

프레임워크, 모델, 표준

많은 품질 모델이 있지만 이들 모델의 제약사항에 맞춰 애자일 프로세스를 적용시킬 수 있는 방법을 살펴보기 위해 다음의 두 가지를 살펴볼 것이다.

1. CMMI(Capability Maturity Model Integration)는 조직의 프로세스를 개선하는 데 목적이 있지만 개선을 이뤄내는 특정한 개발 사례는 기술하지 않는다.
2. ITIL(Information Technology Infrastructure Library)은 조직이 효율적인 품질 프로세스를 개발하기 위해 고안한 IT 서비스 관리의 모범 사례 모음이다.

Tip
CMMI와 애자일 개발에 관한 정보는 참고문헌을 살펴보자.

이 두 가지 모델은 애자일 개발과 잘 공존할 수 있다. 소프트웨어 프로젝트를 성공적으로 만든다는 같은 목표에 기반을 두기 때문이다.

프로세스의 성숙도를 측정하는 프레임워크인 CMMI를 한 번 살펴보자. 프로세스가 정의되었는지 아닌지, 문서화 되었는지, 영구적인지, 최적화 되었는지를 측정하여 각 레벨을 결정한다. 애자일 프로젝트는 정의된 프로세스가 있지만 모든 팀이 하는 일을 문서화하지는 않는다. 예를 들어 한 고객이 최종 의사결정을 내리면 출시 계획이 기록된 벽에 색인 카드로 요구사항을 관리하는 것은 언제나 수행하는 정의된 프로세스다.

회고는 지속적인 프로세스 개선을 목적으로 하고, 팀은 항상 프로세스를 최적화할 방법을 찾아야 한다. 팀에 부족한 것이 문서화뿐이라면 테스트 전략 문서에 프로세스를 포함할지 고려해보자.

CMMI 요구사항을 충족하는 최소한의 문서가 무엇인지 스스로에게 물어보자. 자넷은 [그림 5-2]처럼 다이어그램을 통해 해결했다.

ITIL이 조직에 도입되고 변화 관리가 적용되면, ITIL을 수용하도록 프로세스를 적용하자. 여러분은 새로운 프로세스에서 혜택을 찾을 수도 있다.

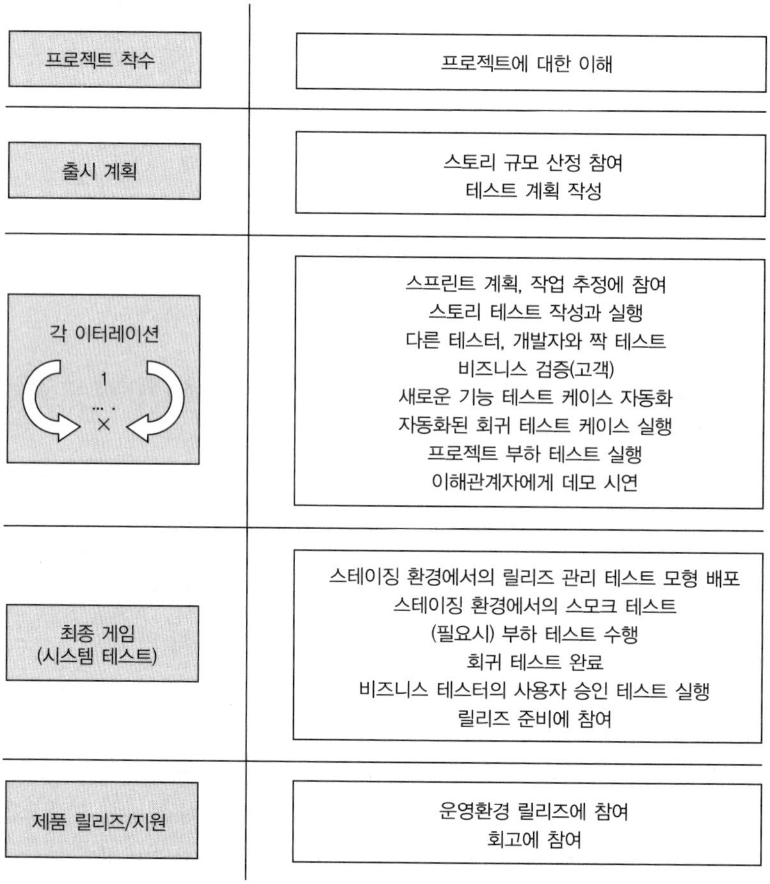

프로젝트 착수	프로젝트에 대한 이해
출시 계획	스토리 규모 산정 참여 테스트 계획 작성
각 이터레이션 1 ... ×	스프린트 계획, 작업 추정에 참여 스토리 테스트 작성과 실행 다른 테스터, 개발자와 짝 테스트 비즈니스 검증(고객) 새로운 기능 테스트 케이스 자동화 자동화된 회귀 테스트 케이스 실행 프로젝트 부하 테스트 실행 이해관계자에게 데모 시연
최종 게임 (시스템 테스트)	스테이징 환경에서의 릴리즈 관리 테스트 모형 배포 스테이징 환경에서의 스모크 테스트 (필요시) 부하 테스트 수행 회귀 테스트 완료 비즈니스 테스터의 사용자 승인 테스트 실행 릴리즈 준비에 참여
제품 릴리즈/지원	운영환경 릴리즈에 참여 회고에 참여

[그림 5-2] 테스트 전략 문서화

● **자넷의 이야기**

고객 지원 전화 요청을 처리하는 중앙 콜센터 조직에서 일할 때 관리자는 조직의 서비스 부분 개선을 위해 ITIL을 도입했다. 변경 관리팀이 해결되지 않는 문제의 수가 지속적으로 증가하고 있다는 것을 파악할 때까지 ITIL이 개발팀에 영향을 줄 것이라고는 생각하지 않았다. 누구도 숫자가 증가하는 이유를 이해하지 못했기 때문에 문제해결을 위한 회의를 여러 차례 개최했다. 첫 번째로 현재 영향을 주는 프로세스를 매핑했다.

콜센터 직원은 그들의 추적 시스템에서 인시던트를 보고했다. 그들은 고객의 문제를 즉시 해결하려고 노력했다. 종종 해당 소프트웨어 결함에 관한 회피방법을 제공하는 것을 의미하기도 했다. 콜센터 보고는 종료되었지만, Remedy[1]에 있는 문제 보고는 종료되지 않았으며 개발팀의 누군가에게 이메일을 보냈다. 개발팀이 결함을 수용한다면 결함은 수정을 위해 버그질라에 입력된다.

결함이 최종 수정되면 해당 이슈를 종료하기 위한 루프백은 없었다. 우리는 이해관계자가 참여하는 여러 번의 브레인스토밍 세션을 열어 그 문제에 대한 가장 쉬우면서도 최선인 솔루션을 결정했다.

해결해야 하는 문제는 다음과 같이 기술한다. "버그가 실제로 수정되었을 때 프로젝트 팀은 어떻게 문제를 다시 보고하고 변경관리를 하는 사람들은 어떻게 프로젝트 팀에게 얘기할까요?"

문제를 해결할 수 있는 방법은 여러 가지가 있었다. 한 가지 옵션은 버그질라에서 Remedy 티켓을 참조하고, 버그질라 결함이 종료되면 Remedy에서 끄집어내고 Remedy는 이것을 감지해 Remedy 티켓을 종료한다. 물론 일부 버그는 거의 해결되지 못했고 Remedy 티켓은 영원히 미해결 상태로 남게 된다.

실제로 우리는 문제를 변경하는 사람들을 포함한 전체 팀을 위한 더 좋은 해결책을 찾았다. 우리는 많은 다른 아이디어를 브레인스토밍한 끝에 버그질라에서 버그가 미해결 상태이더라도 Remedy 티켓을 종료할 수 있다고 결정했다. 현실적으로 처음 제기되었던 불만으로 돌아가서 고객에게 그것을 누가 보고했고 언제 고쳐졌는지를 말해줄 수 없기 때문이다.

변경 요청은 모든 소프트웨어 수정을 자동으로 포함하는 릴리즈에서 다뤄지므로 변경관리 프로세스도 따를 것이다.

조직이 프로세스 모델이나 품질 표준 관리를 사용한다면 스스로 그것에 관해 배워야 하고 조직 내의 적절한 전문가와 작업해야 한다. 팀의 초점을 실제 비즈니스 가치를 제공하는 고품질의 소프트웨어의 인도에 맞추고 해당 모델 내에서 어떻게 작용하는지 확인하자.

---

1) 역자 주: 이슈 추적 도구

프로세스 개선 모델과 프레임워크는 원칙을 강조하고 프로세스를 준수한다. 일부 소프트웨어 개발 방법론은 애자일 개발보다 더욱 원칙을 요구한다. 표준은 단순히 목표를 향한 진행 상황을 측정할 수 있게 해준다. 애자일의 초점은 뛰어나게 일하고 지속적으로 개선시키는 것이다. 애자일 개발은 스스로 설정한 표준이나 프로세스 개선 측정 도구에서 빌려온 어떤 표준과도 호환된다.

측정을 개선하는 수단으로 측정목표와 표준을 분리하자. 목표를 설정했으면 그 다음으로는 개선이 필요한 영역을 성공적으로 측정하는 데 필요한 측정지표가 무엇인지 알아야 한다. 필요한 가시성의 확보를 보장하기 위해 개선을 제공하는 활동에 대한 작업카드를 사용해보라.

기존의 품질 프로세스와 모델을 사용한 작업은 애자일 개발로 전환하는 데 직면할 수 있는 가장 큰 문화적 이슈 중 하나다. 이러한 모든 변화는 어렵지만 전체 팀이 참여하면 극복 못할 문제는 없다.

요약

Chapter 5에서는 전통적인 품질 중심의 프로세스와 애자일 환경에 적용할 수 있는 방법을 살펴봤다.

- 올바른 측정지표는 여러분의 팀이 목표를 달성하는지 추적하고 높은 ROI를 제공하도록 도와준다.
- 측정지표는 가시적이어야 하며 의사결정을 내릴 수 있도록 필요한 마일스톤을 제공해야 한다.
- 결함 추적 시스템을 사용하는 이유는 편의성, 지식 저장소의 활용, 추적성 때문이다.
- 결함 추적 시스템은 종종 의사소통 도구로 사용되며, 불필요한 버그를 입력하고 추적하는 것은 낭비로 간주된다.
- DTS를 포함한 모든 도구는 팀 전체가 사용하기 때문에 도구를 고를 때는 모든 견해를 고려해야 한다.
- 테스트 전략은 정적 문서로 작성되며 장기적인 테스트 접근방식이다. 하지만 테스트 계획은 해당 프로젝트에만 유효하다.
- 특정 문서의 필요에 대해 무작정 받아들이기보다 대안을 생각하자. 예를 들어 소규모에 점진적이고 가까이서 함께 일하는 애자일 접근방법은 형식적인 추적성 문서가 필요 없을 것이다. 소스 코드 제어 시스템의 주석을 테스트에 연결하는 것도 하나의 방법이 될 수 있다.
- SAS 70 감사와 CMMI 표준과 같은 전통적인 품질 프로세스와 프로세스 개선 모델은 애자일 개발 및 테스트와 공존할 수 있다. 팀은 새로운 사고를 해야 하고 문제를 해결하기 위해 협업해야 한다.

AGILE
애자일 테스팅 사분면

PART 3

소프트웨어 품질은 많은 차원이 있고, 각 차원은 각기 다른 테스팅 접근방법을 필요로 한다. 우리가 해야 하는 다른 모든 유형의 테스트를 어떻게 알 수 있을까? 언제 테스팅을 "완료"했다고 볼 수 있을까? 누가 어떤 테스트를 어떻게 하나? Part 3에서는 팀에서 필요한 모든 테스팅 범주를 다룰 수 있도록 애자일 테스팅 사분면을 사용하는 방법을 설명한다.

물론 테스팅은 도구를 필요로 하며 여기서는 사용할 도구들의 예와 이들 도구를 효과적으로 사용하는 전략, 사용하는 시기에 관한 가이드라인을 포함한다. 이들 도구는 테스트가 용이하도록 설계된 코드와 사용될 때 사용하기 더 쉽다. 이러한 염려와 추가적인 내용을 Part 3에서 설명한다.

AGILE Chapter 6
테스팅의 목적

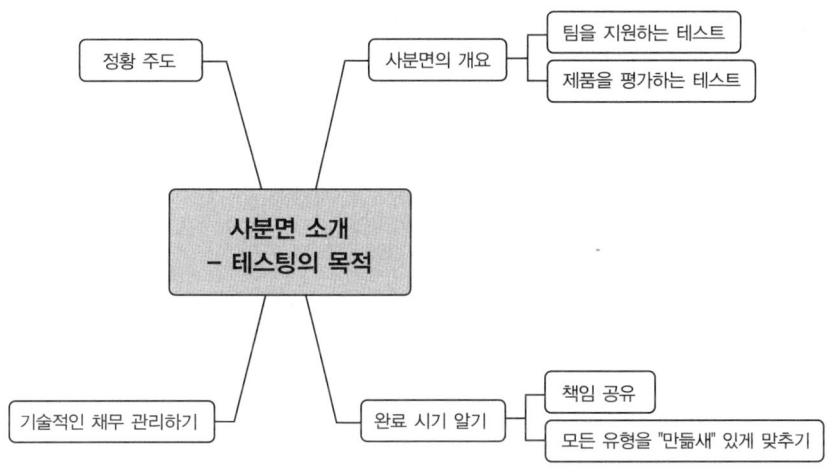

왜 테스트를 할까? 답은 아마 명확하겠지만 사실 아주 복잡한 질문이다. 우리는 수많은 이유로 테스트를 한다. 버그를 찾기 위해, 작성한 코드가 신뢰할 만한지 확인하고자, 가끔은 그냥 코드가 쓸만한지를 알고 싶어서. 우리는 달성하고자 하는 목적이 다르기 때문에 다른 종류의 테스트를 수행한다. 소프트웨어 제품의 품질에는 많은 요소들이 내포되어 있다. Chapter 6에서는 애자일 테스팅 사분면(Agile Testing Quadrants)을 소개한다. Part 3의 나머지 장에서는 각 사분면의 상세 내용을 살펴본다. 애자일 테스팅 사분면 매트릭스는 테스터가 가치를 전달하기 위해 필요한 다른 모든 종류의 테스트를 고려했음을 확신하도록 도와준다.

애자일 테스팅 사분면

Chapter 1 "애자일 테스팅이란 대체 무엇인가?"에서 목적에 따른 테스트의 범주에 대한 브라이언 매릭(Brian Marick)의 용어를 소개했다. [그림 6-1]은 네 개의 사분면 각각이 테스트하는 다른 이유를 어떻게 반영하는지를 보여주는 애자일 테스팅 사분면의 다이어그램이다. 한 축은 매트릭스를 팀을 지원하는 테스트와 제품을 평가하는 테스트로 나눈다. 다른 한 축은 매트릭스를 비즈니스 관점과 기술 관점 테스트로 나눈다.

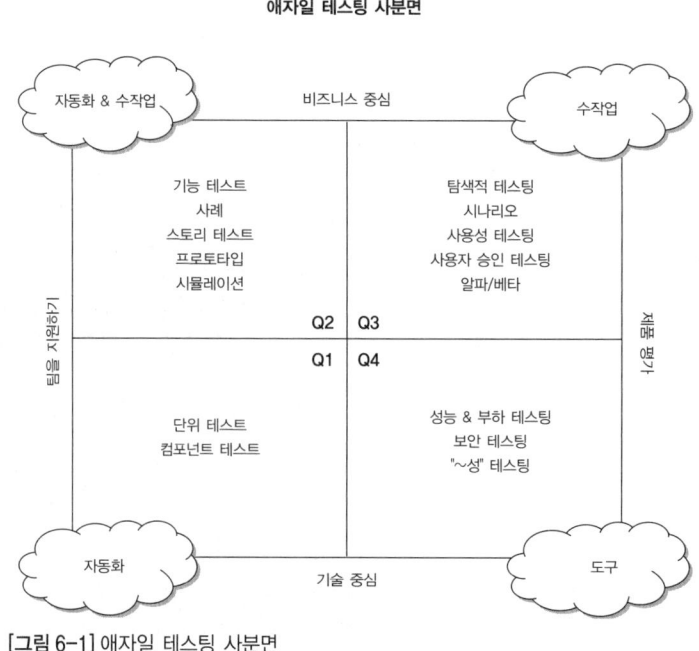

[그림 6-1] 애자일 테스팅 사분면

이들 사분면에 붙인 번호는 다른 종류의 테스트가 완료된 시기와는 관계가 없다. 예를 들면 애자일 개발은 고객 테스트를 시작하면서 팀에게 무엇을 코드로 작성할지를 알려준다. 다양한 종류의 테스트 시기는 각 프로젝트의 리스크와 해당 제품에 대한 고객의 목적, 팀이 레거시 코드로 작업하는지 신규 프로젝트인지 여부, 테스트를 위한 자원의 이용가능 시기에 달렸다.

팀을 지원하는 테스트

왼편의 사분면은 제품을 개발하는 팀을 지원하는 테스트를 포함한다. 이 테스팅 개념은 프로그래머를 도와주기 위한 것으로 많은 테스터에게는 새로운 개념이며 전통적인 프로젝트에서의 테스팅과 애자일 프로젝트에서의 테스팅 사이의 가장 큰 차이점이다. 1사분면과 2사분면에서 수행하는 테스트는 일반적으로 생각해온 테스팅보다 요구사항 명세와 설계 목적에 더 집중한다.

| 1사분면 |

왼쪽 하단 사분면은 테스트 주도 개발을 나타내며, 애자일 개발 실천법의 핵심이다.

단위 테스트는 개체나 메소드처럼 시스템의 단위 집합의 기능을 확인한다. 컴포넌트 테스트는 서비스를 제공하는 클래스들의 그룹처럼 시스템에서 조금 더 큰 집합의 기능을 확인한다(Meszaros, 2007). 이 두 가지 종류의 테스트는 일반적으로 xUnit 계열의 테스트 자동화 도구로 자동화된다. 이들 테스트를 프로그래머 테스트, 개발자 중심 테스트 또는 기술 중심 테스트라고 한다. 프로그래머는 이들 테스트를 사용해 켄트 벡(Kent Beck)이 코드의 내부 품질이라 불렀던 것을 측정할 수 있다(Beck, 1999).

1사분면 테스트의 주목적은 테스트 주도 개발(TDD)이나 테스트 주도 설계다. 테스트 작성의 목적은 먼저 프로그래머가 자신의 코드를 잘 설계하도록 돕는 것이다. 이들 테스트를 사용하면 프로그래머는 시스템에 의도하지 않은 변경을 일으킬 염려 없이 기능을 제공할 수 있다. 이들 테스트를 통해 설계와 아키텍처 결정이 올바른지를 확인할 수 있다. 단위 테스트와 컴포넌트 테스트는 애플리케이션처럼 동일한 프로그래밍 언어로 작성하고 자동화한다. 비즈니스 전문가는 이런 테스트를 바로 읽어서 이해할 수는 없는데, 이들 테스트가 고객이 사용할 목적으로 만든 것이 아니기 때문이다. 사실 내부적 품질은 고객과 협상하는 분야가 아니며 프로그래머가 정의하는 부분이다. 프로그래머 중심 테스트는 통상 자동화된 프로세스의 일부로 코드를 체크인하면서 실행하고, 팀에게 해당 인스턴트를 제공해 내부적 품질에 관해 지속적인 피드백을 받는다.

| 2사분면 |

2사분면의 테스트도 개발팀의 작업을 지원하지만 더 높은 수준의 지원이다. 이들 비즈니스 중심 테스트도 고객 중심 테스트와 고객 테스트라고 부르며, 고객이 원하는 외부적 품질과 특징을 정의한다.

Tip
Chapter 8 "팀을 지원하는 비즈니스 중심 테스트"에서 비즈니스 만족 조건을 설명한다.

1사분면 테스트처럼 2사분면 테스트도 개발 주도이지만 수준이 조금 더 높다. 애자일 개발에서 2사분면 테스트는 고객팀이 제공하는 예제에서 도출된다. 이들 테스트는 각 스토리의 상세내용을 기술한다. 비즈니스 중심 테스트는 기능 수준에서 실행하고 각 테스트는 비즈니스 만족 조건을 확인한다. 2사분면 테스트는 비즈니스 전문가가 비즈니스 도메인 언어로 쉽게 이해할 수 있는 방식으로 작성된다. 사실 비즈니스 전문가는 이들 테스트를 사용해 제품의 외부적 품질을 정의하고 2사분면 테스트를 작성하도록 도와주기도 한다. 2사분면은 단위 수준으로 수행한 테스트들을 복제할 수도 있다. 하지만 2사분면 테스트는 보다 높은 수준에서 요구된 시스템 동작을 묘사하고 확인하려는 목적을 갖고 있다.

개발팀을 지원하는 대부분의 비즈니스 중심 테스트는 자동화가 필요하다. 이들 두 개의 사분면에서 테스트의 가장 중요한 목적 중 하나는 정보를 신속하게 제공하고 문제를 빨리 해결할 수 있도록 하는 것이다. 이들 테스트는 예상치 못한 동작 변화가 발생할 경우 팀이 빠른 피드백을 얻도록 자주 실행해야 한다. 가능하다면 이들 자동화된 테스트들은 프레젠테이션 계층을 통해 실행하지 않고 운영 코드에서 비즈니스 로직을 직접 실행한다. 몇몇 자동화된 테스트는 여전히 클라이언트 애플리케이션이 사용할 수 있는 API들과 사용자 인터페이스를 확인해야 한다. 이들 테스트는 모두 자동화된 지속 통합, 빌드, 테스트 프로세스의 일부로 실행되어야 한다.

이 2사분면에 속하는 또 다른 테스트 그룹이 있다. 사용자 상호작용 전문가는 모형과 와이어프레임을 사용해 고객과 함께 제안된 GUI 설계를 검증하도록 도와주고 코드로 작성하기 전에 이 설계 내용을 개발자에게 전달해 서로 소통하도록 한다. 이 그룹의 테스트는 자동화되지 않았지만 팀이 제품을 만드는 것을 지원하도록 돕는 테스트다. 다음 장에서 살펴보겠지만, 사분면을 통해 코드 작성에 도움을 주는 여러 종류의 테스트를 모두 식별할 수 있다.

2사분면 테스트를 설명할 때 "인수 테스트"라는 용어를 사용하는 사람들이 있지만, 인수 테스트는 3과 4사분면을 포함하는 더 넓은 테스트 범위를 아우른다고 본다. 인수 테스트는 사용성과 성능 등 품질을 포함하는 시스템의 모든 측면이 고객의 요구에 부합하는지를 검증한다.

| 팀을 지원하는 테스트 사용하기 |

1사분면과 2사분면의 자동화된 테스트가 제공하는 빠른 피드백은 모든 코드 변경이나 코드 추가를 수용하며 애자일 팀의 토대를 형성한다. 이들 테스트는 먼저 기능 개발을 가이드하고, 자동화되었

을 때 리팩터링과 새로운 코드의 도입으로 예기치 않은 결과를 일으키는 문제를 예방하는 안전망을 제공한다.

> **● 리사의 이야기**
>
> 우리는 각기 다른 빌드 프로세스에서 팀을 지원하는(사분면의 왼쪽 절반) 자동화된 테스트를 실행했다. 단위 테스트와 컴포넌트 테스트는 "진행 중" 빌드 과정에서 테스트하는데 이를 마치는 데 8분 정도 걸린다. 프로그래머가 체크인하기 전에 단위 테스트를 실행하지만, 해당 빌드는 여전히 통합 문제나 환경적인 차이로 인해 실패할 수 있다. "빌드 실패"라는 전자 메일을 확인하자마자 문제가 된 코드를 체크인한 사람은 그 문제를 수정한다. 비즈니스 중심 기능 테스트는 "전체 빌드"에서 실행하는데, 끊임없이 실행하기도 하고 코드 변경이 체크인 될 때마다 시작한다. 이것은 두 시간 가량 걸린다. 이런 과정은 꽤 빠른 피드백이며, 빌드 실패는 즉시 해당 문제를 고치는 행위를 의미한다. 안전망 역할을 하는 이들 빌드로 인해 우리의 코드는 매일 반복해서 릴리즈하기에 충분히 안정적인 상태를 유지한다.

1사분면과 2사분면에서의 테스트는 고객이 요청한 비즈니스 가치를 제공하는 일을 팀이 돕도록 작성한다. 이들 테스트는 비즈니스 로직과 사용자 인터페이스가 고객이 제공한 실례에 따라 동작하는지를 확인한다. 소프트웨어 품질에는 여러 측면이 있는데 그 중에는 고객이 기술팀의 도움을 필요로 하지 않는 부분도 있다. 제품이 경쟁력이 있는가? 사용자 인터페이스는 충분히 직관적인가? 애플리케이션은 안전한가? 사용자는 사용자 인터페이스가 동작하는 방식을 맘에 들어 하는가? 이러한 종류의 질문에 답하려면 다른 테스트가 필요하다.

제품을 평가하는 테스트

고객의 역할을 해봤고 소프트웨어 기능에 대한 요구사항을 표현해본 적이 있다면, 제품을 보기 전까지 여러분이 원하는 것이 무엇인지 정확히 안다는 것이 얼마나 어려운지 알 것이다. 해당 기능이 어떻게 동작하는지에 확신이 있더라도 그 기능을 설명해 프로그래머가 완전히 그 기능을 이해하게 만들기는 어렵다.

"평가"라는 단어는 부정적인 느낌을 의도하는 것은 아니다. 평가는 칭찬과 개선에 대한 제안 양쪽을 포함할 수 있다. 소프트웨어 제품을 평가하는 일은 미적인 부분과 과학적인 측면 두 가지를 수반한다. 우리는 개선 방법을 배우려는 목적을 겸해서 건설적인 태도로 소프트웨어를 검토한다. 앞서 배운 것처럼 새로운 요구사항과 테스트, 또는 예시를 팀을 지원하고 개발에 지침을 주는 프로세스로 다시 흘러가게 할 수 있다.

| 3사분면 |

비즈니스 중심 사례는 팀이 요구받은 제품을 설계하는 데 도움을 주지만 몇몇 사례는 문제가 될 수도 있다. 비즈니스 전문가가 기능성을 간과하거나 자신의 전문 영역이 아닌 경우 제대로 이해하지 못할 수 있다. 팀이 단순히 사례를 오해할 수도 있다. 프로그래머가 비즈니스 중심 테스트를 통과하도록 코드를 작성할 경우 고객이 정말로 원하는 것을 제공하지 못할 것이다.

이것이 세 번째와 네 번째 사분면에서 제품을 평가하는 테스트가 이루어지기 시작하는 지점이다. 3사분면은 소프트웨어가 기대에 못 미치거나 경쟁력이 떨어지는지를 알아보기 위해 동작하는 소프트웨어를 사용해보는 비즈니스 중심 테스트로 분류한다. 비즈니스 중심 테스트를 수행해 제품을 평가할 때 실제 사용자가 애플리케이션을 작업하는 방식을 평가하려는 것이다. 이는 사람만이 할 수 있는 수작업 테스팅이다. 몇 가지 자동화된 스크립트를 사용해 필요한 데이터를 설정하도록 도울 수 있지만 감각과 두뇌, 직관력을 사용해 고객이 요청한 비즈니스 가치를 제공하는지를 확인해야 한다.

종종 사용자와 고객이 이런 유형의 테스트를 수행한다. 사용자 인수 테스트(UAT)는 고객에게 새로운 기능이 업무에 도움을 주는지 확인하는 기회를 제공하고 향후에 어떤 변경을 필요로 할지 파악하고 새로운 스토리 아이디어를 모으는 좋은 기회가 된다. 팀이 계약에 따라 고객에게 소프트웨어를 제공한다면 마무리된 스토리를 인수하는 단계로 UAT가 필요할 것이다.

사용성 테스팅은 나름의 과학적 기반을 갖는 테스팅 유형의 한 사례다. 표적 집단(Focus groups)을 모아서 이들이 애플리케이션을 사용하는 방식을 조사하고 반응을 수집하기 위해 인터뷰를 진행한다. 사용성 테스팅은 페이지 단위 탐색이나 심지어 탭한 순서처럼 단순한 것도 포함할 수 있다. 사용성 테스트를 할 때 사람들이 시스템을 사용하는 방법에 대한 정보를 모으게 된다.

탐색적 테스팅(Exploratory testing)는 3사분면의 중심이다. 탐색적 테스트 세션 동안 테스터는 동시에 테스트를 설계하고 수행하고 비판적 사고법을 사용해 결과를 분석한다. 이는 스크립트로 만든 테스트보다 애플리케이션에 관해 배울 수 있는 더 나은 기회를 제공한다. 즉흥적이고 임시변통으로 이루어지는 애드혹 테스트(Ad hoc testing)에 관해 이야기하려는 것이 아니다. 탐색적 테스팅은 애드혹 테스트보다 더 깊이 있고 정교한 접근방법이다. 이 테스트는 전략을 지침으로 삼고 정의한 제약사항 내에서 작동한다. 테스터들은 각 프로젝트와 스토리의 시작부터 그들이 시도해보려는 시나리오를 생각해둔다. 코드의 작은 조각이 테스트 가능하면 테스터는 테스트 결과를 분석하고 학습이 이루어짐에 따라 탐색할 새로운 영역을 찾는다. 탐색적 테스팅은 최종 사용자가 하는 동일한 방식으로 시스템을 다룬다. 테스터들은 자신의 창조적인 능력과 직관력을 사용한다. 결과적으로 통상 가장 심각한 버그들의 다수는 이런 종류의 테스트를 통해 드러난다.

4사분면

4사분면에 들어있는 테스트의 유형은 소프트웨어 개발의 유형으로서 애자일 개발만큼 중요하다. 이들 테스트는 기술 중심이므로 여기서는 비즈니스 용어보다는 기술적으로 이들에 대해 논의한다. 4사분면의 기술 중심 테스트는 성능과 견고성, 보안성과 같은 제품 특징을 평가하는 경향이 있다. Chapter 11 "제품을 평가하는 기술 중심 테스트"에서 설명한 것처럼, 팀은 이미 이들 테스트를 수행하는 데 필요한 많은 기술을 갖고 있다. 예를 들어 프로그래머는 다중 스레드 엔진으로 성능 테스트를 할 때 단위 테스트를 활용할 수도 있을 것이다. 하지만 이들 테스트를 생성하고 실행하는 것은 전문화된 도구의 사용과 추가적인 전문성을 필요로 할 것이다.

지금까지 우리는 애자일 개발이 제품을 평가하는 기술 중심 테스트를 무시하는 것 같다는 불만을 들었다. 이러한 불만은 부분적으로 고객이 스토리를 작성하고 우선순위를 정하도록 하는 애자일의 강조점 때문이라고 볼 수 있다. 기술적인 부분을 잘 모르는 고객팀 멤버는 개발자가 속도와 보안과 같은 걱정거리는 알아서 잘 처리해주고 프로그래머들이 고객이 정한 우선순위의 기능에 집중할 것이라 가정한다.

성능과 보안, 다른 시스템과의 상호작용, 코드를 작성하기 전 다른 비기능적 특성에 대한 요구사항을 알고 있다면 설계와 코드 작성이 더 쉽다는 것을 명심하자. 예를 들면 인터넷 쇼핑몰의 응답 시간이 1분이 걸린다면 고객은 모든 기능이 제대로 동작한다는 사실에 감사하며 기다려주거나 하지 않을 것이다. 제품을 평가하는 기술 중심 테스트는 개발 주기의 모든 단계에서 고려되어야 하며 최후까지 그만두어서는 안 된다. 보통 그런 테스트는 기능 테스트 전에 끝내야 한다.

최근에 애자일 개발 프로젝트에 적절한 새로운 경량 도구들이 테스트를 지원하는 것을 많이 보았다. 자동화 도구들을 사용해 테스트 데이터를 만들고 수작업 테스팅을 위해 테스트 시나리오를 선정하고 보안 테스트를 주도하며, 합리적인 결과를 만들어내는 데 도움을 줄 수 있다. 부하 테스트와 성능 테스트처럼 자동화는 다소간의 노력이 필수다.

비기능 요구사항 확인

Onion S.p.A. 전산학 및 정보 엔지니어인 알레산드로 콜리노(Alessandro Collino)는 애자일 프로젝트에서 일했는데, 개발 프로세스 초기에 제품을 평가하는 테스트를 실행하는 것이 프로젝트 성공에 중요한 이유를 다음과 같이 설명했다.

스크럼/XP 팀은 TDD를 사용해 XML의 한 형식을 다른 형식으로 변환하는 Java 애플리케이션을 개발했다. 이 애플리케이션은 데이터의 복잡한 계산을 수행했다. 각각의 간단한 스토리에 대해 단위 테스트를 작성해 한 요소를 필요한 형식으로 변환하는 것을 검사했고 테스트를 통과하도록 코드를 구현했으며 필요에 따라 리팩터링했다.

디스크에서 원래의 XML 파일의 부분 집합을 읽고 이를 변환하고 다시 작성하는 인수 테스트도 수행했다. 처음 실제 파일에서 애플리케이션을 실행해 변환했을 때, 메모리 부족(out-of-memory) 오류가 발생했다. XML 변환을 위해 사용한 DOM 파서는 이와 같은 커다란 파일을 처리할 수 없었다. 모든 테스트는 실제 파일 중 일부만으로 진행되었고, 미처 커다란 데이터 집합을 사용해 단위 테스트를 하지는 못했다.

TDD를 수행하는 것은 해당 코드가 기능 요구사항마다 동작했는지를 빠르게 피드백해 주지만, 단위 테스트는 용량과 성능, 확장성, 사용성 같은 비기능 요구사항을 모두 테스트하지는 못했다. TDD를 사용해 비기능 요구사항(이 경우 용량)도 검사하고 싶다면, 신속하게 피드백을 받고 값비싼 실수를 피할 수 있을 것이다.

알레산드로의 이야기는 사분면의 번호를 부여한 방식이 테스트가 완료된 순서를 의미하는 것은 아니라는 좋은 예다. 애플리케이션 성능이 중요할 경우 테스트할 수 있는 코드가 준비되는 즉시 운용 수준 부하로 테스트할 계획을 세우자.

여러분의 팀이 새로운 릴리즈나 프로젝트를 계획할 때 3사분면과 4사분면에서 어떤 테스트가 필요한지와 이들 테스트를 언제 끝내야 하는지에 관해 논의하자. 문제 해결은 빠를수록 좋으므로 부하 테스트나 사용성 테스트 같은 핵심적인 활동을 끝까지 남겨두지 말아야 한다. 그때는 문제를 수정하기에는 너무 늦을지도 모른다.

| 제품을 평가하는 테스트 사용하기 |

제품을 검토하는 테스트 과정에서 나온 정보는 테스트 사분면의 왼편으로 다시 흘러가게 하고 앞으로의 개발을 지원하기 위한 새로운 테스트를 만드는 데 사용돼야 한다. 예를 들어 평상시 부하 상태에서 서버에 문제가 발생하면 더 확장 가능한 아키텍처를 찾기 위해 새로운 스토리와 테스트가 필요할 것이다. 이 사분면을 사용하면 제품을 평가하는 테스트와 개발을 이끌어주는 테스트를 계획하는 데 도움을 받을 수 있을 것이다. 왜 개발의 최적 단계에서 테스트를 수행하고 있는가를 확인해야 하는지 생각해보라.

애자일 개발의 짧은 이터레이션은 팀이 학습을 통해 다른 테스트 사분면을 실험해볼 기회를 제공한다. 설계에서 규모를 변경하기에는 너무 늦었다는 것을 알게 되면 부하 테스트를 다음 스토리나 프로젝트에서 더 일찍 시작하자. 이터레이션 데모에서 팀이 고객의 요구사항을 잘못 이해했다는 사실이 드러나면 개발팀에 지침을 주기 위해 고객 테스트를 작성하는 작업이 충분하지 않은 것이다. 팀이 필요한 리팩터링을 연기하면 단위 테스트와 컴포넌트 테스트는 충분한 검사의 범위를 제공하지 않을 것이다. 애자일 테스트 사분면을 사용하면 모든 필요한 테스트가 적절한 시기에 완료되었는지 확인할 수 있다.

스토리 완료 시기 알기

대부분 제품의 경우 올바른 가치를 제공하고 있다고 확신하기 위해 네 개의 모든 테스트 범주가 필요하다. 모든 스토리에서 보안 테스트가 필요한 것이 아니라 이것을 미처 생각해보지 않아서 빼먹기를 원치 않는 것이다.

● 리사의 이야기

내가 속한 팀은 모든 다른 유형의 테스트를 항상 고려한다는 것을 보장하기 위해 "스톡(stock)" 카드를 사용한다. 단위 테스트가 아직 습관이 되지 않았을 때 보드의 각 스토리마다 단위 테스트 카드를 작성했다. 우리의 전체를 아우르는 테스트 카드는 프로그래머에게 통합 테스트 작업을 완료하고 코드 작업의 모든 부분을 함께하고 있는지 확인하도록 상기시킨다. "보안" 카드도 각 스토리마다 고려하고, 만약 적절하다면 모두가 데이터 안전을 계속 인지하도록 보드에 올린다. 사용자 인터페이스를 보여주는 작업 카드는 고객에게 가능한 빨리 작업을 수행해야 함을 잊지 않고 있다는 것을 확인할 수 있게 해주며, 탐색적 테스트를 고객과 함께 일찍 시작하는 데도 도움을 준다. 이들 모든 카드는 제품 품질의 다른 모든 측면을 다루는 데 도움이 된다.

둘 이상의 스토리에 행하는 기술 중심 테스트는 스토리 보드에 별도의 행으로 표시한다. 스토리를 사용해 부하 테스트 도구를 평가하고 부하 테스트와 성능 테스트 검증을 개시하는 성능 기준선을 수립한다.

개발을 주도하는 기술 중심 테스트와 비즈니스 중심 테스트는 실제로 이들을 위해 작업 카드를 작성하든지 하지 않든지 간에 애자일 개발의 중심이다. 이들 테스트는 각 스토리의 "완료"를 위한 최선의 기회를 팀에게 제공한다. 제품을 평가하는 기술 중심 테스트와 비즈니스 중심 테스트를 수행하는 데 필요한 작업을 식별하는 일은 제품이 놓치고 있는 것을 배울 기회를 보장한다. 네 개의 사분면 모두에서 테스트를 조합하면 팀은 각 기능이 품질과 기능에 대한 고객의 평가를 만족하는 시기를 알게 해준다.

책임 공유

제품팀은 애자일 테스트 사분면의 모든 부분을 다루기 위해 광범위한 전문성을 필요로 한다. 프로그래머는 프로그래밍을 지원하는 기술 중심 테스트를 작성해야 하지만 테스터와 데이터베이스 설계자, 시스템 관리자, 구성 전문가로부터 다른 시간에 도움을 필요로 할 것이다. 테스터는 주로 고객을 중심으로 한 비즈니스 중심 테스트를 책임지지만, 프로그래머는 테스트를 설계하고 자동화하는 데 참여하면서 필요에 따라 사용성과 다른 분야 전문가를 부를 수 있다. 네 번째 사분면은 제품을 평가하는 기술 중심 테스트를 수행하는데 여기는 더 많은 전문가가 필요할 것이다. 개발팀 외부에서 자원을 조달해야 할지라도, 팀은 네 개 사분면의 모든 테스트를 완료할 책임이 있다.

우리는 성공적인 팀은 모두가 제품의 작업에 참여하고 일이 잘못되어 갈 때도 팀의 내부적인 고통을 모두가 공유한다고 믿는다. 네 개의 모든 테스트 사분면을 다룰 수 있게 해주는 관례와 도구를 시행하는 것은 때로는 고통스러울 수 있지만, 성공적인 제품을 구현하는 즐거움이 그 노력을 가치 있게 만든다.

기술적인 채무(TECHNICAL DEBT) 관리하기[1]

워드 커닝엄(Ward Cunningham)은 1992년에 "기술적인 채무"라는 신조어를 만들어 냈지만, 우리

---

1) 역자 주: 지연된 작업과 같은 유형을 기술적인 채무(technical debt)이라 하며 대출과 비슷하다.

모두는 소프트웨어 개발 경력 전체에 걸쳐 이것을 분명히 경험해 왔다. 기술적인 채무는 개발팀이 지름길을 선택하고 마구잡이 해결책을 내놓거나, 스트레스를 받는 상황 때문에 테스트를 작성하거나 자동화하는 일을 건너뛸 때 만들어진다. 코드 베이스는 유지관리가 점점 더 어려워진다. 재무적인 빚처럼 "이자"는 더 높은 유지관리 비용과 더 낮은 팀 속도의 형태로 나타난다. 프로그래머들은 어떠한 변화도 두려워하고, 더구나 코드를 개선하기 위한 리팩터링조차도 혹시 잘못될까봐 시도하지 않는다. 이러한 두려움은 처음에는 코드를 이해할 수 없기 때문에 존재하며 때로는 실수를 잡아내기 위한 테스트가 없기 때문이기도 하다.

애자일 테스트 매트릭스의 각 사분면은 기술적인 채무를 관리 가능한 수준으로 유지하는 역할을 한다. 코드작성과 설계를 지원하는 기술 중심 테스트는 코드를 관리 가능한 상태로 유지하는 데 도움을 준다. 단위 테스트를 실행하는 자동화된 빌드와 통합 프로세스는 기술적인 채무를 최소화하기 위해 꼭 필요하다. 코드를 작성하는 동안 단위 수준 결함을 잡아내는 것은 팀에 방향을 제시하고 제품 개선을 위해 테스터가 비즈니스 중심 테스트에 집중하도록 할 것이다. 시기적절한 부하 테스트와 스트레스 테스트는 팀에게 아키텍처가 본업에 충실한지를 알게 해준다.

기술적인 채무를 최소화하기 위해 시간을 가지고 자원과 실천법을 적용해보면, 팀은 품질이 좋은 제품을 제공하는 데 필요한 테스트를 다루기 위한 시간과 자원을 얻게 될 것이다. 애자일 원칙을 적용해 각 수준에서 각각의 테스트 유형에 맞춰 잘 수행하면 기술적인 채무는 차례로 줄어들 것이다.

정황에 맞춘 테스트

애자일 테스트 매트릭스에서 발견한 것처럼 분류와 정의는 다른 종류의 모든 필요한 테스트를 계획하고 달성하고 있는지 확인하도록 도와준다. 하지만 각 조직과 제품, 팀마다 고유한 상황에 처하고 각각은 개별 상황에 맞게 일을 해야 한다는 것을 명심해야 한다. 리사의 동료 마이크 부스(Mike Busse)가 말한 것처럼 "이것은 도구이지 규칙이 아니다." 단일 제품이나 프로젝트의 필요는 시간이 지나면서 근본적으로 진화할 것이다. 사분면은 팀이 테스트의 여러 측면이 "만듦새"를 고려하고 있는지를 확인하는 유용한 방법이다.

Tip
정황 주도 테스팅에 관한 더 자세한 내용은 www.context-driventesting.com을 참고하자.

각 스토리와 이터레이션, 출시에 대한 테스트를 계획할 때 맥락 주도 학파의 테스트에서 중요한 원칙을 차용할 수 있다.

- 모든 실천법의 가치는 맥락에 의존한다.
- 정황 속에 좋은 실천법이 있지만, 최고의 실천법은 없다.
- 함께 일하는 사람들은 모든 프로젝트의 맥락에 가장 중요한 부분이다.
- 프로젝트는 시간이 지남에 따라 종종 예상치 않은 방식으로 전개된다.
- 제품은 하나의 솔루션이다. 문제가 풀리지 않는다면 제품은 동작하지 않는다.
- 좋은 소프트웨어 테스트는 지능적인 도전 과정이다.
- 전체 프로젝트에 걸쳐 협력을 이끌어 내는 판단과 숙련된 기술을 통해서만 적시에 올바른 일을 수행하고 효과적으로 제품을 테스트할 수 있다.

사분면을 사용하면 애자일 테스팅 실천법에 대한 맥락을 얻는데 도움을 얻을 수 있지만 적용해보면서 익숙해져야 할 것이다. 테스터는 조정과 업무 개선이 필요한 팀에게 피드백을 제공해 도움을 준다. 여러분의 노련한 능력으로 매 이터레이션과 출시에 걸쳐 고객을 참여케 하자. 팀이 현재 할 수 있는 것 이상의 역할이나 지식이 언제 필요해 질 것인지를 항상 의식하자.

애자일 테스팅 사분면은 모든 테스트 기반을 다루고 있음을 확인시켜주는 체크리스트를 제공한다. 다음과 같은 질문을 던져보고 답해보라.

- 애플리케이션에 적합한 설계를 찾는 것을 돕기 위해 단위 테스트와 컴포넌트 테스트를 사용하고 있는가?
- 신속한 피드백을 위해 자동화된 단위 테스트를 실행하는, 자동화된 빌드 프로세스를 갖고 있는가?
- 비즈니스 중심 테스트를 수행해 고객의 기대를 만족하는 제품을 제공하도록 돕고 있는가?
- 원하는 시스템 동작의 바른 예를 잡아내고 있는가? 더 필요한 것은 없는가? 테스트가 이러한 사례에 기반을 두고 있는가?
- 코드를 작성하기 전에 사용자에게 UI 프로토타입을 보여주고 보고하는가? 최종 소프트웨어가 어떻게 동작할 것인지를 사용자에게 들려줄 수 있는가?
- 탐색적 테스트를 위한 충분한 시간을 확보하고 있는가? 사용성 테스트를 어떻게 해결하고 있는가? 충분한 고객이 참여하고 있는가?
- 성능과 보안 같은 기술적 요구사항을 개발 주기 맨처음부터 고려하고 있는가? 테스트의 다양한 측면을 수행하는 적절한 도구를 갖고 있는가?

시작을 위한 지도로 매트릭스를 사용하자. 실험과 회고를 사용해 테스트로 개발팀에 지침을 제공하고 테스트를 통해 제품에 관해 배운 것을 적용하여 지속적으로 개선하도록 하자.

요약

Chapter 6에서 테스트를 분류하는 편리한 방법으로 애자일 테스팅 사분면을 소개했다. 사분면은 개발 과정과 테스트에서 제품 품질의 모든 측면을 다룬다는 것을 보장하는 지침을 제공한다.

- 팀을 지원하는 테스트는 요구사항을 주도해나가는데 사용할 수 있다.
- 제품을 평가하는 테스트는 애플리케이션 품질의 모든 측면을 생각해볼 수 있도록 도와준다.
- 사분면을 사용하면 언제가 끝인지를 알 수 있고, 매트릭스의 4개의 사분면을 다룸으로써 전체 팀이 책임을 공유한다는 것을 보장한다.
- 기술적 빚을 관리하는 것은 모든 소프트웨어 개발팀의 핵심 근간이다. 사분면을 사용해 다른 차원에 관해 생각해보자.
- 맥락은 테스트 관련 활동에 항상 지침을 제공해야 한다.

AGILE
Chapter 7
팀을 지원하는 기술 중심 테스트

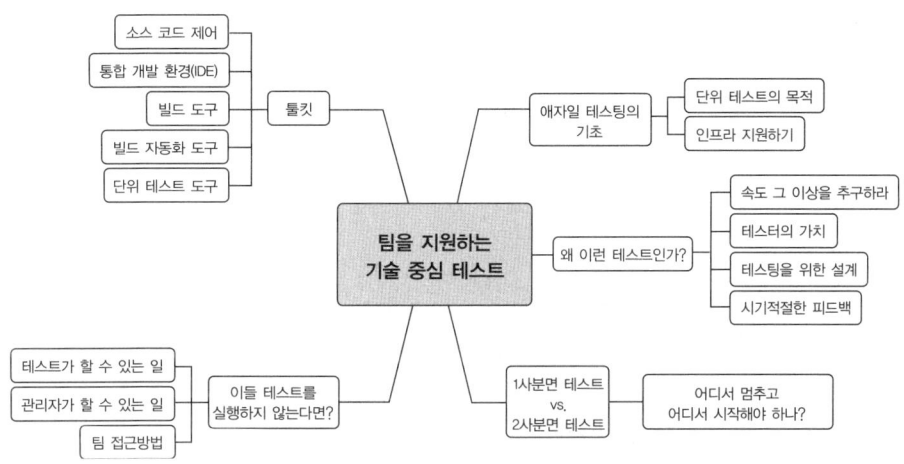

우리가 필요로 하는 모든 종류의 테스팅을 다루게 해주고 각 테스팅 유형별로 그에 맞는 자원을 갖도록 도와주기 위해 애자일 테스팅 사분면을 사용한다. Chapter 7에서는 팀을 지원하는 기술 중심 테스트인 첫 번째 사분면에서 테스트를 살펴본다.

애자일 테스팅의 기초

팀을 지원하는 기술 중심테스트가 애자일 개발과 테스팅의 기초를 형성하기 때문에 제일 먼저 1사분면을 다뤘다. [그림 7-1]에서 1사분면을 강조한 애자일 테스팅 사분면을 나타냈다. 1사분면은 테스팅 그 이상이다. 1사분면에서 다룬 단위 테스트와 컴포넌트 테스트는 각 스토리용으로 작성한 첫 번째 테스트는 아니지만 설계와 개발에 도움을 준다. 테스트 주도 설계, 자동화된 단위 테스트와 컴포넌트 테스트, 지속 통합 프로세스의 토대 없이 테스트를 수행하는 것은 시기적절한 방식으로 가치를 제공하기 어렵다. 다른 사분면의 모든 테스트는 1사분면이 부적절한 경우 이루어질 수 없다.

다음 몇 개의 장에서 다른 사분면에 관해 다룰 것이며 이들 각 사분면을 어떻게 함께 엮을 것인지를 설명한다.

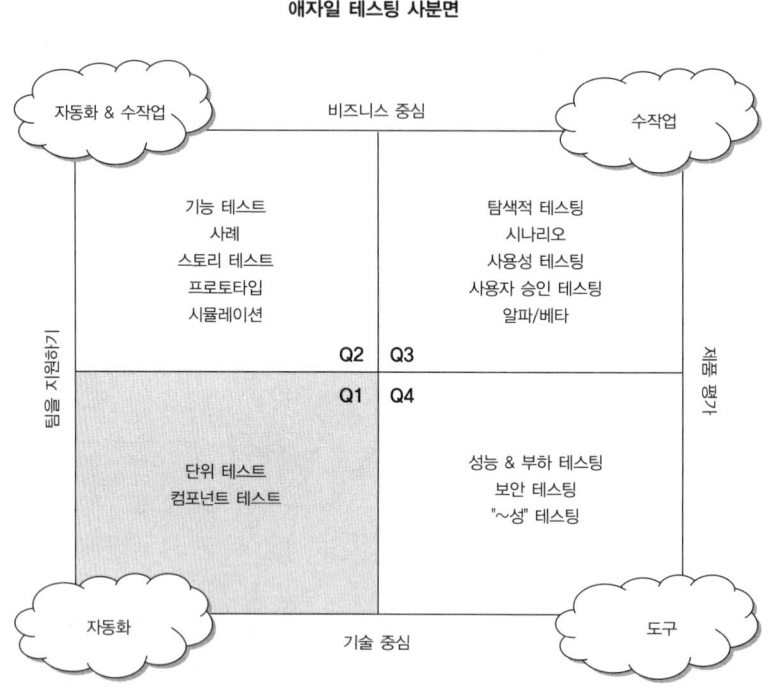

[그림 7-1] 애자일 테스팅 사분면, 1사분면을 중심으로

팀은 개발에 지침을 제공하는 기술 중심 테스트를 만들고 실행하기 위해 올바른 도구와 프로세스가 필요하다. Chapter 7의 마지막 섹션에서 필요한 몇 가지 종류의 도구를 살펴볼 것이다.

1사분면 테스트의 목적

단위 테스트와 컴포넌트 테스트는 코드가 해야 할 작업을 정확히 이해하도록 개발자를 돕고 올바른 설계에 대한 안내를 제공함으로서 품질을 보장한다. 이들 테스트는 팀이 제공되는 스토리에 초점을 맞추고 잘 먹히는 가장 간단한 접근 방법을 취하도록 도와준다. 단위 테스트는 단일 개체나 메소드 정도의 작은 부분의 동작을 검증한다(Meszaros, 2007). 컴포넌트 테스트는 클래스나 메소드 간의 상호 작용을 테스트함으로서 배포할 수 있는 부분의 전체 설계를 공고히 하도록 해준다.

단위 테스트 개발은 TDD를 사용할 때 중요한 설계도구가 될 수 있다. 애자일 프로그래머가 코딩 작업을 시작할 때 약간의 코드의 동작을 캡처하는 테스트를 작성한 뒤 테스트를 통과할 때까지 그 코드에서 작업한다. 작은 테스트-코딩-테스트를 점진적으로 진행하는 식으로 코드를 만들어 가면서 프로그래머는 고객이 필요로 하는 기능을 생각해 볼 기회를 갖게 된다. 의문이 들 때 고객에게 물어 볼 기회를 갖게 되는 것이다. 고객이 테스터와 협력할 수 있다면 해당 코드 부분의 모든 측면과 다른 단위와의 연계가 테스트되었는지 확인할 수 있다.

테스트 주도 개발은 이것이 테스팅 이상의 설계관점에 관한 것임을 이해하지 못하는 전문가들을 호도한다. 테스트 우선으로 개발된 코드는 근본적으로 테스트 가능성을 염두에 두고 설계되었다. 1사분면 활동은 내부적인 품질에 가장 주안점을 두고 소프트웨어를 만들어내는 데 목적을 두고 있다.

팀이 TDD를 적용할 때, 이들은 나중에 잡아야 할 많은 버그를 최소화한다. 대부분의 단위 수준 버그는 코드 이전에 테스트를 작성함으로서 방지된다. 단위 테스트를 작성함으로서 설계를 생각해 보는 것은 시스템이 고객 요구사항에 부합해간다는 것을 의미한다. 개발 후 테스트 시간이 프로그래머 테스트로 찾을 수 있는 버그들을 찾고 고치는 데 사용된다면 비즈니스에 안 좋은 영향을 끼칠 수 있는 심각한 문제를 발견할 시간적 여유를 갖지 못하게 된다. 코딩 과정에서 발생하는 버그가 많을수록 제품 인도는 더 늦어질 것이고 결국 품질에 문제가 발생할 것이다. 이것이 1사분면의 프로그래머 테스트가 중요한 이유다. 모든 팀이 이런 상황에 대처하는 관례를 적용해야 하지만, 이들 핵심 애자일 실천법이 없는 팀은 애자일의 가치와 원리로 인한 이득을 얻지 못할 것이다.

인프라 차원의 지원

견고한 소스제어, 형상관리, 지속 통합은 개발을 안내하는 프로그래머 테스트로부터 가치를 얻기 위한 핵심이다. 이들은 항상 팀이 무엇을 테스트해야 하는지 정확히 알도록 해준다. 지속 통합을 사용하면 새로운 코드를 체크인할 때마다 테스트를 실행할 수 있다. 테스트가 실패할 때 실패를 야기한 변경을 누가 체크인했는지 알게 되며 그 사람은 해당 문제를 신속히 수정할 수 있다. 지속 통합은 시간을 아껴주고 프로그래머에게 새로운 코드를 체크인하기 전에 테스트를 실행하도록 동기를 부여해준다. 지속 통합과 빌드 프로세스는 테스트할 수 있는 배포 가능한 패키지를 제공한다.

이들 핵심 애자일 실천법이 결여된 애자일 프로젝트는 "작은 폭포수"로 바뀌는 경향이 있다. 개발 주기는 짧아지지만 코드는 여전히 테스트할 시간이 부족한 "벽 너머"의 테스터에게 던져지고 이 때문에 그 코드는 빈약한 품질을 갖게 된다. "폭포수"라는 용어를 나쁘게 말하려는 것이 아니다. 우리는 성공적인 "폭포수 방식"의 프로젝트를 경험했는데, 거기서는 프로그래머들이 단위 테스트를 가혹하리만치 자동화하고 지속 통합을 실천하며 자동화된 빌드를 사용해 테스트를 수행한다. 이들 성공적인 "폭포수 방식" 프로젝트들은 개발 주기 동안 고객과 테스터도 포함시킨다. 적절한 실천법과 도구 없이, 프로세스라고 부르는 것을 고려하지 않고 코드를 작성한다면 시기적절한 방식으로 고품질의 코드를 제공하지 못할 것이다.

이들 테스트를 작성하고 실행하는 이유

여기서 TDD를 실행하는 방법이나 단위 테스트와 컴포넌트 테스트를 작성하는 최상의 방법을 자세히 설명하지는 않는다. 이들 주제를 다루는 아주 뛰어난 몇 권의 책이 있다. 우리의 목적은 이런 행위가 애자일 테스터에게 중요한 이유를 설명하는 것이다. 이제 팀을 지원하는 기술 중심 테스트를 사용하는 몇 가지 이유를 살펴보자.

속도 그 이상을 추구하자

속도가 애자일 개발팀의 최종 목적은 아니다. 품질을 고려치 않고 일을 빨리하고 마감일을 맞추려 하는 것은 대충대충 옛날 방식으로 하려는 나쁜 습관만 키운다. 대충 하려고 한다면 기술적인 채무를 더 많이 지게 되고 어쩌면 마감일을 맞추는 것도 어렵게 될 것이다. 그렇지만 속도는 내부 품질이 가장 높은 코드를 생산해 내는 장기적인 파생 효과다. 단위 테스트를 실행하는 지속적인 빌드는 문제 확인 몇 분 내에 팀의 실패를 통지하고 잘못을 찾아 신속히 해결한다. 자동화된 단위 테스트와 코드 통합 테스트라는 안전망을 사용하면 프로그래머가 자주 리팩터링을 할 수 있다. 이렇게 되면 코드를 합리적인 표준 관리 체계 하에 둘 수 있고 투자한 시간에 대한 최선의 가치를 제공한다. 기술적인 채무는 가능한 낮게 유지된다.

단위 테스트를 도외시하는 프로젝트에서 테스터로 일한다면 단위 수준의 결함을 찾는 데 거의 대부분의 시간을 소비하게 된다. "주요 흐름" 테스트를 하게 되면 더 복잡한 시나리오와 특이한 사례를 테스트할 시간을 전혀 갖지 못하게 되고 수많은 버그가 내재되어 있을 수 있다. "찾아서 고치는" 사이클을 계속하다 보면 출시 마감일의 압박이 계속되고, 그렇다고 테스트를 바로 중단하면 버그가 내재된 제품을 고객에게 떠넘기게 된다.

애자일 팀의 일상은 이런 시나리오와는 대조적으로 이상적이다. 테스트와 코드 작성이 같이 진행되고 있다는 것은 프로그래머가 스토리의 요구사항을 잘 이해했다는 것을 의미한다. 이들은 고객과 테스터와 폭 넓게 대화해서 원하는 동작을 분명하게 한다. 모든 당사자가 변화의 모습을 이해한다. 팀에서 스토리 코딩을 위한 모든 작업 카드, 또는 테스트할 수 있는 작은 단위를 완료하면 해당 기능은 단위 테스트와 컴포넌트 테스트로 다뤄진다. 대개 프로그래머들은 스토리 전체가 처음부터 끝까지 동작하는 경로 중 적어도 하나는 확인한다.

이것은 우리가 테스터로서 저수준 버그를 찾는 데 시간을 거의 허비하지 않도록 해준다. 프로그래머는 생각하지 않은 시나리오를 시도하고 고수준 비즈니스 기능에 시간을 쓸 수 있다. 잘 설계된 코드는 대개 튼튼하고 테스트가 가능하다. 결함을 발견한다면 프로그래머에게 그것을 보여주고 단위 테스트를 작성해 해당 버그를 재연한 뒤 신속하게 고친다. 우리는 실제로 탐색적 테스트와 다른 유형의 보다 상세한 테스트에 시간을 들이고 집중해서 코드가 훌륭하게 동작하도록 하며 코드가 어떻게 동작해야 하는지에 관해 더 많이 배운다. 종종 찾은 "버그들"은 달리 말하면 팀의 모든 사람이 놓치거나 잘못 이해한 요구사항이기도 하다. 고객이 참여하고 정규 데모와 테스트 기회가 있는 경우 이들 버그는 더 빨리 발견된다. 개발팀이 TDD를 마스터한 이후 개선에 대한 초점은 버그를 방지하는 데서 코딩 전에 요구사항을 끌어내어 잡아내는 더 나은 방식을 생각해내는 쪽으로 옮겨간다.

> **테스트 우선 개발 vs. 테스트 주노 개발**
>
> 제라드 메스자로스(Gerard Meszaros 2007, pp. 813-814)는 테스트 우선 개발이 테스트 주도 개발과 어떻게 다른지를 다음과 같이 설명했다.
>
> "테스트 주도 개발과 달리 테스트 우선 개발은 단지 운영 코드 작성 전에 작성한 테스트를 말한다. 운영 코드는 하나씩 테스트하면서 만들어진다는 것(창발적 설계[Emergent design])을 의미하지 않는다. 테스트 우선개발은 단위 테스트나 고객 테스트 수준에서 적용할 수 있는데, 어떤 테스트를 자동화할 것인지는 직접 선택할 수 있다."

> 에릭 보스(2008)는 테스트 우선 개발이 테스트 우선 프로그래밍과 테스트 우선 설계 둘 다를 수반한다고 했지만, 그 차이는 미미하다.
>
> "테스트 우선 설계에서는 설계가 테스트를 따라가는 반면, 화이트보드에서 처음 작성할 때의 설계에서는 테스트 우선 프로그래밍을 할 수 있다. 더 큰 프로젝트에서 화이트보드에 쓰면서 토론하고 설계하는 경우가 많다. 이런 팀은 화이트보드 주위에서 아키텍처를 논의하고 이 설계에 기반을 두어 테스트를 우선하는 코드를 작성한다. 작은 프로젝트일수록 테스트 주도 설계를 실행한다."

테스트를 작성하는 시기와 목적에 관해서는 몇 가지 다른 견해가 있다. 이것은 애자일 커뮤니티에서 TDD가 팀이 더 나은 품질의 소프트웨어를 만드는 데 도움이 된다는 공감이 있더라도 품질 목표를 달성하도록 돕는 접근법에 각 팀이 동의하느냐에 달렸다. 프로그래머 테스트가 팀을 지원하는 방식은 중요하다. 다른 방식들을 좀 더 살펴보자.

테스터의 일을 수월하게

프로그래머 테스트에 관련된 핵심 실천법은 더 많은 테스트를 쉽게 달성하도록 한다. 프로그래머는 다른 사람의 작업에 영향을 끼치지 않고 새로운 테스트 코드를 작성할 수 있는 자신만의 샌드박스에서 작업한다. 이 샌드박스에서 회귀 테스트를 통과할 때까지는 코드를 체크인하지 않는다.

팀은 테스트 환경과 테스트 데이터로 무엇을 사용할지를 고려한다. 대개 단위 테스트는 속도 측면에서 실제 데이터베이스 대신에 모조/모의 개체로 작업하지만, 프로그래머들은 여전히 실제 데이터에 대한 테스트를 원한다. 테스터들은 프로그래머들이 좋은 테스트 데이터를 식별하도록 도와 줄 수 있다. 단위 테스트가 실제 사용하는 데이터를 대상으로 한다면 나중에 문제가 덜 생길 것이다.

● 리사의 이야기

현재 내가 속한 팀이 처음 애자일 개발을 적용했을 때 자동화된 테스트가 하나도 없었다. 우리는 배포 가능한 코드 패키지를 만들어낼 방법도 없었고 가장 기본적인 테스트 환경이나 테스트 데이터베이스도 없었다. 나 역시 빌드를 만들어낼 어떤 방도도 없었다. 우리는 테스트 우선 코드를 작성하기로 결정했고 적합한 모든 수준에서 테스트를 자동화하는 데 전념했지만, 먼저 인프라가 필요했다.

첫 번째 우선순위는 지속적인 빌드 프로세스를 구현하는 것으로 이틀 정도 걸렸다. 각 빌드는 체크인한 파일의 목록과 업데이트에 관한 주석을 메일로 보냈다. 지금은 배포하고 테스트할 빌드를 선택할 수 있다. 다음 우선순위는 독립된 테스트 환경을 제공해 한 사람이 실행하는 테스트가 다른 테스트에 지장을 주지 않는 것이다. 새로운 데이터베이스 전문가가 테스트 필요사항과 실제 기준이 되고 운용 데이터와 유사한 초기 데이터베이스에 맞는 새로운 스키마를 생성했다. 이들 스키마는 요구에 따라 깨끗한 데이터 집합으로 신속하게 개정할 수 있었다. 나를 포함해 각 팀 멤버는 고유하고 독립적인 테스트 환경을 갖게 되었다.

팀이 TDD에 숙달되기 전에도 적용된 인프라 스트럭처는 테스트 실행을 지원하는 데 적절했다. 이 인프라로 인해 팀은 테스트를 더 효과적으로 시작할 수 있었다. 테스트를 자동화하려는 또 다른 측면은 테스트가 어려운 레거시 애플리케이션을 다루는 것이었다. TDD를 사용하기로 한 결정은 고객 중심 테스트에도 도움이 되었다. 우리는 단위 수준뿐만 아니라 모든 수준에서 테스트와 테스트 자동화를 용이하게 하는 새로운 아키텍처에서 시스템을 재작성하기로 결정했다.

테스트를 작성하고 이들 테스트로 코드를 작성하는 것을 염두에 둔다는 것은 프로그래머들이 항상 의식적으로 테스트 가능한 코드를 작성한다는 것을 의미한다. 품질이 좋은 인프라 스트럭처는 비즈니스 중심 테스트와 제품을 평가하는 테스트가 풍부하다. 이 팀 전체는 설계를 개선하고 테스트를 더 쉽게 만드는 방법을 지속적으로 생각한다.

테스팅을 염두에 둔 설계

테스트로 개발을 주도하는 한 가지 이점은 그 코드가 테스트 통과의 의지를 담아서 작성된다는 것이다. 제대로 일을 처리하는 팀은 처음부터 테스트를 실행하고 코드를 작성한 모든 스토리에 대해 테스트를 자동화할 방법에 관해 생각한다. 테스트 주도 개발은 프로그래머가 코드를 작성해 테스트를 통과하도록 만들기 전에 각각의 테스트를 작성한다는 것을 의미한다.

"테스드 가능한 코드" 작성은 단순한 개념이지만 쉬운 작업은 아니며, 특히 자동화된 테스트가 없고 테스트를 염두에 두고 설계한 것이 아닌 오래된 코드로 작업하는 경우는 더 그렇다. 종종 레거시 시스템은 비즈니스 로직과 I/O, 데이터베이스, 사용자 인터페이스 계층이 한데 얽혀있다. GUI나 단위 수준에서 테스트 자동화를 끌어들일 쉬운 방법은 없다.

테스트가 용이한 아키텍처를 설계하는 일반적인 접근 방법은 애플리케이션에서 다른 기능은 다른 계층에서 수행하도록 분리하는 것이다. 이렇게 하기 위해서는 다른 애플리케이션이나 실제 데이터베이스에 접근을 시도하는 대신 모조 개체를 사용해 비즈니스 로직을 고유한 계층으로 분리한다. 프레젠테이션 계층을 기초가 되는 비즈니스 로직과 데이터베이스 접근에서 분리할 수 있다면 근간이 되는 로직을 테스트하지 않고 입력 유효성을 신속하게 테스트할 수 있다.

> **계층화된 아키텍처와 테스트 용이성**
>
> 리사의 팀은 "교살자 애플리케이션" 접근 방법으로 테스트가 용이한 시스템을 생성했는데, 여기서 테스트는 코드 작성에 사용할 수 있다. 팀의 선임 아키텍트인 마이크 토마스는 새롭게 계층화된 아키텍처가 어떻게 테스트가 용이한 설계를 가능하게 하는지에 대해 다음과 같이 언급했다.
>
> 계층화된 아키텍처는 코드 베이스를 비슷한 기능을 포함하는 수평 분할층으로 나누는데 보통 기술과 관련이 있다. 최상위 계층은 가장 특화되어 있고 좀 더 일반적인 아래 계층에 의존한다. 예를 들면 많은 계층화된 코드 베이스는 UI와 비즈니스 로직, 데이터 접근과 같은 계층을 갖는다.
>
> 수평적 계층화는 코드 베이스를 구성하는 방법 중 하나일 뿐이다. 또 다른 방법은 도메인 중심 계층화(지불이나 주문 항목)인데, 일반적으로 "수직적" 계층화 한다. 이러한 계층형 접근방식은 결합될 수도 있고 테스트를 더 용이하게 하는데 모두 사용될 수 있다.
>
> 계층화가 테스트에 이점이 있지만 각 계층들을 서로 연결하는 메커니즘이 유연성을 제공하는 경우만 그렇다. 코드 베이스가 직접적인 구상 클래스 의존성과 정적 메소드와 같은 메커니즘을 통해 강하게 결합된 계층을 갖는다면 계층화되어 있어도 테스트를 위한 단위를 분리하기는 어렵다. 이것은 대부분의 자동화된 테스트를 통합 테스트로 만들어 복잡하고 실행을 느리게 할 수 있다. 대개의 경우 테스트는 전체 시스템을 실행해야만 완료할 수 있다.
>
> 이것을 인터페이스로 분리한 계층을 가진 코드 베이스와 대조해보자. 각 계층은 특정 클래스보다는 그 하위 계층에 정의한 인터페이스에만 의존한다. 그런 인터페이스에서 의존성은 테스트 시에 모형, 스텁 등 테스트 전용 객체(Test double)를 만족시키기 쉽다. 각 단위는 정확히 분리될 수 있기 때문에 단위 테스트는 간단해진다. 예를 들면 UI는 모형 비즈니스 개체를 대상으로 테스트할 수 있고 그 비즈니스 계층은 실제 데이터베이스 계층이 아니라 모형 데이터 계층을 대상으로 테스트할 수 있다.
>
> 리사의 팀은 계층형 접근 방식으로 모든 수준에서 자동화 테스트를 성공하고 기술 중심 테스트와 비즈니스 중심 테스트 둘 다로 개발을 주도할 수 있었다.

테스트가 용이한 설계의 또 다른 접근방법의 예는 앨리스테어 콕번(alistair cockburn)의 포트 및 어댑터 패턴(2005)이다. 이 패턴의 목적은 UI나 데이터베이스 없이 동작하는 애플리케이션을 만들어서 애플리케이션에 대해 자동화된 회귀 테스트를 수행할 수 있고, 데이터베이스를 사용할 수 없을

> **Tip**
> 앨리스테어 콕번(alistair cockburn)의 포트 및 어댑터 패턴에 관한 더 자세한 정보는 참고문헌을 참고하자.

때도 동작하며, 사용자 개입이 전혀 없이 애플리케이션들을 함께 연결할 수 있다. 포트는 외부 이벤트를 받아들이고 특정 기술에 따른 어댑터는 이것을 해당 애플리케이션이 이해하는 메시지로 변환한다. 다음으로 애플리케이션은 포트를 통해 출력을 어댑터로 보내는데 이것으로 신호를 받는 사람이나 자동화된 사용자가 필요한 신호를 생성한다. 이 패턴을 사용해 설계된 애플리케이션은 실제 사용자처럼 쉽게 자동화된 테스트 스크립트로 이끌 수 있다.

그린필드 프로젝트에서 테스트 우선 코드를 작성하는 방법은 더 명확하다. 자동화된 단위 테스트로 처리되지 못하는 레거시 시스템은 거대한 도전에 직면한다. 테스트가 용이하도록 설계되지 않은 코드에 대해 단위 테스트를 작성하기는 어렵고 단위 테스트로 보호받지 못하는 코드를 변경하기는 어렵다. 많은 팀은 마이클 페더스(Michael Feathers)가 〈레거시 코드 활용 전략〉(에이콘, 2008년)에서 설명한 "레거시 코드 활용" 기법을 따랐다. 리사의 팀처럼 다른 팀에서는 그들의 레거시 코드를 "교살"하는 것을 목적으로 한다. 이 전략은 마틴 파울러의 〈strangler application〉(2004)에서 나왔다. 새로운 스토리를 새로운 아키텍처에서 테스트 우선 방식으로 코드로 작성하면서 예전 시스템도 여전히 유지한다. 시간이 지남에 따라 기존 시스템의 많은 부분이 새로운 아키텍처로 변환되며 궁극적으로 옛 시스템을 완전히 벗어 버리는 것이 목적이다.

> **Tip**
> 레거시 코드에 대한 "rescue"와 "strangler" 접근 방식에 관한 자세한 설명은 참고 문헌을 살펴보자.
>
> **Tip**
> 프레젠터 우선 개발에 관한 자세한 정보는 참고 문헌을 살펴보자.

레거시 메인 프레임 형식의 환경에서 애자일 테스팅은 특별한 도전이지만 테스트를 성공적으로 수행하는 데 이용할 수 있는 출판물과 정보는 거의 없다. 코볼(COBOL)과 메인프레임 등이 여전히 널리 사용되고 있다. 애플리케이션에서 자동화된 테스트를 할 수 있게 하는 방법을 찾을 때, 팀에 애자일 원칙과 가치를 지침으로 제공해보자. 몇 가지 기법을 적용해야 할지도 모른다. 예를 들어 테스트 우선 코드를 작성할 수 없더라도 그 코드를 작성한 후 곧바로 테스트할 수는 있다. 테스터의 문제뿐만 아니라 해결할 팀의 문제가 있을 때 테스트를 작성할 방법을 찾게 될 것이다.

레거시 시스템 테스트

"Crown Cork and Seal"의 개발자인 존 보리스(John Voris)는 코볼(COBOL)의 사촌쯤 되는 RPG 언어(이전에는 AS 400인데, 지금은 System i 라고 알려진 운영체제에서 동작한다)로 작업했다.

> 존은 벤더 코드 베이스와 새로운 코드를 병합하는 작업을 했다. 그는 애자일 주의와 린, IBM 권장 코드 작성 관례를 적용해 "ADEPT(AS 400 Display for External Prototyping and Testing)"라 부르는 접근법을 내놓았다. 그는 테스트 우선 코드를 작성하지는 않았지만 "곧바로" 테스트를 수행했다. 여기 존의 접근 방법을 요약했다.
>
> - 단일 목적을 수행하는 작은 모듈(모놀리식 프로그램이 아니다)을 작성하고 기존 프로그램을 모듈로 리팩터링한다. 프레젠터 우선 접근 방법을 사용한다(모델-뷰-프레젠터 또는 모델-뷰-컨트롤러 패턴과 유사하다).
> - 화면 형식과 화면 필드에 기반을 둔 테스팅 도구에 대한 매개변수 인터페이스를 정의한다. 여기서 유일한 결점은 숫자를 팩형 16 진수보다는 존 십진수로 정의한 것이지만 그 대신 생산성이 좋아진다.
> - 각 운용 모듈의 코드를 작성한 후 곧 바로 화면 형식을 사용해 테스트 프로그램을 작성하고 그 UI를 통해 테스트하자. 테스트를 위한 UI 인터페이스는 운용 프로그램에 앞서 만들어지는데, UI 테스트 인터페이스가 해당 운용 모듈을 위한 참조 인터페이스이기 때문이다. 테스트를 위한 대부분의 코드 작성이 이미 끝났기 때문에 프로그래머에게 테스트를 실행하도록 촉구하는 일이 중대하다.
> - 변하지 않는 기준 테스트 데이터인 표준 테스트 데이터 집합을 사용해 테스트를 주도하라.
> - 테스트 프로그램이 거의 자동 생성되는 이러한 접근방법은 RPGUnit을 사용해 데이터 입력과 출력을 잡아내는 기록/재생 도구와 지속 빌드의 테스트 실행으로 자동화하는데 적합하다.

Tip
www.RPGUnit.org에서 RPGUnit에 관해 더 자세히 살펴볼 수 있다.

여러분의 팀에서 테스트가 용이한 설계에 대한 접근방법을 찾을 수 있다. 비결은 테스트와 품질에 대한 전체 팀의 헌신이다. 팀이 꾸준하게 테스트를 작성하고 그 테스트를 통과할 때 깔끔하게 끝낼 방법을 찾게 된다. 팀은 생성하기 쉽고 유지관리에 비용이 적게 들며 오랫동안 써먹을 수 있는 자동화된 테스트를 만들어낼 아키텍처 생성 방법을 만들어내는 데 시간을 들여야 한다. 자동화된 테스트가 투자 대비 충분한 가치를 돌려주지 않는 경우 그 아키텍처를 다시 검토하는 것을 주저해서는 안 된다.

시기적절한 피드백

단위 테스트의 가장 큰 가치는 피드백의 속도에 있다. 우리 관점에서 볼 때 단위 테스트를 실행하는 지속 통합과 빌드 프로세스는 10분 내에 끝나야 한다. 각 프로그래머가 코드를 하루에 여러 번 검사한다면 더 긴 빌드와 테스트 프로세스로 인해 변경내용은 계속 쌓이게 된다. 새로운 기능이나 버그 수정 때문에 오랫동안 기다려야 한다면 테스터로서는 짜증나는 일이 아닐 수 없다. 컴파일 오류나 단위 테스트 실패가 발생한다면 지연은 더욱 악화된다. 특히 퇴근 시간이 임박해서 발생하기까지 한다면!

기능 API 테스트나 GUI 테스트처럼 단위 수준 이상으로 테스트를 실행하는 빌드와 테스트 프로세스는 시간이 더 걸릴 것이다. 신속히 실행하는 빌드 프로세스 하나와 테스트를 그보다 조금 느리게 실행하는 두 번째 빌드 프로세스를 확보하도록 하라. 좀 더 느린 기능 테스트 모두를 실행하는 일일 "빌드"가 적어도 하나는 있어야 한다. 하지만 그것조차도 통제하기 힘들 수 있다. 테스트가 실패한 뒤 문제를 고쳤을 때 다시 빌드를 통과하는지를 확실히 알기위해 얼마나 걸릴까?

빌드와 테스트 프로세스가 너무 오래 걸린다면 팀에게 속도가 느려지는 원인을 분석하고 빌드 주기를 더 빠르게 하는 조치를 취하게 하자. 아래에 몇 가지 예를 들었다.

- 데이터베이스 접근은 통상 많은 시간을 소모하므로 가능하다면 모조 개체를 사용하고, 특히 단위 수준에서 데이터베이스를 대체하도록 고려하자.
- 더 오랫동안 실행하는 통합과 데이터베이스 액세스 테스트는 두 번째 빌드와 테스트 프로세스로 옮기자.
- 테스트를 병렬로 실행해 더 빨리 끝낼 수 있는지 확인하자.
- 시스템의 회귀 테스트에 필요한 최소한의 테스트를 실행한다.
- 다수의 빌드 머신에 작업을 분산한다.
- 빌드를 실행하는 하드웨어와 소프트웨어를 업그레이드한다.
- 빌드 속도를 올리기 위한 점진적인 단계를 취하고 시간을 투자할 영역을 찾는다.

● 리사의 이야기

현재 팀의 애자일 적용 초기에 약간의 단위 테스트가 있었고, 소스코드 제어 시스템으로 체크인할 때마다 시작하는 지속적인 빌드에서 몇몇 GUI 스모크 테스트를 포함했다. 코드가 망가졌을 때를 알고자 충분히 단위 테스트를 했을 때, GUI 테스트와 FitNesse 기능 테스트를 지속적인 빌드로서 동일한 머신에서 밤새 돌아가는 별도 빌드와 테스트 프로세스로 옮겨갔다.

지속적으로 진행 중인 빌드는 10분 이내에 시작하지만 완료하는 데 15분여가 걸린다. 우리는 작업 카드를 작성해 문제를 진단하고 고쳤다. 프로그래머가 일찍이 작성한 단위 테스트는 어느 누구도 이 단위 테스트가 최적의 방식으로 작성됐는지 확신하지 못했기 때문에 잘 설계된 것은 아니었다. 단위 테스트를 리팩터링할 시간을 잡아놓았으므로 실제 데이터베이스 대신 모조 데이터 접근 객체를 사용하고 테스트를 재설계해서 속도를 향상시켰다. 이렇게 힘으로써 빌드하는 데 대략 8분여가 걸렸다. 빌드의 시간이 점점 오래 걸릴 때마다 리팩터링과 불필요한 단위 테스트 제거, 하드웨어 업그레이드, 빌드를 더 빠르게 도와주는 다른 소프트웨어의 선택을 통해 문제를 처리했다.

기능 테스트에서 더 많은 코드를 다룸에 따라 밤새 돌아가는 빌드는 더 자주 깨졌다. 밤에 돌아가는 빌드가 동일한 머신에서 지속적인 빌드로서 실행되었기 때문에 다시 그 빌드가 "Green" 수준이었는지를 확인하는 유일한 방법은 진행 중인 빌드를 중지하는 것이었다. 이로 인해 빠른 피드백은 사라졌고 이것이 모두의 시간을 낭비하기 시작했다. 우리는 더 오래 걸리는 빌드용으로 또 다른 빌드 머신을 구매해 설치했고, 이제는 이 머신 또한 지속적으로 돌아가고 있다. 이러한 조치는 기계 하나에서 두 개의 빌드를 계속 실행하면서 더 많은 시간을 들이는 것보다 비용이 줄어드는 결과를 낳았고, 지금은 기능 테스트에서 피드백도 빨리 이루어지고 있다.

일정한 피드백을 제공하는 여러 개의 지속적인 빌드와 테스트 프로세스는 수많은 테스터들이 꿈꾸는 이상향이다. 회귀 버그를 일찍 잡을 것이고 고치는 비용도 아주 저렴해질 것이다. 이것이 기술 중심 테스트를 작성하는 중대한 이유다. 너무 지나치다고 생각할까? 기술 중심 테스트와 비즈니스 중심 테스트 사이의 경계를 구분해보자.

어디서 기술 중심 테스트를 멈춰야 하는가?

고객 중심 테스트가 팀이 시간을 많이 소모하는 기술 중심 테스트와 아주 많은 부분에서 겹친다고 걱정하는 사람들의 소리를 종종 듣는다. 비즈니스 중심 테스트가 단위 테스트나 코드 통합 테스트와 어느 정도 같은 말을 하는 것처럼 들릴 수 있지만, 이들은 다른 목적을 가지고 있으므로 그런 걱정은 기우일 뿐이다.

예를 들어 대출 상환 일정을 계산하고 대출 요청의 처리 과정에 있는 사용자에게 이 일정을 보여주는 스토리가 있다. 이 스토리에 대한 단위 테스트는 비즈니스에서 허용되지 않는 연간 지불 주기처럼 잘못된 인자에 대한 테스트가 될 수 있다. 대출 금액, 이율, 대출 시작일, 상환 주기가 주어졌을 때 예상 대출 상환 시작 일자를 계산하는 단위 테스트 등이 있을 수 있다. 단위 수준 테스트는 지불 주기와 금액, 이율, 기간, 시작 일자의 다른 조합을 다뤄 상환 계산이 올바른지를 증명할 수 있다. 이들 테스트는 윤년과 같은 시나리오도 처리할 수 있다. 이들 테스트를 통과했을 때 프로그래머는 해당 코드에 관해 자신감을 가질 수 있다.

각 단위 테스트는 독립적이며 한 번에 한 가지 차원을 테스트한다. 이는 단위 테스트가 실패할 때 프로그래머가 신속하게 해당 문제를 식별하고 동시에 빠르게 그 문제를 해결할 수 있다는 것을 의미한다. 비즈니스 중심 테스트에서는 여러 가지 비즈니스 관점을 고려해야 하기 때문에 일차원만을 다룰 일은 거의 없다.

이 스토리에 대한 비즈니스 중심 테스트는 비즈니스 규칙과 사용자 인터페이스의 표현, 에러 처리에 대해 더 세부적인 내용을 정의할 것이다. 이 테스트에서는 원금과 적용 이자와 같은 지불 내역을 사용자 인터페이스에서 정확하게 표시하는지를 검증할 것이다. 이 테스트에서 사용자 인터페이스의 각 필드에 대해 유효성을 테스트하고 불충분한 잔고나 잘못된 자격과 같은 상황에 대한 에러 처리를 지정할 것이다. 관리자가 같은 날에 두 개의 대출 지급을 처리하는 시나리오와 같은 단위 수준에서 모사하기 어려운 테스트를 비즈니스 중심 테스트에서 할 수 있다.

Tip
Chapter 13 "테스트를 자동화하는 이유와 자동화의 장애물"에서 다른 유형의 테스트에 대한 ROI에 관해 더 자세히 설명한다.

비즈니스 중심 테스트는 더 복잡한 사용자 시나리오를 다루며 최종 사용자가 좋은 경험을 하게 될 것인지를 확인한다. 가능한 한 더 낮은 수준으로 테스트를 해보라. 단위 수준에서 자동화할 수 있는 테스트 케이스를 식별한다면, 거의 항상 투자에 비해 더 나은 이득을 돌려줄 것이다.

애플리케이션에 여러 영역이나 계층이 수반된다면 단위 수준에서 자동화하기 어려울 수 있다. 기술 중심 수준과 비즈니스 중심 수준 모두에서 첫 번째 대출 결제 날짜와 관련한 테스트를 진행할 수 있지만, 이들 수준은 다른 이유도 검사한다. 단위 테스트는 날짜 계산을 확인할 것이고, 비즈니스 중심 테스트는 이 결과가 브라우저의 대출 보고서에 올바르게 표시되는지를 검증할 것이다.

1사분면 테스트 작성 방법을 배우는 것은 어렵다. 애자일 개발로 전환하는 많은 팀들이 자동화된 단위 테스트, 심지어 지속 통합과 빌드 프로세스조차도 없이 시작한다. 다음 단원에서 팀이 1사분면 테스트에 이의를 제기하지 않는 경우 애자일 테스터가 취할 수 있는 액션을 제안한다.

팀에서 이들 테스트를 실행하지 않는다면?

많은 조직이 애자일 개발을 시도하려고 결정했거나 적어도 그런 목적으로 시작했지만 정작 성공적인 전환을 이루어내는 방법에 대해서는 무지했다. 개발팀이 성공적인 개발의 핵심인 TDD와 지속 통합, 기타 실천법을 구현하는 데 테스터로서 어떤 도움을 줄 수 있을까?

수년간의 경험으로 미루어보건대 우리 자신이 프로그래머가 아니었다면 TDD와 같은 실천법들을 적용하라고 프로그래머들에게 재촉할 때 깊은 신뢰감은 그리 중요치 않았을 것이다. 앉아서 테스트 우선 코드를 작성하는 방법을 보여줄 수 있다면 설득력이 있겠지만 테스터들 중 대다수는 그런 일을 해본 적이 없다. 그런 방식을 전파하는 일도 잘 먹히지 않는 것을 보았다. TDD가 좋은 아이디어라는 것을 누군가에게 개념적으로 납득시키는 것은 쉬운 일이 아니다. 프로그래머가 실제로 테스트 우선 코딩에 이끌리도록 도와주기는 쉽지 않다.

테스터가 할 수 있는 일

단위 테스트를 자동화하거나 지속 빌드도 만들어 내지 않는(또는 최소한 일일 빌드를 수행하는) 이름만 "애자일"인 팀의 테스터라면 곧바로 좌절감을 맛보게 될 것이다. 하지만 포기하지 말고 긍정적인 전환을 이끌어내는 방법을 지속적으로 브레인스토밍하도록 하라. 소셜 타임이나 다른 긴장을 이완하는 활동을 통해 위원회의 모든 팀 멤버에게서 새로운 아이디어를 확인하는 의미 있는 시간을 갖도록 하자.

피해야 할 함정 중 하나는 테스터가 단위 테스트를 작성하는 것이다. TDD는 실제로 설계 활동이기 때문에 코드를 작성하기 전에 코드를 작성하는 사람이 테스트도 작성하는 일이 핵심이다. 또한 프로그래머는 자동화된 단위 테스트가 제공하는 즉각적인 피드백을 필요로 한다. 코드가 작성된 후 다른 사람이 작성한 단위 테스트가 여전히 회귀 결함에 대한 보호막이 될 수도 있겠지만, 프로그래머가 작성한 테스트의 가장 가치 있는 이점을 갖지 못할 것이다.

● 리사의 이야기

변화가 효과를 발휘하기 원할 때는 언제든지 나는 메리 린 만(Mary Lynn Manns)과 린다 라이징(Linda Rising)이 발표한 〈Fearless Change〉(2004)에 나온 패턴들에 의지한다. 두 XP 팀에서 작업을 마친 후 나는 애자일을 열렬히 원한다고 주장하는 팀에 합류했지만, 견고한 개발 관례를 만들기 위해 노력하지 않았다. 〈Fearless Change〉에서 팀이 애자일 실천법에 익숙해지도록 하는 몇 가지 패턴을 찾았다.

"도움을 구하라." 이것이 나를 도와준 패턴 중 하나였다. 이 패턴은 부분적으로는 "새로운 아이디어를 조직에 도입하는 작업은 큰일이므로 사람들과 자원들을 찾아 여러분의 노력을 돕도록 하라"고 말한다. 팀이 FitNesse를 사용해 시작하고자 했을 때, 내 행동의 이유에 가장 동조한 사람들이 프로그래머들임을 알았고 이들에게 나와 짝을 이뤄 작업했던 스토리에 대한 FitNesse 테스트를 작성하도록 요청했다. 이 프로그래머는 다른 프로그래머에게 FitNesse 테스트에서 파생되는 이점에 관해 얘기했고, 다른 프로그래머들 역시 이 테스트를 시도해볼 용기를 갖게 되었다. 대부분의 사람들은 도움을 원하고 애자일은 팀이 함께 일하기 위한 것이므로 혼자 힘으로 해야 할 이유는 전혀 없다.

"브라운 백"은 나의 팀이 잘 사용한 또 다른 변화 패턴이다. 예를 들면 현재 나의 팀은 그들이 단위 테스트를 함께 작성한 몇 가지 브라운 백 세션을 열었다. "구루를 내편으로"는 여러분이 달성하려 하는 것을 이해할 것 같은 평판이 좋은 팀 멤버의 도움을 요청하여 얻는 생산성 패턴이다. 내가 있었던 이전 팀은 단위 테스트를 작성하는 데 동기부여가 되지 않았다. 팀의 가장 경험 있는 프로그래머는 테스트 주도 개발이 좋은 개념이라는 데 동의했고 팀의 나머지 사람들에게 좋은 본보기가 되었다.

애자일 팀에서 여러분의 행동에 공감하는 누군가가 항상 있다는 것을 발견하리라 생각한다. 특히 팀에서 높은 수준의 구루로 여기는 사람이라면 지원을 요청하고 얻도록 하자.

애자일 팀에서 테스터로서 여러분이 변화를 주도하는 에이전트로 행동할 수 있지만, 잠재적인 영향은 제한된다. 일부의 경우에 강력한 관리 지원은 1사분면 활동에 팀을 참여하도록 이끄는 핵심이다.

관리자가 할 수 있는 일

여러분이 개발팀을 관리하고 있다면 테스트 주도 개발과 단위 테스트 자동화를 장려하기 위해 많은 역할을 할 수 있다. 제품 책임자와 함께 일하고 품질을 여러분의 목표에 맞추고 팀과 품질 기준에 대해 의사소통하자. 프로그래머가 마감일을 지키는 것에 관해 걱정하지 않고 자신의 일에 최선을 다하는 데 시간을 들이도록 격려하라. 인도 날짜를 지키기가 어렵다면 품질이 아니라 범위를 줄이게 하자. 여러분의 업무는 업무 관리자에게 최적의 비즈니스 가치를 얻도록 보장하면서 어떻게 품질을 최우선으로 삼을 것인지를 설명하는 것이다.

팀에 학습 시간을 할당하고 전문가와 직접 해보는 훈련을 제공하자. 경험 있는 애자일 개발 코치를 데려오거나 다양한 실습을 통해 팀원들에게 기술을 전수할 수 있는 경험자를 채용하자. 주요한 리팩터링과 단위 테스트와 코드 통합 테스트를 작성하는 최선의 접근방법에 관한 브레인스토밍, 평가, 설치, 업그레이드 도구에 시간을 할애하자. 테스트 관리자는 개발 관리자와 함께 일하고 테스트 용이성을 개선하고 테스터가 실행 가능한 테스트를 작성할 수 있는 훈련을 장려해야 한다. 테스트 관리자는 테스터가 팀이 사용하기로 결정한 자동화 도구와 프레임워크를 사용하는 방법을 배울 수 있도록 시간적 배려를 해주어야 한다.

팀 문제

Tip
회고와 프로세스 개선에 관한 자세한 내용은 Chapter 19 "이터레이션 마무리"를 살펴보자.

효과적인 변화 에이전트가 되는 방법을 찾는 동안 해볼 만한 최선의 일은 해당 문제를 풀어내는 데 전체 팀을 포함시키는 것이다. 모든 이터레이션 후에 아직 회고를 수행하지 않았다면 이 실천법이나 몇몇 다른 유형의 프로세스 개선 시도를 제안해보자. 회고 과정에서 성공적인 인도를 방해하는 문제가 나타날 수도 있다. 예를 들면 "이터레이션의 마지막 전에 테스팅 작업이 끝나지 않는다"는 것을 전체 팀이 다뤄야 할 문제다. 끝내지 못하는 한 가지 원인이 엄청난 단위 수준 버그라면 TDD로 시험해보기를 제안한다. 하지만 프로그래머들은 그 문제를 다루는 자신만의 방법을 제안할 수 있다. 팀이 몇몇 이터레이션에서 새로운 접근 방법을 시도해보고 그 방법이 어떻게 동작하는지 알아보도록 권장하라.

팀의 개발 과정을 지원하는 기술 중심 테스트는 일어나야 하는 모든 테스팅의 중요한 토대다. 팀이 해당 사분면에서 충분한 테스트 업무를 수행하지 않는다면, 다른 유형의 테스팅은 더욱 더 어려울 것이다. 이는 여러분이 다른 사분면에서 독자적으로 가치를 얻을 수 없다는 것을 의미하는 것이 아니고 단지 팀의 코드가 내부적인 품질의 결핍을 일으킬 것이고 모든 작업이 더 오래 걸릴 것이기 때문에 테스팅이 더 힘들어질 것임을 의미한다.

기술 중심 테스트는 적절한 도구와 인프라 없이 수행될 수 없다. 다음 단원에서 팀의 효과적인 1사분면 테스트에 필요한 몇 가지 종류의 도구의 예를 살펴본다.

도구 키트

성공을 보장하는 마법의 도구는 없다. 하지만 좋은 도구는 사람들이 그들의 일에서 최선의 결과를 내는 데 도움을 줄 수 있다. 알맞은 인프라를 만들어 기술 중심 테스트를 지원하는 것은 중요하다. 선택할 수 있는 뛰어난 도구들이 많고 이들 도구는 계속 개선된다. 여러분의 팀은 처한 상황에서 가장 잘 동작하는 도구를 찾아야 한다.

소스 코드 제어

소스 코드 제어는 버전 제어나 개정 통제(revision control)와 같은 다른 이름으로 알려져 있다. 이것은 애자일 개발에 있어 분명히 새로운 것이나 고유한 것은 아니지만, 어떤 소프트웨어 개발팀도 이것 없이는 성공할 수 없다. 그것이 여기서 소스 코드 제어를 설명하는 이유다. 소스 코드 제어가 없다면 테스트하고 있는 것을 결코 확인하지 못할 것이다. 프로그래머는 그가 변경했다고 말한 모듈만 변경했을까? 아니면 다른 모듈에 변경한 내용을 잊어버렸을까? 버전 관리 시스템 같은 것이 없이는 원하지 않거나 잘못된 변경을 되돌릴 수 없다. 소스 코드 제어는 다른 프로그래머가 동일한 모듈에서 서로 다른 변경 작업을 유지하도록 해준다. 버전 관리가 없다면 운영 환경으로 릴리즈할 코드가 무엇인지 확신할 수 없다.

스테펀 베르작(stephen Berczuk)과 브래드 애플턴(Brad Appleton)이 쓴 〈Software Configuration Management Patterns: Effective Teamwork, Practical Integrations〉(2003)은 소스 코드 제어를 사용하는 방법과 이유를 배우는 데 적합한 책이다. 소스 코드 제어는 모든 소프트웨어 개발 방법에 필수적이다.

자동화된 테스트 스크립트를 위해서도 역시 소스 코드 제어를 사용한다. 향후의 해당 버전에 대한 테스트를 반환해야 하는 경우에 테스트한 해당 코드 버전과 자동화된 테스트를 묶어두는 것이 중요하다. 빌드에 레이블이나 태그를 달 때 테스트 코드에도 역시 레이블이나 태그를 달았는지 확인한다. 운영 환경으로 릴리즈하지 않는 경우에도 마찬가지다.

제품 코드에 대한 저장소와 해당 단위 테스트, 고수준 테스트 스크립트를 제공하기 위해 팀의 코드 계층을 구조화할 수 있다. 이 작업은 올바른 구조를 얻기 위해 약간의 브레인스토밍과 시험이 필요하다

여기에는 엄청 많은 선택 사항이 있다. CVS와 서브버전(Subversion, SVN)과 같은 오픈소스 시스템은 구현이나 지속 빌드 프로세스와 IDE들과의 통합이 쉽고 강력하다. IBM 래셔널 클리어케이스(Rational ClearCase)와 퍼포스(Perforce)에서는 종종 일어나는 오버헤드의 증가를 보상하는 기능을 추가했다.

소스 코드 제어는 개발 환경과 강력하게 통합되어 있다. 애자일 팀이 사용하는 몇 가지 IDE들을 살

펴보자.

다양한 IDE

좋은 IDE(integrated development environment, 통합 개발 환경)는 애자일 팀의 프로그래머와 테스터에게 큰 도움을 줄 수 있다. IDE는 소스 코드 제어 시스템을 통합해 버전 관련 문제를 막아주고 팀원 서로간의 변경을 용이하게 도와준다. IDE 내부에 있는 편집기는 프로그래밍 언어에 특화되어 코드를 작성하는 순간에 오류에 플래그를 표시해준다. 가장 중요한 것은 IDE가 리팩터링에 대한 지원을 제공하는 것이다.

IDE를 사용하는 프로그래머는 자신에게 맞는 IDE 설정을 위해 많은 부분을 조정하기도 한다. 하지만 때때로 조직에서는 모든 프로그래머가 특정 IDE를 사용해야 한다고 명시하기도 한다. 이는 라이선스 문제 때문이기도 하고 열린 짝 프로그래밍을 장려할 목적으로 그렇게 하기도 한다. 다른 사람이 동일한 IDE를 사용하는 경우 또 다른 프로그래머와 짝을 이루기 쉽지만, 대개 동일한 IDE를 사용이 필수적인 것은 아니다. 대부분의 도구는 비슷하게 동작하므로 새로운 기능을 이용하고 새로운 요구에 맞추기 위해 한 IDE에서 다른 IDE로 변경하는 것이 어려운 것은 아니다. 일부 보수적인 사람들은 여전히 IDE보다 vi나 vim, emasc와 같은, 이미 검증되어 신뢰할 수 있는 기술을 더 선호한다.

애자일 팀은 Eclipse와 NetBeans 같은 오픈 소스 IDE와 함께 Visual Studio와 IntelliJ IDEA 같은 상용품을 광범위하게 사용한다. IDE들은 다른 언어와 도구들을 지원하는 많은 플러그인들을 지원한다. 이들 도구는 운영 코드를 작업할 때처럼 테스트 스크립트 작업에도 유용하다.

● 리사의 이야기

현재 내 팀의 일부 프로그래머들은 IntelliJ IDEA를 사용하고 다른 사람들은 Eclipse를 사용한다. 흔하지는 않지만 환경적인 차이점이 문제를 일으키기도 한다. 예를 들면 IDE에서는 테스트를 통과하지만 전체 빌드에서는 그렇지 않거나, IDE를 통한 체크인이 소스 코드 제어 시스템에서 큰 혼란을 일으키는 것 같은 경우다. 그렇지만 일반적으로 서로 다른 IDE들을 사용해도 별 문제는 없다. 흥미롭게도 시간이 지나면서 Eclipse 사용자의 대부분이 IntelliJ IDEA로 넘어왔다. IntelliJ 사용자와 짝을 이루면서 Eclipse 사용자들이 IntelliJ를 선호하게 되었다.

나는 Eclipse를 사용해 자동화된 테스트 스크립트를 작업하고 운영 코드와 관련된 문제를 찾는다. Ruby 플러그인은 Ruby와 Watir 스크립트의 사용에 도움을 주고 XML 편집기는 Canoo WebTest 스크립트의 사용에 도움을 준다. 우리는 단위 테스트를 실행할 수 있고 IDE를 통해 빌드를 수행할 수 있다. 팀의 프로그래머들은 내가 Eclipse를 설정하고 사용하도록 도와주었고, 시행착오를 거치지 않도록 해서 시간을 아껴주었다. 자동화된 테스트를 유지·관리하는 일이 더 쉬워지고 IDE의 "동기화" 뷰는 내가 변경한 모든 모듈을 체크인하는 것을 기억하도록 도와준다.

테스트 도구들은 자체의 고유한 IDE로 제공되거나 플러그인 형태로 제공되어 Eclipse와 같은 기존 IDE와 함께 동작한다. 이렇게 시간을 아껴주며 품질 향상을 촉진하는 강력한 도구들을 이용하자.

IDE를 통해 테스트를 자동화하지 않지만 코드의 바뀐 조각을 살펴보고 싶은 테스터는 FishEye 같은 도구를 사용해 자동화된 빌드를 통해 해당 코드를 액세스할 수 있다.

이 글을 쓰는 현재 IDE에 Ruby와 Groovy, Python 같은 동적 언어에 대한 지원이 추가되었다. 동적 언어를 사용하는 프로그래머들은 더 가벼운 도구들을 선호하지만, 여전히 TDD와 리팩터링 같은 좋은 코드 작성 관례를 지원하는 좋은 도구를 필요로 한다.

사용될 개발 환경과 도구에 상관없이 애자일 팀은 다른 프로그래머가 변경한 코드를 통합하고, 회귀 버그가 발생하지 않았는지 확인하고 배포할 수 있는 형식으로 코드를 제공할 프레임워크를 필요로 한다.

빌드 도구

팀은 소프트웨어를 빌드하고 배포 가능한 jar나 war, 기타 형식의 파일을 생성하는 몇 가지 방법을 필요로 한다. 이것은 make처럼 셸 기반 도구로 수행할 수 있지만, 이들 도구는 동작하는 플랫폼 등의 제약이 있다. 우리가 아는 애자일 팀은 ant와 Nant, Maven과 같은 도구를 사용해 프로젝트를 빌드한다. 이들 도구는 해당 빌드를 관리할 뿐만 아니라 빌드 결과를 보고하고 문서화하는 쉬운 방법을 제공하고, 빌드 자동화 및 테스트 도구와 쉽게 통합된다. 이들 도구는 IDE와도 통합된다.

빌드 자동화 도구

지속 통합은 애자일 팀을 위한 핵심 실천법이다. 여러분은 프로젝트를 빌드할 뿐만 아니라 각 빌드에서 자동화된 테스트를 실행해 잘못된 부분이 없는지 확인할 방법이 필요하다. 하루에도 여러 번 실행되는, 완전히 자동화되고 재연이 가능한 빌드는 애자일 팀 성공의 핵심 요인이다. 자동화된 빌드 도구는 빌드 결과의 전자메일 알림과 같은 기능을 제공하고 소스 코드 제어 도구들과 빌드를 통합한다.

이 책을 쓰는 시점에서 일반적으로 사용되는 도구에는 오픈 소스 도구인 CruiseControl과 CruiseControl.net, CruiseControl.rb, Jenkins 등이 있다. 출판 시점에 사용할 수 있는 다른 오픈 소스와 상용 도구로는 AnthillPro와 Bamboo, BuildBeat, CI Factory, Team City, Pulse 등이 있고 이것도 일부만 말한 것이다.

자동화된 빌드 프로세스가 없다면 테스트용으로 코드 배포뿐 아니라 출시에도 어려움을 겪을 것이다. 빌드 관리와 빌드 자동화 도구는 구현하기 쉬우며 성공적인 애자일 프로젝트에 반드시 필요하다. 빌드 프로세스를 초기에, 그것도 코드 작성을 시작하기 전에 확립하도록 하자. 여러분의 현재 프로세스가 제공하는 것보다 더 많은 기능이 필요하다는 것을 발견했다면 다른 도구들을 시험해보라.

단위 테스트 도구

단위 테스트 도구는 코드를 작성하는 언어별로 존재한다. 애자일 팀에서 "xUnit" 도구들을 일반적으로 사용하고 그 외에 기호에 따라 Java용 JUnit과 .net용 NUnit, Perl과 Ruby용 Test::Unit, Python용 PyUnit 등 다양한 언어를 사용한다.

행위 주도 개발은 테스트 주도 개발의 또 다른 버전으로 RSpec와 easyb 같은 도구들로 테스트를 주도하기 위해 예상되는 동작을 상세히 기술한다.

Tip
행위 주도 개발 도구에 관한 더 자세한 정보는 Chapter 9 "팀을 지원하는 비즈니스 중심 테스트를 위한 툴킷"을 살펴보자.

GUI 코드 역시 테스트 우선 방식으로 개발될 수 있고 개발할 수 있어야 한다. 리치 클라이언트 단위 테스팅을 위한 몇 가지 도구들로는 TestNG와 Abbot, SWTBot이 있다.

EasyMock과 Ruby/Mock 등의 도구들은 모형 개체와 테스트 스텁, 잘 설계된 단위 테스트의 필수적인 부분을 구현하는 데 도움을 준다.

Tip
팀에서 알맞은 단위 테스트 도구를 찾는 데 도움을 주는 책과 링크에 대해서는 참고문헌을 살펴보자.

프로그래머가 기술 중심 테스트를 작성하는 데 사용하는 도구들은 비즈니스 중심 테스트에도 사용될 수 있다. 이들 도구가 여러분의 프로젝트의 목적에 적합한지 여부는 여러분 팀과 고객의 필요에 달렸다.

요약

Chapter 7에서 우리는 팀을 지원하는 기술 중심 테스트의 목적을 설명했고, 이들 테스트를 효과적으로 사용할 필요가 있는 팀에 관해 설명했다.

- 프로그래밍을 지원하는 기술 중심 테스트는 해당 팀이 가능한 한 가장 높은 품질의 코드를 만들도록 도와주고, 기술 중심 테스트는 다른 모든 유형의 테스팅에 대한 토대를 형성한다.
- 이 사분면의 테스트가 주는 이점에 더 빠른 테스트 진행과 더 많은 테스트 수행이 포함되어 있지만 속도와 품질이 궁극적인 목표가 되어서는 안 된다.
- 프로그래머는 기술 중심 테스트를 작성해 팀을 지원하고 내부적인 품질과 시스템의 테스트 용이성을 향상시켜 테스터에게 커다란 가치를 제공한다.
- 애자일 개발에 관련된 핵심 실천법을 구현하는 데 실패하는 팀은 악전고투할지 모른다.
- 레거시 시스템은 대개 테스트 주도 개발에 가장 큰 장애물로 꼽히지만 이들 문제는 점진적인 접근방법으로 극복될 수 있다.
- 팀이 지금 이들 테스트를 수행하지 않는다면 다른 팀 멤버를 데려오고 관리자의 지원을 받아 테스트를 시작할 수 있다.
- 팀을 지원하는 기술 중심 테스트와 비즈니스 중심 테스트 간에는 일부 겹치는 영역이 있을 수 있다. 하지만 선택해야 하는 상황이라면 ROI를 최대화하기 위해 저수준의 테스트를 독려하라.
- 팀은 가능한 한 신속한 피드백을 제공하기 위해 지속 통합과 빌드, 테스트 프로세스를 설정해야 한다.
- 애자일 팀은 팀을 지원하는 기술 중심 테스트를 가능하게 하기 위해 작업에 소스 코드 제어와 테스트 자동화, 다양한 IDE, 빌드 관리와 같은 도구가 필요하다.

AGILE
Chapter 8
팀을 지원하는 비즈니스 중심 테스트

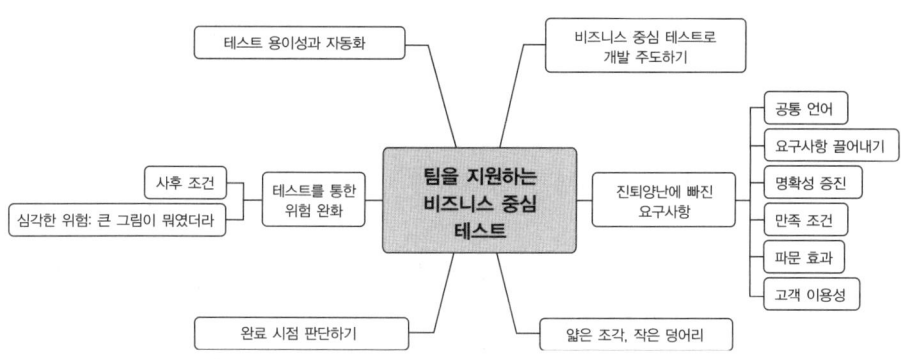

지난 Chapter 7에서 프로그래머 테스트에 관해 다뤘는데, 이는 저수준 테스트로 프로그래머가 올바른 코드를 작성했는지를 확인하도록 돕는다. 올바른 것을 빌드하고 있는지를 어떻게 알까? 단계적이고 제어된 방법론으로 요구사항을 모으고 이들을 가능한 상세하게 기술해 이런 문제를 해결하려고 노력한다. 애자일 실천법을 사용하는 프로젝트에서는 고객이 이해할 수 있는 스토리 카드와 테스트에 우리의 모든 신뢰를 담음으로써 올바른 코드를 작성하도록 돕는다. "이해 가능한" 테스트가 이번 챕터의 주제다.

비즈니스 중심 테스트로 개발 주도하기

[그림 8-1]의 색인 카드 내용 이상의 더 자세한 정보 없이 이터레이션을 시작한다.

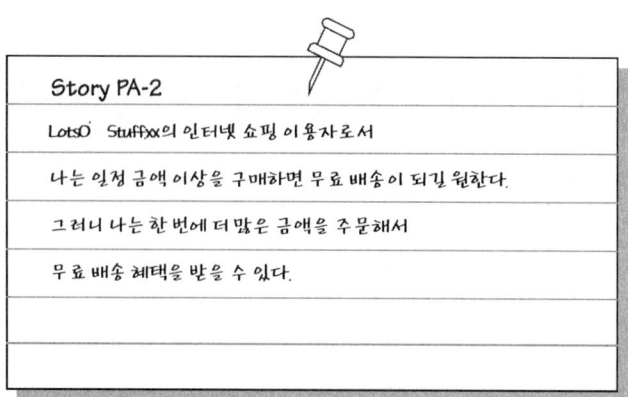

[그림 8-1] 대화를 기록한 스토리

색인 카드는 충분한 정보는 아니며, 그렇게 되려는 것도 아니다. 스토리는 필요한 기능의 간단한 설명일 뿐이고 작업을 계획하고 우선순위를 정하는 목적이다. 전통적인 폭포수 방식에서 개발팀은 모든 기능 집합의 상세한 내용을 포함하는 장황한 요구사항 문서를 받을 수도 있다. 애자일 프로젝트에서 고객팀과 개발팀은 스토리에 기반을 둔 대화를 시작한다. 개발팀은 어떤 종류의 요구사항을 필요로 하고, 이들 요구사항이 거의 즉시 돌아가는 코드를 작성하기 시작하게 해주는 수준이기를 원한다. 이렇게 하려면 예제를 고객이 실제로 원하는 것이 확실한지 보여줄 테스트로 전환해야 한다.

이들 비즈니스 중심 테스트는 비즈니스 요구사항을 다룬다. 이들 테스트는 큰 그림과 충분한 상세 내용으로 코드 작성을 안내한다. 비즈니스 중심 테스트는 사례에 기반을 둔 요구사항을 나타내고 고객과 개발팀 모두가 이해할 수 있는 언어와 형식을 사용한다. 사례는 각 기능에 요구되는 동작에 대한 학습을 기초로 구성하고, 우리는 이들 사례를 2사분면에서 스토리 테스트에 대한 기초로 사용한다([그림 8-2]).

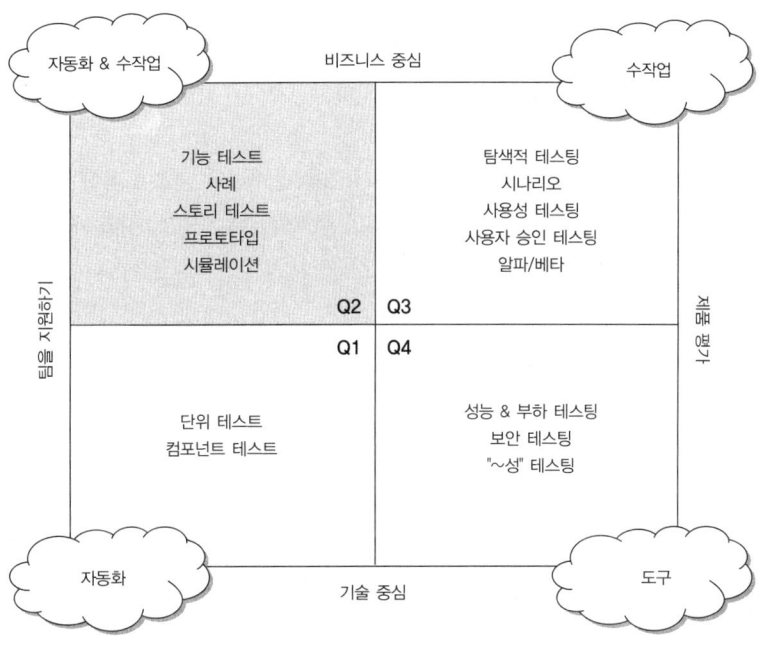

[그림 8-2] 2사분면을 강조한 애자일 테스팅 사분면

비즈니스 중심 테스트는 "고객 중심", 또는 "스토리", "고객", "인수" 테스트라고도 한다. "인수 테스트"라는 용어는 특히 사람들이 "사용자 인수 테스트"라고만 생각하도록 만들기 때문에 혼란을 주고 있다. 애자일 개발의 맥락상 수락 테스트는 일반적으로 비즈니스 중심 테스트를 의미하지만, 이 용어는 시스템 성능이나 보안에 대한 고객의 기준과 같은 4사분면의 기술 중심 테스트도 포함한다. Chapter 8에서는 개발을 안내하고 빠른 피드백을 제공해 팀을 지원하는 비즈니스 중심 테스트만 설명한다.

이전 두 개의 장에서 설명한 것처럼, 이들 4개 사분면의 순서는 각 사분면에서의 활동을 수행하는 순서와 관련이 있는 것은 아니다. 2사분면에서 비즈니스 중심 테스트는 코드 작성을 시작하기 전에 각 스토리에 대해 작성하는데, 이들 스토리가 팀이 어떤 코드를 작성해야 하는지를 이해하는 데 도움을 주기 때문이다. 1사분면의 테스트와 마찬가지로 이들 테스트들도 개발을 주도하지만 더 높

> **Tip**
> Part 5 "테스터 삶에서의 이터레이션"에서 다른 사분면에서 테스트를 수행하는 순서를 검토한다.

은 수준에서 주도한다. 1사분면 활동은 내부 품질을 보장하고 팀 생산성을 극대화하며 기술적 채무를 최소화한다. 2사분면 테스트는 외부 품질을 정의하고 확인하며 완료 시기를 알 수 있도록 도와준다.

코딩을 이끄는 고객 테스트는 일반적으로 실행 가능한 형식으로 작성되고 자동화하기 때문에 팀 멤버가 자주 테스트를 실행해서 기능이 바라던 대로 동작하는지 알아볼 수 있다. 이들 테스트나 이 테스트의 일부는 자동화된 회귀 수트의 일부가 되어 향후 개발에서 시스템 동작을 무심코 변경하지 않게 된다.

원하는 동작의 스토리와 예제에 대해 논의한 것처럼 성능과 보안, 사용성과 같은 비기능 요구사항도 정의해야 한다. 수작업 탐색적 테스팅에 대한 시나리오도 작성할 것이다. Chapter 8에서 3사분면과 4사분면의 다른 종류의 테스트 활동에 관해 설명할 것이다.

애자일 팀이 요구사항을 얻는 방법에 관련해 많은 질문을 받는다. 우리가 작성한 코드가 어떤 일을 해야 할지를 어떻게 아는가? 코드작성을 시작하기 위한 충분한 정보를 어떻게 얻을 수 있는가? 고객과 한결같이 대화하고 그들의 필요를 명확히 반영하는 방법은 무엇인가? 각 스토리는 어디서 시작해야 하나? 어떤 방법으로 고객이 사례를 제공하도록 하는가? 스토리 테스트를 작성할 때 이들 정보를 어떻게 사용하는가?

Chapter 8은 각 스토리를 개발하는 것처럼 팀을 지원하는 비즈니스 중심 테스트에 대한 전략을 설명한다. 요구사항에 관해 조금 더 논의하는 것부터 시작하자.

진퇴양난에 빠진 요구사항

지금까지 알아온 모든 개발팀은 애자일이든 아니든 요구사항과 씨름하고 있다. 전통적인 폭포수 프로젝트의 팀은 요구사항을 모으는 데 몇 달씩 걸리다가 잘못되거나 프로젝트 기간을 빠르게 소모해버릴 수 있다. 혼돈에 빠진 팀은 요구사항을 전혀 신경쓰지 못할 것이고, 프로그래머는 기능이 어떻게 동작해야 하는지에 대해 자신들의 생각에만 빠지게 될 것이다.

애자일 개발은 변화를 적극 수용하지만 이터레이션 동안 요구사항 변경이 일어날 때는 어떻게 해야 할까? 코드 작성을 시작하기 전에 긴 요구사항 수집 기간을 원하지 않지만 우리(그리고 고객)가 각 스토리의 상세내용을 정말 이해하는지를 어떻게 확신할 수 있을까?

애자일 개발에서 새로운 기능은 대개 고객팀이 작성한 스토리 또는 스토리들의 그룹으로 시작된다. 종속성의 영향과 많은 스토리들이 생성되는 방식에 관해 높은 수준의 논의를 할 수는 있지만, 스토리 작성은 상세 내용 구현을 파악하기 위한 것이 아니다. 기술팀의 일부 멤버가 스토리 작성 시간에 참여할 수 있다면 도움이 된다. 멤버들이 기능 스토리에 조언을 해줄 수 있어 기술 스토리가 백로그의 일부로 포함되는 데 도움을 준다. 프로그래머들과 테스터들은 고객이 스토리를 적절한 크기로 나누는 데도 도움을 주고 더 현실성 있는 구현이 되는 대안을 제안하며 스토리 간의 종속성을 논의할 수 있다.

스토리 스스로 원하는 기능에 관해 많은 상세한 내용을 제공하지는 못한다. 이들 스토리는 보통 누가 그 기능을 원하는지, 그 기능이 무엇인지, 그 기능을 원하는 이유를 나타내는 문장이다. "인터넷 쇼핑객으로서 나는 장바구니에서 항목들을 삭제해서 원하지 않는 항목을 구매하지 않을 방법이 필요하다"라는 문장은 많은 상상의 여지가 있다. 스토리는 비즈니스 전문가와 개발팀 간에 진행되는 대화의 시작점으로서만 의미를 가지기도 한다. 팀 멤버가 고객이 해결하려는 문제가 무엇인지를 이해한다면 이들은 사용과 구현을 더 단순하게 만들 수 있는 대안을 제시할 수 있다.

애자일 팀은 고객과 개발자간의 대화에서 적절한 코드를 작성하기에 충분한 정보를 얻을 때까지 스토리를 확장한다. 테스터는 각 스토리에 대한 사례와 맥락을 이끌어내는 데 도움을 주며 고객에게 스토리 테스트를 작성하도록 도와준다. 이들 테스트는 프로그래머들이 코드를 작성할 때 지침을 주고 팀이 고객의 만족 조건에 부합하는 시점을 알도록 도와준다. 팀이 유스케이스를 갖고 있다면 사례를 제공하거나 테스트를 지도해 필요한 기능을 명확히 하는데 도움을 줄 수 있다([그림 8-3] 참조).

애자일 개발에서 스토리에 대한 모든 요구사항을 전부 이해하지 못할 거라는 데 동의한다. 스토리 테스트를 통과하도록 만든 코드를 작성한 후에도 요구사항과 기능이 어떻게 동작해야 하는지를 더 잘 이해하기 위해 여전히 더 많은 테스팅이 필요하다.

고객은 팀이 인도해준 제품을 본 후 제품이 어떤 식으로 동작하기 원하는지에 관해 다른 아이디어를 쏟아놓을지도 모른다. 종종 고객은 그들이 원하는 것에 대한 산만한 생각을 갖고 있고 정확히 무엇인지 정의하기 어려워한다. 팀은 이터레이션 동안 고객이나 고객 대리인과 일하고 솔루션의 핵심만 인도할지도 모른다. 팀은 기능이 정의되고 인도될 때까지 여러 번의 이터레이션을 거쳐 기능을 계속 정제해 나간다.

애자일 개발에서 작은 단위의 릴리즈와 한 번에 작은 덩어리로 한 부분씩 개발하는 것을 옹호하는 이유 중 하나가 이터레이션이다. 고객이 이 이터레이션에서 인도받은 코드의 동작에 만족하지 않고, 지적한 부분을 중요하다고 여기는 경우 그 다음번에 신속하게 바로잡을 수 있다. 요구사항의 변화는 불가피한 일이다.

고객이 원하고 필요로 하는 것에 관해 할 수 있는 한 많은 것을 배워야 한다. 최종 사용자가 같은 곳에서 일하고 있거나 그들이 있는 곳으로 갈 수 있다면 고객과 같은 곳에 앉아서 옆에서 일을 해야 하고, 가능하다면 그들의 업무를 해볼 수 있어야 한다. 그러면 고객의 요구사항을 더 잘 이해할 뿐만 아니라 고객이 언급하려고 생각해보지 않은 요구사항까지 알아낼 수 있을지도 모른다.

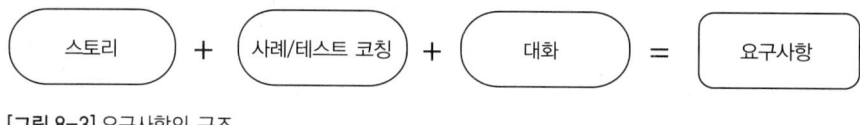

[그림 8-3] 요구사항의 구조

테스트에는 고객이 진술한 요구사항 이상을 포함해야 한다. 사후 조건과 시스템에 전체적으로 끼치는 영향력, 다른 시스템과의 통합에 대한 테스트를 해야 한다. 우리는 위험을 식별하고 필요에 따라 테스트로 위험을 완화시킨다. 이들 모든 인자가 코드 작성의 길잡이 노릇을 한다.

공통 언어

개발팀과 비즈니스 전문가 모두가 이해하는 공통 언어를 제공하기 위해 테스트를 사용할 수도 있다. 브라이언 매릭(Brian Marick, 2004)이 언급했듯이, 공통 언어는 비즈니스를 하는 사람들이 그들이 원하는 기능을 상상하는 데 도움이 된다. 이것은 프로그래머가 확장하기 쉬운, 잘 설계된 코드를 만들게 해준다. 바라는 동작과 바라지 않는 동작의 실제적인 예가 표현될 수 있어야 비즈니스와 기술 측 양쪽 다 이해할 수 있다. 그림과 흐름도, 스프레드시트, 프로토타입은 서로 다른 배경과 관점을 가진 사람에게 다가갈 수 있다. 우리는 이들 도구를 사용해 사례를 찾고 그 다음 쉽게 이들 사례를 테스트로 전환한다. 테스트는 여전히 기술팀이 실행하지만 비즈니스 사용자가 테스트를 읽고 이해할 수 있는 방식으로 작성해야 한다.

Tip
chapter 9 "팀을 지원하는 비즈니스 중심 테스트를 위한 툴킷"에서 해당 내용을 더 많이 다룬다.

비즈니스 중심 테스트는 범위를 정하는 데도 도움을 주어 누구나 스토리에 해당하는 부분과 아닌 부분을 구분하게 된다. 지금은 대다수의 테스트 프레임워크를 사용하면 팀이 도메인 언어를 만들고 그 언어를 사용해 테스트를 정의할 수 있다. Fit(Functional for Integrated Test)가 이런 프레임워크 중 하나다.

완벽한 고객

앤디 폴(Andy Pols, 2008)은 그의 블로그에 있는 이 스토리를 책에 싣도록 허락해줬다. 그는 글에서 그의 고객이 어떻게 테스트를 요구했고, 테스트를 작성했으며, 그 스토리가 범위 밖에 있음을 깨달았는지 보여준다.

최근 프로젝트에서 고객이 Fit 테스트에 관해 너무나 열광적이어서 내가 Fit 테스트 없이 스토리를 구현했을 때 아주 속상해했다. 그는 적절한 Fit 테스트를 수행할 때까지 시스템의 운영전환을 거부했다.

문제의 스토리는 아주 기술적인 것으로 외부 시스템에 특정 XML 메시지를 보내는 기능이었다. 이런 종류의 요구사항의 경우 Fit 테스트가 어떤 모습으로 동작할지 애매했다. Fit 테스트에서 예상되는 XML 메시지와 모든 세부 내용은 이것이 기술적인 결과물이며 비즈니스에 어떠한 이점도 제공하지 않기 때문에 유용하지는 않을 것 같았다. 우리는 뭘 해야 할지를 잘 몰랐다. 고객은 이에 관해 논의하지 않았고 나는 그냥 그 스토리 구현을 진행했다(아주 고약한 상황이었다.)

고객이 원한 것은 XML 메시지로 정확한 제품 정보를 보내고 있는지를 확인하는 것이었다. 이 문제를 해결하기 위해 나는 여전히 비즈니스 사용자에겐 너무나 기술적인 부분이었다고 생각하지만 Xpath를 사용해 XML 메시지에 제품 속성이 어떻게 매핑되었는지를 보여주는 Fit 테스트를 제안했다.

이 테스트가 고객에게 좋은 솔루션인지를 살펴볼 수 있도록 XPath가 무엇인지를 설명하는 두 개의 링크를 고객에게 제공했다. 놀랍게도 고객은 XPath를 보고 기뻐했고(나는 이제 XPath와 관련된 문제가 생기면 어떻게 해야 하는지 알게 되었다) Fit 테스트를 대신했다.

내게 약간 흥미로웠던 것은 고객이 메시지가 어떤 것인지, 그리고 어떤 구조를 가졌는지 알게 되자마자 이것이 비즈니스를 지원하는 것과는 무관하다는 것을 깨달았다는 점이다. 우리가 우리의 작업 범위 밖에 있는 정보를 보내고 있고, 다른 시스템이 이 정보를 제공해야 하는 것이었다. 고객은 외부 팀이 XML의 복잡한 특성 때문에 새로운 제품을 추가하는 속도와 관련해 회의적이었다.

> 애자일 지지자인 우리는 이 스토리에서 "완벽한 고객"을 대면한다고 생각하라고 말하는 것이다.
>
> 고객이 완벽하지 않더라도, 고객 테스트를 작성하는 데 고객을 포함시키면 이들이 스토리의 외부에 존재하는 기능을 식별할 기회를 준다. 고객이 읽을 수 있고 이해할 수 있는 고객 테스트를 작성하려고 해야 한다. 때때로 우리는 기대치를 너무 낮게 설정한다. 고객과 개발팀 모두에게 먹히는 테스트를 작성하기 위한 도구와 형식을 찾기 위해 고객과 협업하자.

우리는 흔히 각 스토리에서 제공해야 할 가치를 이해하기 위해 필요한 사례를 고객이 제공할 것이라고 쉽게 말한다. 그러나 고객이 원하는 것을 설명하는 방법을 모른다면 어떻게 할까? 다음 단원에서 고객이 만족 조건을 정의하는 데 도움을 주는 방법을 제안할 것이다.

요구사항 끌어내기

특정 소프트웨어 기능을 요구하는 고객을 겪어보았다면 원하는 것을 정확하게 설명하는 게 얼마나 어려운지를 알 것이다. 종종 여러분은 보고 느끼고 만지고 사용해보기 전까지는 실제로 원하는 것을 정확히 알지 못한다. 고객이 원하는 것을 명확하게 하는 데 도움을 줄 수 있는 많은 방법이 있다.

| 질문하기 |

질문을 던지는 것으로 시작하자. 테스터는 다양한 질문을 던지는 데 특히 재능이 있다고 할 수 있다. 왜냐하면 항상 머릿속에 큰 그림을 염두에 두고 있고 스토리의 비즈니스 중심 측면과 기술적인 측면을 알고 있으며 항상 최종 사용자 경험을 생각하기 때문이다. 일반적인 질문의 유형은 다음과 같다.

- 이 스토리가 문제를 해결하는가?
- 그렇다면, 해결하려는 문제는 어떤 것인가?
- 문제를 해결하지 못하는 솔루션을 구현하고 있지는 않는가?
- 해당 스토리로 어떻게 비즈니스에 가치를 더할 것인가?
- 이 기능의 최종 사용자는 누구인가?

- 그 기능에서 어떤 가치를 얻고자 하는가?
- 그 기능을 사용하기 전후로 사용자는 뭘 할 것인가?
- 이 스토리를 다 처리했는지 어떻게 알까?

리사가 물어보고 싶어하는 질문 중 하나는 "일어날 수 있는 최악의 사건은 무엇인가?"이다. 최악의 시나리오에서 아이디어가 떠오르는 경향이 있다. 이런 시나리오는 우리가 위험을 고려하고 중요한 영역에 테스트를 집중하도록 도와준다. 또 다른 좋은 질문은 "일어날 수 있는 가장 좋은 일은 무엇인가?" 이다. 이 질문은 대개 성공하는 경로 테스트를 생성하지만, 몇몇 숨겨진 가정은 다루지 못할 수도 있다.

| 사례 사용하기 |

가장 중요한 것은 고객에게 해당 기능이 어떻게 동작해야 하는지에 대한 사례를 요청하는 것이다. 온라인 장바구니에서 항목을 삭제하는 기능에 관한 스토리를 얘기해보자. 고객에게 삭제 기능이 어떻게 보일 것인지를 화이트보드에 그려달라고 요청해보자. 고객들이 구매 결정 단계나 나중에 그 항목을 다시 담고 싶을 때 목록을 저장할 수 있는 추가 기능을 원할까? 삭제가 이루어지지 않을 경우 고객들은 무엇을 예상할까?

사례들로 테스트에 대한 기준을 형성할 수도 있다. 우리의 도전은 실제로 실행될 수 있는 테스트로서 비즈니스 도메인 언어로 표현될 수 있는 사례를 수집하는 것이다. 일부 고객은 Fit나 FitNesse와 같은 테스트 도구를 사용해서 자신들에게 익숙한 도메인 언어로 테스트를 작성할 수 있게 해주면 사례를 표현하는 것을 편하게 여긴다.

사례와 간결한 스토리를 가진 테스트 간의 차이점을 살펴보자([그림 8-4]). 사람들은 종종 이 두 개의 용어를 혼동한다.

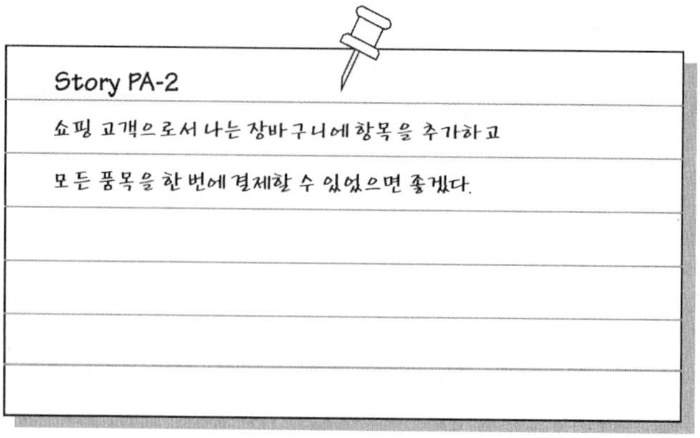

> **Story PA-2**
>
> 쇼핑 고객으로서 나는 장바구니에 항목을 추가하고
> 모든 품목을 한 번에 결제할 수 있었으면 좋겠다.

[그림 8-4] 사례와 테스트를 위한 기준으로 사용하는 스토리

다음과 같은 사례를 생각해보자.

한 페이지에 5개의 상품이 있다. 나는 $20.25짜리 상품 1을 선택하고 장바구니에 넣으려고 한다. 그 다음 5개의 상품이 더 있는 다음 페이지를 클릭한다. 그 페이지에서 $5.38짜리 두 번째 상품을 선택하고 장바구니에 넣었다. 내가 쇼핑을 마쳤을 때, 장바구니에서 첫 번째 페이지의 상품과 두 번째 페이지의 상품 둘 다를 볼 것이고 합계는 $25.63이 될 것이다.

상당히 다른 테스트가 있을 수 있다. [표 8-1]은 Fit 형식 서식을 사용해 테스트를 어떻게 표현할 수 있는지를 보여준다.

이 테스트는 실행 가능한 형식으로 사례를 수집한다. 정확히 동일한 입력을 사용하지 않을 수도 있지만, 샘플 사용자 시나리오를 요약하고 있다. 경계 조건과 가장자리 케이스(edge cases), 다른 시나리오를 테스트하는 데 더 많은 테스트 케이스를 작성할 수 있다.

[표 8-1] 스토리 PA-2에 대한 테스트

입력			예상 결과	
ID	상품	가격	총액	상품 번호
001	상품 A	20.25	20.25	1
002	상품 D	0.01	20.26	2
003	상품 F	100.99	121.25	3

| 여러 가지 관점 |

각 사례나 테스트는 하나의 관점을 가진다. 사람들마다 자신의 고유한 관점에 따라 다른 테스트나 사례를 작성할 것이다. 우리는 최대한 다양한 관점을 수집해야 하니 사용자에 관해 생각해보자.

적절한 요구사항을 얻는 것은 다른 역할의 팀 멤버가 뛰어들어 도움을 줄 수 있는 영역이다. 비즈니스 분석가와 실무 전문가, 프로그래머, 고객팀의 다양한 멤버 모두가 기여할 수 있다. 운영 지원팀처럼 다른 이해관계자에 관해 생각해보라. 그들은 아주 고유한 관점을 갖고 있다.

우리는 종종 "시스템이 준비상태가 되는 데 얼마나 걸리는가?" "시스템이 실패하면 무슨 일이 일어나는가? 메시지를 전달하는 미들웨어를 갖고 있다면 메시지가 전송되는 동안 유실을 고려해야 할 정도로 충분히 커야한다고 예상하는가? 아니면 메시지들이 일정한 크기가 되어야 하는가? 몇 시간 동안 전혀 트래픽이 없다면 어떤 일이 일어나는가? 시스템은 누군가에게 경고를 해야 하는가?"와 같은 비기능 요구사항에 관해 잊어버린다. 이들 형식의 요구사항에 대한 테스트는 대개 3사분면과 4사분면으로 나뉘지만 여전히 테스트를 작성해 이들 테스트를 끝냈음을 확인해야 한다.

고객이 팀에게 제공하는 모든 사례는 신속하게 더해진다. 정말로 이들 모두를 실행 가능한 테스트로 전환해야 할까? 해당 코드가 자신이 원하는 방식으로 동작하는지를 우리에게 이야기해주는 고객이 없는 한 그렇다. 문서 프로토타이핑과 같은 기법으로 코드 작성 전에 설계를 테스트할 수 있다.

오즈의 마법사 테스팅

공인 스크럼 마스터(Practicing)이자 애자일 코치인 제라드 메스자로스(Gerard Meszaros)는 애자일 프로젝트에서 진행한 오즈의 마법사 테스팅에 관한 그의 스토리를 들려줬다. 그는 요구사항을 끌어내는 산출물들이 명확한 양식으로 의미를 전달하는 데 도움을 줄 수 있는 방법의 좋은 예를 설명했다.

우리는 소프트웨어를 출시할 준비가 되었다고 생각했다. 우리는 비즈니스 파트너와 통합 테스트에 들어가야 한다는 판단에 기반을 둔, 기능에 우선순위를 두는 온-사이트 고객의 지침에 따라 한 번에 하나의 이터레이션으로 기능을 만들어 왔다. 통합 테스트 준비를 위해 필요한 기능을 갖추었음을 보장하기 위해 의식적으로 마스터 데이터 관리와 보고 기능을 뒷단의 이터레이션으로 연기했다. 몇 가지 결함(빠진 기능이나 잘못된 이해로 만들어진 기능 모두)은 나왔지만 통합 테스트는 잘 이루어졌다. 그 동안 마스터 데이터 관리를 마지막 몇 차례의 이터레이션에서 통합 테스트와 병행해 구현했다. 비즈니스 사용자와 인수 테스트에 들어갔을 때 이들은 관리와 보고 기능을 보고 질색했다! 그들은 너무나 많은 결함과 "반드시 개선할 사항"을 기록했고 출시는 한 달간 연기되었다. 일찍 제공할 수 있는 계획은 이렇게 우리의 좌절되었다.

마스터 데이터 관리를 다시 구현하는 동안, 나는 애자일 2005 컨퍼런스에 참석해서 제프 패튼의 교습에 참여했다. 실습 중 하나가 샘플 애플리케이션에 대한 종이 프로토타입 UI를 만드는 것이었다. 다른 그룹들과 함께 사용자 입장에서 종이 프로토타입을 "테스트"했고 UI 디자인이 최악의 결함 덩어리인 것을 발견했다. 데자뷰! 이 교습은 내가 처한 현실과 너무나 닮아 있었다.

프로젝트로 다시 돌아와서 나는 따로 애자일 개발을 멘토링했던 프로젝트 관리자를 찾아서 종이 프로토타이핑과 "오즈의 마법사" 테스팅(오즈의 마법사는 "커튼 뒤에 숨어" 컴퓨터인척 하는 사람이다)이 한 달간의 차질을 피하게 해줄 것이라고 제안했다. 아주 짧은 논의를 거친 후, 릴리즈 2 기능을 제공해보기로 결정했다. 며칠 동안 늦게까지 남아서 스크린 샷을 사용해 얻은 R1과 손으로 그린 R2 기능을 겹쳐 UI를 만들었다. 가위와 풀을 사용했기 때문에 시간은 좀 걸렸지만 굉장히 재미있었다!

사용자의 오즈의 마법사 테스팅의 경우, 온-사이트 고객에게 요청해 해당 테스트를 수행할 실제 사용자를 찾았다. 고객들은 해당 사용자들을 위한 현실적인 샘플 작업도 가지고 와서 실행해 보았다. 우리는 샘플 데이터를 엑셀 스프레드시트에 넣고 데이터 그리드의 다양한 조합을 출력해 테스트에 사용했다. 미래의 사용자가 컨퍼런스를 위해 도시로 왔다. 우리는 매 시간마다 짝을 지어 데려와서 테스트를 해보도록 했다.

나는 컴퓨터의 일부로 움직이는 "마법사"로 활동했다(아마 286 프로세스에 가까울 것이므로 아주 뛰어난 응답시간을 기대하지 말라). 온-사이트 고객은 문제를 지적했고 프로그래머는 사용자가 "일어날 수 있는 결함"으로 만드는 실수를 기록하는 관찰자로 활동했다. 몇 시간 후에 UI 설계의 어떤 부분이 잘 동작하고 어떤 부분을 다시 생각해야하는지에 관해 많은 양의 가치 있는 데이터를 갖게 되었다. 혼란으로 인해 약간의 논쟁은 있었다. 애플리케이션의 알파 버전이 준비되었을 때 다른 사용자와 사용성 테스트를 반복하면서 더 가치 있는 통찰을 얻었다.

> 비즈니스 고객은 이후의 프로젝트에서 개발팀에 요청하지 않고도 종이 프로토타이핑과 오즈의 마법사 테스팅 수행을 통해 가치 있는 정보를 얻을 수 있다는 것을 알게 되었다. 이것은 30분간 사용해본 후 실제 사용자로부터 받은 "이 애플리케이션 너무 좋아요"라고 쓴 첫 번째 이메일에 다소 영향을 받았을 것이다.
>
> 사용자 인터페이스를 테스트 우선으로 개발하는 것은 위협적인 노력으로 보일 수 있다. 오즈의 마법사 기법은 한 줄의 코드를 작성하기도 전에 끝마칠 수 있다. 팀은 시스템과 사용자 상호작용을 테스트하고 바라는 시스템 동작을 이해하기 위한 많은 정보를 모은다. 이것은 고객과 개발팀 간에 커뮤니케이션을 가능케 하는 뛰어난 방식이다.

고객팀과 개발팀 간의 친밀하고 지속적인 협업은 고객 테스트의 근거가 되는 사례를 얻을 수 있는 핵심이며, 고객 테스트는 코드 작성을 이끌어준다. 커뮤니케이션은 핵심 애자일 가치이며, 다음 단원에서 이에 대해 더 심도있게 다룬다.

고객과의 의사소통

언제 어느 시간에나 고객과 접촉 가능한 것이 이상적이겠지만 현실에서 많은 팀들은 비즈니스 전문가들에게 접근하는 데 제한이 따르고, 고객들은 대부분 서로 다른 위치나 시간대에 있다. 방법을 가리지 말고 얼굴을 맞대고 대화해야 한다. 그렇게 할 수 없을 때는 컨퍼런스 콜과 전화 통화, 전자 메일, 인스턴트 메시지, 카메라, 기타 커뮤니케이션 도구들로 대체해야 할 것이다. 다행스럽게도 원격 대화를 가능케 하는 많은 도구들이 있고 언제나 사용가능하다. "iLevel by Weyerhaeuser"의 에리카 보이어(Erika Boyer)의 팀처럼 웹캠을 사용해서 원격 위치에서 사람들이 제어해온 많은 팀의 의견에 귀 기울여 왔다. 가능한 직접 대화를 할 수 있도록 가까이 가도록 하자.

● 리사의 이야기

나는 프로그래머들이 세 개의 표준시간대에 퍼져 있고 고객이 그 다른 시간대 중 하나에 있던 팀에서 일했다. 우리는 다른 프로그래머들과 테스터, 분석가를 매 이터레이션마다 고객 사이트에 보냈고 각 팀 멤버는 최소 이터레이션 세 번에 한 번은 고객과 "대면 시간"을 가졌다. 이는 개발자와 고객팀 간의 신뢰와 확신을 불어넣었다. 나머지 시간에는 전화 통화를 했고 컨퍼런스 콜과 인스턴트 메시지를 통해 질문을 했다. 회고 토론에 기반한 지속적인 세부 조정으로 고객을 만족시키고 기쁨을 주는 데 성공했다.

고객을 항상 만날 수 있고 통신 수단이 폭넓게 열려 있을 때도 커뮤니케이션은 관리되어야 한다. 우리는 고객팀의 각 멤버와 대화를 원하지만, 이들 모두는 서로 관점이 다르다. 기능이 동작하는 방법에 여러 다른 버전이 있다면 어떤 코드를 작성해야 할지 모를 것이다. 고객이 각 스토리에 대한 만족 조건에 동의하도록 하는 방법을 고려해보자.

명확성 증진

고객팀이 조직의 서로 다른 부서의 사람들로 구성되면 특정 스토리가 의도하는 것이 정확히 무엇인지에 관해 그들 가운데 충돌이 일어날 수 있다. 리사의 회사에서 비즈니스 개발은 수익을 주는 기능을 원하고, 운영 쪽은 전화 지원을 줄이는 기능을 원하고, 재무 쪽은 회계와 현금 관리, 보고서를 간소화하는 기능을 원한다. 사람마다 관점에 따라 같은 스토리에 얼마나 많은 해석이 나오는지 놀라웠다.

● **리사의 이야기**

먼저 스크럼을 실행했을 때 제품 책임자가 있더라도 여전히 다양한 고객으로부터 다양한 지시를 받는다. 경영진은 새로운 제품 책임자로 방대한 도메인과 영업 지식을 갖춘 부사장을 임명하기로 결정했다. 부사장은 사전에 모든 이해관계자가 각 스토리의 결과에 동의하도록 만드는 일을 담당했다. 그와 고객팀은 정기적으로 만나 앞으로 나올 주제와 스토리를 논의하고 우선순위와 만족 조건에 동의했다. 그는 이러한 일련의 과정을 "명확성 증진"이라고 불렀다.

제품 책임자는 스크럼에서 하나의 역할이다. 이 책임자는 명확성 증진을 달성할 뿐 아니라 스토리 우선순위 결정에서 "고객 대표"로 활동하는 역할을 담당한다. 그렇지만 단점도 있다. 한 사람을 통해 많은 다른 관점의 필요를 얻을 때, 어떤 관점은 잃어버릴 수 있다. 개발팀은 고객팀과 함께 앉고 고객이 어떻게 일하고 있는지를 배우는 것이 가장 이상적인 방법일 것이다. 매일 수행하는 작업에서 고객의 필요를 충분히 잘 이해한다면 이들 작업들을 적절하게 지원하는 소프트웨어를 만들어내는 기회를 얻을 수 있게 된다.

● **자넷의 이야기**

우리 팀은 처음에 제품 책임자 역할을 따로 정하지 않았고 팀의 도메인 전문가를 사용해 우선순위와 명확성을 결정했다. 프로젝트는 잘 흘러갔지만, 각 사람이 다른 경험을 가졌기 때문에 의견일치를 위해 많은 회의가 이루어졌다. 제품은 나아지기는 했지만 여기에는 많은 절충이 있었다. 많은 회의는 도메인 전문가가 항상 프로그래머의 질문에 답할 수 없었다는 것을 의미하므로, 코드 작성은 예상보다 느려졌다.

동일한 제품 제작을 위해 일하는 네 개의 별도 프로젝트 팀이 있었지만, 각 팀은 서로 다른 기능에 집중했다. 몇 번의 회고와 수많은 문제 세션들을 거친 후 각 프로젝트 팀은 제품 책임자를 지정했다. 이후 회의가 눈에 띄게 줄어들었는데 대부분의 비즈니스 결정을 특정 프로젝트의 도메인 전문가가 내렸기 때문이다. 서로 다른 의견이 있는 경우에 모든 도메인 전문가를 모아 놓고 회의가 열렸으며, 제품 책임자는 합의 도출을 위해 조율을 담당했다. 결정은 더 빨리 이뤄졌으며 도메인 전문가는 더 많은 팀의 질문에 답할 수 있었고 인수 테스트에 맞출 수 있었다.

하지만 팀이 다양한 관점을 모으기로 결정하면 팀에게 "해당 고객의 한 목소리"만 들려주는 것이 중요하다.

우리는 제품 책임자가 만족 조건을 제공한다고 본다. 이 말이 의미하는 바를 조금 더 자세히 살펴보자.

만족 조건

전체 릴리즈에 대해서뿐만 아니라 각 기능이나 스토리에 대한 만족 조건이 있다. 인수 테스트는 스토리 수락을 정의하는 데 도움을 준다. 개발팀은 스토리에 대한 만족 조건을 사전에 동의하지 않는 한 비즈니스가 원하는 것을 성공적으로 제공하지 못한다. 고객팀은 "한 목소리"를 내야 한다. 다른 이해관계자들로부터 서로 다른 요구사항을 받게 된다면 확고한 비즈니스 만족 조건의 목록을 가질 때까지 해당 스토리로 다시 돌아가서 연기해야 한다. 고객 대표에게 각 스토리에서 최소한의 정보량을 제공하도록 요청해 생산적인 대화로 매 이터레이션을 시작할 수 있다.

고객팀의 요구사항을 이해하는 최고의 방법은 고객과 대면해 대화하는 것이다. 모든 사람이 "요구사항"과 씨름하기 때문에, 고객팀이 각 스토리를 통해 도움을 얻을 수 있는 도구가 있다. 만족 조건은 스토리가 제공하는 기능뿐만 아니라 더 큰 시스템에 주는 영향도 포함해야 한다.

리사의 제품 책임자는 다음과 같은 문제를 해결하기 위해 체크리스트 형식을 사용한다.

- 비즈니스 만족 조건
- 웹사이트나 문서, 송장, 양식, 보고서와 같은 기존 기능에 끼치는 영향

- 법적 고려사항
- 정기적으로 일정이 정해진 프로세스에 끼치는 영향
- UI 스토리들을 위한 모형 참조
- 도움말 텍스트나 도움말을 제공할 사람
- 테스트 케이스
- 적절한 데이터 이행
- 필요한 내부 커뮤니케이션
- 비즈니스 파트너와 공급 업체에 대한 외부 커뮤니케이션

Tip
Chapter 9 "팀을 지원하는 비즈니스 중심 테스트를 위한 툴킷"에는 사례로 체크 리스트 뿐만 아니라 요구사항을 나타내기 위한 다른 도구들을 포함한다.

제품 책임자가 템플릿을 사용해 이 정보를 팀의 위키에 집어넣으면 팀 멤버가 스토리에 관해 배우고 테스트를 작성하는 데 사용될 수 있다.

이들 조건은 스토리에 대한 핵심 가정과 고객팀이 내린 결정에 기반을 둔다. 이런 조건들은 일반적으로 각 스토리에 대한 고수준 인수 기준에 관한 고객과의 대화에서 나온다. 만족 조건의 논의는 위험이 잠재된 가정을 식별하고 스토리를 완전하게 하는 데 필요한 모든 작업들을 작성하고 올바르게 평가할 때 팀의 자신감을 키운다.

파문 효과

애자일 개발에서 우리는 한 번에 하나의 스토리에 집중한다. 각 스토리는 통상 전체 애플리케이션의 작은 구성요소이지만 큰 파문 효과를 일으킬 수 있다. 새로운 스토리는 애플리케이션이라는 물에 떨어지는 작은 돌멩이와 같으며, 파문이 일어난 결과가 어떤 것인지에 관해 생각해보지 않는다. 각 이터레이션에서 작은 수의 스토리에 집중할 때 큰 그림을 놓치기 쉽다.

리사의 팀은 스토리가 영향을 끼칠 수 있는 시스템의 모든 부분의 목록을 만드는 것이 유용하다는 것을 알았다. 팀은 어떤 요구사항과 테스트 케이스를 생성할지 알아보기 위해 각 "테스트 포인트"를 체크할 수 있다. 작은 스토리가 넓은 범위에 영향을 끼치기도 하고 애플리케이션의 각 부분이 복잡성의 또 다른 수준으로 나타나는 경우도 있다. 코드 변경의 잠재적인 모든 영향을 인식해야 한다. 리스트를 만드는 것은 좋은 시작점이다. 이터레이션의 첫 며칠 동안 팀은 영향 받는 영역을 찾고 분석하고, 더 많은 작업 카드를 만들어서 이런 영역 모두를 다뤄야 하는지를 알아볼 수 있다.

● **자넷의 이야기**

내가 경험한 프로젝트의 테스트에서 고수준 애플리케이션의 기능 모두를 나열한 단순한 스프레드시트를 사용했다. 출시 계획 동안 각 새로운 이터레이션의 시작에서 해당 목록을 검토하고 새로운 기능이나 기능 변경이 이들 영역에 어떻게 영향을 끼치는지에 관해 심사숙고했다. 그것이 어떤 수준의 테스트가 각 기능 영역에서 완료되어야 하는지를 결정하기 위한 시작점이 되었다. 이러한 영향 분석은 실제 스토리 테스트 외에도 팀이 큰 그림과 시스템의 나머지 부분에 대한 변경의 영향을 알 수 있도록 했다.

작아 보이는 스토리라도 예상치 못한 시스템의 영역에 끼친 영향은 도리어 큰 문제를 끼칠 수도 있다. 팀이 모든 의존성을 고려하는 단계를 잊고 새로운 코드를 기존 기능과 교차시킨 경우, 스토리를 완료하는 데 계획보다 더 오래 걸릴지도 모른다. 여러분의 스토리 테스트가 새로운 기능 구현에서 오는 덜 분명한 부분을 포함하는지 확인하자.

Tip
Chapter 16 "본격적인 시작"과 Chapter 17 "이터레이션 킥오프"에서 팀이 고객 테스트를 계획하고 각 스토리의 영향을 폭넓게 탐구할 수 있는 시기와 방법의 예를 제시한다.

각 스토리가 제공하는 중심 가치를 식별하고 그 스토리를 개발하는 점진적인 접근방법을 알아내는 데 시간을 들이자. 테스트 작성과 코드 작성, 코드 테스트 등을 작은 단위로 조금씩 진행하도록 계획을 세우자. 이런 식으로 2사분면 테스트는 계획에 따라 최소한의 가치를 제공할 것이다.

얇고 작은 조각

스토리 작성은 까다로운 비즈니스다. 개발팀이 새로운 스토리들을 평가할 때 일부 스토리들이 너무 크다는 것을 발견하면 고객팀에 다시 돌려보내고 이 스토리들을 더 작은 스토리들로 나눠달라고 요청한다. 스토리들이 너무 작은 경우도 있는데 이때는 다른 스토리와 합치거나 단순히 작업으로 다뤄야 한다. 테스트를 포함해 애자일 개발은 한 번에 하나의 작은 기능 조각을 취한다.

여러분의 팀이 새로운 프로젝트나 주제에 착수할 때, 그 주제에 대한 첫 번째 이터레이션에 앞서 제품 책임자에게 관련된 모든 스토리를 브레인스토밍 세션에 가져오도록 요청하자. 제품 책임자와 다른 이해관계자들이 그 스토리를 설명하도록 하자. 일부 스토리를 세분화해야 하거나 틈을 메우기 위해 추가 스토리들을 작성해야 할 경우도 있다.

각 스토리가 어떤 가치를 제공해야 하는지, 그리고 이 스토리를 시스템의 맥락에 어떻게 맞춰야 하는지를 이해한 후 스토리들을 더 작고 관리 가능한 조각으로 나눈다. 더 큰 애플리케이션에 끼치는 영향을 염두에 두면서 이들 작은 증분조각을 정의하기 위해 고객 테스트를 작성한다.

개발을 안내하는 고객 테스트를 작성하는 점진적인 접근 방법은 한쪽 끝에서 다른 쪽 끝을 있는 주 경로를 따르는 "얇은 조각"으로 시작한다. "예광탄"이나 "강철 스레드"라고도 부르는 얇은 조각을 식별하는 것은 주제 수준에서 끝낼 수 있는데, 이 수준에서 전체적인 아키텍처를 확인할 때 이 조각을 사용한다. 이 강철 스레드는 모든 컴포넌트를 함께 연결하고, 견고해진 후 기능이 더 추가될 수 있다.

> **Tip**
> 탐색적 테스팅에 관한 자세한 내용은 Chapter 10 "제품을 평가하는 비즈니스 중심 테스트"를 살펴보자.

우리는 이런 전략이 스토리 수준에서도 역시 먹힌다는 것을 알았다. 종단 간 경로를 빨리 만들수록 더 빨리 의미 있는 테스트를 하고 테스트 자동화를 시작하며 탐색적 테스팅을 할 수 있다. 테스트할 수 있는 가장 꼭 필요한 기능의 얇은 조각으로 시작하자. 이것은 요주의 경로로 여길 수 있다. 사용자 인터페이스의 경우, 이것은 한 페이지에서 다음 페이지로 간단히 탐색하는 것으로 시작할 것이다. 이것을 고객에게 보여주고 그 흐름이 합리적인지 여부를 확인할 수 있다. 그리고 간단한 자동화된 GUI 테스트를 작성할 수 있다. Chapter 8의 서두에 무료 배송 임계값 이야기의 경우 총 주문을 합산하는 데 사용되는 로직을 식별하는 것으로 시작해 이 주문이 UI에서 어떻게 보일지에 관한 걱정 없이 무료 배송에 대한 적격 여부를 결정할 것이다. 우리는 FitNesse 같은 기능 테스트 도구로 테스트를 자동화할 수 있을 것이다.

> **Tip**
> 회귀 테스트 자동화에 관한 자세한 내용은 Part 4 "자동화"를 살펴보자.

이 얇은 조각이 잘 동작하면, 다음 조각 또는 기능 계층에 대한 고객 테스트를 작성하고, 그 테스트를 통과하게 만드는 코드를 작성할 수 있다. 이제 이 작은 증분에 대해서도 역시 피드백을 받게 될 것이다. 어쩌면 UI를 추가해 무료 배송 요건을 갖춘 주문을 보여주는 체크아웃 페이지를 표시하거나 해당 데이터베이스에 대한 업데이트를 계속하는 계층을 추가할 지도 모른다. 첫 번째 통과를 위해 작성했던 자동화된 테스트에 추가할 수도 있다. 이것은 테스트를 작성하고 코드를 작성한 뒤 테스트를 실행하고 배우는 과정이다. 이렇게 한다면, 팀이 만들어내는 모든 코드가 고객을 만족시키고 각 단계에서 적절하게 동작한다는 것을 알게 될 것이다.

● 리사의 이야기

우리 팀은 단순한 얇은 조각을 성취하는 데 집중해야 하고 거기에 아주 작은 증분 단위로 추가해야 했다. 추가 작업을 하기 전에 스토리의 한 부분에서 막히는 경우가 있었다. 예를 들어 네 개의 화면을 포함한 UI 흐름이 있는데 첫 번째 화면에 너무 몰입해서 마지막 화면까지 못 갈 수도 있고, 동작하는 종단 간 경로가 없을 수도 있다. 종단 간 주경로로 시작하고 한 번에 한 단계씩 기능을 추가해서 필요한 최소 가치를 제공할 수 있었다.

우리 프로세스를 보여주는 예가 있다. 이 스토리는 회사의 은퇴 계획을 수립하는 과정에 대한 새로운 조건 단계를 추가하는 것이었다. 사용자는 이 단계에서 뮤추얼 펀드 포토폴리오를 선택할 수 있지만 모든 사용자가 이 기능을 접근하는 것은 아니다. 은퇴 계획 기능 설정은 오래되고 빈약한 설계의 레거시 코드로 작성되었다. 우리는 새로운 아키텍처로 새로운 페이지를 작성할 계획을 세웠지만, 새로운 코드와 예전 코드를 함께 연결하는 것은 까다롭고 오류가 발생하기 쉽다. 우리는 스토리를 작은 조각으로 나눴다. 이를 통해 위험을 관리하고 해당 스토리를 코드로 작성하고 테스트하는 데 필요한 시간을 최소화할 수 있었다. [그림 8-5]는 이 스토리에 대한 점증적인 단계별 계획의 다이어그램을 보여준다.

얇은 조각 #1은 속성을 기반으로 새롭게 빈 페이지를 삽입한다. 고객이 살펴볼 것은 별로 없지만, 우리는 이전 코드와 새로운 코드간의 연결을 테스트한 뒤 계획 수립 탐색이 여전히 잘 동작하는지 확인할 수 있다. 조각 #2는 일부 비즈니스 로직을 사용한다. 해당 회사가 뮤추얼 펀드 포토폴리오를 사용할 수 없다면, 펀드 선택 단계는 넘어간다. 아직은 변경한 부분이 없다. 펀드 포토폴리오가 사용가능하다면, 새로운 단계 3에서 이들을 표시한다. 조각 #3에서 펀드 선택 단계를 변경하고 로직을 추가해 포토폴리오를 만드는 펀드를 표시한다. 조각 #4는 수립된 프로세스의 다양한 단계들 간에 탐색적 요소를 추가한다.

우리는 각 조각을 정의하기 위해 고객 테스트를 작성했다. 프로그래머가 각 조각을 완료하면 수작업으로 이것을 테스트하고 고객에게 보여주었다. 발견된 문제들은 즉시 수정되었다. 조각 #1에 대한 자동화된 GUI 테스트를 작성하고 나머지 단계들을 마칠 때마다 추가해 나갔다. 이 스토리는 새로운 아키텍처와 상호작용하는 이전 레거시 코드 때문에 어려웠지만 단계적인 접근 방법은 구현을 부드럽게 해주고 시간을 아껴주었다.

이처럼 스토리를 여러 조각으로 나누기 위해 다이어그램을 그리면 이 다이어그램의 사진을 팀 위키에 올려서 떨어져 있는 팀원 역시 이 사진을 볼 수 있도록 한다. 각 단계가 끝날 때 우리는 즉각적인 시각적 피드백을 제공하기 위해 이 사진을 확인한다.

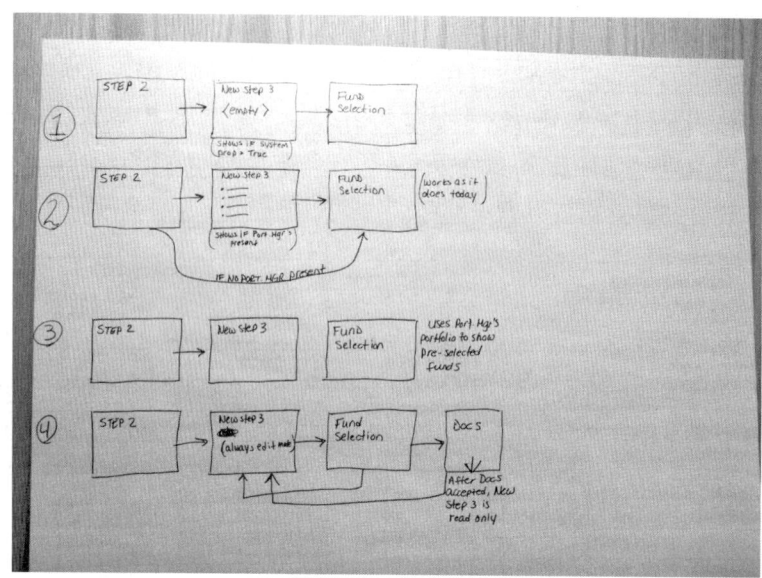

[그림 8-5] 점증적인 단계들

Tip
제럴드 메자로스의 글 "Using Storyotypes to Split Bloated XP Stories"에 대한 참고문헌을 확인하자.

스토리에 대한 고객 테스트를 작성하는 작업이 혼란스럽거나 너무 방대해 보인다면 팀은 스토리를 더 작은 단계나 조각으로 나눠야 할 것이다. 한 번에 하나의 작은 단계씩 스토리를 마치는 것은 테스트 관련 활동이 넓은 범위에 영향을 주도록 도와줘 이터레이션의 마지막에 몰리지 않게 해준다. 진행상황에 대한 더 나은 그림을 제공해주고 작업의 완료 시기를 알려준다. 다음 단원에서 이 주제를 살펴볼 것이다.

작업이 끝났는지 어떻게 알 수 있을까?

우리는 팀을 지원하는 비즈니스 중심 테스트가 있다. 이들 테스트는 만족 조건에 부합하는지를 확인하기 위해 작성되었다. 이들 테스트는 주경로로 시작해 그 스토리가 의도하는 필요성을 만족하는지 보여준다. 이들 테스트는 다양한 사용자 시나리오를 다루고 시스템의 다른 부분이 불리한 영향을 받지 않는지를 확인한다. 이러한 테스트를 실행하고, 테스트를 통과한다(또는 최소한 고쳐야할 문제를 식별한다).

이제 끝난 걸까? 그럴 수도 있지만 아직 확실한 것은 아니다. 진정한 테스트는 소프트웨어의 사용자가 그 스토리가 가정하는 동작을 수행할 수 있는지 여부다. 탐색적 테스트와 사용성 테스트, 성능 테스트 같은 3사분면과 4사분면의 활동은 우리가 찾아내야 할 것을 도와준다. 우선은 수집한 모든 요구사항을 확인하기 위해 일부 고객 테스트를 수행해야 한다. 비즈니스 사용자나 제품 책임자가 모든 요구사항이 제공되었는지를 결정하는 데 적임자이므로 이들이 이 단계에서 연구와 조사를 수행하는 적절한 사람이다.

테스트를 모두 통과하고 빠진 요구사항이 모두 식별되었을 때 프로그래머가 "올바른 기능"을 수행하는 코드를 추구하는 목적을 달성한 것이다. 이것은 테스트라는 작업의 완료를 의미하는 것은 아니다. 이 부분에 관해서는 다음에 이어지는 장들에서 더 자세히 다룰 것이다.

고객 테스트의 또 다른 목적은 고위험 영역을 식별하고 해당 코드가 영역을 확고히 하는 것이다. 리스크 관리는 모든 소프트웨어 개발 방법론에서 핵심적인 실천법이며 테스터는 위험을 식별하고 완화하는 역할을 한다.

테스트가 위험을 완화시킨다

고객 테스트는 코드의 기대 동작을 정의할 뿐만 아니라 위험을 관리하기 위해 작성한다. 테스트로 개발을 주도하는 것이 사전에 단 하나의 요구사항이라도 식별하거나 작업을 끝마칠 시기를 완벽히 예측할 수 있다는 것을 의미하지 않는다. 위험을 식별하고 실행 가능한 테스트 케이스로 이 위험을 완화할 기회를 얻을 뿐이다. 위험 분석은 새로운 기법이 아니다. 애자일 개발은 비즈니스 가치를 작고 테스트된 인도 가능한 단위로 우선순위를 정하고 고객을 증분 단계마다 인수에 참여시킴으로써 위험을 완화한다. 하지만 잠재적인 사건과 그 사건이 일어날 가능성, 사건이 일어난 경우 조직에 끼치는 영향에 대해 여전히 자유롭게 의견을 모아야 정확한 완화 전략을 구사할 수 있다.

미리 정의한 테스트에 대한 코드는 해당 테스트가 일어날 것 같지 않은 가장자리 케이스라면 잘 동작하지 않는다. 주경로만 테스트하고 싶진 않겠지만, 주경로 테스트는 좋은 출발점이다. 주경로를 파악한 후 나쁜 결과뿐만 아니라 일어날 가능성이 높은 사례인 더 높은 위험 시나리오를 정의할 수 있다.

고객팀에게 "일어날 수 있는 가장 최악의 시나리오는 무엇입니까"와 같은 질문을 던지는 것 외에, 프로그래머에게 다음과 같은 질문을 할 수 있다. "이 코드 섹션의 사후 조건은 무엇입니까? 어떤 것이 데이터베이스에 계속 유지돼야 합니까? 해당 라인 아래에서 어떤 동작을 살펴봐야 합니까?"

테스트가 잠재적으로 위험을 내포한 동작의 결과를 다루도록 명시하자.

● 리사의 이야기

나의 팀은 고객 테스트를 식별하도록 도움을 주기 위해 최악의 경우에 해당하는 시나리오를 고려한다. 예를 들면 두 개의 새로운 옵션을 가진 다단계 계정 생성 마법사의 첫 번째 단계를 재작성하기로 계획했다. 우리 스스로에게 다음과 같은 질문을 했다. "사용자가 첫 번째 페이지를 전송할 때 데이터베이스에 어떤 데이터가 입력돼야 하는가? 다른 업데이트가 일어나는가? 전체 계정 설정 프로세스를 회귀 테스트해야 하는가? 설정 후 사용자 계정이 할 수 있는 동작은 어떤 것인가?" 우리는 계정의 전체 수명주기를 테스트해야 한다. 필요 이상으로 테스트할 시간은 없으므로 무엇을 테스트할지 결정하는 것이 중요하다. 올바른 테스트는 변화가 가져오는 위험을 완화하는 데 도움이 된다.

프로그래머들은 해당 코드의 취약한 부분을 식별할 수 있다. 해당 스토리가 새로운 아키텍처와 레거시 코드를 함께 엮지 않는가? 변경이 일어나는 코드가 또 다른 시스템과 상호작용하거나 타사 소프트웨어에 의존하지는 않는가? 잠재적인 영향과 위험 영역을 프로그래머들과 다른 팀 멤버의 논의로 적절한 테스트 활동을 계획할 수 있다.

또 다른 위험이 있다. 상세한 테스트 케이스를 작성하는 데 너무 몰입해서 나무만 보다가 숲을 보지 못하는 경우가 있다. 즉 상관없는 부분을 입증하려고 상세한 내용에 집중하는 동안 큰 그림을 잊어버릴 수 있다.

> **심각한 위험: 큰 그림이 뭐였더라?**
> 개별 스토리들만 테스트하거나 프로그래머가 코드에 관해 얘기해준 것만을 기준으로 테스트하려는 습관에 물들기 쉽다. 출시 후반에 나온 스토리와 해당 스토리가 "완료"된 후에 알게 된 많은 요구사항 간의 통합 문제를 발견한다면, 이 심각한 위험을 완화하는 단계를 밟도록 하자.
> 각 개별 스토리가 시스템의 다른 부분에 어떤 영향을 주는지를 항상 고려하라. 실제적인 테스트 데이터를 사용하고 테스트의 기준으로서 구체적인 사례를 사용하며, 해당 스토리를 모두가 이해하고 있는지를 확인하기 위해 화이트보드 토론(또는 거의 비슷한 효과를 내는 방법을 많이 갖도록 하라. 프로그래머들은 테스트가 작성되기 전에는 코드 작성을 시작하지 않도록 하고, 스토리 간의 차이를 찾기 위해 탐색적 테스트를 사용하자.
> 최종 목적과 큰 그림을 기억하자.

애자일 팀은 짧은 이터레이션으로 작업하므로 시작 전에 테스트 작성에 보내는 시간이 중요하다. 각 이터레이션을 완료한 후에 사전에 더 상세한 내용이 도움이 될 것인지를 평가하는 시간을 갖도록 하자. 팀이 올바른 방향으로 나가기 위해 충분한 테스트를 하고 있는가? 스토리를 잘못 이해해서 많은 시간을 낭비하지는 않았는가? 리사의 팀은 코드를 작성하기 전에 고수준 스토리 테스트를 작성하고 일단 코드 작성을 시작했을 때는 자세한 테스트 케이스를 작성하고 난 다음 팀에게 더 자세한 정보를 제공하고 필요한 조정에 도움을 주기 위해 해당 코드가 제공되는 대로 탐색적 테스트를 수행하는 것이 최선이라는 사실을 알았다.

자넷은 아주 민감한 계산이 필요한 프로젝트를 진행했다. 그 계산식들이 정확하게 완료되었는지, 시간이 적절하게 걸렸는지를 보장하기 위해 코드를 작성하기 전에 상세한 사례와 테스트를 생성하는 데 시간을 들였다. 해당 도메인과 각 스토리의 영향을 이해하는 것이 위험을 평가하고 올바른 완화 전략을 선택하는 데 중요하다.

비즈니스 중심 테스트는 위험을 완화하는 데 도움을 줄 수 있지만, 다른 형식의 테스트도 중요하다. 예를 들면 대부분의 심각한 문제의 대다수는 통상 직접적인 탐색적 테스트를 하는 동안 다뤄지지 않는다. 성능과 보안, 안정성, 사용성도 위험요소다. 이들 다른 위험을 완화하는 테스트는 3사분면과 4사분면의 해당 챕터에서 설명한다.

팀이 먼저 상세화를 사용하면서도 큰 그림에 집중하는 일에 균형을 잡을 수 있는 방법을 실험하고 찾아내도록 하자. 짧은 애자일 이터레이션의 미덕은 여러분의 프로세스가 어떻게 돌아가고 있는지를 평가하는 기회를 자주 가져서 지속적인 개선을 이루어 내는 것이다.

테스트 용이성과 자동화

애자일 팀에서 프로그래머들이 테스트 주도 개발을 하려고 준비할 때 이들은 작성할 코드가 무엇인지를 알기 위해 해당 스토리에 대한 비즈니스 중심 테스트를 사용한다. 테스트를 중심으로 일한다는 말은 모두가 테스트를 더 쉽게 하기 위해 코드를 설계하는 최선의 방법에 관해 생각한다는 의미다. 2사분면의 비즈니스 중심 테스트는 자동화된 테스트다. 이들 테스트는 이해를 명확히 하고 실행을 쉽게 해주며 빠른 피드백을 제공하는 데 필요하다. 그렇지 않으면 이들 테스트는 쓰이지 않을 것이다.

프로그래머가 코드를 체크인하기 전에 코드에 대한 테스트 스크립트를 직접 작성해 고객의 조건을 만족하는지 확인할 수 있지만 프로그래머들이 오랫동안 그런 수고를 할 것이라 기대하는 것은 현실적이지 않다. 중요한 비즈니스 가치를 2주 단위나 30일 단위로 인도해야 할 때, 정보는 직접적이고 자동화되어야 한다. 경험이 부족한 애자일 팀은 개발자 테스트 수준에서 자동화된 테스트로 코드 작성을 주도하는 것이 고객 수준에서 그렇게 하는 것보다 쉽다. 하지만 고객 테스트 없이는 프로그래머가 어떤 단위 테스트를 작성해야 할지를 알아내기가 훨씬 어렵다.

Tip
Part 4 "테스트 자동화"에서 자동화 전략을 개발할 때 지침을 제공해 줄 것이다.

각 애자일 팀은 개발을 이끌어 내는 비즈니스 중심 테스트를 작성하고 자동화하는 프로세스를 찾아야 한다. 기술 중심 테스트만을 자동화하는 팀은 버그가 없는 코드를 만들 수 있지만 정작 고객이 원하는 것은 하지 못하고 있음을 발견할 수 있다. 테스트를 자동화하지 않는 팀은 기술적인 채무를 지게 될 것이다.

2사분면은 많은 다른 종류의 테스트와 활동을 포함한다. 사례와 테스트를 수집하고 토론하며 의사소통을 용이하게 해주는 적합한 도구가 필요하다. 종이나 화이트보드 같은 단순한 도구는 팀이 같은 장소에 있는 경우 사례를 모으는 데 적합하다. 좀 더 복잡한 도구는 팀이 실행 가능하고 자동화 가능한 형식으로 개발에 지침을 주는 비즈니스 중심 테스트를 작성하는 데 도움을 준다. Chapter 9

에서 사례를 끌어내고 팀을 지원하는 비즈니스 중심 테스트를 작성하고 의사소통하고 실행하는 데 필요한 도구들의 종류를 살펴볼 것이다.

요약

Chapter 8에서 비즈니스 중심 테스트로 코드 작성 과정 동안 팀을 지원하는 방법들을 살펴봤다.

- 애자일 개발에서 전통적인 요구사항 문서보다는 사례와 비즈니스 중심 테스트가 어떤 코드를 작성할지를 더 잘 알려준다.
- 짧은 이터레이션에서 얇은 기능 조각의 동작을 통해 고객에게 애플리케이션을 직접 보고 사용해 본 다음 필요에 따라 요구사항을 조정할 기회를 제공한다.
- 테스터가 기여하는 중요한 영역은 고객이 만족 조건을 표시하고 각 스토리에 대해 바라는 동작/바라지 않는 동작의 사례를 만들도록 돕는 부분이다.
- 열린 질문을 해서 고객이 원하는 모든 기능을 생각하도록 돕고 중요한 가정이 드러나지 않은 채로 넘어가지 않도록 한다.
- 비즈니스의 다양한 부분의 다양한 관점을 제공하는 스토리에 대해 원하는 동작에 관한 합의를 이끌어내도록 고객을 돕는다.
- 비즈니스 만족 조건과 같은 정보를 나타내는 도구를 개발해 고객들을 돕는다.
- 개발팀과 고객팀은 주어진 스토리가 영향을 끼치는 애플리케이션의 모든 부분을 고려하고 전체 시스템 기능을 계속해서 염두에 두어야 한다.
- 팀과 함께 기능 집합을 작고 관리 가능한 스토리와 스토리 내의 경로로 나누는 작업을 한다.
- 단계적인 방식으로 "테스트 작성-코드 작성-테스트 실행-학습"의 패턴을 따르고 각 기능을 통과하면서 만들어 간다.
- 테스트와 사례를 사용해 기능의 착오나 큰 그림을 망각하는 위험을 줄여나간다.
- 비즈니스 중심 테스트로 코드 작성을 주도하면 개발팀이 테스트가 용이한 애플리케이션의 구현에 대한 필요를 지속적으로 인식하게 만들어 준다.
- 팀을 지원하는 비즈니스 중심 테스트는 피드백을 빠르고 쉽게 하기 위해 자동화되어야 팀이 짧은 이터레이션에서 가치를 제공할 수 있다.

AGILE
Chapter 9

팀을 지원하는 비즈니스 중심 테스트를 위한 툴킷

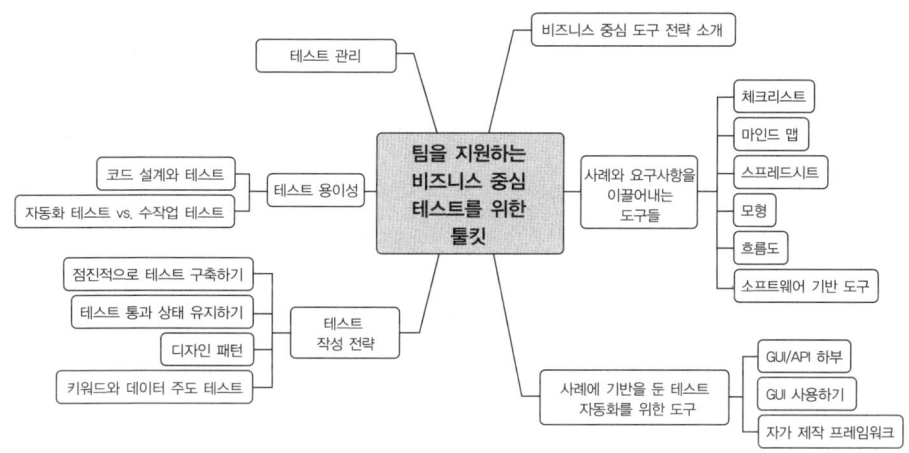

앞 장에서 올바른 소프트웨어를 만들고자 노력하는 팀을 지원하기 위해 비즈니스나 기능 테스트 접근 방법에 관해 다뤘다. Chapter 9에서는 팀이 2사분면 테스트를 성공하는 데 도움을 주기 위해 사용할 수 있는 몇 가지 도구를 살펴볼 것이다.

비즈니스 중심 테스트 도구 전략

프로그래머가 작성할 코드가 무엇인지 알도록 도와주는 비즈니스 중심 테스트를 어떻게 수집할까? 프로그래머와 고객 간의 대면 대화가 일반적으로 가장 좋은 방법이지만, 고객이 팀의 일원일 때라도 고객은 하루 종일 프로그래머에게 매여서 기능을 설명할 수는 없다. 고객이나 개발팀 멤버가 다른 곳에 있다면 즉흥적으로 통로에서 대화하는 일은 일어나지 않을 것이다. 게다가 지금으로부터 6

개월 후 어떤 생각으로 기능의 일부를 코드로 작성했는지를 기억할 수 있는 방법을 원할 수도 있다. 팀 멤버의 일부가 다른 곳에 있다면, 전자적으로 정보를 공유할 방법이 분명 필요할 것이다.

애자일 개발이 인기를 더해감에 따라 사례를 수집하는 데 도움을 주고 실행 가능한 테스트를 작성하는 데 사용할 더 많은 도구가 나오고 있다. 이 책에 다 포함시키기에는 도구들이 너무 빨리 변해서 모든 도구들의 인벤토리를 담지는 못하지만 팀의 새로운 스토리의 개발을 지원하는 비즈니스 중심 테스트를 돕기 위해 이들 테스트를 사용하기 위한 도구와 몇 가지 전략의 예를 제공할 수는 있다. 여기서 다룬 일부 도구들은 새로운 것이 아니며 애자일 개발에 특화된 것도 아니지만, 이들 도구는 애자일 프로젝트에 잘 맞을 것이다.

Tip
테스트 자동화의 일반적인 접근 방법에 관한 자세한 내용은 Chapter 14 "애자일 테스트 자동화 전략"을 살펴보자.

필요한 도구를 선택하기 위한 전략은 팀의 기술 집합과 애플리케이션이 사용하는 기술, 팀의 자동화 우선순위, 시간과 예산 제약 사항, 처한 상황에 따른 특별한 관심사에 기반을 두어야 한다. 도구의 선택은 영업팀이 제시한 가장 최신의 뛰어난 도구에 기반을 두어서는 안 된다. 서로 다른 문제를 풀어내는 데 많은 도구들이 필요할 수 있다.

우리는 고객에게 몇 가지 사전 준비를 진행하고 이터레이션을 계획하는 동안 각 스토리에 대한 사례를 설명할 수 있도록 준비할 것을 권한다. 테스터는 고객이 이터레이션 시작 단계에서 적절한 양의 상세 내용을 어떻게 제공할지 알 수 있도록 도와줄 수 있는 좋은 위치에 있다. 정확한 균형을 발견하기는 어렵다.

● 리사의 이야기

팀이 비즈니스 중심 테스트를 명시하고 자동화하기 위해 FitNesse를 사용하기로 선택한 후, 제품 책임자와 나는 새로운 도구를 활용하려고 시도하다가 아주 복잡한 과정을 맞닥뜨렸다. 거대한 스토리의 첫 번째 스토리를 만드는 이터레이션에 앞서 몇 주간 고도로 복잡한 비즈니스 규칙에 대한 상세한 테스트 케이스를 작성하는 데 많은 시간을 들였다. 우리는 새로운 기능을 만들어서 개발을 시작하는 게 좋다고 보았다.

이들 스토리에서 작업을 시작했을 때 프로그래머들은 상세 테스트에서 큰 그림을 얻을 수 없다고 불평했다. 또 이 테스트들은 실제 코드 설계와 호환되지 않는 방식으로 설계되었다. 나는 이들 테스트를 리팩터링하는 데 상당한 시간을 보냈다. 최소한 스토리를 잘 이해했고 궁극적으로 사용할 수 있는 많은 테스트 케이스를 얻었기 때문에 완전히 시간 낭비는 아니었지만 우리 팀의 경우 올바른 접근 방법은 아니었다. 시행착오를 통해 우리는 원하는 동작/원하지 않는 동작의 몇 가지 예와 결합한 고수준 테스트가 프로그래머들이 어떤 코드를 작성해야 할 것인지 알려주는 최선의 방법이라는 것을 보여줬다.

어떤 작업이 팀에게 최선인지를 알아내기 위해 테스트 케이스의 중요한 상세 내용을 다른 수준으로 실험해보자. 어떤 수준의 상세 내용이라도 고객이 원하는 시스템 동작의 사례를 찾고 표현할 수 있는 몇 가지 방법이 필요하다. 다음 단원에서 이를 위한 몇 종류의 도구들을 살펴본다.

사례와 요구사항을 이끌어내는 도구들

Chapter 8에서 언급했듯이 스토리는 원하는 동작에 관한 장기적인 대화에 대한 유일한 출발점이다. 기능과 사용자, 목적이 분명하게 언급된 알맞은 크기의 스토리는 유리한 출발점을 제공해준다. 마이크 콘(Mike cohn)이 언급한 것처럼 해당 스토리가 이터레이션에 포함될 때까지 상세 내용 수집을 연기하는 것이 좋기 때문에 이들 스토리는 아주 자세한 것은 아니다. 어떤 스토리에 대해 포함되지 않을지도 모르는 상세 내용을 모으는 것은 자원 낭비다. 우리는 마이크 콘이 〈User Stories Applied〉(2004)에서 다음처럼 묘사한 사용자 스토리에 대한 "역할, 기능, 비즈니스 가치" 패턴을 좋아한다.

　(역할)로서 (비즈니스 가치)를 얻기 위해 (기능)을 원한다.

이 형식은 모든 사람에게 잘 맞는 것은 아니므로 우리는 여러분이 실험적인 시도를 해보고 여러분의 상황에서 어떤 일이 최선인지를 파악하기를 권장한다. 사용자 스토리가 어떻게 작성되었는지 여부와 상관없이, 개발에 지침을 주는 사례와 비즈니스 중심 테스트로 이들 스토리를 구체화하는 몇 가지 방법이 필요하다.

하나의 단순한 스토리가 애플리케이션뿐만 아니라 조직이나 조직의 클라이언트, 동료, 공급업체, 파트너 등 넓은 범위에 영향을 끼칠 수 있다. API를 변경한다면 그 스토리를 사용할지도 모르는 고객이나 공급 업체 모두에게 알려줘야 한다. UI를 변경할 계획이라면 사용자에게 사전에 알려주는 계약상 의무를 부과할 것이다. 스토리는 정당한 권리를 가진 일에 영향을 끼치거나 외부 보고에 영향을 줄 수도 있다. 새로운 기능은 경우에 따라 신규로 추가되거나 갱신된 문서를 의미할 수도 있다. 물론 변경된 기능은 해낭 시스템의 나른 부분에 영향을 끼칠 수도 있다.

테스터를 포함한 소프트웨어 개발팀은 고객이 각 스토리나 주제와 관련된 모든 요구사항을 수집하고 전달하도록 도와줘야 한다. 새로운 기능을 개발했는데 법적인 이유나 비즈니스 파트너가 제때에 정보를 주지 않아서 기능의 출시가 가로막히면 시간의 낭비뿐 아니라 좌절감을 맛보게 된다(리사에게 물어보라!). 린 개발은 소프트웨어를 개발하는 동안 낭비를 피하도록 도와준다.

사례를 통해 원하는 동작을 설명하도록 도와주고 잠재적인 구현 사항들과 파급 효과를 브레인스토밍하며 요구사항을 테스트로 전환해주는 도구에는 어떤 것이 있을까? 몇 가지 예를 들면 다음과 같다.

- 체크리스트
- 마인드 맵
- 스프레드시트
- 모형
- 흐름도
- 소프트웨어 기반 도구

이 목록에 포함된 도구는 애자일 테스트에만 한정된 것은 아니지만, 도외시해서는 안된다. 애자일 개발에서는 단순한 솔루션이 최고다. 이들 도구에 대해 좀 더 자세히 살펴보자.

체크리스트

체크 리스트는 제품 책임자가 스토리의 모든 측면을 정확하게 판단하고 의사소통하고 있음을 확인하는 한 가지 방법이다. 리사 팀의 제품 책임자인 스티브 퍼킨스(Steve Perkins)는 그와 이해관계자들이 해당 스토리에 영향을 받는 모든 것을 생각해볼 수 있도록 맞춤형 "스토리 체크리스트"를 내놓았다. 그는 이러한 목적으로 팀 위키에 템플릿을 생성했다. 이 체크리스트는 해당 스토리에서 비즈니스가 필요로 하는 만족 조건을 명시한다. 여기에는 웹사이트와 문서, 관리 양식, 계산서, 시스템의 다른 구성요소와 매일의 비즈니스 활동과 같은 기존 기능에 대한 영향도 포함한다. 체크리스트로 팀이 데이터 이행과 알림, 법적 고려사항, 공급 업체와 비즈니스 파트너와의 커뮤니케이션과 같은 요구사항을 놓치지 않았는지 확인한다. 이런 사항들은 잊어버리기 쉽기 때문이다. [그림 9-1]은 간단한 스토리 체크리스트를 보여준다.

As a plan sponsor I can have an updated summary statement so that I can:

SATISFACTION CONDITIONS

1. separate (smart) dividends/interest detail on summary and activity;
2. separate (smart) concessions detail on summary and activity;
3. add balance by fund to investment performance page;
4. update font, point size, style and coloring (see attached prototype)

IMPACT

New Product Website	
Legal contracts	
Documents - Invoices	
Documents - Plan	
Administrative Forms	
Reports - Existing or new	
Account Statements	Revised, smart to not show new details prior to 01/01/2008;

U/I MOCKUPS PREPARED, REVIEW AND FINALIZED

Screens	see attached docs
Help Text Written	

ADDITIONAL ISSUES

Data migration	
Impact on Processing	
Vendor APIs	
Impact if incomplete	
Audit tracking	

TEST CASE OUTLINES

1. test smartness of divs/int and concessions;
2. further systematic testing;
3. test statements with period dates prior to 01/01/2008

COMMUNICATION (INTERNAL/EXTERNAL)

Pieces Written	Notify partners, plan sponsors
Delivery method	

[그림 9-1] 스토리 체크리스트 샘플

마인드맵

마인드맵은 단순하지만 간단한 브레인스토밍 시간을 통해서는 나오지 않는 아이디어들을 찾아내는 데 효과적인 방법이다. 마인드맵은 중심 개념에 연결된 개념이나 단어, 아이디어를 나타내기 위해 만드는 다이어그램이다. 이 책도 마인드맵을 사용해 구성했다.

우리가 사용한 도구와 같은 것을 구매할 것인지 화이트보드나 커다란 종이에 그릴 것인지는 그렇게 중요하지 않다. 어떤 방법을 사용하든 효과는 동일하다. 마인드맵을 사용하면 아이디어를 내고 일하는 방식과 문제에 대해 생각하는 방식에 일관성을 얻을 수 있다.

한 가지 예를 들어보면 어떨까? [그림 9-2]와 같은 스토리에 대해 논의한다고 치자.

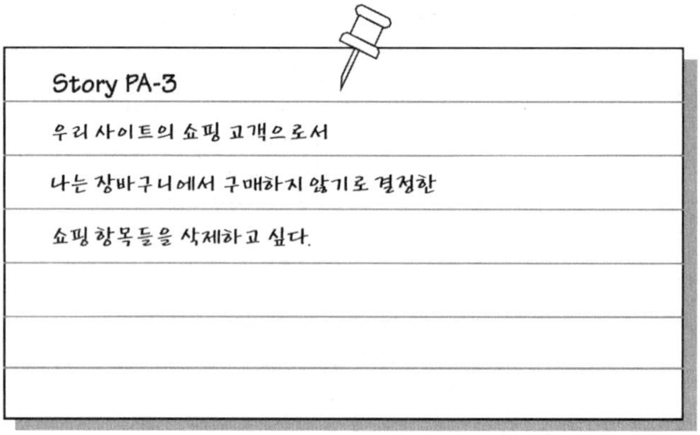

```
Story PA-3
우리 사이트의 쇼핑 고객으로서
나는 장바구니에서 구매하지 않기로 결정한
쇼핑 항목들을 삭제하고 싶다.
```

[그림 9-2] 장바구니 삭제 스토리

화이트보드 주위에 모여 질문을 던지기 시작한다. 삭제된 항목은 어디로 가야할까? 나중에 결정하기 위해 이들 항목을 저장하거나 단지 보이지 않도록 처리해야 할까? 항목이 삭제된 후 화면은 어떻게 보여야 할까? [그림 9-3]은 화이트보드에 그린 일종의 마인드맵을 보여준다.

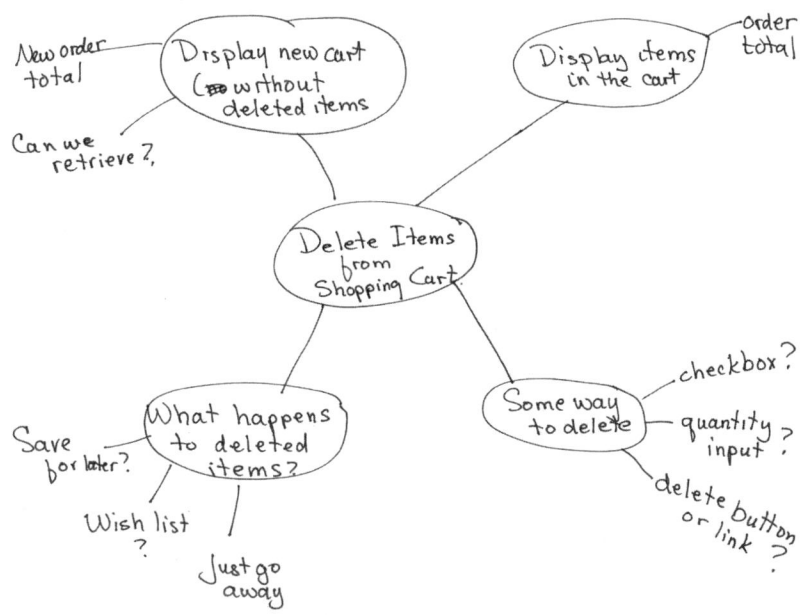

[그림 9-3] 장바구니 삭제 스토리를 위한 마인드맵의 예

스프레드시트

비즈니스 중심 테스트를 지정하기 위한 도구는 가능한 한 비즈니스 도메인과 잘 맞아야 한다. 예를 들면 스프레드시트는 금융 서비스 회사에서 폭넓게 사용되므로 금융 서비스의 프로젝트는 스프레드시트를 사용해 해당 스토리가 제공해야 하는 기능의 사례를 정의하는 것이 합리적이다.

고객들은 몇 가지 체크리스트를 사용해 이터레이션의 시작에 앞서 스토리를 다듬는 데 도움이 될 만한 고수준의 테스트 케이스를 작성할 수 있다. 일부 고객팀은 스토리 카드의 결과로 간단히 주경로와 네거티브 테스트 같은 한 쌍의 테스트를 작성할 수 있다. 일부는 스프레드시트나 작업하기 편하다고 느끼는 형식이면 무엇이든 사용해 더 상세한 사례를 작성한다.

리사 팀의 제품 책임자인 스티브 퍼킨스는 종종 복잡한 계산식과 알고리즘을 스프레드시트에 표현하는데 팀은 나중에 이를 테스트로 전환할 수 있다. [그림 9-4]는 스티브의 작업 시트 중의 하나로, 입력값으로 계산을 수행해 ADR과 ACR 열에 값을 계산해 넣는다. 이 형식은 자동화된 테스트 프레임워크로 들어가기 쉽다(해당 FitNesse 예제의 경우 [그림 9-8] 참조).

비즈니스 전문가가 이미 사용 중인 도구를 살펴보고 원하는 기능 동작의 예를 문서로 작성해서 개발팀이 해당 스토리를 잘 이해하는 데 도움이 되는지 여부를 확인하자.

자넷은 Fit 테스트에 입력하는 용도로 스프레드시트를 사용하는 몇몇 팀과 일했다. 스프레드시트를 사용하면 고객은 자신이 익숙한 도구로 작업할 수 있으면서 스프레드시트를 자동화 도구로 바꾸는 데 어떠한 노력도 낭비하지 않는다.

EE	HCE	Testing Year Eligible Compensation	Testing Year Deferral	Testing Year Match	Catch-up Deferral	ADR	ACR
E-1001	Y	102,500.00	16,000.00	16,000.00	3,000.00	12.68	15.61
E-1002	Y	102,500.00	13,000.00	13,000.00	-	12.68	12.68
E-1003	Y	30,000.00	7,500.00	7,500.00	-	25.00	25.00
E-1004	Y	30,000.00	3,000.00	3,000.00	-	10.00	10.00
E-1005	Y	40,000.00	8,000.00	8,000.00	-	20.00	20.00
E-1006	Y	150,000.00	13,000.00	13,000.00	-	8.67	8.67
E-1007	Y	100,000.00	-	-		-	-
						12.72	13.14

[그림 9-4] 제품 책임자가 사용하는 스프레드시트의 예

모형(Mock-Up)

모형은 다양한 형식으로 만들 수 있다. 종이 프로토타입은 간단하지만 화면들이 함께 어떻게 동작하는지를 테스트하는 효과적인 방법이다. 화이트보드 상에 그리는 방법도 동일한 목적을 달성할 수 있지만, 돌려보기 어려울 수 있다. 기존 애플리케이션의 스크린 샷은 새로운 기능을 추가하는 방법과 해당 UI에 어울리는 위치가 어딘지에 관한 토론 기준으로 사용할 수 있다. 다른 개발 방법론에서 이들과 같은 도구들을 사용해본 적도 있을 것이다. 애자일 개발의 큰 차이점은 몇 주 전이나 몇 개월 전이 아니라 코드를 막 작성하려고 할 때 모형을 만들고 토론한다는 점이다. 모형은 고객이 지금 원하는 것을 나타낸다고 확신할 수 있다.

Tip
종이 프로토타입과 오즈의 마법사 테스팅 사용에 대한 제럴드 메스자로스의 설명이 나오는 Chapter 8을 참고하자.

● 리사의 이야기

모형을 만들 때 단순한 접근 방법을 사용해야 모형을 통한 작업을 마치기 전에 코드 작성에 시간을 보내려는 유혹을 받지 않는다. 가끔 우리는 화이트보드에 UI나 워크플로를 그린 뒤 사진을 찍고 팀 위키에 올려 떨어진 곳에 있는 팀 멤버가 볼 수 있도록 한다. 어떤 때는 고객이나 제품 책임자가 종이에 모형을 그리거나 기존 UI 페이지나 추가되고 변경되어야 할 것을 보여주는 보고서를 수정한다. 종이 모형은 스캔해서 위키에 게시한다.

그림은 백 마디 말보다 가치가 있다. 애자일 소프트웨어 개발에서도 마찬가지다. 모형은 고객의 요구를 말로 묘사하는 것보다 더 명확하게 보여줄 수 있다. 모형은 원하는 코드의 동작 논의의 적절한 초점을 제공한다.

[그림 9-5]는 리사의 팀이 기존의 유사한 보고서에 단순히 표시를 해서 새로운 보고서 모형을 만드는데 사용한 모형의 예를 보여준다.

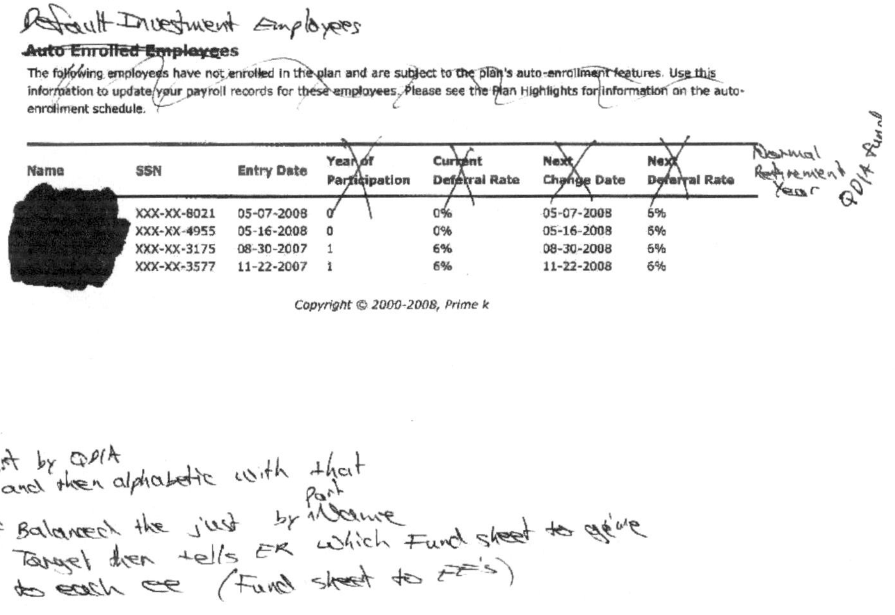

[그림 9-5] 보고서 모형 예제

모형이 예쁘거나 멋질 필요는 없으며, 만드는데 많은 시간을 들일 필요도 없다. 모형은 고객과 개발 팀 둘 다 이해할 수 있어야 한다.

흐름도

단순한 다이어그램 도구는 팀이 같은 곳에 있든 떨어져 있든 유용하다. 논의하는 동안에도 가끔씩 결과로 나온 워크플로나 의사결정 트리를 더 확정적인 형태로 잡아내는 것이 좋다. 흐름도는 두세 개의 사용자 스토리를 함께 묶어 내도록 도와주는 사용자 시나리오의 근거가 될 수 있다. Chapter 8 에서 소개한 주문서 스토리를 다시 살펴보자([그림 9-6] 참조).

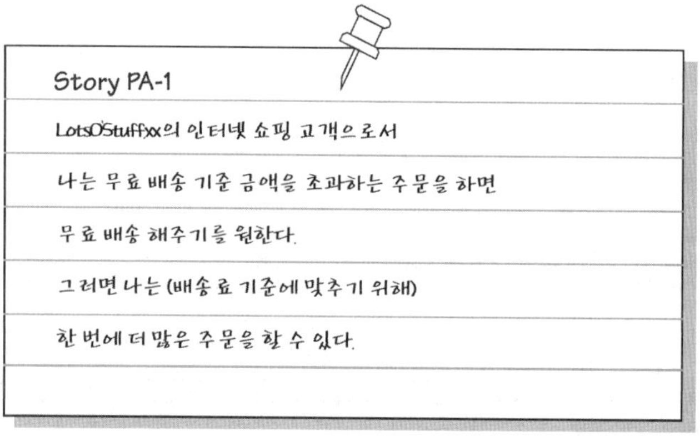

[그림 9-6] 배송료 스토리

[그림 9-7]은 고객의 주문이 임계 주문량에 기반을 둔 무료 배송을 받을 수 있는 결정 프로세스의 아주 간단한 순서도다. 우리는 이 스토리를 고객과 논의했기 때문에 고객의 주문이 무료 배송 기준으로 정한 총 가격을 넘었는지 뿐만 아니라 배송지 주소가 한 곳인지 배송 무게가 기준 값 미만인지를 확인했다. 이 모든 조건을 만족하면 고객의 주문은 무료로 배송된다. 그렇지 않으면 고객은 "배송 옵션을 선택하세요" 페이지에서 선택해야 한다.

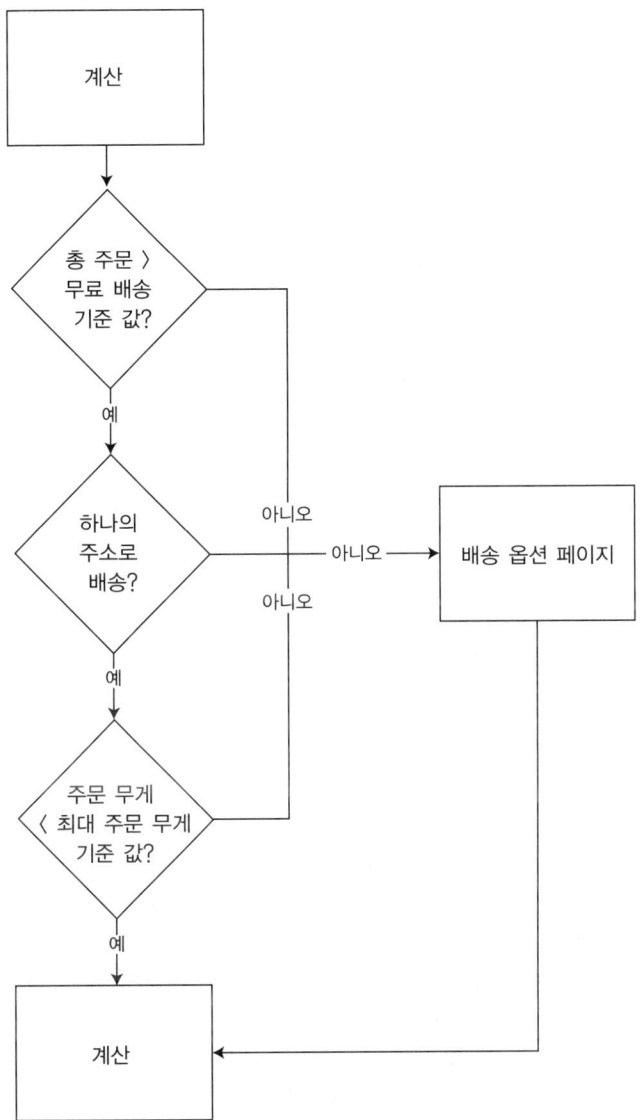

[그림 9-7] 무료 배송 옵션을 위한 자격 검증 순서도

흐름도와 마인드맵 같은 시각 도구는 스토리의 기능 개요를 설명하는 뛰어난 방법이며 특별히 고객 그룹과 프로그래머, 테스터가 이런 시각적인 자료를 그린다면 더 좋다. 애자일 개발에서 테스트와

코드를 작성하기 시작하면서 이들 다이어그램을 생성한다. 이러한 시각 자료에서 바로 자세한 요구 사항을 파헤칠 수 있다.

소프트웨어 기반 도구

우리가 고객과 다른 장소에 있다면 고객과 대화하는 데 도움을 줄 도구가 필요하다. 분산된 팀에게는 데스크톱 공유가 서로 떨어진 곳에서 작업할 때 도움을 주는 최고의 도구다. 윈도우 넷 미팅과 VNC는 다른 곳에서 두 개의 팀 멤버들이 짝 테스트(pair-test)를 가능케 해주는 또 다른 도구다. WebEx와 Skype 같은 비디오 회의 도구를 사용하면 원격 팀과 고객 간에 협업과 시연을 할 수 있다. Scriblink와 같은 온라인 화이트보드와 Mimeo와 같은 상호작용 화이트보드 도구는 분산된 화이트보드 토론을 가능케 한다.

제품 책임자와 비즈니스 전문가가 사용하기에 딱 맞는 도구들이 점점 많아지고 있고 많은 팀이 자체적인 도구를 개발하고 있다. Fit(Framework for Integrated Tests)와 FitNesse 같은 도구는 고객과 개발팀 간에 협업과 커뮤니케이션이 가능하도록 설계되었다. 이와 같은 도구들로 고객이 실제로 테스트를 작성하는 팀이 많아지고 있다.

> **분산된 팀에서 나온 사례**
>
> "iLevel by Weyerhaeuser"의 피에르 베라겐(Pierre Veragen)과 에리카 보이어(Erika Boyer)는 모든 이터레이션은 인수 테스트를 작성하는 모든 팀원으로부터 시작한다고 말한다. 그것이 모든 팀원이 그들의 이터레이션 계획을 시작하는 방법이다. 아주 흥미로운 점은 기계 공학자인 그들의 제품 책임자가 FitNesse 테스트를 스스로 작성한다는 사실이다. 피에르는 FitNesse 같은 도구의 이점이 FitNesse 테스트에서 그들 자신만의 도메인 언어를 사용할 수 있다는 점이라고 설명한다. UI로 결국 무엇을 선택하든지 상관없이 테스트에서 모든 복잡한 계산을 시험할 수 있다.
>
> 이 프로세스로 테스트 코드나 테스트 하에서 시스템을 작성하기 전에 테스트를 작성할 수 있다. 이것이 진정한 테스트 주도 개발이다. 그리고서 동작의 변경과 버그 수정이 계속될 수 있다.

일부 팀은 고객과 비즈니스 분석가, 테스터가 바로 실행 가능한 테스트로 전환할 수 있는 사례를 문서화할 수 있는 자체 프레임워크를 만든다. 이들 프레임워크들은 보통 xUnit과 Fit, Selenium, Watir

같은 오픈 소스 도구에 기반을 둔다. 이 도구들은 시간과 자원을 아껴주기 때문에 우리는 이런 접근 방법을 좋아한다. 짧은 이터레이션에서 운영전환 준비가 된 코드를 배포할 때 간결한 프로세스가 필요하다.

온라인 포럼 도구는 특별히 함께 모여 있지 않은 팀의 경우에 전자 메일로 기능이나 기술적 관심사에 관해 진행 중인 논의에 대한 좋은 대안이다. 전자메일은 종종 놓치거나 잃어버리기도 하므로 사람들은 "전체 회신"을 선택해야 하며, 나중에 토론의 상세 내용을 함께 모아 놓기가 어렵다. 리사의 팀은 온라인 포럼을 사용해 다른 도구들에 관한 의견을 이끌어내고 기능에 대한 다른 동작을 제안하며 결함을 추적할지 여부와 같은 철학적인 논의를 진행한다.

적당한 디지털 도구를 찾는 것은 분산된 팀에게 특히 중요하다. 인스턴트 메시징과 전화, VoIP, Skype를 사용하면 의사소통에 도움을 받지만 이들 도구는 시각적인 구성요소가 빠져있다.

위키는 의사소통을 향상시키고 토론과 결정을 기록할 때 사용하는 일반적인 도구다. 위키를 사용하면 사용자는 웹 브라우저에서 웹 페이지 콘텐트를 편집할 수 있다. 사용자들은 하이퍼링크를 추가하고 새로운 페이지를 쉽게 생성할 수 있다. 모형과 샘플, 화이트보드에 그린 그림을 업로드하고 위키 페이지에서 쉽게 볼 수 있도록 만들 수 있다. 계층적인 구조는 유지관리에 까다로울 수 있지만 기술 자료를 관리하고 정보를 더 쉽게 관리하도록 공유하게 해주는 벤더의 위키 소프트웨어 패키지와 많은 오픈소스가 있다. 위키 기술 자료가 너무 방대해서 어떤 것을 찾아내기가 어렵다면 기술 작가를 고용해 자료를 구조적이고 사용가능한 문서로 변환하자.

오픈 소스와 상업적 도구들은 팀이 온라인상에서 요구사항과 테스트 케이스에 대해 협업할 수 있는 방법을 제공한다. 도움이 될 도구를 식별하고 몇 차례의 이터레이션에서 이들 도구를 실험하고, 어떻게 사용해야 할지를 결정해야 하는 필요성은 아무리 강조해도 지나치지 않다. 팀의 필요는 시간에 따라 달라지므로 항상 새로운 기술과 프레임워크를 시도하려고 노력해야 한다.

이들 도구는 해당 스토리에 관한 대화를 생성하는 데 도움을 준다. 이들 기법과 가능한 한 많은 실시간 대화, 시각적 공유를 통해 시작부터 적절한 제품을 정의할 수 있다.

사례에 기반을 둔 테스트 자동화를 위한 도구

테스트 도구에 관해 어떻게 생각하는가? 우리는 Fit와 FitNesse 같은 도구에 내재된 협업을 좋아한다. 하지만 테스터와 프로그래머, 프로그래머와 고객, 그리고 테스터와 고객이 대화하도록 하는 도구라면 어떤 것이든지 좋다. 우리는 실제로 고객이 Fit나 FitNesse, Expect, 기타 도구들로 테스트를 작성하는 팀을 알고 있다. 이것은 해당 도구가 누구라도 테스트 작성을 이해하는 방식, 쉬운 도메인 언어와 제공된 적절한 도구로 설정될 때 가능하다.

GUI와 API 하부에서 테스트하는 도구

GUI와 API 수준 이하에서 테스트할 수 있는 다수의 오픈 소스 도구들이 있다. 여기서는 몇 가지만 나열했지만 여러분의 팀에 맞는 적당한 도구를 결정해야 할 것이다.

| 단위 수준 테스트 도구 |

어떤 팀은 비즈니스 중심 테스트 뿐 아니라 기술 중심 테스트용으로 JUnit이나 NUnit 같은 xUnit 도구를 사용한다. 테스터와 고객이 이들 도구를 편하게 여기고 이들 도구에서 필요한 GUI 배후에 동작하는 모든 기능 테스트를 제공한다면 좋은 도구다. 이들 도구를 더 고객 친화적으로 만들려면 팀은 테스터와 고객이 테스트를 명시하는 데 사용할 수 있는 단위 수준 도구들 위에 프레임워크를 만들어야 할 것이다.

자넷은 몇가지 애플리케이션을 이런 식으로 작업했다. 한 가지는 조직에 메시지를 보내는 메시지 처리 시스템이었다. 프로그래머는 모든 컴포넌트와 통합 테스트에 JUnit을 사용했다. 이들은 JUnit 테스트를 사용할 수 있는 부하 테스트 프레임워크를 만들었기 때문에 다른 테스트 도구는 전혀 필요치 않았다. GUI 프런트 엔드는 너무 작아서 자넷은 수작업으로 테스트할 수밖에 없었다. 이런 경우 GUI 테스트를 자동화하는 일은 의미가 없다.

행위 주도 개발이라고 하는 BDD(Behavior-driven development) 도구가 이 목적에 적당한데 그 이유는 테스트 명세용으로 더 자연스런 언어를 사용하기 때문이다. BDD는 테스트 주도 개발의 변형으로 댄 노스(Dan North, 2006)가 처음 개척한 이후 많은 여러 사람들이 발전시켰다. BDD는 도메인 주도 개발과 관련이 있고 기술보다 도메인에 초점을 맞추고 모델을 사용해 설계를 주도한다. BDD는 "테스트한다"나 "단정한다"는 말 대신 "해야 한다"는 표현을 사용한다. 행위라는 용어를 생각해보면, 코드를 작성하기 전에 명세를 작성하는 것이 자연스럽다. 테스트 명세는 특정 도메인 언어를 사용한다. 이렇게 하면 고객이 읽을 수 있으면서도 쉽게 자동화될 수도 있는 테스트를 제공한다.

이 책을 쓰는 시점에서 사용할 수 있는 많은 BDD 도구의 일부로 자바 플랫폼용 easyb와 JBehave, .NET용 NBehave와 NSpec, Ruby용 RSpec이 있다. 이들 도구들은 XUnit 도구들과 마찬가지로 프로그래머가 코드 작성을 위해 사용하려는 목적이 있지만, 고객이 개발 프로세스에 더 밀접하게 참여하도록 해서 개발을 이끄는 비즈니스 중심 테스트를 표현하는 데 사용될 수도 있다.

행위 주도 개발

"Stelligent Incorporated"의 사장이자 〈지속적인 통합: 소프트웨어 품질을 높이고 위험을 줄이기〉(위키북스, 2008)과 〈Java Testing Patterns〉(2004) 등의 저자인 앤드류 글로버(Andrew Glover)는 BDD 도구들 중 하나인 easyb의 배경이 되는 생각을 다음과 같이 설명했다.

assertEquals(42.50, order.price(), 0.0)

이 문장이 들어가 있는 문맥을 살펴보지 않고서는 이 코드를 완벽하게 이해하기는 어렵다. 코드를 읽는 것조차 못한다고 상상해보자. 즉 여러분은 새로운 기능(정확히는 지불 기능)을 요청하는 이해 관계자다. 이전 코드 문장은 페르시아어 같아 보일 것이다(여러분이 실제로 페르시아어를 읽을 수 없다고 가정한다).

order.price().shouldBe 42.50.

이 문장이 들어가 있는 상태에서는 문맥이 빠져있는 상태라도 이 코드 라인은 조금 이해할 수 있다. 사실 이것은 일반적인 문장처럼 읽힌다(그리고 이번에는 페르시아어 같은 지식이 필요하지 않다!). 이 경우 이해관계자는 이 코드를 읽으려 들면 이해할 수 있다. 무엇보다 이 코드 라인은 우선 이해 관계자가 요청했던 것과 근본적으로 부합하는 것이다. 이 코드 라인은 문자 그대로 행위를 묘사한다. 이전에 작성한 assertEquals와는 아주 다른, shouldBe와 같은 보통의 일상적인 어구를 사용한다.

이전 단락에서 두 가지 코드 라인은 동일한 의미를 선날하고 같은 요구사항을 표현하고 있지만 후자가 고객의 언어를 정말 잘 활용한 것에 가깝다. 이것이 행위 주도 개발 개념의 기본적인 핵심으로, "시험한다" 보다는 "해야 한다"라는 용어 측면으로 생각해 소프트웨어 시스템을 적절하게 검증하려고 노력하는 것이다. 행위에 초점을 맞추고 이해관계자가 요청한 것 이후에 행위를 면밀히 모델링함으로써 행위 주도 개발은 실행할 수 있는 문서라는 사상으로 수렴된다. 사실 이해관계자의 언어를 활용함으로써 이해 관계자가 원하는 것과 최종 인도 제품 간의 불일치를 감소시킨다. 더욱이 이해관계자의 언어를 사용하면 모든 당사자 간에 깊은 협업의 수준을 가능하게 한다. 대화가 어떻게 진행돼야 할지를 들어보자.

이해관계자: 온라인 상점의 다음번 출시 때는 골드 등급 고객은 구매 시에 할인을 받아야 합니다.

개발자: 어떤 종류의 할인이며, 그 고객들이 할인을 받기 위해 충족해야 하는 범주는 무엇인가요?

이해관계자: 장바구니에 최소 50$ 이상을 담았을 때입니다.

개발자: 할인은 구매량에 따라 증가하나요 아니면 장바구니에 든 총합과 관계 없이 고정된 값인가요?

이해관계자: 좋은 질문이네요. 골드 등급 고객의 할인율은 가격에 관계없이 15%로 고정되며, 고객이 장바구니에 총 50$ 이상을 담았을 때 전체 가격의 15% 할인이 적용돼야 합니다.

이해관계자가 말한 마지막 문장이 핵심이다. 요구사항이 어떻게 명시되고 어떤 식으로 그 요구사항을 검증하는지 주목하자. 사실 이해관계자는 할인에 관련된 더 큰 스토리에서 특정 시나리오를 본질적으로 설명했다.

개발자는 주어진 시나리오에 이해관계자의 말 한마디 한마디의 설명을 듣고 그 설명대로 실행할 수 있다. 예를 들면 easyb라고 이름을 붙인 행위 주도 개발 프레임워크는 스토리들과 시나리오들을 지원하는 특정 도메인 언어를 통해 시스템 확인을 가능케 한다. 예를 들면 다음과 같다.

```
scenario "Gold-level customer with $50 in shopping cart", {

given " a Gold-level customer"

when "their shopping cart totals $50 or more"

then " they should receive a 15% discount off the total price"

}
```

물론 이 특정 시나리오는 이해관계자의 요구사항을 잡아내는 것 외에는 실제로는 어떤 일도 하지 않지만 여전히 중요하다. 따라서 이것은 진행 중 고려사항일 뿐이다. 이런 상황만으로도 가치 있는 정보를 전달한다. 이해관계자는 자신의 말이 요구사항을 검증하는 첫 번째 수단임을 보게 되고, 두 번째로 요구사항이 만족되었는지를 판단하게 된다. 이 시나리오가 구현된 후 성공인지 실패인지를 당연히 알 수 있고 이 흥미로운 결과에 대한 더 자세한 상태 정보를 제공할 수 있다.

이제 정의된 협업 시나리오로 개발에서 구현을 진행시킬 수 있다. 이런 경우에 있어서 좋은 점은 요구사항과 함께 다음처럼 원하는 동작을 바로 구현할 수 있다는 점이다.

```
scenario "Gold-level customer with $50 in shopping cart", {
  given "a Gold-level customer", {
      customer = new GoldCustomer()
```

```
        }
    when "their shopping cart totals $50 or more", {
        customer.shoppingCart << new Item("widget", 50.00)
        }
    then "they should receive a 15% discount off the total price" , {
        customer.orderPrice.shouldBe 42.50
        }
    }
}
```

이 시나리오는 이제 해당 애플리케이션의 컨텍스트 내에서 실행하고 검증할 수 있다. 해당 시나리오는 고객의 말을 그대로 활용하고, 고객이 코드를 읽을 수 있는지 여부와 상관없도록 다음과 같이 그 자체가 자연어인 코드를 활용한다.

customer.orderPrice.shouldBe 42.50.

> 고객의 언어를 활용함으로써 고객이 자신이 원한 시스템을 만들었는지를 협력적으로 입증하는 능력을 갖출 수 있다. 이해관계자의 언어를 활용해 개발하면 이해관계자가 요구한 것과 이들이 받는 것이 직접적으로 연결된다. 그리고 그 안에서 이점을 확인하려고 페르시아어를 배울 필요도 없다.
> 우리가 새로운 애자일 팀에게 받은 가장 흔한 질문 두 가지는 "문서는 어떻게 해야 하나요?"라는 질문과 "두 주간의 이터레이션에서 개발을 계속하면서 어떻게 자동화를 테스트할 수 있나요?"라는 질문이었다. 고객과 개발팀 모두가 이해하는 특정 도메인 언어를 사용해 실행가능한 문서를 만들 수 있는 easyb와 같은 도구들이 그 질문에 대한 답이 될 것이다.

팀을 지원하는 비즈니스 중심 테스트의 목적은 고객과 개발자 간의 의사소통과 협업을 촉진하고 각 이터레이션에서 팀이 실제 가치를 전달할 수 있도록 하는 것이다. 어떤 팀은 단위 수준 도구로 이 일을 아주 잘 수행할 수 있고 어떤 팀은 기능 수준 테스트 도구에 더 잘 적응한다.

| API 계층 기능 테스트 도구 |

리사가 자신의 첫 번째 애자일 팀에 합류하기 전의 일이다. "GUI 뒷단 로직"을 테스트하는 것은 꽤

좋은 생각이었지만 그걸 시도해볼 기회가 없었다. Fit와 Fit 위에 만들어진 FitNesse는 고객팀이 개발을 주도하는 비즈니스 중심 테스트를 작성하고 이해할 수 있도록 하려는 필요에서 성장한 기능 테스트 도구다. 이들 도구를 사용하면 팀은 프레젠테이션 계층을 수반하지 않고도 비즈니스 로직을 테스트할 수 있다.

Fit와 FitNesse Fit (Framework for Integrated Tests)는 협업을 촉진하는 오픈소스 테스팅 프레임워크로 요구사항을 정제하는 데 도움을 주는 좋은 도구다. 워드 커닝햄이 창안한 Fit는 개발자들을 도와주는 걸출한 멤버다. Fit를 사용하면 고객과 테스터, 프로그래머가 기대하는 시스템의 동작이 무엇인지를 지정하는 예를 사용할 수 있다. 테스트를 실행하면 Fit는 자동적으로 고객의 기대와 실제 결과를 비교한다.

고객은 Fit로 프로그래머들이 코드를 작성할 수 있는 대상 사례를 정의하기 위해 그들의 주제 관련 전문성 사용 지침을 제공할 수 있다. 프로그래머는 그 사례에 대한 실제적인 검사를 하는 장치를 작성해 참여한다. 이들 장치는 그 사례에서 지정한 데이터를 사용해 실제 프로그램과 함께 실행한다.

Fit 테스트는 운영 코드에 테스트 입력을 전달하는 장치로 자동화된 후 출력을 받고, 이 출력을 기대한 결과값과 비교한다. 테스트 결과는 색상으로 구분되므로 실패나 예외를 알아채기 쉽다. Fit 테스트는 HTML 테이블로 작성되지만 팀에서 스프레드시트로 작성하거나 고객과 테스터, 분석가가 유용하다고 판단한 어떠한 양식으로도 작성될 수 있도록 Fit를 변경할 수 있다.

FitNesse는 Fit를 기반으로 하는 웹 서버와 위키, 소프트웨어 도구다. "밥 삼촌"으로 통하는 Robert C. Martin과 Micah Martin이 개발했고, 활동적인 개발자 커뮤니티가 있는 오픈 소스 도구다. FitNesse와 Fit 간의 주요 차이점은 FitNesse 테스트가 HTML 테이블 대신 위키 마크업으로 작성된다는 점인데, 일부 사용자는 이것이 더 쉽다고 생각한다. 이 도구는 스프레드시트에서 테스트를 만들고 이들을 테스트로 가져오는 기능을 지원한다.

Tip
fit.c2.com에서 Fit에 관해 더 많은 내용을 배울 수 있다.

Tip
www.fitnesse.org에서 FitNesse에 관해 더 많은 내용을 배울 수 있다.

[그림 9-8]은 [그림 9-4]의 예에서 만든 FitNesse 테스트의 일부를 보여준다. 운영 코드를 실행시키기 위해 더 많은 입력이 추가되었지만 핵심 테스트 데이터는 스프레드시트에서 나온 것이다. 테스트 결과는 색으로 구분되는데, 통과

한 것은 녹색이고 실패한 것은 빨간색이다.

Fit나 FitNesse 형태의 도구가 주는 또 다른 이점은 서로 다른 팀 멤버들 사이에서 협업을 촉진해 개발에 지침을 주는 올바른 테스트를 제시한다는 점이다. 고객과 프로그래머, 테스터, 그 외 다른 사람들은 그 테스트를 지정하고 자동화하기 위해 함께 작업한다.

Add Employees

Build Employees Fixture												
userId	dob	doh	doe	dot	directOwnerPct	lookbackTotalOwnerPct	lookbackAnnualComp	annualComp	deferral	eligibleComp	match	addl
1001	01-01-1950	01-01-1993	01-01-1994	null	0	0	101500.00	102500.00	16000.00	102500.00	16000.00	true
1002	01-01-1960	01-01-1993	01-01-1994	null	4	3	102500.00	102500.00	13000.00	102500.00	13000.00	true
1003	01-01-1960	01-01-1993	01-01-1994	null	5.01	5.01	30000.00	30000.00	7500.00	30000.00	7500.00	true
1004	01-01-1960	01-01-1993	01-01-1994	null	10	10	20000.00	30000.00	3000.00	30000.00	3000.00	true
1005	01-01-1960	01-01-1993	01-01-1994	null	8	0	40000.00	40000.00	8000.00	40000.00	8000.00	true
1006	01-01-1960	01-01-1993	01-01-1994	null	5.01	0	150000.00	150000.00	13000.00	150000.00	13000.00	true
1007	01-01-1960	01-01-1993	01-01-1994	null	0	0	100000.00	100000	0	100000	0	true
1008	01-01-1960	01-01-1993	01-01-1994	null	0	0	40000.00	50000.00	3000.00	50000.00	3000.00	true

OPERATE ON INPUT BY RUNNING ADP TEST

Operate Adp Test Fixture
operate!
true

MAKE ASSERTIONS ABOUT ADP TEST RESULTS

Check Employee Fixture			
userId	isHce?	isEligible?	adr?	acr?
1001	true	true	12.682927	15.61
1002	true	true	12.682927	12.68
1003	true	true	25.00	25
1004	true	true	10.00	10
1005	true	true	20.00	20
1006	true	true	8.666667	8.67
1007	true	true	0	0
1008	false	true	6	6

[그림 9-8] 고객 예제와 자동화된 FitNesse 테스트

웹 서비스 테스트 웹 서비스는 다른 애플리케이션이 여러분의 애플리케이션에 접근하게 해주는 또 다른 형태의 API다. 여러분의 시스템에 다양한 입력을 넣어 테스트하는데 사용할 수 있는 몇 가지 도구에 관해 논의해보자.

CrossCheck: CrossCheck는 웹 서비스를 테스트하기 위한 도구 중 하나다. WSDL(Web Services Description Language)을 제공하고 CrossCheck는 해당 페이지를 컴파일한 뒤 여러분이 채워야 할 텍스트 상자를 포함하는 탭 메뉴로 표시한다. 이것은 Run 모드를 갖고 있어서 여

기에서 수트에 테스트를 추가한 뒤 그 수트를 실행할 수 있다. 우리 둘 다 이 도구를 시도해보지 않았지만, 야후 애자일 테스팅 그룹에서 매번 동일한 데이터를 실행하고 있는 경우 웹 서비스를 테스트할 때 사용하는 도구로 이것을 주목했다.

> **Tip**
> 자넷의 팀이 Ruby Test::Unit을 사용해 웹 서비스를 테스트한 방법을 살펴보려면 Chapter 12 "테스팅 사분면 요약"에서 "시스템 테스트" 사례를 살펴보자.

Ruby Test::Unit: 자넷은 한 프로젝트에서 Ruby의 단위 테스팅 프레임워크인 Test::Unit를 사용해 웹 서비스를 테스트했고 아주 성공적이었다. 실제로 그 팀은 프로그래머가 즉시 피드백을 줄 수 있도록 일찍 테스트를 할 수 있었고 최종 설계에 도움이 되었다.

soapUI: 테스팅 웹 서비스용으로 제안된 또 다른 도구가 soapUI다. 이 도구는 가파른 학습 곡선을 갖지만 성능과 부하 시험용으로 사용할 수 있다. 이 도구는 엑셀 스프레드시트나 텍스트 파일의 행들을 돌아가면서 선택할 수 있기 때문에, 데이터 주도 테스트용으로 사용할 수 있다.

프레젠테이션 계층 아래의 계층에서 동작하는 테스트는 코드작성을 안내하는 고객 테스트를 작성하고 자동화하는 데 아주 잘 맞는다. 몇몇 전문가들은 스토리 테스트 주도 개발에서 기대하는 가치를 얻지 못했다. 브라이언 매릭(Brian Marick, 2008)은 프로그래머의 테스트 주도 개발로 만든 애플리케이션과 화이트보드 토론과 자동화된 작은 새너티 테스트(sanity tests) 집합, 많은 탐색적 테스트에 크게 의지하는 사례 비중이 높은 비즈니스 중심 설계는 비용이 덜 들면서도 동일한 효과를 얻는 접근방법이 될 수 있다고 전제했다. 어떠한 접근 방식을 취하든 사용자 인터페이스로 애플리케이션을 테스트하고 있다면, GUI 수준에서 몇 가지 자동화가 필요하다.

GUI를 테스트하는 도구

스토리가 완전해지기까지 GUI가 준비되지 않을 텐데 GUI 테스트를 사용해 어떻게 개발을 이끌 수 있을까? 납득이 잘 안가겠지만 자동화된 GUI 테스트는 우리가 새로운 기능을 개발할 때 중요한 도움을 준다. 테스트 프레임워크는 해당 코드가 작성되기 전에 GUI 도구에 대한 테스트 케이스를 지정하는 데 사용될 수 있다. 게다가 코드작성이 끝나기 전에 HTML 모형을 사용하거나 아직 기능 모두는 제공하지 않지만 단순히 탐색은 할 수 있는 전체 화면에 걸친 골격 조각을 개발해 GUI 테스트를 자동화할 수 있다. 개발을 주도하기 위해 많은 자동화된 스토리 테스트를 사용하지 않더라도 수작업 탐색적 테스트에서 기능에 관해 배우고 즉시 피드백을 제공하도록 도움을 얻을 수 있다. 하지만 자동화를 수반하지 않고는 아주 지루하고 성가신 일이 된다. 비즈니스 중심 테스트를 사용해 개발을 이끌어주는 GUI 테스트 도구의 종류를 살펴보자.

> **도구 선택 방침**
>
> 테스트 자동화 엔지니어인 데이비드 리드(David Reed)와 그의 팀은 soapUI Pro로 그들의 웹 서비스에 대한 테스트를 자동화했다. 이 특정 도구를 선택한 몇 가지 이유는 다음과 같다.
>
> - 오픈 소스 버전이다. 따라서 무료로 이용하면서 배워보고 적당한지 시험해 보면서 장단점을 파악할 수 있다.
> - 어떤 서비스를 만들려면 요청해야 할 것이 무엇인지 파악하기 쉽다.
> - 요청에서 결과를 확인하기 위해 제공된 주장(assertions)은 뛰어나고 확장할 수 있다. 한 가지 정말 도움이 되는 것은 응답이 수용할 수 있는 시간에 돌아온다는 점이고 그렇지 않다면 오류를 일으키고 있는 것이다.
> - Pro 버전은 결과를 확인하기 위해 XPath 쿼리를 설계하는 수많은 번거로운 일을 덜어준다. 데이터베이스 데이터를 가져오기 위한 아주 잘 만들어진 기능도 추가했다.
> - 자바 기반 스크립팅 언어인 Groovy로 확장할 수 있다(Java 애플리케이션에서 동작하지만, Java 친화적인 도구를 갖추는 데는 비용이 든다).
> - 개발자들은 이것을 "테스트 도구"라고 비아냥거리지 않고 사용할 수 있다.
> - 지속 통합 환경과 쉽게 통합된다.
> - 가격이 무척 착하다.

| 기록/재생 도구 |

기록/재생 도구는 대개 스크립트를 기록하고 다시 신속하게 재생하는 방법을 배울 수 있기 때문에 매력적이며 짧은 시간에 많은 스크립트를 생성할 수 있다. 이들 도구는 약점이 있다. 초기 GUI 테스트 도구는 XY 화면 좌표를 사용해 마우스 이동을 기록했다. 이들 도구를 사용하는 스크립트는 화면 해상도와 색 농도, 심지어 화면에 윈도우가 나타나는 위치의 변화에 민감하게 반응한다.

대부분의 현대 GUI 테스트 도구는 버튼과 메뉴, 텍스트 입력 위젯과 같은 그래픽 애플리케이션의 컨트롤들을 인식하는 개체를 사용하므로 원래 화면 좌표보다는 이들 컨트롤을 상징적으로 참조할 수 있다. 이것은 변화에 잘 견뎌낼 수 있도록 튼튼하기 때문에 해당 애플리케이션의 테스트 용이성을 향상시켜준다. 버튼은 화면의 다른 부분으로 이동할 수 있지만 테스트는 그 개체의 이름을 기반으로 여전히 그 개체를 찾을 수 있다.

개체 인식이 향상되기는 하지만 기록/재생으로 생성된 스크립트는 일반적으로 불안정하고 유지·관리에 비용이 많이 든다. 기록은 스크립트 생성을 시작하는 좋은 방법이 될 수 있다. 도구의 스크립팅 언어를 아는 테스터나 프로그래머는 기록된 스크립트를 객체 지향 모델로 리팩터링해 사용하고 관리하기 쉽게 만들 수 있다. 역사적으로 기록/재생 도구는 자체적인 스크립팅 언어를 사용했고 프로그래머는 그 언어를 배우는 데 별 관심을 갖지 않는다. 테스트에 사용된 디자인 패턴을 변경하기가 어렵기도 하다.

다음 몇 단원에서 얘기해볼 몇몇 스크립트 기반 도구들은 사람들이 신속하게 테스트 스크립트 작성을 할 수 있는 기록 기능을 제공한다. 하지만 이들 도구로 기록한 스크립트는 곧바로 재생하도록 의도된 것이 아니다. 기록된 스크립트는 단지 잘 설계되고 쉽게 유지·관리하기에 알맞은 테스트 수트를 생성하는 출발점일 뿐이다.

많은 애자일 팀들은 그들 자체의 도메인에 한정된 언어(DSL)을 생성하게 도와주는 도구와 스크립팅 언어들을 선호한다. 이들 도구와 언어는 비즈니스 전문가가 더 잘 이해하고 작성하기 쉬운 테스트를 만들어 준다. 다음으로 이들 중 일부를 살펴보자.

| 애자일 오픈 소스 테스트 도구 |

이 단원에서 설명하는 각 도구는 원래 애자일 개발팀이 GUI 테스트 도구가 필요한데 이런 상황에 적절하게 사용할 만한 타사 도구를 찾을 수 없어서 작성한 것이다. 이들 도구를 사용하면 진짜 사용자처럼 웹 애플리케이션을 사용한 스크립트를 작성할 수 있다. 이들 도구는 텍스트 필드를 채우고 목록에서 선택한 다음 체크 상자와 버튼을 클릭한다. 이 도구들은 도구 관련 확인 단계나 XPath와 같은 다양한 방법을 제공해 정확한 탐색과 페이지의 콘텐트를 확인한다. 이들 도구들의 일부는 단순한 기록/재생 도구보다 높은 학습 곡선을 갖지만 스크립트에 추가시간을 더 투입하면 전체 총소유비용을 낮추게 된다.

Ruby와 Watir Watir(Web Application Testing in Ruby)는 간결한 웹 브라우저 자동화를 위한 오픈 소스 Ruby 라이브러리로 윈도우 운영체제의 인터넷 익스플로러에서 동작한다. 파이어폭스용 FireWatir와 사파리용 SafariWatir처럼 다른 브라우저를 위한 옵션이 있다.

● **자넷의 이야기**

나는 Ruby와 Watir를 사용해 3계층 테스트 프레임워크를 개발한 프로젝트에서 일했었다. 첫 번째 계층은 공통 라이브러리 집합이고 두 번째 계층은 페이지를 액세스하고 탐색을 제공하는 것이었다. 세 번째와 최상위 계층은 비즈니스 필요에 매핑된 픽스처 형식(fixture-type) 메소드를 사용해 도메인 언어를 생성했다. 이 도구를 사용하면 테스터는 코드작성이 완료되기 전에 워크플로용 고수준 자동화된 테스트를 작성할 수 있다. 새로운 기능 때문에 픽스처가 존재하지 않은 경우 테스트가 생성될 수 있고, 빠진 픽스처에 대한 액션 단어는 "무의미"해진다. 해당 픽스처의 코드가 작성되면 해당 테스트는 인수 테스트로 실행될 수 있다.

Ruby와 Watir를 사용한 아주 간단한 예는 DSL의 개념을 포함한다. 테스트를 단순화하는 메소드들을 생성해 테스터 누구라도 실제로 Ruby나 Watir에 대해 아는 게 거의 없어도 자동화된 스크립트를 생성할 수 있다.

다음 예제는 테스트 하나를 보여주고 그 다음 그 테스트에서 사용한 두 개의 메소드를 나타냈다.

```
def test_create_new_user

    login 'administrator','admin'

    navigate_to_tab 'Manage Users'

    click_button "Create New User"

    set_text_field "userFirstNameInput", "Ruby"

    set_text_field "userLastNameInput", "RubyTester"

    click_button "Save Changes"

    verify_text "Saved changes"
end


# 보다 쉬운 테스트 작성을 지원하도록 생성된 메소드
```

```
def navigate_to_tab(menuItemName)

    @browser.link(:text,menuItemName).click

end


def set_text_field(id, value)

    @browser.text_field(:id,id).set value

end
```

세 번째 수준에서 create_new_user가 한 번 이상 호출될 경우 쉽게 추가될 수 있다. 해당 테스트를 호출할 수 있는 일반적인 코드를 다음과 같이 추출했다.

create_new_user (Ruby, RubyTester)

이들 테스트는 개발에 지침을 주고 빠른 피드백을 제공하기에 아주 적당하다. 테스터와 고객이 테스트를 작성하기 쉽게 만들면서 자동화 프레임워크가 최상의 유지보수성을 갖도록 설계해서 테스트의 전체 총소유비용을 줄였다.

어떤 도구를 사용하더라도 항상 단점은 존재한다. 예를 들면 개체 사용이라는 제약이 있다. 때로는 프로그래머가 사용자 지정 컨트롤이나 여러분의 도구가 이해하지 못할 수도 있는 새로운 툴킷을 사용하기도 한다.

● 자넷의 이야기

나는 QA 관리자로 새로운 업무를 시작했고, 심사숙고 끝에 팀이 2년 동안 사용해온 타사 도구를 빼기로 결정했다. 우리는 어떤 테스트가 실제로 실행되고 있었는지 또는 실제 검사 범위가 어디까지였는지를 파악할 수 없었다. 우리는 Ruby와 Watir를 사용해 테스트를 자동화하기로 결정했다. 우선 자동화는 상당히 빠르게 진척되었지만 테스트는 실패하기 시작했다. 우리는 새로운 개체 이름을 반영하도록 테스트를 변경하는 데 많은 시간을 들였다. 개발자들은 기본 웹로직 개체 이름을 그대로 사용하고 있었으므로 페이지에 새로운 개체가 추가될 때마다 변경해야 했다. 테스터는 개발자에게 가서 그들이 코드를 작성하는 방식을 변경할 수 있는지를 물어보았다. 약간은 설득력이 있었지만 개발자들은 결국 자신들의 관행이 일으키는 문제를 깨달았을 때 그들의 습관을 변경했다. 시간이 지남에 따라 모든 기본 이름을 변경했고 각 개체는 할당된 이름을 갖게 되었다. 테스트는 훨씬 튼튼하게 되었고 유지관리 모드에 시간을 덜 쓰게 되었다.

새로운 테스트 자동화 도구를 도입하는 것은 대개 테스트 가능한 코드와 잘 설계된 테스트 스크립트간의 뛰어난 균형을 얻기 위한 약간의 실험적인 과정을 필요로 한다. 전체 팀을 포함하면 이 실험은 좀 더 쉬워진다. Watir는 우리가 알아낸 GUI 테스트 도구 중의 한 예로, 애자일 프로젝트에 잘 맞는다. 이제 Selenium과 Canoo WebTest라는 두 가지 도구를 더 살펴보자.

셀레늄(Selenium) Selenium은 또 다른 오픈소스 도구로 실제로 테스팅 웹 애플리케이션용 도구의 모음이다. HTML 테이블로 작성하거나 다수의 인기 있는 프로그래밍 언어로 테스트를 만들 수 있고 대부분의 최근 웹 브라우저에서 바로 실행할 수 있다. "Selenium IDE"라는 파이어폭스 플러그인은 이 도구를 신속하게 배우는 방법을 제공한다. 어설션 작성을 포함해 테스트를 작성하는 데 도움을 주기 위해 레코더를 제공한다. 테스트를 자바와 C#, Ruby를 포함해 몇 가지 다른 일반적인 프로그래밍과 스크립팅 언어로 작성할 수 있다.

> **Tip**
> Selenium RC를 사용해 도메인에 맞는 테스트 자동화 프레임워크를 생성하는 사례는 Chapter 14 "애자일 테스트 자동화 전략"을 살펴보자.

Canoo WebTest WebTest 스크립트에서 테스트는 XML 파일에서 "단계"로 명시되고 웹 UI를 통해 사용자의 동작을 모사한다. WebTest 스크립트에서 페이지를 호출하고 그 결과를 확인하는 방법의 예는 다음과 같다.

```
<setInputField description="set query" name="q" value="Agile Tester"/>
<clickButton description="submit query" label="Google Search"/>
<verifyText description="check for result" text="Lisa Crispin" />
<verifyText description="check for result" text="Janet Gregory" />
```

WebTest는 Selenium과 Watir가 하는 것처럼 실제 브라우저를 대상으로 하지 않고 HtmlUnit을 사용해 원하는 브라우저를 시뮬레이션한다. 테스트 스크립트 코드 삭성과 대소석으로 베스트를 지칭하는 이점은 그 안에 로직이 없기 때문에 해당 테스트를 시험할 필요가 없다.

● 리사의 이야기

내가 속한 팀은 몇 가지 이유로 WebTest를 선택해 레거시 애플리케이션에 대한 스모크 테스트를 자동화하기로 했다. 그 스크립트가 XML로 작성되기 때문에 팀의 프로그래머들은 해당 도구를 편하게 사용했다. 테스트를 실행하는 데 Ant를 사용했으므로 WebTest를 지속 빌드 프로세스에 통합하는 것은 간단했다. 배우기 쉽고 테스트는 모듈식으로 설계할 수 있으므로 유지 · 관리가 상당히 쉬웠다. WebTest는 PDF 파일과 전자 메일, 엑셀 파일 등 애플리케이션에서 광범위하게 사용되는 모든 것을 지원한다.

강력한 상업용 테스트 도구에 익숙해져서 테스트 프로그래밍과 대조적으로 테스트 명세를 작성하는 개념에 회의적이었다. 나는 회귀 버그를 잡아내는 데 간단한 테스트가 얼마나 효과적인지를 알고 깜짝 놀랐다. Groovy나 다른 스크립팅 언어를 사용해 테스트에 로직을 집어넣을 수 있지만 몇 가지 경우에서만 필요했다.

이터레이션마다 몇 가지 테스트를 작성하면서 나는 8개월 동안 우리 애플리케이션의 중요 영역 모두에 대한 스모크 테스트를 자동화했다. 이런 간단한 테스트들이 정규적으로 회귀 버그를 찾아 주었다. 우리는 자주 테스트를 리팩터링했고 테스트는 상대적으로 유지 · 관리가 쉬웠다. 이들 테스트에서 ROI는 굉장했다.

Selenium과 WebTest, Watir는 이 책을 집필하는 시점에 GUI 테스팅 용으로 사용할 수 있는 많은 오픈 소스 도구 중 세 가지 예일 뿐이다. 많은 팀이 그들 자체의 고유한 테스트 자동화 프레임워크를 작성한다. 다음 단원에서 한 가지 예를 살펴보자.

| "자가 제작" 테스트 자동화 도구 |

브렛 페티코드(Bret Pettichord, 2004)는 애자일 팀이 그들의 고유한 테스팅 필요사항을 만족하는 애자일 팀이 만드는 도구에 대해 "자가 제작"이라는 용어를 만들어 냈다. 이런 도구는 오픈 소스 도구보다 한층 더 심화된 사용자 지정 개발을 할 수 있다. 이들 도구의 목적은 대개 기술에 대해 잘 모르는 고객팀 멤버와 테스터에게 실제로 자동화된 도구로 실행할 수 있는 테스트를 작성하는 방법을 제공한다. 자가 제작 도구는 해당 프로젝트의 정확한 필요에 맞춤으로 만들어진다. 이런 도구는 총소유비용을 최소화하기 위해 설계될 수 있다. 종종 기존 오픈 소스 도구로 만들기도 한다.

자넷은 기능 테스트를 위한 전체 프레임워크를 생성하기 위해 Ruby와 Watir를 사용한 몇 가지 프로젝트에 참여했다. 이들 프레임워크를 사용하면 고객들은 후에 기능 회귀 모음으로 전환되는 테스트 명세를 작성할 수 있다.

어떠한 테스트 도구도 성공을 보장하지는 않는다. 사실 테스트 자동화의 역사는 실패한 무수한 시도의 역사라 볼 수 있다. 전체 팀이 최고의 도구를 사용하는 것에 관해 생각하는 것은 큰 도움이 되지만 사용하는 도구가 무엇이든 간에 테스트를 작성하는 데 지혜로운 접근방법이 필요하다. 다음 단원에서 이런 부분에 관해 설명할 것이다.

PAS 기능 테스트

이 이야기는 자넷이 자가 제작 테스트 자동화로 성공을 누렸던 프로젝트에 관한 이야기다.

PAS는 기름/가스 업계를 위한 생산 회계 애플리케이션이다. 총 매출 측정과 계약 조건을 사용해 다양한 제품을 아주 세세한 수준(가스의 구성성분)까지 소유권을 계산해야 한다. 시스템에서 구성할 수 있는 조합들과 사용자에게 보이는 실제 결과 사이의 상호작용은 그야말로 무수히 많다. 많은 상호작용이 있으므로, PAS는 테스팅에 대한 많은 상호 보완적인 전략을 사용했다.

팀의 초기 프로그래머이자 애자일 코치 중 하나인 조셉 킹(Joseph King)은 그들의 기능 테스트를 어떻게 완수했는지에 대해 다음과 같은 이야기를 들려줬다.

가장 아래 수준에서는 API를 통해 특정 기능을 시험하고 또 다른 읽기 전용 사용자 API를 사용해 결과를 확인하는 개발자 기능 테스트가 있다. 현재 JUnit에서 구현된 테스트가 2만 4천 개가 넘고 모든 개발자들은 소스 코드에 변경을 가하는 "체크 인"을 하기 전에 먼저 이들 테스트를 실행해야 한다.

다음 수준은 특히 "마스터-데이터" 생성과 갱신에 관련된 API에 들고 나는 사용자 데이터의 마셜링을 테스트하는 일련의 GUI 테스트다. 현재 하루에 여러 번 실행하는 Watij(Java를 사용하지만 Watir와 유사한 오픈 소스 라이브러리다)와 JUnit을 사용해 구현한 테스트는 5백 개가 넘는다.

테스트의 마지막 수준은 Fit 같은 테스트 도구에서 실행하는, 사용자가 생성한 일련의 통합 테스트다. 사용자는 재정 및 규제 결과를 만들어내기 위해 함께 작용하는 많은 기능 범위를 다루는, 실제 상황을 반영한 밀도 높은 테스트 케이스를 식별한다. 이들 테스트 케이스를 임포트 템플릿으로 옮겨온 뒤 최종 사용자들이 그들의 프로세스에 관해 생각하는 방식을 반영한 도메인 언어를 사용해 처리한다.

예를 들면 최종 사용자가 그들의 테스트에서 행사하고 싶어하는 기능과 계약들의 구성을 생성한 후 정확한 순서에 따라 개발자와 함께 기능들을 처리하는 도메인 언어를 사용해 작업한다. 그 다음 최종 사용자는 읽기 전용 API를 사용해 확인한 예상 결과 집합도 제공한다. 이들 결과는 몇 천 개가 포함될 수 있고, 그 중 일부는 겉보기에는 사소한 이유로 변경될 수도 있다. 결함이 무엇인지부터 타당한 비즈니스 변화가 무엇인지까지 자세히 살펴보는 것은 항상 어려운 일이다. 현재 400개 이상의 통합 테스트가 있고, 하루에 두 번씩 실행되며 최종 고객과 개발자에게 피드백을 제공한다.

탐색적 테스트는 개발 주기 동안 지속적으로 완료되고 최종 출시 시점에 늘어난다.

PASFIT(기능 테스트 프레임워크)에서 첫 번째 시도는 색상으로 구분된 입력과 출력의 스프레드시트였다. 우리는 PAS에서 데이터를 생성하기 위해 해당 셀의 색에 기반을 둔 Java 코드를 생성했다. 그것은 부분적으로 해당 애플리케이션이 GUI와 데이터베이스 수준 둘 다에서 주 흐름에 있었기 때문에 유지관리가 어려움이 증명되었다.

PASFIT의 다음 이터레이션은 이전 시도 이후 거의 1년 동안 발전하지 않았다. 우리가 데이터베이스 뷰와 GUI의 더 안정된 집합을 갖춘 후 간결한 명령 언어를 사용한 엔진을 생성해 GUI에 대해 인수로 액션들을 수행할 수 있었다(예컨대 Go to Balancing Page, Balance Battery: Oil, Water). 해당 스크립트는 생산 회계의 사고 과정으로 진화했고 도메인에 한정적인 언어가 되었다. 이 엔진은 Ruby와 Watir를 사용해 작성되었고 그 스크립트에서의 지시는 기본적으로 동적으로 호출된 Ruby 메소드여서 갱신하기가 쉬웠다. 스크립트를 실행한 후 그 다음 해당 프레임워크는 해당 테스트와 비교하고자 하는 뷰의 스냅숏을 로드하고 단정한 것과 실제로 발생한 것의 간단한 행 단위, 셀 단위 비교를 수행했다. 궁극적으로 이것은 사용자가 그들의 테스트에 대해 단정하고자 했던 결과에만 초점을 맞출 수 있도록 피벗 테이블을 사용해 스프레드시트에서 확장했다. 애플리케이션에 대한 해당 요구사항은 300개의 테스트를 실행하는 데 대략 12시간 정도의 긴 시간이 걸렸지만 대체로 성공적이었다.

더 많은 비즈니스에 회귀 테스트의 유지·관리가 포함되는 것은 어렵지만 그런 일이 생기는 것은 아주 바람직하다. 현재 우리는 비즈니스 사용자와 개발자가 그 날에 끝낼 시나리오 테스트를 선택하기 위해 15분 동안 서서 모인다. 스탠드 업 모임(stand-up)은 그 전날 끝낸 것을 알아내는 데 아주 효과적이다. 향후의 확장은 뷰 대신 실제 사용자 보고서에 대한 단정과 해당 시나리오 스크립트에 대해 매일 밤 마이그레이션을 실행하는 작업을 포함한다.

PASFIT는 비즈니스 전문가가 DSL로 테스트를 작성하게 하는 일과 고도로 복잡한 애플리케이션으로 이들 테스트를 자동화하는 일 사이의 균형을 이루었다. 성공은 시행착오를 수반한다. 자체 테스트 프레임워크를 작성하는 팀은 비즈니스와 개발팀 모두에게 적절한 솔루션을 찾는 실험을 해 볼 수 있는 시간이 필요하다.

테스트 작성을 위한 전략

이 세상 최고의 도구도 이를 현명하게 사용하지 않는다면 도움이 되지 않는다. 테스트 도구는 테스트의 명세를 아주 쉽게 작성할 수 있게 해주지만 적절한 시간에 올바른 테스트의 명세를 작성하는지는 여러분에게 달렸다. 리사의 팀은 프로그래머가 큰 그림을 가로막는 수많은 세부사항으로 인해 코드를 어떻게 작성해야 할지 혼란스러워하고 있음을 알게 되었다. 이것은 모든 팀에 해당되는 것은 아니며 어느 시점에는 상세 내용이 필요하다. 가장 최근 이런 상세한 내용을 제공했던 시기는 프로그래머가 코드 작성 작업 카드를 선택하고 스토리를 대상으로 작업을 시작했을 때다.

바라는 동작을 의사소통하는 상세화된 테스트 케이스를 작성하는 일은 기예적인 면과 과학적인 면 둘 다 필요하다. 빈약하게 표현된 시나리오와 설익은 테스트 케이스 설계는 문제를 해결하기보다는 혼란을 야기한다. 실험을 거듭하면 올바른 상세화 수준과 각 스토리에 대해 적절한 테스트 설계를 찾을 수 있다. 유용한 비즈니스 중심 테스트를 작성하기 위해 도구를 성공적으로 사용하도록 도움을 주는 몇 가지 전략을 살펴보자.

테스트를 점진적으로 구축하라

프로그래머가 코드 작성을 시작할 대상을 알 수 있도록 고수준 인수 테스트를 정의한 다음 스토리 테스트의 나머지를 정교화할 수 있다. 프로그래머와 바짝 붙어서 일하고 가능한 최선의 방식을 자동화할 수 있다.

프로그래머가 한 스토리에 대한 프로그래밍 작업을 시작할 때 세부 테스트를 같이 작성한다. 테스트를 즐기는 이들의 경우 곧 바로 테스트에 들어가고자 하는 "냄새"에 끌리면 우리가 해당 코드를 고려한 영역은 깨지기 쉬울 것이다. 이런 유혹을 이겨내자. 가장 확실한 유스케이스는 동작이 우선임을 기억하자. 단순하게 작성하고 해당 코드를 보여주는 주경로 자동화 테스트는 필요한 가장 기본적인 작업을 해낸다. 테스트를 통과하고 나면, 보다 창조적이 될 것이다. 비즈니스 중심 테스트 작성은 반복적인 프로세스다.

● 리사의 이야기

나는 제품 책임자가 제공한 사례에 기반을 둔 간단한 FitNesse 테스트를 작성해 팀을 지원하는 실행 가능한 비즈니스 중심 테스트 작성을 시작한다. 이 테스트를 코드 작업을 하는 프로그래머에게 보여준다. 프로그래머는 바로 그때 변경을 제안하거나 자신이 그 테스트를 자동화할 때 적절히 테스트를 수정한다. 가끔은 테스트에 관해 논의하면서 프로그래머가 요구사항을 빠뜨리거나 잘못 이해했는지를 깨닫도록 이끈다. 우리는 고객과의 대화를 위한 또 다른 세 가지 방식도 필요하게 될지도 모른다. 프로그래머는 그에 맞춰 해당 코드를 갱신한다. 제품 책임자에게 테스트를 보여주고 올바른 동작을 잡아냈는지 확인할 수도 있다.

간단한 테스트를 통과하면 더 많은 비즈니스 규칙을 처리하는 테스트를 많이 작성했다. 나는 조금 더 복잡한 테스트를 작성하고, 이를 실행한 뒤 해당 프로그래머는 필요에 따라 해당 코드나 테스트를 업데이트한다. 이 스토리는 원하는 모든 가치를 인도하도록 채워진다.

Tip
Chapter 18 "코딩과 테스팅"에서 테스터와 프로그래머가 함께 테스트하고 코드를 작성하는 방법에 관해 자세히 살펴본다.

각 테스트는 하나의 비즈니스 규칙이나 조건에 국한하도록 하라. 어느 시점에 더 복잡한 시나리오를 자동화하거나 수작업으로 수행할 수 있지만 각 조건 처리를 간단한 테스트로 시작하는 것이 좋다. 우리가 권고한 얇은 조각이나 강철 스레드(steel thread) 패턴을 따른다면 테스트의 첫 번째 집합은 첫 번째 얇은 조각 전체를 입증해야 한다. 자동화된 테스트를 통과하면 이들 테스트를 회귀 수트에 추가해 주기적인 빌드 프로세스에서 실행한다.

계속해서 테스트를 통과하도록 유지하라

테스트 통과 후에도 해당 테스트는 요구사항이 변경되지 않은 한 실패하지 않아야 한다. 실패가 일어난다면 그 테스트는 해당 코드가 고쳐지기 전에 업데이트되어야 한다. 물론 테스트가 요구사항 변경의 일부라는 사실을 잊었다면 그 테스트는 실패할 것이다. 테스트는 변경 감지기의 역할을 한다. 이 시점에서의 해당 테스트는 통과하도록 변경해야 한다.

지속 통합과 빌드 프로세스에서 테스트가 실패할 때마다, 해당 팀은 가장 높은 우선순위(중요 제품 문제 외에)에 따라 다시 빌드를 통과시켜야 한다. 실패하는 테스트에 주석처리를 하고 그것을 나중에 고치지 않도록 하라. 그렇지 않으면 지옥으로 가는 여정이 될 것이다. 곧 테스트는 주석이 잔뜩 붙게 되고 더불어 기술적인 빚도 많아진다. 모든 팀원은 그들이 하는 일을 멈추고 빌드가 다시 "녹색" 신호인지 확인해야 한다. 버그가 나타났는지 아니면 의도적으로 변경된 동작을 제공하기 위해 단순히 테스트를 업데이트해야 하는지를 결정하라. 해당 문제를 고치고 결과를 검사하고 해당 테스트를 모두 통과하는지를 확인하라.

● 리사의 이야기

애자일 도입노력 초기에 나의 팀은 문제가 된 테스트를 신속하게 고치지 않았다. 나는 테스트를 통과한 후에도 계속해서 통과된 상태를 유지해야 함을 각인시키기 위해 "테스트는 임시적인 행위가 아니다"라고 화이트보드에 썼다. 며칠 후 "테스터도 마찬가지로 임시가 아니다"라는 말이 덧붙여졌다. 그 후 우리의 빌드는 "녹색"으로 유지되는 일이 훨씬 많아졌다.

테스트를 통과한 후 또 다른 상황이 전개된다. 리팩터링을 통해 여러분의 테스트를 현재 상황에 맞고 유지관리가 용이하게 유지하라. 이들 테스트가 다른 테스트 케이스까지 다루도록 확장하라. 테스트를 통과한 후 다양한 조합과 시나리오가 회귀 수트의 일부가 될 수도 있고 되지 않을 수도 있다. 시기적절한 방식으로 실행하려면 회귀 수트가 필요하고 가장자리 케이스에 너무 많은 테스트를 진행하면 느려질 수 있다.

적절한 테스트 디자인 패턴 사용하기

테스트를 설계할 때 다른 패턴을 살펴보고 알맞은 것을 선택하라. 이들 테스트를 할 수 있는 한 간결하게 유지하라. 테스트를 설계하기 전에 필요한 테스트를 식별해야 한다. 피에르 베라겐(Pierre Veragen)은 테스트 발생 패턴(test genesis patterns)이라는 용어를 만들어 테스트에 관해 생각하는 데 도움을 주는 패턴들을 기록했다. 사례와 유스케이스가 테스트 발생 패턴에 반영되었다.

| 빌드/작동/검사 |

리사의 팀은 종종 빌드/작동/검사 패턴을 따른다. 테스트의 목적에 따라 메모리나 실제 데이터베이스에 입력 데이터를 만든다. 운영 코드를 호출해 이들 입력을 작동시켜 보고 그 결과를 확인한다. 일부 팀은 이 작업을 설정/실행/검증이라고 부른다. 예를 들면 새로운 계정 소유자에 나타나는 청구서를 테스트하려면 부과할 요금을 설정하고 요금에 관련된 해당 계좌의 속성을 입력한 다음 요금을 계산하는 코드를 실행하고 실제로 얼마의 요금이 부과되었는지 검사한다. 명시된 대출액과 이자율, 기간, 납입 주기, 서비스 시작 날짜를 설정한 뒤 할부 상환 일정을 확인하는 예는 [그림 9-9]를 참조하자. 이 테스트 데이터는 메모리에 내장되어 있어 빠른 테스트가 가능하다. "teardown" 픽스처(보이지 않음)는 메모리에서 테스트 데이터를 제거하므로 이어지는 테스트와 연동하지 않는다.

애플리케이션의 데이터 액세스 계층을 테스트해야 한다면 테스트는 실제 데이터베이스를 사용해 실행할 수 있다. 각 테스트는 필요한 테스트 데이터를 넣고 그 데이터로 작동시켜 본 다음 결과를 확인하고 해당 데이터를 삭제한다. 실제 데이터베이스의 데이터로 테스트하는 일은 데이터 액세스와 비즈니스 로직 계층이 쉽게 분리되지 않는 레거시 코드의 테스트를 자동화하는 수단이 될 수 있다.

BUILD THE DATA

Loan Fixture					
loanAmount	interestRate	term	frequency	serviceStartDate	amortize!
1000	6	1	Monthly	10-01-2005	true

CHECK THE RESULTS

Check Loan Amortization Fixture				
paymentNumber	paymentAmount	principalAmount	interestAmount	endingBalance
1	86.07	81.07	5.00	918.93
2	86.07	81.48	4.59	837.45
3	86.07	81.88	4.19	755.57
4	86.07	82.29	3.78	673.28
5	86.07	82.70	3.37	590.58
6	86.07	83.12	2.95	507.46
7	86.07	83.53	2.54	423.93
8	86.07	83.95	2.12	339.98
9	86.07	84.37	1.70	255.61
10	86.07	84.79	1.28	170.82
11	86.07	85.22	0.85	85.60
12	86.03	85.60	0.43	0.00

[그림 9-9] 빌드/작동/검사 패턴을 가진 테스트 예제

예제에서 "check" 테이블은 해당 시스템의 상태 변경 없이 독립적인 테스트 케이스를 구성하는 각 행을 가진 서술 양식을 사용한다. 조금 전 예제 테스트의 각 행은 대출 할부 상환 일정에서 한 줄을 테스트한다. 다음 단원에서 해당 시스템의 상태를 변경하거나 테스트하는 단계와 절차 양식을 살펴볼 것이다.

| 시간 기반, 활동, 이벤트 패턴 |

종종 시간 기반 절차 패턴이 더 나은 비즈니스를 반영한다. 예를 들면 대출을 테스트할 때 각 납입에 대해 정확하게 적용된 이자와 원금을 확인하기 원한다고 해보자. 이자 금액은 납입을 받은 날짜와 마지막 납입이 처리된 날짜에 의존한다. 우리는 일정량의 달러와 이자율, 기간에 대해 대출을 시뮬레이션한 뒤, 시간에 따라 납입자가 납입금을 보내고 처리작업이 이뤄지는 것을 시뮬레이션하는 테스트를 원한다. [그림 9-10]은 대출을 받고 납입금을 확인한 다음 처리해서 이자와 원금, 남은 대

출금을 확인하는 FitLibrary "DoFixture" 테스트의 간단한 사례를 보여준다. 이것은 대출 연체 상태도 검사한다.

해당 도메인에 따라 시간, 또는 이벤트 기반 접근 방법은 시뮬레이션을 통해 실제 비즈니스 프로세스가 더 나아지고 서술 형식 테스트보다 비즈니스 전문가가 잘 이해하게 할 수 있다. 다른 고객들은 세부적인 절차를 숨겨주기 때문에 서술 테이블 양식이 이해하기에 더 단순해 보일 수 있다. 다른 패턴들은 다른 상황에 가장 잘 맞으므로 이들 패턴을 시험해보라.

1. 대출 처리
2. 대출 납입금 계산
3. 납입내역서 발송 및 수신
4. 납입금 정산 및 확정
5. 이자와 원금, 남은 대출 잔액과 연체 상태 확인

Loan Processing Fixture										
take loan in the amount of	1000	with interest rate	6.0	frequency	Monthly	and term	1	year with loan origination date	12-31-2005
check	periodic payment is	86.07								
post payment	1	of		86.07	on	01-30-2006				
receive payment	1	of		86.07	on	01-31-2006				
settle and confirm payment	1									
check	interest applied for	1	is	5.10						
check	principal applied for	1	is	80.97						
check	loan balance is	919.03								
as of	02-01-2006									
check	default state is	Not in Default								

[그림 9-10] 간단한 시간 기반 테스트

| 더 배울 것 |

여러분의 팀은 프로그래밍을 이끌어내는 데 도움을 주는 테스트 패턴을 독학해야 한다. 각 테스트 유형에 따른 올바른 패턴을 찾는 일은 테스트를 명확히 전달해주고 유지·관리하기 쉬우며 최적의 시간 투자로 실행하도록 보장해준다. 테스트 설계의 유용한 자원에 대해 더 알고 싶다면 제라드 메자로스(Gerard Meszaros)의 〈X UNIT 테스트 패턴〉(에이콘, 2010)과 같은 참고문헌을 살펴보자.

프로그래머와 테스터가 함께 테스트 접근방법에 대해 브레인스토밍을 해서 어떤 테스트를 자동화하고 테스트를 지원하기 위해 해당 코드를 어떻게 설계해야 할지를 결정하도록 하자. 비즈니스 로직과 알고리즘은 사용자 인터페이스나 배치 스케줄링 프로세스를 통하지 않고도 테스트 픽스처

(fixtures)로 액세스할 수 있어야 한다. 이것은 테스트 주도 개발을 가능하게 하고 테스트 가능한 아키텍처를 만들어낸다.

테스트를 자동화하는 일반적인 접근방법은 키워드나 액션 단어들로 테스트를 동작시키는 것이다. Fit와 FitNesse, 또는 Ruby와 Watir와 같은 도구를 사용해 자동화할 수 있다. 다음 단원에서 이것을 설명할 것이다.

키워드 주도 테스트와 데이터 주도 테스트

데이터 주도 테스트는 테스트 유지관리를 줄이고 수작업 테스터들과 테스트 자동화를 공유하도록 도와주는 도구다. 입력과 예상된 결과만 반복되는 동일한 테스트 코드를 계속해서 실행하고자 할 때가 여러 번 있다. Fit에서 지원하는 것 같은 스프레드시트나 표는 입력을 지정하는 뛰어난 방법이다. 테스트 픽스처나 메소드, 스크립트는 한 번에 하나씩 각 데이터 값을 선택하는 작업을 반복할 수 있다. 데이터 주도 테스트를 사용함으로써 실제로 사례들을 사용해 애플리케이션이 해야 하는 작업이 무엇인지를 보여준다.

키워드 주도 테스트는 자동화된 테스트에서 사용되는 또 다른 도구로, 여기에는 미리 정의한 키워드를 사용해 액션을 정의한다. 이들 액션은 해당 애플리케이션에 관련된 프로세스에 해당한다. 이것은 도메인 테스트 언어를 생성하는 첫 번째 단계다. 이들 키워드(또는 액션 단어)는 프로그래머가 아닌 사람들이 자동화된 테스트를 개발하는 데 사용할 수 있는 매우 간단한 명세 언어를 나타낸다. 액션 단어가 동작하는 픽스처를 구현하려면 여전히 프로그래머나 기술적인 자동화 전문가가 필요하다. 이들 키워드가 도메인 언어를 에뮬레이션하도록 확장된다면 고객과 비기술적인 테스터들은 더 쉽게 워크플로에 매핑하는 테스트를 지정할 수 있다.

[그림 9-11]의 샘플 스프레드시트는 한 회사가 그들의 테스트 셋업을 자동화하기 위해 액션 단어를 어떻게 사용하는지 보여준다. 동일한 액션 단어들이 테스트에 사용될 수 있다. Signup과 Signoff, CCDeposit이라는 단어들은 도메인 한정적인 단어들이다. 이들 단어의 사용자는 근거가 되는 코드를 이해하지 않고도 테스트를 쉽게 작성할 수 있다.

ScriptID	Logging	Environment	Site	Lang	Email			
8	ON	STAGING	Global	English	ON			

Test ID	Description	ClassName	Action	Input 1	Input 2	Input 3	Input 4	Input 5
# Signup Customer								
123	Cdn customer	Member	Signup	Janet	Gregory	Calgary	123 St	T1T 2A2
123	Reg complete	Member	signoff	TRUE				
123	Log out	Member	Log_out	TRUE				
# Perform CC Deposit								
Setup	Description	ClassName	Action	Input 1	Input 2	Input 3	Input 4	Input 5
234	Log in mbr	Member	Login	get.AcctId	get.ID_greg	get.pwd_		
234	Submit CC Txn	Member	CCDeposit	VISA	4444333322	02	2008	25.86
234	Member Logout	Member	log_out					
END								

[그림 9-11] 액션 단어를 가진 샘플 테스트 스프레드시트

데이터 주도 테스트와 키워드 주도 테스트 기법을 조합하면 매우 강력해질 수 있다. Fit와 FitNesse는 테스트를 이끌어내는 데 키워드와 데이터 둘 다를 사용한다. 이 장에서 설명한 다른 도구들도 이러한 접근 방법을 수용할 수 있다.

해당 코드가 쉽게 테스트되도록 설계되지 않은 테스트 전략은 실행하면 문제를 일으킬 수 있다. 이제 관심사인 테스트 용이성을 살펴보자.

테스트 용이성

적절한 디자인 패턴으로 만들어졌고 코드 작성 전에 작성된 비즈니스 중심 테스트는 팀이 테스트 가능한 코드 설계를 얻도록 도움을 준다. 프로그래머는 아마도 테스터나 분석가, 고객과 비즈니스 중심 테스트를 살펴보기 시작하고 테스트 주도 설계를 진행하면서 이들 테스트를 실행해야 한다는 것을 항상 명심해야 한다. 이들은 테스트에서 입력을 제공하고 런타임 조건을 제어하도록 만들 수 있다.

> ● 리사의 이야기
>
> Ruby와 Watir로 일부 GUI 워크플로를 자동화하려고 했을 때 일이 꼬인 적이 있다. 달력 팝업 기능은 인식되지 않았고 데이터 필드는 읽기 전용이었다. 이 문제를 프로그래머 중 한 사람에게 전달했다. 우리는 짝을 이뤄 내가 제시한 문제를 확인했다. 프로그래머가 한 첫 번째 일은 달력 기능을 이해하는 것이었다. 그는 이 기능은 테스트 자동화가 너무 어려울 것 같다고 보고 다른 대안을 제시했다. 그는 입력 필드를 "속여" 텍스트 필드에 날짜를 받을 수 있는 새로운 메소드를 생성했다. 우리는 달력을 전혀 자동화할 수 없다는 위험을 알았지만 간단하게 만들기 위해서 그가 제시한 옵션으로 진행했다.
>
> 모든 코드를 자동화를 사용해 테스트할 수는 없지만, 프로그래머와 함께 여러분의 문제에 대한 대안 솔루션을 찾아보도록 하라.

이제 테스트 가능한 코드의 설계를 촉진하는 기법을 살펴보자.

코드 설계와 테스트 설계

Chapter 7 "팀을 지원하는 기술 중심 테스트"에서 단위 수준에서 테스트 주도 개발이 테스트가 용이한 아키텍처를 어떻게 보장하는지 설명했다. 이것은 비즈니스 중심 테스트 역시 마찬가지다. 리사의 팀이 설계한 계층화된 아키텍처는 기능 테스트에서도 잘 동작한다. 사용자 인터페이스를 수반하지 않고도 비즈니스 로직에 대해 직접 테스트를 수행할 수 있으며 적절한 경우 데이터베이스 계층 없이도 가능하다. 이것이 데이터베이스 계층을 테스트할 필요가 없다는 사실을 의미하지는 않는다. 다른 곳에서는 여전히 데이터베이스 계층을 테스트해야 할 수 있다.

테스트 용이성은 프레젠테이션 계층의 코드를 작성할 때도 고려해야 한다. GUI 테스트 도구는 잘 설계된 코드를 좋은 관행으로 개발했을 때 잘 동작한다.

● **리사의 이야기**

내가 처음 Canoo WebTest를 사용해 GUI 테스트를 자동화하려고 했을 때 시스템에 사용된 HTML과 자바스크립트가 표준을 따르지 않아서 많은 오류를 포함하고 있음을 발견했다. WebTest와 내장 도구인 HtmlUnit은 적절한 표준 HTML과 Javascript를 필요로 했다. 테스트를 지정할 때는 각 요소에 고유 ID를 부여하는 것처럼 좋은 HTML 작성 관행이 중요하다. 프로그래머는 테스트 자동화를 더 쉽게 만들어주는 테스트 도구로 HTML과 Javascript(그리고 나중엔 Ajax) 작성을 시작했다. 이들은 HTML을 검증하고 산업표준에 맞는지도 확인하기 시작했다. 이런 일련의 작업으로 다른 브라우저와 브라우저 버전에서 애플리케이션이 문제를 일으킬 가능성도 제거했다.

코드 작성과 테스트는 애자일 개발 프로세스의 일부다. 코드 설계와 테스트 설계는 상호 보완적이고 상호 의존적이다. 닭이 먼저냐 달걀이 먼저냐의 문제다. 테스트 가능한 코드 설계 없이 테스트를 작성할 수 없고 요구사항을 명확하게 전달해서 시스템 아키텍처와 호환이 되도록 잘 설계된 테스트 없이 코드를 작성할 수 없다. 이것이 우리가 항상 코드 작성과 테스트를 함께 고려하는 이유다. 스토리를 추정할 때 우리는 코드 작성과 테스트 양쪽 모두를 시간에 포함하며, 각 이터레이션과 스토리를 계획할 때 테스트와 코드 모두의 설계 시간을 고려한다. 테스트 자동화가 어렵다고 판단되면 해당 코드 설계를 평가하도록 하라. 프로그래머가 고객의 기대에 부합하지 않는 코드를 작성한다면 빈약하게 설계된 테스트라는 문제를 낳을 수도 있다.

자동화 vs. 수작업 2사분면 테스트

우리는 적어도 프로그래밍에 지침을 주는 적절한 크기의 테스트 영역이 자동화될 것이라고 가정했다. 초기에 이 시나리오를 프로그래머들과 공유했다면 수작업 테스트 시나리오로 프로그래밍을 이끌어낼 수도 있다 이들 시나리오를 자동화된 테스트로 빨리 전환할수록 그 이점을 더 빨리 깨달을 것이다. 대부분의 수작업 테스트는 초기 테스트의 집합으로 예상하지 못한 스토리에 관해 배울 수도 있는 "제품 평가" 사분면에 들어간다.

Tip
Part 4 "테스트 자동화"에서 성공적인 테스트 자동화 전략을 개발하는 내용과 타사 또는 오픈 소스 도구 사용 대비 자체 도구 개발과 같은 고려사항을 살펴볼 것이다.

수작업 테스트는 자동화에 적절하지 않을 수도 있는 테스트를 작성하더라도 상관없다. 테스트를 작성할 때 세부내용 때문에 괜히 속 태우지는 않도록 하자. 회귀 수트에서 계속해서 반복하는 것이 중요한 것이 아니라 꼭 해야 할 중요한 한 번의 테스트를 내놓이야 할 것이다. 전체 시나리오나 스프링보드에 관해 일부 자동화가 가능할 수도 있지만 지능적인 인간이 이들 테스트를 자세히 처리하는 탐색적 테스트 세션으로 생각하는 편이 좋다. 나중에 이 부분을 알아볼 것이다. 지금은 고객의 중요한 요구사항을 잡아내고자 한다.

간단한 접근방법으로 시작해서 어떻게 동작하는지를 살펴본 뒤 그 방법으로 만들어보자. 중요한 것은 제품을 개발할 때 팀을 지원하는 비즈니스 중심 테스트 작성을 시작하는 것이다.

테스트 관리

테스트를 자동화한다면 아직은 실행 가능하지 않더라도 자동화 프레임워크에서 이들 테스트를 나타내는 것이 좋다. 모든 개발팀원이 모든 테스트에 접근이 가능하고 모든 고객이 이해할 수 있는 방안을 원한다. 심지어 자동화되지 않는 것조차도 그런 방안을 필요로 한다. 팀원 모두가 테스트를 확인할 수 있게 하는 많은 옵션이 있다. 위키는 테스트 케이스를 공유하는 일반적인 방법이며 FitNesse 같은 일부 도구는 위키나 비슷한 도구를 사용해 요구사항과 사례, 실행 가능한 테스트를 한 곳에 공존하도록 서술할 수 있다.

Tip
Chapter 14 "애자일 테스트 자동화 전략"에서 자동화된 테스트의 관리 방법을 좀 더 자세히 살펴본다.

여러분의 소스 코드 제어에 테스트를 포함시켜야 어떤 버전의 테스트가 어떤 버전의 코드와 진행되는지를 추적할 수 있다. 최소한 테스트에 대한 버전 제어 같은 기능을 사용하자. 일부 팀은 테스트 관리 도구나 요구사항 관리나 결함 추적, 다른 컴포넌트를 통합할 수 있는 종합적인 테스트 프레임워크를 사용한다.

요 약

Chapter 9에서는 개발과 지침을 이끌어내는 데 도움을 주는 비즈니스 중심 테스트 생성을 도와주는 툴킷 중 우리가 원하는 도구를 살펴보았고 도구가 방해가 되기보다 도움이 된다는 것을 알았다. 도구와 지침과 관련해 다음의 내용을 다뤘다.

- 팀은 큰 그림에서 세부적인 요구사항과 사례를 끌어내기 위한 적확한 도구가 필요하다. 여기에는 체크리스트와 마인드 맵, 스프레드시트, 모형, 흐름도, 다양한 소프트웨어 기반 도구 등이 포함된다.
- GUI와 관련해 실례를 표현하고 테스트를 자동화하는 도구도 애자일 테스트 자동화에 필수적이다. 이들 도구에는 단위 테스트 도구와 행위 주도 개발 도구, FitNesse, Ruby와 Watir, Selenium, Canoo WebTest가 있다.
- "자가 제작" 테스트 자동화는 팀의 자동화된 테스트의 총소유비용을 낮추는 데 도움을 준다.
- 비즈니스 중심 테스트로 개발을 이끄는 것은 애자일 팀이 테스트 가능한 코드를 설계하는 데 동기를 부여하는 한 방법이 될 수 있다.
- 자동화 구축을 위한 테스트 전략은 테스트를 점진적으로 만들어가면서 항상 그 테스트를 통과하도록 해야 한다. 디자인 패턴을 사용하면 효과적인 테스트를 만들어 낼 수 있다.
- 키워드와 데이터 주도 테스트는 Chapter 9에서 논의한 도구들로 작업하는 일반적인 접근 방법이다.
- 코드 설계에서 테스트 용이성을 고려하고, 여러분의 코드로 작업해야 하므로 테스트 도구를 현명하게 선택하라.
- 테스트를 효과적으로 사용하고 버전 제어에 넣을 수 있는 테스트 구성 방식이 필요하다.

AGILE
Chapter 10
제품을 평가하는 비즈니스 중심 테스트

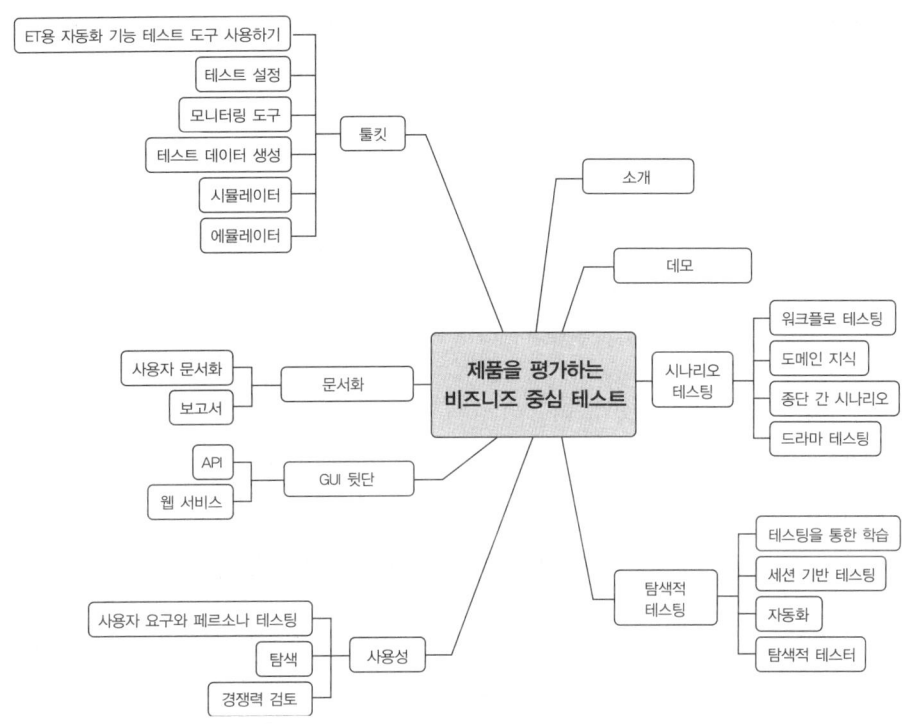

Chapter 10은 테스트 매트릭스의 3사분면을 다룬다. Chapter 8 "팀을 지원하는 비즈니스 중심 테스트"에서 2사분면과 프로그래밍을 지원하는 비즈니스 중심 테스트를 사용하는 방법에 관해 설명했다. Chapter 10에서는 다른 형태의 비즈니스 중심 테스트로 제품을 평가하는 방법을 보여준다. 이들 활동을 도와줄 도구에 관해서도 다룰 것이다.

3사분면 소개

비즈니스 중심 테스트는 비즈니스 전문가의 흥미를 끌 수 있어야 한다는 조건으로 설명할 수 있다. 전통적인 접근 방법으로 테스트를 언급할 때 이것은 항상 제품이 만들어진 후 제품을 평가하는 것을 의미한다. 지금쯤은 애자일 개발에서 이런 부분의 테스트는 쉬워야 한다고 생각할 것이다. 어쨌든 우리는 제품이 기대한 대로 동작하는지를 확인하는 데 모든 시간을 보냈다. 해당 요구사항들은 제품이 만들어졌을 때 다른 비 기능 요구사항과 보안을 포함해 모두 테스트되었다 그렇지 않은가? 이제는 일부 모호하거나 흥미로운 버그들을 찾아내는 일만 남았다.

테스터로서 우리도 사람이므로 실수를 하기 마련이다. 아무리 처음에 제대로 하려고 용을 쓰더라도 종종 잘못을 저지른다. 어쩌면 테스트하지 않았지만 테스트했다고 여기고 사례를 사용했을 수 있다. 아니면 잘못된 예상 결과를 기록해서 테스트는 통과되었지만, 그것은 긍정 오류였을 수 있다. 비즈니스 전문가는 실제 사용자가 필요로 하는 것들을 망각할 수도 있다. 최고의 고객이 제품을 보기 전까지는 자신이 원하는 것(또는 원하지 않는 것)을 알지 못할 수 있다.

제품을 평가하거나 비평하는 일은 테스터나 비즈니스 사용자가 해당 제품을 가늠하고 그 제품에 관해 판단을 내릴 때 하는 일이다. 이들 평가자는 제품이 동작하는 방식이나 룩 앤 필, 새로운 화면의 워크플로를 좋아하는지 여부에 기반을 두어 인식을 갖게 된다. 누군가가 여러분에게 제품을 설명할 때 어떤 것인지를 듣고 상상하는 것보다는 제품을 보고 느끼고 만지면서 반응하기가 더 쉽다.

제품을 평가하는 비즈니스 중심 테스트는 사람의 지적 능력과 경험, 본능에 의지하기 때문에 자동화하기는 어렵다. 하지만 자동화된 도구들을 사용하면 테스트 데이터 설정처럼 3사분면 테스트([그림 10-1] 참조)의 여러 측면을 도와줄 수 있다. Chapter 10의 마지막 절은 팀이 제품의 가치를 평가하는 중요한 측면만 집중하도록 도와주는 몇 가지 종류의 도구를 설명한다.

Chapter 10에서 다루는 많은 테스트가 수작업이지만, 수작업 테스트로 충분히 높은 품질의 소프트웨어를 만들어낼 수 있고 회귀 테스트를 자동화하지 않고 넘어갈 수 있다고 생각하는 오류를 범하지 않도록 하자. 1사분면과 2사분면에서 테스트를 자동화하지 않았다면 3사분면 테스트를 해볼 시간은 갖지 못할 것이다.

제품을 평가하거나 비평하는 일은 테스트 아래에서 시스템을 조정하고 최종 사용자의 실제 경험을 재창조하려는 일에 관한 것이다. 다른 비즈니스 시나리오와 워크플로를 이해하면 더욱 현실적인 경험을 하는 데 도움이 된다.

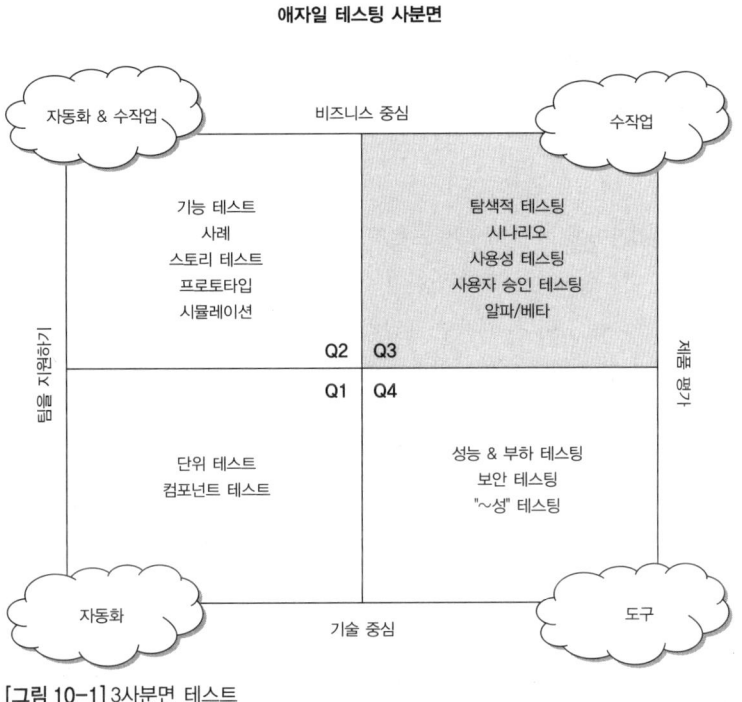

[그림 10-1] 3사분면 테스트

데모

개발하는 내용을 초기에 고객에게 자주 보여주는 것이 좋다. 기본적인 UI나 보고서가 스토리를 개발하는 동안 사용 가능하게 되면 바로 그것을 팀의 제품 책임자나 다른 도메인 전문가에게 보여주자. 하지만 비즈니스 쪽의 모든 사람이 이터레이션 데모때까지 이터레이션의 결과물을 볼 기회가 생기지는 않을 것이다. 이터레이션 데모의 마지막에는 비즈니스 사용자와 도메인 전문가에게 이터레이션에서 나온 결과물이 무엇인지 확인하고 우선순위를 변경할 기회를 제공한다. 이 기회라는 것은 "내가 그렇게 말했지만 이런 의미는 아닙니다"라고 말할 기회를 제공하는 것이다. 이것이 제품을 평가하는 한 형식이다.

● 자넷의 이야기

나는 멤버가 8~10명 정도인 5개의 팀 모두가 동일한 시스템을 개발하는 프로젝트에서 일한 적이 있었다. 이들은 같은 층에 있었지만 커뮤니케이션은 늘 문제를 일으켰다. 의존성과 겹치는 부분이 많아 프로그래머들은 팀 리드 미팅에 의존해 정보를 공유했다. 하지만 비즈니스 사용자와 테스터들은 다른 팀이 개발한 것을 확인할 필요가 있었다. 이들은 이터레이션의 마지막에서 각 팀이 제공한 데모에 의지해 다른 팀이 한 일이 무엇인지를 배웠다.

임원진이나 상위 관리자에게 하는 데모는 프로젝트에서 신뢰도를 부여해 줄 수 있다. 단계적인 프로젝트가 실패하는 이유 중 하나는 마지막까지 어떤 것도 보지 못한 상태에서 개발팀의 보고서만 믿고 관리가 이루어진다는 점이다. 애자일 개발의 점진적이고 반복적인 본질은 여러분에게 제품을 만들어 내고 출시하기 전에 비즈니스 가치를 보여줄 기회를 제공한다. 새로운 기능에 관해 참여자가 적극적으로 질문할 경우 라이브 데모는 아주 강력한 도구가 될 수 있다.

이터레이션의 마지막까지 기다리기보다 데모를 사용해 변경한 내용을 보여줄 기회를 가질 수 있다. 자넷이 일했던 최근 프로젝트는 비즈니스 사용자와 정기적인 모임을 만들어서 새로운 기능을 데모하여 즉시 피드백을 받았다. 원하는 변경은 모두 다음 이터레이션에 반영한다.

Tip
Chapter 19 "이터레이션 마무리"에서 마지막 이터레이션 데모와 검토에 관해 설명한다.

피드백 루프에서 변경 내용을 릴리즈에 충분히 빠르게 통합해 넣을 수 있도록 팀에서 작업하는 데모의 빈도를 선택하자.

비공식 데모가 더 생산적일 수도 있다. 비즈니스 전문가와 앉아서 팀이 현재 코드를 작성하고 있는 스토리를 보여주자. 약간의 탐색적 테스트도 함께 해보라. 개선점들과 향후의 스토리를 생각해보고 이제 막 제공한 기능을 변경하거나 빌드하는 데 도움을 주기 위해 각 이터레이션 데모 이후 이해 관계자가 탐색적 테스트를 수행하게 하는 팀도 있다.

시나리오 테스트

비즈니스 사용자는 최종 사용자 행동을 모방할 수 있는 타당한 시나리오와 워크플로를 정의하는 데 도움을 줄 수 있다. 실제 도메인 지식은 정밀한 시나리오를 만들 때 중요하다. 우리는 시스템의 전 영역을 테스트하기 원하지만 꼭 블랙박스로 해야 하는 것은 아니다.

팀이 비즈니스와 사용자 필요를 이해하는데 도움을 주는 한 가지 좋은 기법이 한스 부왈다(Hans Buwalda, 2003)가 만든 용어인 "드라마 테스트"다. 여기서의 개념은 TV 드라마가 행동과 감정을 다소 과장하고 일련의 사건을 빠르게 압축하는 방식과 유사하게 실생활에 기반을 둔 시나리오를 과장하는 것이다. 다음과 같은 질문을 생각해보라. "일어날 수 있는 최악의 일은 무엇이며 그런 일이 어떻게 일어났을까?"

> **드라마 테스트 예제**
>
> 리사는 인터넷 소매 사이트에서 일했는데, 거기서 드라마 테스트가 효과적일 수 있음을 알았다. 다음은 인터넷 소매 창고의 재고와 사전 주문, 이월 주문 처리를 테스트하는 드라마 시나리오의 예제다.
>
> 이번 연휴 시즌에 온라인 장난감 가게에서 가장 인기 있는 장난감은 수퍼 테스터 액션 피규어다. 우리는 20개를 사전 주문하고 창고에서 제품의 수령을 기다리고 있다. 창고 관리자인 제인은 100개의 수퍼 테스터 액션 피규어를 받았다. 그녀는 재고 시스템을 업데이트해 구입 주문량을 소화할 수 있는 재고가 있고 더 이상 사전 주문이 없음을 표시했다. 이제 웹사이트는 연휴에 맞춰 배달 가능한 수퍼 테스터 액션 피규어를 보여준다. 시스템은 사전 주문을 창고에 보낸다. 그 때 지게차 운전자인 조는 휴대폰을 쳐다보다가 산만해져 수퍼 테스터 액션 피규어를 담은 선반과 충돌하는 사고를 일으켰다. 모든 것이 알아보기 힘들 정도로 뭉개져버렸다. 겁에 질린 제인은 사용 가능한 재고에서 제품 100개를 제거했다. 그동안 이 인기 있는 장난감에 대한 더 많은 주문이 시스템 항목에 쌓였다. 사고난 잔해를 정리하다가 제인과 조는 14개의 멀쩡한 액션 피규어를 발견했다. 제인은 이들 제품을 다시 사용 가능한 재고로 추가했다.
>
> 이 시나리오는 시스템에서 사전 주문과 주문 접수, 이월 주문, 창고 취소, 사전 주문 투입 등의 몇 가지 프로세스를 테스트한다. 결과적으로 쇼핑 웹사이트에서 수퍼 테스터 피규어는 얼마나 주문 가능한 것으로 보일까? 이 시나리오를 실행하는 동안 살펴봐야 할 다른 영역들을 발견할 수도 있고, 구매 주문 애플리케이션은 사용하기 어렵거나 창고 재고 갱신이 해당 웹사이트에 적절하게 반영되지 않을 수도 있다. 이들 테스트 유형들을 고안해내고 실행하면 해당 애플리케이션의 더 좁은 영역에서 미리 정의된 기능 테스트를 실행하는 것보다 사용자와 다른 외부 고객이 필요로 하는 것에 관해 더 많은 것을 가르쳐 줄 것이다. 게다가 재미있기까지 하다!

테스터로서 우리는 종종 테스트 데이터를 만들지만 이들은 대개 단순해서 결과를 쉽게 검사할 수 있다. 다른 시나리오를 테스트할 때 데이터와 흐름 모두는 현실적이어야 한다. 해당 데이터가 다른 시스템에서 나오는지 또는 수작업으로 입력하는지를 알아내도록 하라. 가능하다면 고객에게 테스트에 대한 데이터를 제공해달라고 요청해서 샘플을 얻도록 하라. 해당 시스템을 통해 실제 데이터가 흘러갈 것이고 중간에 검사해 볼 수 있다. 대규모 시스템에서 어떤 결정을 내리는지에 따라 다르게 동작할 것이다.

● 리사의 이야기

우리 팀은 매일 뮤추얼 펀드의 매입과 매도를 처리하는 애플리케이션의 핵심 기능을 재작성하기로 계획했다. 이들 거래는 개인 분담금을 내거나 한 펀드의 잔액을 다른 펀드로 교환하거나 또는 자신의 계좌에서 돈을 인출하는 은퇴 계획 참여의 결과다. 리사의 동료인 마이크 토마스(Mike Thomas)는 기존 거래 처리 흐름을 공부하고 도식화했고 팀은 해당 코드 재작성에 착수하기 전에 기존 기능을 더 잘 이해할 수 있었다. [그림 10-2]는 흐름도의 일부를 보여준다. WT는 실제로 거래하는 관리인을 의미한다. CFM과 PRI, POS라는 3가지 다른 파일 유형이 다운로드되고 읽을 수 있는 형식으로 변환된다. 이들 파일 각각은 애플리케이션의 다른 부분에 반영되어 처리가 수행되고 결제된 거래와 티커 예외 보고서, 펀드 포지션 보고서와 같은 다양한 결과를 만들어 낸다.

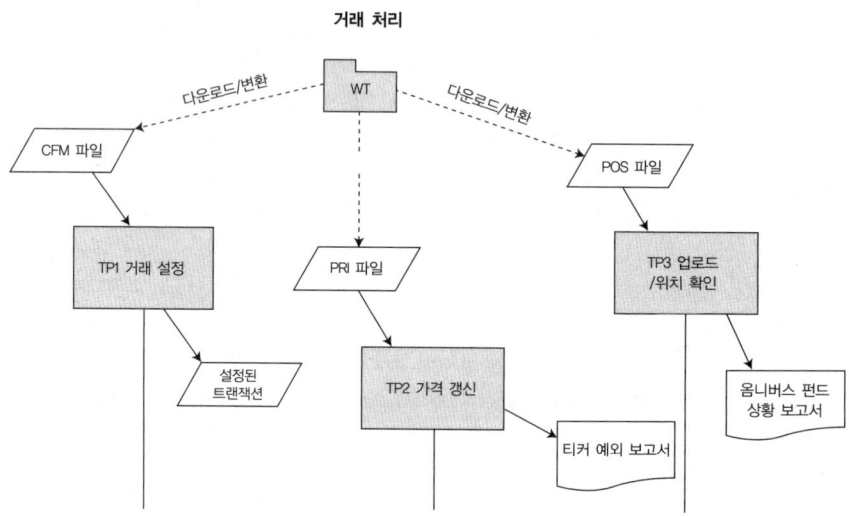

[그림 10-2] 처리 흐름도의 일부 샘플

종단 간 테스트를 할 때, 임의 추출 조사를 수행해 해당 데이터와 상태 플래그, 계산 등이 기대한 동작을 하는지 확인하라. 흐름도와 다른 시각적 보조물을 사용해 기능을 이해하는 데 도움을 얻도록 하라. 많은 조직은 보고서에 의지해 결정을 내리고 이들 보고서는 마지막에서야 확인하는 경우가 태반이다. 시나리오가 올바르게 식별된다면 여러분의 애플리케이션 보고서를 사용해 최종 검사를 제공할 수도 있다.

탐색적 테스팅

탐색적 테스팅(Exploratory testing, ET)은 애자일 세계에서 테스팅에 대한 중요한 접근 방법이다. 이것은 조사 도구로서 스토리 테스트와 자동화된 회귀 수트에 중요한 보조 수단이다. 스크립트 없는 테스팅에 대한 복잡하고 깊이 있는 접근 방법이며, 여러분이 이미 테스트한 다양한 변형들을 뛰어넘을 수 있다. 탐색적 테스팅은 학습과 테스트 설계, 테스트 실행을 한 가지 테스트 접근법으로 결합한다. 우리는 "과정"에서 어떤 문제에 관해 생각만 해도 더 많은 결과를 드러내도록 훈련된 방식으로 휴리스틱과 여러 가지 기법을 적용한다.

테스트할 때 테스트 대상 시스템에 관해 더 많은 것을 배우게 되고 그 정보를 사용해 새로운 테스트를 설계하는 데 도움을 받을 수 있다.

Tip
참고문헌에 탐색적 테스팅에 관해 더 알아볼 수 있는 자원 목록을 수록했다.

탐색적 테스팅은 철저한 테스팅을 통해 소프트웨어를 평가하는 수단이 아니다. 이것은 테스팅에 또 다른 차원을 추가하는 것으로 볼 수 있다. "완료된" 스토리들이 실제로 여러분을 만족시키는지 여부를 알아내는 것으로 충분하다.

Tip
쾌속 소프트웨어 테스팅에 관한 더 자세한 내용을 다룬 링크는 참고문헌을 참고하자.

탐색적 테스팅으로 얻을 수 있는 부가적인 가치는 여기에서 나오는 결과를 통해 배울 수 있다는 것이다. 이것은 더 자동화된 테스트를 사용하고 새로운 스토리들을 유발하는 새로운 기능이나 수정된 기능에 대한 아이디어를 얻을 수 있는 제품 영역을 보여준다.

탐색적 테스팅이란?

마이클 볼턴(Michael Bolton)은 쾌속 테스팅과 탐색적 테스팅 접근방법의 트레이너이자 컨설턴트다. 볼턴은 선임 저자인 제임스 바흐(James Bach)와 공동 집필한 쾌속 소프트웨어 테스팅(Rapid Software Testing) 과정을 가르친다. 다음은 마이클이 정의한 탐색적 테스팅에 대한 설명이다.

켐 카너(Cem Kaner)가 탐색적 테스팅을 처음 만들지는 않았지만, 〈Testing Computer Software〉(1983) 초판에서 모든 테스터가 하는 일에 두뇌를 최대한 몰입시킬 때 사용하는 접근 방법으로 이것을 찾아내고 이름을 붙였다. 다른 접근 방법의 선두적인 지지자인 볼턴과 제임스 바흐는 탐색적 테스팅을 "테스트 설계와 테스트 실행, 학습을 동시에 수행하는 것"으로 정의했다. 카너는 탐색적 테스팅을 "개별 테스터의 자유와 책임을 강조하는 테스팅 방식이며 프로젝트 동안 동시에 계속하는 활동으로서 학습과 테스트 설계, 테스트 실행, 테스트 결과 해석을 처리함으로써 일의 가치를 지속적으로 최적화하는 것"이라고 더 명시적으로 정의했다. 이 말은 아주 중요하다. 이것은 어떤 의미일까?

탐색적 테스팅에 관해 기억해야 할 가장 중요한 것은 이 자체가 테스트 기법은 아니라는 것이다. 대신 이것은 접근 방법 또는 사고방식으로 모든 테스트 기법에 적용될 수 있다. 기억해야 할 두 번째는 탐색적 테스팅은 단지 테스트 실행에 관한 것만은 아니며 테스터는 이터레이션의 초기에 새로운 테스트를 설계할 때나 이미 수행한 테스트의 결과를 분석할 때 탐색적 접근 방법을 취할 수도 있다. 세 번째 중요한 사항은 탐색적 테스팅은 엉성하거나 성급한 것도 아니고 준비 없는 테스팅도 아니라는 점이다. 탐색적 접근 방법은 확실한 테스트를 위해 아주 광범위하고 치밀한 준비를 요구한다. 그리고 탐색적 테스터가 수년간 개발해온 지식과 기술 집합은 자주 드러나지는 않지만 여전히 중요한 준비과정의 형태다. 탐색적 테스트는 수작업으로 수행되거나 테스트 자동화를 광범위하게 사용할 수 있다. 즉 테스팅을 지원하는 도구라면 어느 것이든 사용할 수도 있다. 따라서 탐색적 테스팅이 하나의 기법이나 테스트 실행, 또는 즉흥적이거나 수작업이 아니라면 테스트 활동을 탐색적으로 만드는 것은 무엇일까? 해답은 테스터의 인지적 참여에 놓여 있다. 즉 테스터가 지속적으로 바뀌는 상황에 반응하는 방법에 달렸다.

테스터가 텍스트 편집기에 대한 구성 대화 상자를 테스트하는 미션을 받았다고 가정해보자. 탐색적 접근법을 사용하는 테스터는 테스트 아이디어를 얻기 위해 원하는 동작에 관한 명세와 대화를 사용하겠지만, 스크립트 작성 접근 방법을 사용하는 테스터보다는 기록하는 아이디어가 덜 세밀한 경향이 있다. 숙련된 테스터는 일반적으로 테스트 아이디어가 몇 가지 특정 액션이나 데이터가 필요하지 않는 한 명시적인 지시가 그다지 필요로 하지 않는다. 만일 그렇다면 테스트 아이디어를 작성하거나 신속하게 시험할 수 있는 프로그램에 제공한다. 대화 상자를 발견한 탐색적 테스터는 이 대화 상자와 상호작용한다. 대개 원래 테스트 아이디어에 따라 테스트를 수행하지만 테스터의 앞에 대화상자가 나타날 때 해당 대화상자의 새로운 문제나 위험에 기반을 둔 다른 아이디어로 주의를 돌릴 수도 있다. 두 개의 설정이 기존 테스트에서 다뤄지지 않은 방식으로 충돌할 수 있을까? 탐색적 테스터는 즉석에서 테스트를 수행해 곧바로 조사를 한다. 해당 대화상자에서 사용자의 작업 흐름에 간섭을 줄 수 있는 사용성 문제는 없을까? 탐색적 테스터는 다양한 사용자와 시나리오를 고려하고 해당 문제의 중요성을 평가한다. [확인] 버튼을 누를 때 지연이 생기는가? 탐색적 테스터는 몇 가지 테스트를 더 수행해 일반적인 패턴을 찾는다. 몇 가지 구성 옵션을 또 다른 플랫폼에서 사용하지 못할 가능성이 있는가? 탐색적 테스터는 추가적인 테스팅에 대한 필요성을 주목하고 그리로 옮겨간다. 새로운 빌드를 받은 탐색적 테스터는 반복을 덜 강조하고 더 이상 흥미로운 정보를 드러내지 않는, 오래된 테스트들이 놓친 문제를 발견하기 위해 다양한 변형을 강조한다. 이 접근 방법은 항상 유용하며 개발자의 저수준의 자동화된 회귀 테스트를 통한 반복적인 테스트가 필요한 환경에서 더 강력하다.

탐색적 테스팅은 테스터가 어느 정도를 자신의 통제 하에 두는지, 테스터가 다음에 무엇을 할 것인지, 마지막 활동에 따른 마지막 결과가 다음 선택에 정보를 제공하는 위치를 특징으로 한다. 탐색적인 접근방법과 스크립트로 작성한 접근방법은 연속체의 상반되는 양극에 있다. 스크립트로 만들려는 사고방식의 최극단에서 다음에 할 일을 결정하는 것은 오로지 과거 어느 시점에 다른 누군가로부터 나온다. 탐색적 사고방식에서 동일 선상에서 탐구를 지속하거나 새로운 경로를 선택하는 결정은 전적으로 개별 테스터에서 나오며 활동이 발생하는 순간에 마지막 테스트의 결과는 다음 테스트에 대한 테스터의 선택에 강력한 정보를 제공한다. 다른 영향력으로는 중요할지도 모르는 테스트 정보에 대한 이해관계자와 이해관계자에게 중요한 품질 기준, 이해 관계자가 추구하는 테스트 범위, 테스트할 항목과 연관된 특정 위험, 해당 제품의 최종 사용자의 필요, 테스터의 기술, 개발자의 기술, 테스트중인 항목의 상태, 해당 제품의 일정, 테스터가 사용할 수 있는 장비와 도구, 테스터가 이들을 효과적으로 사용할 수 있는 범위 등이 포함되는데 이것도 일부 목록일 뿐이다.

사람이 생각하면서 수행하는 테스트 활동이 없는 경우에 전적으로 스크립트로 작성한다. 사람은 누군가 알려주지 않아도 상황을 인식하는 놀라운 능력이 있다. 하지만 그로 인해 때로는 산만해지고 샛길로 빠지기도 한다. 그러나 우리는 새로운 정보를 배우고 놀랄 만큼 빠르게 적용해 그 정보의 원인과 효과를 조사할 수 있다. 기계는 사람이 인식하도록 프로그래밍한 것만 인식한다. 기계는 놀라운 테스트 결과에 직면할 때, 잘해야 그 결과를 무시하는 정도고 최악의 경우에는 데이터를 파괴한다.

아직은 고객을 대표해 수행한 어떠한 테스트 활동도 전적으로 탐색적인 것은 아니다. 탐색적 테스터는 처음에 테스팅 미션에 의해 주도되는데, 이것은 전형적으로 해당 프로젝트에서 초기에 고객에 의해 착수된다. 탐색적 작업은 다른 때에 다른 사람에게서 나올 수 있는 아이디어와 체크리스트와 전략 모델, 범위 개요, 위험 목록을 지침으로 삼을 수도 있다. 테스터가 이들 아이디어를 시침으로 삼기보다 이들 아이디어에 통제를 받을수록 테스팅은 스크립트 작성 접근방법을 더 취하게 된다.

좋은 탐색은 오로지 자동화로만 수행된 절차적으로 구조화된 접근방법을 따르기보다 프로젝트 커뮤니티와 협력해 테스터로 사람이 참여하는 지속적인 제품의 조사를 필요로 한다. 탐색은 프로세스와 도구 위에 개인과의 상호작용을 강조한다. 코드를 테스트 우선으로 만들고 자동화된 회귀 테스트로 다루는 애자일 환경에서 테스터는 신뢰뿐만 아니라 권한을 갖고 있어야 그 순간에 새로운 테스트를 개발하고 새로운 문제를 찾아낼 수 있다. 탐색은 계획을 따르는 것과 비교해 변화에 반

> 응하는 것을 강조한다. 탐색적 접근 방법은 다양한 변형을 사용해 그저 우리가 이미 알고 있었던 것을 확인해주는 스크립트로 작성한 매뉴얼이나 자동화된 테스트 케이스 대신 문제에 대한 활발한 조사를 이끌어낸다. 탐색은 포괄적인 문서를 기반으로 작동하는 소프트웨어를 강조한다. 그리고 효과적이고 좋은 탐색은 이터레이션 초기에 준비했던 테스트의 반복만이 아니라 해당 프로젝트에 관해 중요한 사항들을 배우기 전에 테스터와 개발자, 고객, 그리고 나머지 프로젝트 커뮤니티간의 잦은 피드백을 필요로 한다. 탐색은 계약 협상을 넘어 고객 협업을 강조한다. 탐색적 접근 방법은 본질적으로 애자일이다.
>
> 탐색적 테스팅은 애자일 개발처럼 동일한 가치를 수용한다. 이것은 "애자일 테스팅 사고방식"의 중요한 부분이며 모든 팀의 성공에 중요하다.

사람들은 탐색적 테스팅에 익숙하지 않으며 종종 애드혹 테스트과 혼동한다. 탐색적 테스팅은 앉아서 키보드로 입력하는 것이 아니다. 숙련되지 않은 "블랙박스" 테스터는 탐색적 테스팅을 하는 방법을 알지 못한다.

탐색적 테스팅은 기능의 어떤 측면을 탐색할 것인지를 선언함으로 시작한다. 여기에는 비판적 사고와 결과에 대한 해석, 기대 시스템이나 비슷한 시스템과의 결과 비교를 필요로 한다. 테스팅이 중요한 구성 요소일 때 "냄새"를 따라가 보자. 테스터는 탐색적 테스팅 세션 동안 그들이 보고 필요에 따라 더 조사한 모든 문제를 재연할 수 있도록 기록한다.

> **기술: 탐색적 테스팅과 정보 평가**
>
> 경험 있는 탐색적 테스터이자 학습자이며 트레이너인 존 하거(Jon Hagar)는 몇 가지 활동과 특징, 효과적인 탐색적 테스팅에 중요한 기술을 공유한다.
>
> 탐색적 테스팅은 테스터의 시스템에 대한 이해와 함께 비판적 사고를 통해 단기간 프레임으로 실행된 뒤 테스트 계획 프로세스로 피드백될 수 있는 집중적이고 실험적인 "테스트"를 정의한다.
>
> 애자일 팀은 각 개발 주기에서 운영 준비가 된 동작하는 소프트웨어를 만들어내므로 탐색적 테스팅을 해볼 기회가 많이 있다. 각 개발 주기 초기에 다음의 내용을 기반으로 탐색적 테스트를 고려해보자.
>
> - 위험(분석): 여러분과 고객/사용자가 생각하는 중요한 부분이 사람들을 불행하게 만들 잠재적인 문제가 될 수 있거나 잘못을 범할 수 있다.

- 소프트웨어가 어떻게 동작할지에 대한 모델(정신적이든 아니든): 여러분이나 고객은 새로이 만든 기능이 어떻게 동작할지, 어떤 모습일지에 대해 큰 기대를 가지고 있으므로 그 기능을 테스트한다.
- 과거 경험: 테스트를 개선할 수 있는 예측 패턴으로 얼마나 많은 비슷한 시스템이 실패(또는 성공)했는지 생각해보고 그 시스템을 살펴보자.
- 개발팀이 알려주는 것: 개발자들과 대화하고 "우리에게 중요한 것"을 찾아낸다.
- 가장 중요한 것: 테스트하면서 여러분이 배우는(보고 관찰하는) 것. 애자일 팀에서 테스터의 업무 중 가장 큰 부분은 제품과 팀, 고객에 관해 끊임없이 배우는 것이다. 배우면서 고객의 필요나 팀이 범할지도 모르는 공통의 실수, 제품의 좋은 특징이나 나쁜 특징 같은 것에 기반을 두고 테스트를 신속하게 확인해야 한다.

일부 테스트는 자동화된 회귀 수트의 좋은 후보다. 일부는 탐색 차터에 부합해 "완료"될 것이다. 애자일 팀은 그들이 배우는 것에 관해 비판적 사고를 하고 그에 맞춰 테스트를 진화시켜야 한다. 여기서 가장 중요한 측면은 테스트를 하는 동안 두뇌를 활발히 회전시키면서 재미있거나 예상치 못한 것, 새로운 것을 찾는 것으로 이는 자동화된 테스트가 놓치는 것들이다. 반복적인 작업은 좋든 싫든 간에 자동화를 사용하고, 예상치 못한 것을 확인하고 생각하며 처리하는 데 알맞은 것은 애자일한 인간이다.

유용한 탐색적 테스팅에 일반적으로 필요한 몇 가지 구성요소는 다음과 같다.

- 테스트 설계: 좋은 테스트 설계자로서 탐색적 테스터는 많은 테스트 방법을 이해하고 있다. 여러분은 탐색하는 동안 다른 방법을 불러서 바로 실행할 수 있어야 한다. 이런 기민성이 자동화된(스크립트 작성) 절차에 대한 탐색적 테스팅의 커다란 이점으로, 이런 점을 사전에 숙고해야 한다.
- 주의 깊은 관찰: 탐색적 테스터는 훌륭한 관찰자다. 탐색적 테스터는 예상치 않은 것을 확인하고 정확함이라는 가정에 관해 주의를 기울인다. 이들 테스터는 미묘한 소프트웨어 특징이나 패턴을 관찰해 실시간으로 테스트를 변경한다.
- 비판적 사고: 솔직하고 기민하게 사고하는 능력은 사고하는 인간이 자동화되지 않은 테스팅을 수행하는 핵심적인 이유다. 탐색적 테스터는 테스트를 검토하고 즉시 예상치 못한 방향으로 테스트의 방향을 바꿀 수 있다. 이들은 결함을 찾는 로직을 설명하고 테스팅의 명확한 상태를 제공할 수도 있다. 비판적 사고는 인간이 배움을 통해 갖추는 기술이다.
- 다양한 아이디어: 경험 있는 테스터와 주제 관련 전문가는 더 나은 아이디어를 더 많이 낼 수 있다. 탐색적 테스터는 테스트를 하는 동안 이런 다양성을 기반으로 할 수 있다. 탐색적 테스트의 중요한 가치 중 하나는 비판적 사고를 통해 예기치 못한 방향으로 테스트를 이끌고 오류를 찾아내는 것이다.
- 풍부한 자원: 탐색적 테스터는 도출해낼 수 있는 일련의 많은 도구와 기술, 테스트 데이터, 정보 소스를 개발해야 한다. 애자일 테스트 팀 멤버들은 프로젝트와 경력 전체를 통해 그들의 탐색 지원을 성장시켜야 한다.

> 애자일 탐색적 테스터의 일상에서 하루를 이해하기 위해 다음 테스터의 이야기를 살펴보자.
>
> 나는 오전 8시에 도착해서 그 전날 밤에 자동화된 테스트가 돌아가면서 일어난 일을 검토한다. 전날 밤의 자동화된 테스트에서 약간은 사소하지만 흥미 있는 오류가 발견되었다. 로그인 양식의 비밀번호 필드가 특수한 문자를 받아들였는데, 이는 유효성 검사로 거부되었어야 하는 것이었다. 나는 "공략"을 위한 시작점으로서 개요를 생성했다(최상위 수준 계획과 위험 목록).
>
> 나는 "공략 계획"을 생각하면서 플립 차트에 해당 문제의 작은 상태 모델을 개략적으로 그렸고 개발자와 팀의 고객 대표자에게 이것을 보여주었다. 나는 이들의 제안을 통합한 테스트를 설계하면서 유효성 검사가 거부할 것이라 예측되는 데이터 스트레스 입력을 사용했다(특수 문자들의 1MG 파일). 물론 스트레스 입력으로 테스트를 실행했고 해당 시스템은 예상대로 이들 입력을 거부했다. 다른 데이터 집합을 시도하자 시스템은 데이터베이스에서 버퍼 오버플로와 함께 실패를 일으켰다. 이는 배우는 과정이었고 잠재적으로 심각할 수 있는 보안 버그를 끝까지 추적했다. 하루를 이렇게 보내면서 나는 비밀번호 입력 필드에 다른 다양한 비밀번호를 넣어 살펴보았고 팀과 함께 버그를 찾아 고쳤다.
>
> 우리는 자동화된 테스트 결과뿐만 아니라 탐색적 테스팅에서도 배울 수 있었다. 각 유형의 테스팅은 다른 테스팅 유형에 다시 반영된다. 광범위한 기술을 개발해 중요한 문제를 식별하고 테스트를 작성해 이런 문제가 재발되는 상황을 방지할 수 있을 것이다.

탐색적 테스팅이라는 용어는 테스팅의 "정황 주도적 학파(context-driven school)"에서 대중화시켰다. 이것은 고도로 훈련된 활동이며 학습으로 배울 수 있다. 세션 기반 테스트 관리는 탐색적 테스팅을 감사하고 측정할 수 있도록 설계된 테스팅의 한 방법이다(Bach, 2003).

세션 기반 테스팅

세션 기반 테스팅은 책임 추적성과 탐색적 테스팅을 합쳐놓은 것이다. 세션 기반 테스팅은 테스터의 탐색적 테스팅 경험에 대한 프레임워크를 제공해 일관된 방식으로 결과를 보고할 수 있다.

● 자넷의 이야기

제임스 바흐(James Bach, 2003)는 탐색적 테스팅을 직소 퍼즐과 비교한다. 내가 처음 직소 퍼즐에 비유한 그의 글을 읽었을 때 탐색적 테스팅을 완벽하게 이해했다.

퍼즐을 시작할 때 먼저 퍼즐의 모든 조각을 쏟아낸 다음 유사한 색상과 가장 자리 조각 위주로 분류한다. 다음으로 가장 자리 조각을 맞추는데 이것이 시작을 위한 프레임워크가 된다. 직소 퍼즐의 가장자리는 집중에 도움을 주는 목표 선언과 일정한 제한 내에 유지시키는 세션의 타임 박싱과 유사하다.

세션 기반 테스팅은 탐색적 테스팅의 한 형식이지만 시간의 제한이 있고 좀 더 구조화되어 있다. 나는 조나단 바흐(Jonathan Bach)에게 세션 기반 테스팅에 관해 배웠고 탐색적 테스팅을 잘 수행하는 데 필요한 구조를 제공해 줄 수 있음을 알았다. 나는 직소 퍼즐을 풀던 방식과 동일한 기술을 사용하고 색상이나 모양, 또는 어쩌면 특이하게 맞지 않는 것으로 보이는 것에서 패턴을 찾는다. 나의 사고 과정에서 이들 패턴을 잡아내고 이해할 수 있게 되었으며 휴리스틱을 사용해 퍼즐을 풀어내는 능력을 발전시켰다.

처음에 테두리 부분의 조각을 놓으면서 직소 퍼즐을 풀어내는 것처럼, 우리는 세션 기반 테스팅을 사용해 작업에 프레임워크를 제공할 수 있다. 세션 기반 테스팅에서 미션이나 차터를 만든 뒤 세션에 시간 대역을 정해 중요한 것에 집중할 수 있다. 테스터로서 기존의 관행에서 자주 벗어나 현재 진행하는 테스트에 중요할 수도 아닐 수도 있는 버그를 추적할 수 있다.

Tip
세션 기반 테스팅에 관한 더 자세한 정보는 조나단 바흐의 작업에 대한 참고 문헌을 확인하자.

세션은 테스트 설계와 실행, 버그 조사와 보고, 세션 설정의 세 가지 종류의 작업으로 나뉜다. 우리는 대부분의 시간을 어디서 사용했는지 알 수 있도록 설정 대비 실제 테스트 실행시간을 측정한다. 일관된 방식으로 결과를 잡아내어 팀에게 다시 알려줄 수 있다.

자동화와 탐색적 테스팅

탐색적 테스팅을 테스트 자동화와 결합할 수도 있다. 조나단 콜(Jonathan Kohl)은 그의 글 "Man and Machine(2007)"에서 탐색적 테스팅을 돕는 대화형 테스트 자동화에 관해 설명했다. 테스트 설정이나 데이터 생성, 반복적인 작업을 수행하거나 작업 흐름을 따라 원하는 곳에서 시작하기 위해 자동화를 사용한다. 그 다음엔 테스팅 기술과 경험을 사용해 실제적인 버그와 그 외에 주의를 벗어난 은밀한 문제들을 찾는다. 자동화된 테스트 수트를 사용해 탐색할 수도 있다. 이 테스트 수트를 약간만 수정하고 실행해서 결과를 살펴보고, 다시 수정하고 발생한 결과를 관찰하자.

탐색적 테스터

탐색적 테스트를 하는 각 테스터는 문제에 대한 다른 접근방법과 고유한 작업 방식을 갖고 있다. 하지만 좋은 탐색적 테스터가 되는 몇 가지 특성이 있다. 좋은 테스터란,

- 체계적이지만 일관성이 없는 특이한 조각들을 찾아서 계속 "냄새"를 맡는다.
- 여러 가지 조언 장치(문제를 인식하는 원칙이나 메커니즘)를 사용해 문제를 인식하도록 배운다.
- 주제나 역할 또는 사명 선언을 선택해 테스트에 집중한다.
- 세션과 짧은 일탈을 시간 대역으로 제한한다.
- 전문가나 초보자가 하는 일에 관해 생각해본다.
- 도메인 전문가와 함께 탐구한다.
- 유사 애플리케이션이나 경쟁 애플리케이션을 검토한다.

탐색적 테스트는 애플리케이션의 동작에 관해 배우는 데 도움이 된다. 테스터는 일반적으로 자신이 테스트하는 애플리케이션에 관해 많은 것을 알고 있다. 이들 테스트로 기술에 약하거나 익숙하지 않은 사용자가 해당 애플리케이션을 쓸 수 있는지 여부를 어떻게 판단할까? 사용성 테스팅은 많은 소프트웨어 시스템에서 아주 중요하다. 다음 단원에서 사용성 테스팅에 관해 설명할 것이다.

사용성 테스팅

두 가지 유형의 사용성 테스팅이 있다. 첫 번째 유형은 프로그래밍에 도움을 주는 와이어 프레임 같은 도구를 사용해 사용자 경험 전문가들이 사전에 수행한 테스팅이다. 이런 종류의 테스트는 2사분면에 속한다. 이 단원에서 우리는 제품을 평가하는 사용성 테스팅의 종류에 관해 설명한다. 페르소나와 같은 도구와 직관을 사용해 최종 사용자가 생각하는 제품을 살펴보는 데 도움을 얻는다.

사용자 요구와 페르소나 테스팅

온라인 쇼핑 사례를 살펴보자. 우리 사이트를 사용할 사람을 떠올려보자. 이전에 온라인으로 쇼핑을 한 경험이 있는 사람들일까? 아니면 어떻게 진행해야 하는지 모르는 새로운 사용자일까? 아마도 두 가지 유형의 사람이 뒤섞여 있을 것이라고 본다. 시간을 들여 마케팅 그룹에 질문을 던져 최종 사용자의 유형 통계를 받아 보자. 숫자로 살펴보는 것이 테스팅을 계획하는 데 도움을 준다.

페르소나를 사용하는 접근 방법 중 하나는 다른 경험 수준과 요구를 대표하는 몇 명의 다른 사용자를 만들어 내는 것이다. 여기서는 인터넷 소매 애플리케이션의 경우에 맞춰 다음과 같이 만들어보았다.

- 낸시 뉴비(Nancy Newbie)는 인터넷 쇼핑이 처음인 노인으로 신원도용이 신경쓰인다.
- 허드슨 해커(Hudson Hacker)는 체크아웃 페이지에 속임수를 쓸 방법을 찾는 사람이다.
- 엔리코 익젝큐티브(Enrico Executive)는 자신의 모든 쇼핑을 온라인으로 하는 사람으로 전 세계의 모든 고객에게 선물을 배송한다.
- 베티 바긴(Betty Bargain)은 대박 거래를 찾는 사람이다.
- 데비 디더러(Debbie Ditherer)는 뭘 사야할지 결정하는 것이 항상 너무나 어렵다.

우리는 항상 이들을 염두에 둘 수 있도록 이들 페르소나를 나타내는 사진을 걸어놓고 작업 영역에 사용자의 이력을 벽에 붙여놓을 것이다. 각 페르소나로 동일한 시나리오를 차례로 테스트하고 이들이 어떤 다른 경험과 마주하는지를 살펴볼 수 있다.

페르소나 테스팅을 접근하는 또 다른 방법은 브라이언 매릭(Brian Marick)과 엘리자베스 헨드릭슨(Elisabeth Hendrickson)으로부터 배운 것으로 허구의 인물이나 인기 있는 유명 인사를 선택해 이들이 애플리케이션을 어떻게 사용할지를 상상하는 것이다. 영국의 여왕은 우리의 체크아웃 프로세스를 다룰 수 있을까? 호머 심슨은 자신이 원하는 항목을 어떻게 찾아낼까?

현실 프로젝트: 페르소나

마이크로소프트에서 원노트 팀은 자신들의 테스팅 프로세스의 일부로 페르소나를 사용한다. 원노트의 테스트 관리자인 마이크 톨프슨(Mike Tholfsen)은 원노트를 사용할 것 같은 7개의 페르소나를 사용한다고 말했는데, 여기에는 변호사와 학생, 부동산 중개인, 영업맨과 같은 특정 고객 유형을 포함한다. 이들이 만들어낸 페르소나는 다음과 같은 정보를 담고 있다.

- 일반적인 업무 기술
- "하루의 생활"
- 원노트의 주요 사용처
- 해당 페르소나가 사용할 것 같은 기능 목록
- 가능성 있는 노트 구조
- 다른 애플리케이션의 사용
- 구성과 하드웨어 환경

애플리케이션을 탐색하면서 초보자와 중급, 전문 사용자의 역할을 가정할 수도 있다. 사용자가 설명서 없이 기능을 찾아 사용할 수 있을까? 대부분이 처음 사용자라면 인터페이스를 아주 간단하게 만들어야 할 것이다.

> ● **자넷의 이야기**
>
> 새로운 생산 회계 시스템 테스트를 처음 시작했을 때 나는 흐름을 이해하기 어려웠지만 팀의 생산 회계사는 이 시스템을 좋아했다. 잠깐 동안 작업을 해본 후 애플리케이션 이면의 복잡성을 이해했고 처음 사용해보는 사람에게 직관적이지 않는지를 알았다. 이 시스템은 애플리케이션이 항상 사용자 친화적이어야 한다고 가정했던 나에게는 좋은 경험이었다.

여러분의 애플리케이션이 특정 유형의 사용자에 맞춰져 있다면, 직관적이기보다는 "똑똑해야" 할 것이다. 해당 인터페이스를 최대의 효과와 유용성을 고려해 설계할 수 있도록 초기의 사용성 부족을 극복할 수 있는 충분한 훈련 기간을 주어야 한다.

탐색

탐색은 사용성 테스팅의 또 다른 측면이다. 탐색은 링크를 테스트하고 탭 순서가 합리적인지를 확인하는 아주 중요한 부분이다. 사용자가 애플리케이션이나 웹사이트를 선택하고 첫인상이 나빴다면 여러분의 애플리케이션을 다시는 사용하지 않을지도 모른다. 이 테스팅의 일부는 자동화할 수 있지만, 실제 사용자 경험을 테스트하는 것이 중요하다.

Tip
사용성을 위한 설계에 대한 한 가지 접근 방법인 오즈의 마법사 테스팅의 사례에 대해서는 Chapter 8 "팀을 지원하는 비즈니스 중심 테스트"를 살펴보자.

최종 사용자를 만날 수 있다면 이들을 탐색 테스팅에 참여시키자. 실제 사용자와 짝을 이루거나 실제로 애플리케이션을 사용하는 과정을 관찰하고 기록하자. 새로운 사용자 인터페이스를 설계할 때 서로 다른 인터페이스에 대해 포커스 그룹을 이용하는 방법을 고려해보자. 모형과 종이에 그린 흐름도를 사용해 의견을 청취하고, 다음으로 HTML 모형을 시도해 피드백을 일찍 얻을 수 있다.

경쟁 제품 확인

애플리케이션의 사용성을 평가할 때 유사한 다른 애플리케이션을 고려해보라. 이들 애플리케이션들은 작업들을 어떤 식으로 해낼까? 이들 애플리케이션이 사용자 친화적이거나 직관적인지 생각해보라. 경쟁 소프트웨어에 액세스해 볼 수 있다면, 이들 애플리케이션이 동작하는 방법을 조사해보고 여러분의 제품과 이들 제품을 비교하는 데 시간을 들여 보자. 예를 들면 날짜 범위를 선택하는 사용자 인터페이스를 테스트하고 있고 날짜를 선택할 때는 달력이 팝업된다. 그렇다면 항공편 예약 웹사이트에서 비슷한 달력기능이 어떻게 동작하는지 살펴보자.

Tip
제프 패튼와 제럴드 메자로스, 기타 다른 사람이 쓴 사용성 테스트의 글에 대한 링크를 참고문헌에서 살펴보자.

사용성 테스팅은 상당히 전문화된 분야다. 사용 훈련을 받을 몇 사람을 위한 내부용 애플리케이션을 만들고 있다면 사용성 테스팅에 많은 투자를 할 필요는 없을 것이다. 통신 회사를 위한 온라인 디렉터리 지원 애플리케이션을 작성중이라면 사용성은 주요 초점이 될 것이고 따라서 사용성에 관해 할 수 있는 한 많은 것을 배우거나 사용성 전문가를 데려와야 한다.

GUI의 뒷단

"Man and Machine(2007)"이라는 프레젠테이션에서 조나단 콜은 테스팅 인터페이스에 대한 대안에 관해 설명했다. 항상 사용자 인터페이스를 통해 테스트하는 것만 생각하지 말고 다른 방식으로 해당 문제를 공격하는 것도 고려해보자. 여러분이 접근할 수 있는 모든 각도에서 전체 시스템을 테스트하는 것에 관해 생각하라. 시뮬레이터나 에뮬레이터 같은 도구의 사용을 고려하라.

Tip
Chapter 9 "팀을 지원하는 비즈니스 중심 테스트를 위한 툴킷"에서 이들 테스트를 촉진하는 도구들에 관해 더 자세한 내용을 다루었다.

API 테스팅

Chapter 8과 9에서 개발을 이끌어 주는 GUI 뒷단을 테스트하는 작업에 관해 설명했다. 이 단원에서는 다른 순열과 조합을 시도하기 위해 API에 대해 테스트를 확장할 수 있음을 설명한다.

API(application programming interface)는 다른 소프트웨어 애플리케이션이나 컴포넌트가 실행할 수 있는 기능의 모음이다. 최종 사용자는 보통 API의 존재를 결코 인식하지 못하고 단순히 그 위의 인터페이스와 상호작용한다.

각 API는 다른 입력을 받는 매개 변수의 개수로 특정 함수를 호출한다. 해당 함수의 변형은 다른 결과를 반환한다. 단순한 입력은 테스트가 쉽다. 더 복잡한 테스팅 패턴은 가능한 한 많은 함수의 변형을 제공하기 위해 매개변수로 작업할 때 일어난다. 종종 매개 변수는 선택적이어서 가능성을 이해하는 것이 중요하다. 입력과 기대 결과 모두에 대한 경계 조건 역시 고려해야 한다. 예를 들면 매개 변수로 유효한 문자열과 유효하지 않은 문자열 두 가지를 사용하고 콘텐트를 바꿔보거나 문자열의 입력 길이를 달리한다.

또 다른 테스트 방식은 API 호출 순서를 달리하는 것이다. 순서를 변경하면 예상치 못한 결과를 낼 것이고 UI 테스팅을 통해서는 결코 발견되지 않을 버그들이 나타난다. 여러분은 UI를 사용할 때보다 테스트를 더 쉽게 제어할 수 있다.

● 리사의 이야기

나의 팀은 퇴직 계획 스폰서가 급여 개인 분담금 파일을 업로드할 수 있도록 일련의 스토리를 작업했다. FitNesse 테스트 케이스를 작성해 파일 분석 규칙을 기술했고 프로그래머는 이 부분에 대해 단위 테스트를 작성했다. 해당 파서에 대한 코드 작성을 완료했을 때, 파서에서 일부 특이한 것을 포함해 더 많은 데이터의 조합을 던지고 발생하는 결과를 보길 원했다. 개발을 이끌도록 테스트에 사용한 것 같은 동일한 픽스처를 사용하고 우리가 생각할 수 있는 모든 과장된 조합을 입력하고 결과를 볼 수 있었다. 유효한 데이터와 유효하지 않은 데이터 모두의 100가지 변형을 테스트했다. [그림 10-3]은 우리가 시도했던 테스트들의 몇 가지 예를 보여준다. 이런 방법으로 코드에서 몇 가지 오류를 발견했다.

단지 생각할 수 있는 모든 조합을 재빨리 시도하는 수단일 뿐이었기 때문에 회귀 수트에 이들 테스트 모두를 진행하지는 못했다. 이들 테스트는 반자동화된 애드훅 방식으로 수행되었고 기대한 결과를 결과 확인표에 입력하도록 괴롭히지 않으며, 단지 이들 결과가 올바르게 보이는지를 확인하기 위해 눈을 크게 뜨고 나온 결과를 쳐다보았다.

Build the data

ContributionsFileFormatFixture		
line	parse()	
1 pAyRoLl, 701-00-0003, 40,"$2,309.01","$145.09", "125.00", "$32.88"	valid	valid (mixed case, decimals, spaces)
2 payroll, 701-00-0008,167,"$999,999,999.99","$1,500,000",200000,"$75,000"	valid	valid (outrageous amounts)
3 payroll, 701-00-0011,",3509,175,"$0.01",25	invalid	invalid (invalid hours)
4 payroll, 701-00-0013,40,1,200,,100,50	invalid	invalid (unquoted comma)
5 payroll, 701-00-0016,40,1347.22,160,56.0,{},0	invalid	invalid (invalid characters)
6 payroll, 701-00-0021, 80, 2300.98, 174.01, 34.90, 84	valid	valid (variable whitespace)
7 loan, 700000041, 4100220,110	valid	valid (no dashes in SSN)
8 loan, 702-00-0054,"$466"	invalid	invalid (missing field)

Operate and Check

ContributionsFileResultsFixture										
line	ssn	hours	comp	deferral	match	roth	loanId	loan	lineProblem	firstFieldProblem
1	701-00-0003	40	2309.01	145.09	125.00	32.88	null	null	null	null
2	701-00-0008	167	999999999.99	1500000.00	200000.00	75000.00	null	null	null	null
3	701-00-0011	0	3509.00	175.00	0.01	25.00	null	null	null	invalid hours
4	701-00-0013	40	1.00	200.00	0.00	100.00	null	null	null	extra field
5	701-00-0016	40	1347.22	160.00	56.00	0.00	null	null	null	invalid Roth deferral
6	701-00-0021	80	2300.98	174.01	34.90	84.00	null	null	null	null
7	700-00-0041	null	null	null	null	null	4100220	110.00	null	null
8	702-00-0054	null	null	null	null	null	null	null	null	invalid loan identifier

[그림 10-3] 규칙 테스트 파싱 샘플

● **자넷의 이야기**

최근에 잘 정의된 API를 통해 레거시 시스템과 연동하는 웹 애플리케이션 작업에 참여했다. 레거시 시스템의 설계와 해당 데이터가 복제가 어렵다는 사실 때문에 팀은 아직 이 테스팅을 자동화하는 방법을 찾지 못한 상태였다. 하지만 우리는 올바른 입력이 전달되었고 예상한 결과가 반환되었는지를 확인하기 위해 로그 파일을 살펴볼 수는 있다. 여러 API의 가치 있는 탐색적 테스팅은 자동화의 이점이 있든 없든 가능하다.

API는 애플리케이션 라이프 사이클 초기에 개발될 수 있으며, 이는 테스팅 역시 초기에 일어날 수 있음을 의미한다. API를 통한 테스팅은 UI가 개발되기 전에 시스템에 신뢰를 줄 수 있다. 이런 유형의 테스팅은 자동화될 수 있기 때문에 모든 매개 변수와 각 함수의 목적을 이해하기 위해 프로그래머와 작업을 해야 한다. 프로그래머나 자동화팀이 사용하기 쉬운 테스트 도구를 개발한다면 기능성을 시험하는 테스트 케이스의 수트를 체계적으로 만들 수 있다.

웹 서비스

웹 서비스는 서비스 기반 아키텍처로 다른 시스템이 해당 시스템에 액세스할 수 있도록 외부 인터페이스를 제공한다. 다수의 이해관계자가 있고 여러분의 제품을 사용할 사람이 누군지 모를 수도 있다. 테스팅은 외부 고객들이 기대하는 서비스의 품질을 확인해주어야 한다.

> **Tip**
> 웹 서비스는 일반적으로 상당한 비중의 보안과 스트레스, 신뢰성 테스팅을 요구한다. 이런 유형의 테스트들에 대해서는 Chapter 11 "제품을 평가하는 기술 중심 테스트"를 살펴보자.

여러분의 테스트 계획을 생성할 때 고객에게 약속한 서비스 수준을 고려하자. 탐색적 테스팅에 시간을 할애해서 사용자가 웹 서비스에 액세스할 수도 있는 다른 방법들을 시뮬레이션해보자.

웹 서비스 표준의 사용은 현재 테스팅 도구에 대한 다른 영향도 제공한다. API 호출에서처럼 웹 서비스 기반 통합은 인터페이스 위치의 중요성을 강조한다. 하지만 메시지 형식과 처리, 대기 시간, 메시지 응답 시간도 고려해야 한다.

> **Tip**
> Chapter 12 "테스팅 사분면의 요약"에서 웹 서비스 테스팅의 사례를 설명한다.

GUI 주도 자동화를 활용하는 테스팅 도구의 사용은 웹 서비스 프로젝트의 경우는 좀 부적당하다. 상세 구현 내용을 "이면에서" 캡슐화하는 특정 도메인에 한정된 언어가 테스팅 웹 서비스와 잘 맞는다.

테스팅 문서와 문서화

종종 테스트를 하는 동안 간과하는 시스템의 구성요소 중 하나가 문서다. 애자일 개발자로서 우리는 문서화보다는 동작하는 소프트웨어에 가치를 두지만 여전히 문서화는 가치가 있다. 사용자 매뉴얼과 온라인 도움말은 소프트웨어만큼이나 확인이 필요하다. 팀에서 문서를 만들고 검증하는 기술 작가와 같은 전문가를 고용할지도 모른다. 해당 제품의 다른 모든 구성요소와 마찬가지로 팀원 모두가 문서화의 품질에 책임이 있으며 여기에는 하드 카피와 전자 문서 둘 다 포함된다.

사용자 문서화

여러분의 팀은 2사분면 테스트를 수행해 팀을 지원하면서 문서의 생성도 해야 할 것이다. 그리고 그렇게 하는 것이 좋다. 리사의 팀은 정부 법령이 지정하는 콘텐츠의 문서를 생산해내는 코드를 작성하고 프로그래머는 테스트 우선으로 많은 코드를 작성할 수 있다. 하지만 문서가 정확한 서식으로 작성되었는지, 또는 가독성 좋은 글꼴을 사용하는지 여부를 판단하는 작업은 자동화 테스트에서는 어렵다. 자동화 테스트는 사용자 매뉴얼 같은 문서의 콘텐츠가 정확하거나 유용한지 여부를 평가할 수도 없다. 문서화는 많은 주관적인 구성요소가 있기 때문에 문서를 검증하는 것은 비판하는 활동에 가깝다.

● **자넷의 이야기**

기술 작가와 테스터는 아주 가깝게 일할 수 있다. 기술 작가인 스테파니와 나는 한 프로젝트에서 일했고 애플리케이션이 동작하는 방법을 이해하기 위해 프로그래머와 이야기를 나눴다. 스테파니는 해당 애플리케이션을 다루어 보면서 자신이 정확하게 작성했는지도 확인했다. 이렇게 하면 테스팅에 드는 수고가 두배인 것 같아 스테파니와 나는 앉아서 더 나은 접근 방법을 찾아보았다.

우리는 테스터들이 개발했던 것처럼 스토리를 함께 작업하기로 결정했다. 일부 스토리의 경우 스테파니는 리드 테스터였고 가끔씩은 내가 그 역할을 했다. 내가 리드일 때는 나는 테스트 조건과 사례를 만들고 스테파니는 문서화를 위한 기초로서 이들을 사용했다. 스테파니가 리드였을 때는 그녀가 문서를 작성하고 나는 테스트 케이스를 결정하기 위해 그 문서를 사용했다.

이런 방법으로 작업을 수행하면 문서를 테스트할 수 있고 테스트를 실행하기도 전에 테스트에 문제를 제기할 수 있다. 이처럼 손을 맞잡고 일하는 것은 아주 성공적인 시험이었음이 증명되었다. 결과물로 나온 문서는 소프트웨어의 동작과 일치했고 최종 사용자에게 더욱 유용했다.

도움말 텍스트 역시 확인해야 한다. 도움말 텍스트에 대한 연결을 쉽게 알아볼 수 있는가? 사용자 인터페이스 전체에 일관성이 있는가? 도움말 텍스트는 명확하게 나타냈는가? 도움말 텍스트가 팝업으로 열리도록 했는데 사용자가 브라우저에서 팝업을 차단한다면 어떤 영향이 있을까? 도움말은 필요한 모든 주제를 다루고 있는가? 리사의 프로젝트에서 도움말 텍스트는 우선순위에서 뒤로 밀리는 일이 많고 때로는 전혀 수행되지 않기도 했다. 그것이 비즈니스 결정이지만 애플리케이션의 영역에 추가 도움말 텍스트나 문서화가 필요하다고 느낀다면 팀과 고객에게 문제를 제기하라.

보고서

테스팅 관점에서 종종 간과하는 또 다른 시스템 구성요소가 보고서다. 보고서는 의사 결정 목적으로 많은 사용자에게 중요하지만, 종종 마지막 순간까지 남겨 놓고 끝내지 못하거나 빈약한 내용으로 만들어버리기도 한다. 보고서는 특정 고객 요구에 맞춰 조정되기도 하지만 보고서 생성을 위한 많은 도구가 있다. 보고서는 애플리케이션 자체의 일부분일 수도 있고 아니면 최종 사용자를 위한 별도보고서 시스템을 통해 생성되기도 한다.

제품을 평가하기 위해 다른 3사분면 테스트 활동과 함께 테스팅 보고서를 논의하지만 우리는 코드 작성을 안내하고 팀이 보고서를 작성할 때 고객의 요구를 이해하는 데 도움을 주는 2사분면 보고서 테스트 작성도 권장한다. 이들 보고서 테스트도 물론 테스트 우선으로 작성할 수 있다. 그렇지만 문서와 마찬가지로 이해할 수 있는 방식으로 정보를 읽고 나타내기에 충분히 쉬운지를 알기 위해 보고서를 살펴봐야 한다.

보고서를 테스트할 때 가장 큰 도전 중 하나는 서식이 아니라 올바른 데이터를 얻는 것이다. 보고서용 테스트 데이터를 생성하려 할 때 현실적이고 좋은 데이터의 한 단면을 얻기 어려울 수 있다. 이것은 보고서를 실패하도록 만드는 가장자리 케이스이므로 추가 데이터를 포함하는 것은 실현 가능하지 못할 수 있다. 대부분의 경우 운영 환경 데이터(또는 운영 시스템에서 테스트 환경으로 복사한 데이터)를 사용하는 것이 다른 보고 유형을 테스트하는 데 최선이다.

● 리사의 이야기

우리의 애플리케이션은 많은 보고서를 포함하고 있어서 많은 기업들이 정부의 법적 준수 요구사항을 만족하는 데 도움을 받는다. 각 보고서나 보고서에 대한 모든 변경, 심지어 보고서를 생성하는 데 사용하는 도구의 업그레이드에 대한 자동화된 스모크 테스트가 있지만 광범위한 수작업 테스팅과 시각적 테스팅이 필요하다. 우리는 매의 눈으로 확인해야 한다. 한 문자로 잘려진 건이 있는가? 텍스트의 일부가 다음 페이지에 걸쳐 있는가? 올바른 데이터를 포함하고 있는가? 잘못된 데이터나 빠진 데이터로 인해 규제 기관과 마찰을 일으킬 수 있는가?

또 다른 도전은 해당 보고서에 포함된 데이터를 확인하는 부분이다. 해당 보고서가 사용하는 동일한 쿼리를 사용한다면 어떤 것도 입증할 수 없다. 나는 종종 보고서에 나타난 실제 데이터와 비교하기 위해 나만의 SQL 쿼리를 제시하려고 노력한다. 간단하게 보이는 보고서라도 보고서를 테스트할 여분의 시간을 미리 잡아 놓는다.

보고서는 너무 주관적이라서 다른 이해 관계자들이 데이터를 나타내는 방법에 대해 서로 다른 설정을 하고 있음을 알았다. 전화로 사용자에게 보고서를 설명하는 계획 관리자는 보고서에 어떤 데이터가 존재해야 할지를 결정하는 회사 고문 변호사보다 이해를 쉽게 하는 다른 아이디어가 있다. 우리의 제품 책임자는 모든 비즈니스의 영역에서 의견 일치를 얻도록 도와준다.

물론 보고서의 콘텐츠와 서식이 중요하지만 온라인 보고서의 경우 이들 보고서가 게시되는 속도 역시 중요하다. 우리의 계획 관리자는 일부 거래 이력 보고서에 어떤 데이터 범위든지 자유롭게 지정하기를 원했다. 보고서에 대한 코드를 작성한 DBA는 대기업의 은퇴계획의 경우 몇 개월 치 이상의 데이터는 렌더링할 때 몇 분이 걸릴 수 있음을 경고했다. 시간이 흐르고 회사가 성장함에 따라 거래도 더 많아졌고 결국 사용자 인터페이스는 보고서를 전달하기 전에 시간 만료를 내뱉기 시작했다. 테스트를 할 때 최악의 시나리오를 시도해야 결국 이것이 가장 일반적인 시나리오가 될 수 있다.

Tip
얇은 조각을 사용하는 것에 관한 내용은 Chapter 8 "팀을 지원하는 비즈니즈 중심 테스트"에서 설명한다.

많은 보고서를 포함하는 프로젝트를 다루고 있다면 이들 보고서를 마지막까지 남겨두고픈 유혹에 넘어가서는 안된다. 할 수 있는 한 이터레이션마다 보고서를 일부분 포함시키자. 어떤 보고서는 단일 스토리이거나 두 개의 스토리로 나뉠 수도 있다. 모형을 사용해 고객이 보고서 콘텐트와 서식을 결정하는 데 도움을 주도록 하라. 보고서에서 "얇은 조각"이나 "주경로"를 찾고 먼저 코드를 작성한 다음 다음 조각을 추가하기 전에 고객에게 코드를 작성한 결과를 보여주자. 점진적인 개발은 다른 소프트웨어와 마찬가지로 이들 보고서 작업에서도 잘 맞는다.

때때로 고객들 스스로는 보고서의 모습이 어떠해야 하는지 보고서를 어떻게 점진적으로 접근하는지 잘 알지 못한다. 그리고 종종 팀에서 아무도 테스트 노력이 증명되기 얼마나 어려운지를 예상하지 못한다.

● 리사의 이야기

재무 회계처럼 은퇴 계획은 계좌로 들어오고 나가는 모든 돈의 상세 내역을 계좌 소지자에게 주기적인 보고서로 제공해야 한다. 이들 보고서는 계좌명과 수익자 등 기타 관련 정보와 함께 기초 잔액과 기말 잔액 간의 변화를 보여준디. 우리 회사는 게좌 보고서를 개선해 마케팅 두구루 활용하면서 이 보고서를 이해하지 못한 계좌 소지자의 전화 문의 수를 줄이기를 원했다.

직접 경쟁자들의 계좌 보고서에 접근하지 못했으므로 제품 책임자는 아이디어를 얻기 위해 용역을 통해 은행과 다른 금융 기관에서 계좌 보고서를 가져오도록 요청했다. 몇 달간 토의를 거치고 모형으로 실험을 해본 후 이전 보고서에 없었던 각 뮤추얼 펀드에 대한 성과 결과와 같은 데이터를 포함하는 새로운 보고서 양식을 만들어 냈다.

새로운 계좌 보고서 개발에 대한 스토리는 2분기에 걸친 이터레이션을 통해 배포되었다. 첫 일사분기 동안은 새로운 데이터를 수집하는 스토리가 완료되었다. 테스팅은 생각한 것보다 더 어려운 것으로 나타났다. 우리는 FitNesse 테스트를 사용해 다른 데이터 요소를 잡아내서 확인함으로써 안심시킬 수밖에 없었다. 모든 변형을 다루기는 어려웠으며 자동화된 테스트로는 일부 놓치는 것도 있었다. 새로운 데이터 수집의 변화는 기존 보고서에서 이미 표시하고 있는 해당 데이터에 역효과를 줄 수도 있음을 예상하지 못했다.

결과적으로 계좌 보고서에 대해 충분한 수작업 테스팅을 하지 못했다. 미묘한 오류들이 우리를 피해 나갔다. 분기별 보고서를 내는 업무를 수행했을 때 고객들로부터 전화 문의가 들어오기 시작했다. 우리는 코드와 데이터 모두에서 오류를 진단하고 고치느라 미치기 일보 직전이었다. 전체 프로젝트는 일사분기를 연기하게 되었다. 그러는 동안 보다 나은 테스트 방법을 찾아냈고 내부적인 확인과 해당 코드에 대한 보다 나은 로그 작성 기능을 추가했다.

짧은 이터레이션은 충분한 탐색적 테스팅과 다른 3사분면 활동을 위한 시간을 내기 어려울 수 있음을 의미한다. 이제 이러한 테스팅의 속도를 올리고 필수적인 수작업 테스트와 시각적 테스트를 위한 시간을 내는 데 도움을 주는 도구를 찾아보자.

탐색적 테스팅에 도움이 되는 도구

탐색적 테스팅은 수작업 테스팅이다. 몇몇 최고의 테스팅은 사람이 종종 스크립트를 따라가면서 간과하는 세부적인 부분에 주의를 기울이기 때문이다. 직관은 컴퓨터가 배우게 할 수 없는 것이다. 하지만 탁월함을 추구하는 데 도움을 주는 많은 도구가 있다.

도구가 사람의 상호작용을 대체하지는 못한다. 도구는 사람의 경험을 향상시켜야 한다. 이들 도구는 테스터에게 더 강력한 힘을 제공할 수 있으므로 다루기 어려워서 종종 무리를 지어 나타나는, 재현이 어려운 버그를 찾을 수 있다. 탐색적 테스팅은 관습에 얽매이지 않는다. 그러면 도구들 역시 필요 없을까? 도구들을 테스팅에 통합해 넣어 적은 노력으로 높은 가치를 얻는 방법에 관해 생각해보자.

컴퓨터는 반복되는 작업을 수행하고 계산을 수행하는 데 적합하다. 인간보다 더 나은 두 가지 영역이 있으므로 이러한 작업들에 컴퓨터를 사용해보자. 테스팅은 코드 작성에 보조를 맞춰야 하기 때문에 시간에 구애받지 않을 수 있다는 점이 우리가 얻을 수 있는 보너스다.

다음 몇 개의 단원에서 자동화로 탐색적 테스팅에 영향을 줄 수 있는 몇 가지 영역을 살펴볼 것이다. 우리가 다룰 내용은 테스트 설정과 테스트 데이터 생성, 모니터링, 시뮬레이터, 에뮬레이터다.

테스트 설정

테스트할 때 우리가 할 수 있는 일에 관해 생각해보자. 우리는 막 버그를 발견했지만 쉽게 재현할 수 있는 것은 아니다. 컴포넌트들 간의 상호작용의 결과로 버그가 발생했으리라고 확신하고 처음으로 돌아가서 차례로 시나리오를 하나씩 시도해본다. 이 하나의 버그를 재현하려 시도하는 일만으로도 하루를 다 보내게 된다.

이 작업을 어떻게 하면 더 쉽게 할 수 있는지 스스로에게 물어보자. 가장 시간이 많이 걸리는 작업 중 하나가 테스트 설정과 실제 테스트를 위한 올바른 시작점을 얻는 것임을 알았다. 세션 기반 테스팅을 사용한다면 일정한 시간을 낭비하는 사람을 추적했기 때문에 그 때 이미 테스트 설정에 어느 정도의 시간이 걸리는지 알 수 있다. 이는 자동화를 위한 훌륭한 기회다.

Tip
참고문헌에서 최적의 테스팅을 위해 사람과 자동화의 힘을 함께 사용하는 방법에 관한 조나단 콜의 글을 참고하자.

Chapter 9에서 설명한 팀을 지원하는 비즈니스 중심 테스트에 사용되는 도구들은 수작업 탐색적 테스팅에서도 유용하다. 자동화된 기능 테스트 스크립트를 실행하면 데이터와 시나리오를 설정해 탐색적 테스팅 세션을 시작할 수 있다. 런타임 매개 변수를 받도록 구성된 테스트는 특히 제품을 평가하기 위한 시작점 설정에 특히 유용하다.

● 리사의 이야기

Watir 테스트 스크립트 모두는 여러 런타임 매개 변수를 받는다. 특정 옵션 집합을 가진 은퇴 계획과 특정 참여자 유형이 필요할 때 하나의 Watir 스크립트 또는 명령줄에서 변수의 집합을 갖는 두 개의 Watir 스크립트를 시작할 수 있다. 스크립트가 멈출 때 이미 설정한 테스팅에 필요한 모든 데이터가 있는 브라우저 세션을 가진다. 이것은 너무 빨라서 모든 수작업 키 스트로크를 사용해 얻지 못하는 조합들을 테스트할 수 있다.

기능 회귀 테스팅과 개발을 인도하는 데 사용하는 테스트 스크립트가 수작업 탐색적 테스팅의 지루함을 벗어나도록 도와주는 유일한 도구는 아니다. 테스트 데이터를 설정하는 것뿐만 아니라 테스팅 세션의 결과를 평가하는 데 도움을 주는 다른 노구들도 있다.

사용하는 도구가 어떤 것이든 계속해서 관계가 있는 다른 입력으로 시나리오를 실행할 때 이들 도구를 어떻게 적용할 수 있는지 생각해보라. 자넷은 버그 식별을 돕기 위해 여러 번 실행할 테스트를 설정하는 데 Ruby와 Watir를 성공적으로 사용했다. 대체로 최종 사용자와 같은 방식으로 브라우저나 UI를 다루는 도구들은 여러분의 모니터에서 다시 테스트를 돌려보고 테스팅을 설정하는 동안 보이지 않은 모든 것을 확인할 수 있기 때문에 여러분의 테스팅을 더 신뢰하게 만든다. 테스트가 실제로 시작하는 곳에 이르면 여러분의 뛰어난 테스팅 능력을 사용해 버그의 출처를 찾아낼 수 있다.

테스트 데이터 생성

PerlClip은 다른 유형의 입력으로 텍스트 필드를 테스트하는 데 사용할 수 있는 도구의 예다. 제임스 바흐는 그의 웹 사이트(www.satisfice.com)에서 이 도구를 무료로 제공하고 있으며 필드의 유효성을 검증하는 데 아주 유용하다. 예를 들어 최대 200개의 문자를 입력으로 받는 필드가 있는데 이 필드와 경계값을 수작업으로 테스팅하는 것은 아주 지루할 것이다. PerlClip을 사용해 문자열을 생성하고 자동화 라이브러리에 넣은 다음 자동화 도구로 그 문자열을 호출해 값을 테스트해보라.

모니터링 도구

유닉스/리눅스 명령어 tail -f나 제임스 바흐의 LogWatch 등의 도구는 오류 조건에 대한 로그 파일 모니터링을 도와준다. 많은 IDE는 로그 분석 도구도 제공한다. 많은 오류 메시지가 화면에는 표시되지 않으므로, GUI를 통해 테스트하고 있다면 이들 메시지를 보지 못한다. 이런 모니터링 도구에 익숙해지면 테스팅을 더 효율적으로 만들 수 있다. 시스템이 경고와 오류를 기록하는 곳이 어디인지 모른다면 개발자에게 물어보자. 개발자는 시스템을 모니터링할 수 있는 방법에 관한 많은 아이디어를 갖고 있을지도 모른다.

시뮬레이터

Tip
전체 시스템을 테스트할 때 시뮬레이터가 얼마나 중요한지를 알려면 Chapter 12 "테스팅 사분면 요약"에서 "시스템 테스트" 사례를 살펴보자.

시뮬레이터는 테스트 중인 시스템에 대한 주요 특징과 실제 데이터의 동작을 나타내는 데이터를 생성하는 데 사용된다. 시스템에 대한 실제 데이터에 접근하지 못한다면 시뮬레이션 데이터 역시 가끔씩만 제대로 동작할 것이다. 시뮬레이터를 사용할 때의 또 다른 이점은 시간의 경과에 따라 시스템으로 데이터를 쏟아부어 준다는 것이다. 시뮬레이터는 일반적인 환경 아래 생성하기 어려운 오류 조건을 생성하는 데 사용될 수 있고 경계값 테스팅에 드는 시간도 줄여줄 수 있다.

시뮬레이터의 사용은 데이터와 테스트 시나리오 설정이 작업의 절반이다. 테스팅의 결과를 살펴볼 방법도 있어야 한다. 이제 이런 목적에 맞는 몇 가지 도구를 살펴보자.

에뮬레이터

에뮬레이터는 한 시스템의 기능을 복제한 것으로 테스트할 때 해당 시스템처럼 동작한다. 에뮬레이터를 사용하는 데는 많은 이유가 있다. 다른 시스템이나 장치와 연동하는 코드를 테스트해야 할 때 매우 유용하다.

에뮬레이터는 테스팅과 코드 작성이 함께 협력하며 진행되도록 도와주는 도구다. 에뮬레이터 사용은 짧은 이터레이션에서 개발에 맞추어 테스트를 하는 한 방법이다. 출시와 이터레이션 계획에 따라 운영 시스템과 같은 테스트 시나리오 생성에 도움을 줄 도구의 종류를 고려해보자. 테스트를 자동화하기 위해 이미 사용 중인 도구를 사용해 탐색적 테스팅의 목적으로 개발을 안내할 수 있는지 여부를 확인해보자.

> **에뮬레이터의 두 가지 예**
>
> 캐나다 항공 회사인 WestJet은 해당 기능을 지원하는 공항에서 체크인하기 위해 자신의 모바일 장치를 사용하는 고객용 기능을 제공한다. 이 애플리케이션을 테스트할 때, 프로그래머와 테스터는 가능한 한 초기에 다양한 장비를 테스트하는 것이 유리하다. 이를 실현 가능하게 하려면 다운로드할 수 있는 에뮬레이터를 사용해 웹 체크인 애플리케이션을 이터레이션 동안 신속하고 빈번하게 테스트한다. 사용해보기에 너무 비싼 실제 장치는 이미 테스트한 기능을 확인하는 용도로 가끔씩 사용하면 된다.
>
> 팀은 연동할 레거시 시스템에 대한 테스트를 도와주기 위해 또 다른 유형의 에뮬레이터도 만들었다. 레거시 시스템의 프로그래머들은 다른 우선순위와 배포 일정, 요청의 백로그를 갖고 있다. 이러한 현실 때문에 새로운 개발이 지연되는 것을 방지하기 위해 웹 애플리케이션 프로그래머들은 특정 API 호출의 경우에 미리 정해진 값을 반환하는 일종의 레거시 시스템의 API용 에뮬레이터를 생성했다. 이들 프로그래머는 이 에뮬레이터를 대상으로 개발하고 그 뒤 실제 장비로 변경이 가능할 때 테스트하고 모든 수정을 적용한다. 과정상의 이러한 변화는 이전 방식보다 훨씬 빨리 진행할 수 있게 했다. 이것은 단순하지만 강력한 도구임이 드러났다.

테스트로 개발을 안내하는 것은 프로젝트의 성공에 중요하다. 하지만 항상 우리가 바라는 시스템 동작에 대한 완전한 모든 요구사항을 얻지는 못할 것이다. 비즈니스 전문가는 기능이 동작해야 하는 방법의 사례를 제공할 때 기능성의 중요한 측면이나 해당 시스템의 다른 부분과의 상호작용을 놓칠 수 있다. 우리는 고객과 개발팀 모두가 시스템에 관해 더 배워서 제품을 지속적으로 개선할 수 있도록 도와주는 기법을 사용해야 한다.

요약

테스팅 노력의 주요한 부분은 비즈니스 관점에서 제품을 평가하는 것이다. Chapter 10은 여러분의 테스팅 노력을 더 효과적으로 만들어 줄 수 있는 테스트의 유형에 관해 약간의 아이디어를 제공한다.

- 올바른 기능을 만드는 데 직접적인 도움을 줄 빠른 피드백을 얻기 위해 이해 관계자에게 소프트웨어의 데모를 시연하라.
- 시나리오와 작업 흐름을 사용해 시스템의 전체 기능을 테스트하라.
- 탐색적 테스팅을 사용해 자동화를 보강하고 사람의 지적 능력과 통찰력을 이용하라.
- 테스팅과 코드를 작성할 때 사용성을 염두에 두지 않으면 애플리케이션은 셸프웨어(shelfware)가 될 수 있다. 항상 시스템이 어떤 식으로 사용되는지를 인식하도록 하라.
- GUI 뒷단에 대한 테스팅은 애플리케이션 기능성에 가장 효과적으로 접근하는 방법이다. 여러분의 애플리케이션에 접근할 수 있는 방법을 알아보는 조사를 해보자.
- 좋은 회귀 수트를 만들기 위해 모든 종류의 테스트를 통합하라.
- 테스팅 문서화와 보고서에 관한 부분을 잊지 않도록 하라.
- 자동화 도구는 데이터와 테스트 시나리오 설정 같은 지루하고 반복적인 작업을 수행하고 중요한 수작업 탐색적 테스팅에 더 많은 시간을 할애할 수 있게 해준다.
- 기능 테스트를 자동화하는 데 이미 사용한 도구는 탐색적 테스트에도 유용하다.
- 운영체제와 IDE들에 내장된 모니터링과 자원 사용량, 로그 분석 도구는 테스터가 애플리케이션의 동작을 살펴보는 데 도움을 준다.
- 시뮬레이터와 에뮬레이터를 사용하면 정확한 운영 환경을 복제할 수 없을 때도 탐색적 테스팅을 할 수 있다.
- 테스트들을 사용해 개발을 안내할 때도 원하는 동작이나 다른 시스템과의 상호작용에 대한 요구사항이 누락되거나 잘못 이해할 수 있다. 3사분면 활동은 팀이 제품에 지속적으로 가치를 더하도록 도와준다.

AGILE
Chapter 11
제품을 평가하는 기술 중심 테스트

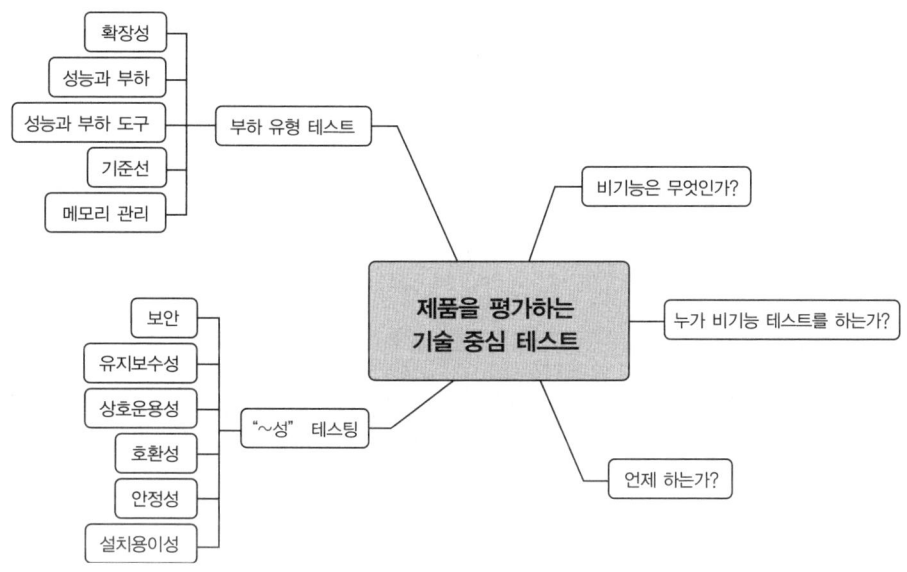

Chapter 11은 테스트 4사분면의 우측 하단에 초점을 맞춘다. 앞서 비즈니스 측면의 테스트와 기술 측면의 테스트가 주도하는 개발에 대해 살펴보았다. 코드가 작성된 후 더 이상 개발을 주도할 필요는 없지만 제품을 평가할 방법은 살펴봐야 한다. 앞장에서 비즈니스 관점에서 제품을 평가하는 방법을 설명했으니 이제 기술 측면의 관점에서의 제품 평가 방법을 살펴보자. 이 테스트들은 우리 제품이 제대로 비즈니스 가치를 인도하는지의 여부를 평가한다는 중요한 의미가 있다.

4사분면 소개

각각의 스토리는 퍼즐의 한 조각이지만 조각 이상의 의미를 지닌 하나의 애플리케이션이기도 하다. 제품을 평가하는 기술 측면의 테스트는 기능적 요구사항보다 비기능적 요구사항과 더 관련이 있다.

우리는 제품의 기술 측면 관점이 부족하지 않을까하는 걱정이 앞선다. 이번 장에서는 비즈니스 작업 영역의 언어를 사용하기보다 프로그래밍 작업 영역의 용어로 요구사항을 설명할 것이다. [그림 11-1]은 4사분면을 보여준다.

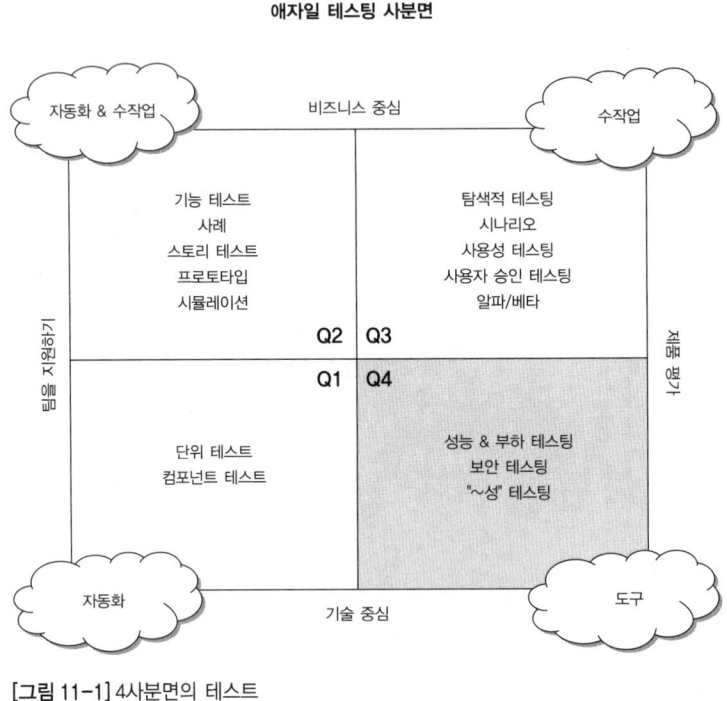

[그림 11-1] 4사분면의 테스트

비기능 요구사항은 설정 이슈, 보안, 성능, 메모리 관리, "~성"(안정성, 상호 운용성 등), 복구, 심지어 데이터 변환까지 포함하고 있다. 이러한 이슈와 관련되지 않은 프로젝트는 없기 때문에 팀이 이 이슈에 대해 생각한 내용을 체크리스트로 만들어 고객이 각각의 이슈를 얼마나 중요하게 생각하는지 문의하는 것도 좋은 방법이다.

고객은 모든 중요한 품질 속성과 요소에 대해 생각하고, 잘 알고서 절충해야 한다. 그러나 많은 고객이 비즈니스 측면의 애플리케이션에 대해서만 생각하고 비기능 요구사항에서 제품에 필요한 품질 수준의 정의를 지원하는 고객 역할의 중요성에 대해서는 이해하지 못하고 있다. 고객은 성능, 안정성, 보안과 같은 이슈는 개발팀에서 신경 써야 하는 것이라고 생각하고 있을 것이다.

우리는 팀이 이러한 비기능 요구사항에 대해 설명할 책임이 있다고 생각한다. 우리 역시 훌륭한 가치를 만들어내고자 하는 팀의 일부분이고, 이러한 기술 지향적인 요소는 프로젝트의 성패를 좌우하는 이슈로 드러내야 한다.

이러한 많은 비기능 이슈는 여러 애플리케이션에서 영향도가 낮은 위험으로 간주되어 테스트 계획에 포함되지 않는다. 그러나 프로젝트를 계획할 때 이 부분의 위험에 대해서 생각하고, 테스트 계획에 포함시키고, 테스팅하는 데 필요한 도구와 자원을 프로젝트 계획에 포함시켜야 한다.

● 리사의 이야기

예전에 성능 및 보안 테스팅 전문가에게 왜 "~성" 테스팅은 애자일 컨퍼런스나 애자일 개발과 관련된 서적에서 찾아보기 힘든지에 대한 질문을 받았다. 자넷처럼 나도 언제나 이 분야의 테스팅에 대해 비판적이었고, 그다지 관심을 두지 않았다. 그러나 이러한 테스팅에 대해 생각해보니 그 당시에는 많이 논의되던 주제는 아니었다는데 동의했다(물론 최근에는 많이 바뀌었다).

왜 애자일 관련 논의에서는 부하 테스팅과 같이 중요한 고려사항이 포함되지 않는 것일까? 내 의견은 애자일 개발은 고객에 의해 주도되고 사용자 스토리로 개발되기 때문이라는 것이다. 고객은 소프트웨어가 합리적인 성능으로 잠재적인 부하를 고려하여 설계될 것이라고 단순하게 가정한다. 하지만 이런 내용이 말처럼 쉽게 이루어지는 것은 아니다. 그러나 이러한 것을 다루기 위한 질문이 없다면 프로그래머는 성능과 같은 고려사항의 우선순위에 대해 생각할 수도 있고 그러지 못할 수도 있다. 나는 테스터가 "동시 사용자가 애플리케이션을 사용할 것인가", "평균 응답 시간은 어느 정도가 필요한가?"와 같은 질문을 통해 애자일 팀에 크게 공헌한다고 생각한다.

4사분면에 있는 테스팅의 종류는 다양하기 때문에 도구에 대한 부분을 따로 넣기보다 유용한 도구의 예제를 제시할 것이다. 조직 내에서 개발했든지 또는 구입했든지 간에 도구는 4사분면 테스팅의 성공에 필수적이므로 애자일 팀은 도구에 대해 고려해보는 것이 좋다.

누가 비기능 테스트를 하는가?

모든 애자일 관련 문헌은 팀이 팔방미인이 된다고 말한다. 따라서 누구든지 작업 카드를 집어들고 그 작업을 할 수 있다. 그러나 이 방법이 항상 현실적인 것은 아니며 지식은 공유할 수 있으므로 사람 자체가 정보의 저장소가 될 필요는 없다.

그러나 많은 작업에서 특별한 지식이 필요하다. 그 좋은 예가 보안 테스팅이다. 여기에서는 관리자 권한의 접근 등 애플리케이션의 보안에 대해서는 언급하지 않는다. 보안의 종류는 실제 기능의 일부분이고 통상적인 스토리에서 다뤄지기 때문에 1, 2, 3사분면에서 검증되어야 한다. 다만 외부적인 보안 취약점을 찾아내거나 해커가 침입할 수 있는 공격 유형 등에 대해서는 다룰 것이다.

성능 테스팅은 테스터와 프로그래머와 협력하고 성능 테스팅을 위한 간단한 도구를 개발하는 것으로 수행할 수 있다. 일부 조직은 스크립트를 작성하고 결과를 분석하고 해석이 가능한 팀원의 요구에 따라 부하 테스팅 도구를 구입하기도 한다. 작은 소프트웨어 개발 조직일수록 운영 환경 수준의 부하 테스팅을 위한 자원을 보유하기가 어렵다. 이 경우 외부 성능 테스트 전문가의 지원이 필요하다.

큰 조직은 데이터 변환에 도움을 받을 수 있는 데이터베이스 전문가 그룹이나 애플리케이션의 위험을 식별에 도움을 받을 수 있는 보안 그룹, 테스트를 복구하고 대체 시스템 가동에 도움을 받을 수 있는 운영 지원팀이 있을 것이다. 이런 전문가들과 밀접한 관계를 유지하자. 제품에 대한 정보를 얻기 위해 이들과 가상의 팀에서 함께 일할 필요가 있다.

Tip
Chapter 15 "릴리즈와 테마 계획에서 테스터의 활동"에서 외부 팀과의 작업을 계획하는 방법을 설명한다.

팀에 다양한 기술을 가진 사람들이 있다면 외부 컨설턴트의 도움을 받을 필요가 적을 것이다. 프로젝트마다 필요한 자원을 식별하자. 많은 팀이 위에서 언급한 많은 테스트 작업 수행에 적합한 기술적 테스터나 도구 전문가를 찾고 있다. 팀에 있는 누군가가 팀에 필요한 특별한 지식을 배울 수 있다면 아주 좋을 것이다. 그러나 그 외의 경우 필요한 전문가를 데려와야 한다.

팀이 보유한 기술

"Ultimate Software"의 Property Testing(성능, 보안, 호환성, 안정성) 제품 책임자인 제이슨 홀저(Jason Holzer)는 함수 병렬처리 호출을 위한 멀티 스레드 엔진 작성과 성능 테스트를 할 수 있는 좋은 프로그래머에 대해 우리에게 말해주었다. 제이슨은 애자일 팀은 아마 깨닫지 못했을 수도 있지만 자체적으로 성능 테스트를 할 수 있는 기술을 가지고 있어야 한다고 생각한다.

성능 테스팅은 통제된 전용 시스템이 필요하다. 일부 특정한 도구는 코드 성능을 측정하기 위한 프로파일러가 필요하다. 그러나 제이슨의 관점에서 성능(performance), 안정성(stability), 확장성(scalability), 신뢰성(reliability) 테스트(각 테스팅의 영문 앞 글자를 따서 PSR)는 단위 테스트 수준에서 완료할 수 있다. 이러한 테스트는 너무 복잡해서 팀이 이런 기술을 보유하고 있어도 전문가가 필요하다고 생각하는 경향이 있다.

제이슨은 "PSR"에 대한 인식이 팀 문화의 일부가 되어야 한다는 것을 알게 되었다.

이해관계자가 성능, 안정성, 확장성 등을 높은 우선순위에 놓는다면 제이슨은 팀이 애플리케이션의 이러한 측면을 검증하는 방법에 대해 의견을 교환할 것을 권고한다. 팀이 성능이나 안정성과 같은 품질의 중요성을 이해한다면 코드를 보증하기 위해 개선하는 방법을 생각할 것이다. 팀은 외부의 전문가에게 의존할 필요가 없다. 제이슨은 그의 견해를 다음과 같이 설명한다.

> 최근에 내가 본 이 방법에 대한 부정적인 인식은 PSR 테스트 방법을 모르는 프로그래머들을 훈련하려면 많은 비용이 든다고 믿는 것이었다. 그러나 더 정확히는 프로그래머가 PSR 테스팅이 우선 순위가 높고 품질의 핵심이라는 것을 모르고 있다는 것이 내 의견이다. PSR 테스트 방법을 아는 것과는 그다지 관련이 없다고 생각한다. PSR 테스팅은 수학, 과학, 분석, 프로그래밍, 문제 해결의 조합이다. 소프트웨어 개발 조직에서 가장 빠른 검색 알고리즘을 구현하는 대회가 열린다면, 참여한 모든 팀은 뭔가를 새로 배우지 않아도 PSR 테스팅을 하고 PSR 측정지표를 제공할 것이다.
>
> PSR 테스팅은 "얼마나 빠른가?(성능), "얼마나 오래?(안정성)", "얼마나 자주?(안정성)", "얼마나 많이?(확장성)"라는 질문에 대답을 주는 것이다. 그래서 오랫동안 이를 인식하고 있고 조직이 개발하는 모든 것에 위의 질문을 적용한다면 PSR 테스팅은 성공적으로 팀에 통합된다.

팀에서 이미 갖춘 기술에 대해 다시 한 번 살펴보고 여러분이 이미 가지고 있는 자원으로 수행할 수 있는 "~성" 테스트의 종류에 대해 브레인스토밍해보자. 외부의 팀이 필요하다면 릴리즈와 이터레이션 계획에 포함시키자.

팀이 이러한 테스트를 위해 추가적인 자원을 지원하는 것에 무관심하다면 팀이 최소한의 테스팅이 완료되었는지 확인할 책임이 있다. 더 나은 확장성을 위해 아키텍처를 변경하거나 시스템 전반적인 보안 솔루션을 구축하는 등의 새로운 스토리와 작업의 결과는 이러한 테스트의 결과로 제공된다. 제품의 비기능적 측면을 개선할 제품 테스트의 피드백이 완료되는지 확인하자.

테스팅 4분면의 4사분면에 있다고 해서 마지막에 하는 테스트라는 의미는 아니다. 팀은 언제 성능, 보안 등 "~성" 테스트를 수행할지 생각해보고 제품이 올바른 비즈니스 가치를 전달하도록 보장해야 한다.

언제 테스트를 하는가?

기능 테스트에서 기술 측면의 테스트를 종료하자마자 발견한 이슈를 수정하는 것은 비용이 적게 든다. 그러나 많은 교차 기능 테스트는 비용이 많이 들고, 작은 규모에서는 하기가 힘들다.

기술적인 스토리는 특정한 요구사항을 포함해서 작성된다. 예를 들면 "나는 애비(Abby)라는 사용자로, 보고서 X를 20초 안에 받아서 의사결정을 빠르게 할 수 있다."는 성능에 대한 스토리이고 특별한 테스트가 필요하다. 보고서 코드가 작성됨에 따라 완료할 수 있다.

스토리 게시판에 제품 전체적으로 필요한 작업을 줄을 나눠서 살펴보자. 리사의 팀은 이 부분에 "부하 테스트 도구 평가", "성능 시험 기준선 수립"과 같은 카드를 붙였다. 자넷은 조직의 다른 팀에 요청할 전문가를 의미하는 스토리를 보여주는 카드를 작성했다. 이 카드는 다른 카드와 다른 색상이었고, 성공적으로 사용하였다.

성능 테스트의 기준선이 전체 종단 간 작업흐름에 대한 것이라면 애플리케이션이 더 많이 개발될 때까지 기다려야 할 수도 있다. 성능과 안정성이 가장 중요한 우선순위라면 프로젝트에서 이 테스트를 초기에 시작해야 한다. 강철 스레드나 작은 조각은 초기에 완료될 수 있도록 스토리의 우선순위를 결정하자. 성능 테스트는 지속적으로 실행하면서 계속해서 더 많은 기능을 추가할 수도 있다. 이 방법은 성능 이슈와 개선이 필요한 시스템 아키텍처를 조기에 발견할 수 있다. 많은 애플리케이션에서 기능을 올바르게 수정하는 것과 필요한 성능을 내는 것은 관계가 있다.

릴리즈나 테마 계획 기간에 비기능 테스트에 대해 생각해보아야 한다. 초기에 시작할 수 있도록 계획하자. 각 이터레이션에서 코드 설계가 신뢰할만하지, 확장 가능한지, 사용할만한지, 안전한지 여부를 결정하면서 필요한 작업이 무엇인지 살펴보자. 다음 부분에서는 다른 종류의 4사분면 테스트를 살펴볼 것이다.

> **처음부터 성능 테스팅 진행**
>
> NCR의 소프트웨어 개발자이자 테스터인 켄 드 소자(Ken De Souza, 2008)는 성능 테스팅 수행방법의 설명과 함께 프로젝트에서 언제 스트레스와 성능 테스팅을 수행하느냐는 애자일 테스팅 메일링 리스트의 질문에 다음과 같이 답했다.
>
> 나는 여러분이 처음부터 성능 테스팅을 설계할 것을 제안한다. 우리는 첫 번째 이터레이션부터 데이터를 준비하고 다 같이 확인하기 위하여 간단한 성능 테스트를 실행한다. 이 방법은 성능 시험 스크립트가 제대로 되었는지 다 같이 확인할 수 있다.
>
> FTP, SOAP, HTTP, RegEX 등을 사용할 수 있기 때문에 몇 개의 스레드와 하나의 인스턴스만을 실행한 채로 JMeter를 사용했다. 그리고 시작부터 나의 요청을 테스트할 수 있었다(또는 최소한 이것을 할 수 있는 기반구조를 가지고 있었다).
>
> 궁극적인 목적은 제품 릴리즈가 가까워졌을 때 성능 테스트를 수정하지 않는 것이다. 바로 스레드를 실행시키고 시작해야 한다. 나의 모든 작업은 이미 몇 달간 테스트되었고 누구도 내 성능 테스트를 실행시킬 수 있다고 자신한다.
>
> 성능 테스팅은 도구와 테스트 컴포넌트를 점증적으로 만드는 데 애자일 실천사항을 이용하여 접근할 수 있다. 소프트웨어 기능으로서 필요한 성능 정보를 얻는데 초점을 맞추자.

"~성" 테스팅

애플리케이션을 만들 때 단지 요구된 동작과 기능에만 집중한다면 삶은 단순할 것이다. 그러나 불행히도 보안(security), 유지보수성(maintainability), 상호운용성(interoperability), 호환성(compatibility), 신뢰성(reliability), 설치 용이성(installability)과 품질을 같이 고려해야만 한다. 이제 "~성" 테스팅에 대해 살펴보자.

보안

보안은 "~성"으로 끝나지 않지만, 제품의 보안을 평가하는 기술적인 측면의 테스팅을 사용해서 "~성" 테스트에 포함시켰다. 보안은 요즘 모든 조직에서 가장 우선순위가 높다. 모든 조직은 소프트웨어의 기밀성과 무결성에 대한 보증이 필요하다. 조직은 보내는 메시지는 받는 사람에게 정확히 전달되고 받아야 하는 메시지는 정확히 받았다는 것을 검증해야 한다. 애플리케이션은 각 사용자 ID

에 대한 인증 및 사용자에게 허락된 서비스에만 접근 가능한 권한에 따라 정확히 수행해야 한다. 보안의 여러 다양한 측면을 테스팅하는 것은 쉽지 않다.

새롭게 시작하는 조직에서 급하게 기능을 제공할 때 비즈니스 전문가와 개발팀 모두 보안을 먼저 염두에 두지는 않을 것이다. 이들은 단지 소프트웨어가 비즈니스를 할 수 있게 수행되기를 원한다. 인증 부분은 보통 비즈니스 기능의 일부분으로 간주되기도 한다.

● 리사의 이야기

내가 현재 속해있는 팀이 적절한 사례이다. 비즈니스는 401(k) 계획[1]을 자동으로 관리하는 기능에 관심이 있었다. 그리고 소프트웨어와 데이터 보안에 힘을 쏟고 있었지만 테스팅은 크게 신경 쓰지 않았다. 보안 테스팅 컨퍼런스에서 괜찮은 발표를 듣고 보안에 대한 "신앙심"이 생긴 후, 보안 테스팅에 대한 책을 구입하고 우리 사이트를 해킹하기 시작했다. 몇 개의 심각한 이슈를 발견했고 팀은 수정했지만, 보안을 보증하기 위한 포괄적인 접근 방법이 필요하다는 것을 깨달았다. 우리는 이러한 보안을 위한 스토리를 작성하고 개발과 테스팅 동안 보안을 염두에 두기 위해 모든 스토리에 "보안" 작업 카드를 포함시키기 시작했다.

> **Tip**
> 더 자세한 내용은 http://en.wikipedia.org/wiki/Buffer_overflow와 http://en.wikipedia.org/wiki/Format_string_vulnerabilities를 살펴보자.

> **Tip**
> 정적 코드 분석을 위해 사용될 수 있는 도구 목록은 http://en.wikipedia.org/wiki/List_of_tools_for_static_code_analysis를 살펴보자.

이런 종류의 작업 계획은 비즈니스의 우선순위에 포함되어야 하고 회사의 우선순위와 자원이 고려되어야 한다. 많은 시간과 에너지를 투자하기 전에 필요성과 위험에 대해 이해하자.

● 자넷의 이야기

예전에 일했던 팀은 회사의 보안팀이 따로 존재했다. 보안 결함을 노출할 가능성이 있는 애플리케이션에 신규 기능이 추가되면, 보안팀은 보안 테스트 애플리케이션을 이용해 절차에 따라 애플리케이션을 실행했다. 이 테스트는 코드에 블랙박스 기법을 이용한 정적 테스팅을 수행했고 개발자가 해결 가능한 몇 개의 취약 부분을 발견해냈다. 이 테스팅은 애플리케이션의 보안 수준에 대해 전체적인 그림을 보여주지 못했고 주요 관심사로 간주되지도 못했다.

보안 테스팅 기술이 있는 테스터는 구조적 위험 분석, 공격 패턴, 오남용을 처리할 수 있는 보안 위험 기반 테스팅을 수행할 수 있다. 특별한 기술이 요구될 경우 필요한 부분을 조달하되 테스팅이 완

---
1) 역자 주: 미국의 퇴직연금제도

료되는 일을 확인하는 것은 여전히 팀의 책임이다.

Tip
이 주제에 관한 더 풍부한 자료는 www.fuzzing.org/category/fuzzing-book/과 www.fuzzing.org/fuzzingsoftware에서 찾을 수 있다.

보안 검증을 도와주는 여러 자동화된 도구들이 있다. 애플리케이션 실행 없이 코드로만 검사하는 정적 분석 도구는 나타나는데 몇 년이 걸릴지도 모르는 잠재적인 보안 취약점을 찾아낼 수 있다. 실제 애플리케이션을 실행하는 동적 분석 도구는 SQL 인젝션(SQL injection)이나 크로스 사이트 스크립팅(cross-site scripting)과 같이 취약점을 테스트할 수 있다. 보안에 대한 지식이 있는 테스터가 수작업으로 하는 탐색적 테스팅은 자동화된 테스트가 찾지 못하는 이슈를 발견하기 때문에 필수적이다.

보안 테스팅에 대한 관점

보안 테스팅은 그 자체로 매우 큰 주제이다. 그리그 게오르규(Grig Gheorghiu)는 애자일 팀의 보안 테스팅을 지원할 수 있는 자원에 대한 몇 가지 강조사항을 우리에게 알려주었다.

기능 테스팅과 마찬가지로 보안 테스팅도 두 가지 관점에서 수행할 수 있다. 하나는 안에서 찾아보는 것(화이트박스 테스팅)이고 나머지 하나는 바깥에서 찾아보는 것(블랙박스 테스팅)이다. 안에서 찾아보는 보안 테스팅은 테스터가 테스트 대상 애플리케이션의 소스코드 활용이 가능하다고 가정한다. 버퍼 오버플로(buffer overflow)나 포맷 스트링 공격(format string attack)과 같이 애플리케이션의 취약점을 공격하게 만들 수 있는 공통적인 코딩 에러를 발견하도록 다양한 정적 도구로 코드를 분석한다.

테스터가 애플리케이션의 소스 코드에 접근할 수 있다는 것은 일부 책에서 애플리케이션의 "공격 표면(the attack surface)"이라고 부르는 방법으로, 테스트 대상 프로그램이 사용하는 모든 입력값과 자원에 대한 목록을 매핑할 수 있다는 의미이다. 공격 표면에 대한 지식으로 무장한 테스터는 애플리케이션의 보안을 깨뜨리기 위한 다양한 기법을 사용할 수 있다. 이러한 기법에 매우 효과적인 클래스는 퍼징(fuzzing)이라 부르고, 오류 주입(fault injection)을 기초로 한다. 이러한 기법을 사용한다는 것은 테스터가 매우 다양한 종류의 입력값을 입력함으로써 애플리케이션을 실패하도록 시도한다는 의미이다(이러한 이유로 오류 주입이라는 용어를 사용). 이러한 입력값은 SQL 인젝션 공격에 사용되는 문자열(string)을 교묘하게 바꾸거나, 주어진 입력 파일을 랜덤으로 byte 변경하거나, 명령 줄 인수(command line argument)에 랜덤 문자열을 입력한다.

바깥에서 찾아보는 접근방법은 애플리케이션의 서버나 네트워크 호스팅에 침입하려는 공격을 이용하는 것이 대부분이다. 보안 테스터는 애플리케이션의 취약점을 창의적으로 발견하고 이용하는 공격자와 동일한 생각을 갖는 것이 필요하다. 또한 쉽지 않은 일이지만 최신의 보안 뉴스와 애플리케이션에서 실행되는 플랫폼, 운영체제와 관련된 업데이트를 유지하는 것이 필요하다.

그렇다면 애자일 테스터가 어플리케이션의 보안을 테스트해야 하는 난관에 봉착하면 무엇을 해야 할까? 여기에 누구나 따라할 수 있는 현실적이고 실용적인 단계가 있다.

1. 애플리케이션에서 자동화된 테스트가 정기적으로 실행되는 지속적인 통합(CI) 프로세스를 적용하자.
2. 하나 이상의 오픈 소스 정적 코드 분석 도구의 사용법을 배우자. 이 도구가 애플리케이션 코드를 실행하는 단계를 지속적인 통합 프로세스에 추가하자. 도구가 중요한 취약점을 찾으면 그 단계를 실패로 표시하자.
3. Nessus(http://www.nessus.org/nessus/)와 같이 자동으로 보안 취약점을 찾아주는 도구를 설치하자. Nessus는 커맨드 라인에서 GUI 모드 없이 실행 가능하고, 적절하게 CI 도구와 통합할 수 있다. 애플리케이션에서 Nessus가 실행되는 단계를 지속적인 통합 프로세스에 추가하자. Nessus의 결과 값을 파일로 저장하고 이 파일을 중요한 보안 위협이 발견되었는지 확인하도록 파싱(parsing)하자.
4. 하나 이상의 오픈 소스 fuzzing 도구 사용법을 배우자. 이 도구가 애플리케이션 코드를 실행하는 단계를 지속적인 통합 프로세스에 추가하자. 도구가 중요한 취약점을 찾으면 그 단계를 실패로 표시하자.

그 어떤 자동화된 테스팅을 하더라도 이러한 도구의 실행이 여러분의 코드와 애플리케이션이 보안 결함이 없다고 보장하지는 않는다. 그러나 이러한 도구의 실행이 여러분 애플리케이션의 보안 품질을 장기적으로 향상시킨다. 80/20 법칙은 언제나 적용된다. 보안 예산의 20%를 들여 도구를 사용하면 80%의 공통된 보안 버그를 찾을 것이다.

남겨진 20%의 보안 결함을 찾기 위해 상위 수준의 보안 전문가를 이용하는 데에 나머지 80%의 예산을 사용해야 한다. 이 전문가들은 SQL 인젝션, 코드 인젝션, 원격조정 코드 침투(remote code inclusion), 크로스 사이트 스크립팅과 같은 기법을 사용해 여러분의 애플리케이션 보안을 철저히 테스트한다. 일부 도구가 이러한 기법의 일부를 자동으로 실행할 수 있지만 애플리케이션을 완벽하게 공격하도록 만들기 위해 애플리케이션의 내부 동작을 이해하도록 훈련한 전문가를 대체할 수는 없다.

보안 테스팅을 위해 해커의 사고방식을 적용할 시간을 계획하고 작업에 바로 사용할 수 있는 올바른 접근방법을 결정하자. 그리그는 스스로 학습할 것을 제안한다. 적절한 투자 대비 효과가 있는 보안 테스트를 수행하도록 이러한 보안 테스팅 도구들의 장점과 기법을 취하자.

위의 내용은 보안 테스팅을 제대로 수행하는 데 특별한 훈련과 도구가 중요한 이유를 보여준다. 대부분의 조직에서 이 테스팅은 명백하게 필요하다. 단 한번의 보안 침투면 기업의 비즈니스를 어렵게 만들기에 충분하다. 가능성은 낮을지라도 반드시 수행하자.

유지·보수하는 데 많은 비용이 드는 코드는 조직의 이익 때문에 보안 결함을 빠르게 처리하지 못할 수 있다. 그래도 길게 보고 천천히 보안 결함을 줄여나가자. 다음 부분에서는 유지보수성을 검증하는 방법에 대해 생각해 볼 것이다.

유지보수성(Maintainability)

유지보수성이 테스트하기 쉬운 정도를 의미하지는 않는다. 전통적인 프로젝트에서 유지보수성은 전체 코드 검토나 검사(inspection)을 이용해 수행되었다. 애자일 팀은 지속적인 코드 검토인 짝 프로그래밍을 이용한다. 코드와 테스트가 유지·보수가 가능한 상태인지 확인하는 다양한 방법이 있다.

우리는 애플리케이션 코드, 테스트 프레임워크, 자체적인 테스트에서 개발 표준과 가이드라인을 따르도록 했다. 자체적인 표준을 만든 팀은 자체적인 표준을 자신에게 적합하게 만들었으므로 다른 팀의 표준을 이용하는 것보다 낫고 그 표준을 더 잘 따를 것이다.

여기서 말하는 표준의 종류는 메소드나 테스트명에 대한 명명 규칙(naming convention)도 포함하고 있다. 모든 가이드라인은 간단하게 따라할 수 있고 쉽게 유지·관리할 수 있게 만들어야 한다. 예를 들어 다음과 같은 것이 있다. "성공은 항상 0이며 실패는 음의 값이어야 한다"라든가 "각 클래스나 모듈은 하나의 책임만을 가져야 한다", "모든 기능은 한 개의 시작 경로와 한 개의 종료 경로가 있어야 한다."

GUI 개발에 대한 표준 역시 테스터가 어떤 동작이 옳고 그른지 알 수 있기 때문에 애플리케이션의 테스트와 유지·보수를 더욱 쉽게 만들어준다. 그리고 GUI 테스트를 자동화한다면 이 또한 테스트 용이성(testability)를 높여준다. "모든 GUI 객체는 컴퓨터가 기본으로 할당한 ID보다 이름을 사용하라", "하나의 페이지에 같은 이름으로 된 2개의 필드를 사용하지 말라" 와 같이 단순한 표준은 팀이 코드의 유지보수성 수준을 달성하는 데 도움을 준다.

유지·보수 가능한 코드는 코드 소유권을 공유하는 데 도움이 된다. 모든 코드가 팀원 모두가 이해하기 쉽게 같은 스타일로 작성되었다면 프로그래머가 한 부분에서 다른 부분으로 이동하는 것이 쉬워진다. 복잡성은 위험을 증가시키고 코드를 이해하기 어렵게 만든다. 단순함에 내한 XP의 가치는 코드에 적용된다. 단순한 코딩 표준 역시 "복제를 피하자 – 복사/붙여넣기 방법을 사용하지 말자"와 같은 가이드라인을 포함할 수 있다. 이러한 동일한 개념은 테스트 프레임워크와 자체적인 테스트에도 적용된다.

유지보수성은 테스트를 자동화하는 데 중요한 요소이다. 테스트 도구는 테스트 스크립트를 간단하고 효과적으로 작성할 수 있는 IDE 플러그인처럼 유지·보수를 쉽게 만들어주는 프로그래밍 도구의 기능보다 뒤쳐진다. 테스트 스크립트는 빠르게 변경되므로 쉬운 리팩터링과 찾기 및 바꾸기를 제공하는 도구를 찾아보고, 스크립트를 쉽게 수정하는 다른 유틸리티도 찾아보자.

데이터베이스 유지보수성 역시 중요하다. 데이터베이스 설계는 유연하고 유용해야 한다. 각각의 이터레이션은 테이블, 컬럼, 제약조건, 트리거를 추가 및 삭제하거나 데이터 변환을 해야 한다. 이러한 작업은 데이터베이스 설계가 제대로 되어있지 않거나 데이터베이스가 잘못된 데이터로 뒤죽박죽되어 있다면 진행할 때 병목현상이 생길 것이다.

● 리사의 이야기

심각한 회귀(regression) 버그가 발견되지 않았고 운영 환경 문제가 야기되었다. 우리는 그 버그를 잡기 위해 테스트를 했다. 그러나 회귀 수트에서 사용된 스키마에 제약사항이 빠져 있었다. 우리 테스트 스키마는 몇 년간 아무렇게나 커졌다. 일부는 운영 환경에서 더 이상 존재하지 않는 컬럼을 가지고 있었고 또 다른 일부는 여러 제약조건, 트리거, 인덱스를 빠뜨렸다. DBA는 업데이트를 위하여 각 스키마의 동일한 스크립트를 실행시키는 대신에 각 스토리에 필요한 스키마를 수작업으로 변경하였다. 모든 테스트 스키마의 재생성을 위해 여러 스프린트를 계획했고 운영 환경과 일치시켰다.

데이터베이스가 팀의 개발속도에 미치는 영향에 대해 평가하는 시간을 계획하고 운영 환경과 테스트 코드가 가능한 수준에서 데이터베이스를 리팩터링하자. 애플리케이션, 테스트, 실행 환경의 모든 관점에 대한 유지보수성은 바로 테스트하는 것보다 평가하고 리팩터링하는 것이 중요하다. 개발속도가 점점 느려진다면 코드의 일부분이 작업하기 어렵거나 데이터베이스가 수정하기 어려워서가 아닐까?

상호 운용성(Interoperability)

상호 운용성은 다양한 시스템과 조직의 함께 작업하고 정보를 공유하는 역량과 관련이 있다. 상호 운용성 테스팅은 두 개 이상 연동 시스템의 종단 간 기능을 살펴본다. 이런 테스트는 사용자의 상황에 따라 수행되고 기능의 동작을 살펴본다.

애자일 개발에서 상호 운용성 테스팅은 개발 주기의 초반에 수행할 수 있다. 애자일 개발에서는 각각의 이터레이션의 마지막에서 동작하고 배포 가능한 시스템을 가지고 있으므로 다른 시스템과의 배포 및 설정을 테스팅할 수 있다.

Tip
Chapter 20 "성공적인 인도"에서 이 수준 테스팅의 중요성에 관해 더 자세히 설명한다.

1사분면은 컴포넌트 간을 테스트하는 코드 통합 테스팅을 포함하고 있으나 기업용 시스템의 전체 레벨의 통합 테스팅이 있다. 시스템을 위해 개발한 API는 사용자가 쉽게 테스트하도록 프레임워크를 쉽게 설정할 수 있어야 한다. 사용자를 위한 쉬운 테스팅은 사용자가 빠르게 인수하도록 만든다.

자넷이 경험한 한 프로젝트에서 테스트 시스템은 고객이 있는 곳에서 구축되어서 고객 시스템과의 통합을 초기에 시작할 수 있었다. 기존 시스템과의 인터페이스는 필요에 따라 변경되고 각각의 신규 배포와 테스트했다.

작업하고 있는 시스템이 외부 시스템과 함께 작업하고 있다면, 다른 시스템이나 장비의 동작을 가장한 스텁(stub)이나 드라이버(driver)를 제외하고는 모든 테스트 환경을 사용하기 어려울 것이다. 개발 후에 테스트하는 이 상황은 피할 수 없다. 여러 팀과 테스트 환경을 공유하기 위해 테스트 시간을 계획해야만 한다.

우리 시스템과 통신이 필요한 모든 시스템을 고려하고 함께 테스트할 수 있는 적절한 환경을 갖추도록 사전에 계획하자. 또한 다양한 운영체제, 브라우저, 클라이언트, 서버, 하드웨어와 애플리케이션이 호환되는지 테스트하기 위한 자원을 계획하자. 호환성에 대해서는 다음에 논할 것이다.

호환성(Compatibility)

현재 작업하고 있는 프로젝트가 얼마나 많은 호환성 테스트가 필요한지 한번 적어보자. 만약 웹 애플리케이션을 작업하고 있고 고객이 전 세계적으로 흩어져 있다면 모든 종류의 브라우저와 운영체제를 고려할 필요가 있다. 또는 기업 애플리케이션을 개발 중이라면 어느 버전을 지원해야 하는지 알기 때문에 호환성 테스트의 양은 줄어들 것이다.

사용자 인터페이스 스토리의 일부로 각각의 새로운 화면이 개발될 때마다 지원하는 모든 브라우저에서 동작을 확인하는 것은 좋은 아이디어이다. 모든 브라우저에서 스토리를 테스트하는 간단한 작업이 추가될 수 있다.

자넷이 일했던 한 조직에서는 시각 장애인을 위한 낭독 소프트웨어(reading software)의 호환성을 테스트해야만 했다. 그 회사는 일반적인 테스트랩을 가지고 있지 않았지만 가까운 곳에 쉽게 접근할 수 있고 사용 가능한 테스트 장비가 있었다. 테스터는 새로운 기능이 타사 도구와 지속적으로 호환성이 유지되는지 확인하는 정기 체크리스트를 만들었다. 이 체크리스트 덕분에 개발 기간의 초기에 발견된 문제를 쉽게 조치할 수 있었다.

테스트해야 하는 다양한 운영체제와 브라우저 또는 타사 애플리케이션에 사용 가능한 테스트 장비가 있으면 테스터가 각 스토리나 이터레이션의 마지막 부분에 호환성을 검증하는 작업이 수월해진다. 새로운 테마나 프로젝트를 시작했을 때 호환성을 검증할 수 있는 자원에 대해 생각해보자. 완전히 새로운 제품 개발을 시작한다면 이를 위한 테스트랩을 만들어야 할 수도 있다. 팀이 최종 사용자의 하드웨어, 운영체제, 브라우저와 각 버전에 대한 정보를 확보했는지 확인하자. 새로운 브라우저를 사용하는 비율이 충분히 많아지고 있다면 이 버전을 호환성 테스트에 추가해야 한다.

기능 테스트 도구를 선택하거나 개발했다면 서로 다른 버전의 브라우저, 운영체제, 하드웨어에서 동일한 스크립트로 쉽게 실행 가능한지 확인하자. 예를 들어 리사의 팀은 Windows, Solaris, Linux의 각 서버에 동일한 GUI 회귀 테스트 수트를 사용했다. 기능 테스트 스크립트는 안정성 테스트에서도 사용된다.

신뢰성(Reliability)

소프트웨어의 신뢰성은 일반적인 상황뿐 아니라 예상치 못한 상황에서도 시스템의 기능이 수행되고 유지되는 능력과 관련이 있다. 또한 시스템 기능은 지속적이고 반복적으로 수행 및 유지되어야 한다. 신뢰성 분석은 "시스템 중단 전까지 얼마나 오랜 기간 실행되는가?"라는 질문에 답한다. 통계적인 방법을 사용하여 신뢰성을 다음과 같이 말하기도 한다.

- **첫 실패까지의 평균 시간(Mean time to failure)**: 최초 운영과 첫 번째 실패 또는 오작동이 발생한 평균 시간. 즉 시스템이 첫 번째 실패가 일어나기 전까지 얼마나 오랫동안 실행되었는가?

- **실패 사이의 평균 시간(Mean time between failures)**: 안정성에 대한 통계적 측정. 각 실패 사이의 예상되는 평균 시간으로 계산됨. 길수록 좋음.

전통적인 프로젝트에서는 일상적인 작업과 부합되는 시뮬레이션을 실행하는 몇 주간의 신뢰성 테스팅을 계획했다. 이제는 각 이터레이션의 마지막마다 테스트해야 하는데 어떻게 신뢰성 테스트를 계획할 수 있을까?

우리는 정기적으로 실행되는 자동화된 단위 테스트와 인수 테스트가 있다. 신뢰성 테스트를 수행하기 위해서는 이 테스트를 계속해서 실행하면 된다. 이상적으로는 매일의 사용 상태를 보여주고, 사용을 반영한 스크립트를 생성하고, 팀이 생각하기에 충분히 안정됐다고 생각될 때까지 안정화 빌드에서 실행시킨 다음 데이터를 수집하여 통계치를 사용하면 된다. 또는 랜덤 데이터를 운영 환경 시뮬레이션에 입력하여 테스트하고 애플리케이션이 잘못된 입력값에도 정상 작동하는지 확인하는 방법이 있다. 물론 최대 사용치를 반영하여 혼잡한 시간에도 잘 동작하는지 확인할 수도 있다.

우리는 각 이터레이션에 이러한 스크립트를 개발하고 애플리케이션에 신규 기능을 추가하는 스토리를 생성할 수 있다. 그리고 인수 테스트는 "기능 X는 24시간 주기로 최소 3일 동안 10,000번 수행되어야 한다"와 같이 매우 상세할 수 있다.

다음의 내용을 주의하자. 천 번의 테스트가 심각한 문제없이 실행되었다는 사실이 신뢰성 있는 소프트웨어라는 의미는 아니다. 반드시 올바른 테스트를 실행해야 한다. 신뢰성 테스트를 효과적으로 만들기 위해서 애플리케이션이 어떻게 하루 내내, 매일, 일정 시간 동안 사용될 수 있을지 생각해보자. 애플리케이션이 사용량이 가장 많은 시간에도 고객의 요구를 만족할 수 있는 시연을 목표로 한 테스트 명세를 작성하자.

고객팀에게 측정 가능한 형태의 안정성 기준을 요구하자. 예를 들어 고객팀이 매 10,000번의 트랜잭션마다 10개 이하의 에러가 발생하거나 웹 애플리케이션이 99.999%의 가용 시간을 가져야 한다는 시스템 가용성을 고려하고 있을 수도 있다. 전원 방전이나 천재지변으로부터 복구하는 것은 안정성 목표의 일부분이며, 서비스 수준 계약(SLA: Service Level Agreements)의 형태로 규정된다. SLA가 무엇인지 이해하자. 일부 산업계에서는 자체적인 소프트웨어 안정성 표준과 가이드라인을 가지고 있다.

올바른 프로그래머 테스트와 고객 테스트로 개발을 주도하면 더 나은 설계와 더 적은 결함으로 애플리케이션의 안정성을 향상시킨다. 조직의 신뢰성 표준을 만족시키는 시스템을 인도해야 한다면 추가적인 스토리나 작업 카드를 작성하자.

제품을 가동하고 실행하는 것뿐 아니라 모든 사용자가 사용 가능하도록 모든 환경에서 설치가 가능해야 신뢰를 얻을 수 있다. 신뢰성은 애자일 원칙을 따름으로써 얻게 되는 또 하나의 이익이다.

설치 용이성(Installability)

성공적인 애자일 팀의 토대 중 하나는 지속적인 통합이다. 이 의미는 빌드가 어느 때라도 테스팅할 준비가 되었다는 것이다. 많은 팀이 하루 단위로 하나 이상의 성공적인 빌드를 테스트 환경으로 배포한다.

배포 자동화는 반복적으로 수행되고, 배포를 일상으로 만들어준다. 우리는 컴포넌트를 통합하고 새로운 시스템에 설치하기 위해 몇 주 동안 고생한 경험이 있기 때문에 이 자동화는 우리를 즐겁게 한다. 한번 빌드하고 동일한 빌드를 다양한 환경에 배포하려면 일관성이 있어야 한다.

● **자넷의 이야기**

내가 일했던 한 프로젝트에서 배포는 자동으로 이뤄졌고 배포 주기에 따라 다양한 환경에서 테스트했다. 그러나 고객 사이트에 배포했을 때 이슈가 발생했다. 우리는 최종 게임을 위한 단계를 추가했고 지원 그룹이 고객 사이트에서 설치 테스트를 수행했다. 그리고 배포 기록에 대한 검토를 통해 고객과 다르게 보였던 이슈를 제거했다.

Tip
Chapter 20 "성공적인 인도"에서 설치 테스트에 관해 더 자세히 설명한다.

다른 어떤 기능이라도 위험과 연관된 설치는 평가 및 적절한 양의 테스팅을 결정하는 일이 필요하다. 우리의 조언은 초기에, 그리고 자주 테스트를 수행하고 가능하면 프로세스를 자동화하기를 권한다.

"~성" 요약

제품의 도메인에 따라 또 다른 "~성" 테스트가 있을 수 있다. 의학 기기나 항공 통제 시스템과 같이 안전성이 중요한 소프트웨어는 추가적인 신뢰성 테스팅이 필요하고, 회귀 테스트는 아마도 신뢰성과 관련한 테스트를 포함하고 있을 것이다. 시스템 중복성(redundancy)과 장애조치(failover) 테스트는 위 제품에 더욱 중요하다. 팀이 산업계 데이터의 소프트웨어 관련된 신뢰성 이슈를 살펴보거나 추가적인 코드 검토를 활용할 필요가 있을 수 있다. 구성 용이성(Configurability), 감사 용이성(auditability), 이식성(portability), 견고성(robustness), 확장성(extensibility)은 팀이 기술 측면의 테스트로 평가하는 품질의 일부분이다.

어떤 "~성" 테스트가 필요하든지 점증적인 접근방법을 이용하자. 특정 품질 영역의 고객 팀 목표에 대한 요구사항과 예제를 이끌어내는 것으로 시작하자. 코드가 이러한 목적에 맞게 설계되었는지 확인하는 비즈니스 측면의 테스트를 작성하자. 첫 번째 이터레이션에서 팀은 어떤 조사를 하고 제품의 현재 품질 수준을 평가하는 테스트 전략을 제안할 것이다. 다음 단계에서는 적절한 테스트 환경, 도구에 대한 조사, 수작업 테스트를 시작할 것이다.

애플리케이션이 고객의 요구사항에 부합하는 방법을 알아갈수록 특정한 속성의 목표에 근접하도록 애플리케이션을 주도하는 새로운 1, 2사분면의 테스트를 반복하게 될 것이다. 점증적인 접근방법은 성능, 부하 및 다른 테스트에도 권고한다. 이 내용은 다음 부분에서 다룰 것이다.

성능, 부하, 스트레스, 확장성 테스트

성능, 부하, 스트레스, 확장성 테스트는 이들의 기술에 초점을 맞추기 때문에 모두 4사분면에 속해 있다. 종종 전문적인 기술이 필요하지만 많은 팀은 이 영역의 자체적인 테스팅을 수행해서 해결한다. 이제 종종 간과하는 확장성에 대해 이야기해보자.

확장성(Scalability)

확장성 테스팅은 애플리케이션에 더 많은 사용자가 추가되었을 때에도 여전히 신뢰할 수 있는지를 검증하는 테스팅이다. 실제의 의미는 "늘어나는 고객에 기반을 둔 용량을 시스템이 처리할 수 있는가?"라는 것이다. 이 이야기는 단순하게 보이지만 실제로는 애자일 팀이 스스로 해결하기 어려운 문제다.

이 문제는 애플리케이션 자체가 아닌 전체 시스템의 관점에서 생각하는 것이 중요하다. 예를 들어 네트워크가 증가된 처리량을 다룰 수 없다면 네트워크에 병목현상이 자주 일어난다. 데이터베이스는 어떤가? 용량은 가능할 것인가? 사용하고 있는 하드웨어는 새로운 부하의 처리에 대해 고려해야 하는가? 새로운 하드웨어를 추가하는 것은 간단한가, 또는 병목현상이 발생하는가?

● **자넷의 이야기**

최근에 일했던 한 조직에서 그들의 고객 사용자가 빠르게 늘어났고 그들이 투자한 솔루션은 하드웨어 제약 때문에 최대 수용 능력에 가까워졌다. 새로운 서버를 추가하는 일은 솔루션 설계 방식 때문에 간단하지 않았다. 시스템의 최대 사용 시에는 서비스를 재시작하기 위해 모니터링이 필요했다.

늘어나는 사용자를 감당하기 위하여 조직은 솔루션을 변경해야 했으나, 문제가 발생하기 전까지 이 내용을 깨닫지 못했다.

이상적으로는 조직은 이슈가 생기기 전에 이전 시스템을 대체해야 한다. 이것이 시스템과 그 가용성을 이해하는 것이 중요한 이유이다.

여러분은 확장성 이슈를 처리하는 데 필요한 답을 얻기 위해 팀 외부를 살펴볼 필요가 있으므로 사전에 계획하자.

성능과 부하 테스팅

성능 테스팅은 시스템의 병목 현상을 식별하거나 이후 테스팅의 기준선을 수립하기 위해 사용된다. 또한 성능 목표와 요구사항에 대한 수락을 보증하고, 이해 관계자가 테스트된 애플리케이션의 전반적인 품질과 관련한 의사결정을 지원한다.

부하 테스팅은 동 시간에 시스템에 점점 더 많은 사용자가 접근할 때의 시스템 동작을 평가한다. 스트레스 테스팅은 예상치보다 높은 부하를 이용해 애플리케이션의 견고성을 평가한다. 비즈니스의 성장에 따라 애플리케이션의 크기를 조정할 수 있는가? 일부 애플리케이션에서는 응답 속도와 같은 특징이 기능보다 더욱 중요하다.

그리그 게오르규(Grig Gheorghiu, 2005)는 성능 테스팅에서 얻을 수 있는 가치에 대한 기대를 명확히 정의하는 것이 필요하다고 강조했다. 그는 "시스템이 어느 방향으로 가야 할지 모른다면 본인이 장소를 결정하는 것이 낫다(앨리스와 체셔캣을 떠올려보자)"라고 말했다. 예를 들어 여러분은 웹 애플리케이션의 동시 사용자가 얼마나 되고 수용할 수 있는 응답 속도가 얼마인지 알고 싶을 것이다.

성능 테스팅과 부하 테스팅 도구

성능 목표를 정의하고 나면 시스템에 부하를 주고 병목현상을 확인하는 다양한 도구를 사용할 수 있다. 단위 테스트 수준에서는 JUnitPerf, httperf, 또는 자체적으로 만든 도구를 이용해 실행할 수 있다. Apache JMeter와 The Grinder, Pounder, ftptt, OpenWebLoad는 이 책을 집필하는 현재 사용 가능한 오픈 소스 성능 및 부하 테스트 도구이고 이 외에도 많이 있다. JMeter처럼 이 중 일부는 SOAP에서 LDAP를 거쳐 POP3 메일로 보내는 것처럼 다양한 종류의 서버를 사용할 수 있다. NeoLoad와 WebLoad, eValid LoadTest, LoadRunner, SOATest 등 많은 상용 도구 역시 이용 가능하다.

Tip
도구를 검색할 수 있는 사이트들의 링크는 참고문헌을 살펴보자.

이런 도구를 성능 병목 현상을 찾아내는 데 사용하자. 리사의 팀은 JProfiler를 애플리케이션 병목 현상과 메모리 누수(leak)를 찾는 데 사용했고 JConsole을 데이터베이스 사용을 분석하는 데 활용하였다. .NET Memory Profiler과 ANTS Profiler Pro와 같이 .NET과 다른 환경에서도 사용할 수 있는 있는 유사한 도구들이 있다. 그리그(Grig)가 지적한 것처럼 데이터베이스 수준에서는 성능 이슈를 잡아내는 데이터베이스에 특화된 프로파일러(profiler)가 있다. 이 부분은 같이 일하는 데이터베이스 전문가에게 확인하자. 그리고 top과 같은 셸 커맨드(shell command)를 사용하거나 CPU, 메모리, 스왑(swap), 디스크 I/O, 기타 하드웨어 자원을 모니터링하는 PerfMon을 사용해 시스템 관리자를 지원할 수 있다. 네트워크 수준에서의 유사한 도구로는 NetScout가 있다.

팀에서 가장 익숙한 도구를 사용할 수도 있다. 이전 프로젝트에서 자넷은 테스트를 생성할 때 한 프로그래머와 매우 친밀하게 일했다. 자넷은 고객의 성능과 부하 기대치에 근거한 필요 테스트를 정의하는 것을 도와주었고, 프로그래머는 JUnit을 사용해 자동화했다. 그리고 함께 결과를 분석하고 고객에게 보고서를 보냈다.

기준선을 수립하는 일은 성능을 평가하는 훌륭한 첫 번째 단계다. 다음 부분은 성능 테스팅의 기준선에 대해 알아볼 것이다.

기준선(Baseline)

성능 튜닝은 그 자체가 대형 프로젝트가 될 수 있으므로 새로운 버전의 소프트웨어 성능과 비교할 수 있는 기준선을 제공하는 것은 필수적이다. 성능이 그 당시에 가장 큰 고려사항이 아닐지라도 기준선 수립을 무시해서는 안된다. 성능 기준선을 수립하는 것은 나중에 어느 기능의 응답 시간이 가장 빨랐는지 알 수 있는 좋은 아이디어다. 리사의 회사는 부하가 적은 웹사이트를 관리하고 있다. 그들은 이 사이트가 성장해감에 따라 부하 테스트 기준선을 수립했고 어느 정도 성능에 영향을 미치는지 알게 되었다.

성능 기준선 테스트 결과

리사와 함께 일하는 마이크 부세(Mike Busse)는 연금 저축을 관리하는 그들의 웹 애플리케이션의 성능 기준선을 생성하는 작업을 맡았다. 그는 부하 테스트 도구를 평가해 JMeter로 구현하고 기준선을 수립했다. 그는 상위 수준의 요약과 상세한 결과가 있는 스프레드시트로 결과를 보고했다.

모의 테스트는 동시 사용자 로드를 100명까지 서서히 늘려나가는 방식으로 진행했다. 각각 공통의 사용자 행위에 대한 3개의 테스트 스크립트가 사용되었고 이 스크립트는 각각, 그리고 다 같이 실행되었다. 그리고 다음과 같은 데이터를 포함하여 수집했다.

- 최대 트랜잭션 시간
- 최대 사용된 연결
- 사용자 수에 따른 최대 트랜잭션 시간 시나리오([그림 11-2]의 차트 참조)
- 트랜잭션 최대 시간이 8초일 때 시스템에 접속한 사용자 수

보고된 결과의 중요한 점은 모두에게 의미 있는 결과를 만들기 위해 트랜잭션(transaction)이나 연결(connection)과 같은 용어의 정의를 제공했다는 것이다. 예를 들어 트랜잭션의 최대 시간은 테스트 동안 완료된 트랜잭션 중 가장 긴 트랜잭션으로 정의하는 것이다.

마이크(Mike)의 보고서는 성능 시험에 다음과 같은 가정을 포함하고 있었다.

- 8초는 우리가 넘지 않기를 바라는 트랜잭션 경계값이다.
- 테스트 웹 서버는 운영 환경의 두 개 웹 서버와 동등한 수준이다.
- 시스템이 조정 가능한 부하는 운영 환경 두 개의 웹 서버로 부하가 분산되기 때문에 운영 환경에서는 두 배가 가능하다.
- 모든 3개의 테스트를 조합한 이 테스트에서 작업에 대한 부하 분배는 이해 가능한 수준이다.

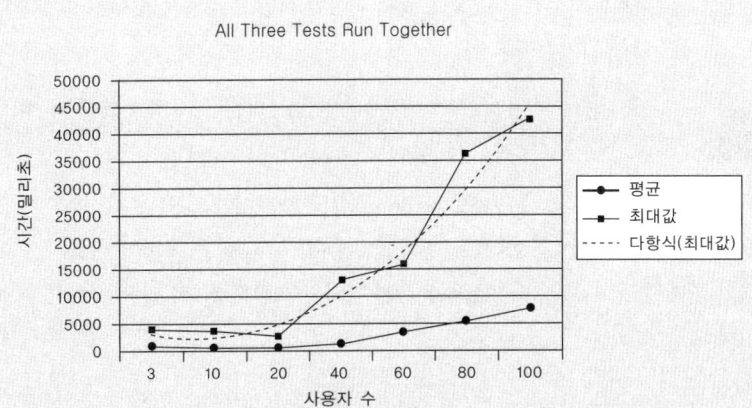

[그림 11-2] 사용자 부하에 따른 최대/평균 트랜잭션 시간

마이크는 성능 기준선의 결점도 식별했다. 하나 이상의 트랜잭션은 하나의 페이지를 로딩하는 데 도움이 되고, 최대 페이지 로드 시간은 트랜잭션의 최대 시간보다 길지 않다는 것이다. 테스트 장비가 부하를 분산하는 두 개의 장비와 부하 조정 소프트웨어가 있는 운영 환경과 동일하게 복제되지 않았다.

보고서는 운영 환경에서 지원 가능한 동시 사용자에 대한 결론으로 마무리되었다. 이 보고서는 운영 환경의 부하 증가를 알아내는 데 가이드라인 역할을 했다. 현재 부하는 이 숫자의 반밖에 안되지만, 그러나 동시 사용자 중 실제 작업 처리중인 사용자(active user)나 로그아웃(log out)한 사용자가 어느 정도인지는 알 수 없었다.

성능 테스트가 운영 환경의 조건을 적절히 모방했는지 확인하자. 각 테스트와 측정지표를 정의하고, 운영 환경과 결과가 어떠한 상관관계가 있고 결과로 무엇을 할 수 있는지 설명하고, 그래픽 형태의 결과물로 제공하자.

특정 기능을 위해 정의된 특정 성능 기준이 있다면 수정이 힘들어지기 전에 이슈를 찾아낼 수 있도록 이터레이션의 한 부분으로 성능 테스팅을 포함시키는 것이 좋다.

벤치마킹은 릴리즈의 어느 때든 수행할 수 있다. 신규 추가되는 기능이 복잡한 쿼리처럼 성능에 영향을 미친다면 부정적인 영향이 있는지 확인하기 위하여 테스트를 다시 실행하자. 이 방법은 개발팀이 그 기능에 친숙하다면 릴리즈 주기 초기에 쿼리나 코드를 최적화할 시간을 벌어준다.

어떤 성능, 부하, 스트레스 테스트도 운영 환경과 유사한 모방 환경에서 실행되지 않는다면 의미가 없다. 다음은 환경에 대해 이야기해보자.

테스트 환경

성능 테스트의 마지막 실행은 고객이 제품의 인수를 결정하는 데 도움을 준다. 정확한 결과를 위해 테스트는 운영 환경과 유사한 장비에서 실행되어야 한다. 종종 팀은 성능이 비즈니스 요구에 적절한지 결정하기 위해 용량이 작은 장비를 사용해서 결과를 추론한다. 이 점은 테스트 결과를 보고할 때 명시해야 한다.

애플리케이션이 멈추기 전에 얼마의 부하를 견디는지 확인하는 스트레스 테스트는 릴리즈 중에 어느 때나 수행 가능하다. 그러나 많은 부하가 발생하는 중요 임무 시스템(mission-critical system)이 아니라면 보통 고객에게 높은 우선순위는 아니다.

부하가 증가하면서 영향을 주는 자원 중 하나는 메모리다. 다음으로 메모리 관리에 대해 알아볼 것이다.

메모리 관리

메모리 관리는 일반적으로 RAM, ROM, 하드 드라이브 등에서 사용되는 메모리의 양(보통 최대 또는 최소)을 의미한다. 운영 환경의 애플리케이션이 최대 사용량이 되면 끔찍한 실패의 원인이 되기 때문에 메모리의 사용량이나 누수에 주의를 기울여야 한다. 일부 프로그래밍 언어는 메모리 이슈에 더욱 민감하다. 따라서 코드의 강약점에 대해 이해하는 것은 무엇을 살펴봐야 하는지 아는 데 도움이 된다. 메모리 문제에 대한 테스팅은 성능, 부하, 스트레스 테스팅의 일부분으로 수행될 수 있다.

가비지 수집(Garbage collection)은 프로그램에 대해 메모리를 다시 해제할 때 이용하는 하나의 도구다. 그러나 가비지 수집은 메모리 이슈를 제공하기도 한다. 메모리 사용량이 꾸준히 감소하다가 갑작스레 최대 가용량까지 증가하는 경우를 보았다면 가비지 수집이 원인일 수 있다. 예외적인 패턴이 있거나 엄청난 메모리 사용량으로 시스템이 느려지는지 살펴보자. 한동안 모니터링이 필요할 수 있고 이슈를 발견하기 위해 프로그래머와 함께 일할 수도 있다.

프로그래머와 한 스토리를 작업할 때, 그들이 메모리 관련 문제를 예상하는지 질문해보라. 해당 영역에서 위험이 될 만한 부분이 있는지 알게 된다면 명확하게 테스트할 수 있다. 메모리 누수에 대한 감시가 항상 쉽지는 않지만, 도움이 될 만한 도구들이 있다. 이 부분은 프로그래머가 사용하기 쉬운 도구를 취해야 하는 영역이다. 해당 애플리케이션이 메모리 문제에서 자유로워질 수 있는지 프로그래머와 협업을 통해 확인하자. 앞의 단원에서 기술한 성능과 부하 테스트를 수행해 메모리 문제가 없는지 검증하도록 하자.

반드시 자신이 기술 측면의 테스팅을 계획하고 실행을 통해 제품을 평가하는 전문가가 돼야 하는 것은 아니다. 팀은 이 사분면을 통해 팀에 필요한 테스트가 무엇인지 평가할 수 있다. 이러한 테스트를 릴리즈 계획 단계에서 논의하자. 그러면 이전에 수행해보지 않았더라도 성능이나 부하 테스팅에 관한 특별한 테스트 계획을 작성할 수 있다. 사람을 채용하거나, 기술을 배우거나, 외부의 도움을 받는 등 전문가를 확보할 시간이 필요할 수도 있다. 모든 개발 노력을 통해 기술 측면의 테스트를 각 이터레이션에 도움이 되는 작은 작업으로 나눠서 추가시키자.

요약

Chapter 11에서는 제품을 평가하는 기술 측면의 테스팅, 즉 4번째 애자일 테스팅 사분면에 대해 살펴보았다.

- 개발팀은 이 테스트를 수행하는 전문가를 이미 보유했는지 또는 투입 가능한지, 외부 자원을 확보하는 계획이 필요한지 여부를 평가해야 한다.
- 점증적인 접근방법은 이 테스트를 각 이터레이션에서 완료해서 발생한 이슈를 처리하고 제품 문제를 예방할 수 있게 한다.
- 팀은 보안, 유지보수성, 상호 운용성, 호환성, 안정성, 설치 용이성 테스팅 등 다양한 송류의 "~성" 테스팅을 고려해야 하고, 적절한 시점에 이 테스팅을 실행해야 한다.
- 성능, 확장성, 스트레스, 부하 테스팅은 프로젝트 초반부터 수행되어야 한다.
- 제품에 영향을 미치는 메모리 관리 이슈에 대해 조사하고 애플리케이션의 메모리 해제 이슈를 검증하는 테스트 계획을 세우자.

AGILE
Chapter 12
테스팅 사분면 요약

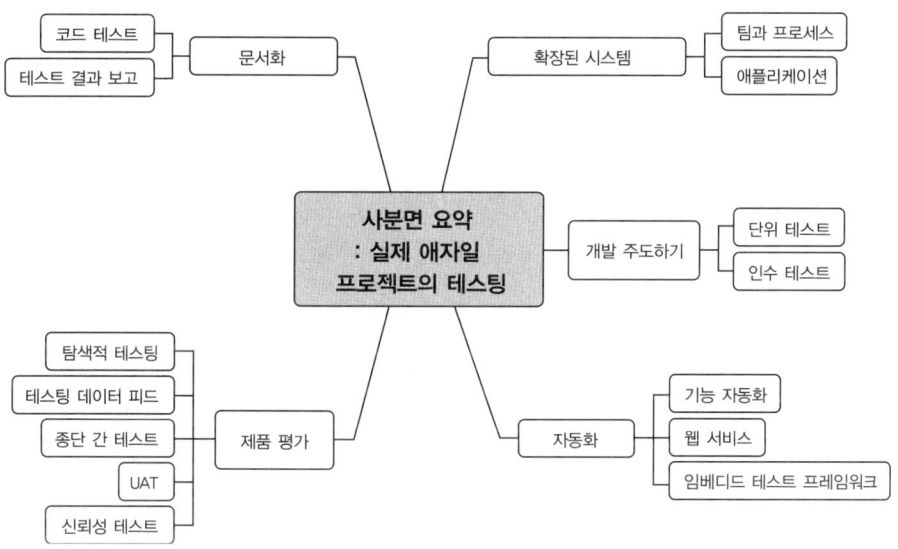

Chapter 6에서 테스팅 사분면에 대한 소개와 애자일 프로젝트에서 이 개념을 사용하는 방법을 설명했다. Chapter 12에서는 4개 사분면 모두에서 테스트를 경험한 애자일 팀의 사례를 함께 다룰 것이다.

테스팅 사분면 리뷰

5개의 챕터에 걸쳐 각 사분면([그림 12-1] 참조)과 서로 다른 테스팅 유형별 사용 가능한 도구의 예를 살펴봤다. 다음 단계는 여러분의 프로젝트에서 필요로 하는 것과 그 시기가 언제인지를 알아내는 것이다. Chapter 12에서는 4개의 애자일 테스팅 사분면에서 테스트를 사용한 실전 사례를 단계별로 실펴볼 것이다.

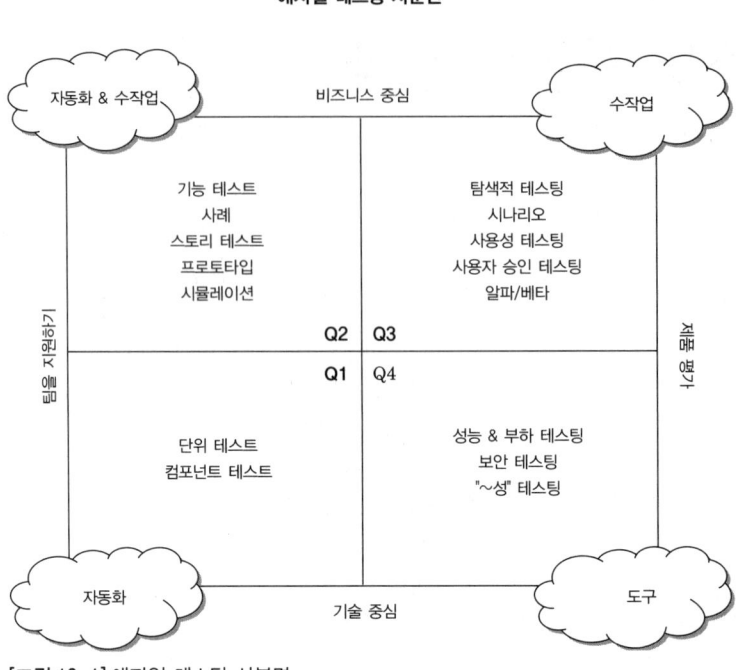

[그림 12-1] 애자일 테스팅 사분면

시스템 테스트 사례

다음 이야기는 자체 제작하거나 다양한 오픈 소스 도구를 사용해 전체 시스템을 테스트한 한 기업의 성공 스토리다. 자넷은 이 팀과 함께 일했고, 폴 로저스는 핵심 테스트 아키텍트였다. 다음은 폴의 이야기다.

애플리케이션

이 시스템은 원거리의 가스정과 유정(油井) 모니터링 관련 문제를 해결한다. 이 솔루션은 위성 통신 채널을 통해 독자적인 프로토콜로 중앙 모니터링 기지에서 데이터를 전송하고 조정을 받을 수 있는 원격 모니터링 장치를 결합한 것이다.

[그림 12-2]는 원격 데이터 모니터링 시스템의 아키텍처를 보여준다. 유정 측정 장치인 RTU(Remote Terminal Units)는 측정 장치와의 통신을 위해 다양한 프로토콜을 사용한다. 각 RTU에서 전송된 데이터는 위성을 거쳐 클라이언트의 메인 사무실에 있는 서버로 전송된다. 그러고 나면 사용자는 웹 인터페이스를 통해 사용 가능하다. 읽어낸 특정한 부분이 정상 작동 범위를 벗어났을 때 전자메일이나 팩스, 전화를 이용해 통지하는 시스템도 가능하다. 자바 메시지 서비스(JMS, Java Message Service) 피드와 웹 서비스는 클라이언트의 다른 애플리케이션과의 통합을 도울 수 있다.

이 소프트웨어 애플리케이션은 몇 가지 단위 테스트를 거친 거대한 레거시 시스템이었다. 팀은 애플리케이션을 새로운 기술로 천천히 다시 구축해가고 있었다.

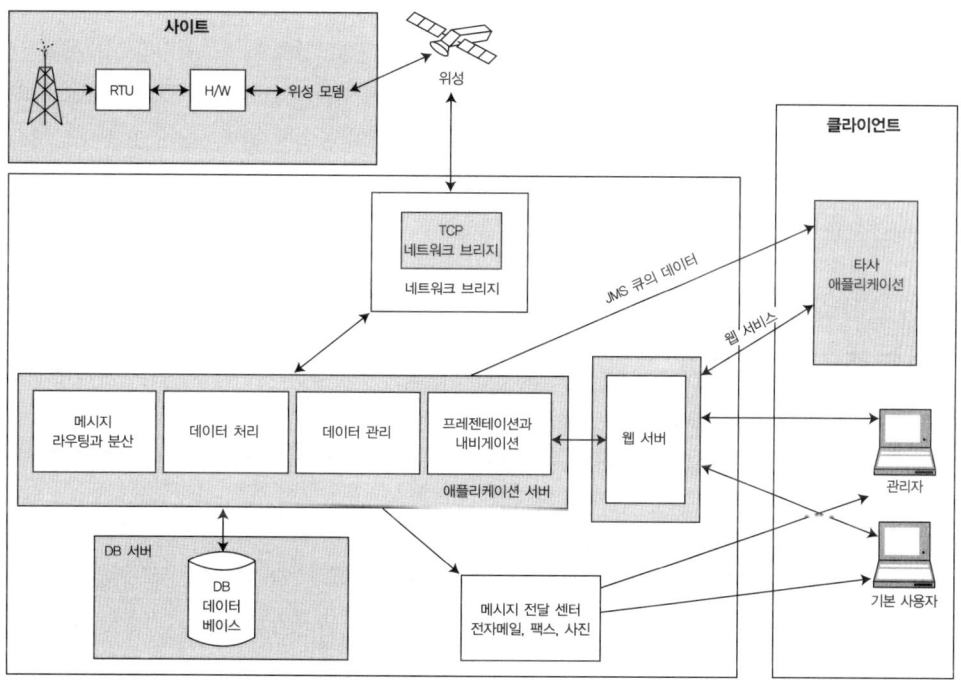

[그림 12-2] 원격 데이터 모니터링 시스템의 아키텍처

팀과 프로세스

팀은 4명의 소프트웨어 프로그래머와 2명의 펌웨어 프로그래머, 3~4명의 테스터, 1명의 제품 엔지니어, 한 명의 외부 관리자로 구성됐다. "실제" 고객은 다른 나라에 있다. 개발팀은 짝 프로그래밍과 TDD 등 XP 실천사항을 사용한다. 고객팀은 백로그를 위한 결함 추적 시스템을 사용했지만, 대부분의 스토리 가시성은 색인 카드를 사용했다. 스토리 카드는 이터레이션 계획 회의에 사용되었고, 작업 보드는 진행 상황을 추적했다.

조직과 고객에 대한 외부 보고 메커니즘으로 스크럼이 사용됐다. 팀은 2주마다 이터레이션하고, 약 4개월마다 제품을 출시했다. 이는 개발 중인 기능에 따라 조금씩 바뀌었다. 회고는 모든 이터레이션 계획 세션의 일환으로 진행되었고 논의된 상위 주요 3개의 아이템을 해야 할 일로 선정했다.

CruiseControl을 사용한 지속적 통합은 테스터에게 일관성 있는 빌드를 제공했고 이터레이션이 끝날 때마다 시연을 했다. 각 테스터는 로컬 환경에서 웹 애플리케이션을 테스트했지만 시스템에 사용 가능한 테스터 환경이 3개였다. 첫 번째 환경은 새로운 스토리를 테스트할 수 있었고, 필요에 따라 최신 빌드로 업데이트되었다. 두 번째 환경은 고객에게 출시한 최신 버전이어서 고객이 알려온 문제를 테스트하기 위한 것이다. 세 번째 환경은 전체 배포와 커뮤니케이션 링크, 펌웨어와 하드웨어를 테스트할 수 있는 완전히 독립적인 실행 환경이다.

테스트 주도 개발(TDD)

TDD(tests driving development)는 단위 테스트와 인수 테스트를 포함한다.

단위 테스트

단위 테스트는 프로그래밍을 지원하는 기술 중심 테스트다. 이 테스트는 테스트 주도 개발의 한 부분으로 개발된 것으로, 프로그래머가 정확한 스토리를 작성하는 것뿐만 아니라 시스템을 설계하는 데도 도움이 된다.

> **Tip**
> Chapter 17 "팀을 지원하는 기술 중심 테스트"에서 단위 테스트와 TDD에 관해 더 자세히 설명한다.

원격 데이터 모니터링 프로젝트의 프로그래머들은 전적으로 테스트 주도 개발과 짝 프로그래밍 방식을 도입했다. 모든 새로운 기능을 짝 프로그래밍으로 개발하고 테스트했다. 테스터에게 전달된 모든 스토리는 단위 테스트를 거쳤고 코딩이 완료되었을 때 발견된 버그는 아주 적었다. 발견된 버그는 주로 통합 관련 버그였다.

하지만 팀이 구성된 초기에는 리팩토링을 지원하는 단위 테스트가 거의 없었다. 프로세스의 변화가 도입되면서 개발자들은 문제를 수정하기로 결정했다. 그들은 레거시 시스템에서 일부 코드를 수정할 때마다 단위 테스트를 추가했고 필요에 따라 코드도 리팩토링했다. 점차적으로 레거시 시스템은 안정되었고 필요할 때는 주요 리팩토링을 이겨낼 수 있었다. 여기에서 우리는 단위 테스트의 위력을 경험했다!

인수 테스트

제품 책임자(고객 대리자)는 인수 테스트 생성 권한을 갖고 있었다. 이들 테스트는 실제 스토리에 따라 형식이 다양하다. 처음에는 힘겨워했지만 제품 엔지니어는 프로그래머가 코딩을 시작하기 전에 프로그래머에게 테스트를 제공하는 것에 꽤 익숙해졌다. 팀은 테스트 템플릿을 만들었고 시간이 지날수록 프로그래머와 테스터 모두의 요구 사항을 반영했다.

테스트는 가끔 비공식적으로 작성되었지만 여기에는 데이터를 포함시켰고 바로 명백해지지 않으면 설정과 스토리에 중요한 다른 차이점, 일부 사례들을 포함시켰다. 팀은 사례들이 많은 스토리들에 대한 기대를 명확히 하는 데 도움을 준다는 것을 알게 되었다.

테스트 팀은 스토리를 개발하는 동시에 가능한 빨리 인수 테스트를 자동화했다. 당연히 제품 엔지니어는 개발하는 도중에 발생하는 어떠한 문제에도 답을 줄 수 있었다.

Tip
인수 테스트로 개발을 주도하는 내용에 관해서는 Chapter 8 "팀을 지원하는 비즈니스 중심 테스트"를 살펴보자.

인수 테스트는 3가지 목적으로 제공됐다. 우선 이들 테스트는 코딩이 시작되기 전에 팀에게 테스트를 주었기 때문에 개발을 지원하는 비즈니스용 테스트였다. 둘째로 테스트 팀에서 회귀 수트에 반영하고 탐색적 테스트[1]에 차후 아이디어를 제공하는 자동화의 기반으로 이들 테스트를 사용했다. 세 번째 목적은 해당 구현이 고객의 요구사항과 부합하는지를 확인하기 위해서였다. 제품 엔지니어는 이 솔루션의 확인 작업을 수행했다.

---

1) 역자 주: 탐색적 테스팅 (Exploratory Testing)은 경험 기반 기법 중 한가지로, 테스트 케이스를 먼저 작성하지 않고 테스트 대상 제품을 실행하면서 익숙해지는 것과 동시에 테스트를 설계하고 테스트를 계획한다.

자동화

자동화에는 기능 테스트 구조와 웹 서비스, 임베디드 테스팅을 포함한다.

자동화된 기능 테스트 구조

기능 자동화 프레임워크를 위해 선택하는 도구로 Ruby와 Watir를 함께 사용했다. 이 도구는 가장 유연하면서 테스트 중인 시스템이 필요로 하는 사용자 지정 기회가 있다고 판단해 결정했다.

자동화된 테스트 코드는 [그림 12-3]처럼 3가지 구분 계층을 포함한다. 가장 아래층인 계층 1에는 로그 파일에 기록하는 로거(logger)와 같은 Watir와 다른 클래스를 가지고 있다.

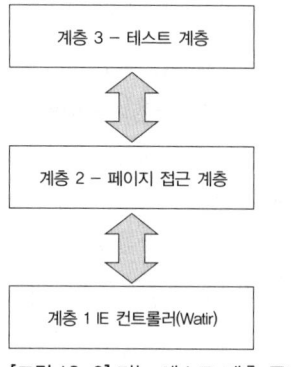

[그림 12-3] 기능 테스트 계층 구조

두 번째 층인 계층 2는 개별 웹 페이지에 접근하는 코드를 포함한 클래스가 존재하는 페이지 접근 계층이다. 예를 들어 AUT(Application Under Test)에는 로그인 페이지와 사용자 생성 페이지, 사용자 수정 페이지가 있다. Ruby로 작성된 클래스들에는 애플리케이션에 로그인하는 클래스와 사용자를 수정하는 클래스, 사용자에 접근 권한을 할당하는 클래스 등 AUT에서 특정 기능을 실행할 수 있는 코드를 가지고 있다. 이들 클래스는 데이터는 포함하고 있지 않다. 예를 들어 로그인 클래스는 로그인하려는 사용자의 이름을 알 수 없다.

가장 상위 계층인 계층 3은 테스트 계층으로 테스트를 수행하는 데 필요한 데이터를 갖고 있다. 계층 1이 호출되고 이어서 "계층 2"의 클래스를 호출한다.

예를 들어 실제 테스트에서는 LogIn을 호출했을 것이고, 사용자 이름인 "Janet"과 암호인 "Password"를 넘겼다. 이는 많은 다른 데이터 집합이 쉽게 전달될 수 있다는 의미이다.

LogIn ("Janet", "Passw0rd")

계층 2는 애플리케이션에서 생성한 에러 메시지의 처리 방법도 알고 있다. 예를 들어 로그인 페이지에서 유효하지 않은 사용자 이름이 입력되면 로그인 클래스는 오류 메시지를 감지하고 계층 3의 테스트로 다시 문제를 넘긴다.

이는 동일한 계층 2의 클래스가 주경로 테스트와 부정적 테스트 모두에서 사용될 수 있다는 의미이다. 부정적 테스트의 경우 계층 3은 계층 2에서 실패를 반환하리라 예상할 것이고, 그 뒤 계층 2가 브라우저에서 읽어 들인 오류 메시지에 접근해 테스트가 실패한 정확한 원인을 파악할 것이다.

기능 테스트는 브라우저에서 DOM을 컨트롤하기 위해 Ruby와 Watir를 사용했고, 해당 페이지 내의 거의 모든 개체를 접근할 수 있다. 자동화된 테스트 수트는 고수준 어플리케이션 동작에서 팀에 일관된 피드백을 주기 위해 밤마다 빌드를 수행했다. 이것은 팀이 단위 테스트를 계속 만들어 내도록 해준 구세주였다. 이 아키텍처는 팀을 지원하는 비즈니스 중심 테스트를 효과적으로 수용했다.

웹 서비스

고객은 일부 다른 애플리케이션과의 연동을 위해 웹 서비스를 사용했다. 개발 그룹에서는 그들이 개발한 각 서비스를 고객이 테스트하도록 Ruby를 사용해 작성했다. 이러한 테스트에 대해 Ruby의 단위 테스팅 프레임워크인 Test:Unit을 사용했다.

테스트 팀에서는 1000개 이상의 서로 다른 테스트 케이스를 처리하기 위해 웹 서비스 테스트를 확장했고 실행은 몇 분밖에 걸리지 않았다. 그들은 짧은 기간 안에 팀에 놀라운 검사 범위를 제공했다.

팀은 또한 테스트 클라이언트를 사용하려는 고객들에게도 시연을 했다. 하지만 나중에 고객은 이 테스트 클라이언트가 자신들에게 잘 맞지 않다고 결정하고 Ruby를 사용하는 임시적인 방식일지라도 자신의 테스트를 작성하기 시작했다.

그들은 Ruby에서 제공하는 대화형 인터페이스인 IRB를 사용했고 탐색적 방법으로 값을 제공했다. 동작하는 기능과 동작하지 않은 기능을 발견하기 위한 대화형 환경을 고객에게 제공했다. 이는 그들이 Ruby로 테스팅하는 방법에 익숙해지게 만들었고, 테스트할 때 고객이 훨씬 신뢰하게 만들었다. 사용자 인수 테스팅(User Acceptance Testing)은 대부분 IRB를 사용해 수행됐다.

웹 서비스 테스트에서 다른 세 가지 관점이 세 가지 다른 목적을 제공했다. 프로그래머는 테스트가 고객에게 도움이 되도록 하고 개발을 주도하는 데 도움이 되도록 IRB를 사용했다. 테스터는 매우 효과적인 자동화 방식으로 제품을 평가하는 데 IRB를 사용했고, 고객은 IRB를 사용해 그들에게 인도된 웹 서비스를 테스트하는 데 사용할 수 있었다.

임베디드 테스팅

웹 인터페이스와 더불어 RDM 시스템은 다양한 프로토콜을 사용한 측정 장치와 통신하는 소규모 임베디드 장치로 구성됐다. Ruby를 사용해 관리 인터페이스를 테스트하도록 다양한 테스트를 개발했다. 이 인터페이스는 FTP와 유사한 명령줄 시스템이었다.

이들 데이터 주도 테스트는 엑셀 스프레드시트에 포함되어 있다. Ruby 스크립트는 OLE 인터페이스를 사용해 엑셀에서 명령어를 읽고 임베디드 장치로 전송한다. 그 다음 스크립트는 예상했던 결과와 장치로부터의 응답 결과를 비교하고 스프레드시트를 실행한다. 오류는 붉은색으로 강조된다. 이러한 자동화된 테스트는 동일한 테스트를 직접 수행할 때 8시간 걸린 것에 비해 실행하는 데 대략 한 시간 정도밖에 안 걸렸다.

이는 많은 테스트 검사 범위를 제공했지만, 실제로 RTU에서 데이터를 읽을 수 있는 장치를 사용한 이유는 테스트하지 못했다. 시뮬레이터는 FOX(FXRuby) GUI를 사용하는 Ruby로 작성되었다. 이 시뮬레이터는 모의 데이터를 장치로 제공할 수 있었다. 시뮬레이터는 원격으로 조정할 수 있었기 때문에, 임베디드 장치가 데이터를 읽고 오류 조건에 응답하고 입력 데이터가 미리 설정된 임계치를 초과했을 때 통지를 생성할 수 있는지를 시험했던 자동화된 테스트를 포함시켰다.

임베디드 테스팅은 고수준 기술이지만 시뮬레이터가 제공하는 힘으로 전체 팀이 장치를 테스트하는 데 참여할 수 있다. 시뮬레이터는 테스트 팀을 위해 테스팅을 지원하도록 작성되었지만, 펌웨어 프로그래머는 이것이 가치가 있음을 알아내고 그들의 개발 노력에 도움을 얻는 데 사용했다. 기대하지 못했던 긍정적인 효과였다. 그들이 이번 프로젝트에서 했던 것처럼, 팀을 지원하는 2사분면의 테스트는 다양한 기술을 통합할 수 있다.

비즈니스 중심 테스트로 제품 평가하기

이번 단원에서는 제품을 평가하는 비즈니스 중심 테스트에 관해 설명한다.

탐색적 테스팅

자동화된 테스트는 팀의 모든 사람들이 사용하기 간편하다. 개별적인 테스트 스크립트는 직접 데이터를 입력하는 데 많은 시간이 걸리지 않고 효과적으로 탐색적 테스팅을 완료할 수 있으면서 특정 조건을 설정해 실행시킬 수 있었다. 이것은 기능과 웹 서비스, 임베디드의 세 가지 테스트 프레임워크에서 모두 작동했다.

Tip
탐색적 테스팅과 사용성 테스팅, 다른 3사분면 테스트는 Chapter 10 "제품을 평가하는 비즈니스 중심 테스트"에서 설명했다.

팀은 자동화된 테스트 수트를 보완하고 가능한 한 넓은 범위를 검사하기 위해 탐색적 테스팅을 시행했다. 이러한 시스템과 인간과의 상호작용을 통해 자동화로 발견하지 못한 문제점을 알아냈다.

사용성 테스팅은 시스템에 중요한 요구 사항은 아니었지만 테스터는 인터페이스를 알 수 있고 부드럽게 흘러가는지를 살펴보았다. 테스터는 제품을 평가하기 위해 광범위하게 탐색적 테스팅을 사용했다. 제품 엔지니어는 그들의 솔루션 확인 테스트에 탐색적 테스팅을 사용했다.

데이터 공급 테스팅

[그림 12-2]와 같이 시스템의 데이터는 웹 브라우저와 마찬가지로 JMS 큐에서 사용할 수 있다. JMS 큐를 테스트하기 위해 개발 그룹은 Java 프록시를 작성했다. 이 프록시는 큐에 연결해서 콘솔에 도착한 데이터를 출력했다. 파이프를 통해 이 데이터를 받는 Ruby 클라이언트를 작성했는데 이 때

Ruby에서 자동화된 테스트 시스템을 사용할 수 있었다.

전자메일은 알림 조건을 만났을 때 자동으로 전송됐다. 이 알림 전자메일은 일반 텍스트 전자메일과 첨부 파일이 있는 전자메일 둘 다를 포함한다. MIME 첨부파일은 테스팅에 유용한 데이터를 포함하고 있으므로 첨부 파일을 지원하는 Ruby 전자메일 클라이언트를 작성했다.

종단 간 테스트(The End-to-End Tests)

3사분면은 시스템의 모든 부분에 대한 원하는 동작을 시연하는 종단 간 기능 테스트를 포함한다. 처음부터 모든 구성 요소가 사용될 때만 전체 원격 데이터 모니터링 시스템의 정확한 연산이 결정된다는 것은 분명했다. 시뮬레이터와 임베디드 장치 테스트, 웹 서비스 테스트, 애플리케이션 테스트가 작성되고 나면 자동화된 전체 시스템의 테스트를 만들어 내도록 그들을 결합시키는 것은 상대적으로 간단한 문제였다.

종단 간 테스트는 위성 전송 경로의 예측할 수 없는 반응으로 복잡해졌다. 타임아웃 값은 미리 정의되었고 테스트의 실제 값이 기대한 값과 일치하지 않으면 테스트는 타임아웃에 도달하거나 일치할 때까지 되풀이했다. 타임아웃이 만료되면 테스트는 실패한 것으로 간주됐다. 이런 식으로 대부분의 전송 문제를 발견하고 제거했다. 이는 산발적으로 발생하는 문제였기 때문에 이를 수작업으로 테스트했다면 정말 힘든 일이 되었을 것이다.

이와 같은 종단 간 테스트는 불안정해질 수 있기 때문에 일부 자동화된 회귀 수트로 유지할 수 없었다. 시스템의 모든 구성요소가 자동화된 회귀 테스트로 잘 다뤄진다면 자동화된 종단 간 테스트는 필요치 않았을 것이다. 하지만 이런 시스템의 본질로 인해 자동화하지 않고 전체 테스트를 하는 것은 불가능했다.

사용자 인수 테스팅

사용자 인수 테스팅(UAT)은 프로젝트 초기부터 포함된 고객에 의한 최종 제품 평가다. 이 사례에서 실제 고객은 개발팀과 수천 마일 떨어진 프랑스에 있었다. 팀은 성공적인 UAT를 위해 독창적이 되어야 했다. 고객은 그해에 팀 구성원들과 함께 작업하러 두 번 왔고 따라서 만나지 않고 진행할 때보다는 좀 더 쉽게 팀과 상호 작용할 수 있었다.

팀에서 애자일 개발을 도입한 후 자넷은 고객 사이트에서 UAT를 진행하고자 프랑스로 갔다. 꽤 잘 진행되었고 몇 가지 중요한 문제를 수정하고 나서 해당 릴리즈는 수락되었다. 팀은 이 경험을 통해 많은 것을 배웠다.

두 번째 UAT 인수는 내부에서 이루어졌다. 준비를 위해 팀은 고객이 새로운 기능을 확인하도록 하기 위해 고객과 함께 수행할 수 있는 테스트 모음을 개발했다. 고객은 개발 주기를 통해 애플리케이션을 테스트할 수 있었으므로 UAT에서 어떤 문제도 발생하지 않았다. 고객이 와서 테스트들을 실행하고 하루 만에 인수했다.

고객과의 작업은 이루 말할 수 없이 중요하다. 비록 제품 엔지니어가 고객의 대리인 역할이었지만 실제 고객과 대면하는 시간이 중요했다. 고객과의 관계는 시간이 지날수록 프로젝트의 성공에 중요했다. 자넷은 팀이 무엇을 수행하고 있는지를 고객이 알고 있기 때문에 UAT가 성공했다고 강하게 믿고 있다.

신뢰성

4사분면 테스트에서 언급했던 "~성" 중의 하나인 "신뢰성(Reliability)"은 (특히 겨울에) 자주 접근할 수 없는 원격 사이트를 감시하고 있었기 때문에 시스템의 중요 인자였다. 임베디드 시스템을 테스트하고자 개발한 시뮬레이터는 별도의 환경으로 설정되었고, 전체 시스템의 안정성(다른 "~성"으로 끝나는 속성)을 측정할 때 몇 주 동안 실행됐다. 필요에 따라 시스템 설계에 대한 수정을 계획하고 코드를 작성할 수 있었다. 이것은 제품을 평가하는 기술 중심 테스트를 수행하기 위해 프로젝트 말까지 기다릴 수 없었던 이유에 대한 좋은 예다.

Tip
신뢰성 테스팅과 같은 4사분면 테스트에 관한 자세한 내용은 Chapter 10 "제품을 평가하는 비즈니스 중심 테스트"를 살펴보자.

문서화

이 단원에서는 문서화하는 접근방법에 대해 설명한다.

테스트 코드 문서화하기

개발하는 동안 테스트 코드용 공식 문서화 시스템은 분명히 필요했다. 가장 단순한 솔루션은

Javadoc과 유사한 RDoc를 사용하는 것이었지만, Ruby용 솔루션이었다. RDoc는 소스 코드에서 태그가 달린 주석을 추출해 파일과 클래스, 메소드의 세부 항목들로 웹 페이지를 생성했다. 이 문서는 배치 파일을 사용해 매일 밤 생성되었고 전체 팀에서 사용할 수 있었다. 텍스트 픽스처가 생성한 것을 발견하는 것은 쉬웠다.

테스트 코드의 문서는 테스트를 문서화하고 우리가 테스트할 것과 테스트한 것을 쉽게 알아내는 데 도움이 됐다. 이것은 아주 강력하면서도 사용이 쉬웠다.

테스트 결과 보고하기

폭넓은 테스팅이 수행됐어도 테스트 팀 외부에서는 거의 흔적이 발견되지 않았다. 자동화된 테스트 동안 생성된 로그는 문제를 추적하는 데 좋은 정보를 제공하지만 광범위한 청중에게는 적합하지 않았다.

Tip
팀에서 테스트 결과를 보고하는 방식에 대한 많은 사례들은 Chapter 16 "본격적인 시작"에서 보여준다.

수행된 테스팅의 가시성을 높이기 위해 테스트 팀은 Apache와 PHP, MySQL을 사용해 로깅과 보고 시스템을 개발했다. 테스트를 수행했을 때 이 시스템은 데이터베이스에 결과를 기록했다. 웹 프런트 엔드를 사용하면 프로젝트 이해 관계자는 수행할 테스트의 종류, 통과/실패율과 기타 정보들을 결정할 수 있었다.

Tip
큰 시각적 차트의 사용 관한 설명은 Chapter 18 "코딩과 테스팅"에서 설명한다.

우리는 되도록 진행상황(좋음 또는 나쁨)을 볼 수 있게 해야 한다고 믿었다. 이를 위해 진행 도중에 차트와 그래프를 만들어서 공통 영역에 붙였다. [그림 12-4]는 우리가 만든 차트의 일부를 보여준다.

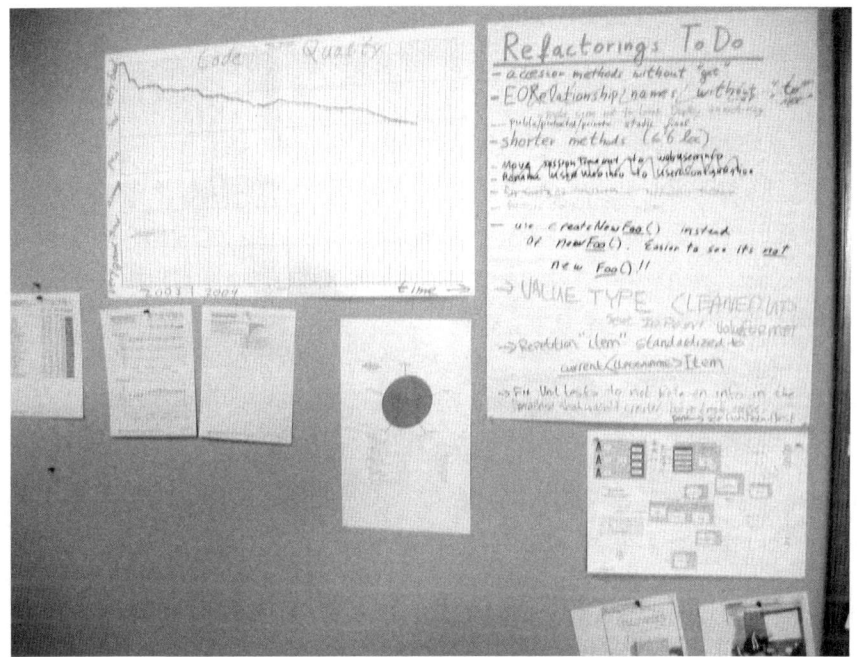

[그림 12-4] 원격 모니터링 시스템 프로젝트 팀이 사용한 커다란 시각적 차트

애자일 테스팅 사분면 사용하기

이번 예제에서는 성공적인 인도를 달성하기 위해 복잡한 개발 프로젝트의 주기 동안 4개의 모든 애자일 테스팅 사분면에서 테스팅 실천법을 결합하는 방법을 설명한다. 이 팀의 경험은 우리가 강조해온 많은 원칙을 묘사하고 있다. 프로그래머와 테스터, 고객 대리인, 실제 고객을 포함한 전체 팀은 자동화 문제를 해결하기 위해 노력을 기울였다. 이들은 다른 접근 방식을 시험했으며 단위 테스트 수준에서 종단 간 시스템 테스팅과 UAT에 이르기까지 모든 수준에서 테스팅을 수행하는 다양한 방법으로 자체 제작 도구와 오픈 소스 도구를 결합시켰다. 프로젝트의 성공은 테스팅 접근법의 성공을 보여준다.

각 에픽이나 릴리즈, 이터레이션을 계획할 때 비즈니스의 우선순위를 이해하고 위험성을 분석하기 위해 고객팀과 함께 작업하라. 필요한 테스팅의 모는 다른 유형이나 실행해야 하는 시기를 식별히는 데 도움을 얻기 위해 사분면을 사용하라. 성능이 가장 중요한 기준인가? 다른 시스템과의 연동 가능성이 가장 우선순위가 높은가? 혹시 사용성이 가장 높지는 않은가?

테스트중인 시스템의 복잡성을 수용하는 테스트 아키텍처에 투자하라. 전문화된 테스트를 통해 적절한 시간에 필요한 자원과 전문지식을 구할 수 있도록 계획하자. 각 테스트 유형별로 각 팀은 테스팅 문제를 해결할 수 있는 도구를 선택해 함께 작업해야 한다. 팀이 성공에 필요한 자원을 가지고 있는지 그리고 모든 필요한 테스트가 그들을 목적에 맞게 제때 지정되고 있는지, 적절히 자동화되었는지를 지속적으로 평가하는 데 회고를 사용하자.

종단 간 테스트를 수행하는 것이 불가능해 보이는가? 팀에서 단위 테스트를 작성하는 것이 어렵다는 것을 알게 되었는가? 자넷의 팀이 했던 것처럼 모두가 다른 방법과 도구들로 시험해보라. 사분면은 테스팅을 잘해낼 수 있도록 창조적인 방식으로 생산적인 브레인스토밍을 하기 위한 프레임워크를 제공해 팀이 비즈니스에 가치를 제공할 수 있게 한다.

요약

Chapter 12에서는 어려운 테스팅 과제를 극복하기 위해 4개의 모든 애자일 테스팅 사분면에서 테스트를 사용한 실제 프로젝트를 설명했다. 모든 유형의 테스팅에서 팀이 성공할 수 있는 방법을 보여주기 위해 이 프로젝트를 사례로 사용했다. 원격 데이터 모니터링 시스템 프로젝트에서 얻은 몇 가지 중요한 교훈은 다음과 같다.

- 전체 팀은 각 테스팅 문제를 해결하는 도구를 선택하거나 만들어내야 한다.
- 스프레드시트와 고객이 작성한 테스트 스크립트처럼 공통 비즈니스 도구의 조합은 복잡한 테스트를 해내는 데 필요하다.
- 팀의 모든 구성원이 작업하는 정확한 테스트 아키텍처를 구축하는 데 시간을 투자하자.
- 고객이 멀리 떨어져 있더라도 모든 유형의 테스팅에 참여할 방법을 찾자.
- 이터레이션과 프로젝트 진행에 관해 모든 이해관계자들이 알도록 중간에 테스트 결과를 보고하자.
- 문서화하는 것을 잊지 말자. 그러나 도움이 되는 것만 하자!
- 개발 주기 동안 네 가지 모든 테스팅 사분면에 대해 고민해보자.
- 제품을 평가하는 테스트를 수행하는 동안 배운 교훈을 후속 이터레이션에서 개발을 주도하기 위해 사용해보자.

AGILE
자동화

PART 4

자동화야말로 애자일 기법의 핵심이라 할 수 있다. 애자일 프로젝트의 성공 여부도 자동화에 달려 있다. 자동화를 잘 하면 개발팀이 우수한 프로그램을 개발하는 데 큰 도움이 된다. 강화된 품질 기준을 만족하면서도 최대한 빠른 속도로 개발을 진행할 수 있다. 소스 코드 관리, 자동 빌드, 테스트 수트(test suites), 전략, 모니터링, 그밖에 다양한 스크립트와 도구를 활용하면 지루한 반복 작업은 없애고 신뢰성을 높여 개발팀원들이 본연의 업무에 계속 집중할 수 있다.

자동화는 그 자체만으로도 방대한 주제이다. 간단한 셸 스크립트를 작성하고, 세션 속성을 설정하고, 오류 없는 자동 테스트를 설정하는 것 등이 여기 해당된다. 소프트웨어를 개발하는 방법이 많이 도입됨에 따라 테스트 자동화 도구도 기하급수적으로 늘어나게 된다. 다행히 이러한 테스트 자동화 관련 서적도 많이 출간되고 있다.

이 책은 애자일 개발에서 테스터의 역할에 대해 집중해서 기술하고 있다. 테스트 자동화가 애자일 개발의 성공 여부를 좌우하는 핵심이므로 꼭 다루어야 할 내용이지만, 이들 모든 분야를 다 다룰 수는 없는 노릇이다. 우리가 설명하려는 것은 테스터가 왜 자동화를 해야 하는지와 테스트 팀에서 자동화를 할 때 장애가 될 만한 요소들을 어떻게 극복할 수 있는가이다. Part 5에서는 애자일 기법의 가치와 원리를 적용하는 방법, 실제 상황에서 자동화를 폭넓게 활용하는 방법, 장애물을 극복하는 방법 등을 살펴보고자 한다.

AGILE
Chapter 13
테스트를 자동화하는 이유와 자동화의 장애물

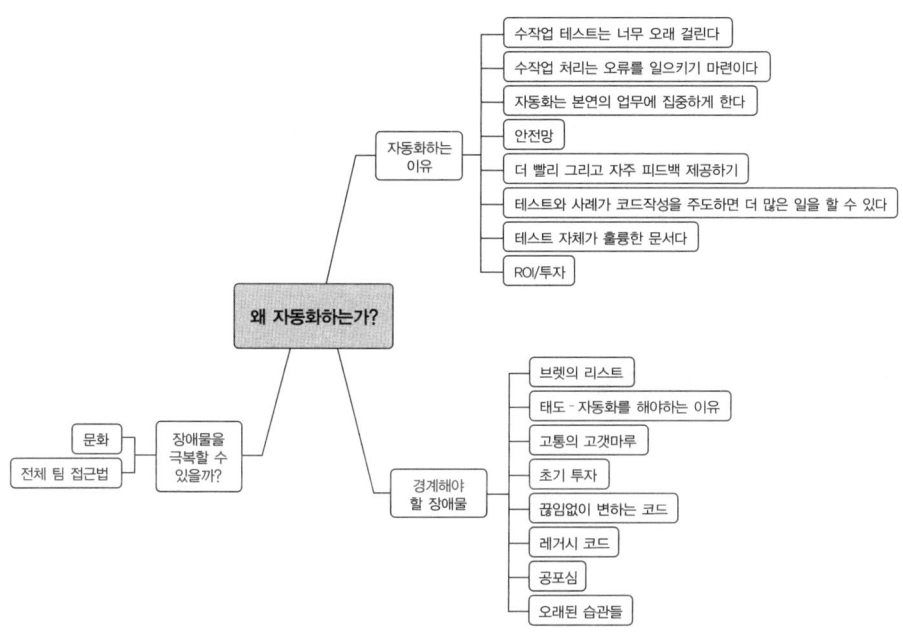

테스트와 빌드 프로세스, 배포 등을 왜 자동화할까? 애자일 팀은 소프트웨어를 언제나 실행 가능한 상태로 유지해 언제든 제품으로 내보낼 수 있도록 하는 데 집중한다. 이런 목적을 달성하려면 끊임없는 테스트가 필요하다. Chapter 13에서는 자동화가 왜 필요한지, 자동화를 추진하는 것을 어렵게 만드는 요인들에는 어떤 것이 있는지 살펴보자.

자동화하는 이유?

애자일 기법을 성공적으로 활용하기 위해 자동화를 한다는 당연한 이야기 말고도 자동화를 해야 할 이유는 이렇게 많다.

- 수작업 테스트는 너무 오래 걸린다.
- 사람이 수작업으로 테스트하다 보면 실수가 생기기 마련이다.
- 자동으로 테스트를 하면 사람은 본연의 개발 업무에 좀 더 집중할 수 있다.
- 자동화된 회귀 테스트를 하면 좀 더 안전하다.
- 자동화된 테스트가 피드백이 더 자주, 더 많이 온다.
- 테스트가 코딩을 주도하면 더 많은 일을 할 수 있다.
- 테스트 자체가 훌륭한 문서다.
- 자동 테스트가 투자 대비 얻는 것이 더 많다.

각각에 대해 좀 더 자세히 살펴보자.

너무 오래 걸리는 수작업 테스트

팀에서 자동화를 하려는 가장 원초적인 이유는 한마디로 수작업으로 모든 테스트를 하려면 너무 오래 걸린다는 것이다. 프로그램의 규모가 점점 커지면서 모든 기능을 다 테스트하는 것 역시 점점 더 오래 걸리게 되는데, AUT(application under test, 테스트 중인 프로그램)의 복잡도에 따라 기하급수적으로 늘어나기도 한다.

애자일 팀에서는 소프트웨어를 언제든 제품화할 준비를 갖춰놓음으로써, 간단한 테스트 과정만 끝나면 바로 제품으로 내보낼 수 있게 된다. 회귀 테스트 전체를 최소한 하루에 한 번씩 돌리려면 쉬운 일이 아니며 이를 사람이 수작업으로 한다는 것은 불가능하다. 아직 자동화해놓은 것이 없다면 테스트를 수작업으로 할 수밖에 없을 텐데, 그렇다고 해서 자동화를 시작하지 말라는 법은 없다.

회귀 테스트를 수작업으로 실행하면 점점 더 많은 시간과 테스트 시행 횟수가 필요하다. 테스트를 코딩과 보조를 맞추려면 프로그래머가 수작업 테스트 업무를 지원해 주거나 테스터를 충원하거나 해야 할 것이다. 둘 중 어느 것이라도 기술적으로 부담스럽고 진이 빠지는 일이다.

코드가 단위 수준의 회귀 테스트 전체를 다 통과할 필요가 없다고 해도 상황을 재현해 간단한 버그를 보고하는 데 많은 시간이 걸려서 정말로 심각한 버그를 찾아내는 데는 충분한 시간을 투자하지 못할 수도 있다. 또한, 팀에서 테스트 우선의 개발을 하지 않아서 코드 설계 단계에서 충분한 테스트를 거치지 못하는 바람에 실제 필요한 기능을 다 제공하지 못할 수도 있다.

수많은 시나리오를 수작업으로 테스트하려면 엄청난 시간이 걸린다. 사용자 인터페이스에 입력을 넣는다면 더욱 그러하다. 자동화를 통해 속도를 빠르게 하지 않는다면 복잡 다양한 시나리오에 필요한 데이터를 설정하는 것만으로도 벅찬 일이 된다. 그러다 보면 제한된 몇 가지 시나리오만 테스트해볼 수밖에 없고 중요한 결함을 놓치고 지나갈 수도 있다.

수작업 처리는 오류를 일으키기 마련

테스트는 반복 작업인 데다가 정해진 각본을 따라 수작업으로 테스트를 하다 보면 금방 지루해지기 마련이다. 이때 실수를 하거나 아주 단순한 버그도 그냥 지나치기 쉽다. 중간 몇 단계, 또는 전체 테스트 절차를 빼먹기도 한다. 개발 마감일이 다가오면 설계대로가 아닌 더 빠른 방법으로 만들고 싶은 유혹이 생기고 그 결과 예상치 못한 문제가 발생하기도 한다.

수작업 테스트가 시간이 많이 걸리기 때문에 마지막 날 밤늦게까지 테스트가 이루어지기도 한다. 이래서 버그를 몇 개나 찾을까?

자동화된 빌드와 배포, 버전 제어, 모니터링은 지속적으로 위험을 완화하고 개발 프로세스를 더 일관성 있게 만든다. 이들 테스트 스크립트를 자동화하면 각 테스트가 매번 정확히 동일한 방식으로 수행되기 때문에 오류의 가능성이 줄어든다.

자동화를 하면 "한 번 만들어서 여러 곳에서 써먹는다"는 테스터의 꿈이 이루어지는 셈이다. 빌드해서 적용하는 과정을 자동화하면 해당 환경에서 무엇을 테스트하는지를 명확히 알 수 있다.

본연의 업무에 집중하게 해주는 자동화

테스트 우선으로 코드를 작성하면 프로그래머가 요구 사항을 좀 더 잘 이해하고 그에 맞게 코드를 설계할 수 있게 된다. 모든 단위 테스트와 기능 회귀 테스트를 실행하는 지속적인 빌드가 있다는 것은 탐색적 테스트를 해볼 시간이 생긴다는 것을 의미한다. 탐색적 테스트 설정을 자동화하면 시스템의 잠재적인 약점이 어디인지 살펴보는 데 좀 더 많은 시간을 확보할 수 있다. 지루한 테스트 스크립트에 많은 시간을 할애하지 않으므로 좀 더 가치 있는 작업을 하거나 다른 시나리오를 구상하거나 프로그램이 동작하는 방식에 대해 학습할 여력이 생긴다.

버그 수정이나 새로운 기능 테스트의 자동화에 대해 끊임없이 생각한다면 오류가 있을지도 모를 손쉽고 빠른 꼼수보다는 품질과 테스트방법에 대해 생각해볼 여지가 좀 더 생길 것이다. 그러다 보면 더 나은 코드와 더 나은 테스트가 이루어질 것이다.

실제로 테스트를 자동화하면 프로그램간의 일관성 유지에도 도움이 된다.

● **자넷의 이야기**

동료인 제이슨과 나는 Ruby와 Watir[1]를 이용하여 GUI 자동화 스크립트 작업을 하는 중에 테스트용 버튼의 이름을 위해 상수값을 추가하고 있었다. 우리는 곧 각 페이지의 버튼 이름에 일관성이 없다는 것을 깨달았다. 버튼 이름은 변경했고 일관성 문제도 매우 빠르게 해결할 수 있었다. 이름 붙이는 방식을 규정하는 쉬운 방법도 만들었다.

Tip
Ruby와 Watir에 관해서는, Chapter 9 "팀을 지원하는 비즈니스 중심 테스트를 위한 툴킷", Chapter 12 "테스팅 사분면 요약", Chapter 14 "애자일 테스트 자동화 전략"을 살펴보자.

〈실용주의 프로그래머를 위한 프로젝트 자동화〉(마이크 클라크, 인사이트, 2004)를 참고하면 개발에서의 일상적인 자잘한 업무를 자동화해서 개발팀으로 하여금 탐색적 테스트 같은 좀 더 중요한 활동에 전념하도록 하는 데 도움이 될 것이다.

테스터에게 좀 더 나은 업무 주기
크리스 맥마흔(Chris McMahon)은 2007년 애자일 테스트 메일링 리스트에서 직접 경험한 회귀 테스트의 자동화의 장점을 이렇게 적고 있다.

---
1) 역자 주: Ruby 기반 GUI 테스트 솔루션

> "UI 회귀 테스트의 자동화는 지난 4월(2007년) 이후 500% 증가하였다. 이는 사람들로 하여금 좀 더 재미있는 테스트에 집중하는 결과를 가져왔다."
>
> 크리스는 설명을 이어나간다. "이제는 자동화가 많이 이루어져서 정말로 사람이 직접 테스트해야 되는 것이 뭔지를 생각할 여유가 생겼다. 단순하지 않은 테스트는 시행하기 전에 브레인스토밍을 거치는 것으로 체계화되었다." 보통 크리스와 그 팀원들은, 테스터 2인, 또는 테스터와 개발자 한 명씩 2인 1조로 작업한다. 때로는 테스터가 아이디어를 내고 이를 마인드맵이나 위키 페이지 또는 릴리즈 노트를 통해 검토하기도 한다. 크리스가 관찰한 결과 "혼자서 따로따로 일할 때는 생각해내지 못했을 훌륭한 테스트 아이디어가 2인 1조로 일할 때 나오곤 한다."
>
> 크리스는 중요한 기능이 빈번하게 나오는 것을 예로 들면서, "테스트 자동화가 잘 이루어진 덕분에 제품 전체가 실제로 사용할 때 멋지고 기능적으로도 우수하다는 확신을 얻게 되었다. 자동화가 없었다면 제품을 테스트하는 것이 지루하면서도 멍청한 작업이 되었을 것이다. 제품이 공개될 때마다 실로 테스터들은 놀랍고도 재미있는 업적을 이루어낸 것이다."
>
> 테스트 자동화에서의 가장 신나는 부분은 혁신적이고 탐색적 테스트를 통해 제품의 개선이 가능하게끔 우리 능력을 향상시켜 주는 것이라는 크리스의 생각에 동감한다.

프로젝트는 능력 있는 사람들이 그 작업에 최선을 다할 수 있어야 성공한다. 테스트 자동화는 이를 가능하게 한다. 기존 기능의 변화를 감지하여 즉시 피드백을 내 주는 자동화된 회귀 테스트야말로 그 핵심 요소다.

안전망을 제공하는 자동화된 회귀 테스트

자동화된 테스트가 적용되지 않는 코드에 버그를 수정하거나 새로운 기능을 구현할 때 느끼는 일종의 공포감 같은 것을 소프트웨어 업계에 수년간 종사해온 사람이라면 누구나 느낄 것이다. 풍선의 한쪽 끝을 쥐어짜면 반대쪽은 부풀어 오르게 마련이다. 과연 터질까?

자동화된 테스트를 충분히 거친 코드는 자신감을 심어준다. 정말로 뭔가를 바꾸면 예상치 못한 결과를 일으키겠지만 단위 테스트 단계에서는 몇 분 만에, 좀 더 상위의 기능 테스트 단계에서는 몇 시간 만에 이를 알아낼 수 있을 것이다. 변경을 테스트 중심으로 한다는 것은 코드를 작성하고 이를 검증하기 위한 테스트를 작성하기 이전에 변경된 코드가 어떻게 동작할 것인지를 먼저 생각한다는 것을 의미한다. 이렇게 하면 좀 더 자신감을 더해줄 것이다.

● **자넷의 이야기**

최근에 자동화 테스트의 가치에 대해 의문을 가진 동료와 대화를 나눈 적이 있다. 내 첫 번째 대답은 이랬다. "그건 팀을 위한 안전망(safety net)이다." 하지만 그는 이 전제에 대해 회의적이었다. 우리는 문제의 근원을 고치는 대신 테스트에 너무 매달리지는 않는가?

그의 의문은 내 대답에 대해 좀 더 깊이 생각해보게 했다. 어떤 면에서 그의 말이 맞기도 했다. 우리가 테스트 방식에 만족해서 자동화된 테스트에만 전적으로 의존하여 문제점을 찾으려 한다면, 그리고 테스트를 통과할 만큼만 문제점을 수정한다면 우리 자신에게 잘못하고 있는 것이 된다.

하지만 문제가 어디 있는지를 식별하기 위해 테스트를 활용하고 문제점을 제대로 수정하거나 필요에 따라 리팩터링을 한다면, 테스트 자동화라는 안전망을 잘 사용하고 있다고 말할 수 있다. 자동화는 애자일 프로젝트의 성공을 결정짓는 핵심이다. 프로그램의 크기가 커질 때는 더욱 그렇다.

만약에 안전망으로 작용하는 자동화된 테스트 세트가 없다면 프로그래머는 테스터 그 자체를 안전망으로 생각하게 된다. 프로그래머인 조(Joe)의 사고 과정은 이럴 것이다. "formatEmployeeInfo 함수에 대한 자동화된 단위 테스트를 넣어야 하는데, 테스터인 수지(Susie)가 이 함수가 사용된 부분을 일일이 찾아서 직접 해줄 거야. 문제가 있으면 수지가 알아낼 줄 것이고, 나는 수지가 찾아낸 대로만 하면 되겠지."

프로그래머가 테스터의 능력을 높이 평가해주니 좋긴 하지만, 조는 미끄러운 스키장 슬로프에 홀로 서 있는 것이나 마찬가지다. 조가 단위 테스트를 자동화하지 않으면 다른 테스트는 건너뛰어도 될까? 수지는 모든 페이지를 일일이 눈으로 확인하느라 엄청 고생할 것이 뻔하다.

자동화된 회귀 테스트가 잘 체계화된 조직에서는 코드를 수정할 때 두려움이 없다. "이 모듈을 수정하면 사용자 인터페이스를 망가뜨리지 않을까?"하는 고민을 할 필요가 없다. 뭔가가 망가졌는지 테스트를 해보면 바로 알 수 있기 때문이다. 수작업 테스트에 전적으로 의존하는 조직보다는 훨씬 빠르게 개발을 진행할 수 있다.

더 빨리, 더 자주 피드백을 주는 자동화 테스트

한 가지 기능에 대한 자동화된 테스트를 마치고 나면 해당 기능에 변경이 생기기 전까지는 계속 진행해도 된다. 프로그램에 변화를 줄 계획이라면 그에 맞춰 테스트도 변경해야 한다. 자동화된 테스트가 예상치 않게 실패한다면 코드가 변함에 따라 결함이 발생했다고 볼 수 있다. 새로운 코드가 "체크인" 될 때마다 일련의 테스트 과정을 수행하면 회귀 버그를 재빨리 찾아낼 수 있다. 코드를 변경한 사실을 프로그래머가 잊어버리기 전에 재빨리 피드백을 해주는 것이 몇 주 후에 테스트를 하다가 버그를 발견했을 때보다 훨씬 빠르게 버그를 잡을 수 있다. 일찍 발견한 코드가 고치기도 더 쉬운 법이다.

자동화된 테스트는 변경 감지기로서 일정하게 자주 동작을 실행한다. 이들 테스트를 사용하면 팀은 마지막 빌드 이후 변경된 내용을 알게 된다. 예를 들면 마지막 빌드에서 부정적인 부수 효과가 있었는가? 자동화 수트의 검사 범위가 충분하다면 수작업 테스트가 결코 찾을 수 없는 엄청난 영향을 가져오는 효과를 쉽게 알려줄 수 있다.

회귀 테스트를 자동화해놓지 않았다면 테스트를 자주 하지 못할 것이고, 막판에 모든 회귀 테스트를 완료할 때쯤에서야 문제점이 쏟아져 나오게 된다. 초기에 발견되었어야 할 버그가 막판에서야 발견된다. 테스트를 일찍 할 때 얻어지는 장점이 모두 사라진다.

테스트와 사례가 코딩을 주도하면 더 많은 일을 할 수 있다

Chapter 7 "팀을 지원하는 기술 중심 테스트"에서 코딩을 진행시키는 테스트와 예제에 대해 살펴보았다. 단위 테스트와 고객 테스트로 코딩을 진행하는 것이 얼마나 중요한지 이야기했다. 테스트가 자동화되면 여러 가지 이유로 더 가치가 있음을 강조하고 싶다. 이들은 매우 강력한 회귀 수트에 대한 기초가 된다.

● 리사의 이야기

팀이 단위 테스트와 리팩터링, 지속적인 통합, 그 밖의 기술 중심 실천법들에 대한 주도권을 가진 후로 회귀 버그와 개발 단계에서 잘못 구현된 기능을 찾아낼 수 있게 되었다.

물론 그렇다고 우리 문제가 완벽히 해결된 것은 아니다. 아직도 가끔씩은 요구사항을 빼먹거나 잘못 이해하기도 한다. 하지만 자동화 프레임워크를 잘 갖춰 놓으면 선행 테스트에서 요구사항을 찾아내는 등의 더 가치 있는 일에 집중할 수 있다. 시간이 지나면서 결함 비율도 상상을 초월할 정도로 감소하였고, 제품에 대한 고객 만족도 역시 향상되었다.

> **Tip**
> TDD를 위한 팀 에티켓에 대해 제니타 안드레아(Jennitta Andrea)가 쓴 글(2008)이 참고문헌에 포함되어 있다.

TDD와 SDD(스토리 테스트 주도 개발, story test-driven development)를 하면 팀원들이 언제나 테스트를 우선 염두에 두게 된다. 계획 회의에서도 테스트를 가장 잘 할 수 있는 방법이 뭔지를 먼저 이야기하게 된다. 테스트를 통과할 수 있게 코드를 설계하고 나면 테스트가 가능한지를 따지는 것은 더 이상 이슈거리가 되지 못한다. 자동화된 일련의 테스트는 코드가 커짐에 따라 방대해지고, 리팩터링을 끊임없이 마음 놓고 해도 되는 안전망 구실을 한다. 중요한 것은 모든 팀원이 TDD 기법을 익히고 일관성 있게 단위 테스트를 작성하는 것이다. 안 그러면 안전망에 구멍이 난다.

팀이 기술적으로 해주어야 할 것은 많이 늘어나지 않지만, 시간이 지나면서 그 속도는 일정해지거나 약간 빨라진다. 그래서 개발팀이 방향을 옳게 잡고 일을 진행하는 것은 사업 관리자에게도 좋은 일이다.

테스트 자체가 훌륭한 문서

Part 3에서 애자일 팀이 예제와 테스트를 활용해 개발 방향을 정하는 것을 설명했다. 이러한 경우에는 이렇게 동작해야 한다는 테스트 예제가 자동화되면 그 자체가 시스템이 어떻게 동작해야 하는지를 정의하는, 실로 "살아 있는" 문서가 된다. 각 부품이 기능적으로 어떻게 동작하는지를 말로 설명해 놓은 문서가 있으면 편리하고, 입력이 주어졌을 때 코드가 어떻게 동작하는지를 세세히 밝히는 동작 테스트에는 누구도 이의를 제기하지 못한다.

정적인 문서는 최신 버전을 유지하기 힘들고, 시스템이 변경될 때 자동화된 테스트를 업데이트하지 않는다면 테스트가 실패한다. 빌드 프로세스를 정상 상태로 유지하기 위해서는 이를 바로잡아야 한다. 즉 자동화된 테스트는 코드가 어떻게 동작하는지에 대한 자세한 그림을 담고 있다는 뜻이다. 테스트 자동화에 투자해서 얻는 이익 중 하나다.

ROI와 자금회수

여기서 설명하는 것들은 모두 자동화의 근본적인 문제와 그 이익에 대한 이야기다. 자동화를 하면 프로젝트에 일관성이 유지되며 프로그램을 다양한 조건에서 극한까지 돌려볼 수 있는 기회가 생긴다. 이는 테스터와 개발 팀원에게 품질 좋은 제품을 적시에 시장에 공급할 수 있도록 집중할 수 있는 시간이 더 생긴다는 뜻도 된다.

테스트 자동화의 주요 이점 중 하나는 프로그램의 오류가 어떤 방식으로 수정되느냐 하는 것이다. 수작업 테스트에 의존하는 팀에서는 버그 있는 코드가 만들어진 지 한참이나 지난 후에야 버그가 발견되는 경우가 많다. 그래서 버그의 근원을 찾아서 그에 맞게 코드를 재설계하는 대신 "오늘의 버그"를 잡는 모드로 돌입하게 된다. 프로그래머가 자체적으로 자동화된 테스트를 돌려본다면 코드를 체크인하기 전에 회귀 테스트로 버그를 찾아낼 수 있다. 이것은 기술적인 채무를 줄이면서도 견고한 코드를 만들 수 있는 대단한 이점이다.

자동화의 장벽 – 방해물

브렛 페티코드(Bret Pettichord, 2001)는 자동화를 어렵게 하는 일곱 가지 문제를 제시한 바 있다. 이것은 여전히 유효하지만 자동화를 개발 업무의 일부로 만들어 고정적으로 하지 않는 팀을 기준으로 한 것이다. 당연히 우리는 애자일을 하니까 자동화를 하는 것이 아니겠는가?

모든 사람들이 자동화를 각자의 업무 일부로 행하고 있다고 생각하고 싶겠지만 현실에서 모든 게 잘 돌아간다면 여러분이 이 책을 읽고 있지 않을 것이다. 일상적인 프로젝트 업무에 자동화를 포함하지 않았을 때 생길 수 있는 문제점을 설명하기 위해 브렛이 제시한 항목들을 여기 나열해 보았다.

브렛의 리스트

브렛이 제시한 자동화의 문제는 이런 것들이다.

- 남는 시간에만 테스트 자동화를 한다면 필요한 곳에 집중하지 못한다.
- 분명한 목표가 없다.
- 경험 부족
- 경험이 축적되지 않으므로 이직률이 높아진다.
- 절망적인 상황에 대한 반응으로 어쩔 수 없이 자동화를 채택하는 경우 현실적인 요구를 반영하지 못한다.
- 마지못해 테스트를 생각하는 경우 자동화는 재미있지만 테스트는 재미없다.
- 기술적 문제의 해결에만 집중하다 보면 테스트가 원하는 결과가 뭔지 간과할 수 있다.

자동화하려고 할 때 팀이 만나게 되는 몇 가지 다른 문제가 있다고 본다. 프로젝트 산출물에 자동화를 포함하려 하더라도 성공에는 다른 장애물이 있다. 다음에서 성공적인 테스트 자동화에 대한 장애물 목록이다.

우리의 리스트

우리가 속한 애자일 팀, 그리고 우리가 아는 다른 팀의 경험을 바탕으로 선정한 성공적인 테스트를 가로막는 장애물은 다음과 같은 것들이다.

- 프로그래머의 태도
- "고통의 고갯마루"
- 초기 투자
- 끊임없이 변화하는 코드
- 레거시 시스템
- 공포심
- 오래된 습관들

프로그래머의 태도 – 자동화를 왜 해야 하나?

전통적인 환경, 즉 QA 팀이 테스트를 수행하는 것을 본 적 없이 독립적으로 일해 온 프로그래머라면 기능 테스트의 자동화에 대해 별로 생각해본 적이 없을 것이다. 반면에 출시 전에 테스트 팀이 버그를 잡아내는 안전망 역할을 하니 테스트하는 데 신경 쓰지 않는 프로그래머도 있다. 전통적인 폭포수(waterfall) 방식의 개발에서 기간마저 길다면 테스트는 더더욱 프로그래머와 별개로 진행된다. 시간이 지남에 따라 생면부지의 테스터가 테스트 작업을 수행하는 동안 프로그래머는 다음 번 릴리즈를 위해 옮겨가기도 한다. 많은 비용을 지출하고 나서 결함 사항이 보고되어 수정을 기다리고 있지만, 그 제품을 만든 프로그래머는 아무도 남아있지 않다. 테스트 주도의 개발 방식을 도입하여 단위 테스트를 자동화하여 사용 중인 프로그래머라도 단위 테스트 이후의 수락 테스트에 대해서는 별로 생각해본 일이 없을 것이다.

● 리사의 이야기

언젠가 나는 XP 팀에 참여한 적이 있는데, 이들은 자동화된 빌드 프로세스를 운용하는 일련의 단위 테스트가 있는 테스트 주도의 개발 방식을 도입하는 중이었다. 이제까지는 실전용 테스트 자동화를 해본 적이 없었다. 그래서 하루는 기능 회귀 테스트를 자동화하기 위한 도구로 뭐가 좋을지 토론해보았다. 프로그래머들은 그런 테스트를 왜 자동화해야 하는지를 궁금해 했다.

1차 과정이 막바지에 들어가면서 모두가 수작업으로 인수 테스트(acceptance test)를 하고 있을 때, 나는 2차 과정이 끝날 때는 새롭게 추가된 기능 외에 이 테스트도 한 번 더 해야 된다고 지적했다. 3차 과정에서는 테스트의 양이 세 배로 늘어나게 된다. 테스터에게는 생뚱맞을 정도로 당연한 것이지만 프로그래머에게는 자동화를 하기 전에 꼭 이해하고 넘어가야 할 문제다.

프로그래머나 나머지 다른 팀원들이 자동화의 중요성을 이해하기 위해서는 교육이 가장 핵심적이다.

고통의 고갯마루 – 학습 곡선

테스트의 자동화를 배우는 것은 어렵다. 특히 투자 대비 많이 얻는 방법은 더 그렇다. 테스터뿐만 아니라 개발자들이 자동화를 하는 초기에 극복해야 할 문제를 설명하기 위해 브라이언 매릭(Brian Marick)이 사용한 용어가 "고통의 고갯마루"이다. 자동화를 도입할 때 극복해야 할 난관을 표현하는 말이다([그림 13-1]).

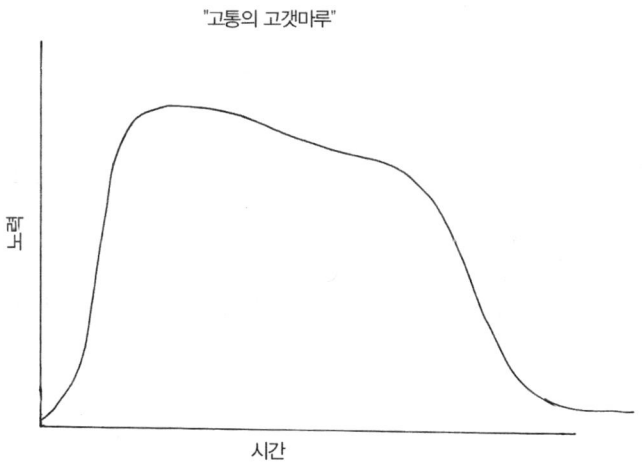

[그림 13-1] 자동화 학습 곡선의 고통의 고갯마루

새롭게 구성되는 팀이 종종 TDD나 리팩터링 같은 것을 도입하려 하지만 이건 배우기 어렵다. 훌륭한 코치, 새로운 스킬을 마스터하기까지의 오랜 시간, 강력한 관리 지원 등이 없다면 금방 의욕이 꺾이게 된다. 기존 코드가 잘못 설계되어 있다든가 하는 장애물이 더 있다면 자동화를 테스트하려는 시도조차 불가능할지도 모른다.

● 리사의 이야기

내가 있던 ePlan Service의 팀에서는 애초에 테스트를 전혀 염두에 두지 않고 만들어진 레거시 시스템에 대한 단위 테스트를 작성하려고 했었다. 우리는 아주 불가능한 것은 아니지만 매우 어려운 일이라는 것을 깨닫고 테스트 가능한 구조로 새롭게 코딩하기로 결정했다. 재미있게도 일 년쯤 지나고 나서 오래된 코드에 대한 단위 테스트를 만드는 것이 그렇게 어렵지만은 않다는 것을 발견하게 되었다. 문제는 단위 테스트를 만드는 방법을 전혀 몰랐다는 것이고, 잘 설계된 아키텍처에 대해 배우는 것이 더 쉬웠다. 이제는 자연스럽게 단위 테스트 작성이 코드를 작성하는 업무의 일부가 되었다.

고통의 고갯마루는 업무 도메인에 특화된 테스팅 프레임워크를 구축할 때나 새로운 기능 테스트 도구를 배울 때 생길 수도 있다. 이럴 때는 전문가를 초빙해 도움을 받고 싶을 것이다.

쉽지는 않겠지만 테스트 자동화가 개발 과정 중에 자연스럽게 뿌리를 내리면 비로소 이 고갯마루가 극복된다. 리사는 세 개의 팀에서 TDD와 기능 테스트 자동화를 성공적으로 도입했다. 그때마다 팀에 이를 뿌리내리기 위해 많은 시간과 훈련, 헌신적인 노력이 필요했다.

초기 투자

팀 전체가 이 문제를 풀기 위해 매달림에도 불구하고 자동화에는 투자가 많이 필요하다. 하지만 이 투자의 결과가 바로 나타나지는 않는다. 어떤 테스트 프레임워크를 사용할지, 내부에서 직접 만들 것인지 외부에서 개발한 도구를 사용할지를 결정하는 데에는 시간과 연구가 필요하다. 새로운 하드웨어와 소프트웨어가 필요할 수도 있다. 팀원들이 자동화 도구를 익히는 데 시간이 걸릴 수도 있다.

많은 이들이 테스트 자동화에 노력했는데 소득이 없었던 경험을 이야기한다. 이들은 아마도 외부 업체에서 만든 도구를 가져다 깔기만 해서 이를 QA 팀에 던져주고는 모든 자동화 문제가 해결될 거라고 잔뜩 기대했을 것이다. 대부분 이런 도구들은 책장 한구석에 먼지를 뒤집어쓴 채 잠자고 있을 것이다. 수천 줄짜리 GUI 테스트 스크립트가 만들어져도 그게 뭐 하는 건지 아무도 모르고 그 유지

· 보수가 불가능하다면 그건 더 이상 쓸모가 없다.

● **자넷의 이야기**

어떤 업체에 QA 관리자로 들어간 적이 있었다. 내 업무 중 하나는 기존의 자동 테스트 스크립트를 평가해 테스트 범위를 넓히는 것이었다. 몇 년 전에 외부 업체의 상용 도구를 구매한 적이 있었는데 이를 이용해 테스트 스크립트를 개발한 테스터는 아무도 남아있지 않았다. 신입 테스터 하나가 이 도구를 공부해서 테스트 몇 가지를 추가하려 했다.

내가 맨 처음 한 일은 이 테스터에게 지금의 테스트 스크립트를 검토해 그 범위를 알아보라고 지시한 일이었다. 그는 기존의 테스트가 어떻게 구성되어 있는지 이해하는 데에만 1주일을 보냈다. 물론 내가 중간중간 참견하긴 했는데, 그 때 알아낸 사실은 기존 테스트가 부실하게 설계되어 있고 별로 쓸모가 없다는 것이었다.

우리는 기존 테스트에 새로운 기능을 넣는 것을 그만두고 그 대신 테스트 자동화의 목표가 뭔지를 이해하는 데 시간을 좀 더 투자하였다. 결국 외부 업체에서 사서 쓰는 도구 중에서는 우리가 정말로 원하는 기능을 찾을 수 없다는 것을 깨닫고 라이선스를 취소하였고 필요한 것들을 만족하는 오픈 소스 도구를 찾았다.

새로운 오픈 소스 도구를 익히는 데에도 여전히 시간이 필요하지만 기존의 외부 업체로부터 구매한 도구를 어찌어찌 계속 사용하더라도 그 정도의 투자는 있었을 것이다. 그 도구를 잘 쓰는 사람이 아무도 없었기 때문이다.

테스트 자동화가 당장 효과가 있을지는 전적으로 테스트의 설계 기술에 달렸다. 잘못 만들어진 테스트는 이해하기도, 유지·보수하기도 어려울 뿐만 아니라 해석하기 어려운 결과를 생성하고 잘못된 결과를 내기도 한다. 훈련이 적절히 안 되어 있고 기술도 딸리면서 자기네들의 투자가 헛된 것이라고 판단할 수도 있다.

테스트 설계를 잘 익혀둔 팀에서 만든 테스트는 단순하면서도 잘 설계되고 끊임없이 리팩터링되며, 유지·보수가 쉽다. 시간이 지남에 따라 테스트 모듈의 라이브러리와 개체들이 축적되어 새로운 테스트에 대한 자동화도 금방 만들 수 있다. Chapter 14에서 자동화를 위한 테스트 설계의 가이드와 힌트를 얻기 바란다.

측정 지표를 잡아내기 어렵다는 것은 잘 안다. 이를테면 자동화된 테스트를 만들고 유지·보수하는 데 걸리는 시간과 같은 회귀 테스트를 수작업으로 하는 것과 얼마나 시간 차이가 나는지를 정량화하는 것은 거의 불가능하다. 마찬가지로 버그를 알아낸 지 몇 분 만에 수정할 때의 비용과 일련의 개발 절차를 끝낸 후에 별도로 버그를 수정할 때의 비용이 얼마나 차이 나는지를 정량화하는 것 역시 매우 어렵다. 많은 팀에서는 이런 과정을 추적하는 데 노력을 들이지 않는다. 자동화가 들인 노력에 비해 얻는 것이 더 많다는 것을 정량적으로 보여주지 않는다면 자동화에 투자하는 것이 가치가 있다는 것을 경영진에게 설득하기 더 어렵다. 자동화의 투자 대비 이익을 정량적으로 설명하지 못한다면 팀의 습관을 바꾸는 것도 어렵다.

끊임없이 변화하는 코드

사용자 인터페이스(UI)를 통해 테스트를 자동화하는 것은 까다로운 일이다. UI는 개발 중간중간 계속 바뀌기 때문이다. 애자일 프로젝트에서 녹화 및 재생 기법이 별로 바람직하지 않은 이유이기도 하다.

개발팀에서 해당 비즈니스 로직과 데이터베이스에 따른 최적의 설계를 뽑아내기 위해 애쓰고 있고 핵심 부분의 재작업도 빈번하게 일어난다면, GUI를 API 수준에서 자동화된 테스트를 만들고 유지하는 것이 쉽지는 않을 것이다. 시스템을 설계할 때 테스트에 대한 고려가 부족하다면 테스트를 자동화할 방법을 찾아내는 것이 어렵고 비용이 많이 들 수 있다. 테스트하기 쉬운 프로그램을 만들기 위해서는 프로그래머와 테스터가 함께 작업해야 한다.

> **Tip**
> Chapter 14 "애자일 테스트 자동화 전략" 편에서 자동화된 테스트를 구성하는 방법에 대해 살펴볼 것이다.

애자일 개발에서는 GUI처럼 실제 코드와 구현이 자주 바뀌더라도 그 코드가 의도하는 바는 쉽게 바뀌지 않는다. 프로그램의 구현보다는 프로그램의 의도에 따라 테스트 코드를 구성하면 개발이 진행되는 동안에도 테스트의 유지가 쉬워진다.

레거시 코드

경험에 비추어보면 처음부터 테스트를 염두에 두고 완전히 새로 작성한 코드가 테스트를 자동화하기 훨씬 쉬웠다. 테스트가 거의 또는 전혀 없는 기존 코드에 대한 테스트를 작성하는 것은 아무리 잘 해도 맥 빠지는 일임에 틀림없다. 애자일이 처음이고 테스트 자동화가 처음인 팀에겐 거의 불가능하다.

이건 거의 진퇴양난의 상황이다. 기존 코드를 리팩터링하려고 테스트를 자동화하려는데 기존 코드는 테스트를 고려하지 않고 설계된 것이라 단위 수준에서조차 테스트하기 어렵다.

여러분의 팀이 이런 난처한 상황에 처해있고 이를 타개하기 위해 브레인스토밍을 할 충분한 시간도 없다면 테스트를 효과적으로 자동화하기는 참 어렵다. Chapter 14에서는 이런 문제를 해결하는 전략을 제시한다.

공포심

테스트 자동화는 이를 마스터하지 못한 사람뿐만 아니라 마스터한 사람에게도 겁나는 일이다. 프로그래머는 운영 코드를 작성하는 것은 잘 하겠지만 자동화 테스트 코드를 작성하는 것은 해보지 않았을 수도 있다. 테스터는 프로그래밍 실력이 별로라서 자신들이 가진 잠재적인 테스트 자동화 기술을 자신하지 못한다.

프로그래밍을 못하는 테스터는 애자일 분야에서는 별로 할 일이 없다고들 한다. 우리는 그렇게 생각하지 않는다. 각 테스터는 자동화를 어떻게 하는지를 고민할 필요가 없다. 그건 팀의 문제이고 팀에는 그들을 도와줄 프로그래머가 많다. 비결은 새로운 개념을 깨닫는 것이다. 하루씩만 시간을 내자.

오래된 습관들

개발 진행이 삐걱거리거나 개발 일정이 끝나도록 프로그래밍과 테스트 업무가 완료되지 못한다면 팀원들은 패닉 상태에 빠질지도 모른다. 우리 관찰에 의하면 사람들이 패닉 상태가 되면 오래된 편한 습관에 안주하는 경향이 있다. 비록 그게 좋은 결과를 내지 못해도 말이다.

이를테면, "2월 1일까지 완성해야 해. 이 날짜를 못 맞추면 테스트를 자동화할 시간이 없어. 그 시간 동안 직접 테스트하고 좋은 결과가 나오기를 바라는 수밖에 없어. 자동화는 나중에 언제든 해도 돼."라고 말하는 것이다.

이건 파멸에 이르는 길이다. 수작업 테스트로 되는 것도 있겠지만 수억의 영업 손실을 일으킬 수도 있는 버그를 찾아낼 가능성이 있는 탐색 테스트는 될 수 없다. 테스트 자동화 작업을 완료하지 못하면 다음번 단계로 넘어가게 되고 제공할 수 있는 가치는 그만큼 줄어들게 된다. 이런 과정이 되풀이 될수록 상황은 나빠진다.

이런 장애물을 극복할 수 있을까?

팀 전체 차원의 애자일 접근법은 자동화를 할 때 있을 수 있는 문제들을 극복하는 기초다. 애자일이 처음인 프로그래머들은 이제까지는 기간 내에 코드를 만들어내기만 하면 그게 버그가 있든 없든 그에 대한 대가를 받아왔다. 테스트 주도의 개발 방식은 테스트보다는 설계에 더 치중해 왔고, 그러다 보면 비즈니스 관련 테스트는 소홀해질 수도 있다. 팀원 모두가 기술 관련 테스트와 비즈니스 관련 테스트 모두를 작성, 사용, 실행하는 방법을 고민하도록 하려면 리더십과 품질에 대한 책임감이 필요하다. 팀 전체가 테스트 자동화에 가담하는 것 자체가 문화적으로 난제가 될 수도 있다.

Tip
Chapter 3 "문화적 과제"를 보면 애자일 방식으로의 전환을 촉진하기 위해 팀 문화를 어떻게 바꿔나갈 것인지에 대한 아이디어를 얻을 수 있을 것이다.

Chapter 14에서는 애자일의 가치와 원칙을 활용해 여기서 언급한 여러 문제를 극복하는 방법을 살펴보자.

요약

Chater 13에서는 테스트 자동화에 대한 중요한 사실을 살펴보았다.

- 자동화는 안전망이며 꼭 필요한 피드백을 주고 꼭 해야 할 기술적 업무를 최소화하며 코딩을 진행하는 데 도움이 된다.
- 공포심, 지식의 부족, 과거 자동화에 대한 안 좋은 기억들, 코드의 잦은 변경, 과거에 만들어 놓은 코드 등이 자동화의 장애물이 된다.
- 회귀 테스트를 자동화하고 이를 자동화된 빌드 프로세스에서 실행하고, 결함의 근원을 바로잡으면 기술적 업무가 줄어들고 충실한 코드를 만드는 것도 가능하다.
- 회귀 테스트와 지루한 수작업을 자동화하면 팀이 탐색적 테스팅과 같은, 보다 중요한 일에 집중하게 된다.
- 자동화된 테스트와 자동화된 빌드 프로세스가 있는 팀이 개발에 속도가 더 붙는다.

- 자동화된 회귀 테스트가 없이 수작업으로 테스트하다 보면 테스트 범위가 점점 늘어나서 끝내는 아예 빼먹고 지나갈 수도 있다.
- 팀 문화와 전통 때문에 개발자들이 새로운 기능을 코딩하는 것보다 비즈니스 관련 테스트에 더 우선순위를 두는 것이 어려울 수도 있다. 애자일의 원칙과 가치는 모든 팀원들이 테스트 자동화의 장애물을 극복하는 데 도움이 된다.

AGILE
Chapter 14
애자일 테스트 자동화 전략

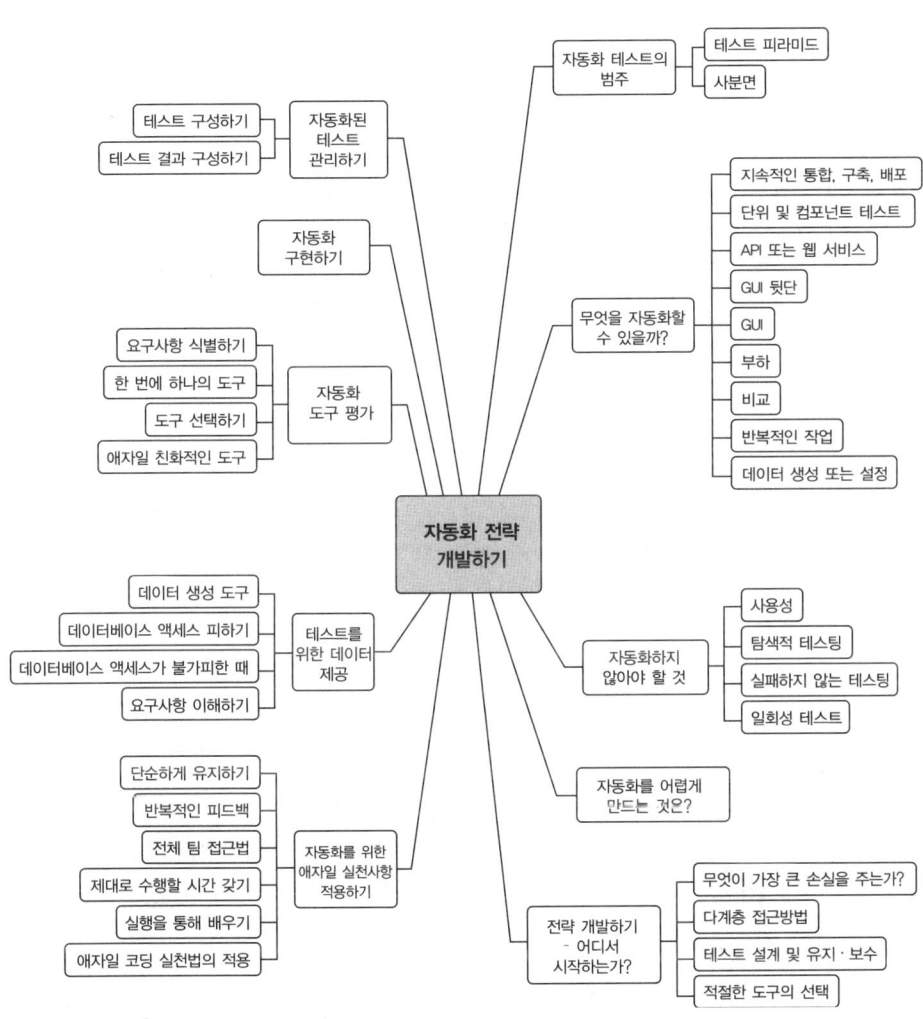

Part 3에서 애자일 테스트 사분면의 각 부분을 살펴보면서 여러 다양한 테스트 작업이 성공하는 데 도움이 될 만한 도구들을 살펴보았다. 이들 대부분이 테스트를 자동화하는 데 쓰인다. 앞서 살펴본 것처럼 여러 팀이 성공적인 테스트 자동화에 장애가 되는 많은 문제에 직면한다. 훌륭한 도구는 널렸지만 그 중에서 가장 잘 맞는 것을 골라서 효과적으로 활용하는 방법을 익히는 것은 어렵기 때문이다. 테스트 자동화는 신중한 투자와 점진적인 개선이 필요하다. Chapter 14에서는 어떻게 하면 애자일 기법의 가치와 원칙을 적용하여 자동화를 시작하고 개선해 나갈 추진력을 얻을지 살펴보도록 하자.

테스트 자동화를 위한 애자일 접근법

여러분은 테스트 전략이 효과적으로 작동해 모든 문제를 해결해줄 만병통치약이 되기를 바라면서 이 책을 읽고 있을 것이다. 실망시키기는 싫지만 꼭 말해야 할 사실은, 세상에는 만병통치약 따위는 없다는 것이다. 어느 팀에나 두루 잘 맞는 답은 없다. 하지만 낙심하진 말자. 일단 시작해볼 수 있는 아이디어는 있으니까.

먼저 자동화 문제도 다른 문제와 똑같이 생각하고 접근하기를 제안한다. 풀려는 문제를 일단 정의하자. 그러기 위해서 테스트 자동화의 기본적인 내용과 몇 가지 용어를 다시 한 번 살펴보자.

자동화 테스트의 범주

Part 3에서 애자일 테스트 사분면(Agile Testing Quadrants)과, 각 사분면에서의 테스트 목적에 대해 살펴보았다. 여기서는 다양한 방식으로 이들 각 사분면을 조명해볼 것이다. 각각을 주의 깊게 살펴보자([그림 14-1] 참조).

그림을 보면 팀을 지원하는 두 면(Q1과 Q2)은 자동화라고 표시했다. Q4에 있는 기술적인 관점에서 제품의 결점을 찾아내는 데 쓰이는 도구들은 대부분 자동화 도구가 필요하다. Chapter 9 "팀을 지원하는 비즈니스 중심 테스트를 위한 툴킷"에서, 비즈니스 중심 테스트를 위해 사용하는 도구들을 살펴본 바 있다. 자동화를 사용하지 않는다고 표시된 유일한 곳은 Q3로 비즈니스 관점에서 제품의 결함을 찾아내는 테스트다. 하지만 Chapter 10 "제품을 평가하는 비즈니스 중심 테스트"에서 살펴보았듯이 Q3의 테스트에도 사용되는 도구가 있긴 하다. 예를 들어 자동화를 통해 테스트 데이터와 사용자 시나리오를 설정하고 활동을 기록해 분석하는 것이다.

애자일 테스팅 사분면

```
        자동화 & 수작업      비즈니스 중심        수작업

                기능 테스트              탐색적 테스팅
                  사례                    시나리오
               스토리 테스트             사용성 테스팅
               프로토타입              사용자 승인 테스트
               시뮬레이션                알파/베타
  팀을                    Q2 │ Q3                      제품
  지원하기                ───┼───                      평가
                         Q1 │ Q4
               단위 테스트              성능 & 부하 테스팅
              컴포넌트 테스트              보안 테스팅
                                         "~성" 테스팅

          자동화             기술 중심            도구
```

[그림 14-1] 애자일 테스트 사분면

Tip
오즈의 마법사(Wizard of Oz) 테스트에 대해서는 Chapter 8 "팀을 지원하는 비즈니스 중심 테스트"를 살펴보자.

이 사분면을 활용하면 프로젝트에서 사용할 법한 다양한 자동화 도구들이 어떤 것이 있는지를 확인하는 데 도움이 될 것이다. 이 사분면을 잘 관찰하면 어떤 도구가 필요한지 정리하는 체크리스트로 사용할 수 있다 예를 들어 UI를 재설계한다고 가정해 보자. 먼저 1사분면을 들여다보자. 이를 테스트 중심으로 만들려면 어떻게 하면 될까? 화면에 보이는 부분의 단위 테스트는 어떻게 할까? 이럴 때 도움이 될 만한 새로운 도구가 필요한가? 이제 2사분면을 보자. 프로토타입을 만들어야 할 수도 있는데, 그냥 종이에 그려볼까? 아니면 오즈의 마법사 기법을 사용할까? 개발을 주도할 비즈니스 관련 테스트 프로그램을 작성하는 도구는 무엇을 사용할 것인가? 회귀 테스트 스크립트 중에 업데이트나 재작성이 필요한 것이 있나? 3사분면의 활동 중 하나는 사용

성 테스트로 조금 자세한 계획이 필요하다. 사용자 행동을 분석하기 위해 이를 추적하는 도구가 필요할 수도 있다. 4사분면을 생각해보자면 기존 UI에 대한 부하 테스트 스크립트를 새로운 UI에 맞게 수정할 시간이 필요하다.

Part 3에서 강조했듯이 사분면의 순서는 테스트를 수행하는 순서와는 상관이 없다. 각각의 테스트 형태에 필요한 도구의 체크리스트를 만들다 보면 어느 시점에서 테스트가 필요한지, 따라서 어느 시점에서 자동화 도구가 완비되어 있어야 하는지를 생각해보게 된다. 예를 들어 새로운 아키텍처를 설계하는 팀은 스파이크 테스트[1] 수행 계획을 잡고 최대한 빨리 여기에 대해 확장성 테스트를 실행할 것이다. 팀은 프로젝트의 첫 번째 이터레이션 동안 성능 테스트 도구를 찾아서 적용하는데 시간을 투자해야 한다.

이러한 사분면 방식은 어떤 도구가 필요한지를 알아내는 데 도움이 되지만, 정말로 중요한 것은 다양한 수준과 다양한 옵션에 따라 언제, 어떤 종류의 테스트를 어떻게 조직화할 것인가 하는 문제다. 원하는 성과를 빠르게 그리고 자주 얻어내려면 투자 대비 이익이 큰 테스트 방법을 사용해야 하는 것은 당연하다. 테스트를 위한 투자를 최적화하는 데는 테스트 피라미드가 도움이 된다.

테스트 자동화 피라미드

[그림 14-2]는 테스트 자동화 피라미드를 나타낸 것이다. 우리는 마이크 콘(Mike Cohn)이 제안한 피라미드를 애용하는데, 기술적인 내용의 단위 및 컴포넌트 테스트로 구성된 기본 계층을 보여주고 있다. 많은 팀에서 이런 개념 때문에 고민하고 있는데, 이들이 현재 사용하고 있는 것과는 반대되는 것처럼 보이기 때문이다. 많은 테스트 팀에서 컴포넌트, 시스템, 릴리즈 테스트가 코딩 작업이 끝난 후에 순차적으로 시행되는 이른바 "V" 모델을 사용해 왔다. 또 다른 팀에서는 테스트의 대부분을 기능 또는 화면 계층에 할애하는 뒤집어진 피라미드를 사용하기도 한다.

애자일 테스트 자동화 피라미드는 세 가지 계층으로 구성되어 있다. 가장 아래쪽에 있는 것이 기반 계층으로 상부 계층을 지원한다. 여기에는 단위 테스트, 컴포넌트 테스트 등 팀을 지원할 기술적인 내용과 관련된 것들이 주로 포함된다. 이 계층에는 자동화된 테스트 자체를 표현하기도 하는데 대

---

[1] 역자 주: 짧은 이터레이션 시간 동안 새로운 기술, 아키텍처, 성능 특성을 확인하고 검증하는 테스트의 한 유형

개 이들은 테스트 대상 시스템과 같은 언어로 작성되고 xUnit 등의 테스트 도구를 사용하기도 한다. 일단 테스트 팀에서 TDD를 완벽하게 익히고 나면 가장 빨리 그리고 쉽게 테스트를 작성할 수 있게 된다. 또한 피드백도 빨라서 아주 쓸모가 있다. 어떤 프로젝트든 투자 대비 이익이 확실하다.

Tip
단위 테스트와 컴포넌트 테스트에 대해서는 Chapter 7 "팀을 지원하는 기술 중심 테스트"에서 좀 더 자세히 살펴보자.

애자일 개발 기법에서는 이 계층에 최대한 많은 테스트를 밀어 넣으려고 노력한다. 비즈니스 중심 테스트는 더 상위 계층 중 하나로 들어가는 경향이 있지만 가능하다면 단위 수준에서 이들 테스트를 구현한다. 고객이 몰라도 되면서 단위 테스트만큼이나 빠르게 작성할 수 있는 테스트라면 좋은 선택이 될 것이다. 성능 테스트 같은 기술 중심 테스트는 단위 수준에서도 가능하다.

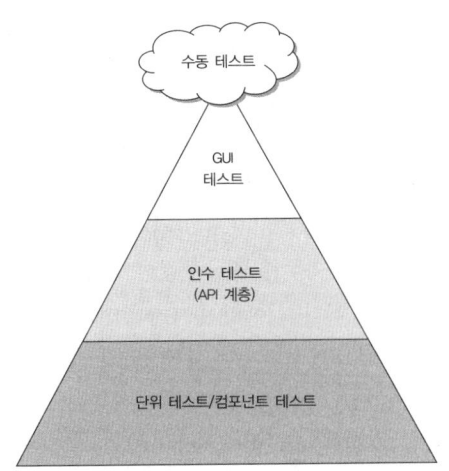

[그림 14-2] 테스트 자동화 피라미드

피라미드의 가운데 계층은 대부분 팀을 지원하는 비즈니스 중심 테스트의 자동화로 구성되어 있다. 여기에는 "제대로 가고 있는지"를 확인하는 기능 테스트도 포함된다. 이 계층은 "스토리 테스트", "인수 테스트" 등 작은 단위 테스트보다는 좀 더 거시적 관점의 테스트로 구성된다. 여기서는 GUI를 통하지 않고 API 수준이나 "GUI 뒷단"에서 직접 기능을 테스트하기도 한다. 운영 코드에 다시 입력으로 들어오는 입력과 픽스처를 테스트 케이스에 작성해 코드를 동작시키고 그 출력을 받아서 예상한 결과와 같은지 비교해본다. 이 방법은 프레젠테이션 계층을 건너뛰기 때문에 UI를 통해 일일이 입력하면서 테스트를 진행하는 것보다 간편하다.

> **Tip**
> Chapter 8 "팀을 지원하는 비즈니스 중심 테스트"에서 팀을 뒷받침하는 비즈니스 측면 테스트에 관해 더 자세히 살펴보자.

이 테스트는 고객이 쉽게 이해할 수 있는 도메인 언어로 작성되는 것이 일반적이라서 단위 테스트보다 할 일이 더 많다. 이들 테스트는 일반적으로 수행 속도가 더 느린데다 단위 테스트보다 범위가 더 넓고 데이터베이스를 비롯한 다른 컴포넌트에 접근할 가능성도 있기 때문이다. 이 테스트로 얻어지는 피드백은 단위 테스트보다 신속하지 못하지만 사용자 인터페이스를 이용하는 것보다는 훨씬 빠르다. 그래서 이 테스트의 투자 대비 이익은 피라미드의 아래 계층 해당하는 것들만큼 높지는 않지만 상위 계층보다는 더 높다.

피라미드의 가운데 부분에 해당하는 테스트를 수행하는 도구로는 Fit와 FitNesse가 잘 알려져 있으며 스프레드시트나 그 밖의 도구를 이용해 직접 테스트 케이스를 작성하고 정의하는 일도 흔하다.

> **Tip**
> 팀을 뒷받침하는 비즈니스 측면의 테스트와 이들 테스트를 효과적으로 잡아내는 도구들에 대해서는 Chapter 8 "팀을 지원하는 비즈니스 중심 테스트"와 Chapter 9 "팀을 지원하는 비즈니스 중심 테스트를 위한 툴킷"에서 주로 다루고 있다.

피라미드의 꼭대기 층은 투자 대비 이익이 가장 낮으므로 최소한의 자동화 노력만 있으면 된다. 이들 테스트는 대부분 GUI나 프레젠테이션 계층을 조작해 이루어진다. 코딩이 완료된 시점에서 작성되며 제품을 평가하고 바로 회귀 수트로 포함할 목적으로 작성된다.

최근에 비용을 줄여주는 도구가 많이 나오긴 했지만 이들 테스트는 전통적으로 비용이 많이 든다. 사용자 인터페이스의 구성 요소는 변경이 잦으므로 기능 또는 단위 수준의 테스트보다 불안정하다. 예를 들어 HTML 요소의 이름 하나만 바꿔도 테스트 스크립트가 실패할 수 있다. 이들 테스트는 사용자 인터페이스를 통해 이루어지므로 운용 코드에서 직접적으로 돌아가는 피라미드의 더 아래 수준의 테스트에 비해 속도도 더 느리다. 테스트의 결과는 분명 중요한 피드백을 주지만 단위 테스트가 건당 몇 분 정도면 끝나는 데 비해 GUI 테스트는 한 번 할 때 몇 시간이 걸릴 수도 있다. 그러므로 테스트 횟수를 줄여야 하고 이 테스트는 피라미드의 맨 꼭대기에 위치한다.

아무리 테스트 자동화가 이루어진다고 해도 대부분의 시스템에서는 아직도 수작업 테스트, 이를테면 탐색적 테스트(exploratory testing)나 사용자 인수 테스트 같은 것들이 필요하다. 이런 테스트도 빼먹으면 안 되므로 피라미드 위에 있는 구름으로 표시하였다. 일련의 회귀 테스팅이나 수작업 테스팅이 자동화되어야만 투자 대비 이익을 얻을 수 있다.

패트릭 윌슨-윌시(Patrick Wilson-Welsh, 2008)는 테스트 자동화의 개념을 "아기돼지 삼형제"에 비유해서 설명했다. 맨 아래 단계는 벽돌집으로 이 테스트는 견고하여 늑대가 와서 건드려도 끄떡없다. 중간 단계는 통나무집으로 튼튼한 상태를 유지하기 위해서는 벽돌집보다는 자주 그 구조를 바꾸어줘야 한다. 맨 꼭대기 단계는 초가집으로 튼튼하게 유지하기가 어렵고 늑대가 쉽게 망가뜨릴 수 있다. 초가집을 너무 많이 지으면 망가진 집을 수리하는 데 너무 많은 시간이 걸리게 된다.

대부분의 새로운 애자일 팀은 이전 프로젝트의 결과물로서 얻어지는 이런 피라미드로 시작하지 않는다. GUI 테스트 도구는 배우기가 쉬워서 많은 테스트를 이런 초가집 단계에서 시작하게 된다. 이전에 언급했듯이 대부분의 프로그래머가 단위 테스트 자동화를 습득할 때 거치는 이른바 "고통의 고갯마루"의 의미처럼, 처음에는 달랑 벽돌 몇 개만 가지고 시작하지만 시스템이 테스트를 고려하여 설계되었다면 가운데 단계의 테스트 자동화 작성은 쉬울 것이고, 따라서 통나무가 벽돌보다 더 빨리 늘어난다. 팀이 TDD와 단위 테스트 자동화를 습득함에 따라 맨 아래 단계가 늘어나기 시작한다. 본격적으로 가속을 받아 팀이 TDD를 사용하면 테스트 피라미드의 벽돌 기반이 빠르게 만들어진다.

Tip
"테스트 피라미드 뒤집기"라는 패트릭 윌슨-윌시의 논의에 대한 링크는 참고문헌을 살펴보자.

테스팅 피라미드를 보면 테스트의 자동화가 애자일 팀에 얼마나 도움이 되는지를 알 수 있다. 프로그래머는 피라미드의 맨 아래 단계에 집중하는 경향이 있어서, "고통의 언덕"을 극복하고 TDD가 자연스럽고 더 빠르다는 것을 익히게 될 때까지 시간과 학습이 필요하다. 전통적 팀의 테스트는 GUI 수준 말고는 테스트를 자동화할 방법이 없었다. 애자일 팀에서 흔히 사용하는 "전체 팀 접근법(whole-team approach)"이 의미하는 바는 테스터와 프로그래머가 짝을 이루어 서로 도와서 테스트를 작성하고 이를 통해 피라미드의 벽돌 구조를 튼튼히 하는 것이다. 테스트가 개발을 주도하므로 팀 전체가 테스트 가능성을 최대화할 수 있고 피라미드 구조가 올바로 성장할 수 있다.

프로그래머와 테스터가 짝을 이루어서 기능 단계의 테스트를 자동화하면 피라미드의 가운데 단계가 채워진다. 예를 들어 테스터와 고객이 웹 서비스 프로그램용으로 스프레드시트 400줄짜리 테스트 케이스를 작성했다면 프로그래머는 이를 자동화하는 방법을 알아내는 데 도움을 줄 수 있다. 팀원들 중 엑셀 매크로를 써서 테스트 데이터를 뽑아내는 전문가도 있을 것이다. 모두 함께 일하면 테스트 도구, 테스트 케이스, 테스트 데이터의 최적 조합을 찾아낼 수 있다.

제일 상위 계층의 GUI 테스트를 효율적으로 자동화하는 데 프로그래머를 참여시키면 많은 장점이 있다. 프로그래머는 전체 시스템에 대한 "큰 그림"을 이해하는 데 도움이 되고, 테스터는 좀 더 유연하고 덜 초가집 같은 GUI 테스트를 만들어낼 수 있다.

더 많이 협력하고 지식을 공유할수록 팀, 애플리케이션, 테스트는 더 견고해지고 늑대가 들어올 여지가 줄어든다. 무엇을 자동화할 수 있는지, 테스트를 수행할 때마다 매번 수행할 필요가 없지만 수행하고 있는 것이 무엇인지를 살펴보는 것부터 시작해보자.

무엇을 자동화할 것인가?

생각할 수 있는 거의 모든 테스트는 자동화를 통해 이익을 얻을 수 있다. 수작업 단위 테스트로는 회귀 실패를 잘 잡아내지 못하는데 체크인 이전에 수작업 테스트를 하는 것이 그다지 실용적이지 못하기 때문이다. 코드를 설계할 때 테스트 우선이냐 수작업 테스트냐를 동시에 고려할 수는 없다. 버튼을 누른 즉시 프로그래머가 재빠르게 테스트를 실행할 수도 없다. 심지어 테스트 수행 자체를 귀찮아 할 수도 있다. 다양한 코드의 단위들이 잘 연동되는지를 수작업으로 테스트할 수도 있겠지만 자동화된 컴포넌트 테스트는 훨씬 효율적인 안전망이 된다.

수작업 탐색 테스트는 기능상의 결함을 찾아내는 효율적인 방법이긴 하지만 자동화된 비즈니스 중심 회귀 테스트가 충분하지 않으면 엄청난 시간을 투자하여 미친 듯이 수작업으로 테스트를 수행해야 한다. 자동화를 하면 잘 해낼 수 있는 다양한 종류의 테스트에 대해 이야기해보자.

자동화된 테스트를 수행하려면 프로그래머가 수시로 코드를 체크인하고 해당 코드에 대한 테스트를 수행하여 결과를 파일로 저장한다. 이런 과정을 먼저 살펴보자.

지속적인 통합, 빌드, 배포

소프트웨어를 개발 과정에 포함된 지루하고 반복되는 작업은 어떤 것이든 자동화 후보가 된다. 자동화 빌드 과정에 대해서는 앞서 언급한 바 있는데, 이 과정 없이는 자동화 테스트 피라미드가 불가능하다. 개발을 제대로 진행하려면 단위 테스트로부터 즉각적인 피드백을 받아야 한다. 변경된 코드가 체크인 될 때 테스터에게 자동으로 이메일로 알려준다면 프로그래머를 통할 필요 없이 테스트할 빌드가 됐는지를 알 수 있어 편리할 것이다.

Tip
빌드 자동화 도구에 대한 내용은 Chapter 7 "팀을 지원하는 기술 중심 테스트"를 살펴보자.

> **위험: 화요일은 빌드하는 날**
>
> 전통적 개발 환경에서는 안정화 빌드가 나올 때까지 테스터가 마냥 기다리는 것이 정상적이었다. 애자일 환경에서는 테스터가 프로그래머를 쫓아가지 못하면 해당 스토리의 테스트는 나중으로 미루어지게 된다. 프로그래머가 제안이나 버그 같은 피드백을 얻지 못한다면 테스터는 프로그래머에 위신이 서지 않는다. 프로그래머가 벌써 다른 스토리를 작업하고 있어서 테스트를 하느라 방해받기 싫을 시점까지도 버그가 발견되지 못할 것이다.
>
> 버그는 쌓일 것이고 자동화는 제대로 이루어지지 않았다. 개발 속도에도 영향을 미친다. 테스트를 거치지 않았으니 이 스토리는 "완료"로 표시되지도 못한다. 한 바퀴 돌아 다음 번 단계를 계획하는 것도 어렵게 된다. 완료 시점에 스토리 테스트가 막판에 몰리면 성공적인 릴리즈를 할 수 없게 된다. 스트레스 가득한 릴리즈만 있을 뿐이다.

자동화된 배포 프로세스는 테스트의 속도를 빠르게 하고 오류도 줄여준다. 사실 자넷이 이번 Chapter 14를 편집하는 동안 실수로 개발이 엉망이 됐었는데, 그게 수작업 프로세스 때문이었다. 간단한 작업이었지만 자넷이 이 프로젝트에 처음 참여하다 보니 파일을 엉뚱한 곳으로 옮겨놓은 것이다. 자넷이 당장 해야 할 일 목록에는 배포 프로세스 자동화가 올라 있다. 리사의 팀에서는 지속적인 통합 및 빌드 프레임워크를 제일 먼저 구현하였는데 끊임없이 살펴봐야 하고 데이터를 넣어줘야 하지만 상당히 쉽고 빠르다는 것을 알게 되었다. 다른 팀, 특히 크고 복잡한 시스템을 갖고 있는 팀은 더욱 큰 장애물에 맞닥뜨리게 된다.

빌드에만 두 시간 넘게 걸리는 거대한 시스템을 개발하는 팀에 대한 얘기를 한 적이 있다. 즉 두 시간을 기다려야만 새로 체크인한 코드가 기존 기능을 망가뜨리지는 않는지 확인할 수 있다는 뜻이 된다. 너무 오래 기다려야 된다.

대부분의 애자일 팀에서는 빌드가 8~10분 이상이 되면 일하기 힘들다고 한다. 피드백이 올 때까지 15분을 기다리는 것도 너무 길다고 한다. 체크인이 되면 테스터들은 최신 빌드가 나올 때까지 기다리게 되는데 프로젝트 막판에 몰린 상태에서 빌드 시간이 두 시간이나 되면 개발자들이 어떤 느낌일지 상상해보라. 뭔가가 잘못되면 그것이 고쳐졌는지 확인할 때까지 두 시간 넘게 기다려야 한다.

빌드가 오래 걸리는 대부분의 이유는 데이터베이스를 접근하거나 인터페이스를 통해 테스트를 수행하기 때문이다. 빌드를 하면서 거대한 코드에 수천 건의 테스트까지 실행하는 것은 빌드를 실행하는 컴퓨터 자원에 부담을 줄 수 있다. 테스트의 프로파일링을 돌려서 어디가 병목인지를 살펴보라. 예를 들어 데이터베이스가 문제라면 실제 데이터베이스 대신 메모리에서 돌아가는 모형 데이터베이스 버전을 만들어보자. 테스트가 여러 컴퓨터에 분산되도록 빌드 프로세스를 구성하고 자원을 더 잘 관리하는 다른 소프트웨어가 있는지도 살펴보자. 필요하면 외부 전문가도 데려오자.

지속 통합과 빌드 프로세스를 빠르게 하는 열쇠는 한 번에 작은 단계 하나씩 취하는 것이다. 각 단계별로 성공을 측정하고 옳은 방향으로 가고 있는지를 알 수 있도록 변경은 한번에 하나씩만 한다. 우선 모든 빌드의 테스트 중에 시간이 가장 많이 걸리는 테스트를 밤에 하는 일부터 해보자.

Tip
빌드 프로세스 개선에 관한 더 자세한 내용은 빌드 참고문헌에서 자동화 도구와 책들에 대한 링크를 살펴보자.

지속적인 통합과 빌드 프로세스를 빠르게 실행하는 것이 그 어떤 자동화 노력보다도 투자 대비 이익이 가장 높다. 어느 팀이나 이것부터 먼저 자동화해야 한다. 이것이 제대로 된다면 자동화된 테스트로부터 훨씬 빠른 피드백을 얻을 수 있다. 다음으로 자동화해야 하는 다른 종류의 테스트를 살펴보자.

단위 테스트와 컴포넌트 테스트

단위 테스트의 자동화는 아무리 강조해도 지나치지 않다. 프로그래머가 TDD를 테스트 작성 메커니즘으로 사용하면 훌륭한 회귀 수트 뿐만 아니라 이를 활용해 고품질의 안정된 코드를 만들어낼 수 있다. 단위 테스트를 자동화하지 않으면 장기적 성공의 기회는 자꾸 줄어들 것이다. 단위 수준의 테스트 자동화와 이들의 연속적 통합이 최우선이다.

Tip
Chapter 7 "팀을 지원하는 기술 중심 테스트"에서 사용할 수 있는 일부 도구들에 관해 상세히 설명한다.

API와 웹 서비스의 테스트

어떤 형태가 됐든 자동화를 활용하는 데 API나 웹 서비스 애플리케이션이 가장 쉽다. 자넷은 팀에서 Ruby를 사용해 입력 변수의 모든 조합을 읽고 스프레드시트에 저장된 예상 결과 값을 비교했다. 이런 데이터 주도 테스트(data-driven test)는 작성과 유지·보수가 쉽다.

자넷의 고객 중 하나는 Ruby의 IRB(Interactive Ruby Shell) 기능을 활용해 웹 서비스에 대한 인수 테스트를 진행했다. 테스트 팀은 고객 지원팀과 테스트 스크립트를 공유하려 했지만, 비즈니스 테스터들은 입력이 변경되면 어떻게 되는지를 바로 확인하고 싶어 했다. 테스트를 상호작용하도록 반자동으로 실행해 이를 가능하게 했다.

GUI 내부 테스팅

GUI 내부 테스트는 GUI 자체의 테스트보다 자동화하기 더 쉽다. 프레젠테이션 계층의 영향을 받지 않고 좀 더 안정된 비즈니스 로직 코드에서 테스트가 실행되기 때문이다. 이런 형태의 테스트를 해주는 도구들은 전형적으로 표나 스프레드시트를 사용해 선언적 형식으로 테스트를 작성하도록 제공한다. 프로덕션 코드가 테스트 입력과 결과를 반환하게 하는 픽스처는 일반적으로 신속히 작성할 수 있다. 이것이 비즈니스 중심 테스트를 작성하는 주 분야이며 고객이나 테스트를 작성하는 개발자나 모두 이해하기 쉽다.

Tip
특정한 도구의 사례에 대해서는 Chapter 9 "팀을 지원하는 비즈니스 중심 테스트를 위한 툴킷"을 살펴보자.

GUI 테스트

비즈니스 로직이 거의 없는 간단한 GUI라도 테스트는 해야 한다. 매번 새로운 기능이 추가되며 빠르게 진행하는 애자일 개발에서는 어느 프로젝트에서나 GUI 수준의 자동화된 회귀 테스트가 꼭 필요하다.

성공적인 GUI 테스트 자동화를 위해서는 도구의 선택이 중요하다. 자동화된 스크립트는 유연하고 유지·보수가 쉬워야 한다. 자넷은 Ruby와 Watir를 잘 활용해 운영 코드를 개발할 때와 마찬가지의 코딩 방식으로 프레임워크를 개발해두었다. 재작업이나 중복이 거의 없고 한군데에서만 변경하면 되는 라이브러리를 개발하는 데 시간을 투자했다. 코드의 유지·보수를 쉽게 하면 테스트의 투자 대비 이익이 높아진다.

Tip
GUI 테스트 프레임워크의 사례에 대해서는 Chapter 9 "팀을 지원하는 비즈니스 중심 테스트를 위한 툴킷"을 살펴보자.

테스트 용이성에서의 포인트는 프로그래머가 개체에 이름을 붙이거나 ID를 할당하는 것이다. 프로그래머가 시스템에서 생성한 ID를 따라간다면 그 때는 새로운 개체가 페이지에 추가될 때마다 ID가 바뀔 것이고 테스트에도 영향을 주게 된다.

테스트는 실제 인터페이스에 국한해서 해야 한다. 버튼이 의도대로 동작하는지 여부 등을 테스트해야 한다. 비즈니스 기능까지 테스트하려 하지 않도록 하자. 페이지의 링크가 제대로 되어 있는지 검사하는 것도 쉽게 자동화할 수 있다. 모든 페이지 링크를 사람이 직접 눌러서 페이지 이동이 제대로 되는지 확인할 필요는 없다. 쉬운 것부터 먼저 시작하자. 자동화하기 쉬운 것부터 먼저 자동화하고 나면 더 어려운 문제에 투자할 시간이 생길 것이다.

부하 테스트(Load Test)

> **Tip**
> 부하테스트 자동화 도구의 사례에 대해서는 Chapter 11 "제품을 평가하는 기술 중심 테스트"를 살펴보자.

자동화를 하지 않으면 아예 불가능한 테스트도 있다. 부하 테스트를 수작업으로 하는 일은 여러 번 시도해봤지만 쉽지 않았다. 성능 테스트는 모니터링 도구도 필요하고 테스트 내부의 시스템 차원에서 액션을 일으켜야 할 수단도 필요하다. 웹사이트가 해커에 뚫려버릴 것인지, 부하가 많이 걸려도 잘 처리할 수 있는지를 검증할 만큼의 대규모의 부하를 생성하는 것은 도구 프레임워크가 없이는 불가능하다.

비교(Comparison)

> **Tip**
> 소스코드 관리 도구와 IDE에 관한 더 자세한 내용은 Chapter 7 "팀을 지원하는 기술 중심 테스트"를 읽어보자.

시스템 프로세스가 생성한 ASCII 파일을 시각적으로 검사할 때 우선 이 파일을 분석하고 사람이 읽기 쉬운 형식으로 표현한다면 더 편리할 것이다. 의도하지 않은 변경사항이 있는지를 알려주는 스크립트가 있으면 사람이 직접 읽어보고 일일이 비교하는 것보다 더 빠르고 정확하다. 무료인 diff부터 WinDiff 같은 상용 소프트웨어까지 파일 비교 도구는 널렸다. 소스 코드 관리도구나 통합 개발 환경에도 비교 도구가 포함되어 있다. 이런 비교 도구는 테스트의 필수품이다. 데이터 저장소나 데이터 이행 프로젝트를 테스트할 때에는 데이터베이스 테이블을 비교하는 스크립트를 작성하는 것도 잊지 말자.

반복 작업

고객과 일을 하면서 비즈니스를 더 잘 이해하고 고객이 가치를 두는 것이 무엇인지를 배우게 되면 그들의 업무 중 일부를 자동화할 기회를 알게 될 수도 있다. 리사의 회사에서 모든 고객에게 첨부가 있는 형태의 메일을 발송할 일이 생겼다. 프로그래머가 양식뿐만 아니라 첨부까지 붙여주게 만들면 메일 발송 업무가 획기적으로 빨라질 것이다. 리사의 동료 테스터 마이크 부세(Mike Busse)는 퇴직 연금 관리자가 수작업으로 하던 복잡한 기금 할당에 대한 계산을 자동으로 해 주는 스프레드시트 매크로를 작성했다. 수작업 체크리스트 역시 자동화된 스크립트로 대체할 수 있는 것이 많다. 자동화는 테스트에만 국한된 것이 아니다.

데이터 생성 또는 설정

데이터 생성이나 설정 분야에서도 자동화는 유용하다. 데이터를 끊임없이 설정하고 있다면 이 과정을 자동화하자. 뭔가를 반복적으로 하는 중에 버그가 발생하기도 한다. 이를 자동화한다면 언제나 같은 결과를 얻을 수 있다.

> **● 리사의 이야기**
>
> 자동화된 회귀 수트를 비롯한 다수의 테스트 스키마에서 정규형 데이터를 사용한다. 이 정규형, 즉 "시드(seed)" 데이터는 운영 코드에서 얻는다. 데이터베이스의 일부 테이블, 즉 참조 테이블 같은 것은 바뀌지 않으므로 매번 새롭게 갱신할 필요가 없다. 퇴직 연금과 직원, 거래정보 등을 포함하는 그밖에 테이블은 회귀 테스트가 실행될 때마다 처음부터 다시 시작해야 한다.
>
> 데이터베이스 개발자는 저장 프로시저를 작성해 "시드" 스키마로부터 모든 테스트 스키마를 새로 고쳤다. 이러한 새로 고침이 필요한 테이블을 정의해 REFRESH_TABLE_LIST라는 이름의 특수한 테이블에 저장해 두었다. 각각의 테스트 스키마에 대해 데이터를 새로 고치는 저장 프로시저를 실행할 대상도 설정했다. 자동화된 빌드가 이 대상을 사용하지만 테스트 스키마를 정리하고 새로 시작할 때에만 이를 사용한다.
>
> 회귀 테스트 중 대다수는 "시드" 데이터 위에 자체 데이터를 더 생성한다. Watir 테스트는 필요한 모든 데이터를 생성하고 프로시저를 실행하는 데 필요한 모든 로직을 포함시켰다. 예를 들어 근로자가 퇴직연금을 담보로 대출하는 것을 테스트하는 스크립트는 먼저 기존의 모든 대출을 취소하고 새로운 대출이 실행되게 스크립트 내에 코딩을 해 두었다.
>
> 데이터베이스 계층을 테스트하는 FitNesse 테스트 역시 자체 데이터를 생성한다. 모든 테이블의 모든 컬럼을 추가할 필요가 없도록 대부분의 제약 사항을 제거한 특별한 스키마를 사용했다. 테스트를 할 때에는 테스트 대상 기능에 적절한 데이터만 추가한다. 이후 테스트에 영향을 주지 않고 모든 테스트가 독립적이고 재현 가능하게 이루어지도록 각 테스트는 생성한 데이터를 없앴다.

테스트 데이터를 정리하는 작업은 생성하는 작업만큼이나 중요하다. 다른 테스트에 영향을 주지 않고 같은 테스트를 여러 번 실행해야 하는 상황을 방지하기 위해 데이터 생성 툴킷에는 테스트 데이터를 지우는 기능이 꼭 있어야 한다.

지금까지 자동화가 필요하고 또 유용한 분야를 살펴보았다. 테스트나 테스트와 관련해서 뭔가를 해야 할 때는 언제나 이를 자동화하면 이익이 있을까를 먼저 생각해 보자. 어떨 때는 자동화를 하는 것이 적당하지 않을 때도 있다. 이제부터는 그러한 상황을 살펴보자.

자동화가 적절하지 않은 분야

테스트 중에는 사람의 눈과 귀, 그리고 감각이 필요할 때도 있다. 사용성(usability) 테스팅이나 탐색적 테스팅이 이런 부류에 해당된다. 자동화 투자가 타당하지 않은 테스트는 단 한 번만 수행하는 테스트와 결코 실패할 일이 없는 테스트들이다.

사용성 테스트

진정한 사용성 테스트를 하려면 실제로 소프트웨어를 사용할 사람이 필요하다. 사용성을 검사하는 시나리오를 설정하는 데는 자동화가 유용할 수도 있다. 사용자가 소프트웨어를 사용하는 것을 관찰한 다음 이를 사용자의 경험으로 다시 보고해 그 결과를 판단하는 일련의 과정은 소프트웨어의 사용성 측면이 자동화될 수 없는 부분임을 이해해야 한다. 사용자가 수행한 액션을 기록하는 것은 사용성 테스트에 큰 도움이 된다.

Tip
로그 기록과 모니터링 도구에 대해서는 Chapter 10 "제품을 평가하는 비즈니스 중심 테스트"에서 설명했다.

> ● **자넷의 이야기**
>
> 여러 가지 GUI 도구를 검토한 결과 Ruby와 Watir를 사용하기로 결정했다. 테스트는 GUI 기능으로만 제한했다. 테스트 중에 메시지가 화면에 제대로 표시되는지를 검사하는 것이 있는데, 나는 테스트를 실행하는 중에 다른 테스터가 작성한 테스트를 우연히 보게 되었고, 그 때 뭔가 이상한 것이 내 눈에 띄어서 한 번 더 돌려봤다. 프로그래머들 중 하나가 화면에 "$"를 써놨고 그 때문에 오류 메시지가 한 칸씩 밀리게 되었다. 올바른 메시지가 표시되었지만 위치가 잘못된 것이다. 이런 상황에서는 테스트가 이루어지는 것을 지켜본 것이 도움이 되었다. 제품 출시가 얼마 남지 않은 상황이었기 때문에 발견하지 못하고 넘어갔을 수도 있는 문제였다.

GUI가 절대 바뀌지 않는다고 확신하는 상황에서는 테스트를 자동화하는 것이 가능하지만, 그럴 가치가 있는지도 스스로에게 물어봐야 한다. 버튼이 딱 한 픽셀만큼 옮겨진 것에 대해 정말로 신경써야 하는가? 해당 결과가 노력을 정당화해줄 수 있을까? 우리는 "룩 앤 필(look and feel)" 테스팅을 자동화해야 한다고는 생각하지 않는다. 자동화 스크립트는 여러분이 스크립트에게 보라고 지시한 내용만 검사할 뿐이다. 사람에게는 바로 보일 수 있는 미세한 시각적인 문제는 잡아주지 못한다.

탐색적 테스팅

탐색적 테스팅도 마찬가지로 테스트 데이터를 생성하고 설정 단계로 넘어가는 것은 스크립트로 빠르게 진행할 수 있지만 테스트를 설계하고 실행하는 것은 테스터의 기술이 필요하다. 탐색적 테스팅의 주목적은 제품에 대해 더 많이 알아내고 이를 바탕으로 다음 버전에서 더 개선을 이루어내는 것이다. 자동화된 스크립트가 이것을 해주지는 않는다. 하지만 앞서 이야기했듯이, 다른 많은 테스트를 자동화해 놓지 않으면 탐색적 테스팅을 할 시간이 없다.

Tip
탐색적 테스팅과 이를 촉진하는 도구에 관한 더 자세한 정보는 Chapter 10 "제품을 평가하는 비즈니스 중심 테스트"를 살펴보자.

결코 실패하지 않는 테스트

절대로 실패하지 않는 테스트를 자동화할 필요가 있냐는 질문을 자주 받는다. 요구조건이 너무나 뻔해 구현 방법이 한가지뿐이고 나중에 그 코드를 아무도 들여다보지 않을 거라면 누군가가 그 코드에 결함을 일으킬 가능성은 거의 없다고 볼 수 있다. 예를 들어 주소를 받는 폼(form)이 있다. 굳이 필요하지는 않는 두 번째 주소 칸에 대한 회귀 테스트를 자동화할 필요가 있을까? 이 주소 칸을 수작업으로 일단 검증하고 난 후 누군가가 이 항목을 실수로 바꿔버릴 가능성이 얼마나 될까? 설사 바꿨다 한들 그게 전체 시스템을 망가뜨릴만한 대재앙은 아니다. 누군가가 이를 알려줄 것이고 문제가 수정될 때까지 사람들은 문제점을 쉽게 우회할 수 있다.

다시 한 번 말하지만, 이런 것을 테스트하는 것은 어렵지 않다. 프로그래머가 복사/붙여넣기를 하다가 실수하는 것은 늘 있는 일이다. 한 번의 수작업 테스트로 테스트가 끝나고 미래에 있을 실패에 대한 위험성이 회귀 테스트의 자동화를 정당화하지 못한다고 생각한다면, 자동화를 하지 않아도 된다. 이 결정이 틀렸음이 밝혀져도 나중에 자동화를 할 기회는 있다. 확실하지 않다면, 그리고 자동화하는 게 어렵다면 그냥 놔둬도 된다.

Tip
위험 분석과 테스팅과의 관련성에 대한 자세한 설명은 Chapter 18장 "코딩과 테스팅"을 살펴보자.

사람 목숨이 왔다갔다 하는 시스템을 테스트한다면, 아주 사소한 회귀 테스트 실패도 크게 작용한다. 위험도 분석을 통해 어떤 테스트를 자동화할지를 결정하자.

일회성 테스트

대부분의 경우 일회성 테스트는 수작업으로 해도 충분하다. 자동화를 해서 얻는 것이 없다면 왜 해야 할까? 가끔씩은 일회성 테스트를 자동화하는 것이 좋을 때도 있긴 하다.

● 리사의 이야기

최근 급여대장을 올릴 때 경고 메시지를 띄워주는 스토리를 처리한 적이 있는데, 이 메시지는 1월 첫 2주일 간만 나타나야 했다. 이 테스트를 자동화하려면 시스템의 현재 시각을 1월 1일부터 15일까지 바꿔가며 테스트를 해야 했다. 그리 어렵지 않은 일이고 이 기능이 동작하지 않을 때 일어나는 결과는 사소한 것이었으며, 이것보다 더 중요한 스토리도 더 많이 있었다. 이 부분의 테스트를 자동화하는 것이 그다지 가치가 없었고 위험도도 낮았다. 우리는 이 테스트를 그냥 수작업으로 하기로 결정했다.

일회성 테스트가 아주 직관적으로 보이지만 자동화가 더 나은 선택으로 보이는 다른 경우가 있다. 우리는 다양한 비즈니스 파트너들의 다양한 사이트를 운영하는데 이들 사이트는 구성 내용, 룩 앤 필이 모두 제각각이다. 데이터베이스에 들어있는 값에 의해 각 브랜드의 사이트에 대한 적절한 동작과 콘텐트가 결정된다. 자산 가치나 참여자 수에 따른 과금 일정 같은 데이터는 매우 복잡하다. 이런 종류의 데이터는 Fit-Nesse 테스트를 활용해 확인하는 것이 더 쉽고 정확하다. 우리는 테스트하고자 하는 파트너 "브랜드"에 대한 핵심을 명시한 일련의 픽스처를 가지고 있다. 비즈니스 개발 담당자가 각각의 새로운 파트너를 위해 생성한 스프레드시트에서 적절한 예상 결과를 쉽게 연결해 볼 수 있다. 이들 테스트는 회귀 수트의 일부는 아니다. 새로운 브랜드를 확인하기 위해 일회성으로 사용된다.

자주 하지 않더라도 지루한 작업은 자동화를 해볼 만하다. 자동화의 비용은 테스트를 수작업으로 할 때 소비되는 시간과 비교해서 생각해야 한다. 수작업으로 하는 것이 쉽고 자동화가 금방 될 것이 아니라면 그냥 수작업으로 놔두는 것이 더 낫다.

자동화하기 어려운 분야

테스트 주도, 아니면 최소한 테스트 자동화를 고려하고 코드를 작성한 것이 아니라면 자동화는 매우 어렵다. 구형 시스템일수록 이럴 가능성이 많은데 마찬가지로 테스트하기 어려운 코드가 요즘도 만들어지고 있다.

자동화된 테스트가 없는 기존 코드로 작업해야 하는 상황이라면 힘든 전투겠지만 전혀 승산이 없는 것은 아니다. 구형 코드에는 I/O, 데이터베이스 접근, 비즈니스 로직, 프레젠테이션 코드 등이 마구 뒤섞여 있다. 테스트를 자동화하기 위해 코드의 어느 부분부터 손대야 할지 명확하지 않을 수 있다. 이런 시스템에서는 자동화를 어떻게 시작할까? 로직의 많은 부분이 프레젠테이션 계층에 들어 있어서 GUI 속에 있는 것 모두를 자동화할 수는 없을 것이다.

이런 일에는 몇 가지 다른 접근법이 있다. Chapter 13 "테스트를 자동화하는 이유와 자동화의 장애물"에서 언급한 "고통의 고갯마루"가 장애가 되겠지만 이것은 극복 가능하며, 테스트 자동화도 훨씬 더 쉬워질 것이다. 마이클 페더스(Michael Feathers)의 〈레거시 코드 활용 전략〉(2004, 에이콘)에서는 기존 코드를 리팩토링해서 자동화를 적용하고 테스트 도구를 만드는 방법을 설명하고 있다. 오래된 코드에서도 테스트를 작성하고 새롭게 문제가 발생하는 것을 방지하는 것이 가능하다. 이 접근법은 덜 구조적이고 비 객체 지향적인 시스템에서도 적용 가능하다.

리사의 팀에서는 이와는 다르지만 마찬가지로 효과적인 접근법을 사용하기로 정했다. 팀원들은 새로운 기능을 테스트 친화적 구조를 갖게 새로 작성하는 방법으로 레거시 코드를 점차적으로 고사시키는 방법을 선택했다. 그들은 점차 구형 코드를 테스트 우선으로 새로 작성된 코드로 교체하고 있다. 오래된 코드를 업데이트하거나 버그를 수정할 때에는 변경할 모든 코드에 단위 테스트를 추가한다. GUI 스모크 테스트는 단위 테스트가 없는 구형 시스템의 모든 기능을 다 포함한다.

Tip
Chapter 7 "팀을 지원하는 기술 중심 테스트"에서 레거시 코드에 대한 다른 애자일 접근법에 대해 자세히 설명한다.

어느 자동화 프로젝트나 마찬가지로 자동화하기 어려운 코드는 한 번에 하나씩 접근해가고, 가장 위험도가 높은 것부터 먼저 해결해 나간다. 테스트 가능성 문제를 해결하고 단위수준의 테스트를 작성할 방법을 찾아보라. 이런 노력은 반드시 결실이 있다.

자동화 전략 수립 – 어디서부터 시작할까?

단순하고 단계적인 접근법이 자동화와는 어울리지 않는 것처럼 보이지만 애자일 테스트에서는 문제를 이해하는 것이 먼저다. 어디서부터 어떻게 자동화를 시작할 것인지를 결정하는 것은 약간의 고민과 토론이 필요하다. 팀에서 테스트 문제를 들여다보면서 어디서 자동화를 할 것인지를 고려해 봐야 한다. 자동화 도구를 찾기 전에 요구사항이 무엇인지부터 확인해야 한다.

풀려는 문제가 무엇인지 이해해야 한다. 무엇을 자동화하려 하는가? 이를테면 어떤 형태의 테스트 자동화도 전혀 해 놓은 것이 없는 상태에서 비싼 상용 테스트 도구를 사기만 하면 모든 기능 테스트 자동화가 저절로 될 것이라고 생각한다면, 시작부터 잘못된 것이다.

처음부터 시작하도록 하자. 들인 돈에 비해 가장 큰 효과를 내는 것은 당연히 프로그래머가 작성하는 단위 테스트다. 테스트 피라미드의 맨 꼭대기에서 시작하지 말고 가장 기본적인 것이 있는 맨 밑바닥에서부터 시작해야 한다. 또한 자동화해야 하는 다양한 종류의 테스트에 대해 고려해야 하고 테스트 도구가 언제 필요할지도 고려해야 한다.

이번 단원에서는 1사분면의 단위 테스트와 컴포넌트 테스트에 대한 자동화는 해놓은 상태에서 2와 3사분면의 비즈니스 중심 테스트와 제품을 평가하는 4사분면의 기술 중심 테스트에 대한 자동화를 살펴보고 있다고 가정한다. 이 때 적절한 자동화 리소스를 확립하는 전략을 세우는 데 도움이 되고자 한다.

여러분의 팀이 가진 기술과 경험을 생각해보자. 자동화는 누구에게 왜 필요한가? 이루고자 하는 목표가 뭔가? 이들 이슈에 대한 이해가 도구를 선택하고 어떤 노력을 해야 하는지를 결정하는 데 영향을 준다. 이번 챕터 끝부분에서는 이를 결정하는 도구에 대해 살펴볼 것이다.

자동화는 겁나는 일이다. 특히 완전히 처음부터 새로 시작할 때는 더욱 그런 기분이 든다. 어디서부터 시작하면 좋을까?

가장 아픈 곳이 어디인가?

자동화를 위해 노력을 집중해야 하는 곳이 어디인지를 알려면, 여러분의 팀에게 물어보라. "가장 아픈 곳이 어디인가?" 팀에 따라서는 "어떤 일이 제일 지겨운가?"라는 질문이 될 수도 있다. 그 부분을 테스트하기 위해 코드를 배포할 수도 있는가? 팀원들은 코드를 변경하는 데 확신이 있는가? 테스트를 자동화하는 데 안전망은 있는가? 팀원들의 수준이 높고 TDD를 습득했을 수도 있고, 단위 테스트가 완비되어 있을 수도 있다. 하지만 비즈니스 중심 테스트를 명시할 좋은 프레임워크가 없거나 이를 자동화할 단서를 찾지 못하고 있을 수 있다. 아마도 GUI 테스트는 하겠지만 이 테스트는 매우 느리고 유지·보수에 비용이 많이 든다.

> **위험: 모든 테스트를 수작업으로 하려 하는 행동**
>
> 더 많은 테스트를 추가해야 하는 상황에서 새로운 기능이 아닌 이전에 테스트했던 기능을 다시 테스트하느라 시간을 보내고 있다면 테스트 자동화의 부족에 허덕이고 있는 것이다. 이러다 보면 테스터가 설계와 구현에 대해 토론할 시간이 없으므로 예기치 않은 회귀 버그가 기어 나오고, 테스트가 개발 속도를 따라가지 못해 판에 박힌 업무만 반복하게 된다. 개발자는 비즈니스 중심 테스트는 하지 않으므로 테스터는 테스트의 문제점을 해결하는 더 좋은 방법을 찾아낼 시간이 없게 된다.
>
> 앞서 언급한 바와 같이 자동화 전략을 세우면 여러분의 팀은 이런 문제를 해결할 수 있다. 팀이 테스트 가능성을 고려한 설계를 하고 적절한 자동화 도구를 설계하고 구현하기 시작하면 테스터들도 스스로의 기술을 향상시킬 기회가 생기게 된다.

가장 아픈 부위가 어느 곳이든 그곳이 바로 자동화 노력을 시작할 지점이다. 이를테면 팀이 심지어 배포 가능한 코드를 인도하는 데 어려움을 겪는다면, 자동화된 빌드 프로세스를 구현할 필요가 있다. 코드 테스트가 끝날 때까지 빈둥거리며 노는 것보다 더 나쁜 것은 없다.

Tip
위험 분석에 대한 난순한 접근방식에 대한 더 자세한 설명은 Chapter 18 "코딩과 테스팅"을 살펴보자.

그러나 성능 문제가 조직을 위험에 빠뜨리고 있다면 성능 테스트가 최우선일 것이다. 해결하고자 하는 문제가 무엇인지를 이해하는 것으로 돌아가야 한다. 위험 분석이 친구가 되어줄 것이다.

● **자넷의 이야기**

우리의 주요 고객을 위해 레거시 시스템에 새로운 기능을 추가하는 것뿐 아니라 몇몇 품질 이슈를 해결하기 위해 일한 적이 있다. 당시 프로그램에는 자동화된 단위 테스트와 기능 테스트가 없었다. 팀원들은 이 프로그램을 한 조각씩 뜯어보기로 했다. 리팩토링을 힐 기능 조각들을 선정하면 프로그래머가 단위 테스트를 작성하고 통과하는지 확인한 다음, 테스트를 통과할 때까지 코드를 다시 만들었다. 리팩토링이 마무리 단계가 되자 잘 만들어진 테스트 가능한 코드와 테스트를 얻을 수 있었다. 동시에 테스터들은 좀 더 높은 수준의 테스트도 작성하였다. 1년이 채 안 되어 빈약한 품질의 레거시 코드가 대부분 새로 작성되었고, 테스터들은 한 번에 한 조각씩만 건드리면서 테스트할 수 있게 되었다.

테스트 자동화는 훌륭한 개발 실천방법이 병행되지 않는다면 소득이 없다. 잘 만든 단위 테스트를 실행하는 연속적 통합이야말로 다른 테스트를 자동화하는 첫걸음이다. 유지·보수와 좋은 설계를 위해 계속 리팩토링되는 코드는 자동화의 투자 대비 이익을 높이는 데 도움이 된다. 좋은 단위 테스트 커버리지 없이는 리팩토링은 발생하지 않는다. 자동화된 기능 테스트 스크립트에 이런 개발 관행이 적용되어야 한다.

다계층 접근방법

한 번에 도구 하나씩만 습득하라고 권하긴 하지만, 어느 도구든 너무 많은 것을 기대하면 안 된다. 필요에 딱 맞는 도구를 써야 한다. 단위 테스트에 딱 맞는 도구가 자동화 기능 테스트에도 잘 맞는다는 보장은 없다. GUI, 부하, 성능, 보안 테스트에 제각각 다른 도구가 필요할지도 모른다.

우리 팀의 자동화를 위한 노력이 최대한의 결실을 맺게 하는 데는 마이크 콘의 테스트 피라미드 개념([그림 14-2])이 도움이 되었다. 우리는 최상의 투자 대비 이익을 내는 최고의 테스트를 만들고자 했다. 시스템 구조가 테스트를 염두에 두고 설계되었다면 테스트 자동화도 어렵지 않을 것이다. 특히 단위 수준에서는 더욱 그러하다.

사용자 인터페이스를 통해 수행하는 테스트는 대부분 투자 대비 이익이 가장 낮다. 유지·보수가 필요하지만 수행하기는 어렵기 때문이다. 이런 테스트는 테스트 피라미드에서 작은 부분을 차지하고 GUI 테스트의 대부분은 비즈니스 용어로 정의되어 아마도 사람과의 상호작용이 필요한 테스트, 즉 수작업 테스트로 계속 남아있을 것 같다.

중간 계층은 GUI나 그밖에 중간층 없이 프로덕션 코드와 직접 맞물려 돌아가는 기능 테스트를 표시한다. 단위 테스트와 비교하면 비슷하게 비용이 들면서도 피드백이 더 느리지만, 적당한 도구를 선택하면 훌륭한 투자 대비 이익을 낼 수 있다. 이런 테스트는 비즈니스 전문가가 이해하고 의견을 첨가할 수 있는 언어로 작성해도 된다.

애플리케이션에는 독립적으로 테스트할 수 있는 여러 개의 계층이 있다. 제라드 메스자로스(Gerard Meszaros)의 책〈XUNIT 테스트 패턴〉(2007년, 에이콘)에서는 이를 "계층 테스트" 패턴이라고 표현한다. 애플리케이션에서 이들 계층의 테스트를 따로 작성할 때에도 각 계층이 바르게 맞물려 있는지를 검증해야 하고, 프레젠테이션 계층을 통한 비즈니스 로직의 테스트가 필요할 수도 있다고 경고했다.

● 리사의 이야기

팀에서 자동화 프레임워크를 하나씩 구축하다 보니 도구가 많이 모였다. 지속적인 빌드 프레임워크를 Ant와 CruiseControl을 사용해 구현하고 나서 단위 테스트에 쓰려고 JUnit을 습득했다. 단위 테스트 자동화가 제일 빠르면서 비용이 적게 들고 프로그래머로의 피드백도 제일 빠르다고 알고 있었다.

레거시 시스템에서는 자동화된 테스트가 없어서 GUI 회귀 테스트 수트를 Canoo WebTest를 써서 구축했다. WebTest의 스크립트는 프로그래밍하는 형식이 아니라 명세서에 기입하는 형식이라 사용한 보람이 있었다. 유지 · 보수도 빠르고 쉬웠다.

JUnit와 WebTest가 잘 동작하고 나서는 FitNesse를 사용해보았고, GUI 뒷단의 기능 테스트를 하는 데 좋다는 것을 알게 되었다. FitNess를 통해 비교직 빠르게 지등회를 할 수 있었다. FitNesse로 하는 테스트가 단위 테스트보다 유지 · 보수에 비용이 조금 더 들긴 하지만 개발을 주도하고 고객, 프로그래머, 테스터 간 협동을 촉진하는 장점이 있어 투자 대비 이익이 높았다.

이 도구들은 모두 배우고 사용하고 빌드 과정에 통합하는 것이 쉬우며 회귀 이슈에 대하여 끊임없는 피드백을 제공한다. 이는 테스트 자동화 전략을 수립할 때 중요한 고려 사항이었다.

자동화 노력의 결실을 평가할 때는 도구로 인해 기술부서와 고객 지원부서의 협력이 증진되는 것과 같은 무형적인 효과도 고려해야 한다. 테스트를 작성하는 가장 큰 이유가 개발의 지침을 마련하는 것이기 때문이다. 자동화된 인수시험 테스트를 작성하면서 비즈니스 요구 사항을 철저히 이해하게 되었다면 테스트로 회귀 버그를 전혀 잡아내지 못했어도 큰 소득을 얻은 것이다.

테스트 설계와 유지 · 보수 고려

이제껏 작성했던 모든 수작업 테스트 스크립트를 한번 생각해보자. 이 테스트가 전부 자동화되었으면 하고 바라지 않았나? 그랬으면 인생이 좀 더 편해지지 않았을까? 우리는 스크립트로 작성된 테스트는 전부 자동화해야 한다고 믿는다. 스크립트로 작성된 수작업 테스트의 변환을 시작해보자.

일단 시작만 하면 테스트를 자동화하는 건 쉬운 일이다. 예를 들어 동작하는 FitNesse 픽스처가 있으면 여기에 테스트를 추가하는 것은 약간의 노력만 있으면 된다. 이는 다른 테스트 조합이 많아질 때 유용하다. 수작업으로 할 때보다 더 많은 테스트를 할 것이다. 리사의 팀원들이 퇴직연금의 대출 시스템을 재작성할 때 FitNesse를 활용해 수백 가지 서로 다른 조건에서의 대출 상환 과정을 테스트할 수 있었다. 하루에 세 번 갚으면 어떻게 될까? 석 달간 연속으로 갚지 않다가 한 번에 많이 갚으면 이자를 정확히 계산하여 적용할까? 이것은 자동화된 테스트를 작성해 쉽게 알 수 있었다.

이러한 테스트는 분명 장점이 있지만 단점도 있다. 이제 수십, 수백 건의 테스트 케이스를 손봐야 한다. 이제부터 일 년에 한 번씩 대출 상환 이자 정산 방식이 바뀐다면 어떻게 할 것인가? 이렇게 바뀐다면 모든 테스트마다 업데이트가 되어야 한다. 기존 테스트에 변화를 주는 기능이 테스트 도구에 없다면 자동화된 테스트 집합이 한순간 문젯거리로 변하게 된다.

종단 간 테스트가 특히 까다로운데, 비즈니스 규칙이 변경되면 손봐야 할 가능성이 가장 많기 때문이다. 자동화 요구와 비용 간의 균형을 어떻게 하면 맞출 수 있을까?

| 테스트 설계 |

Tip
Chapter 8 "팀을 지원하는 비즈니스 중심 테스트"에서 최소한의 기능에 관해 자세히 설명한다.

테스트하려는 기능의 최소 단위나 중요 실행경로에서부터 시작해야 한다는 것을 잊어서는 안 된다. 프로그래머가 코딩에 접근하는 것과 똑같은 방식으로 자동화에 접근해야 한다. 가장 중요한 실행 경로의 작은 단위 하나가 잘 동작하게 만들고 다음 것도 그렇게 한다. 최소한의 기능을 모두 다 했다면 처음으로 돌아가서 살을 붙여 나간다.

Tip
효과적인 테스트 설계에 관한 자세한 내용은 Chapter 9 "팀을 지원하는 비즈니스 중심 테스트를 위한 툴킷"을 살펴보자.

테스트 패턴을 철저히 선정한다. 필요한 모든 테스트 케이스를 자동화하되 가능한 최저 수준까지 자동화한다. 테스트 케이스 한 개의 범위는 하나의 조건 또는 하나의 비즈니스 규칙으로 한정한다. 테스트의 목적을 이해해야 한다. 테스트 간 상호 의존성이 없어야 한다. 상호 의존성은 테스트를 복잡하게 하여 유지·보수 비용을 증가시킨다.

| 옵션을 고려하라 |

앞서 언급했듯이, 테스트 자동화가 낮은 수준까지 이루어질수록 투자 대비 이익은 향상된다. 테스트 자동화를 피라미드에서 가능한 가장 낮은 수준까지 몰고 가자. 단위 테스트와 코드 통합 테스트가 잘 되어 있으면 기능 테스트를 그렇게 많이 자동화하지 않아도 된다. 낮은 수준의 테스트가 잘 되어 있으면 수작업으로 종단 간 테스트를 해보는 것만으로도 시스템을 검증하는 데 충분할 수 있다. 위험 분석을 사용해 결정하자.

| 사용자 인터페이스 |

사용자 인터페이스도 테스트해야 한다. 경우에 따라서는 GUI 수준에서의 테스트 자동화가 매우 중요할 때도 있다. 타사 GUI 컨트롤을 사용한다면 이게 어떻게 동작하는지가 불명확할 수 있다. 위험 분석과 투자 대비 이익 분석을 통해 GUI 수준의 테스트 자동화를 하는 것이 좋겠다는 결론이 나면 과감히 투자하자.

좀 더 높은 수준에서의 자동화를 한다면 시스템을 통해 가능한 모든 경로를 자동화해야 한다. 회귀 수트의 개발 단계 동안 만들어진 모든 자동화된 테스트를 다 해볼 필요는 없다. 빌드 시간과 결함을 찾음 가능성을 고려해 적절한 선에서 타협점을 찾자. 단위, 코드 통합, 기능의 각 수준에서 모든 주요 경로를 다 포함하도록 노력하는 데 집중하자.

| 균형을 유지하라 |

균형 유지는 애자일 원칙이 아니라 그냥 상식이다. 지금 바로 충분히 좋은 솔루션이 필요하지만 완벽하지 않아도 된다. 해당 도구에서 여러분이 지금 당장 필요로 하는 결과를 제공하는가? 자동화를 위해 도구에 들인 자원 대비 적절한 결과를 내주는가? 그렇다면 계속 사용하고 대체품을 찾는 데 들일 시간은 나중에 배정하자. 자동화 프레임워크는 시간이 지남에 따라 서서히 개선하면 된다. 가장 중요한 요소는 자동화 도구가 현재 특정 상황에 잘 맞느냐는 것이다.

딴 생각은 하지 말고, "그래, 이 기록 도구로 스크립트를 많이 만들면 테스트를 바로 끝낼 수 있고 나중에 스크립트를 리팩토링하면 유지·보수도 할 수 있어"라고 생각하자. 완벽하게 이상적인 자동화 솔루션을 찾아 헤맬 필요는 없다. 팀에 기술적 부담을 주지 않을 정도면 된다. "알고 싶은 버그를 잘 찾아주면서도 유지·보수하기 비싸지 않은 도구"와 "찾을 수 있는 가장 멋지고 우아한 도구" 사이에서 균형점을 찾자.

최적의 도구를 선택하기

자동화 문제를 해결하는 데 도움을 주는 도구가 많으면 좋긴 하지만 필요 이상으로 문제를 복잡하게 만들지 않도록 하자. 리사의 동료들은 데이터베이스에서 데이터를 가져와 독자적으로 계산하는 스프레드시트가 개발을 촉진하고 프로그램의 계산을 검증하는 데 훌륭한 도구라는 것을 깨달았다.

우리는 보통 GUI 수준의 테스트 자동화는 최소화하지만, GUI 자동화를 더 많이 하는 것이 합당한 상황이 분명히 있다. 만약에 사용자가 X에서 변화를 주었다면, 다른 무엇이 바뀔까? GUI 수준에서만 드러나는 문제점도 있다. 리사는 퇴직 연금 가입자가 불입금에 대한 배당을 신청했을 때 발생하는 백-엔드 문제에 대한 버그 수정을 테스트했었다. 바뀐 부분은 단위 테스트로 처리했지만, 요청이 왔을 때 팝업이 뜨지 못해 GUI 회귀 테스트가 실패했다. 백-엔드의 변화가 GUI를 못 뜨게 하는 것이라고는 아무도 생각하지 못했기 때문에 굳이 이를 수작업으로 테스트해볼 생각조차 않았다. 이것이 역시 GUI 회귀 테스트를 해야 하는 이유다.

앞서 기록/재생 도구의 단점에 대해 이야기한 바 있지만 적절히 사용하기만 한다면 좋은 솔루션이 될 수 있다. 레거시 코드에 이런 도구로 만들어진 자동화된 테스트 집합이 이미 있다거나, 이런 종류의 도구를 사용해본 경험이 풍부하거나, 관리부서에서 어떤 이유로든 이런 도구를 사용하라고 요구하는 등 이유가 있어서 기록/재생 도구를 사용하고 있을 것이다. 기록된 스크립트를 시작점으로 활용할 수 있을 것이고, 그 다음에 이 스크립트를 모듈로 나누고 블록화함에 따라 하드 코딩된 데이터를 적절한 파라미터로 대체하면 된다. 프로그래밍 경험이 많지 않더라도 모듈화해도 좋을 스크립트 블록을 알아내는 것은 그렇게 어렵지 않다. 이를테면 로그인 같은 부분이 특히 그렇다.

기록/재생은 단위 테스팅이 어렵고 처음부터 완전 수작업 테스트 스크립트를 작성하는 것도 비용이 너무 많이 드는 레거시 시스템에서도 적절하다. 기록/재생 기능을 프로그램에 넣는 것은 레거시 애플리케이션에서도 가능한 일이다. 설계를 잘하고 사람이 읽을 수 있는 형식으로 기록한다면, 코드가 만들어지기 전에라도 재생 테스트를 구축하는 것이 가능하다.

GUI 테스트의 자동화: 암흑 시대에서 애자일 환경의 성공적인 자동화로

"iLevel by Weyerhaeuser"의 SQA를 이끌고 있는 피에르 베라르겐(Pierre Veragen)은 그들의 팀이 폭포수 환경에서 기록/재생 도구와 스크립트 기능을 생산적으로 제공하는 도구를 어떻게 사용했는지, 애자일 개발로 전환할 때 회사가 이 도구를 어떻게 잘 활용할지에 대해 설명하고 있다.

2000년경 폭포수 방식으로 개발하던 시절에는 기록/재생 방법을 이용해 GUI 테스트 자동화를 시작했다. 우리의 테스트 필요를 충족시키지 못하는 스크립트가 금세 수만 라인이나 쌓였다. 18개월 후에 살펴보니 기록/재생 방법은 공룡 같은 존재라는 확신이 들었다.

2003년 말에 새로운 테스트 자동화 도구를 도입할 기회가 생겼을 때에는 이런 기준을 염두에 두고 신중히 평가했다. 스크립트 언어를 이해하는 데 도움이 되는 기록 기능, 테스트 보고서 같은 우리에게 필요한 기능 대부분을 만족하는 객체 지향적 라이브러리를 만들 수 있는 기능 등 그 당시에는 컴퓨웨어(CompuWare)의 TestPartner가 기준을 만족했다.

여전히 폭포수 개발을 사용하는 시절에 Visual Basic 6으로 작성한 CAD와 같은 고도로 복잡한 엔지니어링 소프트웨어에 TestPartner를 사용해보기 시작했다. 테스트 자동화를 시작하기에 앞서 출시 버전에는 몇 개의 패치가 적용되었다. 일단 테스트 자동화는 GUI를 통한 엔지니어링 계산을 점검하는 것에 집중하였고, 점차 실제 CAD의 세부적인 부분까지 확장해 나갔다. 이들 테스트에는 검증 포인트가 수십 만 건이 있는데, 수작업으로는 절대 못 했을 것이다. 그로부터 1년이 채 안 되어 더 이상의 패치가 필요 없을 정도로 완성도 높은 출시 버전을 낼 수 있었다. 기록된 스크립트가 단 한 줄도 없어도 자동 테스트와 수작업 테스트의 조합에 대해 확신을 가질 수 있게 되었다.

2004년에 우리 그룹은 Visual Basic .NET으로 변경했는데, TestPartner 라이브러리를 여기에 적응하기 위해 몇 달이 걸렸다. 2006년부터는 애자일 방법론을 도입하였다. 앞서 애자일을 사용하지 않던 시절에 얻은 교훈을 바탕으로 테스트 자동화를 통해 놀라운 성과를 이룰 수 있었다. 2006년 말에는 며칠의 교육만으로 사용할 수 있는, 유지·보수가 쉬운 GUI 테스트 스크립트와 라이브러리 컴포넌트를 구축하게 되었다. 거의 동시에 NUnit를 통한 단위 테스트와 FitNesse를 통한 사용자 적합성 테스트도 도입했다.

이 글을 쓰고 있을 때쯤에는 어느 수준에서든 문제가 생기면 Unit, FitNesse, GUI 등 자동화된 테스트에 걸리게 되어 있다. 문제점의 종류에 따라 걸리는 테스트가 달라진다. 모든 테스트가 자동으로 이루어지고 문제점이 자동으로 걸려져 나오므로 문제가 발생하면 매우 빠르게 잡힌다. 진정으로 애자일스럽다. 테스트 자동화의 가치는 이런 데 있다.

아키텍처나 설계에 자원을 더 투자해야 되니 GUI 테스트 자동화는 필요가 없다는 견해도 있지만, 우리 개발 부서에서는 GUI 테스트를 자동화할지 말지를 팀 별로 각자 결정하고 있다.

GUI 테스트 자동화를 하기로 결정한 경우 이런 충고를 해주고 싶다. 기록된 스크립트 따위는 가까이 하지 말고 유지·보수를 편하게 하는 데 투자하고, 프로그램의 아키텍처를 개선하여 GUI 테스트를 최소화하라. 경험에서 우러난 충고이다. GUI 테스트를 자동화하는 습관을 잘 들이는 데 투자하는 것은 언제나 득이 된다.

피에르의 충고는 특히 애자일 개발 프로젝트에서 좋은 개발 절차가 운영 코드뿐 아니라 자동화된 테스트의 개발에 어떻게 적용되는지를 보여주고 있다.

내장된 기록 & 재생

애자일 코치이면서 《XUNIT 테스트 패턴》(2007년, 에이콘)의 저자 제라드 메스자로스(Gerard Meszaros)는 가장 쉬운 접근법이 결국 기록/재생인 상황을 설명하고 있다. 우리는 기록/재생 방법의 단점을 언급했지만, 코드에서 이를 지원하게 설계한다면 최고의 방법이 될 수도 있다.

한번은 "안전에 민감한" 프로그램을 OS2에서 윈도우로 이식하는 것을 도와달라는 요청을 받은 적이 있었다. 비즈니스 부서에서는 이식한 시스템을 테스트하는 데 시간이 얼마나 걸릴지, 중요한 버그를 놓칠 가능성이 얼마나 될지 걱정이 많았다. 시스템은 안전성을 해치지 않는 범위에서 사용자에게 적절한 선택만을 제공하도록 설계되어 있었다. 개발팀에서는 구형 시스템에서 테스트를 기록해 새로운 시스템에서 돌려보는 기록 시스템을 생각해냈지만, ASCII 문자로 그려놓은 창을 다룰 수 있고 OS2와 윈도우에서 다 되는 기록 도구가 없었다. 시스템 아키텍처에 대한 리뷰를 거쳐서 xUnit 테스트가 시스템을 테스트하는 효율적인 방법이 아니라고 판단했다. 사용자 인터페이스 로직에 비즈니스 로직이 너무 많이 들어가 있어서 코드를 리팩토링해서 이들을 분리해내는 것은 위험 부담이 너무 크고 시간도 많이 걸리기 때문이었다. 대신 이식 작업을 하기 전에 기록/재생 기능을 시스템에 직접 만들어 넣으면 어떨지 제안했다.

프로젝트의 나머지 부분은 이정표대로 가는 것일지라도 내장 테스트 메커니즘은 애자일 방법으로 개발했다. 각 화면에는 최소한 하나, 때로는 여러 개의 후크가 필요했다. 가장 자주 사용하는 화면부터 시작해서 후크를 추가하고 사용자의 액션과 이에 대한 시스템의 반응을 XML 파일에 기록하였다. 또한 XML의 내용을 재생하고 테스트의 결과를 확인하는 후크도 추가했다. 처음에는 개념의 검증을 위해 꼭 필요한 화면에 대해 간단하고 현실감 있는 테스트를 기록/재생해보았다. 이제 이 방법이 잘 된다는 확신이 든 다음에는 테스트 후 얻는 것이 큰 화면부터 우선순위를 두고 테스트의 상당 부분을 자동화할 때까지 후크를 하나씩 구현해 나갔다. 또한 XML을 딱 맞는 포맷으로 표시하여 테스트 결과가 합격일 때는 녹색, 결과가 불합격일 때는 빨간색으로 보이도록 XSLT 스타일 시트로 만들었다.

그 동안 고객은 실제로 테스트가 필요한 테스트 시나리오를 식별했다. 특정 테스트에 대해 충분히 많은 페이지에서 기록을 마칠 때쯤, 고객은 우리가 설정해둔 후크에 대해 "인수 테스트"를 해 봤다. (아직도 OS2에서) 모든 후크가 정상으로 동작하면 다음 단계로 진행하여 코드를 후크까지 모두 포함해 OS2에서 윈도우로 이식했다. OS2에서 재생 테스트를 성공적으로 검증하고 나면 XML 테스트 파일을 윈도우로 가져와서 이식된 버전의 코드에서 재생 테스트를 똑같이 해봤다. 이런 테스트는 하기도 쉽고 짧은 시간 내에 많은 테스트를 기록할 수 있었다. 또 비즈니스 관점에서 액션과 반응을 기록하는 것이라 이해하기가 쉬웠다. 고객은 이런 기능을 매우 좋아했고, 노력의 절감과 제품에 대한 확신에 대해 아직도 칭찬이 자자했다. "테스트 과정에서의 인력 절감이 연간 수십 명에 달할 뿐만 아니라, 표준인 것처럼 믿어왔던 레거시 시스템에 숨어 있던 버그까지도 찾아냈다."

제라드의 이야기에서 팀은 테스트를 고려하지 않고 설계된 시스템에 테스트 용이성을 접목시키는 작업을 했다. 포팅이 성공적으로 이루어졌는지를 확인하기 위해 한 플랫폼에서 테스트 시나리오를 캡처하여 다른 플랫폼에서 돌려보는 것이야말로 전체 팀 접근방법의 좋은 예이다. 팀 내 모든 구성원이 테스트 자동화 솔루션 작업에 협동하면 성공의 기회가 훨씬 더 많아진다.

Tip
Chapter 9 "팀을 지원하는 비즈니스 중심 테스트를 위한 툴킷"에서 비즈니스 중심 테스트를 위한 특별한 도구의 사례를 더 살펴보자.

애자일 팀에 따라서는 상용 또는 오픈소스 테스트 도구를 사용할 수도 있고, 완벽히 자체적으로 수정한 방법을 사용할 수도 있다. 많은 테스터들이 Ruby나 셸 등의 스크립트 언어로 간단한 스크립트를 작성해서 기본적이지만 꼭 필요한 업무를 자동화하거나, 테스트 데이터를 생성하거나, 그 밖의 도구를 실행시킬 수 있다. 이런 접근법에 대한 로드맵은 〈Everyday Scripting with Ruby for Teams, Testers, and You〉 같은 책에 잘 나와 있다. 프로그래밍 백그라운드가 튼튼하지 못한 테스터라면 스크립트 언어에 대한 책이나 온라인 튜토리얼, 강의 등을 골라보기 바란다. 얼마나 쉽게 쓸모 있는 스크립트를 작성할 수 있는지 발견하게 될 것이다.

알려주고 싶은 사실은 사용할 수 있는 도구는 많다는 사실이다. 풀려는 문제를 들여다보고 팀에 가장 쉽고 가장 효율적인 방법을 결정하자. 사용하고 있는 도구를 한걸음 물러서서 살펴보자. 모든 팀원들이 이 도구에 만족하는가? 시간을 투자해 새로운 도구를 검토하고 현재 만족하지 못하는 부분을 메워줄 수 있는지, 기존 도구를 완전히 대체할 수 있는지를 살펴보자.

팀이 애자일 개발에 익숙하지 않거나 새로운 프로젝트를 시작한다면, 개발 초기 위험이 높은 스토리를 작업할 수도 있는 시기에 도구를 선정하고 테스트 환경을 구축해야 될 수도 있다. 아직도 테스트 인프라를 구축하고 있는 중이라면 비즈니스 가치를 많이 창출할 수 있다는 기대는 하지 말자. 도구를 검토하고 빌드 프로세스를 준비하고 여러 가지 테스트 방법을 시험하기 위한 계획을 세우자.

테스트 자동화에 애자일 원칙 적용

어느 팀, 어느 프로젝트, 어느 조직이나 각자 다른 상황에서 각자 다른 자동화의 과제를 마주하고 있다. 각자 문화와 역사, 가진 자원, 비즈니스 압력, 제품, 경험 등이 다 다르다. 팀의 상황이 어떠하든 솔루션을 찾을 때 Chapter 2에서 이야기한 애자일의 원칙과 가치를 적용해볼 수 있다. 용기와 피드백, 단순함, 의사소통, 끊임없는 개선, 변화에 대한 반응 등의 개념은 단지 애자일의 개념만은 아니다. 성공한 모든 팀이라면 모두가 갖는 공통된 가치다.

단순함을 유지하기

"가능한 일 중에 가장 간단한 것을 하라"는 애자일의 금언은 코드뿐만 아니라 테스트에서도 적용된다. 테스트 설계는 최대한 단순하게 하자. 테스트 범위는 최소한으로 하고 가능한 도구 중 가장 간단한 것을 사용한다.

단순함은 애자일의 가치 중 핵심이다. 생각할 수 있는 가장 간단한 접근법으로 시작하는 것이 가장 좋다. 하지만 가장 간단한 것을 한다고 해서 가장 쉬운 것을 한다는 뜻은 아니다. 현재 필요한 것이 무엇인지를 생각해 이에 도달하기 위해 아기처럼 한 걸음씩 내딛는 것이다. 단순하게 접근하면 잘못된 선택을 하더라도 잘못되었다는 것을 깨닫기 전까지 본궤도에서 많이 벗어나지는 않는다.

일을 하다 보면 기본적인 것에서 이탈해 재미있어 보이는 문제에 매달리기 쉽다. 모든 자동화 작업은 시작하기 전에 투자 대비 이익을 따져보자. 사실 처음 시작하기가 겁나서 그렇지 자동화는 재미있다. 아직 잘 못하더라도 좀 더 어려운 것을 해보고 싶은 마음이 생기기도 한다. 애자일 개발에서 테스트의 다른 모든 측면과 마찬가지로, 꼭 필요한 것만을 하는 것이 유일한 진리이다.

잘 해낼 수 있는 범위에서 가능한 한 가장 간단한 도구를 사용하자. 테스트 피라미드를 기억하라. 고객 중심 테스트를 단위 수준에서 자동화하는 것이 가장 쉽다면, 그렇게 해라. 리사는 종종 테스트 케이스를 FitNesse로 작성하는데 프로그래머들만이 JUnit 테스트만큼 빠르게 자동화한다는 것을 발견했다. 때때로 프로그래머들도 TDD를 할 때 JUnit 대신 FitNesse를 사용하는데, 프로그래머가 작성한 코드는 그 자체가 FitNesse 형식으로 사용 가능하기 때문이다.

반복적 피드백

반복단위가 짧으면 다양한 자동화 접근법을 실험해 결과를 평가해볼 수 있고 필요에 따라 빠르게 변경할 수도 있다. 테스트 프레임워크를 직접 만들어보거나 오픈 소스 도구를 테스트에 적용해보는 등 자동화 노력을 실행에 옮기자. 각 이터레이션 후에 효과가 있는 것과 그렇지 않은 것을 살펴보고 문제를 극복할 아이디어를 생각해서 다음번 테스트에 시험해보자. 한 가지 도구에만 많은 리소스를 투입하고 그 도구로 너무 많이 테스트해서 다른 도구로는 절대 바꿀 수 없을 것 같은 수렁에 빠져서는 안 된다. 수많은 오픈 소스 도구와 상용 도구, 프로그래머가 직접 만든 도구들 사이에서 한 가지 도구에 안주할 이유가 없다.

● 리사의 이야기

XP를 처음 시작할 당시, 팀에서는 자바 기반 웹 프로그램의 고객 인수 테스트를 자동화하는 좋은 방법을 찾느라 애쓴 적이 있다. 당시에는 애자일 팀을 위한 도구가 지금보다 훨씬 적었다. 먼저 브라우저의 기능을 하는 오픈 소스 도구를 검토했는데, 여기에는 필요한 기능이 없었다. 우리는 이 도구를 다음 번 회고에서 논의하였다.

두 번째 이터레이션에서는 GUI를 통하지 않는 테스트를 위한 단위 테스트 도구를 써보자고 결정했다. 두 번째 이터레이션을 완료할 때쯤 충분한 시간을 들여 이 도구를 써보다가 올바른 솔루션이 아닌데도 부족한 시간을 너무나 많이 투자했다는 것을 알게 되었다. 고객들은 단위 테스트가 읽기 어렵다고 했고, GUI에는 이 도구로 테스트하지 못하는 로직이 있었다.

회고 동안 또 다른 논의를 거친 끝에 지난번 프로젝트에서 폭넓게 사용했던 상용 GUI 테스트 도구를 다음 두 번의 이터레이션에서 사용하기로 정했다. 자바 프로그래머들은 이 도구가 상용 스크립트 언어를 사용하므로 느릴 거라고 했지만, 우리에게 필요한 최소한의 자동화를 하는 수준으로는 충분히 잘 동작했다. 두 번의 이터레이션 후에 이 도구가 이상적이지는 않지만 당시에는 다른 선택 사항이 많지 않았으므로 이 도구가 우리가 구할 수 있는 최선의 도구라고 판단했다.

결과론적인 이야기지만 더 좋은 옵션을 계속 찾았어야 했다. 그렇다면 아마 우리의 자체적인 테스트 하네스를 개발할 수 있었을 것이다. 당시 좋아 보였던 상용 도구를 사용하면 단위보다 높은 수준의 회귀 테스트는 60% 정도 자동화할 수 있었을 것이다. 그때 조금만 더 밀어붙였으면 훨씬 더 잘했을지도 모른다.

여러분에게 유리하도록 이터레이션을 사용하자. 이터레이션은 단계적 접근이 쉽다. 아이디어가 잘못됐다면 이를 바로 알아내고 다른 아이디어를 내볼 수 있다. 찾아보는 것을 두려워할 필요는 없지만, 잘 동작하는데도 완벽한 솔루션을 찾아 헤맬 필요도 없다.

전체 팀(Whole-Team) 접근법

애자일 개발은 자동화 없이는 불가능하다. Chapter 1에서 살펴본 전체 팀 접근법은 유용한 자동화 전략을 찾아내고 구현하는 데 필요한 기술과 자원이 다양하게 있다는 것을 의미한다. 팀 단위로 문제를 공략하면 테스트를 고려해서 코드를 설계할 수 있는 가능성이 더 많아진다. 프로그래머와 테스터를 비롯한 팀원들이 협동하고, 다양한 관점과 기술을 동원해 테스트 자동화를 한다.

전체 팀 접근법은 두려움의 벽을 극복하는 데도 도움이 된다. 자동화 업무는 처음 시작하기가 힘든데, 다양한 기술과 경험이 있는 사람들이 곁에 있다면 용기를 낼 수 있다. 물어보고 도움을 얻을 수 있다면 잘 할 수 있다는 확신이 생긴다.

● 리사의 이야기

지금 있는 팀에서는 가능한 한 모든 수준에서 회귀 테스트 자동화를 하기로 했다. 성공적인 자동화를 위해 내가 물어봤던 것들의 예를 들어보면 이렇다.

초기에 자동화된 테스트가 전혀 없고 개발자들이 테스트 주도 개발을 습득하려는 시점에서는 GUI 스모크 테스트를 위해 Canoo WebTest를 사용하기로 했다. 우리 환경에 맞춰 WebTest를 설정하는 방법을 이해하기 위해 약간의 도움이 필요했고, 자동화된 빌드 프로세스로부터 테스트를 실행하는 데에도 도움이 필요했다. 나는 시스템 관리자(이 사람도 프로그래머였다)에게 도움을 청했다. 우리는 금세 테스트를 빌드하고 실행할 수 있었다.

그 다음에는 GUI 뒷단의 기능 테스트를 위해 FitNesse를 시험해보고 싶었다. 하지만 프로그래머가 단위 테스트 자동화를 하고 있는 동안 기다려야 했다. 이 도구를 시험해보는 것에는 팀 전체가 동의했지만 이를 사용해보기 시작할 시점을 잡기가 어려웠다. 그래서 FitNesse 테스트에 잘 맞을 것 같은 스토리 하나를 골라서 담당 프로그래머에게 함께 FitNesse 테스트를 돌려볼 수 있겠냐고 부탁했다. 그는 그러겠다고 했고 우리는 테스트 몇 개를 FitNesse로 자동화했다. 이 프로그래머는 이 작업이 쉽고 해볼 만하다고 했고 전체 팀원에게 훌륭한 보고서를 제공했다.

그 이후로 각 프로그래머에게 작업하고 있는 스토리에 대한 FitNesse 테스트를 작성해 달라고 부탁하고 그 결과를 보는 것은 어렵지 않았다. FitNesse 테스트는 프로그래머가 미처 생각하지 못한 테스트 케이스를 찾아낼 수 있어서 즉시 효과를 보았다. 모든 팀원이 테스트 도구를 경험하고 나니 테스트 자동화에 만족할 뿐 아니라 FitNesse 테스트를 쉽게 할 수 있는 방향으로 코드를 설계하기 시작했다.

주로 Watir를 사용해 테스트를 설계했던 우리 팀에서 Ruby 전문가 한 명이 회사를 떠나자, 코드를 어떻게 만들까 하는 걱정과 더불어 이렇게 많은 테스트를 어떻게 유지·보수할 것인지에 대해서도 걱정이 컸다. 나는 그 친구만큼 Ruby 전문가가 아닌데다 테스터도 이제 나 하나뿐이라 시간도 문제가 되었다. 팀 내 모든 프로그래머가 나섰다. Ruby 책을 사 보고, 내가 힘들어할 때마다 바뀐 코드에 맞춰 스크립트를 업데이트하는 것을 도와 주었다. 어떤 프로그래머는 내가 새로운 스토리에 대한 테스트 스크립트를 작성할 시간이 없게 되자 직접 작성해 주기도 했다. 새로운 테스터가 들어와서 둘이 Watir 스크립트를 작성할 수 있게 되었고 그제야 프로그래머들은 더 이상 이 일을 도와주지 않아도 되었다.

내가 자동화 이슈에 대해 팀 동료들에게 도움을 청하면 모든 팀원이 자동화를 우선 고려하게 되었고, 그래서 프로그래머들은 코드를 설계할 때 언제나 테스트 가능성을 고려하게 된다. 팀 전체 접근법이 효과가 있는 본보기다.

Tip
Chapter 11 "제품을 평가하는 기술 중심 테스트"에서 이런 유형의 테스트에 대한 다른 접근법과 같은 기술 중심 테스트에 관해 설명한다.

보안이나 부하 테스트 같은 전문적인 기술 중심 테스트는 팀 외부에서 전문가를 데려와야 할 수도 있다. 회사에 따라서는 개발팀들의 공유 자원 개념으로 이런 전문팀을 두고 있기도 하다. 이런 자원을 이용하더라도 애자일 팀은 모든 종류의 테스트를 수행했는지 확인할 책임이 있다. 창의력 있는 접근법을 시도해볼 때, 팀원 중 누군가가 필요한 기술을 갖고 있다는 것을 발견하면 놀랄 수도 있다.

개발 후 테스트를 진행할 별도의 테스트 팀이 있는 회사도 있다. 이들은 소프트웨어가 다른 시스템과 잘 맞물려 돌아가는지를 확인하고, 큰 스케일의 성능 테스트 같은 좀 더 전문적인 테스트를 수행하기도 한다. 테스트 피드백부터 코드 설계 개선과 자동화를 쉽게 하는 것에 이르기까지 개발팀은 다른 팀들과 밀접하게 협력해야 한다.

제대로 작업할 시간 확보하기

문제를 해결하고 좋은 해결책을 구현하는 데는 시간이 필요하다. 일을 제대로 하는 데 필요한 충분한 시간이 없이는 기술적 부담이 점점 늘어나기만 하고 작업 속도도 느려진다는 사실을 경영진에 이해시켜야 한다. 제대로 된 방법으로 해결책을 구현하는 것은 당장은 시간이 필요하겠지만, 장기적으로 볼 때는 시간을 절약하는 길이다. 아이디어, 솔루션, 공식적 트레이닝, 실무 교육 등에 대하여 브레인스토밍할 시간을 고려하자.

회사의 관리층은 가능한 빨리 결과물을 내는 데 관심이 있다. 관리층이 자동화 구현에 시간을 할애하는 것을 싫어한다면 그 절충점을 분명히 설명해야 한다. 자동화된 회귀 테스트가 없는 상태에서 열심히 일만 해서 단기적으로 내놓는 기능은 이 기능을 계속 확인하는 데 비용이 많이 든다. 기술적 부담이 누적됨에 따라 관리층이 원하는 비즈니스 가치를 더 이상 창출해낼 수 없게 된다. 이를테면 기능의 범위를 줄이고 꼭 필요한 가치만 살려서 자동화를 사용해 더 좋은 제품을 만들고 유지해야 한다.

데드라인은 언제나 있고 우리는 늘 시간적 압박을 받고 있다. 효과가 없다는 것을 알면서도 예전에 늘 하던 방식으로 돌아가서 수작업으로 회귀 테스트를 수행하고 최선의 상황을 기대하고픈 유혹이 언제나 있다. 예전으로 돌아가서 문제를 해결할 시간은 절대 없다. 다음 번 계획 회의 때는 자동화 노력에 의미 있는 진전을 이루어낼 시간을 투자하자.

● 리사의 이야기

우리 팀은 좋은 설계, 자동화된 테스트, 탐색적 테스트를 위한 충분한 시간 확보에 집중했다. 속도보다는 품질이 언제나 목표였다. 제품에 문제가 생기면 바로잡는 데 비용이 많이 들기 때문에 회사 전체가 나서서 이를 방지하는 데 시간을 할애하였다. 때로는 올바른 설계를 하지 못하지만 이를 발견하여 대체하는 것이 무섭지 않았다.

물론 비즈니스의 절충점은 있으며 비즈니스는 알려진 위험이 있는 상태로 진행할지 여부를 결정한다. 우리는 이 위험을 모두 명확히 설명하고 잠재적인 시나리오의 실례를 제공하기 위해 작업했다.

최근에 시간을 들여 일을 바로잡은 두 가지 예를 들어보겠다. 은퇴 연금 계좌 명세서에 중요한 변화를 주는 기능을 작업하기 시작했는데 프로그래머인 빈스 팔룸보(Vince Palumbo)는 명세서에 사용할 추가 자료를 수집하는 코드를 맡았다. 그는 데이터 수집 기능에 대한 견고한 단위 테스트를 작성하기로 결심했는데, 이는 해당 스토리가 다음 이터레이션으로 계속 이어져야 함을 의미했다. 단위 테스트를 작성하는 데는 시간과 노력이 많이 든다. 테스트뿐만 아니라 코드 자체도 엄청나게 복잡하고 작성하기 어려웠다. 두 번의 이터레이션 후에 또 한명의 프로그래머인 난다 란카팔리(Nanda Lankalapalli)가 이 데이터 수집과 관련된 스토리를 작업하다 단위 테스트를 발견하고는 깜짝 놀랐다. 그는 덕분에 코드 변경을 빠르게 할 수 있었고 단위 테스트가 이미 있었기 때문에 테스트에도 시간을 엄청나게 줄일 수 있었다.

이후에 계산에 필요한 데이터에 잘못된 값이 들어있는 케이스가 빠졌다는 사실을 발견했다. 자동화된 단위 테스트들의 조합과 많은 탐색적 테스트로도 모든 시나리오를 다 잡아내지는 못했지만, 그래도 테스트가 있기 때문에 빈스는 수정된 코드를 테스트 우선으로 작성해 이제 코드가 바르게 동작한다는 확신을 가질 수 있었다.

또 다른 예는 입금된 수표의 처리에 관한 것이다. 비즈니스 부서에서는 기존 두 단계 과정을 한 단계로 줄이고 싶어했고, 이것은 그 당시 일정보다 이틀 일찍 은퇴연금에 투자할 수 있다는 의미였다. 기존 프로세스는 모두 레거시 코드로 작성되었다. 단위 테스트는 물론 없었다. 새로운 업무 구조에 맞춰 코드를 새로 짜는 것이 어떨지 토론했고 고객사에서는 시간이 오래 걸릴 것을 걱정하였다. 우리는 기존 코드를 변경하는 것도 새로 짜는 것만큼이나 오래 걸릴 것이라고 보았다. 기존 코드는 이해하기도 어렵고 단위 테스트도 전혀 없었기 때문이다. 결국 새로 짜기로 결정했는데, 민감한 기능성 문제에 대한 위험을 줄일 뿐 아니라 적은 추가 비용으로 추가 기능을 제공할 기회도 되었다. 이제까지는 이 전략이 보람이 있었다.

먼저 스스로가 성공을 경험하자. 지속 가능한 속도로 일하고, 일이 진행되는 동안 계속 리팩토링을 하자. 그렇지 않으면 나중에 일이 커진다. 테스터로서 우리는 언제나 다른 여러 가지 일을 하고 있다. 새로운 도구를 배울 때나 새로운 테스트를 시도해볼 때는 동시에 여러 가지 일을 하지 말자. 시간 블록을 크게 만들어 놓고 한 가지에 집중하자. 어려운 일이지만 기어를 끊임없이 바꾸는 것은 더 어렵다.

비즈니스 이해관계자들이 여러분의 팀이 "깔끔하게 끝내기"를 초조하게 기다리고 있다면, 그들과 함께 문제를 분석하자. 어떤 위험이 있는가? 제품 문제에 얼마나 비용이 들 것인가? 임시적으로 빠르게 문제를 처리하면 어떤 이익이 생기나? 그렇게 했을 때 기술적으로 어떻게 수습해야 되나? 자동화된 테스트와 함께 설계를 제대로 하는 것이 장기적으로 어떤 이익이 있는가? 각각의 접근법이 회사의 이익과 고객의 만족에 어떤 영향을 줄 것인가? 질 떨어지는 작업을 해야 하는 팀원들의 사기 저하 같은 무형의 손실은 얼마나 될까? 비즈니스 부서가 옳을 때도 있지만 투자를 하는 편이 장기적으로는 이익이 되는 것은 분명하다.

실천하면서 배우자

배우는 방법은 각자 다르지만, 테스트 자동화를 어떻게 할 것인지 결정했다면 일단 시작하고 보자. 〈Everyday Scripting with Ruby for Teams, Testers, and You〉에서 브라이언 매릭(Brian Marick)은 프로그램을 작성하면서 프로그래밍을 배우라고 권한다. 실수를 해 봐야지! 문제가 많을수록 더 많이 배우는 법이다. 도구나 언어에 대해 잘 몰라도 누군가 옆에서 봐 주기만 해도 배우는 속도는 더 빨라진다.

옆에서 봐 줄 사람이 없다면 "고무 오리"라도 옆에 두고 말을 붙여보자. 누군가 옆에 있다고 상상하고 문제를 설명해 보는 것이다. 설명을 하는 과정에서 문제의 원인이 보이게 된다. 자신에게 테스트를 크게 읽어주기만 해도 테스트의 허점을 찾아내는 데 도움이 된다.

애자일 코딩 실천방법을 테스트에 적용하기

테스트는 운영 코드를 작성하는 것만큼이나 가치 있는 일이다. 사실 운영 코드는 이를 뒷받침하는 테스트가 없으면 그다지 가치가 없다. 테스트도 모든 코드와 똑같이 취급하자. 운영 코드와 마찬가지로 동일한 소스 통제 도구에 넣어두자. 특정 버전의 코드와 함께 돌아가는 버전의 테스트를 언제나 유지해야 한다.

짝으로 일하기, 리팩토링, 단순한 설계, 모듈화된 객체 지향적 설계, 좋은 표준, 최대한 독립적인 테스트 등 좋은 품질의 코드는 좋은 품질의 자동화된 테스트에서 나온다. 때로는 애자일 개발법이 질서도 없고 느슨하다고 잘못 알려져 있기도 하지만 사실은 엄격히 통제되어 있다. 자동화 업무는 엄격한 통제 하에 조금씩 단계적으로, 각 단계가 성공적인지 확인하면서 진행해야 한다. 자동화 스크립트를 작성한다면 애자일 프로그래머가 운영 코드를 작성하듯 테스트에 우선순위를 두고 작성하자. 하지만 단순함을 염두에 두어야 한다. 훌륭한 투자 대비 이익이 나오지 않는 한 많은 로직을 담고 있는 겉만 번지르르한 스크립트를 작성하면 안 된다. 코딩하는 것과 똑같은 방법으로 테스트를 설정하고 가능한 가장 간단한 접근법을 사용해야 한다.

아무리 강조해도 지나치지 않는 사실은 테스트 자동화는 팀 작업이라는 것이다. 다양한 팀원들의 다양한 경험과 기술, 통찰력이 합쳐져서 자동화를 위한 최상의 접근법을 만들어낸다. 혁신적이고 창의적이어야 한다. "일반적인 지식"이 어떻든 여러분의 상황에 잘 맞는 것을 하자.

자동화 도구는 퍼즐의 한 조각일 뿐이다. 테스트 환경과 테스트 데이터가 더 중요하다. 이제 다음으로 테스트 데이터를 살펴보자.

테스트용 데이터 제공하기

어떤 도구를 사용해 테스트 자동화를 하든 테스트에는 처리할 데이터가 필요하다. 이상적으로는 제품 데이터와 일치하는 실제 데이터가 필요하지만 제품 데이터베이스에는 대개 엄청나게 많은 데이터가 들어있고 또한 엄청나게 복잡하다. 또한 데이터베이스에 액세스하면 테스트가 기하급수적으로 느려진다. 대부분의 애자일 테스트에서는 균형이 필요하다.

데이터 생성 도구

이 책을 쓰고 있는 현재 멋진 도구가 몇 가지 있는데, 모든 종류의 입력 필드와 한계조건에 맞는 테스트 데이터를 생성해 준다. Data Generator, databene benerator, testgen, Datatect, Turbo Data 등의 오픈 소스 또는 상용 소프트웨어는 일반적인 파일로 데이터를 만들어주거나 직접 데이터베이스에 데이터를 써넣어준다. 이런 도구는 이름이나 주소 등 다양한 형태의 데이터를 생성할 수 있다.

Ruby나 Python 같은 스크립트 언어, Fit나 FitNesse 같은 테스트 도구, 셸 스크립트 등을 사용해 테스트 데이터를 생성하는 것도 비교적 쉽다.

● 리사의 이야기

Watir 스크립트는 난수에 의해 테스트 데이터 입력을 생성하는데, 재실행 가능성(이를테면 같은 SSN을 가진 직원이 나오면 안 된다)과 데이터와 시나리오의 다양성을 확보한다. 새로운 퇴직 연금 스크립트는 200여 가지 서로 다른 조합의 옵션을 가진 플랜을 생성한다. 테스트를 하는 스크립트에서는 빈도와 사유, 대출 기간 등을 임의로 생성하고 예상 상환액이 맞는지를 검사한다.

업로드를 테스트하기 위해 쉼표로 분리된 파일을 생성하는 유틸리티 스크립트도 만들었다. 예를 들어 시스템에는 새로운 근로자 정보를 입력하기 위한 자료 파일을 업로드하는 곳이 여러 군데 있다. 임의로 퇴직 연금 플랜을 어디에 투자할지 적용하기 위한 천명의 새로운 근로자 정보가 들어있는 테스트 파일이 필요하다면, 스크립트를 돌려서 몇 명분이 필요한지만 지정하고 어느 펀드에 투자할지를 알려준 다음 파일 이름을 지정하기만 하면 된다. 각각의 레코드에는 임의로 생성한 사회보장번호, 이름, 주소, 수익자명, 급여에서 공제하는 금액, 투자할 펀드 등의 자료가 들어있다. 투자액 계산을 하는 스크립트의 일부를 살펴보면 다음과 같다.

```
# 33% of the time maximize the number of funds chosen, 33% of the time
# select a single fund, and 33% of the time select from 2-4 funds

    fund_hash = case rand(3)
      when 0: a.get_random_allocations(@fund_list.clone)
```

```
when 1: a.get_random_allocations(@fund_list.clone, 1)
when 2: a.min_percent = 8;
a.get_random_allocations(@fund_list.clone, rand(3) + 2)
  end
  emp['fund_allocations'] = fund_hash_to_string(fund_hash)
```

이런 스크립트는 다양한 시나리오를 다루는 회귀 테스트, 테스트 데이터와 테스트 시나리오를 생성하는 탐색적 테스트 도구에서 두루 사용할 수 있다. 배워서 사용하기도 어렵지 않다.

테스트 데이터를 생성하는 스크립트나 도구는 복잡할 필요가 없다. 이를테면, PerlClip은 텍스트를 윈도우 클립보드에 생성해서 어떤 곳에서나 붙여 넣을 수 있다. 지루함을 없애주고 프로그램에 혹시 있을지 모를 문제를 발견할 수 있게 해 주는 어떤 솔루션이라도 시도해볼 가치가 있다. "효과가 있을 것 같은 가장 간단한 것"이라는 명제는 테스트용 데이터를 생성하는 데에도 적용된다. 테스트는 최대한 간단하고 빠르게 만들고 싶을 것이다.

데이터베이스 액세스는 피하자

테스트를 할 때 가장 좋은 것은 전체가 메모리상에서 실행되는 것이다. 테스트 데이터를 잘게 나누어야 할 필요는 여전히 있지만 데이터를 굳이 데이터베이스에 저장할 필요는 없다. 모든 테스트는 독립적으로 동작하고 빠르게 돌아간다. 데이터베이스를 액세스하면 디스크 I/O 때문에 느리게 실행된다. 데이터베이스를 액세스할 때마다 테스트가 느려진다. 개발팀에 빠른 피드백을 주는 것이 목표라면 테스트가 최대한 빠르게 돌아가는 것을 원할 것이다. 메모리에서 동작하는 가짜 데이터베이스를 활용하면 원하는 테스트를 하면서도 빠른 피드백을 얻을 수 있을 것이다.

● 리사의 이야기

빌드 프로세스 중에는 단위 수준의 테스트만 실행하는 것이 있는데, 최적의 피드백을 위해서 테스트 실행 시간을 8분 이내로 유지하려고 했다. 대부분은 실제 데이터베이스 대신 가짜 데이터베이스를 사용했다. 실제 데이터베이스를 사용해야 하는, 이를테면 데이터를 데이터베이스에 넣는 것 같은 테스트는 실제 제품 데이터베이스에서 복사해 온 표준 데이터를 사용하되 스키마를 줄여서 수행했다. 데이터는 실제와 같지만 양을 줄여서 속도를 빠르게 했다.

기능 수준의 테스트에서는 FitNesse 테스트용 데이터를 가능하면 언제나 메모리에 두었다. 테스트는 빠르게 수행되었고 순식간에 결과가 나왔다. 데이터베이스 계층을 테스트할 때나 데이터베이스 계층과 독립적으로 실행해볼 수 없는 레거시 코드는 주로 직접 만든 데이터를 사용한 FitNesse 테스트를 작성하였다. 이 테스트는 필요했지만 실행 속도가 느리고 유지·보수에 비용이 많이 들기 때문에 확신을 가질 정도로만 최소한으로 한다. 비즈니스 관련 테스트는 두어 시간 이내에 피드백이 나오도록 빌드를 구성했다.

Tip
다양한 유형의 테스트 전용 객체에 대한 포괄적인 설명과 예는 《XUNIT 테스트 패턴》(제라드 메스자로스, 2010, 에이콘)에서 찾을 수 있다. 모형과 모조 객체, 테스트 스텁과 연계해 동작하는 도구에 대한 자세한 정보는 참고문헌을 살펴보자.

Tip
DbFit이나 NdbUnit 같은 도구는 데이터베이스 테스팅을 단순화해주며 테스트 주도 데이터베이스 개발을 가능하게 한다. 추가적인 정보는 참고문헌을 살펴보자.

테스트 자동화는 추진력을 받기가 매우 어려우므로, "좋아, 테스트가 있고 실행하는데 몇 시간이나 걸리긴 하지만, 없는 것보단 낫잖아"라고 생각해버리기 쉽다. 테스트가 오래 걸리는 주범은 데이터베이스 액세스다. 가능하면 모의 데이터베이스를 만들고 가능한 많은 로직을 데이터베이스 없이 테스트하도록 한다. 이것이 어려우면 시스템 아키텍처를 재검토하고 테스트를 위해 더 잘 구성할 수는 없는지 살펴본다.

코드 내의 비즈니스 로직이나 알고리즘, 계산 등을 테스트하고 특정 입력에 대한 반응에 관심이 있다고 했을 때 데이터가 실제 데이터를 대표하기만 한다면 그것이 어디서 오든 상관없을 것이다. 그렇다면 테스트 데이터가 테스트 자체의 일부가 되게 만들고 이를 메모리에 저장해 두면 운영 코드가 메모리에서 동작할 것이다. 데이터베이스 액세스와 개체는 모의로 만들고 테스트 본연의 목적에만 집중하자. 테스트가 빨라질 뿐 아니라 작성과 유지·보수도 더 쉬워진다.

테스트를 위한 데이터를 생성할 때는 가능한 테스트가 의도한 바를 반영할 수 있는 값을 사용하자. 모든 테스트가 상호 독립적이라는 확신이 없다면 각 테스트마다 고유한 값을 생성하자. 이를테면 타임스탬프를 필드 값으로 설정하는 것이다. 고유한 데이터를 사용하는 것은 각 테스트가 영양가 없는 데이터로 인해 서로 영향 받는 것을 방지한다. 많은 양의 데이터가 필요하면 데이터를 랜덤하게 생성하되 테스트가 끝나면 이를 지워서 이전 테스트의 데이터가 다음 테스트에 묻어가는 일이 없도록 하자. 가끔씩은 매우 구체적인 형태의 데이터가 필요하기도 하다. 하지만 각각의 테스트가 고유한 입력값을 갖게끔 충분히 무작위적인 데이터를 얻을 수 있어야 한다.

데이터베이스 접근이 불가피하거나 오히려 바람직한 경우

테스트 대상 시스템이 데이터베이스에 강하게 의존하고 있다면 당연히 테스트해야 한다. 테스트하는 코드가 데이터베이스에 자료를 읽거나 쓰고 있다면 특정 시점에서는 테스트를 해야 하고 최소한의 회귀 테스트를 해서 코드의 데이터베이스 계층을 검증해야 한다.

| 각 테스트용 데이터를 설정하고 잘게 쪼개기 |

우리가 선호하는 접근법은 테스트가 필요한 데이터를 테스트 스키마에 넣어 이 데이터로 작업을 수행하여 그 결과를 검증하고, 마지막에는 사용한 데이터를 지워서 다음 번 테스트에 영향을 주지 않게 하는 것이다. 각각의 테스트는 서로 독립적이어야 한다는 개념을 뒷받침하는 것이다.

● 리사의 이야기

우리는 일반적인 데이터 픽스처를 사용해 테스트를 작성하는 사람이 데이터베이스 테이블, 칼럼, 값을 지정해 데이터를 추가하도록 하였다. 또 다른 일반적인 데이터 픽스처는 작성자가 테이블 이름과 SQL의 where 문을 입력해 실제 저장되는 데이터를 검증할 수 있게 하였다. 테이블 이름과 키 값을 가지고 데이터를 삭제할 수도 있다. [그림 14-3]에서는 데이터베이스에 테스트 데이터를 채워 넣는 예를 보여준다.

[표 14-3] 데이터 픽스처를 사용해 데이터베이스에 테스트 데이터를 채워 넣고 있다.

Data Fixture	all_fund			
ticker	name	share_price	class_id	addRow?
BOGUS	Fund ABC	15.786	6	true
BOGEY	Fund DEF	2.413	2	true
BENNY	Fund BEN	1	2	true
WHAAT	Fund What	27.4	3	true
WHYYY	Fund Why	1	6	true
WHERE	Fund Where	1.431	1	true

여기서는 "all_fund" 테이블에서 특정 칼럼과 값을 뽑아왔다. 필요한 모든 데이터로 해당 테이블을 채우는 테스트 케이스 작성은 어렵지 않다.

이런 테스트에 사용한 스키마는 제약조건이 대부분 제거된 것이라서 테스트할 기능에 맞는 테이블과 칼럼을 뽑아오기만 하면 된다. 이렇게 하면 유지·보수도 좀 더 쉬워진다. 단점이라면 테스트가 실제 상황과 약간 덜 비슷하다는 것인데 다른 도구를 사용하는 테스트로 실제 환경에서 기능성 검증을 한다.

이런 방식으로 테스트 데이터를 생성하면, 새로운 칼럼이 추가된다든가 하는 데이터베이스의 변화가 생기는 경우 해당 테이블에서 데이터를 꺼내 쓰는 모든 데이터 픽스처 테이블도 바꾸어야 한다는 단점이 있다. 이런 테스트는 작성하고 유지·보수하기 부담스러우므로 정말로 필요할 때에만 사용하도록 한다. 우리는 유지·보수 비용이 적게 드는 테스트 설계를 위해 노력한다. 예를 들어 [그림 14-3]의 데이터 픽스처는 "include" 라이브러리에 있고, 필요한 테스트에서 포함시켜 사용할 수 있다. 이제 새로운 칼럼 "fund_category"를 추가한다면 이를 사용하는 수십 군데 테스트를 수정하는 대신 "include" 테이블에 추가하면 된다.

| 정규 데이터(canonical data) |

또 다른 대안으로는 테스트 스키마를 시드(seed) 데이터베이스라고도 하는 정규 데이터베이스에서 가져온 데이터로 빠르게 새로 갱신할 수 있게 만드는 것이다. 시드 데이터는 실제 제품 데이터를 대표하는 샘플이라는 개념이다. 데이터양이 적으므로 회귀 테스트를 돌릴 때마다 빠르게 다시 빌드할 수 있다.

이런 접근법은 테스트를 돌리는 데 필요한 시간을 증가시키지만, 개별 테스트마다 소요되는 시간이 아닌 회귀 테스트를 처음 시작할 때 몇 분 정도가 늘어날 뿐이다. 데이터베이스를 전혀 사용하지 않는 테스트보다는 느리겠지만 모든 테이블의 모든 칼럼을 힘들여 채우는 것보다는 훨씬 빠르다.

정규 데이터는 쓰임새가 많다. 테스트나 프로그래머가 자신의 스키마를 원하는 시점에서 새로 갱신할 수 있고 다른 사람의 테스트를 방해하지 않고도 수작업이든 자동이든 테스트를 진행할 수 있다. 데이터를 잘만 선택하면 테스트 스크립트에서 직접 생성한 제한된 데이터보다는 훨씬 더 실제에 가깝다.

뭐든지 그렇지만 당연히 단점도 있다. 정규 데이터는 지속적으로 유지하는 것이 힘들다. 새로운 테스트 시나리오가 필요하면 동작할 제품 데이터를 찾아내거나 필요한 데이터를 만들어서 시드 스키마에 넣어야 한다. 데이터를 손봐야 하고 보안에 문제가 없게끔 실제 사람들의 정보는 가려야 한다. 제품 데이터베이스에 테이블이나 칼럼이 추가되면 테스트 스키마도 그에 맞춰 업데이트해야 한다. 날짜와 관련 있는 데이터를 바꿔야 할 수도 있고, 대규모 유지·보수를 해야 할 수도 있다. 어느 테이블을 새로 갱신하고 어느 테이블은 새로 갱신하지 않아도 되는지를 꼼꼼하게 따져서 정해야 한다. 테스트 범위를 넓히기 위해 데이터를 추가해야 한다면 새로 고침 시간이 좀 더 걸릴 것이고, 새로 갱신하는 방아쇠 역할을 하는 빌드 프로세스가 좀 너 오래 길게 되다. 계속 강조하지만 자동화된 빌드 프로세스가 피드백을 빠르게 주고 그래서 마냥 오래 걸리는 데이터베이스 갱신은 피드백 사이클을 늘어지게 한다. 또한 정규 데이터를 사용하면 테스트의 독립성도 잃게 되어 테스트 하나가 실패하면 다른 것들도 따라갈 수 있다.

리사의 팀은 정규 데이터로 매번 새로 고침한 스키마에 대해 GUI 테스트 수트와 일부 기능 회귀 테스트를 실행한다. 가끔은 잘못된 시드 데이터를 이용한 업데이트 때문에 예기치 않게 테스트가 실패하기도 한다. 그래서 계속 진행해야 할지 – 이를테면 2008년 데이터를 2009년 데이터로 할지 – 를 결정하는 것이 골칫거리로 떠오른다. 아직까지는 정규 데이터를 사용하는 것의 투자 대비 이익은 쓸 만한 정도는 된다. 자넷의 현재 팀도 시드 데이터를 로컬 빌드의 "중간 계층" 테스트용으로 사용한다. 개발 사이클 동안 피드백이 빨라 잘 사용하고 있다. 하지만 테스트 환경이나 연출된 환경에서는 제품 데이터의 복사본을 이용한다. 단점이라면 회귀 테스트를 빌드의 로컬 복사본에 대해서만 돌릴 수 있다는 것이다. "한군데서 빌드하고 여러 곳에 사용한다"는 원칙을 지키므로 위험은 높지 않다.

| 실제와 유사한 데이터 |

실제 제품과 최대한 비슷한 시스템을 테스트할 수 있느냐는 소프트웨어 개발팀에서는 매우 중요하다. 하지만 운영 데이터베이스의 복사본에서 자동화된 회귀테스트를 돌리는 것은 쓸모 있는 피드백을 얻기에는 너무 느리다. 더구나 최신 데이터를 유지하기 위해 가져오는 데이터가 계속 안정적이라는 보장이 없다. 일반적으로 기능 테스트나 종단 간 테스트로 말하자면, 수작업 탐색적 테스트에는 운영 데이터베이스를 사용하는 것이 가장 좋다.

자동화에 민감한 스트레스, 성능, 부하 테스트에는 실제 운용으로 이행할 수 있는 결과를 도출하기 위해서 실제 제품과 최대한 비슷하게 시뮬레이션할 수 있는 환경이 필요하다. 사용성, 보안, 신뢰성 테스트도 자동화가 많이 이루어지지 않아도 실제 제품과 비슷한 시스템이 필요하다.

무엇이든 장단점이 있어서 실제 제품 데이터베이스는 방대하고 비용이 많이 들 뿐 아니라 느리기도 하지만, 구할 수 있는 가장 정교한 테스트 데이터이기도 하다. 실제 제품 데이터 복사본을 테스트 용도로 여러 벌 저장할 하드웨어와 소프트웨어를 운용할 만큼 회사 형편이 넉넉하다면 이상적이겠지만 소규모 회사에서는 테스트 환경에 데이터를 저장할 수 있는 자원이 제한되어 있을 수도 있다. 이럴 경우 테스트 데이터를 얼마나 둘지, 어떻게 하면 "실제 상황"을 대표할 만큼 충분한 데이터를 복사해둘 수 있을지를 결정해야 한다. 그렇지 않으면 테스트 결과를 오해할 수도 있다. 앞서 정규 데이터 이야기를 했지만 데이터를 사용하기 전에 깨끗이 지워야 할 수도 있다.

| 데이터 이행(Migration) |

실제 데이터베이스에 대해서는 데이터 이행 테스트를 해야 한다. 가장 최근에 사용한 스키마와 실제 데이터에 대하여 데이터베이스 업그레이드 스크립트를 실행시켜야 한다.

> **데이터베이스 이행 테스팅**
>
> 자동화 테스트 아키텍트인 폴 로저스(Paul Rogers)가 놀랄만한 데이터베이스 이행의 테스팅(2008)에 대한 이야기를 했다.
>
> > 바로 어제, 테스트 데이터베이스에 대한 Rails 이행을 실행했다. 프로그래머가 개발용 데이터베이스를 가지고 스크립트를 작성하고, 테스트하고, 확인까지 다 했다. 나의 테스트 데이터베이스는 개발용보다는 대충 20,000배쯤 더 컸다. 프로그래머들은 이행이 몇 초 정도 걸렸다. 나의 경우는 세 시간을 실행하고 10% 정도 진행됐을 때 중단시켰다. 프로그래머들이 이행 전략을 다시 세워야 했다.
> >
> > 이래가지고는 메모리에서 동작하는 모의 데이터베이스에서도 잘 될지 의심스러웠기 때문에, 이런 상황이라면 실제 데이터베이스가 더 나은 선택이었다. 사실 적용하는 데 얼마나 걸릴지, 데이터베이스 업데이트는 얼마나 오래 걸릴지 등 출시 이전에 고려해야 할 것들이 많으므로 먼저 경험해봐야 한다. 그래야 실제 업그레이드에 필요한 시간을 예측할 수 있다.
>
> 이 역시 빠른 피드백이 나오는 테스트와 실제 제품에서 생길 수 있는 사건을 반영할 수 있도록 실제 데이터를 사용한 테스트와 비슷한 테스트 사이에서 균형을 맞춰야 하는 본보기이다.

필요를 이해하자

테스트의 목적을 이해한다면 필요한 것들을 더 잘 검토할 수 있다. 이를테면 속도를 빠르게 하기 위해 저장 프로시저나 SQL 쿼리를 테스트할 필요가 없다면, 실제 데이터베이스인 것처럼 동작하지만 속도는 훨씬 빠른, 메모리 데이터베이스 같은 방법을 고려해보자. 실제 제품 환경을 시뮬레이션해야 한다면 실제 데이터베이스 전체를 복사해서 사용해야 할 수도 있다. 빠른 피드백이 목표라면 제품의 결함을 최대한 효과적으로 찾아내는 것과 실제와 비슷한 시나리오 사이에 균형을 잘 맞춰야 한다.

자동화 도구 평가하기

자동화 도구를 선정하는 첫 번째 단계는 도구가 해야 할 기능이 뭔지를 모두 적어보는 것이다. 테스트 도구에 필요한 요구조건들을 결정하는 방법을 살펴보자.

자동화 도구에 필요한 요구사항 식별하기

자동화를 하기로 결정한 다음에는 자동화 도구에 필요한 것들을 생각해보자. 이미 갖고 있는 도구는 무엇인가? 도구가 더 필요하다면 기존 테스트 또는 개발 도구와 잘 맞물려 돌아갈 수 있는 것을 원할 것이다. 지속적인 빌드 프로세스와 쉽게 연동할 수 있는 도구가 필요한가? 여러분이 원하는 자동화 도구가 기존 하드웨어에서 잘 돌아갈까? 기능 테스트를 실행하기 위한 두 번째 빌드 프로세스를 설정하는 데 별도의 하드웨어가 더 필요할 수도 있다.

구현하려는 테스트 도구는 누가 사용할 것인가? 프로그래머 아닌 이들이 테스트 케이스를 작성하는가? 프로그래머들이 편하게 느끼는 도구를 원하지는 않는가? 협업해야 할 팀원들이 여기저기 흩어져 있는가?

테스트를 자동화하고 유지·관리할 사람은 누구인가? 팀원들의 기존 기술도 중요하다. 도구를 설치하고 사용법을 익히기까지 시간이 얼마나 걸릴 것인가? 프로그램이 Java로 작성되었다면 스크립트도 Java로 작성하는 것이 아마도 가장 적당할 것이다. 팀원들이 특정 도구를 사용해본 경험이 있는가? 특정 도구를 잘 사용하는 별도의 테스트 팀이 있는가? 애자일 개발로 옮기기 시작했고 팀에 테스트 자동화를 할 사람이 있다면 이들의 전문성을 활용하여 잘 아는 도구를 계속 사용하는 것이 바람직할 수도 있다.

도구에 대한 요구사항은 개발 환경과 관련이 있다. 웹 프로그램을 테스트하려고 선택한 테스트 도구가 SSL이나 AJAX를 지원하지 않는다면 문제가 될 수도 있다. 모든 테스트 도구가 웹 서비스 프로그램을 테스트할 수 있는 것은 아니다. 임베디드 시스템의 테스트는 다른 도구가 필요할 수 있다. Chapter 12 "테스팅 사분면 요약"에서 Ruby를 임베디드 프로그램의 테스트로 사용하는 방법을 살펴본 바 있다.

당연히 자동화하려는 테스트의 종류가 무엇이냐가 가장 중요하다. 보안 테스트에는 아마도 고도로 전문화된 도구가 필요할 것이다. 성능 테스트는 오픈 소스나 상용 도구가 많이 있어서 선택의 폭이

넓다. 한 가지 문제를 해결하고 나면 다음 문제는 좀 더 편하게 대할 수 있을 것이다. 리사의 팀에서는 단위, 통합, 기능 수준에서 안정적인 회귀 테스트 수트를 갖추는 데 여러 해가 걸렸다. 성능 테스트가 다음 목표였다. 이전에 얻은 경험이 있어서 테스트 도구에 대한 요구조건, 이를테면 결과 보고가 쉬워야 한다거나 기존 프레임워크와의 호환성, 스크립트 언어 등을 확인하는 것을 좀 더 잘 할 수 있었다.

도구에 대한 요구조건을 나열하는 체크리스트를 작성하자. "고객이 테스트를 지정할 수 있도록 충분히 쉬워야 한다"거나 "테스트는 자동화하기 쉬워야 한다" 등 상충하거나 모순되는 것들도 있을 것이다. 균형점을 찾을 수 있도록 모두 다 적어보자. 그리고는 조사를 시작하자.

한 번에 도구 하나씩

서로 다른 목적을 위해 서로 다른 도구가 필요할 것이다. 새로운 도구를 도입하고 이를 가장 잘 활용할 방법을 익히다가 곧 질려버릴 지도 모르겠다. 한 번에 하나씩, 가장 힘든 것부터 해결해 나가자. 충분한 시간을 들여 잘 검토하고 그 결과를 평가해보자. 도구가 잘 동작하면 다음 도구로 넘어가기 전에 확실히 익혀두자. 멀티태스킹이 때로는 유용할 때도 있겠지만 새로운 기술을 익힐 때는 온전히 그것만 집중해야 한다

특정 용도에 맞는 한 가지 도구를 익혔다면 한 걸음 물러서서 또 뭐가 필요한지 살펴보자. 여러분의 팀에 주어진 다음 자동화 과제는 무엇인가? 선정한 도구가 이 과제에도 잘 동작할까? 아니면 새로운 도구를 선정해야 하는가?

Tip
참고문헌에서 도구 검색과 평가를 도와수는 웹사이트에 대해 소개하고 있다.

조직 외부에서 도구를 찾아보기로 결정했다면 맨 처음 단계는 뭔가를 해볼 시간을 갖는 것이다. 기본적인 조사부터 시작하자. 인터넷을 뒤져 도구에 대한 기사, 문헌, 메일링 리스트 등을 찾아보는 것도 좋다. 고려해볼 도구들의 목록을 뽑아보자. 팀에서 운영하는 위키나 온라인 포럼이 있다면 도구에 대한 정보를 올려서 도구에 대한 장단점을 논의하기 시작하자.

도구를 평가해볼 시간을 투자하자. 팀에 따라서는 "엔지니어링 스프린트"나 "리팩토링 이터레이션"을 몇 달에 한 번씩 가지는데 여기서는 비즈니스에서 우선순위를 두는 스토리가 아닌, 기술적 부담을 줄이고 도구의 버전을 업그레이드하며 새로운 도구를 시험해보는 등의 일을 한다. 여러분의 팀

에서 이런 것을 해보지 않았다면 이제 한번 해 보도록 하자. 기술적 채무를 줄이고 좋은 테스트 인프라를 구축하는 것이 미래에 작업 속도를 빠르게 하고 탐색적 테스트를 할 시간을 확보할 수 있게 한다. 코드의 유지 관리를 쉽게 하고 도구를 업그레이드할 시간마저 전혀 없다면 기술적인 채무가 개발 속도를 점점 느리게 해서 끝내는 멈추게 할 것이다.

요구사항을 만족하는 도구들의 목록을 만들었다면 이를 한두 개 정도로 압축하고, 사용법을 충분히 익힌 다음 대결을 시작하자. 간단하지만 대표적인 시나리오를 돌려보고 그 결과를 요구조건과 맞춰 보자. 회고를 사용해 장단점을 고려해보자.

이 도구를 도입하여 사용하기 위해 무슨 자원이 필요한가? 이 도구를 사용하면 팀의 생산성과 속도에 어떤 영향이 있을까? 위험은 없는가? 도구를 사용함으로써 지금은 불가능하지만 장기적으로 가능한 것들은 뭐가 있을까?

첫 번째 후보를 골라서 일정 기간 동안 도구를 잘 사용할 능력이 생길 때까지 계속 사용해 보자. 중요한 기능은 확실하게 다 사용해 봐야 한다. 이를테면 프로그램이 AJAX를 많이 사용한다면 이 도구를 이용해 테스트를 자동화할 수 있어야 한다. 되는 것과 안 되는 것을 살펴보자. 이 도구가 적당하지 않으면 언제든 버리고 다시 시작할 수 있다는 생각을 가져야 한다. 이미 많은 투자를 했으니 이 도구를 계속 사용해야 한다고 생각하지 말자.

Tip
Chapter 11 "제품을 평가하는 기술 중심 테스트"에서 성능 테스트 도구로 선택한 JMeter가 생성한 결과의 예를 보여준다.

모든 문제를 한방에 해결하는 만병통치약 같은 것은 없다는 것을 누구나 안다. 기대치를 낮추고 열린 마음을 갖자. 창의적인 솔루션은 과학보다는 예술적 감성에 더 많이 의존하는 법이다.

● 리사의 이야기

성능 테스트 도구를 찾을 때 애자일 테스트 메일링 리스트를 통해서 추천을 받은 적이 있다. 많은 사람들이 자기의 경험을 알려주었고 도구를 도입하고 배우는 데 도움을 준 이들도 있었다. 우리는 스크립트로 Java를 사용하고, 금방 배울 수 있고 그래픽 형식으로 결과물을 보여주는 도구를 찾았다. 우리는 도구와 그 장단점을 목록으로 만들어서 팀 위키에 올렸다. 시험 운영을 위한 시간도 투자하였다. 리사의 동료 마이크 부세(Mike Busse)는 후보 두 개를 골라 그 특징을 나머지 팀원들에게 보여주었다. 팀 전체의 의견을 모아 그 중 하나를 골랐고 적절한 도구라는 것이 증명되었다.

도구 선택하기

다행히도 이제는 직접 만든 도구나 오픈 소스, 상용 도구, 이들의 조합 등 다양하면서도 현재도 발전 중인 도구가 많다. 중요한 것은 이렇게 많은 선택 사항 가운데 우리의 필요에 맞는 도구를 어디에서 찾을지를 아는 것과 이들 도구가 요구사항을 만족하는지를 살펴볼 시간을 확보하는 것이다. 미래를 예측할 수는 없으므로 각 솔루션의 투자 대비 이익을 판단하는 것은 어렵지만, 시간을 갖고 계속 사용해보면 가장 적당한 것을 고르는 데 큰 도움이 된다.

| 직접 만들까? |

여러분의 프로그램이 독특한 테스트 환경, 이를테면 임베디드 소프트웨어나 외부 시스템과의 연동 등이 있는가? 팀원들이 자체 테스트 프레임워크를 직접 작성하거나 기존 오픈 소스 도구 위에 구축할 수 있는 기술이나 시간, 의지가 있는가? 그렇다면 직접 만드는 것이 가장 좋다.

애자일 개발의 행복한 결과(아마도 가장 중요한 성공 요소)는 많은 프로그래머가 "테스트에 감염"된다는 것이다. 오늘날의 개발 도구나 언어는 자동화 프레임워크를 쉽게 만들 수 있게 되어 있다. Ruby, Groovy, Rails를 비롯한 많은 언어와 프레임워크로 자동화가 가능하다. Fit나 HtmlUnit 같은 오픈 소스 도구를 활용해 그 위에 프레임워크를 구성할 수도 있다.

직접 구축한 도구는 많은 장점이 있다. 확실히 프로그래머 친화적이다. 팀에 자체 자동화 프레임워크가 있다면 개발팀이나 고객 지원팀의 요구에 맞춰 수정하는 것이 가능하고, 기존 빌드 프로세스나 다른 개발 인프라와 연동하는 것도 가능해서 실행하고 그 결과를 원하는 방식으로 해석하는 것도 가능하다.

물론 자체 구축이 공짜는 아니다. 소규모 개발팀은 운영 코드를 만들고 동시에 테스트 도구를 만들고 유지·관리할 여력이 안 된다. 고유한 요구사항이 있는 큰 조직에서는 테스터, 고객, 프로그래머 등과 협력하는 자동화 전문가로 구성된 팀을 구성할 수 있을 것이다. 자신의 요구사항이 특이해 이를 만족하는 도구가 없다면 직접 만드는 것 말고는 선택의 여지가 없다.

| 오픈 소스 도구 |

자체 도구를 만든 팀이 이를 공개해 오픈 소스 커뮤니티에서 사용할 수 있게 하기도 한다. 이런 도구는 상용 도구 중에서 요구사항을 만족하는 것을 찾지 못한, "테스트에 감염된" 프로그래머가 작성한 것이라 대부분 가볍고 애자일 개발에 적절하다. 이런 소프트웨어 중 많은 것들이 테스트 우선으로 개발되어 소스 코드와 함께 테스트 수트도 다운로드할 수 있어서 쉽게 수정할 수 있다. 이런 도구는 다양한 매력이 있어서 프로그래머나 테스터 모두에 쓸 만한 기능이 많다. 비용 측면에서도 적절해서 다른 도구를 구매하는 것과 비교하면 훨씬 비용이 적다.

모든 오픈 소스 도구가 잘 문서화된 것이 아니라서 교육이 문제가 될 수 있다. 하지만 많은 컨퍼런스나 사용자 그룹 모임에 이들 도구 사용법에 대한 세미나와 튜토리얼이 있다. 오픈 소스 도구 중에는 훌륭한 문서, 온라인 튜토리얼, 정기적인 교육이 있는 것도 있다.

Tip
오픈소스 테스트 자동화 도구에 관한 자세한 내용은 Chapter 9 "팀을 지원하는 비즈니스 중심 테스트를 위한 툴킷"을 살펴보자.

오픈 소스 도구를 고려할 때는 개발자와 사용자 커뮤니티가 활성화되어 있는지를 고려해야 한다. 메일링 리스트에는 사용자가 많은가? 새로운 기능이 계속 추가되는가? 버그를 보고할 수 있는가? 보고하면 수정이 되나? 이런 도구 중에는 상용 도구보다 버그에 대한 대응이나 지원이 더 빠른 것도 있다. 왜냐면 직접 사용할 사람들이 개발하기 때문에, 그들의 제품을 테스트하는 데 이런 기능이 필요하기 때문이다.

| 상용 도구 |

좀 더 안전한 선택이라면 상용 도구를 선택하는 것이다. 여러 해 동안 잘 알려진 도구를 선택하는 것을 두고 뭐라 하기는 어렵다. 상용 도구는 대개 매뉴얼과 사후 지원, 교육 과정 등이 함께 제공되는 편이다. 기술적 배경이 약한 테스터나 사용자는 초기에 빨리 적응할 수 있을 것이다. 안정적이고 기능이 많은 것도 있다. 여러분 회사에서 이미 한두 개쯤 가지고 있을 수도 있고 사용법을 잘 아는 전문가가 팀 내에 있을 지도 모른다.

세월에 따라 조금씩 변하긴 했지만, 역사적으로 볼 때 상용 도구는 프로그래머와는 별로 안 친하다. 대부분은 자체 스크립트 언어를 사용하는데 프로그래머는 이를 배우기 위해 시간을 투자하는 것을 좋아하지 않는다. 또한 이런 도구는 무겁다. 테스트 스크립트는 취약해서 사소한 변화에도 큰 영향을 받는데다 유지 관리에도 비용이 많이 든다. 기록/재생 스크립트는 관리 측면에서 봤을 때 비용이 많이 들기로 악명이 자자하다.

엘리자베스 헨드릭슨(Elisabeth Hendrickson, 2008)은 이런 전문화된 도구를 사용하다 보면 자동화

> **Tip**
> 이 주제에 관한 엘리자베스 헨드릭슨의 전체 토론을 참고문헌에서 살펴보자.

전문가가 필요하게 된다고 지적했다. 이는 애자일 팀에 반대되는 것이다. 우리는 테스트를 맨 나중에 하는 것이 아닌, 테스트 우선 개발을 촉진하는 도구가 필요한 것이다. 테스트 도구가 변화에 방해가 되면 안 된다.

상용 도구의 전문가가 팀 내에 이미 있고, 이 도구를 사용하는 것이 개발팀에서 부분적으로만 사용하거나 개발 과정과 별도로 사용한다면 이를 사용하는 것도 나쁘지는 않다. 리사의 XP 팀에서는 상용 도구를 성공적으로 사용한 바 있다.

이 책을 쓰는 시점에서 더 좋은 기능 테스트 도구와 통합 개발 환경(IDE)이 나오고 있다. 이런 도구는 전역적인 찾기/바꾸기 같은 기능이 있어서 테스트의 유지·보수가 좀 더 편해졌다. Eclipse 플러그인의 하나인 Twist가 좋은 예인데, 막강한 편집/리팩토링 기능을 활용할 수 있다.

애자일 친화적 도구

엘리자베스 헨드릭슨(2008)은 효과적인 애자일 테스트 자동화 도구의 특징을 이렇게 들었다.

> **Tip**
> Part 3 "애자일 테스팅 사분면"의 내용들, 특히 Chapter 9 "팀을 지원하는 비즈니스 중심 테스트를 위한 툴킷"에는 애자일 프로젝트에 잘 맞는 테스트 자동화 도구의 사례를 포함하고 있다.

- 테스트 우선(Test-first) 접근법을 이용해 테스트 자동화 업무를 바로 시작해볼 수 있는 방법 지원
- 테스트의 본질과 세부적 구현의 분리
- 테스트 자동화에 있어서 코드 부분을 프로그래밍하는 좋은 예제를 지원
- 실제 IDE를 통해 실제 언어로 자동화 작성 가능
- 협업 장려

자동화의 구현

도구를 검토할 때는 자동화의 최우선 과제를 얼마나 빠르게 해결할 수 있는지를 생각해야 한다. 자동화를 구현하는 데 도움이 될 만한 지원을 어디서 받을 수 있는가? 팀에서 필요한 교육과 훈련은 어떤 것이 있으며 이를 위해 투자할 시간이 얼마나 있는가? 이 도구가 손에 익을 때까지 얼마나 걸릴까?

도구를 들여다볼 때는 이런 질문을 꼭 기억하자. 단기적으로 자동화를 할 때 꼭 필요한 도구가 아닌, 좀 더 덜 안정적인 도구를 골라야 할 수도 있다. 영원한 것은 아무것도 없다는 것을 잊지 말자.

자동화 과정은 한 발 한 발 단계적으로 해도 된다. 많은 팀들이 최적의 도구와 기술, 인프라의 조합을 찾기까지 실패를 경험한다.

셀레늄(Selenium) 사용하기

테스트 자동화의 경험이 많은 조 야키치(Joe Yakich)는 자기가 일했던 팀에서 오픈 소스 테스트 자동화 도구인 셀레늄을 이용해 테스트 자동화를 어떻게 구현했는지 아래에서 설명하고 있다.

내가 일했던 소프트웨어 업체(그냥 XYZ 주식회사라고 하자)에는 문제가 있다. 엔터프라이즈 수준의 웹 기반 프로그램 제품은 기능이 막강하고 완성도도 높았다. 개발 프로젝트는 애자일과 스크럼(Scrum)으로 관리하였고 능력 있는 엔지니어들은 새로운 기능을 빠르게 익혀나갔다. 회사도 꾸준히 성장하였다.

그럼 뭐가 문제냐? XYZ는 소프트웨어 테스트가 개발을 따라가지 못하는 미래에 직면하고 있었다. 소프트웨어의 품질 문제가 서서히 드러나고, 심지어는 기존 고객들이 다른 제품을 둘러보게 되었다.

이런 위험을 완화하는 유일한 방법이 테스트 자동화로 보였고, XYZ는 이를 잘 알고 있었다. 사실 이전에도 테스트 자동화를 구축하려고 두 번이나 시도했지만 실패했었다.

세 번째 시도로 XYZ는 Ruby 언어로 동작하는 Selenium RC를 사용하기로 정했다. Selenium RC(RC는 "리모트 컨트롤(Remote Control)"이란 뜻이다)는 테스트 자동화 도구로서 서버 컴포넌트와 클라이언트 라이브러리로 구성되어 있다. 자바 서버 컴포넌트는 HTTP 프록시인 것처럼 동작하며, 테스트 중인 프로그램의 웹 서버로부터 셀레늄 코어 자바스크립트가 나온다. 서버는 브라우저 세션을 시작/정지할 수 있으며 인터넷 익스플로러, 파이어폭스, 사파리 등 거의 모든 브라우저를 다 지원하는데 버튼, 링크, 입력 필드 등의 요소들과 상호작용하는 명령을 해석한다. 클라이언트 라이브러리는 테스트 스크립트를 Java, .NET, Perl, Python, Ruby 등의 언어로 작성할 수 있도록 해 준다.

우리는 Ruby를 선택했는데, Ruby는 순수한 객체 지향 동적 인터프리터 언어로서 우아한 문법, 깔끔한 표현력, 막강한 기능을 갖추고 있었다. 게다가 가장 중요한 것은 특정 도메인에 특화된 언어(Domain Specific Language, DSL)를 만드는 데 최적의 도구다. Ruby는 충분히 유연하여 DSL 구조의 문법을 프로그래머가 선택하여 구현할 수 있는데 다른 언어는 이런 자유가 부족하다. 우리의 목표는 자동화 프레임워크를 만드는 것이고 복잡한 세부사항은 겉으로 드러나지 않아야 한다. 우리는 테스트 내부에서

s.click("//table[@class='edit']/tbody/tr[0]/img[@src='save.gif']")

이런 표현 대신

editor.save

라고 쓰고 싶은 것이다. 후자가 더 이해하기 쉽고 유지관리하기도 더 쉽다. 전자의 XPath 문장은 라이브러리에 담아두고 필요할 때 불러 쓰면 된다. 명사와 동사로 이루어진 DSL 형태는 엔지니어가 테스트를 작성할 때 화면상의 컨트롤들과 상호작용하는 복잡한 것들 말고 테스트 자체에만 집중할 수 있게 해준다.

XYZ는 자동화 팀을 구성해 프레임워크와 테스트를 만들었다. 프레임워크 자체를 만드는 것은 시간이 오래 걸리고 기술적으로도 쉽지 않은 일이다. 프레임워크의 일부 클래스는 그 자체도 복잡해 단위 테스트가 필요하다. 테스트 프레임워크가 충분히 구축되고 나서 우리는 실제 프로그램의 테스트를 Ruby와 RSpec을 사용해 시작했다. RSpec은 그 자체로도 테스트에 특화된 DSL로서, 간단한 선언적 문장으로 행동양식과 기대되는 결과를 기술할 수 있는 장점이 있다. 예를 들어 다음의 문장으로 테스트를 작성한다고 하자.

"사용자가 편집기에서 Save를 클릭하면 데이터를 저장할 수 있어야 한다."

우리는 구축해둔 셀레늄 기반 테스트 프레임워크를 호출해 테스트의 본문을 채우면 된다.

일 년쯤 지나니 거의 2천 건 정도 테스트 케이스를 자동화하게 되었다. 프로그램의 대부분이 테스트 자동화의 범위에 들어오게 되었지만 나머지 부분은 여전히 수작업 테스트가 필요했다. 할 수 없이 우선순위를 정해 테스트할 것을 골라야 했다. 매주 테스트해야 할 것이 늘어나서 나중에는 한번 하는데 여섯 시간씩이나 걸렸기 때문에 테스트를 병렬 처리하는 것을 고려하기에 이르렀다. 프로그램이 지원하는 모든 브라우저에 대해 테스트를 확대할 엄두도 내지 못하였다. 자동화로 인해 불타올랐던 의욕도 어느덧 사그라질 때쯤, 우리는 경영진이나 엔지니어들 모두가 기대치를 잘 관리해야 한다는 것을 깨달았다. 이런 이슈가 있어도 Selenium이 세일 낫다고 여긴 이유는 Selenium이 없었다면 XYZ는 테스트 자동화를 위해 테스트 전담 엔지니어를 많이 고용해야 했을 테고 이는 불가능할 만큼 비용이 많이 드는 일이다.

투자 문제나 기술적 문제로 인해 모든 것을 다 자동화할 수는 없다. 또한 탐색 테스트는 매우 중요하여 절대 무시해서는 안 된다. 하지만 이는 테스트 자동화 도구를 통해 덜어줄 수 있음도 알아두자. 셀레늄과 대적할 만큼의 능력을 가진 자동화 도구는 대개 상용 도구라 가격에서 경쟁이 안 된다. 셀레늄은 무료다.

좋은 개발 습관은 어느 자동화에나 핵심이다. 객체 지향적 접근법을 사용하자. 테스트 개체의 라이브러리를 축적함에 따라 새로운 테스트를 추가하는 것이 점점 더 쉬워진다. DSL은 테스트 스크립트를 작성하고 유지·보수하는 노력을 덜어주어 비즈니스 중심 테스트를 고객이 이해하기 쉽게 하는 데 도움이 된다.

좋은 객체 지향 설계는 유지·보수가 쉬운 테스트를 만드는 것이 핵심이기만 한 것은 아니다. 팀이 원하는 피드백을 얻을 수 있을 만큼 자주 실행해야 한다. 도구를 선택했으면 이를 빌드 프로세스와 연계시켜야 한다. 해석하기 쉬운 결과물이 자동으로 나와야 한다.

선택한 도구는 우리의 플랫폼에서 동작해야 하고 테스트 도구와 맞물려서 잘 동작해야 한다. 이를 끊임없이 손봐서 당면한 이슈들을 해결하는 데 도움이 되도록 해야 한다. 빌드가 매일 일어나는가? 아마도 빌드 팀이 현재 상태를 알 수 있도록 테스트 결과를 알려줄 수 있는 뭔가가 필요할 것이다. 비즈니스 관련 테스트가 실패했다면 무엇이 어디서 실패했는지가 분명해야 한다. 문제를 분리해내는 데 들일 시간이 많지 않다.

이런 걱정은 전체 그림에서 중요한 부분이지만 그래도 일부분일 뿐이다. 제품 환경과 비슷한 테스트 환경을 만들어주는 도구가 필요하고, 이러한 테스트 환경이 프로그래머가 만들어낼 지도 모를 변화에도 독립적으로 유지될 도구도 필요하다.

테스트 인프라를 구축하는 것은 대단한 투자가 되겠지만 애자일 팀이 테스트 자동화로 들어가기 위해 필요하다. 하드웨어, 소프트웨어, 도구를 선정하고 구현해야 한다. 회사의 형편에 따라 이러한 투자가 장기 프로젝트가 될 수도 있을 것이다. 위험을 최소화하고 업무 속도를 최대화하고 최상의 제품을 만들기 위해 정말로 필요한 인프라를 어떻게 모을지를 계획함에 있어서 단기적 당면 문제를 해결하기 위한 브레인스토밍을 하자.

자동화된 테스트 관리

각각의 테스트가 무엇을 하는지를 이해하고 이 테스트가 검증하려는 것이 프로그램의 어떤 부분인지를 이해하기 위해 특정 시나리오를 검증하는 테스트 방법을 찾아야 한다고 가정하자. 아마도 우리는 각각의 요구사항으로부터 그 코드와 테스트에 이르는 추적 가능성에 대한 감사 요구사항을 만족해야 할 것이다. 자동화된 테스트는 제품 소스 코드와 마찬가지 방법으로 유지·보수하고 통제해야 한다. 운영 코드에 출시 태그를 달면 그 기능성을 검증한 테스트도 이 태그의 일부가 되어야 한다.

이것에 적절한 예를 들어보자. 지금 개발 중인 코드에서 문제점을 발견하였다. 이것은 새로운 문제인가, 아니면 계속 잠복해 있었는데 테스트하면서 찾지 못한 것인가? 우리는 문제점을 태그하고, 이를 재현하고, 왜 테스트에서 이를 잡아내지 못했는지를 조사해볼 수 있다. 최근에 리사의 팀에서는 테스트 스키마에 데이터베이스 제약 조건이 빠지는 바람에 회귀 테스트에서 버그를 놓친 적이 있다. 이런 문제는 테스트 코드 버전과 운영 코드 버전을 꼼꼼히 맞추지 않으면 잡아내기가 어렵다.

테스트의 조직화

상당수 도구에서는 제각각 고유한 조직화 수단이 있다. 이를테면 FitNesse에는 자체 위키, 계층 조직, 내장 버전 통제가 가능하다. 이 책을 쓰는 시점에서 FitNesse는 Subversion 같은 소스 코드 컨트롤에 대한 지원을 시작했다. Watir나 Canoo WebTest 등의 다른 테스트 도구에서 사용하는 스크립트도 운영 코드와 같은 소스 코드 컨트롤 내에서 관리 가능하고 또 그래야 한다. 단위 테스트도 마찬가지다.

> **테스트 대상 프로젝트와 테스트의 조직화**
>
> 우리는 애자일 테스트 전문가 여러 명에게 테스트를 어떻게 관리하는지 물어보았다. Canoo WebTest의 창업자이자 프로젝트 관리자 디르크 쾨니히(Dierk König)는 개발팀과 고객 지원팀의 요구를 모두 만족하는 자동화된 테스트를 관리하는 방법을 이렇게 설명하고 있다.
>
> > 우리는 언제나 테스트를 대상 프로젝트와 나란히 구성한다. 즉, 테스트 소스는 프로젝트 소스코드와 같은 저장소에 두고 개정 통제, 태깅, 테스트 베이스 공유 등을 할 때 소스 코드와 같은 메커니즘을 사용한다.
> >
> > 웹 테스트에는 테스트와 테스트 데이터를 디렉터리에 구성해 조직화하는 표준 레이아웃이 포함되어 있다. 이를 활용해 여러분이 원하는 대로 구조를 만들면 되지만, 여기서는 구성에 몇 가지 표준을 지키면 편리하다. 대규모 프로젝트에서 각각의 소규모 프로젝트는 각사 테스트 베이스를 'webtest' 서브 디렉터리에 두는 식이다.
> >
> > 클라이언트가 이런 접근법을 따르지 않으면 모든 사람이 피곤해진다. 테스트 설명에 옛날 버전과 새 버전의 차이가 뭔지, 누가 변경했는지 등을 알 수 있는 적절한 개정 통제가 없는 대규모 데이터베이스를 많이 봤다.
> >
> > 테스트는 테스트 코드의 중복을 피하게끔 모듈화해야 함을 명심하자. 그렇지 않으면 유지·보수하다 죽을 수도 있다. 그리고 모듈을 손보기 전에는 이것이 어디에 쓰이는지를 알아야 한다.
> >
> > 간단히 말하자면, 테스트와 테스트 데이터의 마스터 버전은 테스트되는 코드와 함께 텍스트 형식으로 개정되어야 한다.
> >
> > 비 기술 인력(경영층, QA 등)은 테스트가 이루어지는 범위와 최신 테스트 결과, 심지어는 테스트를 실행시키는 수단에 대해 좀 더 상위 수준의 정보가 필요할 수도 있다. 이런 요구때문에 테스트 자동화에 대한 공학적 접근법을 깎아먹는 일이 생기면 안 된다. 대신에 웹 기반의 보고서 프로그램 같은 간단한 도구를 만들어서 이런 필요를 만족시켜주면 된다.
>
> 테스트에 관해 고객이 정보를 접근할 수 있는 능력은 테스트와 운영 코드가 잘 조화되는지의 여부만큼이나 중요하다. 디르크가 지적했듯, 한 가지 도구로 이 모든 것을 다 할 수는 없다.

테스트의 관리는 다음의 질문에 대한 대답을 하는 데 도움이 된다.

- 지금까지 어느 테스트 케이스가 자동화 되었는가?
- 어느 테스트가 아직도 자동화가 필요한가?
- 회귀 테스트의 일부분으로 동작하는 테스트는 어느 것인가?
- 기능 영역을 다루는 테스트는 어느 것인가?
- 설계된 기능 XYZ의 동작은 어떠한가?
- 이 테스트 케이스는 누가 언제 작성하였는가? 누가 가장 최근에 변경했는가?
- 이 테스트는 얼마나 오랫동안 회귀 테스트 수트의 일부로 있었는가?

테스트를 작성하는 주된 이유 중 하나가 개발에 가이드를 주는 것이므로, 모든 팀원이 각 스토리에 대한 적절한 테스트를 찾고 이 테스트가 커버하는 기능이 어떤 것들인지를 식별할 수 있도록 테스트를 조직화해야 한다. 우리는 테스트를 문서처럼 사용하기 때문에 시스템이 어떻게 동작해야 하는지를 알고 싶을 때 개발팀이나 고객지원팀에서 적절한 테스트를 누구나 빠르게 알아낼 수 있도록 하는 것이 매우 중요하다. 서로 다른 테스트 관리 목표를 만족하기 위해서 여러 도구를 사용해야 할 수도 있다.

테스트 스크립트는 통제를 벗어나기 쉽다. 테스트가 실패하면 문제점이 무엇인지 빠르게 알아낼 수 있어야 한다. 테스트 스크립트에 최근에 무슨 변화가 있었는지를 알아야 할 수도 있다. 소스 코드 제어 시스템이 있으면 어렵지 않다. 고객 지원팀에서는 프로젝트 진행상황을 추적하는 방법이 필요할 수도 있고, 테스트가 코드를 얼마나 검사하는지를 알고 싶거나 테스트 자체를 돌려보고 싶을 수도 있다. 테스트 관리 시스템은 테스트 자체와 마찬가지로 팀원 간 또는 팀 간 의사소통과 협력을 강화해야 한다.

테스트의 투명성

소프트웨어 개발자이면서 애자일 코치인 데클런 윌렌(Declan Whelan)은 테스트가 테스터, 개발자, 관리자, 그 밖의 다른 팀들 모두가 볼 수 있도록 테스트 관리 기법을 사용한다.

테스트와 관련된 모든 것을 조직화나 개정 통제 측면에서 소스 코드와 똑같이 취급한다. 우리는 Subversion을 사용하기 때문에, 누구든 테스트를 열어보고 싶으면 체크아웃만 하면 된다.

> 최신 Fit 테스트는 Confluence 위키에서 얻을 수 있다. 팀이 분산되어 있으므로 이렇게 해서 팀원들 간 협력을 촉진하기 위해 Confluence의 강력한 능력을 활용한다. 테스트를 위키에 올려두면 관리자나 다른 팀에서 테스트를 저장소에서 체크아웃하지 않고도 꺼내볼 수 있다.
>
> 이전에는 QA 팀에서는 QA 팀 외부에서는 접근이 불가능한 드라이브에 테스트 케이스를 넣어두고 관리했다. 이러니 개발자들은 지금 테스트 되고 있는 것을 쉽게 알 수 없었다. 테스트를 투명하게 가시적으로 만들고 버전 제어 시스템(Subversion 같은)에서 관리하는 것은 개발팀과 테스트 팀 사이의 벽을 허무는 데 큰 도움이 된다.
>
> 테스트는 꼭 튼튼한 버전 제어 시스템으로 관리해야 하지만, 이것은 프로젝트가 잘 진행되고 올바른 결과물이 얻어질 수 있게끔 모두가 테스트를 사용할 수 있는 방향으로 이루어져야 한다.

테스트 결과 구성하기

소프트웨어에 관련된 모두가 테스트와 그 결과에 쉽게 접근할 수 있어야 한다. 테스트를 관리하는 또 다른 관점은 앞 단계에서 한 테스트이면서 계속 통과 중인 테스트와 현 단계에서의 테스트이면서 아직 통과하지 못한 테스트를 구분하는 것이다. 지속적인 통합과 빌드 프로세스에서는 진행상황에 대한 빠른 피드백과 회귀 오류를 잡아내는 테스트들 실행한다. 테스드 결과를 힌눈에 알아볼 수 있는 보고서의 예를 [그림 14-4]에 표현했다. 테스트 하나가 실패하면 그 이유를 명확히 기술하고 있다.

테스트를 통해 개발을 진행하고 있으면서 아직 통과 못한 테스트가 있다면 이것 때문에 빌드가 실패하면 안 된다. 리사의 경우와 같은 일부 팀에서는 일단 빌드가 성공할 때까지는 새로운 테스트는 일단 통합과 빌드 프로세스에서 제외시킨다. 그 다음에는 이들 테스트는 언제나 통과해야 한다. 다른 팀에서는 현재 개발 중인 코드에 대한 테스트의 실패는 부시하는 방법을 쓰기도 한다.

어느 테스트 도구나 마찬가지지만 테스트 관리 문제는 자체 제작, 오픈 소스, 상용 시스템 등으로 해결한다. 앞서 테스트 도구를 선정할 때의 기준이 테스트 관리 방법을 선택할 때도 똑같이 적용된다.

애자일의 가치와 원칙이 팀 전체 접근법과 함께 적용되면 테스트 관리는 또 다른 분야가 된다. 일단은 단순하게 시작하자. 조금씩 차근차근 실험을 해서 소스 코드 통제와 저장소, 테스트와 운영 코드의 동기화를 유지할 수 있는 빌드 관리의 최적 조합을 찾아내자. 여러분의 테스트 관리 방법을 자주 검토해 모든 사용자와 테스트를 잘 수용할 수 있는지 확인하자. 잘 되는 것과 빼먹은 것을 찾아내고 아쉬운 부분을 메워줄 도구나 프로세스를 시험해볼 계획을 세우자. 모두가 사용할 수 있도록 테스트 관리 시스템을 가볍고 유지 · 보수가 쉽도록 해야 한다.

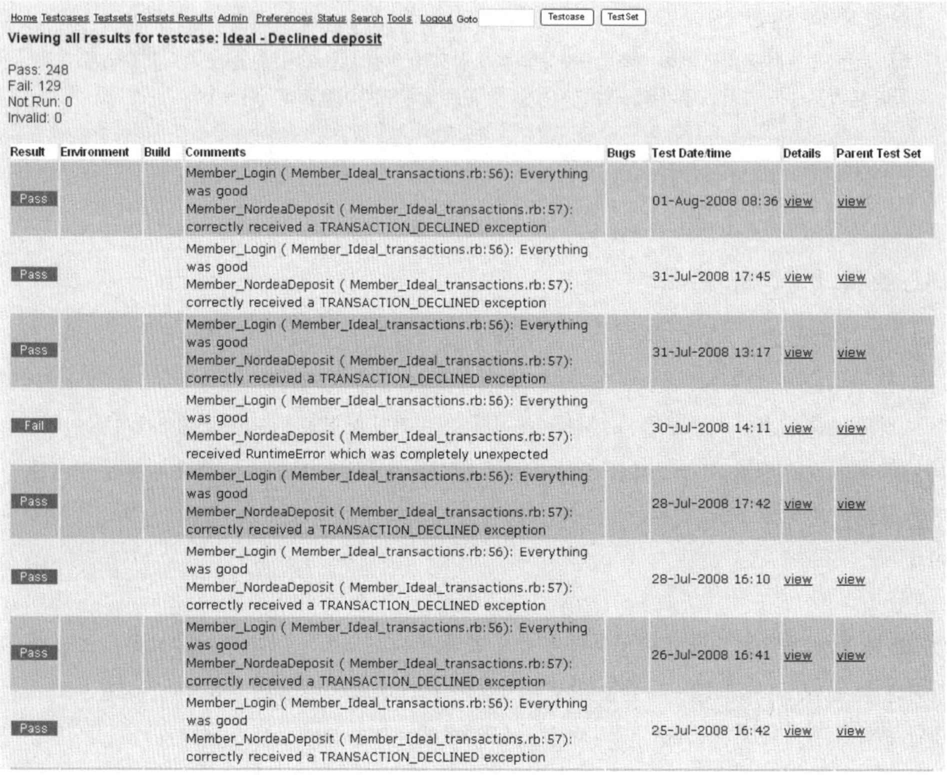

Home Testcases Testsets Testsets Results Admin Preferences Status Search Tools Logout Goto Testcase TestSet

Viewing all results for testcase: Ideal - Declined deposit

Pass: 248
Fail: 129
Not Run: 0
Invalid: 0

Result	Environment	Build	Comments	Bugs	Test Date/time	Details	Parent Test Set
Pass			Member_Login (Member_Ideal_transactions.rb:56): Everything was good Member_NordeaDeposit (Member_Ideal_transactions.rb:57): correctly received a TRANSACTION_DECLINED exception		01-Aug-2008 08:36	view	view
Pass			Member_Login (Member_Ideal_transactions.rb:56): Everything was good Member_NordeaDeposit (Member_Ideal_transactions.rb:57): correctly received a TRANSACTION_DECLINED exception		31-Jul-2008 17:45	view	view
Pass			Member_Login (Member_Ideal_transactions.rb:56): Everything was good Member_NordeaDeposit (Member_Ideal_transactions.rb:57): correctly received a TRANSACTION_DECLINED exception		31-Jul-2008 13:17	view	view
Fail			Member_Login (Member_Ideal_transactions.rb:56): Everything was good Member_NordeaDeposit (Member_Ideal_transactions.rb:57): received RuntimeError which was completely unexpected		30-Jul-2008 14:11	view	view
Pass			Member_Login (Member_Ideal_transactions.rb:56): Everything was good Member_NordeaDeposit (Member_Ideal_transactions.rb:57): correctly received a TRANSACTION_DECLINED exception		28-Jul-2008 17:42	view	view
Pass			Member_Login (Member_Ideal_transactions.rb:56): Everything was good Member_NordeaDeposit (Member_Ideal_transactions.rb:57): correctly received a TRANSACTION_DECLINED exception		28-Jul-2008 16:10	view	view
Pass			Member_Login (Member_Ideal_transactions.rb:56): Everything was good Member_NordeaDeposit (Member_Ideal_transactions.rb:57): correctly received a TRANSACTION_DECLINED exception		26-Jul-2008 16:41	view	view
Pass			Member_Login (Member_Ideal_transactions.rb:56): Everything was good Member_NordeaDeposit (Member_Ideal_transactions.rb:57): correctly received a TRANSACTION_DECLINED exception		25-Jul-2008 16:42	view	view

[그림 14-4] 자체 제작 테스트 관리 도구의 테스트 결과 출력 예

> **피드백을 위한 테스트 관리**
>
> 애자일 트레이너이자 코치인 메간 숨렐(Megan Sumrell)은 빌드 프로세스와 테스트를 잘 구축해 최적의 피드백을 얻어내는 방법을 설명하고 있다.
>
> 우리는 각 스프린트를 위한 FitNesse 테스트 수트를 만들었다. 이를 위해 테스트를 포함하고 있는 각각의 사용자 스토리용 위키도 만들었다. 필요에 따라서는 테스트 또는 수트 별로 설정하고 해제했다. 어떤 이유로 사용자 스토리가 스프린트에 완성되지 않으면 스토리를 완성하는 스프린트에 대한 수트로 테스트를 옮긴다.
>
> 빌드에서는 이런 규칙을 둔다. 수트의 어느 부분이든지 지난 스프린트에서 실패하면 빌드는 깨진다. 하지만 현재 스프린트에서 테스트가 실패해도 빌드는 깨지지 않는다.
>
> 각각의 테스트는 오래 걸리는 설정 과정이 있으므로 FitNesse 테스트도 10분 이상 시간이 걸리고 지속적인 통합 빌드 프로세스도 너무 느려진다. 스모크 테스트로 사용할 테스트는 심볼릭 링크를 사용해 지속적인 통합 빌드 프로세스의 일부로 동작하게 만들었다. FitNesse 테스트의 전체 모음은 별도의 컴퓨터에서 수행된다. 그리고 5분마다 빌드 서버를 체크하게 설정해 둔다. 새로운 빌드가 있으면 빌드를 꺼내와서 FitNesse 테스트 전체 모음을 실행한다. 테스트가 끝나면 5분 후에 빌드 서버를 다시 체크하고, 새 버전이 있으면 이 과정을 되풀이한다.
>
> 메건의 팀에서는 심볼릭 링크 같은 도구에 내장된 기능을 활용해 FitNesse 테스트를 스모크 테스트, 회귀 테스트 등 다른 용도로 구성하였다. 팀원들은 스모크 테스트로부터 즉각적인 피드백을 얻을 수 있고, 스모크 테스트가 놓친 버그는 한 시간 이내로 알 수 있다.

이제 시작해 보자

뭔가 시작하는 것을 두려워하지 말자. 성공의 가장 중요한 요소는 일단 시작하는 것이다. 다 그렇지는 않겠지만 성공한 많은 팀에서는 빈약한 프로세스로 시작했지만 부족한 프로세스를 성공의 핵심 요소로 바꿔놓았다. 애자일 테스트의 측면에서 보면 아주 조금씩 개선해 나가는 것이 성공의 열쇠다.

어디서든 시작도 못해본다면 자동화는 추진력을 전혀 얻지 못할 것이다. 팀 전체가 모여서 실험을 시작하자. 적절한 수준의 테스트 자동화가 없으면 최상의 작업을 할 수 없다. 업무의 가치를 올리기 위해서는 적절한 테스트 자동화가 필요하다. 일이 년쯤 뒤에는 테스트를 왜 그렇게 어렵게 생각했는지 놀라워할 것이다.

요약

Chapter 14에서는 애자일의 가치, 원칙, 기법을 적용해 자동화 전략을 세우는 방법을 살펴보았다. 자동화와 관련해 다음의 주제들을 다뤘다.

- 애자일 테스트 사분면을 활용해 언제 어디서 테스트 자동화가 필요한지 확인하자.
- 가장 효과적인 투자를 위해서는 테스트 자동화 피라미드가 도움이 된다.
- 애자일의 원칙과 가치, 기법을 적용하면 테스트 자동화의 추진력을 얻을 수 있다.
- 반복되는 작업, 지속적인 통합과 빌드 프로세스, 단위 테스트, 기능 테스트, 부하 테스트, 데이터 생성 등이 자동화의 우선 고려 대상이다.
- 사용성 테스트나 탐색적 테스트 같은 3사분면의 테스트는 시나리오를 세우고 결과 분석을 자동화하면 얻는 것이 많지만 인간의 직감, 비판적 사고, 관찰력 같은 것은 자동화가 곤란하다.
- 단순하고 팀 전체가 움직이며, 반복적인 피드백을 받고 충분한 시간이 있으면 좋은 솔루션을 선정하는 데 도움이 된다.
- 자동화 전략을 세울 때는 고통이 가장 큰 영역부터 시작하고, 다층 접근법을 고려하고, 한 번에 완벽을 추구하기보다는 끊임없이 개선해 나가도록 노력하자.
- 무엇을 자동화할지 결정할 때는 위험과 투자 대비 이익을 고려하자.
- 실행을 통해 배울 시간을 가지자. 애자일 코딩 기법을 테스트에도 적용하자.
- 메모리에 넣을 정도의 간단한 입력이 필요한지 실제와 비슷한 데이터베이스가 필요한지 결정하자.
- 독립적이고 재실행 가능하고 최대한 빠르게 테스트가 이루어지도록 테스트 데이터를 준비하자.
- 한 번에 하나의 도구만 검토하고, 여러분의 요구사항이 뭔지 정리하여 어떤 형태의 도구를 선택할지 아니면 직접 개발할지를 결정하자.
- 테스트 자동화에도 좋은 개발 기법을 사용하고 테스트 설계를 위해 시간을 투자하자.
- 테스트 자동화 도구는 팀의 개발 기반구조에 잘 맞물려 돌아갈 수 있어야 한다.
- 테스트도 운영 코드와 똑같이 버전 통제를 하자.
- 시스템이나 개발 과정에 대한 문서를 제공할 수 있게 테스트 관리를 잘 하자.
- 일단 당장 테스트 자동화를 시작하자.

AGILE
테스터 삶에서의 이터레이션

PART 5

애자일 개발을 시작한지 얼마 되지 않은 사람들이 튜토리얼, 웨비나(Webinar), Q&A 세션에 참석하면 우리에게 항상 다음과 같은 질문을 한다. "첫 번째 이터레이션에서 테스트 준비가 되기 전에 테스터는 무엇을 합니까?", "애자일 릴리즈 주기의 어느 부분에 사용자 인수 테스팅이 수행되어야 합니까?" 애자일 프로세스에서 누가 언제 무엇을 하는지를 이론적으로 설명하는 것은 쉽다. 그러나 우리의 경험을 토대로 애자일 초보자에게 도움이 될 만한 구체적인 예제를 찾아보니, 많은 애자일 팀과의 대화를 통해 애자일 개발과 테스팅을 잘하는 것에는 많은 공통점이 있다는 것을 알게 되었다.

Part 5에서는 이터레이션에서의 애자일 테스터의 삶을 따라가 본다. 하지만 단지 이터레이션 뿐만이 아니라 그 이상을 살펴볼 것이다. 테스터가 릴리즈 계획이나 테마 계획에 무엇을 해야 하고 팀이 향후 이터레이션에서 할 일이 무엇인지 살펴볼 시기를 정하는 것부터 시작할 것이다. 그리고 이터레이션을 시작했을 때 팀 구성원이 성공적인 출발을 하는 데 테스터가 도움이 되는 예제를 보여줄 것이고, 통합된 소프트웨어 인도 프로세스의 일부인 코딩과 테스팅 방법에 대해 설명할 것이다. 또한 테스터와 프로그래머가 밀접하게 일하는 방법과 팀이 진행사항을 추적하고 판단할 때 결함에 대한 지표와 관리에 대한 유용한 방법을 포함하여 테스터가 도움이 되는 방법을 설명할 것이다. 이터레이션을 마무리하고 다음 이터레이션의 개선 방법을 찾는 것을 포함한 테스팅 관련 활동을 살펴보고, 마지막으로는 종료 게임, 사용자 인수 테스트, 패키징, 문서화, 교육 훈련을 포함한 성공적인 릴리즈에서 테스터의 역할을 검토할 것이다.

이 삶의 한 단면에서 묘사된 활동은 애자일 테스팅이 오직 테스팅 전문가만 가능한 것이 아닌 팀의 누구라도 가능하다는 것을 보여준다. 어떤 팀에서는 모든 팀 구성원이 개발, 테스팅, 데이터베이스, 기반 구조, 기타 다른 업무의 수행이 가능해야 하고 또 수행해야 한다. 간단하게 Part 5에서는 고품질의 소프트웨어를 인도하는 데 도움을 주는 테스터를 지켜본다고 가정하자.

Chapter 15
릴리즈와 테마 계획에서 테스터의 활동

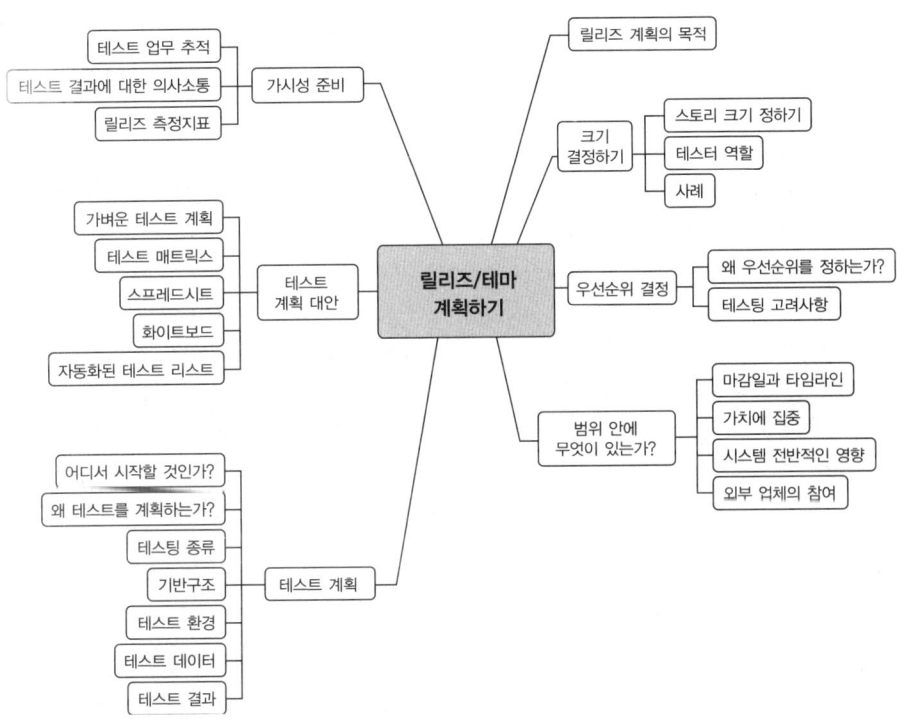

애자일 개발팀은 매 이터레이션에 스토리를 완료하고 실행 가능한 소프트웨어를 인도한다. 그러나 큰 그림이나 큰 단위의 기능은 사전에 계획해야 한다. 테마, 에픽, 프로젝트는 여러 이터레이션에 걸쳐 진행된다. 이번 장에서는 팀이 릴리즈를 계획할 때 테스터의 역할에 대해 살펴본다. 또한 우리의 개발이 제대로 진행되고 있는지, 또는 방향의 수정이 필요한지 추적하는 방법에 대해 고민해 볼 것이다.

릴리즈 계획의 목적

소프트웨어 개발팀이 애자일 개발을 시도하는 이유 중 하나는 오랜 시간 계획해도 제대로 진행되지 않음을 알기 때문이다. 대부분의 비즈니스 환경은 변덕스럽고 우선순위는 매주 또는 심지어 매일 변경된다. 애자일 개발팀은 "중요 설계를 선행하는 일"을 방지해야 한다. 우리 모두는 계획한 것이 헛된 노력이 되어버린 경험을 해봤다. 그러나 고객이 바라는 것은 무엇이고 훌륭한 시작을 위해서는 우리가 어떻게 인도할 것인지 어느 정도 이해해야 한다. 다행스럽게도 애자일 접근방법은 제품을 어떤 방법으로 인도할지 미리 알려주기 때문에 유용한 방법을 이용하여 계획을 작성할 수 있다.

애자일 계획의 적용

자넷의 자매인 캐롤 배지(Carol Vaage)는 컨퍼런스를 총괄하지 않을 때는 1학년을 가르친다. 캐롤은 컨퍼런스 준비에 애자일을 사용했던 첫 번째 경험에 대해 말해주었다.

> 내 책상은 바인더와 할일 목록이 올려져 있었고, 나는 일이 너무 많아 어쩔 줄 모르고 있었다. 컨퍼런스 총괄자로서 지금 처리해야 하는 업무가 매우 많았다. 그리고 계획을 관리하기 위해 필사적이어서 자넷이 내게 도움을 주겠다고 했을 때 나는 흔쾌히 받아들였다. 나는 내 어수선한 자리에 온 자넷을 환영하며 완료해야 하는 목록을 보여주면서 내가 참여해야 하는 많은 업무에 대해 설명했다. 그리고 위원회가 일하는 방법을 알려주었다.
>
> 자넷은 내게 각 업무를 접착식 노트를 사용하여 구분하는 방법과 책임과 담당자를 색상을 이용하여 조정하는 방법을 알려주었다. 그리고 "해야 할 일", "진행 중", "검토", "완료" 항목에 대해서 설명해주었다. 이전까지 이터레이션이란 단어를 들어보지 못했지만 타임라인에 대해서는 충분히 이해했다. 자넷은 2주 단위 이터레이션을 권고했으나 나는 1주 이터레이션을 선택했다. 계획 게시판을 위해 벽을 정리한 후, 자넷은 다 같이 게시판을 만들게 하고 필요한 업무를 게시판에 붙이는 것은 나에게 맡겼다.
>
> 자넷이 여기 온지 6일이 지나서 10개의 업무가 "해야 할 일"에서 "진행 중"으로 옮겨갔다. 3개의 업무는 완료되었고, 몇 가지 업무는 대기 중이다. 가장 좋았던 부분은 내가 "해야 할 일"에 몇 가지를 더 추가한다 해도 당황하지 않는다는 것이다. 해야 할 필요가 있는 작업은 차례대로 시작하면 되고, 그렇게 하면 더 쉽게 시작할 수 있다는 것을 이해했다. 더 이상 혼란은 없었다. 나는 진행상황을 확인할 수 있었고, 업무를 끝내기 전까지 얼마나 많은 일을 해야 하는지도 이해했다. 타임라인이 명확해지자 업무는 작게 세분화되고 구체화되었다. 그리고 가장 어려웠던 업무는 주요 발표자와 화상 회의 일정을 조정하는 일이었다. 이 시스템은 제대로 동작했다!

애자일 계획과 추적 활동은 소프트웨어 개발에 매우 유용하다. 조직에서 작은 시간을 투자하고 간단한 도구를 사용하여 릴리즈에서의 테스팅 계획과 자원에 대한 계획을 세우는 것은 높은 수준의 소프트웨어를 인도하려는 개발팀에 도움이 될 것이다.

XP를 사용하는 팀은 처음 한두 달은 릴리즈를 계획하는데 하루 정도의 시간이 걸릴 것이다. 또 다른 애자일 팀은 테마, 에픽, 주요 기능 등 관련된 스토리 그룹의 개발을 시작할 준비가 되었을 때 계획 작성을 진행한다. 이 스토리 그룹은 테마나 릴리즈에 대해 다음과 같은 높은 수준의 질문을 통해 진행된다. 우리가 인도하려는 것에 대한 고객의 비전은 무엇인가? 릴리즈의 목적은 무엇인가? 큰 그림은 무엇인가? 비즈니스와 고객에게 인도되는 가치는 무엇인가? 어느 팀과 프로젝트가 포함되어 협력해야 하는가? 언제 사용자 인수 테스트를 수행해야 하는가? 언제 코드가 릴리즈 환경과 운영 환경에 릴리즈되어야 하는가? 추적을 위해 어떤 측정지표를 알고 있어야 하는가? 이러한 일반적인 질문은 릴리즈 계획을 주도할 것이다.

어떤 팀은 릴리즈 계획 활동을 수행하는 데 많은 시간을 보내지 않는다. 심지어 기능의 테마 하나하나를 포함하여 기능의 우선순위를 빠르게 변경한다. 이러한 팀은 모두가 사전에 일을 많이 하는 것은 낭비라고 생각한다. 또 어떤 팀은 시작을 해도 되는지 판단하기 위해 첫 두 개의 스토리를 살펴보기도 한다. 그리고 시스템 아키텍처가 적절한 방향으로 진행되고 첫 몇 개의 스토리가 제대로 시작되었는지에 대해 알고 싶어 한다.

이런 계획 미팅은 릴리즈의 매 이터레이션을 상세히 계획하려는 의도는 아니다. 매 이터레이션마다 몇 개의 스토리를 완료할 수 있는지 정확하게 예측하는 것은 불가능하다. 그러나 평균적인 개발 속도에 대한 생각은 가지고 있어야 하고, 이를 통해 릴리즈에서 가능한 범위에 대한 적절한 아이디어를 얻을 수 있다. 팀은 기능과 스토리에 대해 이야기하며 릴리즈에서 무엇을 할 수 있고 얼마나 많은 이터레이션을 거쳐야 이 기능과 스토리를 완료할 수 있을지에 대한 생각을 갖게 된다. 우리는 마이크 콘(Mike Cohn)의 책인 〈불확실성과 화해하는 프로젝트 추정과 계획〉(2005, 인사이트)에 나오는 릴리즈 계획에 대한 접근방법을 좋아한다. 비즈니스가 원하는 스토리를 서로 비교하여 크기를 정하고, 개발팀이 인도하는 가치에 따라 기능의 우선순위를 결정한다. 팀은 어떤 스토리가 반드시 완료되어야 하고, 범위가 어느 정도이고, 나중까지 미룰 수 있는 "괜찮은 부분"은 어니인시 결정하기 위하여 기능에서 "작은 조각"을 확인할 수 있다. 그리고 스토리 간의 의존성, 관련된 위험, 그 밖의 다른 요건들에 주의를 기울일 것이다. 우선순위에 따라 정해진 스토리의 코딩 순서는 때때로 스토리의 크기보다도 중요하다. 그리고 팀은 릴리즈의 첫 번째 이터레이션에서도 충분한 가치를 인도해야 한다.

릴리즈 계획은 개발자와 고객이 거대한 시스템을 위해 계획한 기능의 영향도를 고려하고, 가정을 명확화하고, 먼저 완료되어야 하는 스토리가 무엇인지에 대한 의존성 확인을 할 수 있는 기회이다. 그리고 상위 수준의 테스팅과 필요한 테스트 환경과 소프트웨어 같은 자원에 대해 생각할 것이다.

이제 애자일 테스터의 릴리즈 계획 활동에서 테스터가 어떻게 그들만의 독특한 관점과 집중을 통해 가치 생성에 기여하는지 살펴보자.

크기 결정하기

애자일 팀은 각 스토리의 상대적인 크기를 추정한다. 어떤 팀은 일단 진행한 후 이터레이션에서 스토리가 실제로 완료될 때까지 추정을 연기한다. 또 다른 팀은 릴리즈 계획에 앞서 스토리를 추정하는 회의를 갖기도 한다. 개발자와 고객팀이 한 번에 모든 스토리를 작성하고 크기를 추정하기 위해 같이 모여서 진행한다. 스토리의 크기를 정하는 목적은 프로그래머가 비즈니스에게 각각의 스토리의 비용에 대한 정보를 알려주고, 비즈니스가 처음 몇 번의 이터레이션에서 우선순위를 결정하고 계획하는 것을 돕기 위해서이다. 여러 해 동안 같이 업무를 하면서 생산성이 높아진 팀은 보다 틀에 박히지 않은 접근방법을 취할 것이다. 신규 애자일 팀이라면 스토리의 크기를 알아가는 데 보다 많은 실행과 경험이 필요하다. 각각의 스토리 크기를 정확하게 결정하는 것이 중요하지는 않으나 고객이 더 좋은 정보를 이용하여 큰 스토리 안에서 우선순위를 정할 수 있도록 가급적 유사한 값으로 추정하는 것이 좋다. 시간이 지나 각각의 스토리에 대한 시간 차이가 동일 수준이 된다면, 테마나 관련된 스토리가 시간이 얼마나 필요한지 알아낼 수 있다.

스토리의 크기를 결정하는 방법

스토리의 크기를 계산하는 방법은 팀마다 다르지만, 우리는 앞에서 언급했듯이 마이크 콘(Mike Cohn)의 스토리 크기 결정 방법을 좋아한다. 우리는 스토리를 점수화하거나, 이상적인 소요 일수를 사용하거나, 간단하게 대/중/소를 사용하여 스토리의 크기를 정한다. 각각의 스토리에 대한 상대적인 크기는 중요한 요소이다. 예를 들어 현재 존재하는 사용자 인터페이스에 입력 필드 하나를 추가하는 것은 새로운 화면을 하나를 새로 개발하는 것보다 크기가 훨씬 작다.

비즈니스가 평균 개발 속도(팀이 각각의 이터레이션을 완료할 수 있는 스토리 점수의 숫자)를 알고 완료하고 싶은 스토리의 초기 크기를 추정했다면, 주어진 테마를 구현하는 데 얼마나 걸릴지에 대한 아이디어를 발견할 수 있다. 어떤 개발 방법론에서도 추정은 단지 추정일 뿐이며 이에 대해 아무것도 보장하지 않는다. 다만 비즈니스가 일반적인 활동을 수행하는데 충분한 정보를 제공할 뿐이다.

우리 팀은 포커 계획(마이크 콘의 〈불확실성과 화해하는 프로젝트 추정과 계획〉에 나온다)을 스토리의 크기를 추정하는데 사용한다. 이 방법은 점수가 쓰여 있는 카드를 사용한다. 그리고 고객이나 제품 책임자가 스토리를 읽고 스토리의 목적과 인도될 가치를 설명하는 것으로 시작된다. 고객은 어느 정도의 만족 조건이나 상위 수준 테스트 케이스를 가지고 있을 것이다. 간단한 의논 후에 각각의 팀 구성원은 그들이 생각하는 크기가 표시된 점수 카드를 선택한다. 만약 구성원들이 선택한 점수의 차가 크다면, 의견 일치를 이룰 때까지 의논하고 추정한다. [그림 15-1]은 팀 구성원이 점수에 대해 대화를 나누는 모습이다. 이 대화에서는 빠른 프로세스가 필요하다. 의논을 상세한 부분까지 오래 한다고 해서 더 정확한 크기 추정을 할 수 있는 것은 아니다.

[그림 15-1] 포커 계획

또 다른 팀은 정해진 시간 안에 스토리를 완료하기 위해 어느 정도의 인원이 필요한지를 추정하는 것으로 스토리의 상대적인 크기를 계산한다. 다른 추정 방법은 한 명이 스토리를 완료하기 위해 며칠이 필요한지 계산하는 것이다. 모든 팀 구성원이 적절하다고 생각하고, 추정하는 데 일관성이 있는 하나의 방법을 사용하자.

스토리의 크기 결정에 테스터의 역할

우리가 좋아하는 말 중 하나는 "테스트가 되기 전까지 어떤 스토리도 완료된 것이 아니다" 라는 말이다. 그러나 이미 스토리의 크기를 추정할 때 테스팅을 포함하지 않고 진행했다. 어떤 경우에는 기능을 테스팅하는 데 이 기능을 코딩하는 것보다 더 많은 시간이 소요된다.

우리의 경험상 테스터는 보통 팀 구성원과 다른 시각을 가지고 있다. 테스터는 보통 업무 영역에 대해 광범위한 이해를 가지고 있고, 하나의 스토리가 나머지 시스템에 미치는 "파급 효과"를 빠르게 식별할 수 있다. 그리고 사용자 교육이나 신규 또는 변경된 인터페이스와 같이 개발과 직접적으로 관련되지 않았으나 수행이 필요한 활동을 잘 생각해낸다.

● 리사의 이야기

스토리의 크기를 결정하는 프로세스에서 테스터는 무엇을 할까? 나는 여러 관점에서 스토리를 한번 생각해 본다. 스토리가 해결해야 하는 비즈니스 문제는 무엇이고 어떤 비즈니스 가치를 인도해야 할까? 이런 내용이 명확하지 않다면 나는 제품 책임자에게 질문을 한다. 최종 사용자는 이 기능을 실제 어떻게 사용할까? 이 내용이 여전히 명확하지 않다면 제품 책임자에게 간단한 예제를 요청할 것이다. 아마도 "절대로 일어나면 안되는 일은 무엇인가요?" 라고 질문할 것이다. 이런 부정적인 접근방법은 스토리의 위험을 평가하는 데 도움이 된다. 스토리의 크기와 관련하여 어떤 테스팅을 고려해야 하는가? 테스트 데이터를 구하기 어렵거나 스토리에 외부 업체가 참여했다면 테스팅은 코딩보다 오래 걸릴 수 있다. 나는 숨겨져 있는 가정을 빨리 발견하려고 노력한다. 의존성이나 특별한 보안 위험이 있는가? 애플리케이션의 해당 부분은 큰 부하를 다루어야 하는가?

많은 스토리가 크기와 관련된 충분한 정보를 가지고 있지 않다. 일반적으로 상대적인 크기에 대한 아이디어를 얻기 위해서는 상세한 정보가 필요하지 않다. 그러나 스토리 크기를 잘못 계산하면 팀은 엄청난 노력을 해야 할 수도 있다. 우리도 한 스토리를 10배나 적게 추정한 적이 있다. 이러한 상황은 좋은 질문을 통해서 피하고 싶은 끔찍한 재앙이다.

테스터는 크기 결정 프로세스의 한 부분일 필요가 있다. 어떤 팀은 프로그래머만 참여한다고 생각하지만, 테스터가 참여할 때 전체 팀의 관심으로 더욱 정확히 추정할 수 있다.

스토리 크기 결정의 예제

이제 [그림 15-2]와 같이 크기를 평가할 스토리가 있다고 상상해보자.

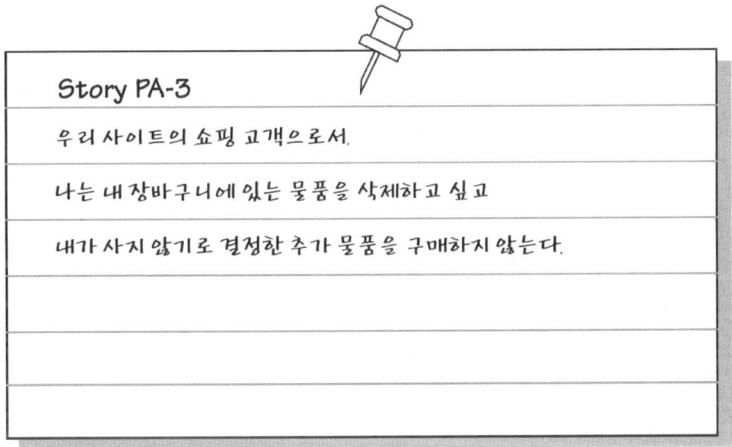

[그림 15-2] 물품 삭제 스토리

제품 책임자가 이 스토리를 읽은 후 다음과 같은 논의가 진행되었다.

제품 책임자 : "우리는 사용자가 물품을 쉽게 삭제하는 방법을 원합니다. 하지만 명확한 구현 방법을 생각해둔 것은 아니예요."
테 스 터 : "한 번에 여러 개의 물품 삭제도 가능해야 하나요?"
제품 책임자 : "그럼요. 하지만 가능한 쉽게 만들어야 합니다."
테 스 터 : "사용자가 구매하고 싶은 품목을 잘못해서 삭제하는 경우는 어떨까요?"
제품 책임자 : "나중에 삭제된 물품을 복구할 수 있도록 저장하는 방법이 있나요?"
프로그래머 : "물론이죠. 하지만 그와 관련된 새로운 스토리를 작성해주셔야 해요. 지금은 기본적인 삭제 기능을 시작할 겁니다."

테 스 터 : "지난 릴리즈에서 구매 희망 목록 기능을 구현했어요. 혹시 사용자가 장바구니에서 구매 희망 목록으로 물품을 옮기는 기능이 필요한가요? 이 기능 역시 새로운 스토리가 돼야 합니다."

제품 책임자 : "네. 두 개의 추가 스토리가 모두 필요합니다. 제가 이 스토리를 작성하고 크기를 결정하죠. 하지만 가능하다면 이 스토리를 다음 릴리즈까지 포함해야 합니다."

테 스 터 : "이 기능에서 일어나면 안 되는 일은 무엇이죠?"

제품 책임자 : "사용자가 물품 삭제 방법을 찾지 못한다면 사용자는 모든 장바구니의 품목 구매를 단념할 겁니다. 이 기능은 쉽고 명확해야 합니다."

스크럼 마스터는 크기 추정을 요청했다. 팀은 크기를 결정해야 하는 기본적인 물품 삭제 스토리에 대해서만 이해했고, 물품 삭제의 나머지에 대해서는 아무 것도 하지 않았다. 그리고 점수에 대해 빠르게 동의했다.

다른 스토리를 살펴보자([그림 15-3]).

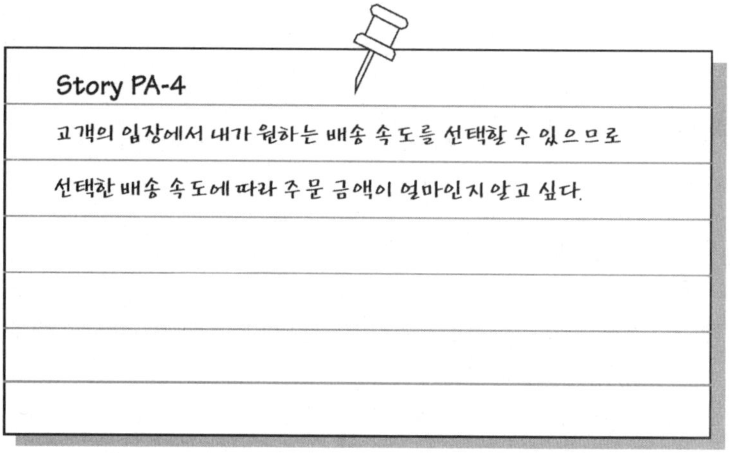

```
Story PA-4
고객의 입장에서 내가 원하는 배송 속도를 선택할 수 있으므로
선택한 배송 속도에 따라 주문 금액이 얼마인지 알고 싶다.
```

[그림 15-3] 배송 속도 스토리

테 스 터 : "사용자가 선택할 수 있는 배송 속도는 어떤 것이 있나요?"

제품 책임자 : "표준 5일, 2일, 당일 배송이에요."

프로그래머 : "우리는 먼저 받은 하나의 배송 속도로만 먼저 개발을 시작하고 비용을 계산할 겁니다. 그리고 나서 다른 두 배송 속도를 쉽게 구현할 수 있습니다."

제품 책임자 : "그렇게 하는 것도 상관없습니다."

테 스 터 : "무게와 배송 위치를 고려한 비용 계산에 BigExpressShipping의 API를 사용하나요?"

프로그래머 : "그게 가장 쉬울 것 같아요."

팀 구성원은 점수 카드를 집어 들었다. 테스터와 프로그래머 한 명이 8점을, 나머지 개발자가 5점을 들었다.

스크럼 마스터 : "두 분은 왜 8점을 선택했나요?"

테 스 터 : "우리는 BigExpressShipping의 API를 사용해 본 적이 없어요. 그래서 이 API가 우리 테스팅에 어떠한 영향을 미칠지 확신할 수 없습니다. 이걸 테스트하려면 BigExpressShipping 시스템에 연결하기 위한 방법을 알아내야 해요."

8점을 선택한 프로그래머 : "동의합니다. 이 스토리를 코딩하는 것보다 테스팅하는 데 더 많은 노력이 들어갈 것 같습니다."

팀은 이 스토리의 점수를 8점으로 결정했다.

위의 점수 결정 프로세스는 계획 회의 전에 일어났을 것이고, 오래 전에 스토리의 점수를 결정했거나 추정했다면 팀은 스토리의 크기에 대해 납득할 수 있도록 확인을 원했을 것이다. 팀은 변경이나 더 많은 경험을 해봐야 한다. 이런 경험이 필요하다면 팀이 추정을 변경하도록 만들어 줄 수 있다.

스토리가 테스팅할 요소는 많은데 코딩은 적은 노력만 필요할 때가 있다. 그리고 그 반대의 경우도 있다. 그래서 모든 관점을 고려하는 것은 중요하다.

● 리사의 이야기

우리 팀은 스토리 점수 결정 회의에서 상세한 부분까지 오랫동안 논의했고, 회의는 언제나 계획된 시간을 한참 넘겼기 때문에 이 회의를 점차 싫어했다. 그래서 스크럼 마스터는 회의를 정상적으로 진행시킬 방법을 찾아냈다. 달걀을 삶을 때 사용하는 모래시계를 이용해 모래가 다 떨어지면 논의를 중지시켰다. 제품 책임자 역시 우리가 추정하는 데 필요한 것이 어떤 정보인지 알게 되었다. 우리도 다음 이터레이션의 스토리에 해야 하는 일에 집중할 수 있었다.

우리 모든 회의에서 예전부터 하던 작은 전통은 회의를 더 즐겁게 만들어주었다. 이터레이션 계획 회의에서 누군가는 항상 즐거움을 주었다. 일일 회의에서 전구가 달린 펜이나 레이저 포인터를 책상 위에서 돌려서 선택된 사람이 우리가 해야 하는 일에 대해 발표를 했다. 그리고 스토리 점수 결정 회의가 끝나면 포커 계획 카드를 작은 플라스틱 통에 던져 넣는 게임을 했다. [그림 15-4]는 엉뚱하지만 즐거운 회의 마무리를 보여준다. 유쾌함에 대한 애자일 가치를 항상 기억하고 회의를 즐겁게 만들자.

[그림 15-4] 회의 마무리 게임

우선순위 결정하기

릴리즈 날짜에 맞추어 어느 스토리를 완료해야 하는지에 대한 아이디어를 얻는 것 역시 릴리즈 계획 회의의 목적이다. 고객은 스토리의 우선순위를 정하지만 의존성이 있는 스토리가 있을 테고, 제일 높은 우선순위가 아니라 할지라도 이런 스토리를 먼저 하는 것이 좋다. 릴리즈 날짜에 모든 스토리를 완료한다는 것은 불가능하다는 것을 팀이 이해하는 것이 중요하다. 애자일의 기본적인 가정하나는 동작하는 소프트웨어를 인도한다는 것이고, 고객이 필요한 우선순위가 제일 높은 스토리를 먼저 완료하는 것이 중요하다.

왜 스토리의 우선순위를 정하는가?

우리 모두의 목표는 각 이터레이션에서 실제 가치 있는 소프트웨어를 인도하는 것이다. 테스터는 팀이 반드시 동작해야 하는 핵심 기능을 선택하는 데 도움을 줄 수 있다. Chpater 8에서 우리는 최초로 코딩하고 테스트해야 하는 기능에 대한 하나의 경로를 식별하고, 최초의 주요 경로가 동작한 다음 더 많은 기능을 추가하는 "최소한의 기능"이나 "가장 중요한 실행 경로"의 개념에 대해 설명했다. 이 개념은 릴리즈 수준에도 적용된다. 스토리의 순서는 중요하다. 리사의 팀은 때때로 스토리를 분해해서 첫 번째 스토리가 가지고 있는 핵심 부분을 끄집어냈다.

완벽한 릴리즈 계획을 하지 못한 팀은 스토리를 살펴볼 시간을 갖고 먼저 구현해야 할 두어 개의 스토리를 결정한다. 이 방식은 릴리즈의 첫 번째 이터레이션부터 비즈니스 가치를 인도한다.

예제를 하나 살펴보자.

테마가 온라인 제품 구매자가 배송 옵션을 선택하면 무게, 배송 속도, 배송지에 따라 배송료를 계산해주는 기능을 제공하는 것이라면 이 테마는 구매 프로세스 스토리의 일부분일 것이다. 기본적인 5일 배송, 10 파운드 이하의 품목, 미국 내륙에 있는 배송지만을 사용하여 시작하자. 사용자가 이 시나리오를 이용해 배송료를 확인할 수 있을 때 팀은 다음 우선순위를 결정할 수 있다. 그리고 더 무거운 품목, 빠른 배송 속도, 하와이와 알래스카 배송, 캐나다와 멕시코 배송을 포함할 수 있다.

이 최소 기능을 먼저 제공하면, 테스터는 즉시 테스트를 시작한다. 프로그래머 역시 테스트된 설계와 코드 통합 절차가 있고, 모든 기능이 완료되면 어떤 업무를 할지에 대한 아이디어를 가지고 있다.

우선순위 결정 시 테스팅 고려사항

팀이 큰 그림이나 테마를 이해하는 것은 중요하다. 예제와 같이 팀 구성원은 미국 내륙 외부로의 배송 스토리가 생길 것이라는 것을 알고 있다. 이러한 내용을 아는 것은 첫 번째 스토리를 어떻게 구현한 것인지에 영향을 준다. 이 말은 일어날지도 모르는 모든 것들을 계획한다는 의미는 아니지만,

팀이 더 많은 쇼핑 선택 사항이 필요하다는 것을 안다면 텍스트 필드보다 드롭다운 리스트로 구현할 것이다. 이렇게 구현한다면 추가 작업이나 재작업이 필요하지 않다.

릴리즈 계획 동안 스토리의 상대적인 위험에 대해서도 고려해야 한다. 어떤 스토리에 모르는 부분이 많다면, 스토리가 엉망이 되거나 추정보다 많은 시간이 필요할 때 조치할 시간까지 고려해서 가급적 초기 이터레이션에 포함해야 한다. 이것은 완벽하지 않거나 잘못 구현되어 많은 비용이 소요되는 부정적인 영향을 받는 스토리에도 적용된다. 일찍 테스팅할 수 있는 시간을 계획하자.

새로운 기술이나 소프트웨어가 필요하다면 이후 더 어려운 스토리를 위해 간단한 스토리와 계획을 진행하여 학습하자. 이 새로운 기술은 테스트 자동화에 영향을 줄 수도 있고 아닐 수도 있다. 그리고 영향도를 파악하기 위해 더 많은 시간이 필요하다. 기능이 완전히 새롭고 팀이 어떻게 작업해야 하는지 이해하는 데 더 많은 시간이 필요하다면 첫 번째 이터레이션은 평균 개발 속도보다 적게 계획하자. 이 방식은 개발을 올바르게 가이드할 테스트 작성 시간을 더 많이 확보해준다. 위험을 식별하고 어느 접근방법이 개발만큼 테스팅의 관점에서도 가장 중요하게 느껴지는지 결정하자. 이것이 전체 팀이 계획에 참여하는 것이 중요한 이유이다.

테스팅 관점에서 스토리를 살펴보는 것은 필수적인 일이다. 이것이 테스터가 최대의 가치를 부여하는 방법이다. 팀은 이터레이션을 위해 어떤 스토리를 계획할 것인지의 결정에 도움이 될 작고 테스트 가능한 작은 덩어리를 개발할 필요가 있다. 테스트 가능해야 한다는 것이 핵심이다. 많은 신규 애자일 팀에서 이 작은 기능이 모든 데이터베이스 관련 작업이나 설정을 하는 것이라고 생각한다. 테스트 가능하다는 것은 GUI의 필요 여부와는 상관이 없다. 예를 들어 배송료를 계산하는 알고리즘은 다른 사용자 인터페이스와 독립적으로 테스트할 수 있는 독립된 코드이지만 광범위한 테스팅이 필요하다. 이 스토리는 첫 번째 이터레이션에서 진행할 만한 좋은 스토리이다. 이 스토리는 독립적인 코드로 테스팅할 수 있고 나중에 UI나 시스템의 다른 부분과 조합하여 테스트할 수도 있다.

테스터는 코드를 빠르게 검증할 수 있는 방법을 제안할 것이고, 이를 통해 자동화 프레임워크를 구축하고 스토리 개발이 진행됨에 따라 확인할 것이다. 테스팅이 어려울 것으로 예상되는 스토리가 있다면 일찍 테스트를 시작하는 것이 좋다. 예를 들어 릴리즈에서 템플릿과 동적 데이터에서 문서를 생성하는 새로운 외부 업체의 도구를 이용해서 구현한다면 테스트하기 위한 많은 퍼뮤테이션이 있다. 팀이 도구에 익숙하지 않다면 테스터는 해당 스토리를 릴리즈의 첫 번째 이터레이션에 개발하도록 제안할 수 있다.

범위에는 무엇이 있는가?

애자일 팀은 품질을 유지하며 비즈니스 마감일에 맞춰 지속적으로 범위를 관리한다. 높은 가치의 스토리는 첫 번째 우선순위를 갖는다. "괜찮은" 스토리는 릴리즈의 순서를 바꿀 수 있다.

> ● 리사의 이야기
>
> 우리 팀의 고객은 스토리를 우선순위 순서로 나열하고 릴리즈 전에 반드시 완료해야 하는 스토리 사이에 선을 하나 그었다. 그리고 고객은 덜 중요한 스토리를 "선 아래"라고 부르고 이 스토리들은 완료하지 않을 때도 있었다.
>
> 예를 들어 퇴직 연금 가입자가 연금 계좌에서 대출받는 테마를 이해했을 때, 가입자의 대출 상태가 "채무 불이행"으로 변경되면 전자메일을 보내는 "선 아래" 스토리가 있었다. 대출이 "채무 불이행" 상태가 되면, 세금과 벌금을 대출한 사람의 잔고에서 납부해야 했다. 전자메일은 대출자에게는 매우 유용하지만, 대출을 승인하거나 대출금을 상환하는 프로세스에 대한 비즈니스의 소프트웨어 요구사항에서는 중요하지 않았다.
>
> 전자메일 스토리는 릴리즈에 포함되지 않았고 2년 후에도 완료되지 않았다. 대출금에 대해 알지 못했던 사람들의 많은 불평이 있은 후에야 기본 기능으로 포함되었다.

자넷은 모든 기능이 릴리즈에 포함되어야 한다고 잘못 생각하고 있던 고객과 함께 일한 적이 있었다. 그러나 고객이 우선순위를 결정한 후 먼저 완료해야 할 스토리를 골라냈다. 팀의 다른 구성원들이 잘못 이해하고 있음을 알았을 때는 선 위아래로 스토리를 나열하는 아이디어를 활용했다. 이 방법은 스토리를 선 아래로 내리는 것을 명확하게 보여주어 진행상황을 추적하는 데 도움이 됐다.

마감일과 타임라인

많은 업무 영역이 특정 날짜에 초점을 맞추고 있다. 소매업은 휴가 시즌에 가장 많은 이익을 내고, 인터넷 소매 사이트는 모든 신규 기능을 8월 1일에 맞추어 개발한다. 새로운 기능을 판매 성수기에 임박해서 구현하는 것은 위험하다. 리사 회사의 고객은 정부가 요구한 작업을 매해 특정한 시기에 끝내야만 했다. 정해진 때에 기능을 릴리즈하는 것이 늦어질 경우 더 긴급한 우선순위의 기능을 먼저 개발했어야 했으므로 종종 다음 해로 릴리즈를 연기했다.

● **자넷의 이야기**

이 책을 집필하는 동안 WestJet[1]에서 나의 팀과 릴리즈를 계획했다. 우리는 작업해야 할 여러 스토리가 있었고, 고객과 함께 릴리즈에 어떤 스토리를 포함시킬지 결정했다. 우리는 프로그래머의 일은 적지만 테스터에게는 많은 작업이 필요한 변경 작업이 하나 있었다. 이 작업은 운영 환경에서 특정한 일자에 작업해야 했으며, 다른 스토리는 이 작업을 고려하여 릴리즈에 반영하였다.

우리는 백로그로부터 버그가 조금 있는 중요한 기능 하나를 작은 유지·보수 릴리즈로 만들었고, 릴리즈 원칙을 변경하는 것이 릴리즈를 위험하게 만들지 않을 거라고 생각했다. 그리고 테스터가 테스팅을 완료하는 동안 팀의 나머지 인원은 다음 릴리즈의 스토리를 시작했다.

이 계획의 대안으로는 프로그래머를 포함시켜서 테스트를 지원하는 계획이 있었다. 그러나 전체 팀은 이 계획이 위험을 최소화하는 최상의 방법일 것이라고 생각했다.

가치에 집중하라

팀이 복잡한 스토리에 대한 의논을 하면서 어떤 가치를 실제 인도해야 하는지에 대한 시각을 놓치기 쉽다. 릴리즈 계획은 기능의 사용에 대한 예제 및 유스케이스에 대한 질문과 어떤 가치를 제공할 것인지에 대한 질문을 할 시간이다. 화이트보드에 흐름도를 그리거나 시험적으로 계산해보는 것은 핵심 기능을 정확히 파악하는 데 도움이 된다.

● **리사의 이야기**

우리의 제품 책임자는 퇴직 연금 가입자가 이미 연금 저축을 가입한 후에 고용주가 정해진 납부 일자를 무시한다면 경고를 하는 스토리를 작성했다.

이 경고는 레거시 UI 코드에 삽입하는 어려운 작업이 필요했다. 팀은 어떻게 구현할지를 논의했으나 모든 대안은 많은 비용이 필요했다. 그리고 코딩이 까다로울 뿐만 아니라, 적절하게 테스트하고 현재 있는 자동화된 테스트를 수정하는 것도 많은 시간이 필요했다. 이 기능은 비즈니스에 큰 가치를 제공하지 않았고 최종 사용자에게 단지 조금의 도움이 될 뿐이었다. 이 기능을 제외하기에는 릴리즈가 너무 임박해 있었다.

---

1) 역자 주: 북미의 저가 항공사

프로그래머 한 명이 조건에 해당하는 가입자의 보고서를 제공하고 연금 관리자가 고용주에게 전화하는 방법을 제안했다. 이 보고서 스토리는 경고보다 훨씬 작았고 쉽게 릴리즈에 적용할 수 있다. 그리고 고객에게도 인정을 받았다.

이러한 초기의 "짐작"은 릴리즈에 대한 어떤 보증도 하지 않는다. 단지 고객이 우선순위를 이해하고, 매 이터레이션의 종료 시 확인하고, 남은 스토리를 재평가할 때 필요하다.

시스템 전반에 미치는 영향

Tip
Chapter 8 "팀을 지원하는 비즈니스 중심 테스트"에서 파급 효과에 관해 논의했다.

테스터의 업무 중 하나는 머릿속에 큰 그림을 계속 그리고 있는 것이다. 애자일 테스터는 각 스토리가 시스템의 일부분으로써, 또는 같이 동작하는 다른 시스템에 어떤 영향을 미치는지 생각해야 한다. 예를 들어 인형 상점의 재고 소프트웨어를 수정하는 데 신규 작성한 코드가 재고 품목의 수를 잘못 알려준다면 웹사이트가 보유하고 있는 인형보다 더 많은 인형을 판매할 것이고 수많은 어린이들과 부모들이 실망할 것이다. 만약 높은 등급의 위험이라면, 릴리즈 계획 동안이라도 테마나 스토리에 의해 영향을 받는 시스템 부분을 확인하는 것이 필요하다.

우리 시스템과 벤더 및 관련 팀과의 연락 방법을 항상 고려해야 한다. csv나 xml 파일 포맷의 작은 변경일지라도 관련 팀과 정확하게 의사소통하지 않는다면 부작용이 생길 수도 있다. 그리고 외부 업체에 의한 변경은 릴리즈 주기에서 가급적 일찍 완료하는 것이 필요하다.

[그림 15-5]는 현존 시스템과 많은 연관이 있는 새로운 시스템을 단순화한 다이어그램이다. 통합 테스트를 위해서는 다른 도구가 필요할 수도 있다.

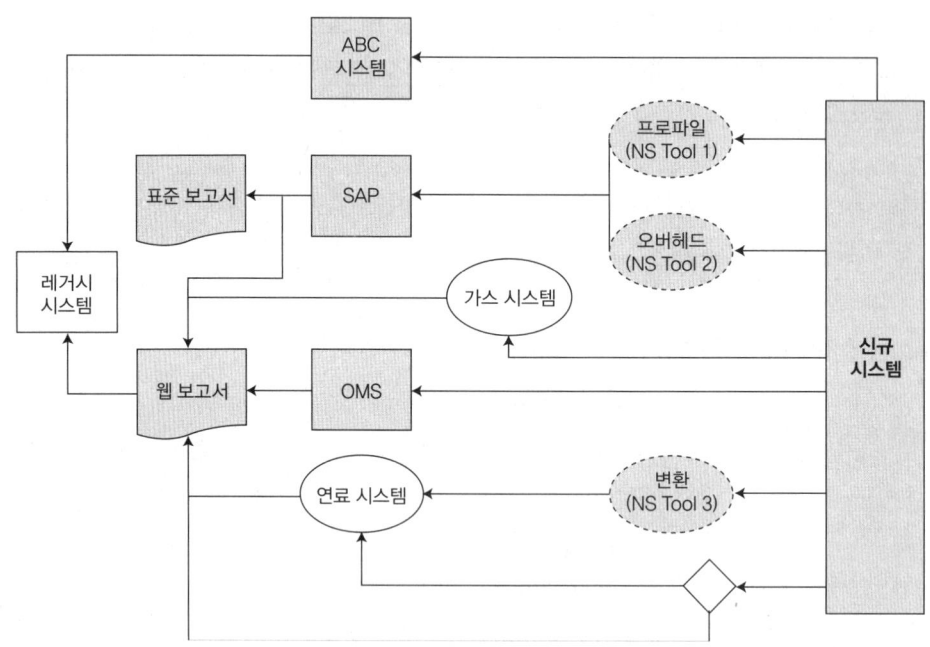

[그림 15-5] 시스템 영향도

연동 시스템을 개발했거나 이러한 시스템에서 필요한 테스팅이 무엇인지 이해하고 있는 테스터는 새로운 스토리의 영향도에 가치 있는 시각을 제공할 수 있다. 종종 스토리의 영향도가 확인되지 않는다면 이후 릴리즈로 미뤄질 필요가 있다. 그리고 이전의 잘 끝나지 않았던 릴리즈를 회상해보자.

외부 업체의 참여

벤더 도구나 협력 업체, 기타 계약 관계의 팀과 큰 프로젝트에서 함께 일한다면 릴리즈 계획은 복잡해진다. 팀 외부의 누군가가 프로젝트 일부에 대한 책임이 있다면 그 부분은 여러분의 통제 밖이다. 시스템의 새로운 사용자를 포함하여 다른 부분과 협력이 필요하다면 일찍 시작하는 것이 최선의 방법이다.

리사의 팀은 사용자가 시스템에 데이터 업로드를 허용하기 위해 여러 인터페이스를 사용했다. 이 경우 사용자가 사용할 파일 포맷을 확인하도록 초기에 파일 포맷을 제안했다. 많은 프로젝트가 협력 업체나 벤더 쪽으로의 데이터 송신 기능을 포함하고 있다. 이런 기능은 데이터를 확인하고 정확한 포맷인지 테스트하고 피드백을 받는 데 추가 계획이 필요하다.

만약 외부 업체 제품을 솔루션의 일부로 사용하고 있다면 이 제품이 테스트되었다고 가정할 수도 있겠지만, 잘못된 가정일 수도 있다. 벤더의 소프트웨어에 연결된 애플리케이션을 테스트하기 위한 추가적인 시간의 계획이 필요하다. 다른 회사 소프트웨어에 문제가 있다면 해결하는 데 오랜 시간이 걸린다. 리사의 팀은 문서 생성과 같은 중요한 작업에 외부 업체 소프트웨어를 사용한다. 테마가 새로운 문서를 수정하거나 생성하는 것을 포함한다면, 리사의 팀은 필요할 경우 소프트웨어를 업그레이드하고 테스트 케이스를 수정할 수 있도록 추가적인 시간을 계획했다. 그리고 가능하다면 외부 업체 소프트웨어를 프로젝트 초기에 배치해서 종단 간 테스팅을 시작한다. 인터페이스를 이용하여 작업한다면 일을 더 잘할 수 있을 것이다.

너무 늦게까지 생각하지 못한 또 하나의 외부 업체 소프트웨어는 테스팅 환경이다. 때때로 팀은 선택한 언어의 새로운 장점이 포함된 새로운 코드를 개발한다. 예를 들어 팀이 AJAX나 JavaScript를 사용한다면, 팀은 사용하는 소프트웨어 개발 도구의 업그레이드가 필요하다. 이 말은 운영 환경의 런타임 환경 역시 업그레이드해야 한다는 의미이고, 따라서 초기에 고려하고 테스트되어야 한다.

릴리즈에 팀의 고유 범위를 넘어서 고객이나 협력업체가 관여할 수도 있다. 한번은 리사 팀의 협력업체가 법무 담당자의 변경으로 릴리즈를 승인하지 못해 릴리즈 마지막에 가서 새로운 기능의 릴리즈를 막아야 했던 적이 있다. 프로그래머는 추가적인 테스팅 없이 기능을 제외하는 방법을 급하게 고민해야 했다. 흥미롭게도 애자일 개발을 사용하지 않는 협력업체는 때때로 마감일을 지키지 못했다. 여러분의 팀이 마감일을 지켜도 협력업체는 모든 준비가 되어있지 않을 수 있음을 명심하자.

● **자넷의 이야기**

나는 새로운 2D 바코드 스캐닝을 위해 신규 하드웨어가 필요한 기능 개발 프로젝트에 참여한 적이 있다. 전체 테스팅을 위한 스캐너가 언제쯤 준비될지 몰랐기 때문에 팀은 단계적으로 개발하기로 결정했다. 그러나 고객은 스캐너가 도착하면 코드가 이미 준비돼 있기를 원했다.

이 기능을 완료하는 데 많은 고민이 필요했기 때문에 첫 번째 단계는 프로그래머 중심으로 진행했다. 이 기능을 어떻게 구현할지 결정한 후에 스토리를 작성했다. 그러나 우리는 스캐너가 사용이 가능해질 때까지 완전한 테스트는 불가능했다. 코드는 테스트할 준비가 되었으나 이제 테스트를 진행하는 것 대신 이 기능의 릴리즈 여부를 고민해야 했다. 다음 릴리즈는 더 많은 테스팅이 필요하지만 그것도 스캐너가 사용 가능할 때나 수행할 수 있었다. 결국 이 스토리의 테스팅은 우리가 잊지 않기 위해서 제품 백로그에 포함시켰다.

만약 같은 시스템의 다른 컴포넌트나 연관된 시스템을 개발하는 팀과 함께 일한다면 그들과 협력하기 위한 시간을 계획하자. 각 팀에서 서로 협력하기 위한 팀 구성원을 지정하는 것도 좋은 방법이다.

릴리즈 계획은 팀에 필요한 추가적인 역할, 자원, 예외적인 상황에 필요한 시간을 식별하는 시간이다.

테스트 계획하기

Tip
Chapter 8 "팀을 지원하는 비즈니스 중심 테스트"에서 스토리와 테마에서 가장 중요한 실행경로나 최소 기능을 어떻게 식별하는지 설명했다.

우리는 릴리즈에서 이터레이션의 상세한 수준까지 계획하는 것을 기대하지 않는다. 그저 테마의 가장 중요한 실행경로에 대한 아이디어와 스토리 우선순위 결정, 어떤 스토리가 이터레이션에 포함되는지에 대한 추측을 얻을 수 있다. 상세한 테스트 계획은 이터레이션 계획까지 기다려야 한다. 그러나 여전히 상위 수준의 테스팅에 대해 생각하는 것은 필요하고 이 테스팅을 위한 충분한 시간을 계획해야 한다. 릴리즈 계획 회의에서 릴리즈 테스팅 전략을 위한 별도의 시간이 필요하다. Chapter 8 "팀을 지원하는 비즈니스 중심 테스트"에서 우리는 "큰 그림을 잊어버리는" 위험한 애자일 테스팅을 언급했다. 테스트 계획은 이러한 문제를 다루는 데 도움이 될 것이다.

시작할 곳

릴리즈 계획을 하는 동안 각 스토리에 대한 비즈니스의 만족 조건과 상위 수준의 사용자 인수 테스트 케이스를 알고 있는 것이 도움이 된다. 애자일 테스터는 스토리를 명확하게 하기 위해 예제를 요청한다. 이 단계의 예제는 상위 수준이고 기본적인 부분만을 다루겠지만 스토리의 크기와 우선순위를 결정하는 것은 가능하다. 화이트보드에 흐름도나 예상 결과를 작성하고 이 내용에 대해 의논하는 것은 프로젝트에 대한 테스팅 이슈를 식별하는 데 도움이 된다.

최소한 최초에 수행하기로 계획한 최고 우선순위의 스토리에 대해 팀이 이해하고 있어야 한다. 가벼운 계획은 추가적인 테스트를 정의하는 데 더 많은 시간이 필요한 핵심 스토리를 살펴보는 것만이 포함될 것이다.

이런 스토리들에 대해서는 릴리즈에서나 정확히 파악할 수 있을 것이고, 지금은 테스팅 범위에 대한 생각 정도만 시작할 수 있다. 어떤 가정들이 테스팅에 영향을 미칠 것인가? 배송 회사의 배송료 계산 API를 사용하는 예제처럼 외부 업체 소프트웨어를 사용한다면 테스트 계획에 영향을 미칠 것이다. 이번 릴리즈에서 테스팅에 영향을 미칠 특별한 위험이 있는가? 만약 배치 업무를 구현하는 스토리가 있고 이전에 이러한 배치 프로세스를 해본 경험이 없다면 새로운 프레임워크는 테스팅에 영향을 미칠 것이다. 이런 부분을 고려해 학습 시간을 계획하는 것이 필요하다.

왜 테스트 계획을 작성해야 할까?

릴리즈 계획에서 릴리즈의 목적, 범위, 우리가 생각한 가정에 대해 대화를 나눈다. 그리고 위험을 빠르게 분석하고 이 위험에 초점을 맞춘 테스트 접근 방법을 계획한다. 자동화와 필요한 테스트 환경 및 데이터를 고려해서 마일스톤을 식별한다. 이것이 테스트 계획이 필요하다는 이야기다!

Tip
테스트 계획과 테스트 전략에 대한 더 자세한 설명은 Chapter 5 "전통적인 프로세스 전환하기"를 살펴보자.

여러분도 우리가 그랬던 것처럼 전통적인 폭포수 환경에서 일하고 있다면, 아무도 읽지 않고 유지·보수도 하지 않는 거대한 테스트 계획을 작성하느라 시간을 낭비할 것이다. 애자일 개발에서 테스트 계획은 필요한 부분만 작성한다. 여러분의 고객이 각 릴리즈마다 테스트 계획을 요구할 수 있다. 심지어 테스트 계획이 고객에게 인도할 산출물이 아니더라도 테스트 계획은 유용하다. 테스트 계획을 간결하고 가볍게 유지하자. 이번 릴리즈 동안 목적을 충족시키기만 하면 된다. 그리고 이번 릴리즈나 프로젝트의 특정 테스팅 이슈를 다루자. 위험 분석을 포함하고 가정을 제시하자. 고객이 제시한 핵심 성공 요인을 작성하자. 테스팅의 이해관계자가 누구인지 생각해보고 관계없는 모든 것은 삭제하자.

공식적인 테스트 계획을 만들지 않더라도 릴리즈에 포함된 모든 테스팅 요소에 대해 작성해야 한다. 그리고 매 이터레이션 계획 회의에서 이 내용들을 생각해야 한다. 테스트 계획의 가장 큰 장점은 이 자체가 계획이라는 것이다. 그래서 테스트 계획은 테스트 데이터 요구사항, 기반구조, 필요한 테스트 결과를 고려하고 다룬다. 테스트 계획은 위험 완화 전략이다. 이러한 내용을 고려하자.

테스팅의 종류

Part 3에서 테스팅 사분면을 다루었고 프로젝트 동안 수행할 수 있는 모든 종류의 테스팅에 대해 언급했다. 릴리즈 계획은 이런 내용을 고려해볼 만한 시간이다. 성능 테스트 도구 사용 계획이 필요하거나, 특별한 테스트 도구를 구축해야 하지 않을까?

다음 릴리즈가 연장될 수도 있다. 그래도 지금까지 했던 것처럼 계속해서 예제를 만들고, 스토리 테스트를 자동화하고, 다른 테스팅 작업을 계속할 것이다. 이 경우는 운이 좋은 것이다. 이전 프로세스가 없는 신규 프로젝트를 시작한다면 지금 필요한 테스트가 무엇인지 고민해야 한다. 이 말은 각 스토리를 어떻게 테스트할지 결정하라는 의미가 아니다. 큰 그림을 살펴보고 4사분면에 대해 생각하라는 것이다. 특별한 사용자 인수 테스트를 계획하거나 충분한 이터레이션 데모가 필요하지 않는가? 이와 관련된 이슈를 일찍 식별하면 계획에 이 내용을 포함할 수 있다.

기반구조

테스트 계획을 작성하는 동안 기반구조에 대한 고려가 필요하다. 기반구조는 지속적인 통합 장비, 테스트 환경, 테스트 데이터베이스와 빌드를 테스트 장비로 옮기는 것을 의미한다. 그리고 테스트 랩이 있다면 테스트 랩이나 모든 자동화된 테스트를 실행할 수 있는 분리된 서버를 의미할 수도 있다. 이것들이 사용 준비가 필요한 필요한 일반적인 기반구조이다. 이 시간이 계획 작성이 필요한 시간이다.

● 리사의 이야기

어떤 테스팅은 추가적인 노력이 필요하다. 우리 팀은 성능 테스팅 도구를 가지고 있었지만 성능에 영향을 주는 모든 변수를 통제할 수 있는, 운영 환경과 유사한 환경을 가지고 있지는 않았다. 예를 들어 테스트 데이터베이스는 테스터와 프로그래머, 두 개의 빌드 프로세스가 공유하고 있었다. 따라서 성능이 느린 것은 누군가가 데이터베이스를 사용한 테스트를 수행했기 때문일 수도 있었다. 우리는 베이스라인을 활용하기 위해 스테이징 환경을 사용했지만 운영 환경의 몇몇 컴포넌트들은 빠져있었다. 우리는 적절한 테스트 환경을 구축하기 위한 하드웨어와 소프트웨어를 획득하고 설치하는 데 6개월의 목표를 수립했다. 그리고 업무 카드를 작성하고 테스트 환경을 단계적으로 수립하기 위한 2개의 이터레이션을 수행했다.

필요한 것이 무엇이든지 간에 필요한 것을 이해하고 이에 대한 계획을 세울 수 있는지 확인하자. 만약 잘못된 기반구조를 가지게 된다면 이터레이션 중반에 이 환경에 병목현상이 일어난 원인을 찾는 데 시간을 허비할 것이다.

테스트 환경

다음 릴리즈의 기능을 살펴보면 우리에게 필요한 전체적으로 새로운 테스트 환경을 확인할 수 있다. 필요한 테스트 환경에 대해 생각해보자. 더 많은 도구가 필요한가? 다양한 브라우저와 운영체제에서 테스트할 수 있도록 테스트 랩의 확장이 필요한가? 이때가 테스팅에 대한 모든 사항을 고려해 볼 시간이다.

지금 첫 번째 릴리즈를 계획하고 있는 중이라면 테스트 환경은 중요한 고려사항이다. 필요한 기반구조를 설치하기 위해 스토리나 이터레이션이 필요할 수 있다. 우리는 테스트 환경이 개발 환경 밖에 없었던 장소에서 여러 개의 프로젝트를 시작한 적이 있다. 효과적으로 테스트하기에는 테스트 환경이 충분히 안정적이지 않아서 작업을 제대로 하기가 매우 어려웠다.

프로그래머가 업무와 테스트를 위해 각자의 샌드박스를 가지고 있듯이 각각의 테스터가 동일한 가용성과 통제 능력을 가지고 있다면 일은 잘 진행될 것이다. 어떤 애플리케이션도 결함이 스스로 고쳐지지 않으므로, 최소한 어떤 빌드를 테스트하는지는 알아야 한다. 그리고 테스트 데이터 역시 필요하다. 우리가 직접 통제할 수 있는 테스팅 샌드박스를 가지고 있지 않다면 테스트 환경 수립 계획을 작성하자. 그리고 필요한 하드웨어와 소프트웨어를 손에 넣을 방법에 대해 브레인스토밍하자. 시간이 걸리겠지만 원하는 기반구조를 준비하는 동안 다른 것을 완료할 대체 방안을 개발하자.

큰 시스템을 개발하고 있다면 다른 팀과 테스트하거나 소프트웨어의 다른 모든 부분이 포함된 스테이징 환경을 사용하기 위해 줄을 서서 대기할 수도 있다. 이 스테이징 환경은 가급적 운영 환경과 유사해야 한다. 조직에 이런 환경 생성 책임자가 없다면 팀은 필요한 테스트 환경을 얻기 위해 추가 역할을 지정할 필요가 있다. 이 역할은 다른 팀과의 협업을 담당하는 것도 포함된다. 릴리즈 계획은 이러한 모든 테스팅 기반구조 요구사항을 고려하는 시간이다.

테스트 데이터

릴리즈나 데미 계획은 프로젝트 기간에 어떤 테스트 데이터가 필요한지 생각해볼 좋은 기회이다.

실제 데이터와 유사한 테스트 데이터를 사용하는 것은 좋은 방법이다. 필요 데이터에 대한 계획을 수립하자. 우리는 여러 조직에서 운영 환경의 데이터 복사본을 사용할 기회가 있었다. 실제 데이터는 탐색적 테스팅의 다양한 시나리오에 훌륭한 기반이 된다. 운영 환경의 데이터는 테스트하기 전에 ID나 은행 계좌 번호같이 민감한 정보를 삭제하는 "정리"가 필요하다. 이 데이터는 원본 값은 고쳐서 숨기더라도 데이터베이스 제약사항을 위반하지는 않도록 만들어야 한다. 데이터베이스 전문가가 운영 환경의 데이터를 테스트 환경으로 옮기는 데는 시간이 걸리므로 이 작업을 계획에 포함했는지 확인하자.

● 자넷의 이야기

내가 일했던 한 조직에서, 우리는 두 가지의 테스트 데이터 스키마 베이스라인을 사용했다. 우리의 개인적인 테스트 환경에서는 사전에 정한 데이터를 적재하기 위하여 FitNesse 픽스처를 사용했다. 우리는 이 데이터를 가급적 운영 환경과 유사하게 만들기 위해 노력했을 뿐만 아니라 매우 특별한 테스트 데이터도 일부 포함시켰다. 그리고 새로운 버전의 코드를 체크아웃할 때마다 기초 데이터 세트를 다시 적재할 수 있었다. 이 방법은 무엇인가 변경될 때마다 데이터베이스 스키마를 테스트할 수 있었다.

데이터가 지속적으로 유지되기를 원했던 더 안정적인 테스트 환경에서는 데이터베이스 변경에 프로그래머가 개발한 데이터 이행 스크립트를 사용했다. 이 이행 스크립트는 운영 환경에서 최초의 데이터를 이행하고 제대로 되었는지 확인하는 데 사용했다.

의미 있는 테스트 데이터를 손에 넣기 위해 고객의 지원을 얻어내자. 외부 업체 벤더에게 파일을 보내는 스토리를 담당하고 있다면 비즈니스 전문가는 벤더가 파일에서 어떤 데이터를 필요로 하는지 알아야 한다. 리사의 팀은 연금 저축 중개인이 고객에게 뮤추얼 펀드의 포트폴리오를 제공할 수 있도록 하는 기능을 개발했다. 그리고 제품 책임자에게 이름, 설명 등이 포함된 포트폴리오 예제를 요청했다. 이 포트폴리오 예제를 통해 실제적인 데이터로 테스트할 수 있었다.

테스트 데이터는 오래되거나 날짜 기한이 지난 데이터를 사용하는 경향이 있다. 운영 환경에서 가져왔을지라도 오래된 데이터는 현재 운영 중인 데이터를 정확히 반영할 수 없다. 이러한 데이터를 사용하여 "통과"한 테스트는 결과에 대한 잘못된 확신을 줄 수 있다. 지속적으로 필요한 테스트 데이터를 검토하자. 그리고 필요하다면 데이터를 갱신하고 새로운 방법으로 데이터를 생성하자.

Tip
Chapter 14 "애자일 테스트 자동화 전략"에서 테스트 데이터를 얻는 몇 가지 접근방법에 대해 설명했다.

테스트 데이터 요구사항은 테스팅 종류에 따라 다양하다. 회귀 테스팅은 이 테스트만의 데이터를 생성할 필요가 있고 탐색적 테스팅은 운영 환경 데이터의 완벽한 복사본이 필요할 수도 있다.

테스트 결과

팀마다 테스트 결과 보고에 대한 요구사항이 다르다. 실제 보고를 해야 할 때 효과적으로 할 수 있도록 각 단계의 테스트 결과를 어떻게 작성할지 생각해보자. 조직이 감사에 대한 요구가 있거나 고객이 우리가 어떻게 테스트하는지 알고 싶을 경우가 있다. 테스트 결과에 무엇을 포함해야 하는지 이해하면 팀을 위한 올바른 접근방법을 선택할 수 있다.

테스트 결과를 보고하는 방법은 여러 가지가 있다. 벤더 도구는 자동/수작업 결과를 모두 기록할 것이다. 또는 Fit와 같은 도구에서 결과를 유지하거나 크고 잘 보이는 수작업 차트에 유지하는 방법을 선택할 수도 있다.

몇몇 팀은 직접 개발한 테스트 결과 애플리케이션을 이용한다. 예를 들어 데이터베이스를 이용하기 위한 간단한 Ruby 애플리케이션이나 PHP와 MySQL을 이용하여 매우 간단하지만 사용하기 쉬운 테스트 관리 시스템을 만들 수 있다.

이러한 도구는 매우 단순하게 만들 수도 있고 복잡한 내용을 덧붙일 수도 있다. 중요한 것은 테스트 결과다. 자동화된 테스트가 통과, 또는 에러와 함께 실패한 결과를 기록하더라도 어느 정도의 테스트 이력을 가지고 있는 것이 테스트의 결과를 판단하는 데 도움이 된다.

팀은 자동화된 빌드 프로세스에서 각 빌드의 테스트 결과를 제공하는 메일이나 온라인으로 확인할 수 있는 피드백 유틸리티 또는 웹 인터페이스를 구성할 수 있다. 시간 흐름에 따른 결과는 진행사항을 표시하는 다양한 방식으로 요약할 수 있다. 리사의 팀은 테스트의 작성, 실행, 통과에 대한 일일 그래프를 작성한다. 다른 방법으로는 통과한 단위 테스트의 숫자를 달력에 매일 표시하기도 한다. 간단하고 가시성이 높은 결과가 훨씬 효과적일 수 있다.

여러분이 사용할 수 있는 측정지표에 대한 것은 이번 장의 후반에 살펴보자.

테스트 계획 대안

우리는 지금까지 왜 테스트 계획이 필요하고 어떤 것을 고민해야 하는지 알아보았다. 이제 지금까지 사용했을 무거운 테스트 계획의 대안을 이야기할 것이다. 여러분의 조직에서 어떤 종류의 테스트 계획을 사용하든지 여러분의 것으로 만들자. 팀에 도움이 되는 방향으로 사용하고 고객의 요구를 만족시키는지 확인하자. 팀이 어떤 문서를 만들더라도 그 목적을 달성해야 한다.

가벼운 테스트 계획

조직이나 고객이 SOX 규제나 다른 규정을 만족하는 테스트 계획을 고집한다면, 필요한 것만 다루는 가벼운 테스트 계획을 고려해보자. 프로젝트 계획이나 프로젝트 차트에서 이미 포함한 항목을 반복하지 말자. 간단한 테스트 계획은 [그림 15-6]을 참고하자.

테스트 계획은 모든 상황이나 스토리를 다루지 않고, 추적성에 초점을 맞추는 것을 의미하지도 않는다. 테스트 계획은 프로젝트의 테스팅 위험을 생각하도록 도와주는 도구일 뿐 고객이나 다른 팀원과 얼굴을 맞대며 하는 대화를 대체하지 못한다.

테스트 매트릭스 사용하기

자넷은 릴리즈 계획을 테스터와 고객의 상위 수준 테스트 매트릭스를 개발하는 데 사용한다. 테스트 매트릭스는 큰 그림과 관련하여 어느 기능을 테스트하기 원하는지 의사소통할 수 있는 간단한 방법이다. 테스트 매트릭스는 테스팅 요구사항의 개요를 빠르게 검토할 수 있다.

테스트 매트릭스는 기능 목록과 테스트 조건에 불과하다. 테스트 조건과 기능을 생각할 때 신규/변경된 기능이 애플리케이션의 다른 부분에 미칠 영향을 고려하자.

ABC 프로젝트 테스트 계획
작성 : 자넷, 리사

개요
테스트 계획은 테스팅이 포함하는 범위와 포함하지 않는 범위가 무엇인지, 어떤 위험과 가정이 있는지 식별하는 베이스라인이다.

자원

테스터	참여율(%)
자넷	100%
리사	50%

포함하는 범위
테스팅은 모든 신규 기능, 높은 위험의 회귀 수트 기능, 사용자 인수 테스트, 부하 테스트를 포함한다. 현지화도 이 프로젝트의 일부분이다. 수작업 회귀 테스트는 시간이 허락한다면 낮은 우선순위로 실행할 것이다.

포함하지 않는 범위
실제 번역 테스팅은 외주로 진행하므로, 이번 테스트 계획의 일부분이 아니다.

신규 기능
아래의 신규 기능이 이번 릴리즈에서 수정된다.

기능 설명	테스팅 깊이
홈페이지에 언어를 선택할 수 있는 컴포넌트 추가.	5개 모든 언어(영어, 스페인어, 프랑스어, 이탈리아어, 독일어) 테스팅. 테스팅은 언어를 변경해가며 동적으로 진행.

성능 및 부하 테스팅

부하 테스팅은 다음의 영역에 집중할 것이다. 부하 테스팅의 상세한 부분은 부하 테스트 계획 문서에 있다. [부하 테스트 계획에 대한 링크]

UAT(사용자 인수 테스트)

사용자 인수 테스트는 Calgary 사무소로 알려져 있는 파리 사무소와 협력하여 수행한다. 사용자는 해당 분야의 전문가와 다음 언어 중 하나에 유창한 사용자로 선정할 것이다.(언어 : 독일어, 이탈리아어, 스페인어, 프랑스어)

기반구조 고려사항

테스트 랩에는 테스팅을 위해 5개 언어로 설치되어야 하고 사용 가능해야 한다.

가정

번역은 프로젝트 팀으로 전달되기 전에 테스트 완료되어야 한다.

위험

다음의 위험과 프로젝트에 대한 영향도를 완화하기 위한 적절한 조치가 식별되었다. 위험의 영향도(또는 심각도)는 위험이 발생한다면 프로젝트에 끼칠 영향도를 근거로 했다.

#	위험	영향도	완화 계획
1	사용자가 사용자 인수 테스트를 할 준비가 되지 않음	높음	

[그림 15-6] 간단한 테스트 계획

테스트 매트릭스는 커버리지를 추적하는 기법이 될 수 있고 원하는 만큼 상세해질 수도 있다. 상위 수준의 테스트 매트릭스는 팀이 고객팀이나 관리자에게 어떤 테스트가 이미 수행되었고 어떤 것이 남았는지 보여줄 때 사용된다. 더 상세한 테스트 매트릭스는 팀이 계획한 테스트를 파악하고 테스팅의 진행상황은 어떤지 추적하기 위해 사용된다. 매트릭스가 생성된 후에 테스팅이 완료되면 4사분면을 채우는 것은 쉬워진다. 단순하게 유지하자. 우리는 쉽게 읽혀지고 크게 보이는 차트를 좋아하기 때문에 팀에서 의미있는 색상의 사용을 권장한다. 예를 들어 초록색(G)은 테스팅이 완료되어 팀이 행복함을 의미하고, 노란색(Y)는 일부 테스트가 종료되었으나 시간이 허락한다면 조금 더 탐색적 테스팅이 필요함을 의미한다. 빨간색(R)은 무엇인가 잘못되었음을 의미한다. 하얀 바탕은 아직 테스트 이전임을 의미하고, 회색 바탕은 테스트가 필요하지 않음을 의미한다.

예제를 하나 살펴보자. 여기 배송료를 계산해서 보여주는 작은 릴리즈가 하나 있다. [그림 15-7]에서 세로축은 기능의 다른 부분을 표시하고 배송에 대한 속성은 가로축에 표시했다. 각각의 칸은 어느 케이스가 테스트되었고 더 많은 주의가 필요한지 색상 코드로 표시된다. "〈=2 lbs"의 모든 칸은 완료되었고, "〉4 lbs"의 위 3칸은 완료되었으나 더 많은 탐색적 테스팅이 필요하다. 그리고 "알래스카 배송/〉4 lbs" 칸은 이슈가 있다고 표시되었다.

배송 테스트 매트릭스

배송 조건

	단일 배송지	다중 배송지	주소	〈=2 lbs	2-4lbs	〉4lbs	당일	다음날	〈5 업무일	배송료 계산
미국 본투 배송				G	G	y				
캐나다 배송				G		y				
하와이 배송				G		y				
알래스카 배송				G		R				
배송료 계산				G						n/a

[그림 15-7] 샘플 테스트 매트릭스

● **자넷의 이야기**

내가 경험한 한 프로젝트에서 테스트 매트릭스를 사용하다 예상하지 못한 결과를 경험했다. 고객과 테스터가 함께 테스트 매트릭스를 작성하고 프로젝트에 영향을 주는 기능과 상위 수준의 테스트 조건에 대해 함께 생각했다. 기대한 대로 계획 활동은 많은 이슈를 발견했다.

> 그들이 벽에 매트릭스를 걸었을 때 개발팀을 이끌고 있는 데이브가 매트릭스에 관심을 보였다. 테스터 한 명이 그에게 매트릭스에 대해 설명해주었는데 데이브가 프로그래머들에게도 매우 유용하다고 말해서 나는 매우 놀랐다. 데이브는 다음과 같이 말했다. "이 기능이 이 부분에 이렇게 영향을 미치는지 몰랐어요. 단위 테스트가 이 부분을 포함했는지 확인해봐야겠어요."
>
> 이 내용을 다시 생각해보면, 놀랍게도 나는 이전에 프로그래머들과 함께 작업한 경험이 전혀 없었다.

테스트 매트릭스는 매우 강력한 도구이고 팀이 해결할 문제가 있다면 이슈를 추적하는 데 도움이 되도록 이용할 수 있다. 팀을 이해할 수 있고 적응할 수 있게 만드는 것이 무엇이고, 여러분을 이해할 수 있게 만드는 것은 무엇인지 생각해보자.

테스트 스프레드시트

자넷은 스프레드시트를 성공적으로 사용한 것을 본 적이 있다. 예를 들어 WestJet에서 스프레드시트의 첫 번째 탭에는 애플리케이션에 이전부터 있었던 기능의 상위 수준 목록이 있었다. 프로젝트가 영향을 미치는 기능이 있다면 각 열에 그 기능을 작성했다. 그리고 예상되는 영향도의 순위를 작성했다. 변경에 대한 영향도가 결정된 후에는 만들어야 하는 테스트 환경, 테스트 데이터, 사용자 인수 테스트를 결정했다.

탭은 위험이나 가정에 사용되었지만 팀이 필요한 어떤 것이라도 사용할 수 있었다. 스프레드시트와 같이 유연한 형식은 업무에 맞게 조정해서 사용할 수 있다.

이 내용은 여러 다른 방식으로 사용될 수 있다. 탐색적 테스팅을 어디에 더 집중해야 할 것인지를 결정할 때 사용하거나 테스트 동안 관련되는 모든 영역이 어디인지 확인하여 상위 수준 테스트 매트릭스를 생성하는 데 도움이 된다.

화이트보드

팀이 비공식적이고 작은 릴리즈를 진행하고 있다면 작성하는 문서의 종류가 너무 많을 수 있다. 때때로 위험이나 가정의 목록을 화이트보드나 색인카드에 작성하는 것으로도 충분하다. 자넷은 화이트보드를 이용해 잘 관리한 경험이 있다. 위험이 실제 이슈가 된다면 결과를 작성하고 줄을 그어 지웠다. 새로운 위험과 완화 전략을 추가하는 것은 쉬웠고 이 목록은 전체 팀이 잘 볼 수 있었다. 그리고 이러한 내용은 위키 페이지를 이용할 수 있다.

우리는 여러분이 속한 팀과 팀이 필요한 것을 알아야 한다는 점을 강조하고 싶다.

자동화된 테스트 목록

가끔씩 고객에게 테스트 케이스 목록과 같은 현재 진행 상황에 대한 정보 등을 요구받을 수도 있다. 팀이 테스트 케이스 이름의 목록을 추출할 수 있는 도구를 가지고 있다면 누군가 이 목록이 필요할 때마다 손쉽게 제공할 수 있다. 이렇게 도구를 이용하면 전통적인 상세한 테스트 계획보다 더 많은 정보를 제공할 수 있지만 테스트가 실제 작성된 후에야 가능하다. 이렇게 목록을 제공하는 것이 큰 가치가 없기 때문에 이렇게 시간을 소비하는 것을 권장하지 않지만 가끔씩 위험 평가나 감사를 위해 이 목록이 필요할 수 있다.

잘 보일 수 있게 준비하기

팀이 애자일 개발을 시작한다면 이터레이션 초반에 필요한 기반구조가 준비되어 있는지 확인하자. 여러분은 진도에 대한 진행상황 추적 방법을 변경할 수 있고, 회고는 이슈를 해결하는 데 도움을 줄 것이다. 각 이터레이션에서 계획했던 업무가 완료되었는지 확인하는 데 문제가 있다면 진행상황을 확인하고 이터레이션 중반에 조치를 할 수 있게 도와주는, 더 눈에 잘 보이는 차트를 활용하자. 고객이 이터레이션 진행상황과 완료된 스토리가 무엇인지 알 수 있는 방법이 있는가? 이터레이션을 시작하기 전에 테스팅을 추적하기 위한 적절한 피드백을 받는지 확인하는 시간을 갖자.

테스트 작업과 상태 추적하기

우리가 알고 있는 유능한 애자일 팀은 모두 다음의 규칙을 따른다. "테스트되기 전까지 어느 스토리도 완료된 것이 아니다." 이 규칙은 단지 스토리가 테스트되어야 한다는 말 외에도 코드는 체크인되어야 하거나, 지속적 빌드 프로세스에서 자동으로 테스트되거나, 문서화 되거나, 팀이 "적당하다"고 정의한 기준으로 확장할 수 있다. 이터레이션 기간의 언제라도 각 스토리에 대한 테스팅 작업이 얼마나 남았고 어느 스토리가 완료되었는지 빠르게 확인할 필요가 있다. 테스팅 작업과 개발 및 다른 업무와의 구분을 위해 색상을 사용한다면, 상태 추적의 목적으로는 스토리 게시판이나 업무 게시판을 사용해도 좋을 것이다. 코르크 재질의 게시판, 자석이 붙는 게시판, 포스터 크기의 접착 노트, 화이트보드 등 어느 것을 사용해도 좋다. 각각의 스토리에 열을 할당하고, 우선순위에 따라 정렬시키자. 그리고 "해야 할 일", "진행 중인 업무", "검증", "완료" 칸을 만들자.

● 자넷의 이야기

나는 오직 두 명의 프로그래머와 한 명의 테스터로 구성되어 몇 달간 애자일을 경험해본 팀 구성원들과 프로젝트를 시작했다. 이들은 업무와 스토리를 추적하는 데 XPlanner를 적절하게 사용하였다. 내가 프로젝트에 참여한 시기에 두 명의 프로그래머가 추가로 참여하였고, 팀이 계획했던 스토리를 완료하지 못했기 때문에 일일 회의는 효과가 떨어지고 있었다. 나는 스토리 게시판을 제안했고, 기존의 팀 구성원은 업무관리 게시판이 두 개가 있다는 데에 회의적이었지만 사용하겠다고 했다.

우리는 게시판을 공개된 벽에 걸고 접착식 메모지를 이용하여 스토리를 생성하였다. 그리고 이 스토리 게시판 앞에서 일일 회의를 시작했고 점점 구체적으로 논의하게 되었다. 스토리 게시판은 업무가 완료되거나 무엇이 남았는지 눈에 잘 띄었다. 두 달이 지난 후 팀은 점점 더 커지고 스토리 게시판은 사무실 안쪽으로 옮기게 되었다. 그리고 일일 회의와 테스트 결과 차트도 그곳으로 옮겼다. 그러나 더 이상 눈에 띄지 않게 되자 프로그래머와 테스터는 게시판에서 업무를 옮기는 것을 그만두게 되었다.

우리는 우리가 필요한 것이 무엇인지 다시 평가해야 했다. 처음 것이 언제나 팀에 맞는 것은 아니다. 팀에 적절한 것으로 계획했는지 확인하자.

어떤 팀은 업무 종류에 따라 다른 색상의 색인 카드를 사용한다. 예를 들어 초록색은 테스팅, 하얀색은 코딩, 노란색과 빨간색은 버그에 사용하는 것이다. 또 다른 팀은 각 개발 업무마다 하나의 카드를 사용하고 여러 색상의 스티커를 붙임으로써 테스팅이 진행 중인지 또는 수정해야 할 버그가 있는지 표시했다. 모든 코딩, 데이터베이스, 테스팅, 그 외 다른 업무가 모두 완료된 스토리가 몇 개나 있는지 빠르게 훑어볼 수 있는 방법을 사용하자. 이터레이션이 진행될수록 팀이 잘 진행되는지, 또는 스토리를 포기하거나 프로그래머를 테스팅 업무에 투입해야 하는지 확인하기가 쉬워진다.

● 자넷의 이야기

[그림 15-8]에서 본 것과 같이 우리의 스토리 게시판은 매우 큰 편은 아니었고 일반적인 "해야 할 일", "진행 중", "완료"의 칸으로 구성하지 않았다. 대신 상태를 표시하는 데 스티커를 사용하기로 했다.

[그림 15-8]의 첫 번째 열에 보이는 하얀색 카드는 정규적인 작업을, 파란색 카드는 리팩터링이나 스파이크(spike) 같은 기술적인 스토리를 의미한다. 게시판 오른편에 어둡게 보이는 분홍색 카드는 조치가 필요한

버그를 의미한다. 아직은 이터레이션 초반이라 각 카드에 스티커를 붙이지 않아서 보기가 쉬울 것이다. 게시판의 오른쪽 상단 구석에 이전 카드를 볼 수 있을 것이다. 파란색 스티커는 코드가 작성되었음을, 초록색은 완료(테스트 포함)를, 빨간색은 아직 종료되지 않았거나 버그가 수정되지 않았음을 의미한다. 업무 카드나 스토리가 완료되면(예: 초록색 스티커) 게시판의 오른쪽으로 카드를 옮겼다.

[그림 15-8] 스토리 게시판 사례

● 리사의 이야기

우리는 얇은 철판 두 개를 붙여서 스토리 게시판을 만들고 회사를 의미하는 색상으로 칠해서 4년 이상을 사용했다. 그리고 색상을 활용한 색인 카드를 자석을 이용해 게시판에 붙였다. [그림 15-9]는 이터레이션 초기의 게시판이다. 업무 카드는 색상을 이용하여 구분했는데 초록색은 코딩 업무, 노란색과 빨간색은 버그에 사용하였고 줄무늬가 있는 카드는 이터레이션의 원래 계획에는 포함되지 않았다. 게시판은 진행 사항을 파악하는 데 매우 효과적이어서 일부러 업무 소멸차트를 사용하려 노력하지 않아도 되었다. 우리는 빌드가 실패하면 커다랗게 빨간색으로 표시하는 식의 시각적인 차트를 이용했다. 우리 팀은 이 게시판을 좋아했다.

그리고 나서 팀 구성원 중 한 명이 해외로 가게 되었다. 우리는 실제의 스토리 게시판을 스프레드시트로 옮겨서 사용하려 했지만 해외에 있는 팀원이 사용하기가 너무 어려웠다. 그래서 스크럼 팀을 위한 여러 소프트웨어 패키지를 시도해봤지만, 우리가 원하는 방향으로 조정할 수가 없고 우리가 사용하는 실제 스토리 게시판과 차이가 있었다. 결국 실제 스토리 게시판과 유사하면서 해외에 있는 팀원을 포함한 모두가 사용 가능한 제품인 Mingle을 찾았다. 기존의 스토리 게시판은 없애고 일일 회의에는 기존 스토리 게시판 자리에 빔 프로젝트를 활용했다.

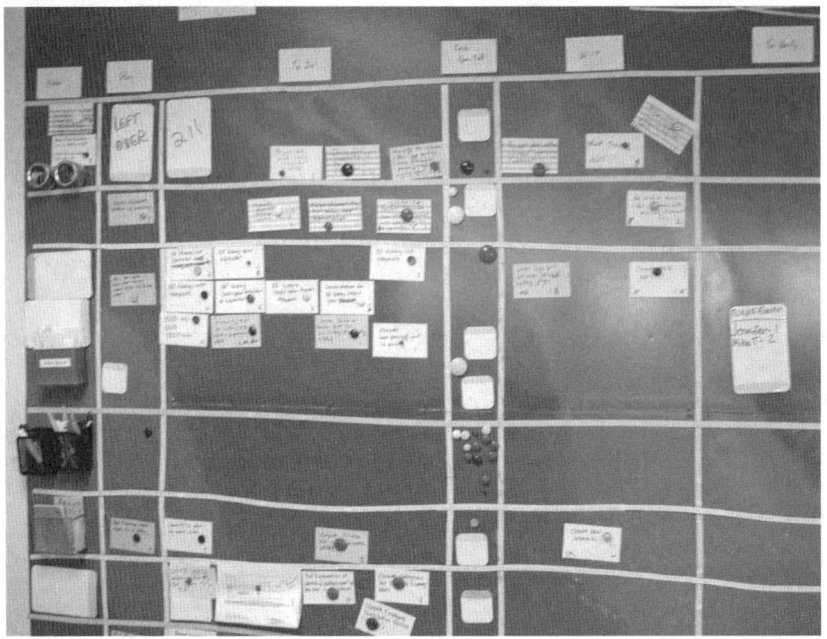

[그림 15-9] 또 다른 스토리 게시판 샘플

지역적으로 떨어져 있는 팀은 온라인 스토리 게시판이 필요할 수 있다. 이 게시판은 스프레드시트나 Mingle과 같이 실제의 스토리 게시판을 모방한 소프트웨어일 수도 있다.

테스트 결과에 대한 의사소통

앞서 우리는 테스트 결과를 추적하는 방법을 언급했다. 이제 테스트 결과에 대해 효과적으로 의사소통하는 방법을 이야기해보자. 테스트 결과는 진행상황을 측정하고, 각 스토리에 대한 신규 테스트가 작성되고 실행되었는지 확인하고, 모두 테스트를 통과했는지 확인하는 중요한 방법이다. 어떤 팀은 작성하고 실행하고 통과한 테스트의 숫자를 크고 잘 보이는 차트에 작성하기도 한다. 또 다른 팀은 빌드 프로세스가 자동화된 테스트 결과를 전자메일로 팀 구성원과 이해관계자에게 보내도록 되어있다. 일부 지속적 통합 도구는 빌드 결과를 확인하도록 GUI 도구를 제공한다.

빔 프로젝트를 지속적인 빌드의 FitNesse 테스트가 실행되는 장치와 연결해서 항상 테스트 결과를 보여주도록 구성한 팀도 있다. 테스트 결과는 팀의 진행상황을 정확히 보여줘야 한다. 진행한 테스트에 대한 숫자가 매일 또는 매 이터레이션마다 상승하지 않는다면 무엇인가 문제가 있다는 표시이다. 이 문제는 팀이 테스트 주도 개발을 하지만 테스트를 작성하지 않았거나 코딩을 완료하지 못했기 때문이다. 물론 다른 이유가 있을 수도 있다. 그러나 왜 추세가 잘못된 방향으로 흘러가는지 분석하는 것은 중요하다. 이를 통해 다음 번에 수집하고 보여줘야 하는 측정지표의 종류에 대해 아이디어를 얻을 수 있다.

그러나 팀이 진행상황에 대해 이야기하길 원한다면 모두가 필요한 정보를 얻을 수 있을시 미리 확인하자.

릴리즈 측정지표

릴리즈 초반에 어떤 측정지표를 모으고 싶은지 이해하는 것이 중요하기 때문에 이 내용을 여기에 포함시켰다. 이 측정지표는 개발 진행이 어떻게 되었는지 지속적으로 피드백을 주고, 이를 이용해 기대하지 않았던 사건에 대응하고 필요하다면 프로세스를 변경할 수 있다. 여러분은 정확한 내용을 추적할 수 있으므로 해결해야 하는 문제가 무엇인지 이해하고 있어야 한다. 우리가 여기서 이야기하는 측정지표는 여러분이 선택할 수 있는 몇 가지 예제일 뿐이다.

| 테스트 통과 개수 |

많은 애자일 팀은 단위, 기능, 스토리, GUI, 부하 테스트 등 각 단계의 테스트 개수에 대해 추적한다. 추세는 개수보다 중요하다. 테스트 개수의 상승을 확인한다면 기분이 좋아질 것이다. 상황을 고려하지 않은 개수는 그저 숫자에 불과하다. 예를 들어 팀이 1,000개의 테스트를 가지고 있다고 하더라도 무슨 의미가 있을까? 1,000개의 테스트가 10% 또는 90% 중 어느 만큼의 검사 범위를 가질까? 테스트한 코드가 삭제되면 어떤 일이 일어날까?

스토리 수준에서 작성되고 실행되고 통과한 테스트의 개수를 추적하는 것은 스토리의 상태를 볼 수 있는 방법 중 하나다. 작성된 테스트의 개수는 개발을 주도하고 있는 테스트의 진행상황을 보여준다. 아직 통과하지 못한 테스트의 개수를 아는 것은 앞으로 코드를 얼마나 더 작성해야 하는지에 대한 정보를 제공한다.

테스트를 통과한 이후에도 코드에 해당 기능이 존재한다면 "잘 수행됨"으로 유지할 필요가 있다. 테스트 통과 개수와 실패 개수에 대한 그래프는 회귀 테스트 실패에 대한 문제를 뜻한다. 다시 말하지만 추세를 보는 것이 중요하다. 예외적인 부분을 확인하자.

이러한 종류의 측정지표는 간단하지만 효과적으로 보고할 수 있다.

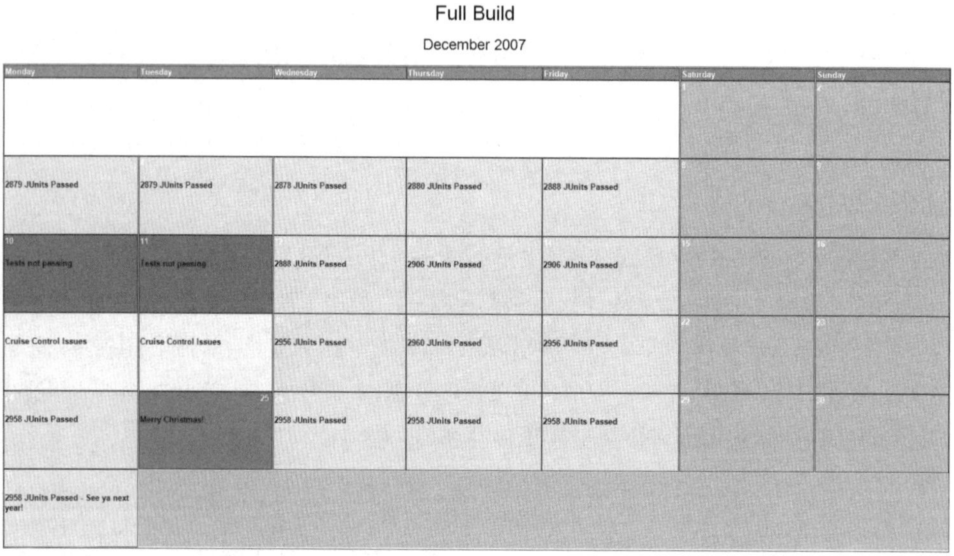

[그림 15-10] 리사 팀의 전체 빌드 결과 전자메일

● **리사의 이야기**

우리 팀은 전체 "전체 빌드"에서 매일 모든 회귀 테스트의 수트가 통과되었는지를 색으로 표시한 달력을 매일 전자메일로 보냈다([그림 15-10] 참조). 두 개의 "빨간색" 날(어두운 색으로 표시된)은 개발팀과 관련된 원인 때문이었다. 테스트 결과를 눈으로 확인하는 것은 하드웨어나 데이터베이스 이슈와 같이 실패한 테스트나 빌드가 수행되지 않아서 발생한 문제를 조직이 다 같이 수정하는 데 도움이 된다.

테스트의 개수를 측정하는 방법은 여러 가지가 있다. 하나를 선택하고 모든 테스트 종류에 일관성 있게 적용하자. 그렇지 않으면 측정지표에 혼란이 생길 수 있다. 테스트 스크립트나 클래스의 개수를 측정하는 것도 한 방법이지만, 각각은 여러 개의 개별적인 테스트 케이스나 "assert"를 가지고 있으므로 이 개수는 더욱 정확하게 세야 한다.

만약 테스트의 개수를 셀 것이라면 확실한 정보를 제공하자. 빌드 전자메일이나 빌드 상태를 보여주는 UI를 이용하면 실행하고 통과하고 실패한 다양한 수준의 테스트 개수를 볼 수 있다. 고객팀은 각 스프린트의 종료 시나 스프린트 검토에서, 또는 전자메일을 이용하여 이러한 정보를 확인하는 것으로 만족할 수 있다.

어떤 측성지표를 선택하든지 팀이 받아들이는지 확인하자.

● **자넷의 이야기**

나는 2년 동안 애자일을 적용한 개발팀과 새로운 계약을 맺었다. 이 팀은 매우 많은 자동화된 기능 테스트를 개발했다. 나는 매일 테스트 통과 개수를 추적하기 시작했다. 팀은 적은 수의 테스트가 통과해서 추세를 보여줄 때는 문제를 발견하지 못했다. 팀이 단위 테스트를 관리하자 팀은 릴리즈에 대한 자신감을 보였다. 이런 현상은 매 릴리즈마다 발생했고, 릴리즈 전 주에 모든 테스트를 통과하도록 만들었다. 테스트를 유지·보수하는 데 비용이 소요되지만 팀은 테스트 수정의 속도를 늦추지 않았다. 나를 제외하고 모두가 이 방법을 찬성했다.

나는 테스트가 올바른 기대 결과를 보증하는 방향으로 테스트를 수정하고 테스트 결과를 확인하는지 살펴보지 못했다. 그래서 잘못된 결과를 가져오는 위험스런 상태라고 생각했다.

다음 번 릴리즈 주기가 시작되고 팀이 테스트 수정을 그만 두겠다는 동의를 받아냈다. 그만 두고 얼마 지나지 않아 문제가 있음을 알아챘고, 한참 후에까지 발견되지 않을 수 있었던 많은 이슈를 조기에 발견했다. 팀은 곧 테스트 통과 목표를 95%로 조정했다.

우리는 또한 이것이 얼마나 불안정한 테스트였는지도 알게 되었다. 그래서 복잡한 테스트를 리팩터링하고 불필요한 것을 제거하는 데 노력을 기울이기로 결정했다. 시간이 지날수록 상위 수준의 테스트 개수는 감소했으나 테스트의 품질과 커버리지는 향상되었다.

처음에는 테스트 통과 비율을 측정하는 것으로 시작했으나 마지막에는 더 많은 것을 측정했다.

실제 측정한 데이터에서 추세의 다른 부작용에 대해 알아채지 못했다면 측정에 대해 문제를 쉽게 제기하지 말자. 그리고 필요한 부분을 측정할 수 있도록 하자.

| 코드 커버리지(Code coverage) |

코드 커버리지는 전통적인 측정지표의 하나이다. 얼마나 많은 코드가 우리의 테스트를 수행했는가? 훌륭한 상용, 오픈 소스 코드 커버리지 도구가 있고 빌드 프로세스와 통합할 수 있어서 커버리지에 변동이 생긴다면 바로 알아챌 수 있다. 모든 측정지표에서 추세를 확인해야 한다. [그림 15-11]은 간단한 코드 커버리지 보고서의 예제이다.

GHIDRAH

전체 커버리지 요약

이름	클래스, %	메소드, %	블록, %	라인, %
모든 클래스	95% (1727/1809)	77% (13605/17678)	72% (201131/279707)	75% (43454.5/58224)

전체 통계 요약

총 패키지	240
총 실행 파일	1329
총 클래스	1809
총 메소드	17678
총 실행 라인	58224

WHITNEY

전체 커버리지 요약

이름	클래스, %	메소드, %	블록, %	라인, %
모든 클래스	15% (109/737)	8% (669/8760)	4% (16292/363257)	5 % (3713.7/80358)

전체 통계 요약

총 패키지	46
총 실행 파일	655
총 클래스	737
총 메소드	8760
총 실행 라인	80358

[그림 15-11] 리사 팀의 코드 커버리지 보고서 예제. "Ghidrah"는 새로운 아키텍처, "Whitney"는 레거시 시스템

[그림 15-12]와 [그림 15-13]은 하나의 프로젝트의 두 가지 추세에 대한 예제이다. [그림 15-12]는 각 이터레이션의 전체 메소드 개수에 대한 추세를 보여주고, 코드 커버리지와 매치된다. 이 예제들은 그래프를 왜 정황에 맞게 살펴봐야 하는지를 보여준다. 메소드의 개수만 보여주는 첫 번째 그래프를 본다면 전체 내용의 반만 보는 것이다. 메소드의 개수가 늘어날수록 좋아 보이지만 커버리지는 실제로 감소하고 있다. 커버리지가 감소하는 이유는 알지 못하지만, "왜" 그런지 팀에게 물어볼 수 있다.

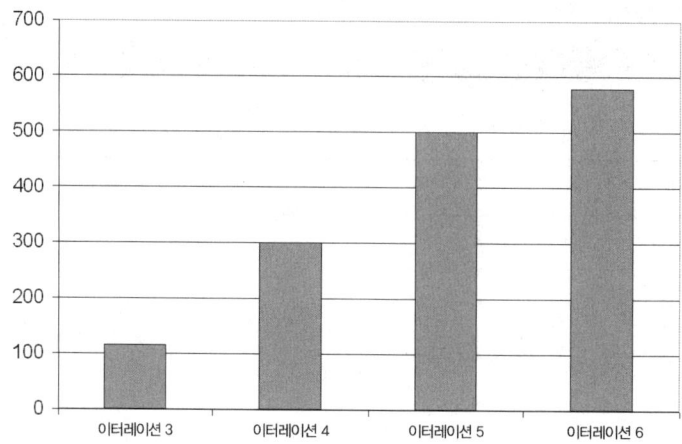

[그림 15-12] 메소드 수의 추세

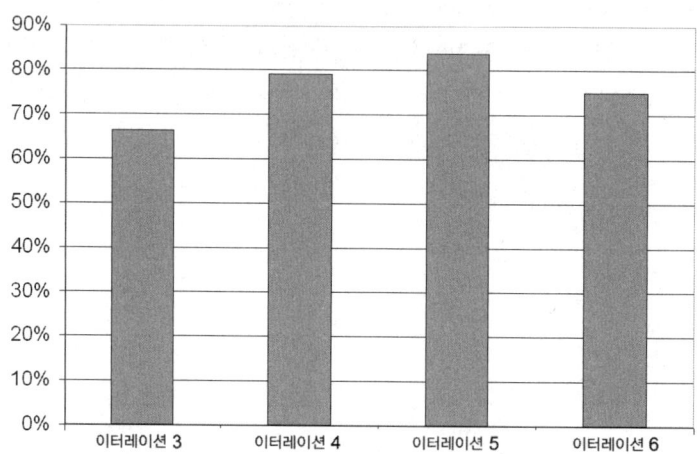

[그림 15-13] 테스트 커버리지

이러한 도구는 오직 작성된 코드의 커버리지만을 측정할 수 있다는 것을 기억하자. 일부 기능이 빠졌다 하더라도 코드 커버리지 보고서는 제대로 알려주지 않을 것이다. 테스트가 80%의 코드 커버리지를 보인다 하더라도 10%의 코드가 빠졌을 수도 있는 것이다. 테스트 주도 개발은 이런 문제를 피하는 데 도움이 되나 코드 커버리지 통계값에 너무 많은 가치를 부여하지는 말자.

> **측정중인 대상 파악하기**
>
> Onion S.p.A에서 애자일 프로젝트에 참여한 컴퓨터 과학 및 정보 엔지니어인 알레산드로 코리노(Alessandro Collino)는 우리에게 코드 커버리지가 실패처럼 느낀 경험에 대해 말해주었다. 그의 애자일 팀은 임베디드 시스템의 실시간 운영체제에 사용되는 미들웨어를 개발했다. 그는 다음과 같이 설명했다.
>
> TDD 접근방법은 높은 코드 커버리지에 맞춰 많은 단위 테스트를 개발하면서 진행되었다. 그리고 복잡한 모든 기능을 확인하기 위하여 효과적인 많은 인수 테스트도 작성하였다. 그 후 코드 커버리지를 도구로 측정하니 문장 커버리지가 95% 정도 되었다.
>
> 테스트하지 못한 코드는 인스펙션으로 검증했고 10번의 4주 단위 스프린트 후에는 100%의 문장 커버리지를 달성했다.
>
> 그 후에 고객은 소프트웨어를 인도하기 전에 작은 기능 하나를 추가해달라고 요구했다. 우리는 이 요구사항을 구현하였고 컴파일러에 최적화하여 코드에 적용했다.
>
> 우리가 인수 테스트를 실행했을 때의 결과는 비참했다. 47%의 인수 테스트가 실패했고, 문장 커버리지는 62%로 줄어들었다.
>
> 과연 무슨 일이 벌어진 것일까? 문제는 컴파일러 최적화를 사용해야 했으나 잘못된 설정을 했기 때문으로 드러났다. 이 문제로 핵심 값(key value)을 애플리케이션이 시작될 때 한번만 읽고 CPU 레지스터에 저장했다. 변수가 메모리에서 변경된다 하더라도 CPU 레지스터의 값은 변경되지 않았다. 이 프로그램이 계속 동일한 값을 정상적인 변경값 대신 읽었고, 이 이유로 테스트가 실패했다.
>
> 알레산드로는 다음과 같이 결론을 내렸다. "이 예제에서 배운 교훈은 컴파일러 최적화 옵션을 사용하는 것은 프로젝트 착수 시에 계획되어야 한다는 것이다. 우리는 이 실수로 프로젝트 마지막 단계에서야 이 기능을 실행하게 되었다."

훌륭한 측정지표는 훌륭한 계획을 필요로 한다. 조금 더 노력을 기울인다면 더 의미 있는 데이터를 얻을 수 있다. 피에르 베라르겐(Pierre Veragen)의 팀 구성원은 그들의 코드 커버리지 측정지표에 문제가 있다고 판단한 경우에 테스트 중단 베이스라인(break-test baseline) 기법을 사용했다. 각각의 메소드에 잘못된 부분을 손수 넣고 테스트가 문제를 잡아내는지 확인하는 것이다. 그리고 테스트가 실행되면 코드가 어떤 값을 반환하는지 확인한다. 피에르의 팀은 테스트가 올바른 값을 반환하는지 확인했다. 이 방법을 통해 그들은 테스트 커버리지가 충분한지 여부를 결정했다.

코드 커버리지는 퍼즐의 한 조각일 뿐이므로 너무 과신하지 말자. 코드 커버리지는 테스트가 얼마나 효과적인지 알려주지 않는다. 그리고 애플리케이션이 다른 경로로 실행되어도 알려주지 않는다. 애플리케이션을 이해하고 가장 높은 위험 영역을 식별하자. 그리고 그 부분은 위험이 낮은 영역보다 더 높은 코드 커버리지 목표를 설정하자. 마지막으로 기능 테스트를 커버리지 보고서에 포함하는 것을 잊지 말자.

| 결함 측정지표 |

팀이 결함 관련한 목표를 설정한다면 이 목표에 대한 진행상황을 측정하는 적절한 측정지표를 사용하자. 측정지표에는 전체 릴리즈에서 확인하고자 하는 추세도 있고 이터레이션에 적합한 추세도 있다. 예를 들어 결함 제로화를 하려 한다면 각 이터레이션의 종료 시 진행 중인 결함이 있는지 추적하거나, 릴리즈 전에 개발 이후 얼마나 많은 버그를 찾았는지 추적해야 한다. 대부분 코드가 운영 환경으로 이관된 후 몇 개의 결함이 보고되었는지 알고 싶어 한다. 이 이슈들은 팀이 마지막 릴리즈를 얼마나 잘 했는지를 알려주고, 현재 진행 중인 릴리즈에 대해서는 알려주지 않는다. 리사의 팀은 새로운 아키텍처에서 재작성된 "신규" 코드의 운영 환경 결함을 더 걱정했다. 리사의 팀은 이 신규 코드를 결함 제로화를 추진하며 열심히 작성했기 때문에 잘 개발했는지 스스로 알고 싶어했다. 이들은 레거시 시스템에서 적당히 버그가 발견되기를 기대했지만 레거시 시스템의 가장 중요한 기능만 자동화된 GUI 스모크 테스트로 다루어졌고, 단위 테스트와 GUI 뒷단의 테스트는 얼마 없었다.

레거시 코드의 결함 비율을 아는 것은 리팩터링이나 재작성을 하는 좋은 명분이 되지만, 팀의 최우선 목표는 새로운 코드를 잘 작성하는 것이므로 버그를 "신규"와 "기존" 코드로 그룹화하고 "신규" 버그에 집중하자.

사용하는 버그 데이터베이스가 원하는 측정치를 추적할 수 있는지 확인하자. 필요한 데이터를 얻기 위해서 데이터베이스와 프로세스 모두를 변경할 수 있다. 예를 들어 릴리즈 후 운영 환경에서 얼마나 많은 결함이 발견되었는지 측정하기를 원한다면 환경과 버전 항목이 기본 작성 필드로 포함되었는지 확인하거나 버그를 입력하는 사람들이 항상 그 필드를 작성하는지 확인해야 한다.

결함 추적 시스템은 버그 추적이 본래의 목적이기 때문에 숫자가 제대로 되었는지는 보증하지 않는다. 데이터베이스를 수작업으로 업데이트해달라는 요구는 이미 존재하는 코드와 관련된 이슈를 반영하는 데 필요하지 않다. 측정지표가 의미 있도록 결함 추적 시스템을 적절하게 사용하자.

● 리사의 이야기

측정지표를 보고하고 확인하는 데 여전히 문제가 있다면 주기적으로 측정지표를 평가하자. [그림 15-14]는 리사의 팀이 지난 몇 년 간 사용한 두 개의 결함 보고서를 보여준다. 우리가 처음 애자일로 바꿨을 때 관리자와 다른 사람들은 새로운 프로세스가 반영된 진행상황을 확인하기 위해 이 리포트를 살펴봤다. 4년이 지난 후 우리의 스크럼 마스터는 이 보고서를 더 이상 아무도 읽지 않는다는 것을 알고 이 보고서 작성을 그만두었다. 그 시기에 새로운 결함의 비율은 극적으로 감소하였고 아무도 레거시 시스템과 관련한 오래된 결함을 신경 쓰지 않았다.

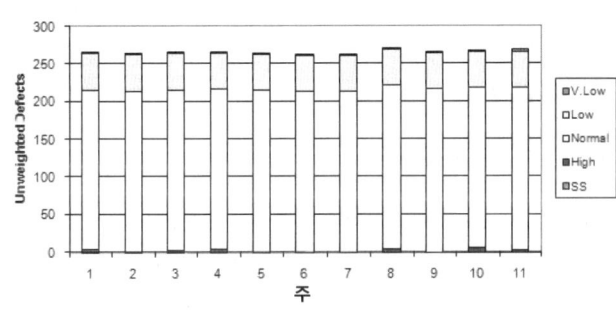

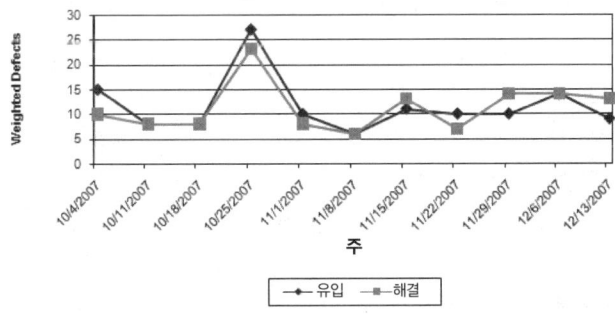

[그림 15-14] 리사의 팀에서 사용한(그러나 더 이상은 사용하지 않는) 간략한 결함 보고서

릴리즈 계획은 팀에서 추적하고 있는 측정지표의 투자 대비 효과(ROI)를 평가하는 좋은 기회이다. 측정지표를 모으고 보고하는 데 얼마만큼 노력이 들었는가? 우리가 필요한 것이 무엇인지 측정지표로 알 수 있는가? 릴리즈한 코드가 팀 내부의 품질 표준을 만족하는가? 코드 커버리지 비율이 올라가고 있는가? 운영 환경에서 발견되는 결함의 수가 감소하여 팀의 목표를 달성하였는가? 만약 아니라면 이유를 알아냈는가?

측정지표는 퍼즐의 한 조각일 뿐이다. 릴리즈, 테마, 프로젝트 계획 회의를 비즈니스 가치 제공에 초점을 맞추는 데 사용하자. 그리고 개발할 기능에 대해 학습할 시간을 갖자. 그리고 고객의 우선순위를 제시간에 만족시키기 위해 적절한 활동과 자원을 준비하도록 하자.

요약

새로운 테마나 릴리즈 계획을 위해 팀을 구성할 때 이번 장에서 언급한 다음의 주요 항목을 잊지 말자.

- 스토리의 크기를 결정할 때 비즈니스 가치, 위험, 기술적 구현방법, 기능이 활용되는 방법 등 다양한 시각을 고려하자. 명확한 질문을 하되 너무 상세한 부분까지 하지는 말자.
- 테스터는 기능의 "작은 조각"과 "요주의 경로"를 식별하므로 스토리의 우선순위를 결정하는 데 도움을 준다. 추가적인 테스팅이 일찍 시작되어야 한다면 높은 위험의 스토리를 초기에 시작하도록 계획하자.
- 스토리 테스팅 노력의 정도는 스토리가 릴리즈의 범위인지 여부를 결정하는 데 도움이 된다.
- 테스터는 새로운 스토리가 기존의 시스템에 미치는 영향을 팀이 생각하는 데 도움을 준다.
- 팀이 릴리즈의 범위를 식별하면 시간과 자원이 테스팅의 범위와 예정된 시간에 충분한지 평가하자.
- 기반구조, 테스트 환경, 테스트 데이터 관련 내용의 검토를 릴리즈 계획 기간동안 하자.
- 가볍고 애자일한 테스트 계획은 모든 테스팅 고려사항이 릴리즈나 프로젝트 기간 동안 진행되는지 확인하는 데 도움이 된다.
- 팀이 더 적절하게 사용할 수 있는 테스트 계획 작성 방법을 고려해보자. 테스트 측정지표, 스프레드시트, 심지어 화이트보드도 괜찮을 수 있다.
- 공식적인 릴리즈 계획이 상황에 따라 적절하지 않을 수 있다. 릴리즈 계획을 하지 않은 상태에서 최초에 완료해야 하는 몇 개의 스토리를 식별하고 논의하는 것을 고려하자.
- 릴리즈 동안 측정하기 원하는 측정지표에 대해 계획하자. 해결해야 하는 문제는 무엇인지 생각하고 팀에 의미 있는 측정지표를 사용하자.

AGILE
Chapter 16
본격적인 시작

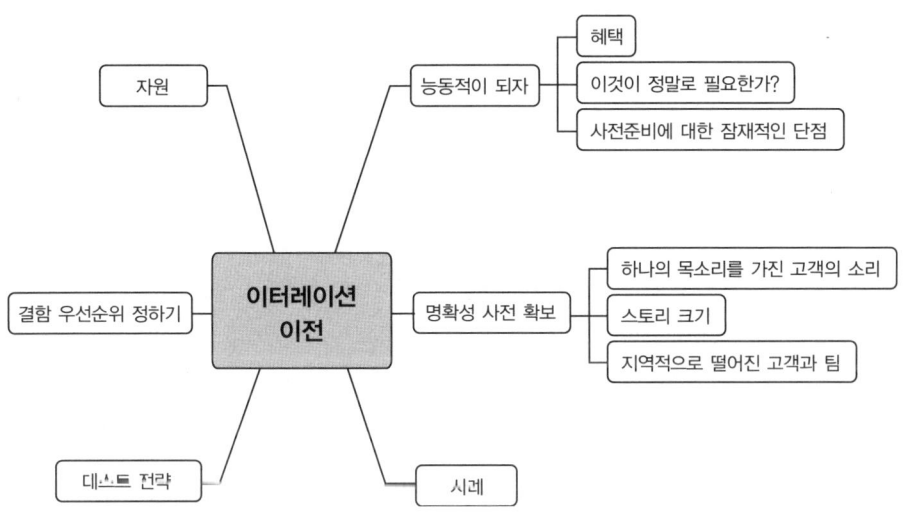

애자일 개발에서는 "적기"에 작업을 진행하는 것을 선호한다. 굽어진 길의 앞부분은 우리가 볼 수 없으므로 바로 앞의 일에 집중한다. 또한 각각의 새로운 이터레이션을 시작하면 본격적으로 일을 시작하고 싶어한다. 그러나 이렇게 하기 위해서는 준비가 필요하다. 빵을 굽는 것이 좋은 비유가 될 수 있다. 누군가 여러분을 만나러 와서 쿠키를 굽는다고 가정하자. 시작하기에 앞서 재료가 제대로 준비되있는지 확인할 것이다. 만약 준비가 안됐다면 여러분은 필요한 재료를 사러 가거나 다른 음식을 선택할 것이다.

이터레이션 사전 활동이 이터레이션 기간에 시간을 절약해주지 못하거나 업무가 더 잘되도록 도움이 되지 않아도 이터레이션 이전에는 너무 흥분하지 말자. 팀에 적절한 것을 수행하고 그 경험을 계속 이어가자. 이터레이션 사전 활동은 이터레이션 시작 이후에 진행할 수도 있다. Chapter 16에서는 제품을 "좋은 품질로 만드는 데" 도움이 되는 아이디어를 소개한다.

능동적으로 하자

Chapter 2 "애자일 테스터를 위한 열 가지 원칙"에서 애자일 테스터가 생각을 변화시키는 방법에 대해 설명했다. 일을 기다리는 대신 기여할 수 있는 것을 찾는 능동적인 자세를 가져야 한다. 애자일 개발의 빠르고 변함없는 속도에서 현재 이터레이션의 스토리에 빠져드는 것은 쉽다. 또 기능 테스트를 했는지 확인하고, 비즈니스 요구사항을 이해했는지 확인하기 위해 탐색적 테스팅을 수행하고, 회귀 테스트를 자동화하느라 분주하다. 그러나 가끔은 고객을 도와주고 다음 이터레이션을 준비하는 시간이 조금은 필요하다. 팀이 새로운 일에 착수하거나 복잡하고 위험이 예상되는 스토리를 진행할 때 이터레이션 이전에 하는 몇 가지 일은 팀의 개발 속도를 최고로 하고 방해를 최소화하는 데 도움이 된다.

우리가 가진 모든 시간을 회의에 쓰거나 스토리의 우선순위를 다시 결정하는 데 쓰고 싶지는 않다. 그러나 이터레이션 계획을 빨리 진행되도록 만들 수 있고 시작하려는 스토리의 위험을 줄일 수 있다면 이터레이션 시작 전에 고민해보거나 브레인스토밍을 하는 것은 의미 있는 일이다.

혜택

이터레이션 시작에 앞서 스토리에 대한 업무를 진행하는 것은 지역적으로 다른 곳에 나뉘어 있는 팀일 경우 유용하다. 그리고 업무를 진행함에 따라 모두에게 정보를 제공하고 조언을 해줄 수 있다.

문제는 각각의 짧은 이터레이션 기간 동안 너무 바빠서 다음 이터레이션의 스토리를 접할 시간을 내기가 어렵다는 것이다. 점증적으로 스토리를 인도하고 테스트할 충분한 시간이 있고, 고객의 요구사항과 일치하는 소프트웨어를 인도하고, 이터레이션이 항상 유연하게 진행된다면 이터레이션을 사전에 준비할 시간은 필요 없을 수 있다. 그러나 팀이 스토리를 종료하는 데 어려움이 있거나 기능에 요구된 동작과 실제 동작 사이에 큰 차이가 있다면 더 일찍 계획하는 것이 이터레이션 수행 시간을 줄일 수 있다.

● 리사의 이야기

우리 팀은 다음 이터레이션을 사전에 계획할 시간이 없다고 늘 생각했다. 스토리를 잘못 이해해서 추정치를 한참 넘는 경험을 여러 번 하고 누락된 요구사항이 결국 많은 버그로 나타난 후, 다음 이터레이션에 대해 이야기를 나누는 시간을 계획했다. 이제 필요하다면 제품 책임자나 고객을 포함한 전체 팀이 다음 스프린트의 계획 회의를 하기 전에 몇 시간 정도 회의를 가진다.

우리는 이것을 "사전 계획" 회의라 부른다. 여기에서 다음 이터레이션의 스토리를 검토하고 제품 책임자는 각 스토리의 목적을 설명한다. 제품 책임자는 만족하는 비즈니스 조건과 스토리 체크리스트의 항목들을 검토하고 요구한 작동 예제를 주었다. 또한 우리는 잠재된 위험과 종속성, 시스템 기본 동작에 대해 브레인스토밍을 했다.

가끔은 제품 책임자의 스토리에 대한 설명을 듣는 몇 분만으로도 충분했지만 다른 때에는 화이트보드에 스토리에 대한 다이어그램을 그리는 데 시간을 보내기도 했다. [그림 16-1]은 상세한 UI 흐름과 데이터베이스 테이블을 표현한 예제이다. "연결선"에 숫자를 기록하자. 연결선 #1은 임계경로(중요 경로)다. 연결선 #2는 두 번째 계층 등을 나타낸다. 이 다이어그램 사진을 위키에 올려두면 다른 장소에 있는 개발자 역시 확인 가능하다.

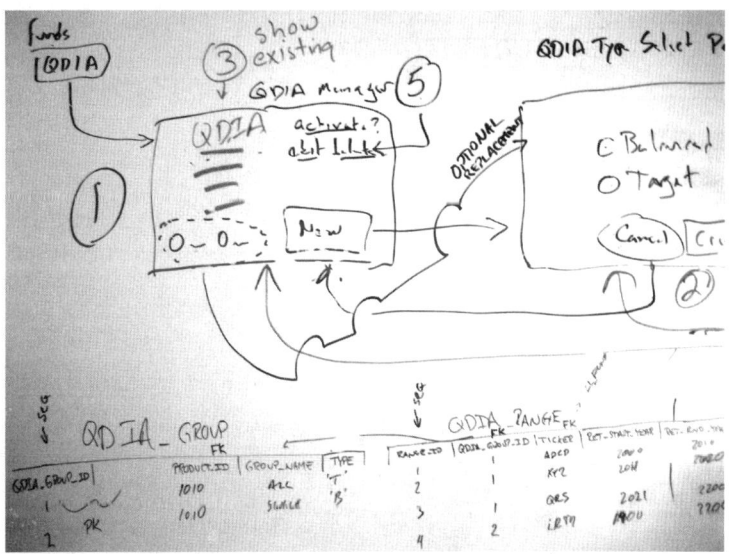

[그림 16-1] 다이어그램을 화이트보드에 그린 계획의 예

다음에 작성할 작업 카드가 무엇이고 어떤 접근 방법으로 각 스토리를 해결할지 생각을 시작할 수 있다. 어떤 이유에서든 다음날 실제 이터레이션 계획 회의에서 하룻밤 사이에 스토리에 대해 한 번 더 생각할 수 있었다. 이런 몇 번의 이터레이션 후에는 두 번의 회의를 하더라도 이터레이션 계획을 하는 시간이 전반적으로 줄어들었다.

가끔은 고객에게 직접적으로 영향을 미치는 스토리를 논의하기 위해 고객을 회의에 참여시켰다. 고객의 회의 참여가 여의치 않아도 스토리를 명확하게 하기 위한 이터레이션 계획 회의 이전에 고객과 대화할 시간은 여전히 있었다.

한 사전 계획 회의에서 제품 책임자가 뮤추얼 펀드의 성과 데이터를 얻는 스토리를 소개한 적이 있다. 우리는 판매인에게 뮤추얼 펀드 리스트가 담긴 파일을 보내야 했고, 판매인은 그 펀드에 대한 모든 최종 성과 정보를 웹 사이트에 XML 파일로 제공해야 했다. 그리고 우리 데이터베이스에 그 데이터를 업로드해야 했다.

사전 계획 회의에서 "판매자에게 어떤 구조의 파일을 보내야 하나요?", "각 펀드의 '현재' 날짜는 매월의 마지막 날짜인가요?", "XML이 들어 있는 웹사이트는 따로 보안이 되어있나요?", "데이터베이스에 같은 펀드에 대한 내용이 이미 있을 경우 무시해도 되나요?"와 같은 질문을 했다.

다음 날 이터레이션 계획 회의에서 제품 책임자는 모든 질문에 대한 대답을 찾아왔다. 작업 카드는 빠르게 작성되었고 코딩도 정확한 정보를 가지고 진행되었다.

종종 이터레이션 사전 계획 회의에서 스토리에 대한 훨씬 단순한 해답을 찾기도 했다. 빨리 진행하는 방법을 찾는 것도 좋지만 처음에는 천천히 진행하는 것도 필요하다.

정말 이것이 필요할까?

여러분의 팀은 사전 준비가 필요 없을 수도 있다. 피에르 베라르겐(Pierre Veragen)과 에리카 보이어(Erika Boyer)는 리사에게 팀이 이터레이션 착수 회의에서 함께 사용자 인수 테스트를 작성하는 방법을 설명해주었다.

스토리에 대한 서술처럼 위키 페이지나 유사한 도구에 작성된 이 테스트는 팀 구성원이 각 스토리에 대한 작업 카드를 작성하고 더 많은 테스트와 코드를 작성하기 시작할 때 사용했다. 예제는 실행 가능한 테스트로 변환했다. 팀이 스토리에 대해 더 학습할 수 있는 용도로 테스트가 변경되었기 때문에 팀은 처음 작성했던 원래의 테스트는 유지하지 않기로 결정했다. 단순하게 시작하고 나중에 상세하게 만들자.

리사는 나중에 계획 미팅을 관찰하고 이 기법이 얼마나 효과적인지 직접 확인했다. 제품 관리자가 구체적인 예제를 제공했음에도 요구사항이 누락된 채 테스트로 변환되었다. 즉 리사의 팀은 이터레이션 계획 회의 전에 테스트를 작성할 필요가 없었다. 이처럼 모든 팀에게 위에서 설명한 내용이 잘 적용되는 것은 아니다.

● 리사의 이야기

우리 팀은 다 같이 테스트를 작성하는 것을 좋아했다. 그러나 이터레이션 계획 기간에는 작업 카드를 작성해야 했으므로 사전 계획 회의 동안 고객 인수 테스트를 다 같이 작성하기로 했다. 이 방법은 집중해서 논의할 수 있게 해주고 각 스토리를 더 빠르게 이해하도록 만들었다. 또한 고객이 생각했던 대로 정확히 인도할 수 있었다. 고객은 품질이 달라진 것을 느꼈고 제품 책임자는 이 방법을 계속 하도록 격려했다.

짧은 사전 이터레이션 논의와 테스트 작성 세션을 시험해보자. 팀의 리듬을 찾기 위해 여러 번의 이터레이션을 경험하게 될 것이고, 그 리듬을 찾았다면 이터레이션 기간에 더욱 생산성이 높아진 것을 확인할 수 있을 것이다.

사전 준비의 잠재적인 단점

"앞서 작업하는"것은 위험이 따른다. 기능에 대해서 자세히 학습할 수 있는 시간을 보낼 수 있지만 비즈니스 담당자가 마지막에 우선순위를 변경하거나 신규 기능을 추가할 수도 있다. 적절할 때 준비하는 시간을 투자하자. 복잡한 테마나 스토리가 생겼다는 것을 알고 리사 팀의 경험처럼 기한을 지키기 어렵다는 것을 알았을 때, 다른 관점에서 확인할 시간이 필요한지 고려해보자. 스토리를 사전에 의논하는 단 하나의 이유는 이터레이션 계획과 개발 기간을 줄이려는 것이다. 기능 동작에 대한 깊은 이해는 테스팅과 코딩 속도를 높여주고 제대로 된 기능을 인도하도록 도와준다.

이터레이션을 시작하는 날 다시 스토리에 우선순위를 매기는 등의 매우 역동적인 상황이라면 위에서 설명한 내용을 시도하는 것은 의미가 없다. 대신 계획 회의 동안 이런 의논을 할 시간을 계획해보자.

명확성 사전 확보

리사의 제품 책임자 스티브 퍼킨스(Steve Perkins)는 "명확성 사전 확보"를 제안했다. 조직의 각 파트는 서로 다른 우선순위와 할 일이 있다. 예를 들어 비즈니스 개발팀은 새로운 비즈니스를 위한 새로운 기능을 찾으려 할 것이고 운영팀은 사용자의 전화를 줄이는 데 우선순위를 둘 것이다. 그리고 개발팀은 비즈니스 범위를 이해하려고 할 것이다.

많은 수의 서로 다른 할 일 가운데 누군가는 어떤 스토리가 다음 이터레이션에서 구현되어야 하는지 결정이 필요하다. 스토리를 구현할 많은 방법이 있기 때문에 누군가는 명세할 요구사항을 결정해서 예제, 만족 조건, 테스트 케이스를 양식에 맞게 작성해야 한다. 이처럼 스티브는 모두가 함께 각 스토리에서 각자가 원하는 가치에 대해 동의해야 한다고 생각했고, "명확성 사전 확보"를 제안한 것이다.

하나의 목소리로 말하는 고객

스크럼은 모든 고객이 "하나의 목소리로 말하기"라는 유용한 제품 책임자의 역할이 있다. 스크럼 팀인지 여부에 상관없이 고객이 스토리의 우선순위와 각 스토리의 구현될 구성 요소에 동의하는 데 도움이 되는 방법을 찾아야 한다. 이 역할을 하는 어떤 사람이든 모두가 합심하게 만들 시간과 능력이 필요하므로 경영층의 지원은 필수적이다.

어떤 팀은 다음 이터레이션 전에 스토리를 구체화하는 데 도움을 줄 수 있는 비즈니스 분석가를 활용하기도 한다. 자넷이 일했던 한 팀에서는 고객이 항상 질문에 답해줄 수 없었기 때문에 각 팀마다 이터레이션 계획 회의 전에 요구사항을 구체화하기 위해 고객과 함께 일하는 비즈니스 전문가를 보유하고 있었다. 만약 비즈니스 전문가가 참여한 회의에서 질문에 답할 수 없다면 팀은 고객에게 바로 전화하거나 분석가가 다음 회의 종료 후 바로 처리했다.

테스터는 스토리를 작성하고 우선순위를 매기는 회의에 참여하고 싶을 것이다. 고객이 그들에게 필요한 핵심 비즈니스 가치인 핵심 기능에 집중하는 질문을 하자. 그리고 참여자가 스토리의 의미를 확고히 하는 예제를 구체적으로 만들 수 있도록 도움을 주자. 여러 고객이 참여한 회의에서는 강력한 중재자 및 합의를 이루는 방법이 중요하다.

부담이 적은 스토리일수록 코딩에 좋다. 예를 들어 인터넷 쇼핑 중 장바구니에서 원하지 않은 항목을 삭제할 방법이 필요하다고 가정하자. 그러나 장바구니에서 "관심 품목" 목록으로 옮기는 것은 당장 급하지는 않을 것이다. 이 내용에 대해 이터레이션 이전에 이야기를 나눈다면 팀은 어떤 업무를 계획에 포함할지 명확하게 해줄 것이다. 단순한 것에 먼저 집중하고 예제는 이것을 명확하게 하는 데 사용하자.

| 모든 관점 알기 |

하나의 스토리에 대해 서로 다른 의제를 가진 각 고객의 요구사항을 알게 되면 혼란이 생길 수 있다. 이것이 고객팀이 모든 관점을 합의하고 조정해야 하는 필수적인 이유이다. 그렇다고 서로 다른 고객으로부터 요구사항을 듣지 말라는 의미는 아니다. 테스터는 다양한 스토리의 다양한 관점을 고려해야 한다. 이것은 서로 다른 역할의 사람들에게 스토리가 의미하는 것은 무엇인지 이해하는 데 도움이 된다.

● 리사의 이야기

회사가 퇴직 연금 가입자의 분기별 계좌 입출금 내역을 재설계하겠다고 결정했을 때, 비즈니스 측의 다른 사람들은 또 다른 이유로 변경을 원했다. 연금 저축 관리자는 혼란스러운 가입자가 고객 지원 부서에 전화하는 수를 최소화하고자 이해하기 쉬운 레이아웃을 원했다.

예를 들면 퇴직 연금 관리자는 가입자의 최근 개인 분담금의 날짜와 총액을 보여주는 입출금 내역을 원했다. 이 내역은 가입자의 고용주가 개인 분담금을 계좌에 늦게 납부했는지 아는 데 도움이 되었다. 비즈니스 개발팀은 잠재적 고객에게 판매하는 기능이 펀드 메뉴의 실적 그래프처럼 화려하길 원했다. 그리고 법무팀은 연방규정을 만족하기 위해 입출금 내역에 새로운 내용과 데이터를 필요로 했다.

제품 책임자가 서로 다른 요구의 균형을 잡고 최종 입출금 내역 레이아웃을 제시하는 동안, 우리 팀에게는 각각의 새로운 정보들의 목적을 이해하는 것이 여전히 중요한 상황이었다. 우리는 퇴직 연금 관리자, 비즈니스 개발팀, 법무팀의 비즈니스 전문가 및 제품 책임자와 직접 이야기하는 것이 필요했다. 테스터와 프로그래머는 각 그룹을 만나서 각각의 다른 관점을 모았다. 데이터를 모으고 표현하기 위하여 스토리를 시작하기 전 이런 일을 함으로써 위 팀은 요구사항을 더 명확하게 이해했고 심지어 정보를 더욱 효율적으로 만드는 제안을 하기도 했다.

이런 데이터를 수집하는 것이 효율적이었는지 확인하자. 때때로 전체 팀이 요구사항을 이해했는지 확인하는 것이 중요하고, 한 두 명의 팀원만 조사하면 충분하다.

스토리 크기

고객팀과 다음 이터레이션의 스토리에 대해 논의하면서 그들에게 질문하는 것은 각 스토리가 필요한 가치를 인도했는지 확인하는 데 도움이 된다. 이때가 작성이 필요한 새로운 스토리를 식별하기에 좋은 시간이다. 팀이 예전에 스토리의 크기를 정했을지라도 이전에 생각했던 것보다 큰 스토리를 찾을 수도 있다. 또는 계획했던 것보다 더 간단히 구현하거나 더 작게 만들 수 있는 스토리를 발견할 수도 있다.

때때로 스토리의 크기를 가정하고 더 조사해보니 잘못된 것으로 판명나기도 한다. 단순한 스토리라도 철저하게 살펴봐야 한다. 한 명이 애플리케이션의 모든 상세한 내용을 기억하기는 쉽지 않다.

● 리사의 이야기
아래는 처음 생각했던 것보다 매우 크거나 작게 바뀐 스토리의 예제다.

1. 특정한 회사의 전체 퇴직 연금 가입자의 계좌 입출금 내역을 파일로 만드는 스토리이다. 이 파일은 입출금 내역을 프린트하여 편지로 보내는 협력사에 보내야 했다. 처음에는 모든 입출금 내역은 정확히 3 페이지로 가정하고 크기를 정했다. 후에 조사를 통해 일부 가입자는 4 페이지가 필요한 것을 발견했다. 하지만 협력사는 모든 가입자의 내역의 길이를 균일하게 만들어 주기를 원했다. 비즈니스 전문가는 4 페이지가 필요한 가입자만 수작업으로 처리할지, 또는 모두 4 페이지로 할지 결정해야 했다. 이 내용은 처음 스토리보다 훨씬 많은 노력이 필요했다. 스토리 개발을 시작한 후 고객이 갑자기 다른 요구사항을 추가했다. 고객의 주소가 없거나 잘못 되었다면 입출금 내역을 고용주에게 대신 보내는 것이었다. 이해가 가는 요구사항이지만 스토리의 크기를 정할 때 이 요구사항에 대해 알지 못했다.

2. 고객이 UI의 다양한 위치에 판매 전화번호의 표시를 원했다. 각 동업자 사이트는 각기 다른 판매 전화번호가 있었고, 그 당시에는 약 25개의 파트너 사이트가 있었다. 팀이 크기를 정하기 전까지는 간단한 것이라고 생각했다. 그리고 개발 관리자가 이 스토리에 작은 크기를 할당했고, 단지 이터레이션에 "추가" 되었다. 개발 관리자는 전화번호가 데이터베이스에 저장되어 있는 것으로 가정했으나, 사실은 각 동업자의 "연락처" 페이지의 HTML에 직접 코딩해야 했다. 데이터베이스에 각 동업자의 정확한 전화번호를 저장하고 값 검색이 가능하도록 코드를 변경하는 것은 스토리를 2배로 크게 만들기 때문에 이터레이션에 추가할 수 없었다.

3. 특정한 조건에서 가입자의 계좌 잔고 계산 배치 업무를 관리자에게 요청하는 사용자 인터페이스의 크기를 정했다. 이 스토리는 영향 받는 가입자의 수를 표시하는 확인 페이지를 포함하고 있었다. 이 업무는 비동기로 큐에 대기했다가 실행되었기 때문에 어느 가입자인지 결정하는 코드는 배치 업무 코드에 영향을 받았다. 요청 시간에 가입자의 수를 알아내기 위한 코드 리팩터링은 큰 업무였다. 스토리를 시작하고 나서 주요 사용자에게 제출된 요청의 수가 정말 필요한지 물었더니 그는 필요하지 않다고 했다. 스토리는 처음 생각보다 매우 작아졌다. 고객이 원하는 진짜 비즈니스 가치가 무엇인지 밝혀내고 투자 대비 효과가 적은 구성요소는 제거하기 위해 항상 질문을 했다.

위 스토리는 이터레이션 기간에 새로운 발견으로 무엇을 해야 하는지 밝혀내는 시간을 몇 개의 질문으로 줄일 수 있음을 보여준다. 그러나 모든 것을 일찍 발견할 수는 없다는 것을 알았다. 예를 들어 처음 스토리에서 입출금 내역의 크기에 대한 간단한 질문은 마지막 부분의 4 페이지 내역을 다루는 방법에 대한 혼란을 막았을 테지만, 잘못된 주소에 대한 이슈는 코딩과 테스트 이전까지는 생각하지 못했을 것이다.

진행하면서 계속 발견하겠지만, 큰 "깨달음"이 처음에 이뤄졌다면 팀이 효율적으로 일할 수 있다.

지리적으로 분리된 팀

다음 이터레이션을 위한 몇 가지 준비는 지리적으로 떨어져 있는 팀에게 도움이 된다. 여러 지역에 나뉘어 있는 팀은 전화 회의, 온라인 회의, 원격 회의를 통해 이터레이션 계획을 할 수 있다. 리사의 팀에서 사용한 방법은 곧 구현할 스토리의 일부분을 각 팀에 할당하고 사전에 작업 카드를 작성하는 것이다. 그러면 계획 회의에서 모두가 전체 작업 카드를 검토할 수 있고 필요하면 수정할 수 있다. 사전 작업은 의사소통을 원활하게 하고 스토리와 업무를 모두에게 보이게 만들어 주며 계획 절차를 빠르게 만든다.

물론, 이 내용들에는 팀이 시스템을 사용한 스토리나 업무 게시판을 사용한다는 가정이 포함된다. 리사의 팀도 Thoughtwork의 Mingle이라는 애자일 프로젝트 관리 도구를 사용했다. 이 외에도 이런 목적을 달성시키는 다양한 제품들이 출시되어 있다.

지리적 다양성에 대처하기

소프트웨어 회사는 전 세계에 고객, 개발자, 테스터가 퍼져있다는 것을 언급했다. 고객은 기술팀과 멀리 떨어져 있을 뿐만 아니라 개발팀의 질문에 바로 답하기 위한 인터넷 망이 없을 수도 있다. 대신 팀은 애플리케이션의 비즈니스 부분을 상세하게 알고 소프트웨어의 기술적 구현을 이해하는 기능 분석가에 의존한다. 이런 기능 분석가는 비즈니스팀과 기술팀 사이의 의사소통을 담당한다.

패트릭 플라이쉬(Patrick Fleisch)와 아푸르바 찬드라(Apurva Chandra)는 웹 기반의 라이선스 관리 소프트웨어 프로젝트에서 기능 분석 컨설턴트로 일하고 있다. 이 분야의 전문가인 이들은 이해관계자와 개발자 사이의 의사소통을 원활히 하기 위해 여러 지역을 여행한다.

> 기능 분석가는 준비된 스토리의 크기를 정하고 기술팀이 스토리를 이해하는 데 도움을 주는 업무를 이터레이션 이전에 진행한다. 이들은 온라인 도구를 이용하여 스토리에 접근하고 이 도구에 테스트 케이스, 경계 조건, 기술팀이 스토리를 이해하는 데 도움이 되는 다른 정보를 입력한다. 그리고 비즈니스 사용자를 대상으로 위키에 상위 수준 기능을 작성한다.
>
> 아푸르바와 패트릭은 기술팀이 새로운 스토리를 시작하는 데 필요한 의사결정을 하는 핵심 역할을 맡고 있다. 비즈니스와 기술에 대한 이들의 깊은 이해를 통해 고객을 직접 만날 수 없었던 팀은 코딩을 진행하는 데 필요한 요구사항을 제공받을 수 있었다. 테스터이자 자동화 엔지니어인 데이비드 리드(David Reed)는 그가 테스트를 수행하고 자동화하는 데 필요한 정보를 아푸르바와 패트릭에게 요청하는 방법에 대해 말해주었다. 애자일 원칙은 고객과 밀접하게 협업하라고 하지만 어떤 상황에서는 비즈니스 요구사항을 명확하게 할 다른 방법을 찾아야 한다.

고객이 질문에 답하거나 의사 결정하는 것이 순조롭게 진행되기 어렵다면 항상 접촉할 수 있는 다른 도메인 전문가가 우선순위를 결정하고 예제를 통해 요구된 시스템의 동작을 표현함으로써 팀을 안내할 수 있는 권한을 주어야 한다. 테스터와 비즈니스 분석가는 이 활동을 하기 위해서 자주 요구해야 한다.

사례

여러분은 우리가 이 책 모든 장에서 사례를 설명하고 있다는 것을 알 것이다. 사례는 개발 주기 전반에 걸쳐 요구받은(또는 요구받지 않은) 기능에 대해 이해하고 표현하는 효과적인 방법이다. 우리의 좌우명은 브라이언 매릭(Brian Marick)의 말에 따라 다음과 같이 만들어졌다. "사례는 지금 바로 유용한 것이다([그림 16-2] 참조)." 기능과 스토리에 대한 의논을 실제적인 사례와 함께 시작해보자. 이 아이디어가 인기를 얻으면서, 기능 테스팅을 위한 최근 워크샵에서 "사례 주도 개발(Example-Driven Development)"이라 부르는 것을 논의했었다.

[그림 16-2] 브라이언 매릭의 사례 스티커

리사의 팀원이 다음 이터레이션에 대한 의견을 나누기 위해 제품 책임자를 만났을 때 각 스토리에 필요한 동작의 사례를 요청했다. 우리는 상세한 수준까지 이 사례에 대해 논의했다. 또한 새로운 기능을 어떻게 작업할 것인지 배우는 빠른 방법이다. 화이트보드를 사용하여 그림을 그리자. 팀원이 멀리 떨어져 있다면 모두가 화이트보드의 다이어그램을 보고 의논에 참여할 수 있는 도구의 사용을 고려하자. 고객이나 고객 대리인과 실제 사례를 살펴보자. 이터레이션 계획 기간에 비즈니스, 최종 사용자, 개발자, 비즈니스 동업자의 서로 다른 관점을 고려하자. 릴리즈 계획과는 달리 다음 이터레이션에 계획해야 할 스토리가 있으므로 더 상세한 부분까지 살펴봐야 한다.

사례를 사용하여 각 스토리를 조금 더 구체화하는 상위 수준 테스트를 작성할 수 있다. 이터레이션 시작 전에 이런 작업이 필요 없을 수도 있지만, 복잡한 스토리라면 최소한 하나의 정상 경로와 비정상적인 경로의 테스트 케이스를 사전에 작성하는 것이 좋다. [그림 16-3]의 스토리를 생각해보자.

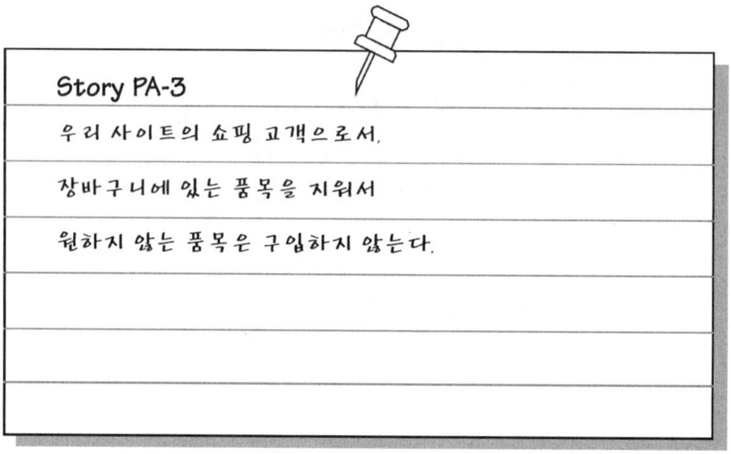

```
Story PA-3
우리 사이트의 쇼핑 고객으로서,
장바구니에 있는 품목을 지워서
원하지 않는 품목은 구입하지 않는다.
```

[그림 16-3] 장바구니의 품목 삭제 스토리

제품 책임자가 요구되는 UI를 화이트보드에 간단히 그렸다. 각 품목 옆에 "삭제" 체크박스가 있고 "장바구니 수정" 버튼이 있었다. 사용자는 하나 이상의 품목을 선택하고 버튼을 눌러 품목을 삭제할 수 있다. 상위 수준 테스트는 다음과 같았다.

- 사용자가 아이템 옆에 있는 삭제 체크박스를 클릭하고 "장바구니 수정" 버튼을 클릭하면, 페이지는 장바구니에 품목이 없는 것을 보여주도록 갱신된다.
- 사용자가 장바구니에 있는 각 품목의 옆에 있는 삭제 체크박스를 클릭하고 "장바구니 수정" 버튼을 클릭하면, 페이지는 빈 장바구니를 보여주도록 갱신된다. (여기에 질문이 있을 수 있다. 사용자를 다른 페이지로 유도할 수 있는가? "쇼핑 계속" 버튼을 보여줘야 하는가?)
- 사용자가 품목 삭제 체크를 하지 않고 "장바구니 수정" 버튼을 클릭했을 때, 페이지는 장바구니에서 아무것도 없어지지 않은 것을 보여주도록 갱신된다.

고객에게 이터레이션 전에 사례와 상위 수준 테스트 케이스를 작성하도록 요청하자. 이것을 통해 사용자는 스토리에 대해 더 생각해볼 수 있고 그들의 만족 조건을 좀 더 쉽게 정의할 수 있다. 또한 어느 기능이 중요한지 식별하는 데도 도움이 된다. 그리고 언제 스토리가 완료되어야 하는지를 정의하는 것과 고객들의 기대를 관리하는 것 역시 도움이 된다.

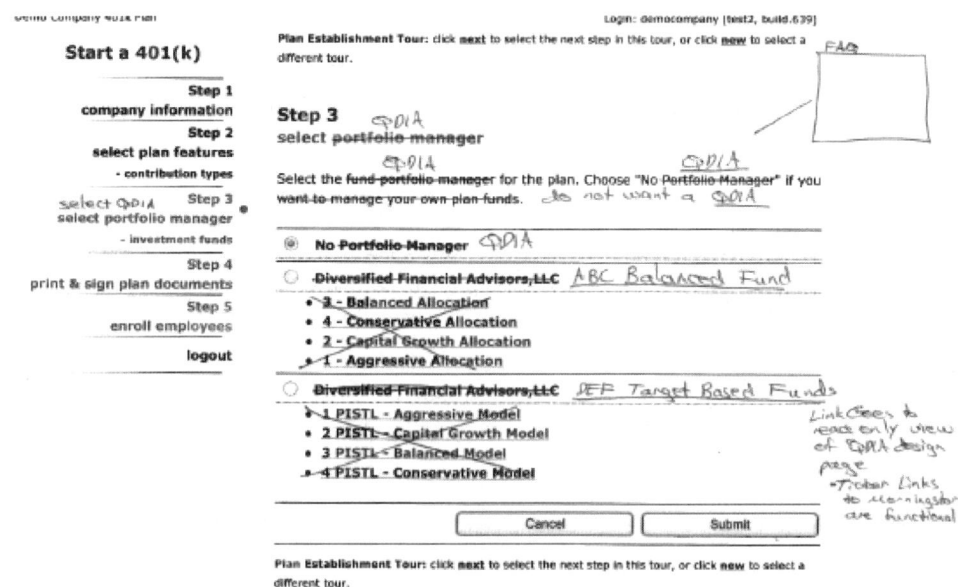

[그림 16-4] 고객 모형(mock-up) 샘플

[그림 16-4]는 제품 책임자가 기존의 페이지에 변경을 표시한 모형의 예를 보여준다. 예전 시스템의 기존 스크린 샷을 사용하지 않도록 조심하자.

모형(mock-up)은 UI나 보고서를 포함한 스토리에 필수적이다. 고객에게 페이지가 어떻게 보일지 생각을 그려달라고 요청하자. 그리고 이 생각을 팀과 공유하자. 하나의 아이디어를 스캔해서 모두가 볼 수 있게 위키에 업로드하자. 이것을 시작점으로 사용하고 더 많은 프로토타입을 종이나 화이트보드에 그려보자. 화이트보드에 그린 프로토타입은 사진으로 만들어서 다른 지역에 있는 팀원들이 볼 수 있게 업로드할 수 있다.

테스트 전략

다음 이터레이션의 스토리에 대해 학습하면서 스토리에 대한 테스트 접근방법을 생각해보자. 특별한 자동화 문제를 겪고 있지 않는가? 새로운 도구가 필요하지 않는가?

● 리사의 이야기

최근 우리 회사는 음성 응답 하드웨어와 대화형 음성 인터페이스 소프트웨어를 대체할 필요가 있었다. 계약 업체는 음성 애플리케이션을 운영하는 소프트웨어를 제공해줬지만 데이터베이스에 저장 프로시저를 통한 통신이 필요했다.

이 방법은 우리가 지금까지 해왔던 소프트웨어와 큰 차이가 있었고, 이 프로젝트 관련된 스토리가 포함된 첫 번째 이터레이션 계획을 하기 전에 다른 팀이 이러한 종류의 애플리케이션을 테스트하는지 조사하는 데 추가적인 시간이 필요했다. 이터레이션 계획 동안 적절한 테스트 방법을 더 나은 추정치를 카드에 작성할 수 있었다.

Tip
Chapter 9 "팀을 지원하는 비즈니스 중심 테스트를 위한 툴킷", Chapter 10 " 제품을 평가하는 비즈니스 중심 테스트" Chapter 11 "제품을 평가하는 기술 중심 테스트"에서 여러 종류의 테스팅 도구에 대한 예를 제시했다.

팀이 새로운 종류의 소프트웨어를 사용하기 시작하면 어떻게 개발할지 학습하기 위해 스파이크 개발을 결정해야 한다. 동시에 개발을 어떻게 주도하고 어떻게 테스트해야 하는지 확인하기 위해 테스트 스파이크를 시도해야 한다. 중요한 신규 에픽이나 기능을 개발해야 한다면 한 두 이터레이션 앞서서 이에 대해 조사하고 브레인스토밍 회의를 하는 작업 카드를 작성하자. 이를 통해 실제 코딩을 시작할 때 어느 스토리와 업무가 계획이 필요한지 알 수 있다. 또 다른 아이디어는 앞으로 진행할 스토리나 테마에 대해 기술적 해결책을 살펴보는 "척후병"을 갖는 것이다.

결함 우선순위 결정하기

우리는 당연히 각 이터레이션이나 릴리즈의 마지막에 결함이 없는 이상적인 결과를 바란다. 그러나 곧 이상적인 세계에 살고 있지 않음을 깨닫게 된다. 때때로 염려할만한 수준의 레거시 시스템 결함을 찾아내기도 하고 비즈니스에 크게 중요하지 않은 결함을 수정하기도 한다. 이런 결함에 무슨 일이 발생할까? Chapter 18에서 이에 대한 전략에 대해 살펴볼 것이다. 그러나 지금은 단지 결함을 다루는 것만을 고려하자.

다음 이터레이션 직전에 고객과 눈에 띄는 이슈를 검토하고 이것을 시스템에 남겨둘 것인지 고칠 것인지를 결정하는 것이 가장 좋다. 결함을 고치는 것은 다음 이터레이션에 포함될 수도 있다.

자원

이터레이션 전에 팀이 높은 위험의 스토리 완료에 필요한 모든 자원을 가지고 있는지 여러 번 확인해야 한다. 다른 프로젝트와 공유해야 하는 전문가가 필요한가? 예를 들어 스토리가 보안 위험이 있거나 보안과 관련된 기능이라면 보안 전문가가 필요하다. 부하 테스팅을 수행해야 한다면 특별한 도구나 다른 팀의 부하 시험 전문가의 도움이 필요하다. 또는 부하 테스팅 서비스를 제공하는 벤더의 도움이 필요하다. 이때가 사전에 계획할 수 있는 마지막 기회이다.

요약

팀은 이터레이션에 앞서 사전 준비가 필요할 수 있다. 애자일 개발에서는 우선순위가 빠르게 변경되기 때문에 스토리 계획이 연기되면서 시간을 낭비하고 싶지는 않을 것이다. 그러나 새로운 기술을 구현하거나, 복잡한 새로운 테마에 착수하거나, 이터레이션 계획 시간을 줄이고 싶거나, 팀이 지역적으로 나뉘어져 있다면 사전 계획이나 생산적인 조사가 필요하다. 테스터는 다음의 내용을 따를 수 있다.

- 질문하고 예제를 얻는 것을 통해 고객이 사전에 명확하게 하는 것을 지원하자. 각 스토리의 기대되는 행위에 대한 의견을 일치시키자.
- 능동적인 자세를 취하고 이터레이션에 앞서서 복잡한 스토리를 학습하고 크기가 적절한지 확인하자.
- 항상 다음 이터레이션의 사전 준비가 필요하지는 않다. 이터레이션을 통해 시간을 아낄 수 없거나 고객 요구사항을 성공적으로 만족시킬 수 없다면 사전에 준비하지 말자.
- 다른 지역에 있는 팀원들과 협력하고 효과적으로 의사소통하자. 이를 지원하는 많은 도구가 있다.
- 각 스토리를 설명하는 데 도움이 되는 예제를 확보하자.
- 다음 이터레이션에 앞서서 새로운 기능이나 일반적이지 않은 기능에 대한 테스트 전략을 개발하자.
- 현재의 결함을 선별하고 우선순위를 정하여 다음 이터레이션에 포함시킬지를 결정하자.
- 필요한 테스팅 자원이 있는지 확인하자.

AGILE
Chapter 17
이터레이션 킥오프

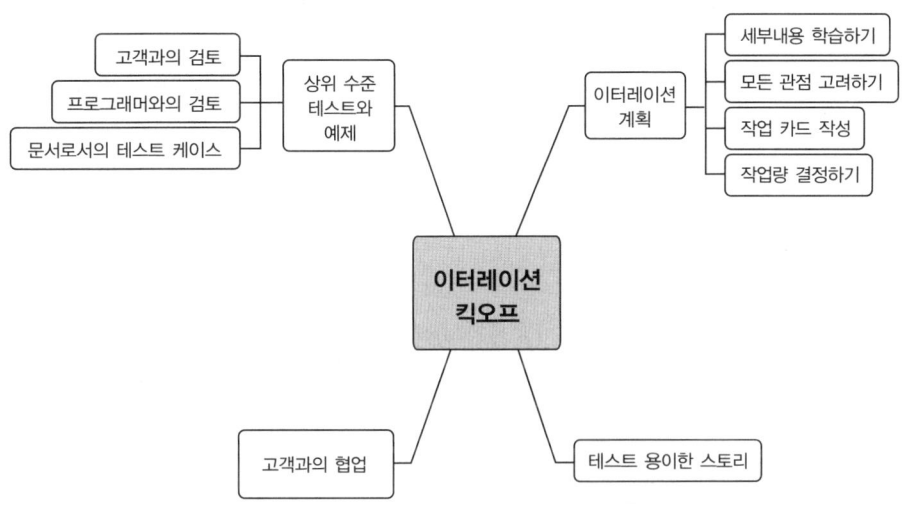

애자일 테스터는 테스팅과 개발 업무 계획을 지원하는 등 이터레이션 계획 동안 중요한 역할을 수행한다. 이터레이션이 진행 중이면 테스터는 적극적으로 고객과 개발자와 협업하고, 개발을 가이드하는 상위 수준 테스트를 작성하고, 예제를 발굴하여 보여주고, 스토리가 테스트 가능한지 확인한다. 이제 각 이터레이션 착수 시 애자일 테스터의 활동에 대해 자세히 알아보자.

이터레이션 계획하기

대부분의 팀은 새로운 이터레이션을 계획하면서 시작한다. 계획은 이전 이터레이션에서 무엇이 잘 되었고 잘못 되었는지 돌아보기 위해 회고나 "교훈(lessons learned)" 세션 다음에 수행된다. 회고의 처리 항목이나 "시작/그만/계속" 제안은 곧 시작하는 이터레이션에 영향을 주지만, 우리는 회고를 이터레이션 종료 활동으로써 Chapter 19 "이터레이션 마무리"에서 살펴볼 예정이다.

이터레이션에서 할 일을 계획하는 동안, 개발팀은 스토리 구현에 필요한 업무를 작성하고 추정하면서 한 번에 하나의 스토리에 대해서만 의견을 나누어야 한다. 여러분이 이터레이션 준비하는 일을 일찍 완료했다면 계획 세션이 매우 **빠르게** 진행될 것이다.

팀이 새롭게 애자일 개발을 시작한다면 이터레이션 계획 세션에 보통 많은 시간을 할애한다. 리사의 팀은 처음 시작했을 때 이터레이션 계획에 꼬박 하루가 걸리곤 했다. 그러나 이제는 회고까지 포함해 두어 시간 정도면 완료된다. 리사의 팀은 팀원 전체가 볼 수 있도록 사용자 인수 테스트 케이스와 만족 조건을 프로젝터를 사용해 보여준다. 그리고 작업 카드를 작성할 때도 온라인 스토리 게시판 도구를 프로젝터로 표시한다. [그림 17-1]은 진행 중인 이터레이션 계획 회의를 보여준다.

[그림 17-1] 이터레이션 계획 회의

상세한 내용 학습하기

제품 책임자나 다른 고객 팀 구성원이 이터레이션 계획에 참가하여 질문에 답해주고 각 스토리의 요구사항에 대한 예제를 제공해주는 것이 가장 이상적이다. 그러나 비즈니스 관련자가 아무도 참석하지 못한다면 고객 가까이에서 일하는 분석가나 테스터 같은 팀원이 대신할 수 있다. 그리고 이들은 요구사항을 자세하게 설명하고 고객을 대신해 의사결정을 하거나 답변을 빨리 얻기 위해 질문을 기록해야 한다. 이터레이션을 시작하기에 앞서 고객과 스토리에 대해 검토했다면 이터레이션 계획 세션 중 고객의 도움이 필요 없다고 생각할 수도 있다. 그러나 추가적인 문의가 있을 경우를 대비해서 고객과 계속 함께하는 것이 좋다.

우리가 이 책에서 내내 강조하듯이 사례를 사용하는 것은 팀이 스토리를 이해하는 데 도움이 되고 또한 사례가 코딩을 주도하는 테스트가 된다. 우선순위에 따라 스토리를 다루자. 이전에 고객과 스토리에 대해 검토하지 않았다면 고객팀을 대표하는 제품 책임자나 다른 사람이 계획 예정인 각각의 스토리를 먼저 읽어야 한다. 그리고 그들은 스토리의 목적, 전달하려는 가치, 어떻게 사용될 것인가에 대한 예를 설명한다. 이 설명은 다른 사람에게 공유되거나 화이트보드에 작성될 것이다. UI와 보고서 스토리는 이미 팀에서 살펴볼 수 있는 와이어 프레임이나 모형을 가지고 있을 것이다.

팀에 도움이 되는 실습 방법은 각 스토리의 사용자 인수 테스트를 작성하는 것이다. 제품 책임자와 참여 가능한 다른 이해관계자와 함께 하고, 그들이 상위 수준의 테스트를 작성하여 테스트가 통과하면 그 스토리는 완료된다. 이러한 내용 역시 이터레이션 준비 작업의 하나로 이터레이션 계획에 앞서 금방 종료될 수 있다.

스토리는 완료하는 데 얼마 안 걸릴 정도의 크기로 만들어질 것이다. 정기적으로 테스트할 작은 스토리들이 생기면 한 번에 모두 끝내지 않고 이터레이션 종료까지 테스트 대기 줄에 늘어 세워야 한다. 스토리가 지난 릴리즈 계획과 이터레이션 사전 회의에서 만들어지고 여전히 너무 크다면 이때가 스토리를 더 작게 만들 수 있는 마지막 기회이다. 작은 스토리라도 복잡할 수 있다. 팀은 기능에서 최적의 경로를 식별하는 활동을 고려하자. 여러분을 가이드하고 가장 기본적인 사용자 시나리오를 찾는 데 예제를 사용하자.

다른 팀 구성원과 함께 일하는 애자일 테스터는 "범위 무단 변경"을 경계해야 한다. 스토리가 점점 커지는 것처럼 보일 때 사방팔방에서 빨간 깃발이 올라오는 것을 두려워하지 말자. 리사의 팀은 스토리의 기능 중심이 아닌 "멋진" 또는 "괜찮은" 컴포넌트에 주목하도록 의식적으로 노력했다. 이것들은 스토리가 계획보다 오래 걸릴 것을 대비하여 마지막까지 연기할 수 있다.

모든 관점 고려하기

테스터는 거대한 시스템의 맥락에 각각의 스토리를 더하고 다른 부분에 의도하지 않은 영향이 있을지 평가한다. 이것을 릴리즈 계획 미팅에서 하기 위해서는 사용자, 비즈니스 이해관계자, 프로그래머, 기술 작가, 기능을 만들고 사용하는 모두와 다른 사고방식을 가져야 한다. 그래야 상세한 수준에서 일하는 것이다.

우리는 다음과 같은 사례 스토리를 릴리즈 계획 단계에서 사용했다

"고객의 입장에서, 나는 선택한 배송 방법에 따라 얼마의 비용이 드는지 알고 싶고 원한다면 배송 방법을 바꿀 수 있다."

우리는 "최소한의 기능"을 취하고 단지 하나의 배송 속도만이 있다고 가정하도록 스토리를 변경하기로 결정했다. 다른 배송 속도는 나중에 작성할 스토리에 포함할 것이다. 이 스토리에서 품목의 무게와 배송지에 따른 배송료 계산이 필요하므로 BigExpressShhipping API를 사용하기로 했다. 이제 이 스토리는 [그림 17-2]와 같다.

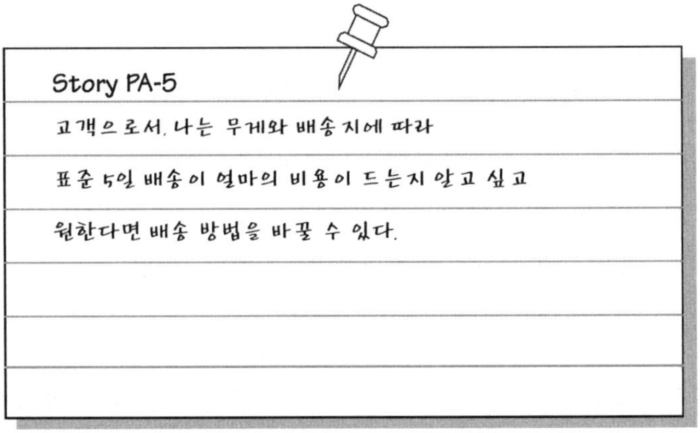

> **Story PA-5**
> 고객으로서, 나는 무게와 배송지에 따라
> 표준 5일 배송이 얼마의 비용이 드는지 알고 싶고
> 원한다면 배송 방법을 바꿀 수 있다.

[그림 17-2] 5일 배송 속도 스토리

팀은 이제 이 스토리에 대한 논의를 시작한다.

테 스 터: "사이트에서 모든 품목에 대해 적용 가능한가요? 너무 무겁거나 5일 배송이 불가능한 품목은 없나요?"

제품 책임자: "모든 품목이 5일 배송이 가능합니다. 12kg 미만이라면 하루나 이틀 정도에도 가능합니다."

테 스 터: "비즈니스 관점에서 이 스토리의 목표가 무엇입니까? 주문 속도를 높이도록 비용을 알기 쉽게 하는 것인가요? 아니면 더 이익이 되는 다른 배송 방법을 확인하도록 하고 싶은 겁니까?"

제품 책임자: "쉬운 사용이 핵심 목표입니다. 결제 프로세스가 빨리 진행되고 고객이 총 주문액을 확인하고 쉽게 구입을 결정하도록 만들고 싶습니다."

프로그래머: "우리는 사용자가 배송 위치를 입력하자마자 5일 배송료를 기본으로 표시할 것입니다. 다른 배송 방법에 대한 스토리를 처리할 때, 배송료를 빠르게 계산해서 팝업으로 표시해주는 버튼을 추가할 수 있습니다"

제품 책임자: "그게 우리가 원하는 거예요. 아주 고객 친화적인 사이트로 시장에 출시될 겁니다."

테 스 터: "사용자가 실수할 수도 있나요? 이 페이지에서 사용자는 무엇을 하게 되나요?"

제품 책임자: "다른 배송 방법을 추가한다면 사용자는 배송 방법을 변경할 수 있습니다. 그러나 현재는 매우 간단합니다. 우리는 이미 사용자가 입력한 배송지의 주소와 우편번호가 일치하는지 검증하고 있습니다."

테 스 터: "사용자가 배송지를 잘못 입력했다는 것을 깨달았을 때는 어떻게 됩니까? 만약 청구서 발송지를 잘못 입력했다면 사용자는 어떻게 주소 입력을 변경할 수 있나요?"

프로그래머: "사용자가 잘못 입력한 것을 매우 쉽게 수정할 수 있도록 우리가 청구서 발송지와 배송지 주소 수정 버튼을 넣을 겁니다. 배송 요금이 표시되는 페이지에 두 주소 모두를 보여줄 겁니다. 나중에 여러 배송 주소를 추가로 선택할 수 있도록 확장할 수도 있습니다."

테 스 터: "사용하기 쉬운 UI처럼 보이네요. 내가 온라인에서 쇼핑할 땐 주문을 완료하기 전까지 배송료를 확인할 수 없어서 괴로웠어요. 배송료가 터무니없이 비싸서 그만두고 싶을 때는 이미 시간을 낭비한 것이죠. 고객이 결제 프로세스에서 무엇을 할지 모르거나, 좌절감에 빠지거나, 포기하지 않도록 만들고 싶어요. 그럼 다음 페이지에서 고객은 주문 확인 페이지를 보겠네요. 이 페이지에서도 고객이 배송료를 변경할 수 있나요?"

프로그래머: "아닙니다. 동일한 항목이 장바구니에 여전히 있다면 이 API가 추정한 비용은 항상 실제 가격에 일치해야 합니다."

제품 책임자: "어느 제품이든지 수량이 변하거나 삭제된다면 배송료도 바로 변경되어 반영되는지 확인이 필요합니다."

이렇듯 대화를 통해 많은 내용들이 명확해진다. 이제 팀 구성원 모두가 스토리에 대해 공통된 이해를 갖게 되었다. 스토리의 모든 부분에 대해 이야기를 나누는 것이 중요하다. 사용자 인수 테스트를 다 같이 작성하는 것은 개발팀이 고객의 요구사항을 이해했는지 확인하는 좋은 방법이다. 대화를 계속 살펴보자.

테스터: "그럼 이 스토리가 제대로 동작하는지 확인할 간단한 테스트를 작성하죠."

고 객: "그래요. 이 사례면 어떨까요?"

2개 품목을 5일 배송으로 선택하고 비용을 즉시 확인한다.

테스터: "좋은데요. 하지만 배송지가 어딘지 모르겠네요. 다음과 같이 좀 더 포괄적인 테스트는 어떨까요?"

사용자가 배송지를 입력하자마자 기본적으로 표시되는 5일 배송료를 확인한다.

고 객: "그게 좋겠어요."

모든 측면 고려하기

폴 로저스(Paul Rogers)는 이터레이션 계획 회의에서 발생했던 상황에 대해 다음과 같이 이야기했다. 한 스토리를 간단하고 빠르게 처리할 수 있었던 성능 이슈에 대한 내용이다.

이터레이션 미팅 중, 스토리들 중 하나에 대하여 어플리케이션에 새로운 이미지를 추가하는 것에 대한 논의가 있었다.

제품 책임자: "이 스토리에 추가적인 이미지를 넣고 싶어요."

개발자 1: "좋아요. 그런데 얼마나 걸릴까요?"

개발자 2: "얼마 걸리지 않을 것 같아요. 반나절 정도?"

개발자 3: "데이터베이스를 변경하는 것은요?"

개발자 2: "그것도 포함한 추정입니다."

개발자 1: "좋아요. 반나절로 하죠."

> 나: "잠시만요. 지난번 이터레이션에서 성능 이슈가 있었잖아요. 그 이미지를 다 추가한다면 성능 문제가 생길 것 같아요."
> 개발자 1: "네. 다른 방법에 대해 생각해보죠. 아마 구현하는 다른 방법이 있을 거예요."
> 개발자 2: "왜 신속하게 스파이크를 수행해 모형 이미지를 추가하고, 성능 테스트를 하지 않는 거죠?"
>
> 스토리 시작 전에 이렇게 의논하는 것은 맞닥뜨릴 문제에 대한 아이디어를 얻을 수 있어서 좋다. 시스템의 다른 부분에 스토리가 미치는 영향이나 기능 개발의 어려움에 대해 확신이 없는 누구라도 이터레이션 계획에 이슈를 제기할 수 있고, 그래야 한다. 불확실한 부분은 일찍 고심하고 더 연구하거나 스파이크를 통해 많은 정보를 얻는 것이 좋다.

다른 관점으로 질문하는 것은 스토리를 명확하게 하고 팀이 일을 더 잘하는데 도움이 된다.

작업 카드 작성하기

팀이 스토리에 대해 잘 이해하고 있다면 작업 카드의 작성과 추정을 시작할 수 있다. 애자일 개발은 테스팅과 함께 코딩을 진행하기 때문에 테스팅 작업 카드와 개발 작업 카드를 동시에 작성한다.

만약 사전 계획이 완료되었다면 이미 작성한 작업 카드가 있을 수 있다. 그게 아니라면 이터레이션 계획 회의 기간에 작업 카드를 작성하자. 누가 작업 카드를 작성하든지 상관은 없지만 팀 구성원 모두가 작업 카드를 검토하고 조언할 수 있다. 업무는 코딩을 시작할 때 추가될 수 있지만 대부분의 작업 카드 작성과 추정을 이터레이션 회의 기간에 하는 것이 팀에게 무엇이 포함되었는지 분별할 수 있게 해준다.

● 리사의 이야기

우리 팀이 작업 카드 작성을 시작하려고 할 때 프로그래머는 보통 코딩 작업 카드를 작성하고 테스터는 동시에 테스팅 작업 카드를 작성한다.

나는 보통 상위 수준 테스트 케이스를 카드에 작성하기 시작한다. 그리고 프로그래머에게 어느 스토리가 GUI 뒷단 테스트가 가능한지 묻고 그에 따라 테스팅 작업 카드를 작성한다. 이 카드는 보통 "FitNesse 테스트 케이스를 작성"하는 테스트 작업 카드를 의미하고, 개발자 작업 카드는 픽스처가 이미 만들어져 있지 않다면 "FitNesse 픽스처 작성"을 의미한다. 가끔 모든 GUI 뒷단 테스트가 단위 테스트를 더 쉽게 다룰 수 있지만, 이것이 케이스인지 물어보는 것이 좋다.

우리 팀은 이터레이션 기간에 기억할 필요가 있는 것이라면 무엇이든 작업 카드에 작성했다. 다른 작업 카드와 마찬가지로 "나를 안나에게 보여주기"나 "테스트 파일을 조에게 보내기" 등도 스토리 게시판에 올렸다.

내가 작성한 테스팅 작업 카드를 추정하고 나면 팀에게 작업 카드와 추정에 대한 피드백을 요청했다. 가끔 우리 팀은 그룹을 나누고 그룹에 따라 스토리를 구분해서 작업 카드를 작성했다. 그리고 모든 작업 카드와 추정 시간도 서로 같이 검토했다. 개발 시간이 테스팅 시간에 비해 적다면 이에 대해 논의했다. 그리고 작업 카드가 스토리의 모든 부분을 다루었다는 의견 일치를 보았다. 만약 여전히 모르는 부분이 남아 있다면 정보를 더 확보할 때까지 작업 카드 작성을 연기했다.

테스팅 작업 카드와 개발 작업 카드는 모두 스토리 게시판의 "해야 할 일" 항목에 올렸다. 일부 테스팅 작업 카드는 프로그래머가 코딩하는 것을 설명하기 위해 코딩 작업 카드가 이동하기 전에 "진행 중인 업무" 또는 "완료" 항목으로 옮겼다. 코딩 작업 카드가 "완료" 항목으로 옮겨가면 "완료" 항목의 테스팅 작업 카드는 "처리 중"으로 옮겨진다.

자넷은 이와 비슷하게 접근했지만, 프로그래머의 코딩 작업 카드는 테스팅 작업 카드가 완료될 때까지 "테스트할 것" 항목에 있었다. 그리고 이 두 카드는 동시에 "완료" 항목으로 옮겨졌다.

리사의 팀은 무게와 도착지에 따라 5일 배송의 배송료를 보여주는 스토리 PA-5([그림 17-2])의 테스트 작업 카드를 아래와 같이 작성했을 것이다.

- 무게와 도착지에 따라 5일 배송의 배송료를 계산하는 FitNesse 테스트 작성하기
- 5일 배송의 배송료 표시에 대한 WebTest 작성하기
- 5일 배송의 배송료 표시에 대하여 수작업 테스트하기

일부 팀은 개발 작업 카드에 테스팅 업무를 직접 작성하는 쪽을 선호한다. 테스트가 종료되기 전까지 그 업무는 명백하게 "완료"된 것이 아닌 간소한 방법이다. 여러분은 테스팅이 마지막에 종료되는 "작은 폭포수" 접근방법을 방지하려고 하는 중이다. 그리고 프로그래머는 "스토리를 QA에게 보냄"으로써 업무를 완료했다고 생각할 것이다. 어떤 접근방법이 팀에 최선인지 살펴보자.

스토리에 외부 관계자나 공유 자원이 깊이 관련되어 있다면 이러한 업무를 잊지 않게 확인하는 작

업 카드를 작성하고 팀 통제 밖의 의존성이나 사안을 감안하여 넉넉하게 추정하자. 배송료 스토리를 진행하는 가상 팀은 배송업체의 비용 계산 API를 가지고 업무를 해야 한다.

테스터: "누가 BigExpressShipping의 API 명세를 필요로 하는데, 누구에게 연락해야 하는지 아는 사람 있나요? 우리가 어떤 정보를 보내야 되나요? 무게와 우편번호만 보내면 되나요? 이 API를 테스트하기 위한 연락이 이미 되어 있나요?"

스크럼 마스터: "BigExpressShipping의 조(Joe)가 담당자예요. 그가 이미 입/출력 포맷에 대한 명세를 보내줬어요. BigExpressShipping에서 우리 테스트 시스템에 접근하기 위한 권한 설정이 필요합니다. 2일 정도면 완료될 겁니다."

테스터: "잘됐네요. 테스트 케이스 작성에 그 정보가 필요했어요. 우리가 BigExpressShipping API에 연결하고 배송료를 받는 것이 가능한지 검증하는 테스트 작업 카드를 작성할 겁니다. 그런데 배송료가 정말 맞는지 어떻게 알죠?"

스크럼 마스터: "조가 무게, 우편번호와 예상되는 배송료에 대한 테스트 케이스를 줬습니다. 이 입력 값으로 정확한 출력값이 나오는지 확인할 수 있어요. 그리고 이 스프레드시트로 차이가 나는 우편번호 비율도 보여줄 수 있습니다."

테스터: "BigExpressShipping의 API에 접근하는 것을 정확히 확인하는 데 많은 시간이 필요해요. 그래서 API를 사용해 검증하는 테스트 작업 카드에 높은 추정치를 적을 겁니다. 아마 API와 인터페이스를 위한 개발 작업 카드도 보수적으로 추정해야 할 겁니다."

프로그래머가 작업 카드를 작성할 때 코딩 업무에 개발자가 작성하는 단위 테스트와 기타 테스트 시간이 포함되었는지 확인하자. "종단 간" 테스팅을 위한 카드는 프로그래머가 혼자만 다르게 일하는지 확인하는 데 도움이 되고, 독립적인 업무는 모든 업무 부분들을 같이 검증해야 한다. 추정한 것을 나중에 비판하는 것은 원치 않겠지만, 테스팅 추정치가 코딩 추정치 보다 2배 정도 높다면 이 내용에 대해 의견을 나눌 필요가 있다.

어떤 팀은 테스팅 업무를 하루 이내로 유지하거나 카드에 추정 시간을 작성하는 것에 신경쓰지 않는다. 그리고 작업 카드가 하루에 끝나지 않으면 팀은 왜 이런 일이 발생했는지 이야기를 나누고 계속 진행하기 위해 새 카드를 작성한다. 이렇게 함으로써 오버헤드와 기록을 유지해야 하는 노력을 줄일 수 있다. 그러나 전자 시스템에 업무를 등록했다면 그럴 필요가 없을 것이다. 팀에 적절한 것을 선택하자.

버그 수정 시간을 추정하는 것 역시 까다롭다. 기존의 결함이 스토리에 포함됐다면 매우 간단하다. 그러나 이터레이션 도중 발견한 버그는 어떻게 해야 할까?

● 자넷의 이야기

새로 구성된 애자일 팀에서, 나는 팀이 언제나 스토리에서 추정하지 않은 버그 때문에 시간을 보낸다는 것을 알게 되었다. 어느 정도 시간이 흐르자 프로그래머는 하나의 스토리에서 버그를 수정하는 데 필요한 시간이 어느 정도인지 알게 되었고, 반나절이나 두 시간 정도를 이 업무에 추가할 수 있었다. 버그 수정을 재시험하는 시간도 테스터 추정치에 더해졌다.

팀 구성원이 이 문제를 관리하기까지 버그를 수정하고 테스팅하는 시간을 분리해서 추적하는 것이 적절한 방법이다. 내가 지금 속해있는 팀은 XPlanner에 바로 해결할 수 없는 버그 수정과 테스팅 업무와 스토리를 추가한다. 현재도 나중에 더 잘 추정하기 위해 시간을 추적하고 있다.

그러나 팀에서 이터레이션 중에 결함 수정 시간도 추정하기로 선택했다면, 이것이 스토리에 포함되어 있는지 여부와 상관없이 결함 수정이 완료되었는지 지속적으로 확인해야 한다.

테스팅 업무 추정에 고려해야 하는 다른 항목은 테스트 데이터에 관한 것이다. 이터레이션 초반에 테스트에 필요한 테스트 데이터에 대해 생각한다면 이미 늦은 것이다. 우리가 Chapter 15 "릴리즈와 테마 계획에서의 테스터 활동"에서 언급한 것과 같이 릴리즈 계획에서 테스트 데이터에 대해 생각하고, 고객에게 테스트 데이터를 식별하고 얻는 것에 도움을 요청하자. 다음 이터레이션을 준비하기 위해 테스트 데이터에 대한 고려가 필요하다. 이터레이션이 시작되면 빼먹은 테스트 데이터를 반드시 만들고 얻어야 되므로, 추정에 포함해야 한다는 것을 잊지 말자.

● 리사의 이야기

우리 팀은 퇴직 연금 가입자의 분기별 계좌 상태와 관련된 테마를 작업했다. 특정 날짜의 각 참여자 계좌에 대한 상태를 확인하는 월간 작업을 수정했는데, 이 상태 확인은 매일 수천 번의 트랜잭션을 포함해서 운영 데이터베이스에 들어있는 엄청난 양의 데이터를 필요로 했다.

첫 번째 이터레이션에서 테마의 몇 개 안 되는 스토리를 진행하면서 테스트 데이터베이스의 개인 퇴직 연금 데이터를 활용해서는 약간의 케이스밖에 테스트할 수 없다는 것을 알았다. 또한 데이터베이스의 모든 퇴직 연금 정보와 최소한 한 달 치 데이터 전체를 사용한 거대한 크기의 테스트가 필요하다는 것도 알았다. 그래서 테스트 카드에 충분한 운영 데이터를 복사하고 한 달 분량의 계좌 상태 확인 정보를 만들고 개인정보 보호를 위해 데이터 삭제를 확인하는 내용을 작성했다.

그리고 다음 이터레이션에 전체 테스트를 계획했다. 이 데이터는 테스터가 초기의 부분적인 데이터로는 발견하지 못한 문제를 찾을 수 있도록 해주었다. 이 테스트는 대부분의 코드를 실행할 "충분한" 데이터와 완료된 기능을 검증할 시간이 적절한 균형을 이루었다. 계획은 계속 진행되었고 결함은 중요한 릴리즈에 앞서 제시간에 수정되었다.

작업량 결정하기

기술팀은 스스로 작업량을 조절해야 한다. 각 스토리에 대해 작업 카드를 작성하고 (실제든 가상이든) 스토리 게시판에 붙였으면 추정된 시간을 합산하거나 카드의 숫자를 눈으로 점검해야 한다. 팀이 얼마나 많은 업무를 할 수 있을까? XP에서는 마지막에 완료한 이터레이션의 스토리 점수를 넘을 수 없다. 스크럼에서는 팀이 스토리를 완료하는 데 필요하다고 생각되는 실제 시간에 기반을 둔 스토리에 전념할 수 있다.

리사가 현재 속한 팀은 수 년 간 애자일 프로세스를 경험했고, 때때로 이터레이션 동안 처리할 수 없는 스토리의 작업 카드를 작성하는 것은 시간 낭비라는 것을 알고 있다. 리사의 팀은 모두가 바쁘게 일할 정도의 스토리로 시작했다. 사람들이 한가해지기 시작하면 스토리를 더 추가하고 관련된 업무를 계획했다. 그리고 최초에 담당한 것이 끝나자마자 준비된 스토리에 참여했다. 이 방법이 쉽게 보일 수도 있겠지만, 스토리의 크기와 팀의 개발 속도에 대해 확신할 수 있는 정도가 되기까지는 어렵다. 또한 주어진 시간과 특정한 상황에서 팀이 할 수 있는 것과 불가능한 것을 알아야 한다.

테스터로서의 작업은 테스팅하기 위한 충분한 시간이 주어졌는지 확인하고 테스팅과 품질이 전체 팀의 책임이라는 것을 상기시키는 것이다. 팀이 이터레이션에서 몇 개의 스토리를 인도할 수 있는지 결정할 때 "코딩을 얼마나 끝냈는가?" 가 아니라 "완료한 코딩과 테스팅이 얼마나 되는가?"를 물어야 한다. 스토리는 코딩보다 테스팅하는 데 많은 시간이 필요하다. 테스터에게 테스트할 수 있는 만큼의 이터레이션의 스토리를 받아들이는 것은 중요하다.

수용해야 한다면 보수적으로 수용하자. 하나의 스토리를 포기하는 것보다 다른 스토리를 추가하는 것이 훨씬 낫다. 측정하기 어려운 위험 수준이 높은 스토리나 잘 모르거나 연구가 더 필요한 업무가 있다면 여분의 스토리에 대한 작업 카드를 작성하고 이터레이션 중간에 도입할 수 있도록 대기시키자.

우리는 팀으로서 언제나 최선을 다하고 있다. 그리고 테스트가 완료될 때까지는 어느 스토리도 완료된 것이 아니므로 이를 반영하여 계획을 작성하자.

테스트가 용이한 스토리

스토리를 살펴보았을 때, 그리고 프로그래머가 어떻게 구현할지 생각하기 시작했을 때 항상 어떻게 테스트할지를 생각하도록 하자. 사례는 "용이한 테스팅"에 큰 도움이 된다. 무엇이 내 테스팅에 영향을 줄 것인가? Part 3 "애자일 테스팅 사분면" 에서 효과적으로 테스팅할 수 있는 많은 애플리케이션 설계 예제를 제시했다. 지금이 코딩 시작 전 스토리의 테스트 가능성에 대해 생각할 수 있는 마지막 기회다.

● 자넷's 이야기

같이 일했던 팀이 이전 릴리즈에 있었던 이슈를 내게 말해주었다. 팀은 여러 단계 프로세스의 첫 번째 단계를 재작성하고 있었다. 새 단계의 개발이 시작되었을 때 팀이 예상하지 못했던 문제로 나머지 프로세스가 중단되었다. 처음 단계의 테스팅이 완전히 종료될 때까지 이터레이션의 다른 변경을 할 수 없다.

테스트 가능성은 스토리 계획에서 고려되지 않았다. 다음 릴리즈에서 팀이 두 번째 단계를 재작성하기로 결정하였을 때 이전의 실수에서 배운 바가 있었다. 프로그래머는 테스터가 다른 스토리를 테스트할 수 있도록 새로운 페이지나 이전에 페이지를 호출할 수 있는 버튼을 추가하였다.

명확하지 않다면 "우리가 이것을 어떻게 테스트할 수 있는가?"라는 질문을 항상 기억하자.

이터레이션 계획 기간 동안 어떤 종류의 변형이 테스트에 필요한지 생각하자. 이 생각이 다른 질문을 유도할 것이다.

● 자넷의 이야기

내가 참석했던 이터레이션 계획 회의에서 프로그래머가 구현에 대하여 이야기하면서 화이트보드에 그가 생각한 것을 그리기 시작했다.

이 내용에 대해 생각하며 "더 간단하게 완료할 수 있나요? 당신이 제안대로 구현한 것을 테스팅하기 위한 조합은 테스팅을 끔찍하게 만들 수 있어요."라고 물어보았다.

프로그래머는 잠시 동안 생각하고 고객의 요구를 만족시킬 뿐만 아니라 테스트를 더 간단하고 쉽게 할 수 있는 대안을 제안했다. 이 제안은 모두가 윈-윈(win-win)하는 조합이었다.

테스트 용이성이 이슈가 되면 이 이슈를 팀이 풀어야 하는 문제로 만들자. 테스트 작업 카드 작성으로 계획을 시작하는 팀은 아마도 문제 해결에 이점이 있을 것이다. 또한 팀은 테스팅 업무에 대해 생각함으로써 어떻게 스토리를 테스트할지 물어볼 것이다. 모든 기능을 GUI 뒷단에서 테스트할 수 있는가? 단위 수준에서 비즈니스 중심의 테스트가 가능한가? 모든 애자일 팀은 테스트를 먼저 생각할 것이다. 팀이 스토리의 개발 작업 카드를 작성하면 어떻게 이 스토리를 테스트하고 자동화할 것인지 생각하자. 프로그래머가 아직 TDD로 코딩하거나 단위 테스트를 자동화하는 습관이 없다면 각 스토리에 "XUnit" 작업 카드를 작성하자. 그리고 필요한 테스트 자동화 픽스처 프로그래밍 작업 카드를 작성하자. 런타임 속성과 API와 같은, 테스트에 도움이 되는 애플리케이션 변경에 대해 생각하자.

● 리사의 이야기

내가 참여했던 애플리케이션은 시간과 날짜에 종속적인 활동이 많았다. 프로그래머는 웹 애플리케이션에 서버 날짜를 설정하는 런타임 서버 속성을 추가했다. 그래서 특정 날짜와 시간으로 설정하는 것이 가능했고 서버가 시작되면 설정한 시간에 따라 동작하였다. 이렇게 간단한 설정을 통해 월/분기 단위 프로세스를 시작할 수 있었다. 이 속성은 스토리를 다양하게 테스트하는 데 도움이 되었다.

마르쿠스 가트너(Markus Gärtner, 2008)는 그의 팀이 "날짜 변경"이 포함된 "DATE_OFFSET"이라는 유사한 속성이 있다고 말해주었다. 그러나 이 속성은 비즈니스 로직에 있는 애플리케이션의 Java 컴포넌트를 사용한 것이었다. C나 C++의 백엔드 시스템은 날짜 속성을 사용하면 문제가 생길 수 있으니 사용하지 말자.

다른 팀이 시스템의 일부분을 개발하다 발생한 유사한 이슈가 있다면 다른 팀과 문제에 대해 논의하고 협업 해결책을 제시하는 작업 카드를 작성하자. 다른 팀과 일하는 것이 선택사항이 아니라면, 대안을 브레인스토밍하는 시간을 계획하자. 최소한 한계를 고려한 후 이에 따라 테스팅 추정치를 조정하고 관련된 위험을 관리해야 한다.

● 리사의 이야기

우리는 개인 퇴직 연금 가입자가 전화를 이용하여 계좌 정보를 얻거나 계좌를 관리하는 대화형 음성 자동 응답(IVR, interactive voice response) 시스템 대체 프로젝트를 시작했다. 다른 회사와 시스템을 Java로 작성하는 계약을 했고, 일정 기간 후에는 우리 팀이 유지·보수할 생각이었다.

얼마 동안은 필요한 테스트가 무엇이고 어떻게 테스트할 것인지 브레인스토밍하는 데 시간을 보냈다. 아마

그 계약 업체는 문자 음성 변환 기능처럼 테스트했겠지만 우리는 데이터베이스에서 적절한 데이터를 가져오기 위한 저장 프로시저를 제공해야만 했다.

우리의 첫 번째 단계는 계약 업체와 이터레이션을 기준으로 작은 기능의 인도에 대해 협상하는 것이었고, 계약 업체는 프로젝트 일정에 따라 테스트하고 계약기간 내내 계속 업무를 진행해야 했다. FitNesse 픽스처를 이용해 저장 프로시저를 테스트하기로 결정하고 선택할 수 있는 옵션을 찾아보았다. 그리고 저장 프로시저에 접근하는 데 PL/SQL을 사용하기로 결정하고, 테스트 자동화를 위해 PL/SQL을 최상의 상태로 만들어 놓는 업무를 프로그래머에게 주었다.

팀은 목표를 향해 한 걸음씩 나아갔다. 시작할 때 급격한 학습 곡선에 대한 충분한 시간을 업무에 할당했다. 흥미롭게도 계약 업체는 첫 번째 이터레이션의 초기 빌드를 인도했으나 이후 몇 번의 이터레이션 동안 추가된 코드를 인도하지 못했다. 결국 계약을 취소하고 더 나은 방안을 찾을 때까지 프로젝트는 연기되었다. 계약 업체가 작업을 증가시켜 나가도록 압박함으로서 계약 업체가 빌드를 인도할 수 없다는 것을 바로 발견하게 되었다. 우리가 6개월 동안 전체 애플리케이션을 작성하면서 보냈다면 어땠을까? 아마도 제대로 끝나지 못했을 것이다. 더 나은 접근방법의 조사를 통해 잘 활용하는 방법을 배워 적용했다.

새로운 프레임워크나 리포팅 라이브러리처럼 팀에서 새로운 것을 시작한다면 테스트 계획 작성 시 위험에 포함시키자. 새로운 프레임워크나 도구를 선택하기 전에 테스트 가능성에 대해 고려하고 테스트 능력을 향상시킬 수 있는 것을 선택하자. 새로운 업무 영역과 같이 새로운 것에 대한 테스팅 업무는 새로운 부분에 대해 아직 모르는 것이 많으므로 넉넉하게 추정하자. 때때로 새로운 업무 영역이나 새로운 기술에 대한 지식은 급격한 학습 곡선을 의미한다.

고객과 협업하기

고객이나 기능 분석가 같은 고객 대리인과 가까이서 일하는 것은 애자일 테스터에게 매우 중요한 활동의 하나이다. 이터레이션을 시작하면 고객과의 협력 역시 본격화되어야 한다. 이때가 Chapter 8 "팀을 지원하는 비즈니스 중심 테스트"에서 묘사한 모든 좋은 활동을 할 때이다. 고객에게 예제에 대해 묻고, 각 스토리의 기능과 동작에 대해 개방형 질문을 하고, 화이트보드를 이용하여 논의하고, 예제를 코딩을 주도하는 테스트로 변환하자.

제품 책임자와 다른 고객이 이터레이션 계획 이전과 진행 중에 스토리에 대해 설명을 할지라도 이터레이션 시작 후 한 번 더 검토하는 것이 효과적이다. 왜냐하면 모든 구성원이 그 설명을 이전에 듣지 않았을 것이고, 고객 역시 더 전달할 정보가 있을 것이다.

● 리사의 이야기

우리는 이터레이션의 첫 번째 날 상위 수준의 인수 테스트를 작성하기 시작했다. 이터레이션 전에 제품 책임자와 모든 스토리를 검토하고 팀에서 더 복잡한 스토리에 대한 사용자 인수 테스트를 작성했기 때문에 우리에게 필요한 것에 대한 매우 좋은 아이디어를 가지고 있었다. 그러나 더 많은 테스트 케이스를 작성할수록 새로운 궁금증도 같이 생겼다. 그래서 상위 수준 테스트와 궁금증에 대해 우리보다 스토리에 대해 더 많이 고민한 제품 책임자와 함께 검토했다.

이렇게 검토한 예제 중 하나로, 연금 계좌에서 돈을 인출한 연금 저축 가입자의 재정 분포 파일이 포함된 스토리를 검토한 적이 있다. 이 파일을 가입자의 수표 사용에 대한 정보를 이용하는 협력 업체에 보내주었다. 하지만 이 파일의 총액 관련 일부분이 협력 업체 시스템에 적용될 수 없고 협력 업체는 총액 관련 새로운 컬럼을 적용하기 위해 문의를 했다.

이터레이션 계획 회의 후, 우리 제품 책임자는 스토리 검토 회의에서 문제가 된 컬럼에 대해 걱정과 불안감을 내보였다. 제품 책임자와 테스터는 지난 문제에 대해 상세히 검토하고 새로운 총액 컬럼을 더하는 대신 계산 방법을 변경하기로 했다. 이 스토리는 실제로 더 컸지만 중요 이슈만 다루어졌다. 팀은 이 큰 스토리에 대해 논의하고 새로운 작업 카드를 작성했다. 최초의 이해가 잘못된 것일 수 있기 때문에 이전의 스토리에 대해 논의할 수 있는 약간의 시간을 갖는 것은 가치가 있다.

좋은 의사소통은 보통 할 일을 동반한다. 궁금증을 문의하고 테스트 케이스를 검토할 충분한 기회가 없었다면 이런 일들을 하는 공식 회의를 계획하고 진행하자. 충분히 논의되지 못했다면 빨리 회의를 시작하자. 회의에서 심도 있게 논의하는 시간은 요구사항을 더 확실하게 해주기 때문에 나중에 코딩하고 테스트하는 시간을 줄여준다.

상위 수준 테스트와 사례

"큰 그림" 테스트는 프로그래머가 스토리를 올바른 방향으로 시작할 수 있도록 도움을 준다. 늘 그렇듯이 우리는 사례로 시작해서 나중에 사례를 테스트로 변환하기를 권고한다. 코딩 시작 전에 인수 테스트 수준이 얼마나 상세해야 적절한지 확인해야 한다. 리사의 팀은 예제에서 변환된 상위 수준 테스트가 스토리에 착수하는 데 필요하다는 것을 알게 되었다.

상위 수준 테스트는 스토리의 주요 목적을 전달해야 한다. 그리고 원하는 동작과 원하지 않는 동작 모두의 예제를 포함해야 한다. 앞서 살펴봤던 주문 품목의 무게와 배송지에 따라 5일 배송료가 계산되는 스토리 PA-5([그림 17-2])에서, 상위 수준 테스트는 다음의 것을 포함할 것이다.

- 사용자가 배송지를 입력하자마자 5일 배송료가 표시되는지 검증하라.
- 추정한 배송료가 최종 청구서의 배송료와 일치하는지 검증하라.
- 사용자가 배송지 변경 버튼 클릭이 가능하고, 변경 완료 시 배송비가 수정되어 표시되는지 검증하라.
- 사용자가 장바구니에서 품목을 삭제하거나 추가하면 수정된 배송 선택이 표시되는지 검증하라.

상위 수준 테스트를 작성할 때 위키 페이지에 글을 쓰려고 스스로 얽매이지 말자. 예를 들어 [그림 15-7]에서 봤던 테스트 매트릭스가 더 낫다. 어떤 사람들은 워크플로나 그림을 이용하여 시각적으로 테스트를 표현하려 한다. 브라이언 매릭(Brian Marick, 2007)은 Ruby 테스트 스크립트를 이용하여 전환 가능한 그래픽으로 테스트를 그리는 기술을 가지고 있다. 모델 주도(model-driven) 개발에서는 스토리의 상위 수준 범위를 표현하는 또 다른 방식을 제공한다. 유스케이스는 "큰 그림" 수준에서 요구되는 동작을 표현하는 또 다른 가능한 방법이다.

> **백번 말하는 것 보다 한번 보는 게 더 낫다**
>
> "백번 말하는 것 보다 한번 보는 게 더 낫다"는 말은 테스트 케이스와 테스트 확인에도 적용 가능하다. 폴 로저스(Paul Rogers)는 화면에 따라다니는 사이드 바 문제에 대한 팀의 접근 방법과 이에 대한 아이디어에 대해 설명했다. [그림 17-3]은 폴이 그린 UI 모델이다.
>
> > 내가 작업했던 애플리케이션은 자체가 매우 그래픽적이었다. 사용자가 안경, 모자, 말풍선 이미지를 이용하여 "사진 수정"을 하거나 형광펜 효과를 이용하여 웹 페이지 글을 강조하고 웹 페이지를 수정할 수 있었다.
> >
> > 어떤 것을 이미지에 붙일 수 있고, 어디에 어떻게 붙이고, 어떻게 회전하는지 등의 복잡한 비즈니스 룰이 있었다. 이 규칙을 테스트하는 방법을 설명하기 위해서 대표적인 웹 페이지에 서로 다른 형식의 추가물을 간단하게 그리고, 각 그림에 작은 설명을 달아야 했다.
> >
> > 텍스트 강조 역시 쉽지 않았다. 가장 큰 문제는 텍스트 강조가 다루는 영역이 오직 HTML 태그의 일부분이라는 것이다. 원하는 여러 다른 상황을 묘사하기 위해서 우리는 서로 다른 웹 페이지를 만들어서 출력했다.
> >
> > 실제 형광펜을 사용해 강조되어 보여주기를 원하는 부분의 처음과 끝 부분에 표시를 했다. 이 방법으로 우리는 읽기 쉬운 회귀 테스트를 할 수 있었다.

기술 수준이 낮은 도구로도 복잡한 애플리케이션 설계를 할 수 있다. 가능한 비즈니스 규칙을 간단히 표현할 수 있는 방법을 찾고 참여한 팀과 그 방법을 공유하자.

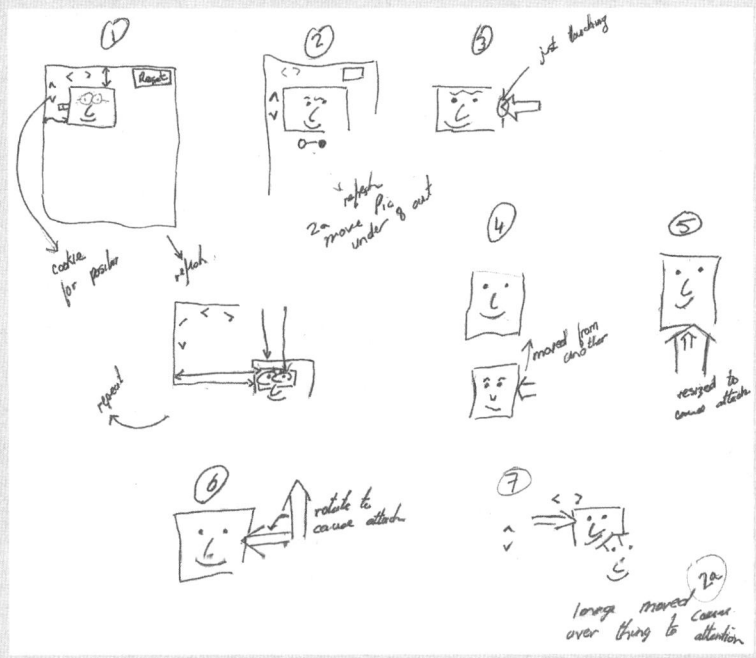

[그림 17-3] 샘플 UI 모델링 기술

Tip
Chapter 16 "본격적인 시작"에서 UI 변경의 샘플 모형을 살펴보자.

Tip
Chapter 9 "팀을 지원하는 비즈니스 중심 테스트를 위한 툴킷"에서 요구사항을 모으고 의사소통하는 도구의 몇 가지 아이디어를 설명한다.

모형(mock-up)은 UI나 보고서 요구사항을 빠르고 깔끔하게 전달할 수 있다. 기존의 보고서에 수정이 필요하다면 보고서의 스크린 샷을 만들고 형광펜이나 펜, 연필 등 손으로 쓰는 도구를 이용하자. 보고서를 시스템에서 캡처하고 싶다면 윈도우의 그림판 프로그램이나 다른 그래픽 도구를 이용해 수정하고, 보고서의 요구사항을 묘사하여 위키 페이지에 올리자.

같은 장소에서 일하는 팀이 화이트보드를 이용하거나 고객과 같이 앉아 고객의 요구사항을 듣는 것과 달리 떨어져 있는 팀은 시스템으로 가능한 상위 수준 테스트가 필요하다.

> **Tip**
> 요구사항을 작성에 대한 더 많은 내용은 Chapter 8 "팀을 지원하는 비즈니스 중심 테스트"를 살펴보라.

이터레이션을 시작할 때 중요한 것은 각 스토리의 기본적인 요구사항을 빠르게 습득하고 전체 팀이 일할 수 있는 방식으로 표현하는 것이다. 우리와 대화를 나눴던 대부분의 애자일 팀의 가장 큰 문제는 고객이 원하는 것을 정확히 인도할 수 있도록 각 스토리를 충분하게 이해하는 것이었다. 이 팀들은 버그 없는 코드를 만들었으나 고객이 원하는 요구사항과 딱 맞아 떨어지지는 않았을 것이다. 또는 고객이 요구사항을 분명하게 하는 동안 이터레이션에서 한 스토리에 대해 많은 재작업을 했을 것이고, 결과적으로 다른 스토리를 완료할 시간이 부족했을 것이다.

업무 영역과 환경에 딱 맞는 방식의 상위 수준 테스트를 발굴하고 표현하는 여러 방식을 테스트하는 데 시간과 노력을 들이자. 자넷은 요구사항을 스토리의 조합 + 대화 + 필요하다면 사용자 시나리오나 지원하는 그림 + 테스트/사례에 대한 지도라고 말한다.

고객과 검토하기

앞서 살펴봤던 장에서 지속적인 고객과의 협력의 중요성에 대해 이야기했다. 고객과 상위 수준의 테스트를 검토하는 것은 특히 새로운 애자일 팀이 협력을 강화하고 의사소통을 하게 하는 좋은 기회이다. 팀이 지속적으로 스토리, 테스트, 요구사항, 테스트 케이스에 대해 이야기하는 것이 습관이 된 후에는 앞서서 세밀하게 테스트 케이스를 살펴볼 필요가 없어질 것이다.

팀이 소프트웨어 개발을 계약하고 있다면 요구사항과 테스트 케이스는 공식적으로 인도되어야 한다. 그렇지 않더라도 테스트 케이스를 고객이 스스로 잘 이해할 수 있도록 제공하는 것은 좋은 아이디어이다.

프로그래머와 검토하기

세상에 있는 모든 다이어그램과 위키 페이지를 사용할 수 있지만, 아무도 이걸 보지 않는다면 소용없는 일이다. 직접적인 의사소통이 가장 좋은 방법이다. 프로그래머와 같이 앉아서 상위 수준의 테스트와 요구사항을 검토하자. 화이트보드의 다이어그램이나 종이에 작성한 프로토타입을 같이 검토하자. [그림 17-4]는 테스터와 프로그래머가 사용자 워크플로의 다이어그램을 의논하는 사진이다. 다른 지역에 있는 팀 구성원과 일한다면 전화로 대화를 나눌 일정을 정하자. 팀 구성원이 상위 수준 테스트나 요구사항을 이해하는 데 문제가 있다면 다른 접근방법을 사용하도록 도와주자.

[그림 17-4] 화이트보드 토론

Tip
Chapter 2 "애자일 테스터를 위한 열 가지 원칙"에서 "3의 힘" 법칙을 소개했다.

업무 영역에 대해 좋은 지식을 가진 프로그래머는 스토리를 바로 이해하고 상위 수준 테스트를 작성하기 전에도 코딩을 시작할 수 있을 것이다. 그렇더라도 언제나 고객과 테스터의 관점에서 프로그래머와 함께 검토하는 것이 좋다. 프로그래머가 스토리에 내해 이해한 것이 테스터와 다를 수 있으므로 둘 사이에 맞지 않는 것을 찾는 것은 중요하다. "3의 힘" 법칙을 기억하고 조화시킬 수 없는 2가지 선택사항이 있다면 고객에게 요청하자. 테스트 케이스 또한 애플리케이션의 나머지 부분에 맥락에 맞게 스토리를 만드는 데 도움이 된다. 프로그래머는 테스트를 스토리에 정확하게 코드를 작성할 때 도움이 되도록 사용할 수 있다. 이것이 테스터가 프로그래머가 코딩을 시작하기 전, 가능한 한 이터레이션을 시작하자마자 상위 수준 테스트를 완료해야 하는 가장 큰 이유다.

프로그래머에게 여러분이 놓친 것이 무엇인지 물어보는 것을 잊지 말자. 무엇이 코드에서 위험 수준이 높은 영역인가? 어디가 프로그래머가 생각하기에 집중해서 테스트할 부분인가? 더욱 기술적인 관점은 테스트 케이스를 상세하게 설계하는 데 도움이 된다. 테스트 매트릭스를 작성했다면 영향을 준 영역을 다시 검토하고 싶을 수도 있다.

프로그래머와 함께 하는 테스트 검토의 유익한 효과 중 하나는 서로에게 배울 수 있다는 것이다. 테스터는 프로그래머의 생각을 접할 수 있고, 프로그래머는 접하지 못했던 테스팅 기법을 배울 수 있다. 프로그래머는 고려하지 못했던 상위 수준의 테스트에 대해 더 잘 이해할 수 있다.

문서로서의 테스트 케이스

이터레이션 기간에 작성할 실행 가능한 테스트와 마찬가지로 상위 수준 테스트도 애플리케이션 문서의 중요 유형이 될 것이다. 요구사항은 이터레이션 도중이나 이터레이션 이후에 변경될 것이므로 실행 가능한 테스트 케이스는 유지·보수가 쉬워야 한다. 애자일 개발에 익숙하지 않은 사람들은 종종 애자일은 문서를 만들지 않는다는 잘못된 오해를 가지고 있다. 사실 애자일 프로젝트에서는 실행 가능한 테스트를 포함한 사용될만한 문서만 만들고 언제나 업데이트한다.

요구사항 문서의 한 부분으로서 실행 가능한 테스트가 갖는 큰 장점은 그 결과에 대해 반박하기 어렵다는 것이다.

● 리사의 이야기

제품 책임자, 연금 관리자, 비즈니스 개발 관리자는 자주 나에게 와서 "누가 0$ 대출 상환금 신청서를 제출하면 시스템은 어떻게 하게 되어있나요?"와 같은 질문을 한다.

이들에게 시나리오와 동일한 FitNesse 테스트를 보여주는 것이 요구사항을 묘사해서 보여주는 것보다 훨씬 효과가 있다. 시스템이 어떤 방식으로 동작해야 하는지 설계가 되지 않았더라도 테스터는 입력값과 동작에 대한 결과를 명확하게 보여줄 수 있기 때문에, 테스트는 시스템이 실제 어떻게 동작하는지 보여준다. 이렇게 하면 "내가 생각하기에 이건 이렇게 작업해야 돼."라는 수준의 많은 논쟁을 하지 않을 수 있다.

이들이 구현된 기능이 잘못되었다고 결정하면 테스터는 테스트의 예상되는 출력값을 변경하고 새로운 예상 출력값으로 다시 테스트를 통과하는 코드를 구현하도록 스토리를 작성할 수 있다. 요구사항 문서 없이는 이런 작성을 할 수 없다.

Tip
Chapter 14 "애자일 테스트 자동화 전략"은 테스트 관리에 대한 더 많은 내용을 담고 있다.

테스트 케이스와 테스트를 체계화하는 것은 언제나 쉽지 않다. 많은 팀이 위키에 테스트와 요구사항을 문서화한다. 위키의 유연성에 단점이 있다면 체계가 섞일 수 있다는 것이다. 따라서 여러분이 필요한 특정 요구사항이나 예제를 찾는 데 어려움을 겪을지도 모른다.

리사의 팀은 주기적으로 위키 문서와 FitNesse 테스트에 대해 다시 살펴보고, 그들이 정리하는 방법으로 재구성한다. 요구사항과 테스트 케이스를 정리하는 데 어려움을 겪는다면 도움이 될 만한 새로운 도구를 찾는 시간을 계획하자. 테크니컬 라이팅 전문가를 고용하는 것도 찾기 쉽고 쓸만한 저장소에 테스트 케이스와 예제를 넣을 수 있는 좋은 방법이다.

요약

이터레이션 계획 세션은 전체 이터레이션의 분위기를 정한다. 이번 장에서 우리는 이터레이션의 성공적인 시작을 위해 애자일 테스터가 도움이 되는 것은 무엇인지 살펴보았다.

- 이터레이션 기간 동안 테스터는 궁금증에 대한 질문과 모든 관점의 고려를 통해 팀이 스토리에 대해 학습하는 데 도움을 준다.
- 작업 카드는 개발 작업 카드와 같이 작성되고 실제적으로 추정되어야 한다.
- 테스팅 작업 카드를 다루는 또 다른 방법은 개발 작업 카드에 직접 작성하는 것이다.
- 전체 테스트가 완료되기 전까지는 어떤 스토리도 완료된 것이 아니기 때문에 팀은 모든 테스트가 완료된 업무를 수용할 것이다.
- 이터레이션을 시작할 때가 스토리가 테스트 가능하고 적절한 테스트 데이터가 제공되었는지를 확인할 마지막 기회다.
- 테스터는 고객과 함께 스토리의 상세한 부분을 분석하고 프로그래머의 코딩 착수를 위하여 상위 수준 테스트 케이스를 작성해야 한다.
- 테스터는 의사소통이 잘 되었는지 확인하기 위하여 상위 수준 테스트와 요구사항을 프로그래머와 검토해야 한다.
- 테스트는 애플리케이션 문서의 중요 유형이다.

AGILE
Chapter 18
코딩과 테스팅

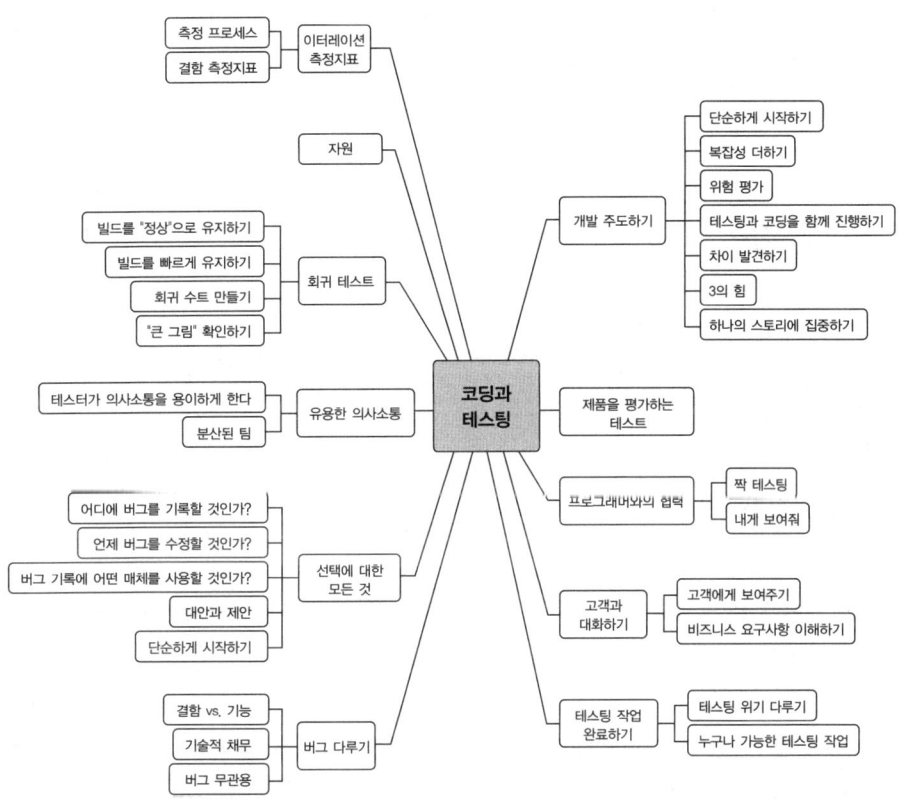

애자일 테스터는 출시를 계획하는 것과 스토리의 크기를 적절하게 정하는 것, 스토리가 테스트 가능한지 확인하는 것을 지원했다. 그리고 고객과 개발팀과 동료가 되어 각 스토리의 예제를 상위 수준의 사용자 인수 테스트로 변환했다. 개발팀은 비즈니스 가치를 인도하는 데 필요한 자원과 인프라를 준비했고, 팀 구성원은 작업 카드를 집어 들고 코드를 작성하기 시작했다. 이제 테스터는 스토리를 테스트하기 전까지 무엇을 해야 할까?

개발 주도

코딩을 시작하는 시점은 상세한 테스트를 작성하기에 좋은 시기다. 이터레이션 전이나 이터레이션의 첫 이틀간 작성한 상위 수준의 테스트는 프로그래머가 테스트 주도 개발을 하기 위한 충분한 정보를 제공해야 한다. 이 시기에 테스터는 잠깐 숨을 돌릴 수 있지만, 그래도 부지런히 움직이지 않는다면 코딩이 테스트보다 먼저 앞서나가고 엉뚱한 방향으로 진행될 것이다.

이제 개발이 자연스럽게 진행되고 테스팅이 코딩과 속도를 맞출 수 있도록 스토리를 자세히 묘사한 실행 가능한 테스트를 작성할 때이다. 상위 수준의 테스트처럼 사용자가 제공해준 예제에 따라 상세하게 작성하자.

현 시점에서 대개 자동화를 위한 테스트를 작성하지만, 필요하다면 코딩이 완료된 후 진행할 중요한 탐색적 테스팅에 대해서도 미리 생각하자.

단순하게 시작하기

테스터는 무엇인가 흥미로운 코드 문제 등으로 쉽게 주의가 산만해진다. 그러나 코딩을 이끌어 내는 데 테스트를 사용한다면 기초부터 시작해야만 한다. 핵심 기능이 동작하는 가장 단순한 주경로 테스트[1]를 작성하자.

Tip
Chapter 14 "애자일 테스트 자동화 전략"에서 알맞은 도구를 결정하는 방법을 제공한다.

왜 실행 가능한 테스트인가? 우리는 매우 빡빡한 일정으로 일하기 때문에 프로그래머와 테스터가 수작업 테스트를 여러 번 수행할 수는 없다. 단지 테스트를 자동으로 수행시키기 위한 한 번의 클릭 시간만이 주어질 뿐이다. 테스트는 가능하면 명백한 원인으로 실패해야 한다. 이상적인 방법으로는 코드에서 실행되는 테스트를 작성하여 프로그래머에게 주는 것이다. 이것이 올바른 자동화 프레임워크가 중요한 이유 중의 하나이다.

---

[1] 역자 주: 시나리오상의 정상 경로 테스트

어떤 스토리에서는 테스트를 자동화하는 것이 오래 걸릴 수 있다. 첫 테스트를 간단하게 유지함으로써 자동화 솔루션을 디자인하는 것에 집중할 수 있다. 간단한 테스트가 잘 되면 좀 더 복잡한 테스트 케이스에 시간을 투자하는 것이 좋다.

우리가 자동화의 중요성에 대해 강조하지만, 자넷은 체크리스트나 엑셀과 같은 스프레드시트 형태의 수작업 테스트를 이용해서 테스트를 성공적으로 진행한 적이 있다. 그러나 오랫동안 성공적으로 실행하기 위해서는 테스트 자동화가 필요하다.

복잡성 추가하기

주경로의 테스트가 동작하면 경계값 테스트와 같은 더 많은 테스트 케이스를 추가하자. 테스트는 프로그래머가 요구사항에 대해 이해하지 못했던 부분이나 모두가 잘못 알고 있었던 요구사항의 정확한 의미를 알려줄 것이다. 중요한 것은 모두가 이 내용에 대해 대화를 나누고 제자리를 잡아가도록 해야 한다는 것이다.

테스터가 실행 가능한 테스트로 검증할 새로운 시나리오를 생각하는 것처럼 수작업 탐색적 테스팅에 사용될 시나리오의 가능성에 대해서도 생각해봐야 한다. 나중에 활용하기 위해 이 내용들을 적어 놓자.

테스트의 목적을 기억하자. 테스트는 프로그래머가 어떻게 코드를 작성해야 하는지 알려주는 예제가 되어야 한다. 코드가 점점 진전될수록 여러분이 작성한 테스트는 더 많은 도전을 할 수 있지만 극한의 케이스까지 작성하는 유혹에 빠지지 않도록 해야 한다. 기본적인 것을 먼저 하자. 위험 분석을 기반으로 추가적인 테스트 케이스를 생각한다면 나중에 언제든지 테스트를 추가할 수 있다.

위험 평가하기

테스터는 오랫동안 테스트 우선순위를 정하는 데 위험 분석을 사용했고 위험이 이미 애자일 개발에 포함됐는지 고민했다. 위험 수준이 높은 스토리는 더 큰 크기로 추정되고, 릴리즈나 이터레이션을 계획할 때 스토리의 위험을 우선적으로 고려한다.

위험에 대한 신속한 분석은 어떤 테스팅이 먼저 수행되고 어느 부분에 노력이 집중되어야 하는지 결정하는 데 도움이 된다. 우리는 모든 것을 테스트할 수 있는 시간이 없고, 따라서 얼마나 테스트해야 충분한지 결정하기 위해 위험 분석을 사용할 수 있다.

정말 복잡한 스토리가 있다면 스토리를 시작할 때 스토리와 관련된 모든 위험에 대해 듣고 싶을 것이다. 이런 위험 항목은 단지 기능에만 한정되는 것이 아니므로 보안과 성능, 사용성, 기타 "~성" 등도 고려해야 한다. 그리고 만약 각각의 위험 항목이 발생한다면 비즈니스에 미칠 영향도를 5점 척도로 평가하자(꼭 5점 척도일 필요는 없다). 1점은 영향도가 낮고, 5점은 아주 치명적인 영향을 주는 것으로 평가하면 된다.

이제 각 위험 항목의 발생 가능성을 똑같이 5점 척도로 평가하자. 1점은 거의 일어나지 않는 것이고 5점은 아마도 일어날 것으로 평가하면 된다. 각 위험 항목의 영향도와 발생 가능성을 서로 곱해서 최종 위험 점수를 계산하자. 이 위험 순위가 어느 부분에 테스팅 노력을 가장 먼저 집중해야 하는지 결정할 때 도움이 된다. 한 번에 모든 위험을 관리할 수 없으므로 발생해도 영향도가 낮고 발생 가능성도 낮은 위험 항목은 마지막에 고려하기 위해 남겨둔다.

업무 분야가 어떤 것인가에 따라서도 큰 차이가 있다. 여러분이 테스트하는 소프트웨어가 심장 박동 조절기에서 돌아가는 것이라면, 위험 점수가 낮거나 발생하지 않을 것 같을지라도 모든 위험을 다루는 테스트가 필요하다. 그러나 기업 내부에서 교육을 받은 몇 명 안 되는 전문가만 사용하는 웹 어플리케이션을 테스트한다면 발생하지 않거나 차선책이 있는 시나리오는 생략할 것이다.

[그림 18-1]의 스토리에 대해 생각해보자.

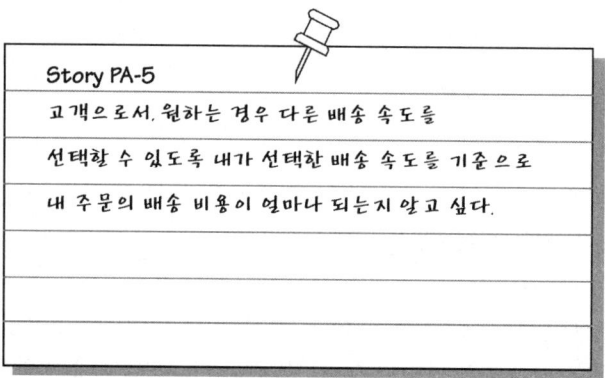

[그림 18-1] 배송 속도에 대한 스토리

[그림 18-2]는 이 배송료에 대한 스토리가 가질 수 있는 위험에 대한 평가다.

#	위험 항목	영향도	발생 가능성	위험 점수
1	잘못된 비용의 표시	4	2	8
2	다른 배송 종류의 선택 불가	5	1	5
3	배송 종류를 선택하지 못하는 제품인데 배송 종류 선택 가능	3	2	6
4	계산된 가격이 실제 배송 시기의 가격과 불일치	3	4	12
5	잘못된 우편 번호를 검증하지 못함	4	1	4
6	사용자가 배송 종류 선택을 이해하지 못함	2	3	6
7	사용자가 배송 주소를 변경하지 못함	5	2	10
8	사용자가 배송 주소를 변경하였으나 비용이 변경되지 못함	5	4	20

[그림 18-2] 위험 평가 예제

8번 위험 항목이 가장 위험 점수가 높기 때문에 배송 주소를 변경해도 배송료가 정상적으로 수정되는지 테스트할 것이다. 우리는 이 시나리오의 종단 간 테스트를 자동화할 것이다. 5번 위험 항목에 대해서는 크게 걱정하지 않는다. 5번 항목은 이미 테스트를 했을 것이고 느낌도 좋기 때문에 더 이상의 테스트는 필요하지 않다. 여러분에게도 테스트를 하지 않아도 되는, 위험 점수가 매우 낮은 항목이 있을 것이다.

이력은 가장 좋은 선생님이다. 기존의 이슈에 대한 기록을 통해 다시는 같은 이슈가 발생하지 않도록 확인하자.

코딩과 테스팅을 함께 진행하기

이번 단락의 주요 내용은 이터레이션에서 코딩과 테스팅은 지속적으로 밀접한 연관이 있다는 것이다. 테스터와 프로그래머, 데이터베이스 전문가 및 다른 팀원들은 스토리를 개발하기 위해 서로 협력하고 제공된 예제와 테스트를 가이드라인으로써 따라야 한다. 다른 팀의 구성원도 그 팀의 특별한 전문가를 참여시킬 것이고, 그들 모두가 각각의 스토리의 종료를 확인하는 데 책임을 느낄 것이다. 구성원 모두는 일이 진행될수록 스토리에 대해 배우고 서로 알게 될 것이다.

[그림 18-1]의 배송료 스토리에 대해 팀이 어떻게 일하는지 살펴보자. 패티(Patty)라는 프로그래머가 배송료 계산이 작성된 작업 카드를 집어 든다. 패티는 이전 회의에 참석했기 때문에 이미 스토리에 대해 잘 이해하고 있었으나 자신이 코딩 시작에 참고할만한, 테스터가 적어놓은 스토리의 목적이나 어떻게 동작하는지에 대한 예제, 그리고 일부 상위 수준의 테스트를 살펴보기 위해 위키 페이지나 스토리의 뒷면을 살펴볼 것이다. 타미(Tammy)라는 테스터는 코딩이 시작되는 것을 확인하고 GUI 뒷단의 비용 계산을 위한 테스트 케이스를 작성한다.

팀은 계획 기간 중에 배송 주소와 물품 무게로 5일짜리 배송에 대한 비용을 계산하는 것에 동의했다. 물품은 북미 대륙에만 배송이 가능하며 표현 계층에서의 검증은 완료되었고, 비용 계산 테스트는 올바른 목적지 주소만 입력값으로 사용할 수 있다. 배송 업체가 제공한 비용 계산 API를 사용했기 때문에 타미는 패티에게 알고리즘을 어디서 찾을 수 있는지 물어보고, 작성된 테스트에 따라 스스로 비용을 계산할 수 있다. 타미는 그들의 GUI 뒷단 테스트 도구에 대해 생각해볼 수 있는 가장 간단한 테스트 케이스를 작성한다. [그림 18-3]은 이 테스트 케이스를 보여준다.

무게	도착지 우편번호	비용
2.3 kg	80104	7.25

[그림 18-3] 간단한 주경로 테스트

패티는 이미 테스트를 통과해야 하는 코드 작성을 끝내지 못했고, 타미는 스토리에 대한 다른 테스팅 업무와 배송 업체의 테스트 시스템과 연동하는 테스트 환경 세팅을 시작했다.

차이 발견하기

이 스토리와 테스트는 매우 간단했기 때문에 패티와 타미는 복잡한 스토리를 다룰 때처럼 테스트 설계와 수정을 하지 않았다. 그들은 제품 책임자에게 문의할 필요도 없었다. 패티는 작동중인 간단한 테스트를 보여주기 위해 타미를 호출하고, 타미는 테스트 케이스를 더 작성한 후 이전과 다른 무게와 미국 내의 다른 배송 주소로 테스트를 시도했다. 모든 것이 잘 동작했다. 그러나 타미가 캐나다 우편번호로 테스트할 때 예외가 발생했다. 타미는 이 예외를 패티에게 보여주고, 패티는 API가 미국 우편번호가 기본으로 설정되어 있다는 것을 깨닫고 코드를 보완하기 위해 캐나다와 멕시코 국가 코드를 요청했다. 패티는 아직 다른 국가에 대한 단위 테스트를 작성하지 않았다. 패티와 타미는 테스트 입력값을 수정했고, 패티는 폴(Paul)이라는 프로그래머와 짝 프로그래밍으로 API를 호출하는 코드를 변경하였다. 이제 테스트는 [그림 18-4]와 같이 작성되었다.

무게	도착지 우편번호	국가 코드	비용
2.7 kg	80104	US	7.25
2.7 kg	T2J 2M7	CA	9.40

[그림 18-4] 수정된 주경로 테스트

이 간단한 예제는 코딩과 테스팅 사이의 반복적인 상호작용을 보여준다. 아마 다른 팀은 또 다른 접근법을 사용할 것이다. 패티와 타미는 코딩과 짝 테스팅(pair testing)을 하고 타미가 폴과 짝을 지어 테스트 자동화를 위한 준비를 했을 수도 있다. 타미는 원격지의 사무실에서 온라인 협력 도구를 이용해 패티와 업무를 진행하고, 패티는 실행 가능한 스토리 테스트를 스스로 작성한 후 코드를 작성하는 제대로 된 테스트 주도 개발을 했을 수도 있다. 즉, 테스트와 코딩은 모든 팀원이 참여하는 개발 프로세스의 일부분이라는 것이다.

타미는 스스로 생각하기에 최소한의 다양한 테스트 케이스로 모든 위험 영역을 포함했다고 생각할 때까지 경계값 테스팅을 포함하여 계속해서 새로운 테스트 케이스를 식별할 수 있다. 타미는 가장 무거운 물품으로 가장 비싼 배송지까지 보내는 것과 많은 양의 같은 물품을 보내는 것을 테스트했을 것이다. 어떤 경곗값 케이스는 발생하지 않는 경우일 수도 있고, 타미가 테스트에 포함시켰으나 성공한 후에 회귀 테스트에서는 포함되지 않을 수도 있다. 어떤 테스트는 UI 사용이 가능한 후에 수작업으로 하는 것이 나을 수도 있다.

3의 힘

패티는 하와이를 배송지로 단위 테스트를 작성했으나 타미는 배송지가 북미대륙만 가능할 것이라 생각했다. 그리고 패티와 타미 모두 군사용 사서함이 배송지로 가능한지 알 수 없었다. 그래서 그들은 제품 책임자인 폴리(Polly)의 생각을 듣기 위해 찾아갔다. 패티와 타미, 폴리는 "3의 힘"을 사용했다. 의견 충돌이나 문제가 발생했을 때, 세 개의 서로 다른 관점을 갖는 것은 좋은 해결책을 얻고 나중에 동일한 이슈를 반복하지 않는 효과적인 방법이다. 이 방법은 논의에 참여한 한 참가자가 주제에 익숙하지 않다면 다른 참여자가 그들의 생각을 명확하게 정리해 줄 수 있는 유용한 방법이다. 서로 다른 역할로 참여한 사람들은 변경되는 요구사항이 산으로 가지 않고 나중에 팀원들을 놀라지 않도록 한다.

생각하지 못했던 문제가 생겼을 때 "3의 힘" 원칙을 사용하는 것은 언제나 훌륭한 시작 방법이다. 이슈가 심각하거나 복잡할수록 더 많은 사람을 모아야 하고 심지어 팀 전체를 모아야 할 수도 있다. 배송 업체의 API 응답속도가 웹사이트에 사용하기에 너무 느리다면 어떻게 할 것인가? 개발팀과 고객팀은 대안에 대해 재빠르게 분석해봐야 한다.

하나의 스토리에 집중

폴은 개발을 위한 프로그래밍 업무를 찾는다. 배송료 계산 스토리의 UI 구현 업무가 아직 업무 게시판의 "해야 할 일" 목록에 있었지만, 폴은 쇼핑 카트에서 물품을 삭제하는 스토리에 더 관심이 있어서 물품 삭제 작업 카드를 선택했다. 아무도 이 스토리에 대해 실행 가능한 테스트 작성을 시작하지 않았지만, 폴은 그 스토리의 구현을 시작했다.

이제 팀은 두 개의 스토리를 진행 중이고, 각각의 스토리는 언제 종료될지 모르게 되었다. 폴은 배송료 계산 스토리의 UI 업무를 빨리 끝낼 수 있었으므로 배송료 계산 스토리를 먼저 시작하는 것이 더 나은 방법이었다. 우리는 스토리가 완료되었을 때(모든 코드가 작성되고 테스트가 완료되었을 때) 더 이상 할 일이 남아있지 않게 된다. 엄청난 재앙이 발생하여 이번 이터레이션에서 다른 스토리는 끝내지 못하더라도, 이번 릴리즈에서 최소한 하나의 스토리는 완료한 것이다.

테스터는 모든 스토리를 완료하도록 독려하고, 또 테스터도 그러기 위해 노력해야 한다. 프로그래머가 스토리의 구현을 시작했을 때 누군가는 그 스토리의 테스팅 업무를 시작하면서 균형을 맞추어야 한다. 아무도 물품 삭제 스토리에 대한 상위 수준 테스트를 작성하지 않으면 어떻게 할 것인가? 가장 높은 우선순위의 테스팅이라면? 다음 스토리를 시작하기 전에 하나의 스토리를 완료하는 것이 테스터의 목표여야 한다.

팀이 매우 작지 않은 이상 주어진 시간에는 언제나 하나 이상의 스토리가 진행 중이다. 물론 어렵겠지만 한 번에 하나의 스토리를 완료하도록 노력하자. 패티는 배송료 계산 스토리를 마무리하고, 폴은 물품 삭제 스토리를 시작했다. 패티는 개발에 차질이 생겼고 어떻게 해결해야 할지 알 수 없다. 폴은 패티가 코드 작성하는 것을 도와주었다. 뒤이어 타미가 탐색적 테스팅을 끝낼 수 있었고 스토리를 완료할 수 있었다. 이제 그들은 이번 이터레이션의 남은 시간을 무엇을 하며 보낼지 행복한 고민을 하면 된다.

스토리가 작고 서로 독립적이라면 프로그래머와 테스터가 함께 스토리를 완료해서 여러 개의 스토리를 한 번에 끝낼 수 있다. 그러나 프로그래머가 테스팅 업무 없이 코딩을 시작해서 코딩과 테스팅 업무가 같이 끝나는 것을 보고 싶지는 않을 것이다.

제품을 평가하는 테스트

테스트 가능한 코드들이 준비되고 자동화 테스트가 통과하면 더 깊이 기능을 테스트할 시간을 갖자. 또 다른 시나리오를 시도하고 코드의 동작을 더 살펴보자. 제품의 비즈니스와 기술적인 측면 모두를 평가하는 테스트를 위한 작업 카드가 필요하다. 이런 종류의 테스트가 모두 종료되지 않으면 스토리는 "완료"된 것이 아니다.

테스팅을 제외한 스토리의 모든 업무가 완료되었다면 위의 내용이 더 중요해진다. 이제 스토리의 한쪽 끝에서 다른 끝까지 모든 것을 테스트할 준비가 되었으니 이 테스트를 더 이상 미루지 말자. 이 테스트에서는 스토리에는 있지만 테스트 주도 개발을 사용하면서 테스트를 작성하지 못해 코드에서도 빠진 요구사항을 찾게 된다. 이제 이 빠뜨린 테스트와 코드를 작성할 시간이다. 아직 팀이 이 스토리에 집중하고 있을 때 빠뜨린 모든 틈을 메우고 가치를 더하자. 이 작업을 나중에 한다면 더 많은 비용이 소모될 것이다.

스토리의 최종 테스트를 진행하면시 배우는 내용이 잘 된 것이라 생각되고 또한 사용하기 쉽고 성

Tip
Chapter 10 "제품을 평가하는 비즈니스 중심 테스트", Chapter 11 "제품을 평가하는 기술 중심 테스트"는 제품을 평가하는 데 모든 필요한 테스트를 다루었는지 확인하는 것을 도와줄 것이다.

능이 향상되도록 만들 수 있다고 생각할 수 있겠지만, 이러한 내용은 원래 스토리의 일부분이 아니다. 고객과 상담하자. 이 부분을 이터레이션에서 구현할 시간이 있다면 비즈니스는 추가적인 가치를 사용할 수 있으므로 계속 진행하자. 이러한 추가 부분은 지금 하는 것이 보다 적은 비용이 소모된다. 그러나 큰 투자 대비 효과(ROI)가 없는 단순한 화려함을 추가하느라 너무 많은 시간을 보내서 다른 스토리를 위태롭게 만들지는 말자.

탐색적 테스팅을 통해 스토리의 중요한 기능이 빠졌다는 것을 팀과 고객이 알았다면 다음 이터레이션에 진행할 새로운 스토리를 작성하자. 그리고 부적절한 범위 변경이나 기존의 계획대로 인도하지 못하는 것을 철저하게 통제하자.

제품을 평가하는 기술적 측면의 테스팅은 코딩 기간에 하는 것이 좋다. 디자인이 변경되지 않거나 보안에 대한 구멍이 있으면 지금 알아내야 한다.

프로그래머와의 협업하기

코딩을 주도하기 위해 팀이 상세한 테스트를 작성하고 사용한다는 것을 묘사한 첫 페이지의 삽화는 테스터와 프로그래머가 가까이서 협력하는 방법을 보여준다. 이 협력은 코딩과 테스팅에 계속 진행된다. 함께 일한다는 것은 제대로 된 제품을 인도하는 팀의 능력을 향상시켜주고 기술 이전의 많은 기회를 만들어준다. 프로그래머는 테스팅에 대한 새로운 방법을 배우고, 작성하는 코드에 대한 테스팅도 더 잘할 것이다. 테스터도 코딩 절차와 제대로 테스트하는 방법에 대해 배우게 된다.

짝 테스팅(Pair Testing)

프로그래머인 폴은 배송방법 선택 스토리의 사용자 화면에 대한 구현을 완료했으나 아직 체크해보지는 않았다. 폴은 타미를 옆에 앉히고 최종 사용자가 물품 구매 시 배송지를 어떻게 입력하는지 보여주었고 배송료 계산 화면은 제대로 동작했다. 타미는 배송지를 변경하고 새로운 배송료가 계산되는 것을 살펴보기도 하고, 주소가 없는 잘못된 우편번호를 입력하고 오류 메시지가 표시되는 것도 살펴보았다. 폴과 타미는 UI가 괜찮다고 판단했고, 폴은 코드를 체크인했다. 그리고 타미는 탐색적 테스트를 계속 진행했다.

자넷은 무슨 일이 생겼는지 살펴보는 것보다 프로그래머가 주도하는 짝 테스팅을 좋아했다. 또한 이 방법이 테스터가 주도하는 것보다 훨씬 효과적이라는 것도 알아냈다.

"내게 보여줘"

타미는 배송료 관련 스토리에 위험이 있다는 것을 알기 때문에 배송지를 변경하고 배송료를 다시 계산하는 것에 더 관심이 있었다. 그는 [계산된 배송료를 보여주는 화면 -> 청구서 배송지 화면 -> 다시 배송지 변경] 의 순서로 실행하면 배송료가 변경되지 않는다는 것을 발견했다. 타미는 세션 캐시의 문제라는 것을 발견하고 수정하기 위해 돌아왔다.

Tip
참고문헌에서 이 주제에 대해 읽을 참고 자료를 포함하고 있다.

문제가 있다는 것을 누군가 발견하고 함께 수정하는 것은 결함 추적 시스템에 등록한 후 누군가 봐주기를 기다리는 것보다 훨씬 효과적이다. 하지만 팀이 같은 장소에 있지 않다면 이렇게 협력하기는 쉽지 않다. 또한 팀원들이 다른 시간대에 있어도 어렵다. 가능하다면 직접적인 의사소통을 하자. 리사와 같이 일하던 팀원 중 한 명은 시간대가 12시간 30분이 빠른 곳에 있었고, 리사에게 전화해 테스트 결과와 예제를 가지고 함께 해결하기 위해 늦은 밤에 일해야 했다.

GUI를 다른 사람에게 보여주는 간단한 행동이 폴이 잘못된 동작을 구현했다는 것을 아는 데 도움이 되었다. 이와 비슷하게 타미가 작성한 GUI 테스트 스크립트에 문제가 있다면 무엇이 원인인지 알 수 있도록 문제에 대해 설명하자. 막 작성한 코드를 봐주거나 문제를 디버그하는데 도와줄 사람이 없다면, 스스로에게 크게 말해서 설명하는 것도 도움이 된다. "고무오리 기법(Rubber Ducking)"과 "생각을 입 밖으로 말하기"는 의외로 스스로 문제를 해결하는 데 도움이 되는 방법이다. 자넷은 누군가에게 물어보기 전에 스스로 생각해볼 수 있도록 책상에 작은 고무 오리를 올려놓았다.

고객과 대화하기

개발팀 구성원이 고개 숙인 채 스토리를 빠르게 개발하고, 정작 중요한 고객을 잊어버리는 것은 엄청나게 쉽다. 게다가 궁금한 내용이 있어서 비즈니스 전문가와 상의할 때는 지금까지 인도한 것만 보여주면 된다.

코딩을 시작하기 전에 고객이나 고객을 대신할 수 있는 사람과 테스트 케이스를 검토하는 것이 필요하다. 검토하지 않았을지라도 늦은 것은 절대 아니다. 실행 가능한 테스트를 상세히 작성하는 데 고객의 참여가 필요한 상황이라면 기술팀 구성원들만큼 고객이 사용할 수 있는 테스트 도구를 찾아야 한다.

앞서 2개의 장에서 설명한 것처럼 이미 고객에게 모형이나 종이에 적은 프로토타입을 점검 받았을 것이다. 모형 작성이 아직 이터레이션 계획에 남아 있다면 프로세스 단순화를 기억하자. 예를 들어 화이트보드에 프로토타입을 그리지 않았다면 HTML 프로토타입을 작성하지 말아야 한다. 단순함이 핵심 가치이기 때문에 우리는 가급적 프로세스를 단순화하길 권고한다.

고객에게 보여주기

아직 기본적인 기능만 있고 모든 기능이 완성되지 못했거나 하드 코딩된 데이터가 보이더라도 사용자 인터페이스나 리포트 기능이 준비되면 즉시 고객에게 보여주자. 그 전에는 고객이 무엇을 원하는지 명확하게 설명해줄 수 없다. 고객들은 애플리케이션이 제대로 되었는지 보고 느끼고 사용해야 알 수 있다. 이터레이션 중간에는 큰 변경을 할 수는 없다. 그러나 일찍 시작한다면 변경을 위한 짧은 시간이 주어질 것이고, 고객이 무엇을 기대하고 있는지 알 수 있을 것이다.

이터레이션 리뷰 회의는 팀이 무엇을 인도할지 보여주고 다음 이터레이션을 위한 피드백을 받을 수 있는 좋은 기회이다. 그러나 고객이 답을 주기만을 기다리지는 말자. 고객도 이터레이션에 계속 포함시키자.

비즈니스 이해하기

이터레이션의 빠른 속도를 따라잡아야 하지만 잠깐 멈추고 비즈니스를 더 이해하는 시간을 갖는 것도 필요하다. 현업에서 일하는 사람들과 그들의 업무에 대해서, 또 새로운 소프트웨어 기능의 어떤 점이 향상되어야 하는지 대화하는 시간을 갖자. 고객의 비즈니스에 대해 더 많이 이해한다면 더욱 좋은 제품을 제공할 수 있다.

● 리사의 이야기

우리 팀은 각 개발 팀원이 퇴직 연금 제도 행정 팀원들 옆에 앉아서 그들의 일상 업무를 해보는 시간을 가졌다. 이 시간은 비즈니스 업무를 더 잘 이해했을 뿐만 아니라, 행정 팀원들이 일을 더 쉽게 하도록 할 수 있는 애플리케이션의 작은 개선사항을 자주 찾을 수 있었다.

추가적인 데이터 제공과 검색 필터 추가, 화면 표시 순서 변경과 같이 간단한 변경들은 지루하고 상세한 프로세스와 다른 큰 차이를 만든다. 또한 다른 팀원들에게 유용하도록 플로차트나 위키 페이지를 이용하여 우리가 배운 것들을 기록했다.

어떤 팀은 매일같이 실제 비즈니스에 참여했기 때문에 비즈니스 측 사람들과 계속 같이 앉아 있었다.

테스팅 작업 완료하기

애자일 테스터는 능동적이며 앉아서 일이 오기만을 기다리지 않는다. 폭포수 프로세스에 익숙한 테스터는 스토리가 100% 완료될 때까지 할 일은 없다고 생각할 수 있다. 이는 애자일 이터레이션에도 어느 정도 해당된다. 초기에는 프로그래머가 코드의 테스트 가능한 부분을 작성하므로 프로그래머와 같이 일하도록 하자. 배송료 계산 알고리즘은 초기에 함께 일하는 좋은 예를 보여주었다. 배송료 계산은 데이터베이스 접근이나 사용자 인터페이스 없이도 독립적으로 테스트를 완료할 수 있었다. 그 대신에 사용자 인터페이스는 실 데이터의 접근 서비스가 완료되기 전에 하드 코딩된 데이터를 이용한 스텁(stub)이었을 것이고, 화면 레이어의 동작은 그 자체로 테스트 가능했을 것이다.

위험성: 테스팅 부족 상황

경험 많은 애자일 팀일지라도 종종 이터레이션의 마지막에는 테스팅이 부족한 상황을 경험한다. 아마 한 두 개의 스토리가 기대했던 것보다 오래 걸리거나 제품에 문제가 생겨 개발 시간을 잡아먹을 것이다. 이 이터레이션의 막바지에 업무 게시판이 아직도 테스팅 카드로 꽉 차있으면 무슨 일이 생길까?

여러분이 이걸 보았다면 이상한 냄새가 난다는 것을 알 수 있을 것이다. 팀과 같이 문제가 무엇인지 알아내자. 프로그래머가 테스트와 밀집하게 일하지 않았니? 방해기 많이 있었나?

이런 위험성을 다루는 방법은 전체 팀을 참여시키는 것이다. 팀원 누구나 테스팅 업무에 참여할 수 있음을 기억하자. 매일 진행하는 일일 스탠드 업 회의에서 팀이 모든 스토리를 정상적으로 완료할 수 있는지 평가할 수 있다. 여러 스토리가 문제가 있어 완료하기 어렵다면, 포기할 스토리를 선택하거나 남은 스토리의 범위를 축소시키자. 한 번에 하나의 스토리를 완료하는 데 초점을 맞추자. 이터레이션이 막바지로 다가갈수록 프로그래머는 새로운 기능 구현을 멈추고 대신 테스팅 작업 카드를 집어 들어야만 한다. 테스팅이 대부분의, 또는 모든 스토리에서 완료되지 않았기 때문에 일부 기능을 하나의 릴리즈에서 놓치는 것이 전체의 기능에서 놓치는 것보다 낫다.

리사 팀의 프로그래머는 단위 테스트나 통합 테스트뿐만 아니라 GUI 뒷단의 테스트도 정기적으로 자동화한다. 또한 GUI 뒷단 기능 테스트 케이스도 종종 작성한다. 가끔 초기의 주경로의 실행 가능한 테스트도 작성하는데, 이것을 이용해서 테스트와 코드 디자인을 조정할 수 있다. 게다가 테스터는 더 많은 테스트 케이스를 작성할 수 있다. 모든 테스트의 집중적인 스토리를 다루기엔 여유가 없기 때문에 기능 테스트 케이스를 전부 작성하는 사례는 드물다.

팀의 모든 구성원이 수작업 테스트 업무를 하지 못할 이유가 없다. 팀을 이제 막 구성하고 시작해서 아직 자동화를 다루는 것이 쉽지 않다면, 전체 팀은 새로운 기능에 대한 수작업 테스트에 더하여 수작업 회귀 테스트 스크립트를 실행할 시간을 계획해야 한다. 리사의 팀에서 본 것처럼, 이 수작업 테스트 업무는 테스트 자동화를 용이하게 만드는 애플리케이션 설계 방법을 배우는 데 커다란 동기를 제공한다. 다른 팀들도 우리에게 이 방법이 유용하다고 알려주었다.

버그 다루기

많은 팀이 어떻게 버그를 추적해야 하고, 또 전부를 추적해야 하는지에 대한 궁금증에 몸부림치고 있다. 톰 포펜딕과 메리 포펜딕의 저서 〈린 소프트웨어 개발의 적용 : 속도 경쟁에서 승리하기〉(위키북스, 2007)에서 대기 중인 결함은 "대기중" 자체가 재작업을 의미하므로 낭비의 관점으로 수집해야 한다고 말했다. 어떤 팀은 버그가 발견되면 간단하게 고치고 말지만 이 팀은 버그가 재현되는 단위 테스트를 작성한 후 코드를 수정해서 테스트를 통과하면 작성한 테스트와 버그를 수정한 코드를 체크인하고 계속 진행한다. 나중에 누군가 코드에 문제를 발생시켜도 회귀 테스트에서 잡아낼 것이다.

Tip
Chapter 5 "전형적인 프로세스 전환하기"에서는 여러분의 팀이 결함 추적 시스템이 필요한지 여부에 대해서 언급했다.

또 다른 팀은 결함 추적 시스템(Defect Tracking System: 이하 DTS)을 사용해 문제를 기록하고 수정하는 것을 선호하는데, 코드가 릴리즈된 다음까지도 잡히지 않은 문제에 대해 사용한다. 이 팀은 제품에서 발견된 버그의 패턴을 찾아서 유사한 버그가 반복되는 것을 방지하기 위해 근본 원인을 분석할 것이다. 그러나 아직까지 결함 관리 시스템은 높은 품질의 코드를 생산하는지 얼굴을 맞대고 대화할 수 있는 기회를 제공하지 못한다.

리사와 동료 테스터들은 문제가 발견되자마자 프로그래머에게 알려주는 것을 선호한다. 프로그래머가 바로 수정할 수 있다면 어딘가에 버그를 기록할 필요는 없다. 그러나 그 문제를 바로 해결 가능한 프로그래머가 없고 버그를 잊어버릴지도 모른다면 이 버그를 수정하기 위한 작업 카드를 작성하거나 DTS에 입력해야 한다.

우리들이 이 부분을 Chapter 18에 넣은 이유는 지금쯤이 문제와 맞닥뜨릴 때이기 때문이다. 테스트 작성은 처음에 했으나 지금에서야 프로그래머와 같이 문제를 찾는 중이다. 여기서 찾은 버그를 기록하는가? 그렇다면 어떤 방식으로 하고 있는가? 여러분은 완료된 스토리를 탐색적 테스팅을 하고 버그를 찾았다. 이 버그도 기록했는가? 결함에 대해 더 논의하고 여러분 팀에 펼쳐진 다른 선택에 대해서도 고려해보자.

결함인가? 아니면 정상 기능인가?

먼저 결함과 정상 기능에 대해 살펴보자. 소프트웨어 개발에서 오래된 질문 중 하나는 "무엇이 버그인가?" 이다. 우리가 들었던 답 중에는 "요구사항과의 차이점이나 기대하지 않은 동작"과 같은 답도 있다. 물론 잘못된 결과 출력이나 에러 메시지 등과 같이 명확하게 결함인 것들도 있다. 그러나 정말 사용자가 제품의 품질에 대해 인식하고 있는 것은 무엇일까? 그것은 사용자가 결함이라고 말한 것이 결함이라는 것이다.

애자일 개발에서는 고객 만족을 위해 고객과 함께 일하며 그들이 원하는 대로 수정할 기회가 있다. 고객은 모든 기능과 세부 사항들에 대해 먼저 생각해보려 시도하지 않는다. 단지 고객이 어떤 기능을 봤을 때 그들의 생각을 바꾼다면 그것으로 만족할 뿐이다. 고객이 우선순위와 가치제안(value proposition)을 선택한다. 고객의 소프트웨어 품질에 대한 우선순위가 모든 새로운 기능을 얻는 것보다 높다면, 여러분이 찾은 모든 결함을 수정하도록 노력해야 한다.

고객은 매일 그들의 지식을 활용해 줄 수 있는 최고의 조언을 개발팀에 준다. 그러나 제품이 사용자 인수 테스트로 넘어가고 더 큰 사용자 기반에 공개된다면, 이런 조언은 버그나 새로운 기능 개선의 방식으로 요청해야 한다.

기술적 채무

버그를 기술적 채무라고 생각하기도 한다. 결함이 시스템에서 오랫동안 발견되지 않았다면 그 영향도는 엄청나다. 또한 버그를 코드 안에서 곪아 터지도록 남겨두는 것은 코드 품질, 시스템 직관성,

Tip
Chapter 6 "테스팅의 목적"에서 테스팅이 기술적 채무 관리를 지원하는 방법에 대해 설명했다.

시스템 유연성, 팀 사기, 개발 속도에 좋지 않은 영향을 끼친다. 버그가 있는 코드에서 하나의 결함을 수정하면 더 많은 것들이 드러날 것이고 유지·보수 업무는 길어질 것이다.

버그 무관용 정책

자넷은 팀이 버그의 수에 대해 "무관용(zero tolerance)"이 되도록 노력할 것을 권고한다. 새로 구성된 애자일 팀은 보통 무관용 정책을 적용하는 데 어려움을 겪는다. 자넷이 같이 일했던 한 팀에서 자넷은 5개의 프로젝트 팀이 어떻게 제로 버그가 되는지 보기 위해 이 팀들을 경쟁시켰다.

제로 버그 이터레이션

NT Service의 QA 관리자인 야쿠프 올레즈키에비츠(Jakub Oleszkiewicz, 2008)는 그의 팀이 어떻게 버그 없이 매 이터레이션을 종료했는지 다음과 같이 설명한다.

나는 테스터, 개발자, 비즈니스 분석가 사이의 이 훌륭한 의사소통 방법이 정말 버그를 없앤 원인이라고 생각한다. 우리는 폭포수 방법론의 함정에 빠지지 않으려고 노력했다. 그러면서도 이터레이션이 종료될 때 기능이 모두 개발되고, 동작하고, 배포 가능하고, 결함이 없어야 한다는 것이 목표였기 때문에 원칙적인 부분 역시 핵심적인 사항이었다. 폭포수 방법론을 피한다는 의미는 코드 작성과 테스트 관련 활동이 동일선상에서 진행되어야만 한다는 뜻이었다. 그래서 주어진 기능의 코드가 작성되는 시점에 테스트 케이스 디자인과 자동화도 진행되도록 이터레이션 계획을 작성하려 했다. 그리고 테스트 주도 개발에서 우리가 취해야 하는 것들도 빨리 찾아냈다. 코드가 체크인되기 전 테스트를 실제로 실행시키지 않았기 때문에 순수한 테스트 주도 개발이라고 할 수는 없겠지만, 개발자가 코드를 작성할 때 테스트도 개발했고 개발자는 테스트 동작 방식과 우리가 기대하는 테스트 결과에 대해 물어봤다.

반대로 우리도 개발자에게 기능을 어떤 방법으로 구현하는지를 자주 물어봤다. 이렇게 서로 물어 보는 방법은 우리가 이해한 요구사항의 서로 불일치한 점을 알려주고, 이 불일치가 실제 코드에서 발생하기 전에 발견하게 만들어 주었다.

스크럼 기간 동안 우리 팀은 매일 아침 간단한 대화를 통해 기능 그룹들이 서로 불일치함이 없다는 것을 확인했다. 의사소통은 이상할 정도로 좋았다. 우리는 서로 옆에 앉고 종종 같은 컴퓨터도 사용했다. 결함이 발견되면 개발자는 자진해서 분석하고, 기록하고, 요구사항에 대해 설명했다. 비즈니스 분석가는 언제나 가까이서 우리의 생각을 확인해줬다. 해결책은 종종 몇 분 안에 체크인되고, 테스트 환경에 배포되고 검증되었다.

> 개발자와 테스터는 반드시 이 방법으로 일해야 했다. 원칙이 없다면 개발자는 더 많은 기능의 개발을 진행했을 것이고, 프로젝트 종료 전까지 버그를 그대로 남겨둬서 불완전한 이터레이션을 각오했어야 했다. 우리가 협력이 가능한 장소에 있지 못했다면 의사소통은 매우 힘들었을 것이다. 결함에 대해 이야기하려고 버그 추적 시스템이나 전자메일을 기본적으로 사용했을 것이고, 한참 후에나 결과를 받고 재작업 시간은 아마 늘어났을 것이다.

개발의 어느 부분에서나 대립되는 요소에 대해 균형을 잡는 것이 필요할 것이다. 팀이 낮은 수준의 버그를 고치는 것보다 새로운 기능의 출시가 중요하다고 생각한다면, 버그가 있다는 것을 알면서도 릴리즈를 결정할 수도 있다.

결국 선택의 문제다

많은 팀들이 다양한 방식으로 결함을 다루는 방법을 고민하고 있다. 어떤 팀은 발생한 모든 버그를 작업 카드에 적기도 하고, 다른 팀은 카드에 적어서 평가해 보고, 하나의 스토리로 계획하기도 한다. 또한 버그를 기록하지 않고 테스트만 하기도 한다.

어떤 방법이 올바른 방법일까? 자신의 팀에 적절하다고 생각하는 방법은 무엇인가? 우리는 여러분의 팀에 적절한 방법을 선택하는 데 도움이 될 방법을 몇 가지 알고 있다. 팀과 제품에 대해 생각해 보자. 먼저 기록해야 하는 결함에 대해 이야기하고, 언제 고쳐야 하는지에 대해 말할 것이다. 그리고 마지막으로 선택할 매체를 살펴볼 것이다. 적절한 조합은 팀이 애자일 방식과 얼마나 차이가 나는지, 그리고 제품이 얼마나 성숙한 모습인지에 달려있다.

어떤 버그를 기록할지 결정하기

모든 버그가 기록이 필요한 것은 아니기 때문에 팀은 어느 것을 기록하고 어느 것을 하지 않을지 결정하기를 어려워한다. 우리는 가급적 결함 보고서를 작성하지 말기를 권고한다. 실제 사람과 먼저 대화를 하고 제품의 변경이 필요하거나 프로그래머가 바로 해결할 수 없을 때에만 결함 보고서를 작성하자.

| 단위 테스트 실패 |

단위 테스트의 실패는 기록하지 말자. 테스트 주도 개발(TDD)을 실행하는 팀이면서 단위 테스트 범위가 적절하다면 빌드 도중에 실패한 테스트는 기록하지 않는다. 지속적 통합 빌드 중에 실패한 테스트는 프로그래머에게 문제를 즉시 처리하라는 신호이다. 이런 버그의 기록은 불필요하고 시간을 낭비하는 것이다.

| 상위 수준 회귀 테스트 실패 |

많은 팀들이 GUI 뒷단 테스트와 GUI를 통한 테스트 단위 수준 이상의 회귀 테스트를 수행하는 빌드를 한다. 이렇게 빌드에서 실패가 발생했을 때처럼 결함 추적 시스템에 버그를 기록해야 할까?

● 리사의 이야기

우리 팀은 오로지 단위 테스트만 실행하는 "진행 중 빌드"와 GUI 뒷단과 GUI를 통한 기능 시험을 실행하는 "전체 빌드"의 2가지 빌드를 진행한다. "전체 빌드"가 멈추면 개발자는 즉시 문제를 살펴본 후 처리하고 버그를 기록하지는 않는다. 그리고 문제는 빠르게 수정된다. 실패가 간단하지 않을 때에는 테스터 한 명이 문제를 살펴보면서 문제의 범위를 좁히고, 실패한 테스트 명을 적거나 문제를 재현하는 수작업 단계를 작성하여 버그를 보관한다.

어떠한 경우에도 버그를 재현하는 테스트가 작성되고 코드는 테스트를 통과하도록 수정한다. 테스트는 빌드의 한 부분이다.

실패한 테스트는 원래 기록해야 하는 버그가 맞다. 리사의 경우와 같이 가끔은 효과적이고 깔끔하게 수정하기 위해 더 많은 정보가 필요할 때에는 버그를 기록해야 한다.

| 현재 이터레이션내의 스토리 버그 |

결함 추적 시스템에 등록하는 경우가 아니라면 바로 수정할 수 있는 버그는 기록하지 말자. 팀이 프로그래머와 긴밀하게 작업하고 스토리가 완료되자마자 짝 테스팅을 수행한다면 프로그래머가 바로 조치할 수 있는 버그는 기록하지 말 것을 강력히 권고한다. 이슈를 알아채면 프로그래머와 의견을 나누고 실제 이슈인지 아닌지를 결정하자. 필요하다면 고객과 대화하자. 그러나 팀이 본 것을 기록하기 위한 두 개의 노트를 만들자. 이러면 필요한 경우 테스트를 조정할 수 있다.

버그를 기록하기 위해 색인 카드를 사용한다면 계속 기억하기 위해 색인 카드를 업무 게시판(또는 시스템을 이용한 게시판)에 올려둘 것이다.

| 이터레이션 이후 버그(또는 즉시 고치지 못하는 버그) |

즉시 수정할 수 없는 버그는 기록하자. 우리는 프로그래머가 스토리를 작업하는 동안 가능하면 많은 버그를 발견하기 위해 테스트를 빨리 하라고 강조했다. 일찍 발견한 버그를 수정하는 비용은 보다 저렴하다. 그러나 가끔 바로 발견하지 못하는 버그도 있다. 프로그래머가 다른 스토리 작업을 시작하면 버그 수정이 필요한 경우에도 지금 당장 모든 것을 포기할 수는 없다. 이 경우 좋은 대안이 있다. 간혹 버그가 요구사항의 일부를 빠뜨린 경우도 있으므로 하나의 스토리로 처리해서 이후 이터레이션을 위해 평가하고 우선순위를 정하는 것이다.

| 레거시 시스템 관련 버그 |

레거시 시스템에서 발생한 버그는 기록하자. 오래된 제품이라면 아직 발견되지 않은 많은 버그들이 있을 것이다. 이 버그를 찾았을 때에는 몇 가지 선택사항이 있다. 제품 책임자가 생각하기에 이 버그가 고칠 가치가 있다면 버그를 기록하고 제품 백로그에 포함시켜 우선순위를 결정해야 한다. 그러나 오래된 제품이기 때문에, 이슈가 아니라면 제품 책임자는 이 버그들이 고칠 가치가 없다고 결정할 것이다. 이러한 경우에는 버그를 기록하려 애쓰지 말자. 이 버그들은 어떤 식으로든 처리되지 않을 것이고, 따라서 시간을 낭비할 필요가 없다.

| 운영 환경에서 나온 버그 |

모든 운영 환경 버그를 기록하자. 애플리케이션이 운영 중이라면 고객이 발견한 모든 버그를 기록해야 한다. 버그의 중요도에 따라 즉시 수정하거나 다음 릴리즈에 포함하거나 추정하고 우선순위를 정해 제품 백로그에 포함할 것이다.

버그 수정할 시기 선택하기

버그를 수정할 때 3가지 선택 사항이 있다. 발견된 버그를 지금 수정할지, 나중에 할지, 수정하지 않을 것인지 결정이 필요하다. 다음 이터레이션을 위한 다른 스토리가 있다면 이 결정을 제품 책임자와 의논해서 결정해야 한다. 또한 이러한 결정은 버그 수정의 우선순위 결정을 하기 위한 고객과의 공식적인 프로세스다.

| 즉시 수정 |

즉시 수정할 수 있는 버그가 늘어나면 늘어날수록 애플리케이션이 만든 기술적 채무는 감소하고 "결함" 재고는 줄어든다. 또한 결함은 발견 후 빨리 수정할수록 고치는 비용이 저렴하다. iSixSigma Magazine에 실린 기사에서, 무케시 소니(Mukesh Soni)가 인용한 IBM의 보고서는 에러 수정 비용이 제품 릴리즈 후에는 설계 기간의 4~5배, 유지·보수 단계에서는 100배 이상 소요된다고 밝혔다 ([그림 18-5] 참조).

[그림 18-5]는 단계별 개발방법론의 통계를 보여주는 것이지만 애자일 개발에도 유효하다. 개발 기간 중에 수정하는 버그가 이후에 수정하는 것보다 저렴하다.

새로운 기능을 개발하는 중에 결함을 발견하거나 다른 버그를 수정하면서 예상치 못하게 발생한 결함이라면 자동으로 수정될 것이다. 그러나 항상 그렇듯이 신중하게 적용해야 한다. 예를 들어서 프로그래머가 수정하기 어렵고 제품을 불안정하게 할 것이라 말한 버그는 고객에 의해 우선순위가 정해져야 한다.

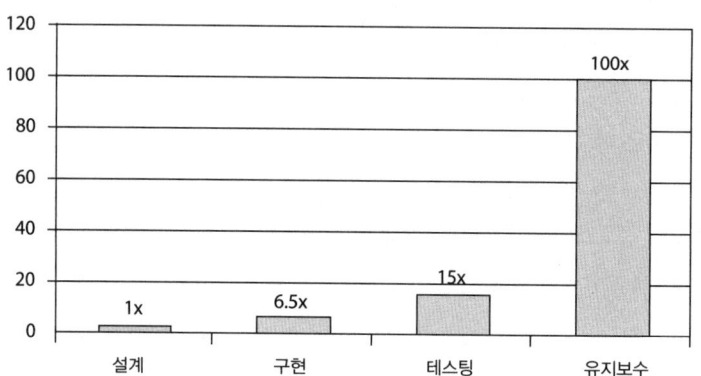

[그림 18-5] 소프트웨어 결함 수정의 상대적인 비용(출처: IBM System Science Institute)

개발 기간 중에 버그를 고쳤다면 나중에 발생할 버그를 예방한 것이다. 팀의 개발 속도는 버그 수정 시간을 포함하고 있다. 시간이 흐르면 팀 구성원은 테스터가 한 스토리에서 발견한 버그를 수정하는 데 얼마나 시간을 보냈는지 알게 된다. 새롭게 구성된 애자일 팀이라면 개발 기간에 발견하지 못한 버그가 상당수 있을 것이다. 그러나 도구와 프로세스에 더 익숙해지면 버그는 점점 줄어들 것이다. 개발 시작 시 하나의 스토리마다 2시간이나 반나절 정도 버그 수정 시간을 계획하자.

| 나중에 수정하기 |

팀마다 결함을 다루는 방법이 다르다. 어떤 팀은 결함을 수정하기 전에 고객으로부터 모든 결함에 대한 우선순위를 평가받기도 한다. 이 팀은 진짜 결함인지에 대한 부분, 즉 수정 여부는 고객이 결정한다고 믿는다.

| 수정하지 않음 |

팀이 결함이라고 판단해도 수정하지 않는 경우이다. 기능이 변경될 예정이어서 코드를 나중에 재작성한다든가 낮은 수준의 이슈이거나 고객이 발견하기 어려울 때 수정하지 않는 등 수정하지 않는 이유는 여러 가지가 있다. 이런 종류의 버그가 발생한다면 그냥 버그를 종료하라고 우리는 제안한다. 언젠가는 버그를 수정할 것처럼 놔두지 말자.

버그 기록에 사용할 매체 선정

우리가 매체에 대하여 이야기한다는 것은 버그를 기록할 다양한 방법이 있다는 의미이다. 이런 방법은 결함 추적 시스템이나 색인 카드일 것이다.

| 색인 카드 |

색인 카드(실제 카드이거나 온라인 계획/추적 시스템의 가상 카드)는 자세한 내용을 적기에는 충분하지 않다. 하지만 서로 다른 색을 사용하면 아직 남아있는 이슈가 스토리 게시판에 붙어 있을 때 확실하게 표시해준다. 어떤 팀은 스크린 인쇄를 사용하여 카드를 붙이거나 텍스트 파일에 자세한 내용을 작성하기도 하고, 심지어는 작은 보이스 레코더를 이용하여 음성으로 녹음하기도 한다.

이렇게 여러 선택 사항들이 있지만, 우리는 프로그래머가 수정할 준비가 되었을 때 다른 사람이 문제를 재현하는 데 지침이 되거나 의견을 나누는 데 집중할 수 있도록 충분하게 정보를 포함할 수 있는 방법을 선택할 것을 권고한다. 카드는 우리 눈에 보이므로 결함 추적 시스템의 단지 숫자로 표현되는 500개의 결함보다 500장의 카드가 훨씬 강조가 된다.

카드는 다음과 같은 경우에 사용하자.

- 애자일에 익숙한 팀이고 하나의 이터레이션에서 모든 버그를 고치는 경우
- 팀에게 가시적으로 버그를 보여주고 싶은 경우

색인 카드와 DTS 모두를 사용할 수도 있다.

| 결함 추적 시스템 |

결함 추적 시스템은 다음과 같은 경우에 사용하자.

- 팀이 서로 떨어져 있는 경우
- 감사 목적이거나 릴리즈 노트에 담기 위해 버그 추적이 필요한 경우
- 이터레이션에서 수정하지 못한 버그가 있거나 나중에 수정하려고 기억하기 위한 경우
- 많은 결함이 있는 레거시 시스템이 있는 경우

어떤 경우든지 버그를 기록하기 위해 결함 추적 시스템이 필요하다. 그러나 모든 버그를 기록해야 한다는 의미는 아니다. 현명하게 필요한 것만 기록하자.

| 아무것도 기록하지 않음 |

왜 버그를 기록하지 않을까? 우리가 함께 일한 대부분의 팀은 단위 테스트 없이 버그를 고칠 수 없다는 규칙을 스스로 정해서 갖고 있었다. 물론 자동화된 테스트 수트가 있다면 더 큰 버그를 잡아낼 수 있다. 이 절의 요점은 테스트가 버그를 잡아낼 수 있다면 버그를 기록할 필요가 없다는 것이다. 버그를 고치면서 알게 된 것은 테스트와 코드에서 발견한 것이다. 하지만 모든 테스트를 자동화하기는 어렵다는 것을 인식해야 한다.

버그를 잡기 위한 테스트는 다음과 같은 경우에 사용하자.

- 팀이 잘 훈련되어 있고 발견된 모든 버그에 대해 테스트를 작성하는 경우

버그를 다루기 위한 대안과 제안

팀이 성숙해짐에 따라 절차에 기반을 두고 일을 하며 쓸모없는 업무는 절차에서 제외시킨다. 또한 스토리 카드, 스토리 게시판, 프로젝트 백로그를 사용하면서 팀은 경험을 쌓는다. 이를 통해 테스트를 효과적으로 사용하고 어떤 버그를 기록할지, 어떤 측정 지표가 적절한지를 알게 된다. 이 단원에서는 다른 팀들이 경험한 몇 가지 아이디어를 공유할 것이다.

| 규칙 정하기 |

"핑크색 카드(버그)의 수는 어떤 순간이라도 10개 이상이면 안 된다"와 같은 규칙을 정하는 것이다. 이 규칙은 팀 회고를 할 때마다 다시 의견을 나누자. 결함 비율이 줄어들고 있다면 걱정할 필요가 없지만, 비율이 늘어나고 있다면 버그의 근본 원인을 분석하고 이 비율을 감소시킬 새로운 규칙을 만들자.

| 모든 버그 수정하기 |

낮은 우선순위의 버그일지라도 이후 개발에 영향을 끼칠 수 있으므로, 이터레이션 기간에 발견한 낮은 우선순위의 버그도 수정해야 한다. 우리의 경험에 따르면 "낮은 우선순위"와 "빠른 수정"은 큰 상관관계가 있었다. 물론 이를 증명할 확실한 증거를 가지고 있지는 않다. 나중에 크고 복잡해진 버그가 되기 전에, 작고 독립적일 때 수정하자.

| 버그 결합하기 |

한 부분에서 많은 버그를 발견했다면 이 버그를 하나의 스토리로 결합하는 것을 생각해보자.

> ● **자넷의 이야기**
>
> WestJet에서 처음 일하기 시작했을 때 모바일 어플리케이션 부분에서 많은 이슈를 발견했다. 애플리케이션은 정확하게 동작했지만 진행은 확실하지 않았다. 내가 새로 참여했고 이전 경험이 없었기 때문에 오직 이 이슈만을 발견했다.
>
> 팀은 내가 찾은 모든 이슈를 새로운 스토리로 묶는 것을 결정했다. 전체 문제에 대한 검토가 끝난 후 최종적으로 견고한 기능으로 재탄생되었다. 버그를 단편적으로 수정한다면 효과가 좋지는 않을 것이다.

| 스토리로 다루기 |

"버그"가 실제 기능이 빠진 거라면, 버그 카드를 작성하고 하나의 스토리로써 일정을 계획하자. 이 스토리도 다른 스토리처럼 추정하고 우선순위를 결정한다. 버그 스토리는 제품 백로그의 새로운 사용자 스토리처럼 많은 관심을 받지 못한다는 점을 염두에 두자. 이 버그 스토리 또한 스토리를 생성하고 우선순위를 정하고 일정을 계획할 시간이 필요하다.

숨겨진 백로그

www.TestingReflections.com의 운영자인 안토니 마르카노(Antony Marcano)는 사용자 스토리와 사용자 인수 테스트가 요구된 동작을 표현하는 반면 결함 보고서는 잘못된 동작을 표현하는 것을 지적했다. 남아 있는 각각의 잘못된 동작은 종종 이전에 정의되지 않았지만, 요구된 동작이다. 그러므로 남아 있는 모든 결함 보고서는 숨겨진 사용자의 스토리일 것이다.

Chapter 5 "전통적인 프로세스 전환하기"에서 애자일 팀에게 결함 관리 시스템이 숨겨진 백로그가 된다는 내용의 안토니 마르카노의 블로그 포스팅을 언급했다. 이 숨겨진 백로그의 공개 방법에 대한 생각을 다음과 같이 공유한다.

XP 관련 책에서는 버그를 찾으면 이 버그를 재현하는 테스트를 작성하라고 한다. 그래서 많은 팀이 버그 보고서를 작성하고 따로 자동화된 테스트를 작성한다. 나는 이런 작업이 중복된 노력이며, 따라서 쓸데없는 일이라고 생각한다. 우리가 버그 보고서를 작성하면 단계는 어떻게 되는지, 어떤 결과가 발생해야 하는지(예상 결과), 실제 결과는 무엇이었는지(예상의 반대 결과)를 작성한다. 자동화된 테스트는 단계, 예상 결과, 테스트 실행을 통한 예상의 반대 결과 등 동일한 내용을 보여준다. 자동화된 인수 테스트가 버그 보고서 작성만큼 쉽고, 테스트에 대한 의사소통이 버그 보고서만큼 잘 되고, 백로그와 스토리 게시판에서 버그 수정을 포함해서 관리된다면 버그 리포트를 따로 작성할 필요가 없다.

버그 측정 지표는 여전히 없어지지 않고 남아있다. 전통적인 방법론에서 버그 측정 지표는 소프트웨어가 릴리즈 준비가 되었는지 확인하거나 품질이 개선/악화되었는지 강조하는 데 사용되었다. 테스트 우선 개발 방법에서는 품질이 개선/악화되었는가에 사용하기보다는 테스트를 제대로 작성하고 있는지 확인하는 데 사용한다. 즉, 우리가 처음에 생각했던 것과 얼마나 큰 차이가 있느냐는 것이다. 이 방법은 회고에 유용한 정보가 되며 테스트 상세 내용을 작성하는 것만으로도 지표 활용 목적을 달성할 수 있다. 또한 측정 지표는 소멸 차트 등을 통해 매 이터레이션에서 "릴리즈 가능한 품질"로 소프트웨어 개발을 완료했는지 예측하는 데 사용된다.

이전에 경험했던 새로운 프로젝트에서 버그 추적 시스템은 필요한 경우에만 사용하자고 제안했다. 팀은 이터레이션의 탐색적 테스팅 결과를 버그 보고서를 작성하기보다 자동화된 테스트로 작성했다. 그리고 테스트가 현재 스토리, 또 다른 스토리, 이 테스트에 영향을 받은 새로운 스토리 중 어디에 속하는 것인지 결정했다. 이런 스토리도 다른 보통의 스토리처럼 관리하고 이터레이션 막바지에는 얼마나 완료 가능한지 소멸차트를 이용하여 확인했다. 그리고 결국 버그 추적 시스템은 사용하지 않았다.

그러나 공식적인 사용자 스토리와 버그로 인한 사용자 스토리 사이에는 차이점이 있다. 앞서 언급한 스토리와 테스트는 단지 빠진 동작을 다루었다(예를 들면 앞으로 구현되었으면 하는 기능).

그리고 이 스토리와 테스트도 잘못된 동작을 작성하기 시작했다. 우리 팀은 우리가 제안한 스토리에 잘못된 동작에 대한 간략한 정보를 포함하면 사용자가 우선순위를 결정하는 데 더 도움이 된다는 것을 알았다. 예를 들면 다음과 같다.

"내가 등록된 사용자이고 내 비밀번호가 잘못 입력된다면, 시스템의 접근을 허락하는 것 보다는 내가 더 안전하다고 느낄 수 있도록 시스템 접근을 막아야 한다."

여기서의 "보다는" 이란 말은 고객으로 하여금 "현재 발생하고 있는 동작"으로 이해된다. 즉, 단지 현재 구현된 동작이 아닌 잘못된 동작이라는 것이다.

버그를 잡기 위한 테스트-유일 접근 방법을 사용하면서, 버그가 있는 스토리는 새로운 기능의 사용자 스토리보다 더 우선적으로 처리한다는 것을 알았다. 전에는 버그보다는 제품 백로그에 남아 있는 "새로운 기능"에 주목했었다. 이 때 버그 추적 시스템이 근본적으로 숨겨지거나 비밀스러운 백로그라고 깨닫게 되었다.

그러나 어떤 팀에서는 그 반대 의견도 맞는 말이 된다. 모든 버그를 수정하는 정책은 메인 백로그의 중요한 새 기능을 희생해서 버그에 더 집중하게 해준다.

프로젝트 진행 중인 팀에게 조언을 한다면, 팀이 자동화 테스트를 더 빠르고 잘 작성하는 방법을 찾도록 도와줄 것이다. 그리고 버그 유도 자동화 테스트의 작성을 개선하는 방법, 적절한 스토리의 발견, 회고에 유용한 종합적인 정보를 활용하는 방법에 대해 도와줄 것이다. 결국 팀은 전통적인 버그 추적은 불필요하고 낭비라는, 내가 느꼈던 것과 동일한 것을 느낄 것이다. 이때가 팀이 더 이상 숨겨진 백로그는 필요 없다고 결정할 시간이다.

버그를 간단하게 결함 추적 시스템에 기록한다면 결함을 잊었을 때 효과적일 수 있다. 개발을 주도하기 위해 인수 테스트는 요구되는 동작에 집중하는 경향이 있다. 결함에서 유발된 기대하지 않은 동작의 교훈이 스토리에 포함되는 것은 올바른 기능을 개발하는 데 필수적으로 추가되는 부분이다.

| 파란색, 초록색, 빨간색 스티커 |

각 팀은 업무에 대한 프로세스를 스스로 정하고 또 프로세스를 쉽게 표현해야 한다. 다음의 내용은 자넷이 경험한 프로세스에 대한 내용이다.

● **자넷의 이야기**

몇 년 전, 애자일이 알려지기 이전에 개발되었고 매우 많은 버그가 기록되어 있는 레거시 시스템과 관련된 일을 했었다. 개발자 한 명이 결함 추적 시스템은 시간 낭비라고 확고하게 믿으며 결함 추적 시스템의 사용을 거부했다. 그러나 테스터는 결함이 너무 많았기 때문에 기록이 필요했다.

팀은 모두를 위한 타협안을 제시했다. 프로그래머와의 짝 테스팅 기간에는 결함을 바로 조치할 수 있으므로 기록하지 않고, 다른 모든 경우는 버그 추적 시스템에 기록하기로 했다. 현재 이터레이션에서 처리해야 하는 버그라면 핑크색 카드에 주요 내용과 버그 번호를 작성하고 스토리 게시판에 붙였다. 그리고 다른 버그는 제품 백로그의 일부로 간주했다.

프로그래머는 시스템의 상세한 부분까지 살펴봐야 했고, 필요하다면 테스터에게 정보를 문의했다. 이슈는 스토리 게시판에 부착되어 있었기 때문에 일일미팅의 한 주제가 되었다. 버그가 수정되면 프로그래머는 수정된 내용과 추가적인 정보를 카드 뒷면에 작성했다. 그리고 테스팅할 준비가 되었다는 것을 테스터에게 알리기 위해 파란색 스티커를 붙였다. 초록색 스티커는 수정된 버그의 검증이 끝났다는 의미이고, 빨간 스티커는 수정되지 않았고 더 작업이 필요함을 의미했다. 물론 테스터와 프로그래머 사이에는 많은 대화가 있었다. 프로그래머인 제임스(James)와 나는 수정하지 못한 버그 하나 때문에 많은 즐거운 일이 있었다. 마지막에 카드에는 애벌레가 붙어 있는 것처럼 보였다. 파란색, 빨간색, 파란색, 빨간색, 파란색, 마지막에 초록색. 애벌레 같은 버그를 찌부러뜨렸을 때 우리 모두는 매우 기뻐했다.

결함 추적 시스템은 테스터의 요구사항이었기 때문에 테스터가 버그 마무리와 관리를 담당했다. 얼마 후 프로그래머는 카드에 적는 것보다 결함 추적 시스템에서 수정하는 것이 쉬웠기 때문에 결함 추적 시스템을 사용하기 시작했다. 그래도 여전히 눈에 띄는 색상 때문에 카드를 사용한다. 이런 방법은 대강 봐도 이터레이션이나 백로그에 처리되지 않은 버그가 얼마나 남아있는지 알기 쉽다.

이 팀에 많은 규칙들이 있었고, 신규/변경 기능과 관련된 새로운 버그의 대부분을 이터레이션 내에서 수정할 수 있었기 때문에 이 방법이 팀에 적절했다. 그리고 위험이 낮은 것으로 여겨지는 레거시 버그만 백로그에 추가됐다.

단순하게 시작하기

우리는 가능하면 단순한 시스템을 사용하고 필요한 경우만 복잡한 부분의 적용을 제안한다. 우리의 경험에 비추어 볼 때, 테스트 우선 개발로 작성된 코드는 체크인 시 버그가 거의 없었다. 새로운 코드에서 많은 버그를 찾았다면 팀은 왜 그런지 알아내고 해결해야 한다. 프로그래머가 바로 코드 품질에 대한 피드백을 얻을 수 있도록 짧은 코딩, 통합, 테스팅의 짧은 개발 주기를 시도해보자. 아마 레거시 코드에서 버그가 많은 부분은 팀이 기술적 채무의 늪에 빠지기 전에 재설계가 필요할 것이다. 그리고 요구된 기능을 이해하기 위해 비즈니스 전문가와 밀접하게 일해야 할 수도 있다.

Tip
회고에 대한 더 자세한 내용은 Chapter 19 "이터레이션 마무리"에서 살펴볼 수 있다.

또 다른 아이디어는 이터레이션 회고동안 해당 이슈의 일부를 기억할 수 있도록 진행 중인 "시작/중지/계속" 목록을 생성하는 것이다.

의사소통 잘하기

일일 미팅은 팀의 밀접한 의사소통을 유지시켜 준다. 팀 구성원 모두가 업무와 스토리의 현재 상태에 대해서 알게 되고 걸림돌에 대해서는 서로 도와줄 수 있다. 프로그래머가 작업 중인 기능을 설명하는 것을 들어보면 종종 고객의 요구사항을 잘못 이해하고 있음을 알 수도 있다. 이때는 일일미팅 후 그룹 토의가 필요하다. 테스팅 이슈가 발생하여 테스터에게 도움이 필요하다면, 테스터는 일일 미팅 후 남아달라고 팀에 요청할 수 있다. 빠진 업무가 일일 미팅에서 발견되기도 하고 새로운 카드가 즉석에서 작성되기도 한다.

일일미팅은 진행상황을 살펴보기에도 좋다. 스토리 게시판, 소멸 차트, 다른 잘 보이는 신호와 같이 진행상황에 집중하고 알려주는 데 도움이 되는 크고 잘 보이는 차트를 이용하자. 이터레이션의 막바지에 이르렀으나 스토리의 코딩이 곤경에 빠졌다면 빨간색 깃발을 올리고 어떻게 해야 끝낼 수 있는지 팀에게 물어보자. 아마도 팀의 도움을 통해 코딩이 계속될 것이다. 리사는 테스트할 것은 많이 남았으나 시간이 없었던 때를 기록해 놓았다. 리사는 느슨함을 조일 수 있게 도움을 요청했고, 전체 팀은 각 스토리를 완료하는 데 필요한 것에 집중하고 가장 좋은 방법에 대해 의견을 나누었다.

팀이 스토리를 추적하는 데 전자 매체를 사용한다면 스토리 게시판은 잊어버리기 쉽다. 자넷은 이 둘을 모두 사용하는 것이 중복된 노력임을 알았으나 작업 카드를 작성하고 완료 후 옮기며 생기는 과부하보다 진행상황을 잘 보이게 하는 것이 더 중요했다. 스토리 게시판이 있으면 팀이 일일미팅 진행 중에 더 집중하고 팀 외부 사람과 진행상황에 대해 이야기할 수 있게 해준다.

테스터가 의사소통을 쉽게 만든다

테스터는 모두가 충분히 의사소통하게 함으로써 이터레이션 진행이 자연스럽게 진행되도록 지원한다. 스토리가 시작되면 프로그래머와 대화를 통해 스토리에 대해 이해했는지 확인한다. 리사는 그녀가 원한 모든 테스트와 예제를 팀 위키에 작성할 수 있었지만 아무도 신경 쓰며 읽지 않아 도움이 되지 않았다. 리사는 의심이 생기는 경우에는 해당 작업 카드의 프로그래머와 함께 요구사항과 테스트에 대해 검토했다.

프로그래머가 비즈니스와 스토리에 대해 잘 안다고 해도 스토리 개발에 대한 문의사항이 항상 있을 것이다. 고객이 그 문의에 답변해 준다면 직접 의사소통을 하는 것이므로 매우 좋다. 테스터가 여기에 방해하지 않는 것이 좋다. 하지만 우리는 비즈니스 전문가가 가끔 요구사항을 설명하는 데 문제가 있거나 프로그래머가 아이디어를 잘못 받아들여 고객과 동일하게 이해하지 못하는 상황을 목격했다. 여기에 "3의 힘"을 사용하자. 테스터는 고객과 프로그래머가 공통된 언어를 사용하도록 도와줄 수 있다.

작은 호의적 경쟁

애자일 코치와 《xUnit 테스트 패턴》(에이콘, 2010년)의 저자로 잘 알려진 제라드 메스자로스(Gerard Meszaros)는 그가 속했던 팀이 게임을 활용해 의사소통 이슈를 해결한 방법을 다음과 같이 설명했다.

> 우리 팀은 프로그래머가 그들이 생각한 것에 대해 비즈니스 측과 대화하는 데 문제가 있었다. 테스터가 비즈니스와 무엇인가 논의해도 그 내용을 개발자에게 전달하지 않았다. 우리 프로젝트 관리자였던 제니스(Janice)는 우호적인 경쟁을 통해 이러한 행동을 바꿔보기로 했다.
>
> 모든 개발자에게는 "D"라고 적힌 파란색 포커 칩을 주었다. 그리고 모든 테스터에게는 "T"가 적힌 빨간색 칩을, 비즈니스 사람에게는 "B"라고 적힌 노란색 칩을 주었다. 누군가 다른 영역의 사람을 만난다면 서로 칩을 하나 교환해야 했다. 목표는 칩이 T-B-D가 세트가 되도록 많이 모으는 것이었다. 우승자에게는 특별히 주문한 세 종류의 칩으로 장식된 T-B-D 트로피가 주어졌다. 결과적으로 더 많은 칩을 모으기 위해 모두들 서로 만나는 것에 열성적이었다.

비즈니스 전문가와 프로그래머가 요구사항에 대해 이야기하고 동의하도록 만드는 창의적인 방법을 찾아보자. 포커 칩 게임이 도움이 된다면 적용해 보자.

의사소통을 쉽게 하는 것에는 보통 화이트보드에 그림 그리기, 모의 객체, 이해관계자 의견 청취, 실제 예제의 활용이 포함된다. 의사소통이 막다른 골목에 이르렀다거나 혼란이 걷잡을 수 없다면 새로운 예제를 찾고 이것에 집중하자.

> ● 리사의 이야기
>
> 퇴직 연금 제도 가입자가 계좌에서 돈을 인출할 때 여러 가지 복잡한 연금 수령 규칙과 정부 규제가 적용된다. 가입자가 이전에 돈을 인출했다면 더 심해진다. 가입자의 확정된 이자를 계산하는 스토리를 개발할 때 이터레이션 초기에 제품 책임자가 여러 예제를 소개했음에도 팀 멤버는 정확한 알고리즘에 대해 서로 다른 아이디어를 가지고 있었다. 내 동료 테스터인 마이크는 제품 책임자에게 새로운 예제를 요청했고, 여러 프로그래머와 테스터가 이 부분에 참여했다. 화이트보드에 숫자와 흐름도를 작성하는 우여곡절 많았던 두어 시간이 흐른 후, 결국 정확한 공식을 찾아냈고 모두가 동일한 이해를 가지게 되었다.

팀이 시스템의 다양한 모습에 대해 충분히 이해할 때까지 많은 예제를 사용하자. 잘 되지 않는다면 다른 방식도 시도해보자. 예를 들어 화이트보드에 그림 그리는 것이 스토리를 이해하는 데 충분하지 않다면, 스프레드시트처럼 비즈니스 전문가에게 익숙한 것도 적용해보자.

분산된 팀

Tip
Chapter 9 "팀을 지원하는 비즈니스 중심 테스트를 위한 툴킷"에서 분산된 팀을 지원할 수 있는 도구에 대해 이야기했다.

우리가 다른 장에서 언급한 것과 같이, 팀 구성원이 서로 다른 지역에 있거나 다른 표준 시간대에 있다는 것은 커뮤니케이션 때문에 일하기 어렵다는 의미이다. 전화, 전자메일, 메신저가 의사소통의 기본이지만 더 나은 협력 도구도 계속 개발된다.

> ● 리사의 이야기
>
> 우리 팀에서 같이 일했던 프로그래머이자 관리자였던 난다(Nanda)가 인도로 이사를 갔다. 난다는 인도에서 밤늦게까지 일했기 때문에 미국 덴버에 있는 팀이 아침일 때 연락이 가능했다[2]. 난다는 덴버 지역 번호의 핸드폰을 가지고 있어서 전화로 대화하는 것이 메신저나 전자메일과 같이 쉬웠다. 우리는 스토리에 대해 의논할 것이 있다면 추정 회의나 브레인스토밍, 이터레이션 계획 등을 그가 참여할 수 있도록 아침 일찍 일정을 잡았다. 팀이 같은 곳에 있을 때처럼 생산성이 높지는 않았지만 이 분야에 대한 난다의 경험과 소프

---

2) 역자 주: 인도와 미국 덴비의 시치는 11시간 30분으로, 인도가 밤 9시일 경우 미국은 같은 날 아침 9시 30분

트웨어에 대한 깊은 이해는 여전히 팀에 유용했다.

난다가 인도에서 팀 구성원을 더 고용한다면 이터레이션과 빌드의 협력처럼 더 복잡한 이슈를 다뤄야만 했을 것이다. 그리고 의사소통 문제를 위해 더 복잡한 기술적 해결책을 고려했을 것이다.

분산된 팀이 어떻게 일하는지 살펴보는 실험이 필요할지도 모른다. 협력과 의사소통에 개선이 필요하지 않은지 평가하고 개선하는 방법을 브레인스토밍하는 데 회고를 이용하자. 테스터로서 프로젝트의 프로세스 개선을 도울 수 있는 많은 경험이 있을 것이다. 의사소통 개선을 지속적으로 수행하고 있는 개선의 하나라고 생각하자.

멀리 떨어져 있는 테스터의 이야기

가끔 테스터가 지역적으로 떨어져 있는 팀 구성원일 경우가 있다. "iLevel by Weyerhaeuser"의 에리카 보이어(Erika Boyer)는 미국 동부 해안에 살면서 덴버에 있는 팀과 업무를 진행한다. 에리카는 전문 테스터였으나, 그녀 팀의 모든 업무는 누구나 할 수 있는 일이었다. 그녀는 FitNesse 테스트 자동화를 위해 픽스처를 작성하거나 제품 코드 작성을 위해 프로그래머와 짝으로 일해야 했다. 에리카가 필요할 때 사람들과 연락이 가능하다는 것은 하나의 이슈였다. 덴버 사무실의 모든 업무 구역에는 전화가 있었기 때문에 에리카는 동료들이 메신저에 답하지 않으면 전화를 했다. 그러나 모두가 파티를 위해 휴게실에 있으면서 그녀에게 알려주지 않은 경우도 있기 때문에 전화가 항상 성공하는 것은 아니었다. 서로 다른 지역에 있는 팀이라면 서로 알려주기 위해 특별한 노력을 해야 한다.

에리카는 팀의 일일미팅 몇 시간 전에 일을 시작하기 때문에[3], 그 시간에는 에리카 혼자 일해야 했다. 또한 덴버에 일찍 출근한 팀 구성원과 일을 하거나 다른 프로그래머와 다음날 그녀가 할 일에 대해 오후 늦게 이야기했다.

에리카는 인트라넷을 이용해서 팀의 업무, 상태, 진행률을 볼 수 있었다. 어느 정도의 추가적인 협의가 있다면 다른 지역에 떨어져 있는 팀원이 있는 팀도 훌륭한 의사소통을 유지할 수 있다.

먼 거리지만 에리카는 프로그래머에게 테스팅 기술을 전달할 수 있었고, 테스터와는 생각의 차이가 있다는 것을 알게 되었다. 그녀의 팀은 모든 팀 구성원이 모든 종류의 업무를 순환하는 팀의 장점에 이러한 다양한 관점을 이용했다.

성공적인 팀은 떨어져 있는 팀 구성원도 "중추적인 일원"으로 유지하고 기술과 경험을 공유한다. 분산된 팀은 성공적으로 테스트 활동을 완료하는 데 추가적인 도전에 직면할 것이다. 그러나 약간의 적응, 모든 팀 구성원의 배려심, 좋은 의사소통 도구는 떨어져 있는 테스터가 결실을 맺는 데 도움이 될 것이다.

---

3) 역자 주: 에리카가 있는 동부 해안과 팀이 있는 덴버는 3시간의 차이가 남. 동부가 아침 9시라면 덴버는 같은 날 아침 6시. 서머타임일 경우 2시간 차이

우리 프로젝트의 성공을 위해서는 서로간의 의사소통이 잘 되어야 한다. 팀이 지구 반대편에 있다면 지속적으로 연락하는 것이 두 배는 어려울 것이다.

회귀 테스트

이제 막 자동화 노력을 시작하는 팀에 있지 않는 이상, 이전 이터레이션의 스토리를 포함하는 회귀 테스트를 자동화해왔을 것이다. 그리고 지속적인 빌드의 한 부분이거나 최소한 일일 빌드 프로세스의 한 부분으로 실행 중이어야 한다. 그렇지 않다면 팀에 이 중요한 기반구조를 구현하는 것을 요구하고, 어떻게 완료할 것인지 팀과 브레인스토밍을 하자. 그리고 다음 이터레이션에서 빌드 프로세스를 시작하기 위한 시간을 계획하자.

빌드를 "초록색"으로 유지하기

프로그래머는 새로운 코드를 체크인하기 전에 모든 자동화된 단위 테스트를 실행할 것이다. 그러나 누군가 체크인 전에 단위 테스트 실행을 깜박하거나 다른 실행 환경, 또는 IDE(통합 개발 환경) 때문에 단위 테스트가 지속적인 빌드에서 실패할 수 있다. 이유가 있어서 단위 테스트를 수행하기 때문에, 단위 테스트가 실패할 때마다 동작을 멈추는 중요한 문제(showstopper)를 제외하고 팀의 최우선 순위를 실패를 수정하고 빌드를 다시 실행하는 것으로 해야 한다.

팀은 빌드의 상태를 "초록색"으로 유지하기 위해 각기 다른 접근방법을 취한다. 리사의 팀은 매 빌드 후 결과를 전자메일로 보내주는 빌드 프로세스가 있었다. 빌드가 실패한다면 보통 그 부분을 체크인한 사람이 바로 수정했다. 그리고 빌드가 왜 실패했는지 명확하지 않다면 팀 구성원이 살펴보기 위해 모였다. 이 팀의 스크럼 마스터는 "빌드가 깨진 것"을 바로 고칠 수 있도록 시각적으로 상기시키기 위해 봉제 인형을 빌드를 깬 사람의 책상 위에 올려두었다.

어떤 팀은 빌드 상태를 시각적으로 표시하기 위해 신호등, 앰비언트 옵(ambient orb: 상태에 따라 불빛이 변하는 공), GUI 빌드 모니터링 도구 등을 사용했다. 불빛이 빨간색으로 변하면 새로운 개발을 멈추고 빌드를 수정할 시간이다. 또 다른 기술은 빌드가 실패하면 모든 구성원의 IDE에 팝업이 표시되고, "좋아, 내가 빌드를 고치겠어요."를 클릭하기 전까지 팝업이 사라지지 않게 하는 것이다. 이렇게 재미있게 할 수도 있지만 빌드가 실행되도록 유지하는 것은 만만찮은 일이다.

극단적인 경우 실패한 테스트의 원인을 파악할 때까지 임시적으로 주석 처리할 수도 있으나 이 방법은 특히 초보팀에게 위험하다. 팀 구성원 모두는 빌드가 재수행될 때까지 필요하다면 하던 일을 모두 멈춰야 한다.

빌드를 빠르게 유지하기

빌드가 피드백을 즉시 제공하기 위해서는 빌드가 짧게 유지되어야 한다. 빌드가 코드 체크인하는 평균 빈도보다 오래 걸린다면, 빌드는 계속 쌓이기 시작하고 테스터는 테스트할 코드를 얻지 못한다. XP는 빌드 시간을 10분으로 권고한다(파울러, 2006). 리사의 팀은 체크인을 꽤 자주 했기 때문에 빌드를 8분 이내로 유지했다.

데이터베이스를 업데이트하는 테스트, 단위 수준의 기능 테스트, GUI 테스트 스크립트와 같이 너무 오래 걸리는 테스트는 독립된 빌드 프로세스에서 실행되어야 한다. 하드웨어에 제한이 있다면 팀은 전체 테스트 수트를 이용한 "전체" 빌드는 야간에 실행하고 단위 테스트를 수행하는 "진행" 빌드는 업무 시간 동안 지속적으로 실행한다. 독립적인 빌드 프로세스라면 모든 회귀 테스트 수트를 포함한 지속적인 "전체" 빌드는 투자할 만한 가치가 있다. 리사의 팀은 90분마다 "전체" 빌드에 대한 피드백을 받았고, 이를 통해 회귀 이슈를 방지하는 중요한 정보를 제공받았다. 그리고 이 방법은 프로그래머의 코드 체크인을 멈추지 않게 하였다.

회귀 수트 만들기

이터레이션 동안 테스터는 새로운 테스트를 자동화한다. 이 테스트가 통과하면 회귀 수트에 적절하게 추가한다. 아마 모든 가장자리 케이스(edge case)나 조합은 회귀 수트에 포함할 필요가 없으나 회귀 수트를 바로 피드백을 제공할 만큼 빠르게 유지할 필요는 있다. 각각의 스토리가 완료되면 스토리의 기능이 회귀 수트와 정기 빌드 주기의 부분으로 포함될 수 있는지 확인하는 테스트를 하자.

회귀 테스트는 버전 통제를 받아야만 한다. 가장 좋은 방법은 회귀 테스트를 같은 제품 코드를 매긴 동일한 소스 코드 통제 시스템으로 유지하는 것이다. 이 방식은 제품 릴리즈를 위해 코드에 태그를 달면 코드와 함께 수행되는 모든 버전의 테스트에 태그가 포함된다. 그리고 최소한 일일 테스트 코드 백업을 유지하자.

테스트가 회귀 수트에 추가되면 테스트의 목적은 변경된다. 더 이상 개발을 주도하고 새로운 버그를 찾는 것이 아니다. 유일한 목적은 예상하지 않은 변경이나 부작용을 발견하는 것이다.

"큰 그림" 확인하기

여러분은 거대한 애플리케이션의 맥락을 고려한 스토리 테스트와 새로운 스토리가 시스템의 다른 부분에 악영향을 끼치지 않는다는 것을 보여주기 위한 회귀 테스트를 바라고 작업 카드를 작성했을 것이다. 그리고 Chapter 12 "테스팅 사분면 요약"의 예제와 같이 종단 간 테스트를 자동화했을 것이다.

그러나 가끔은 큰 회귀 테스트 수트가 있더라도 수작업 탐색적 테스팅이 더 적절할 수 있다. 스토리는 이런 업무가 모두 종료될 때까지 "완료" 된 것이 아니다.

자원

이터레이션이 시작되면 테스트 환경과 테스트 데이터, 테스트 도구가 이번 이터레이션 스토리를 테스트하기 위해 준비되었는지 확인하자. 이러한 자원이 필요하다고 예상했겠지만, 어떤 스토리는 시작하고 나서야 테스트 요구사항이 명확해진다. 데이터베이스 전문가, 시스템 관리자, 기타 추가적인 인프라 담당자와 협력하자.

이번 이터레이션에서 성능이나 사용성, 보안 등의 테스트를 위해 외부 자원이 참여할 수 있다. 필요하다면 고객과 함께하는 일일미팅에 이들을 참여시키자. 그리고 이들과 함께 일하면서 팀의 목적을 알려주자. 외부 자원의 참여는 새로운 기술을 익힐 수 있는 기회다.

이터레이션 측정지표

Chapter 5 "전통적인 프로세스 전환하기"에서 측정지표의 목적에 대해 조금 언급했으나, 측정지표는 코딩과 테스팅 활동이 어떻게 진행되는지 이해하는 것이 중요하기 때문에 이 장에서 추가로 설명하려 한다. 데이터를 측정하고 결과를 분석하기 전에 해결해야 하는 문제점이 무엇인지 알아야 한다. 이 단원에서는 팀이 이터레이션 동안 모을 수 있는 몇 가지 공식적인 측정지표를 다룰 것이다.

Tip
Chapter 15 "릴리즈와 테마 계획에서 테스터의 활동"에서는 유용한 측정지표를 유지하는 것에 대해 설명했다.

진행상황 측정

진행하면서 이터레이션의 특정 시점에 얼마만큼의 업무를 완료했고, 남은 업무는 얼마나 있는지 알고 싶을 것이다. 그리고 언제 어떤 스토리의 완료가 불가능한지 명확하게 알 수 있어서 대체 계획이 필요한지 알고 싶을 것이다. 실제 업무를 진행한 시간에 대비한 이터레이션 소멸 차트와 추정이 팀의 진행상황을 측정하는 대표적인 예이다. 이러한 소멸차트와 추정은 유용할 수도 있고 그렇지 않을 수도 있다.

스토리나 업무 게시판을 색깔로 표시한다면 이터레이션의 상태를 시각적으로 표현하는 훌륭한 방법이 된다. 그러나 너무 많은 테스트 작업 카드가 여전히 "해야 할 일" 항목에 있거나 "완료"나 "테스트되었음" 항목에 충분하지 않은 코딩 작업 카드가 있다면 모든 테스팅을 완료하기 위한 방법을 고민해야 할 시기이다. 아마 어떤 팀은 코딩을 멈추고 테스팅 작업 카드에 적힌 테스트를 시작하거나 종료 가능한 다른 스토리를 테스트하기 위해 스토리 전체, 또는 스토리의 덜 중요한 부분을 다음 번 이터레이션까지 제외할 수 있다.

이런 스토리/업무 게시판은 가상 스토리 게시판을 이용할 수도 있다. 문제가 바로 보일 수 있게 창의적인 시각 효과를 사용하자. 그리고 적절한 수준의 모든 테스트가 끝날 때까지 "완료"된 스토리는 없다는 것을 기억하자. 그리고 팀은 동료 검토나 자동화된 회귀 테스트가 완료된 것처럼 스토리가 "완료"됨을 판단하는 다른 기준이 있을 수 있다. [그림 18-6]의 스토리 보드는 가로 열은 각 스토리에 대한 것이며, 세로로 "완료" 항목이 제일 오른쪽에 있고, 바로 왼쪽은 "검증" 항목이다. 스토리는 테스팅 업무를 포함한 모든 카드가 "완료" 항목에 있기 전까지는 "완료"된 것으로 보지 않는다. 게시판을 힐끗 보는 것으로도 어느 스토리가 종료되었는지 충분히 알 수 있다.

업무 수준까지 스토리 소멸을 추적하지 않는 팀이라도 스토리 수준의 추적은 가능하다. 팀이 각 이터레이션에서 얼마나 많은 업무를 할 수 있는가(이터레이션 개발 속도)를 아는 것은 전체적인 릴리즈 계획을 하고 각각의 이터레이션 우선순위를 정하는 데 도움이 된다. 이터레이션에서 완료할 수 있는 스토리의 개수가 평균적인 동일한 수가 된다면, 충분히 예측이 가능해진다.

[그림 18-6] 이터레이션 스토리와 작업을 보여주는 스토리 보드

결함 측정지표

Chapter 15 "릴리즈와 테마 계획에서 테스터의 활동"에서 결함 측정지표는 결함 추적에 상위 수준의 아이디어를 준다고 언급했다. 결함에 대한 측정지표를 수집하는 것은 많은 시간을 걸리기 때문에 측정을 시작하기 전에 늘 목표에 대해 고려해봐야 된다. 수집하려고 하는 측정지표의 목적은 무엇일까? 이 측정지표가 유용하다는 것을 알기 위해 얼마나 오랫동안 추세를 확인해야 할까?

결함 예방은 언제나 인기 있는 측정지표이다. 언제 결함이 발견되었는가? 전통적인 프로젝트에서는 "명백한" 요구사항과 코딩 단계가 있기 때문에 이 질문에 답하기는 훨씬 쉽다. 전체 팀이 품질에 책임을 가지게 되고 모두가 내내 같이 일하게 되면 "언제" 결함이 시스템에 유입되었는지 결정하기가 매우 어려워진다.

우리는 애자일 개발에서 이런 종류의 측정지표는 필요 없다는 아이디어를 생각해 봤다. 그러나 많은 버그를 놓친다는 것을 안다면, 근본 원인을 관리하기 위해 버그 타입을 추적하기 시작할 것이다. 예를 들어 버그가 단위 테스트에서 발견되지 못한다면 아마 프로그래머에게 단위 테스트 작성하는 교육이 더 필요할 것이다. 그리고 요구사항에서 빠졌거나 잘못 이해해서 생긴 버그라면 이터레이션 계획 시간이 부족했거나 인수 테스트가 충분히 상세하지 않았을 것이다.

만약 결함 제로 관용정책을 시행 중이라면 코딩과 테스팅 기간에는 결함 추적이 필요하지 않을 것이다. 스토리 게시판의 단순한 카드가 필요한 정보를 제공한다.

어떤 측정지표를 선택하든지 단순하게 하자.

● **자넷의 이야기**

예전 일했던 한 조직에서 우리 팀은 여러 릴리즈에서 결함 추적 시스템에 등록된 결함의 수도 추적했다. 이 결함은 이터레이션에서 수정하지 못했거나 레거시 시스템에서 발견한 것들이었다. [그림 18-7]은 1년 반 동안의 결함 추세를 보여준다.

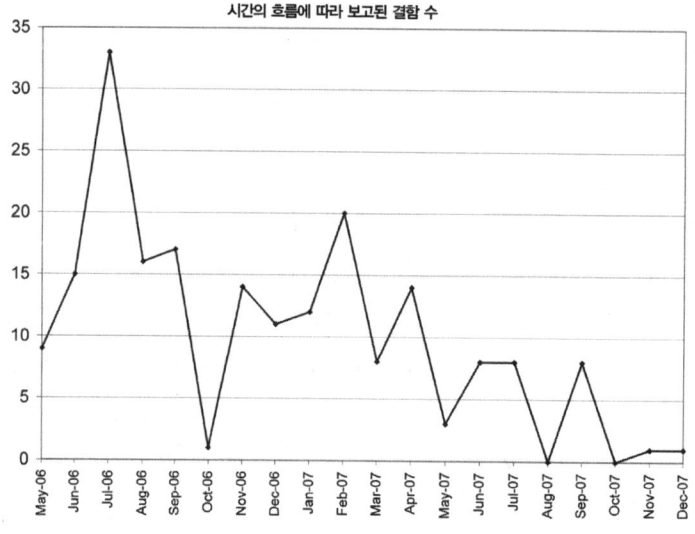

[그림 18-7] 결함 추세 샘플(그러나 얼마 후 사용을 멈췄다)

최종 테스팅을 위해 QA에게 릴리즈한 직후 발견한 이슈의 수가 초기에는 매우 높았다(한 달에 33개 이슈 발견). 고객은 릴리즈 품질에 대한 확신이 없었기 때문에 그 이전 2달의 사용자 인수 테스트 기간에도 많은 이슈를 발견했다. 결함이 발견되지 않은 달은 우리가 새로운 릴리즈를 시작해서 테스트할 새 기능이 없던 기간이었다. 향후 1년 동안 더 적은 결함들이 기록되었고, 결함 추세를 검토하는 것으로는 실제 릴리즈에 어떤 일이 발생했는지 알아내기가 힘들었다.

이 그래프는 고객에게 테스팅과 릴리즈 결과물이 결함이 없음을 보여주는 데 사용했다. 팀과 고객이 결함 수가 올라가지 않을 것이라는 믿음을 가진 후 측정지표는 더 이상 필요하지 않았고 이후로는 사용하지 않았다.

측정지표가 더 이상 필요 없다면 측정지표 사용을 중지하는 것을 두려워하지 말자. 처음에 수집했던 문제가 더 이상 존재하지 않는다면, 더 이상 이 측정지표를 사용할 이유가 없다.

큰 조직에서 일한다면 아마도 측정 지표를 상위 관리자나 PMO(Project Management Office)에 제공해야만 할 수도 있다. 액센츄어 컨설턴트 패트릭 플라이쉬(Patrick Fleisch)는 이 책을 쓰는 동안 소프트웨어 회사에서 기능 분석가로 일하고 있었는데 우리에게 그의 팀이 PMO에게 제공했던 측정 지표의 예제를 다음과 같이 알려주었다.

- 스토리와 기능적 부분에 대한 테스트 실행 수
- 테스트 자동화 상태 (자동화 테스트 수 대비 수작업 테스트 수)
- 테스트 통과/실패 수에 대한 시계열 선 그래프
- 각 스토리의 요약 및 상태
- 결함 측정지표

위와 같이 측정지표를 수집하고 보고하는 것은 중대한 과부하를 초래할 수 있다.

유용한 이터레이션 측정지표

Primavera Systems의 소프트웨어 테스트 관리자인 코니 타르탈지아(Coni Tartaglia)는 유용한 이터레이션 측정지표에 대해 다음과 같이 설명했다.

이터레이션 종료 시 측성지표를 수집하는 것은 여러 다른 팀이 동일한 제품 릴리즈에 참여할 때 특히 유용하다. 이 때 측정지표는 이터레이션 종료를 모든 팀이 동일한 기준으로 "완료"했다는 것을 확인해준다. 그리고 팀은 측정한다는 것에 동의해야 한다. 인도 예정인 소프트웨어는 표준을 따라야 하고 각각의 상태는 다른 방법으로 판단해야 한다(Schwaber 2004).

- 스프린트 산출물은 기준에 따라 리팩터링하고 코드를 작성해야 한다.

정적 분석 도구를 사용하자. 유용하고 실행적인 데이터에 초점을 맞추자. 수정조치가 필요하면 스프린트에서 수행하자. 그리고 적절하게 수정하자. 예를 들어 FindBugs와 같은 오픈 소스 도구를 사용하고 가장 높은 우선순위의 이슈가 각 스프린트에 증가하지 않는지 살펴보자. 그리고 이 이슈를 해결하자.

- 스프린트 산출물은 단위 테스트가 수행되어야 한다.

각 스프린트의 코드 커버리지 결과를 살펴보자. 단위 테스트 커버리지 범위를 0%–30%(낮은 커버리지), 31%–55%(평균 커버리지), 56%–100%(높은 커버리지)로 구분하여 패키지의 수를 세자. 레거시 패키지는 낮은 커버리지 범위에 있겠지만, 테스트 주도 개발을 실행하는 팀이라면 새로운 패키지는 56%–100% 범위에 있을 것이다. 커버리지를 증가시키는 것이 바람직하다.

- 스프린트 산출물은 자동화된 인수 테스트를 통과해야 한다.

품질 관리 시스템에서 자동화된 인수 테스트와 요구사항을 연결하자. 이터레이션 종료 시 모든 요구사항이 이터레이션이 테스트를 통과하기 위한 목표라는 것을 보여주는 커버리지 리포트를 작성하자. 테스트 커버리지를 통과하지 못한 요구사항은 완료된 것이 아니다. 동일한 접근방법은 게시판에 붙어있는 스토리 카드를 이용하면 쉽게 실행된다. 목적은 각 요구사항이나 스토리의 동의된 테스트가 스프린트의 마지막에 통과되는 것을 간단하게 보여주는 것이다.

- 스프린트 산출물은 성공적으로 통합되어야 한다.

지속적인 통합 빌드 테스트가 통과되었는지 확인하자. 다른 통합 테스트를 스프린트 중간에 실행하자. 다음 이터레이션의 시작에 앞서 수정하자. 통합 테스팅이 실패했다면 다음 이터레이션의 시작을 유보하자.

- 스프린트 산출물은 결함이 없어야 한다.

요구사항은 이터레이션 기간에 결함이 없이 완료되어야 한다.

- 30일 안에 제품 출시가 가능한가?

각 이터레이션의 마지막에 이 질문을 간단하게 스스로 물어보자. 그리고 대답에 따라 다음 이터레이션을 진행하자. 측정지표는 수집하기 쉽고 분석하기 쉬워야 하고, 팀의 진행을 수정하는 데 도움이 되는 의미 있는 기회를 제공해야 한다. 또한 팀이 가지고 있는 공학 표준이 이터레이션의 잠재적으로 출시될 소프트웨어를 개발하는 데 적용되었는지 확인할 수 있다.

요약

Chapter 18에서는 이터레이션 예제를 통해 애자일 테스터가 작은 테스팅-코딩-검토-테스팅의 반복을 통해 프로그래머, 고객, 다른 팀원들과 밀접하게 일하며 스토리를 개발하는 것을 표현했다.

Chapter 18의 주요 내용은 다음과 같다

- 코딩과 테스팅은 이터레이션에서 프로세스의 일부분이다.
- 코딩이 시작하자마자 스토리에 대한 상세한 테스트를 작성하자.
- 단순 테스트를 시작하는 것으로 개발을 주도하자. 간단한 테스트를 통과하면 이후 개발의 가이드가 되는, 더 복잡한 테스트 케이스를 작성하자.
- 테스팅 활동에 집중하기 위해 단순한 위험 평가 기법을 사용하자.
- 요구사항이 명확하지 않거나 의견이 다양하면 "3의 힘"을 사용하자.
- 하나의 스토리를 제시간에 완료하는 데 집중하자.
- 테스팅과 코딩이 통합되므로 프로그래머와 밀접하게 같이 일하자.
- 제품을 평가하는 테스트도 개발의 일부분이다.
- 이터레이션 동안 고객을 포함시키자. 그리고 일찍, 자주 검토하게 하자.
- 테스터는 고객팀과 개발팀 사이의 의사소통을 원활하게 할 수 있다.
- 버그 수정을 위한 최선의 방법을 결정하자. 가장 좋은 목표는 릴리즈에 버그가 없는 것이다.
- 새로운 자동화된 테스트를 회귀 수트에 추가하고 바로 피드백을 제공할 수 있도록 자주 실행하자.
- 수작업으로 하는 탐색적 테스팅으로 모든 애플리케이션이 코드로 작성된 후에도 빠진 요구사항이 없는지 찾을 수 있다.
- 테스팅 완료를 위한 자원과 인프라 확보를 위해 외부 전문가와 같이 일하자.
- 어떤 측정지표가 이터레이션 수행에 필요한지 고려하자. 진행상황과 결함 측정지표가 대표적인 예다.

AGILE
Chapter 19
이터레이션 마무리

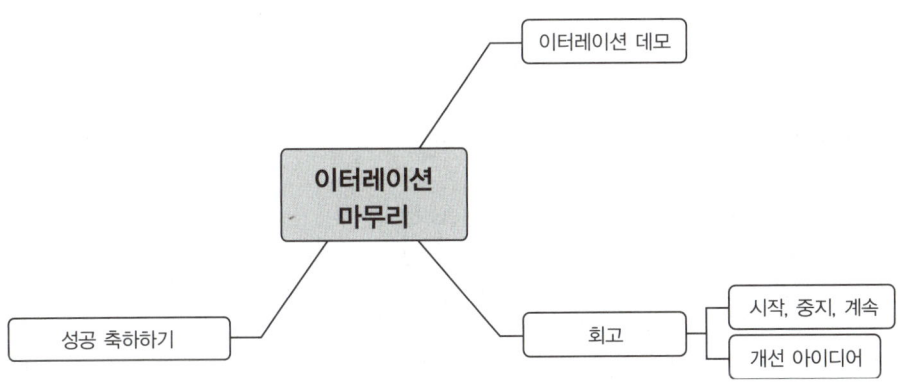

방금 하나의 이터레이션을 종료했다. 이번 이터레이션을 마무리하고 다음 이터레이션을 준비하기 위해 테스터는 무엇을 해야 할까? Chapter 19에서는 더 나아지기 위해 개선하는 방법과 다음 이터레이션에서 더 나은 제품을 인도하는 방법에 대해 이야기할 것이다.

이터레이션 데모

애자일 개발에서 느끼는 즐거움 중 하나는 각 이터레이션의 마지막에 완료된 스토리를 고객에게 보여줄 수 있다는 것이다. 고객은 실제 사용할 수 있는 애플리케이션을 보게 되고 이 애플리케이션에 대한 질문을 받고 다시 개발팀에 피드백을 해준다. 이를 통해서 비즈니스 측과 기술 측 구성원 모두가 성취감을 느끼게 된다.

리사의 팀에서는 테스터가 이터레이션 검토를 수행했다. 모든 팀원들 중에서 테스터가 대부분의 스토리를 접하기 때문이다. 테스터는 정보 제공이라는 고유의 역할 뿐만 아니라 고객이 새로운 기능을 이해하는 데 필요한 정보에 대한 아이디어도 제공할 수 있다. 일반적으로 테스터가 고객에게 데모를 하지만 반드시 그래야 하는 것은 아니다. 비즈니스 전문가는 비즈니스 요구사항이 소프트웨어 어떻게 구현되었는지 가장 잘 알고 제품에 대해 책임을 느끼기 때문에 비즈니스 전문가가 데모를 하는 것도 좋은 선택이다. 스크럼 마스터나 개발자, 비즈니스 분석가도 새로운 기능이나 자주 쓰이는 기능의 데모가 가능하다. 자넷은 이 역할을 돌아가며 하는 것을 권장한다.

고객의 소리 듣기

피에르 베라르겐(Pierre Veragen)은 그의 팀이 이터레이션 데모를 활용하는 방법에 대해 다음과 같이 설명한다.

> "우리는 가만히 고객의 소리를 들어본다. 대부분이 우리가 발표한 것에 대한 반응이다. 그리고 우리가 서로 다른 시각에서 바라본 것들을 모두에게 전달되도록 만든다. 이 활동을 통해 아이디어가 만들어진다. 어떤 아이디어는 다른 사람들에 의해 사장되기도 하지만 어떤 것들은 다른 제품과 차별화시킬 수 있는 아이디어가 되기도 한다."

데모는 고객에게 새로운 스토리를 보여줄 수 있는 기회일 뿐 아니라 고객으로부터 피드백을 받을 수 있는 좋은 기회이기도 하다.

데모에 참여한 고객이 언급한 것들을 누군가는 적어 두어야 하는데, 테스터가 이 역할을 하는 것이 좋다. 테스터는 우리가 사전에 찾아내지 못했던 것을 데모 중에 발견할 수 있기 때문이다. Q&A 시간이 되면 고객은 도움말의 변경이나 기능의 동작 방법 같은 작은 변경들을 요청할 것이다. 이런 작은 변경은 다음 이터레이션에 포함되거나, 큰 변경이라면 스토리로 만들어 향후 릴리즈에 포함될 것이다.

이터레이션 데모(스크럼에서는 스프린트 검토라 부르는)는 애플리케이션에 대해 누구나 생각하고 말할 수 있는 좋은 기회이다. 이 장점을 계속해서 살려보자. 검토 회의는 일반적으로 30분 이내로 짧게 진행된다. 새로운 스토리에 대한 데모가 끝난 후 시간이 남는다면 고객들이 우려하는 부분, 기능 사용법에 대한 도움의 필요 여부, 새로 발생한 이슈 등 이번 릴리즈에서 고객들이 느낀 특별한 문제는 없었는지 물어보자. 물론 언제든지 고객과 이야기를 나눌 수 있지만, 이때는 대부분의 이해관계자와 개발팀이 한 방에 모여있어서 좋은 아이디어를 이끌어 낼 수 있다.

회고(RETROSPECTIVES)

애자일 개발은 일하는 방식에 대한 끊임없는 개선을 의미하고, 회고는 무엇이 어떻게 더 나아지는지 찾아내는 활동이다. 저자는 각 이터레이션이나 릴리즈 주기의 마지막 부분에 지나간 시간을 뒤돌아보며 무엇이 좋았고 좋지 않았는지, 다음 이터레이션에서 무엇을 시도하면 좋을지 이야기하는 자리를 마련할 것을 권고한다. 회고하는 방법은 여러 가지가 있을 수 있다. 하지만 어느 방법을 사용하더라도 팀원 모두가 안온한 분위기에서 서로 존경하는 태도로 고발이나 비난은 하지 말아야 한다.

모든 아이디어가 프로세스를 더 좋아지게 만들도록 한 번에 한걸음씩 내딛자.

시작, 중지, 계속

이터레이션 회고에서 하나의 공통적인 활동은 "시작, 중지, 계속"이다. 팀은 스스로에게 "이번 이터레이션에 잘 진행된 것은 어떤 것인가? 발생하지 말아야 했는데 다시 발생한 일은 무엇인가?" 등의 질문을 던진다. 각각의 팀 구성원은 개선할 것은 시작하고, 제대로 되지 않은 일은 중지하고, 계속하도록 도움을 줘야 할 일을 제안할 수 있다. 스크럼의 사회자나 스크럼 마스터는 이 제안들을 화이트보드나 큰 종이에 적고 모두가 이터레이션 기간 동안 읽을 수 있게 배치해야 한다. [그림 19-1]은 "시작, 중지, 계속" 회고 진행 중의 사진이다. 스크럼 마스터(그림에 서있는 여자)가 중지, 시작, 계속을 위한 제안을 스토리 보드의 한 부분에 적는다.

> **Tip**
> 애자일 회고 · 최고의 팀을 만드는 애자일 기법(인사이트, 2008)에는 회고를 애용해 생산성을 더 높이는 아이디어가 포함되어 있다.

어떤 팀은 이 프로세스를 예정보다 빨리 시작하기도 한다. 모든 팀 구성원은 포스트잇에 "시작", "중지", "계속" 항목을 적고 회고 회의 중 스토리 보드에 붙인 다음 주제에 따라 그룹화한다. "시작", "중지, 계속"은 우리가 사용할 용어의 예제 중 하나일 뿐이다. "잘 진행된 것", "개선할 것", "즐길만한 것", "불만스러운 것", "시도할 것" 으로도 사용할 수 있다. 팀에 필요하다면 어떠한 이름이라도 사용하자. 팀의 경험이 반영된 다른 창조적인 방법도 찾아보자.

[그림 19-1] 진행 중인 회고

아래는 리사의 팀에서 사용한 "시작, 중지, 계속"의 예이다.

시작:
- 다음 스프린트의 스토리를 우리에게 빨리 보내기
- 모든 서비스 호출을 원격 호출로 생각하기
- 어떤 데이터베이스 변경이라도 모두에게 알려주기

중지:
- 요구사항을 완료하지 않고 스토리 받아들이기

계속
- 작업 중인 코드에 FitNesse 테스트 수행하기
- 회의나 비공식 의견도 문서화하기
- 서로 더 나은 의사소통하기

- 모형 일찍 보여주기
- FitNesse 주도 개발하기

"시작, 중지, 계속" 목록이 많다면, 새로운 이터레이션에서 집중해서 할 한두 개의 항목을 선택하는 것도 좋다. 각 팀원들에게 동일한 표를 주고 항목 중 우선순위를 정하는 투표를 할 수도 있다. 리사의 팀원 10명은 각 3개의 표를 가지고 가장 중요한 한 개의 항목에 표를 몰아주기도 하고, 다른 항목에 한 두 개씩 나눠 투표하기도 했다. 가장 많은 표를 받은 항목이 집중 항목으로 선택된다. 자넷은 이렇게 우선순위를 정해서 성공적으로 진행했다.

"시작, 중지, 계속" 항목에 다음 이터레이션에 착수할 작업에 대해 간단하게 업무 카드를 적는 것도 좋다. 예를 들어서 진행 중인 빌드가 너무 느리다면 카드에 "빌드는 10분 이내로 진행하자" 라고 적을 수 있다.

이터레이션의 마지막 부분에 개선되길 원했던 한두 개의 집중 항목에 대해 확인하는 시간을 가져보자. 만약 개선되지 않았다면 왜 그런지 물어보자. 다른 것을 시도했었나? 여전히 개선 중인가? 큰 그림에서 봤을 때 중요도가 떨어지거나 정말 중요하지 않았던 것일 수 있다. 문제가 있는 부분을 개선했다고 생각했는데 문제가 다시 발생했다면, 그 문제에 대해 어떤 일을 해야 하는지 결정하거나 그 문제에 대해 다른 말하는 것을 그만두어야 한다.

저자는 회고가 이슈를 발견하고 처리해가는 간단하고 효과적인 방법이라고 생각한다. 회고 회의는 테스팅 관련 이슈를 수면 위로 떠오르게 한다. 이슈를 객관적으로 제시하고 누구의 탓으로 돌리지 말자. 팀은 각각의 문제에 대해 원인이 무엇이고 해결하기 위해 어떤 아이디어가 있는지 논의할 수 있다.

개선을 위한 아이디어

개선 목록에 올라와 있는 항목에 대해 살펴보자. 팀은 정말 큰 이슈들을 너무 자주 찾아내지만 반면 그 이슈를 어떻게 처리하지는 않는다. 예를 들면 프로그래머가 코딩이 완료되었다고 한 다음에도 너무 많은 단위 수준의 버그가 발견된다.

팀은 프로그래머가 단위 테스트에서 코드를 충분히 다루지 못한다고 여길 수 있다. 팀은 새로운 코드를 확인하기 전에 코드 커버리지 도구를 수행하도록 작업 항목(action item)에 적을 수도 있고, 또는 단위 테스트가 완료되었는지 확인하기 위해 각 스토리의 업무 카드(task card)에 "단위 테스트"라고 적을 수도 있다. 팀은 이터레이션이 끝나기 전에 모든 자동화된 테스트 업무를 종료하지 못했을 것이다. 문제에 대한 의견 교환을 통해 초기에 실행한 업무가 너무 복잡했다는 것을 발견하고, 우선 간단한 테스트를 작성하고 자동화하거나 동료와 함께 테스트를 설계하는 것이 필요하다. 작업 항목이 구체적으로 작성되었는지 확인하자.

애자일 팀은 자체적으로 문제를 해결하기 위해 노력하고 스스로 개선하기 위한 가이드라인을 구성한다. 작업 항목은 하나의 문제를 목표로 한다. 리사의 팀이 문제가 있는 스토리를 각 이터레이션에서 테스트할 때 몇 번의 회고를 통해 다음과 같은 다양한 규칙들을 만들었다.

- 이터레이션의 4일째 되는 날 모든 스토리의 상위 수준 테스트 케이스를 완료한다.
- 이터레이션의 4일째 되는 날 테스트할 하나의 스토리를 인도한다.
- 한번에 하나의 스토리를 종료할 수 있도록 집중한다.
- 이터레이션의 마지막 전날 업무시간 내에 기능의 100%가 확인되어야 한다.

이런 규칙은 팀이 테스팅 작업을 종료하고 각각의 이터레이션 내내 꾸준하게 업무를 하는 데 도움이 되었다.

다음 회고는 어떤 작업 항목이 유용했는지 검토하는 것으로 시작해보자. 리사의 팀은 시도한 항목들이 성공적이냐에 따라 행복하거나, 슬프거나, 그저 그런 표정을 짓게 되었다. 팀은 왜 슬픈 표정을 짓는지 이유를 발견해야 한다. 잊은 항목이 있나? 새로운 활동을 시도하기엔 시간이 부족했나? 더 괜찮은 아이디어가 있었나? 이러한 의논은 개선 항목을 변경하거나 새로운 항목으로 추가될 것이다.

개선을 위한 활동들이 팀의 습관처럼 된다면, 이제 "시작, 중지, 계속" 목록은 작성할 필요가 없다. 잘 진행되는 "시작" 항목은 "계속" 부분으로 옮겨질 것이고, 어떤 아이디어는 진행하지 않거나, 필요성을 증명하거나, 다음 이터레이션 목록에서 진행될 것이다.

개선을 위한 아이디어와 이터레이션의 작업 항목을 참조하자. 이 항목들을 모두가 자주 볼 수 있도록 벽이나 온라인에 게시하자. 리사의 팀은 가끔 이터레이션 중반의 일일회의에서 이 리스트를 살펴보곤 한다. 이터레이션 기간에 새로운 개선 아이디어가 생각났다면 다음 이터레이션에서 잊지 않도록 기록한 후에 현재 사용 중인 목록에 추가하자.

Tip
린 개발 실천방법에 대한 자료는 참고문헌을 살펴보자.

이터레이션 동안 고유한 방식으로 일을 추적하는 것은 좋은 아이디어다. 장애물 백로그를 잘 보이는 큰 차트에 기록하자. 각각의 이터레이션에서 장애물에 대해 이야기하고, 제거를 위한 업무 카드를 작성하고 제거 작업을 하자.

프로세스 개선 접근 방법

Ultimate Software의 소프트웨어 개발 부사장이자 수석 스크럼 마스터인 라파엘 산토스(Rafael Santos)와 수석 PSR(Performance, Securiy, Reliability - 성능, 보안, 신뢰성) 설계자인 제이슨 홀저(Jason Holzer)는 "시작, 중지, 계속" 모델을 효과적으로 사용하지 못했던 회고에 대해 설명해주었다. 라파엘과 제이슨은 "시작, 중지, 계속" 목록을 작성했지만 이슈를 주도할 만큼 충분히 집중하지 못했다.

반면 스크럼 마스터가 장애물 백로그를 유지하고 회고보다 더 낫게 이용했다. 장애물은 주로 테스트나 도구와 관련된 것이었다.

그들은 가장 큰 "대기 시간"을 찾아내기 위한 가치 흐름 매핑(value stream mapping)도 사용했고, 도요타의 "5개 질문(fivo whys)"을 가장 큰 장애물이 어떤 것이고 해결하는 데 문제가 되는 것은 무엇인지 이해하기 위해 사용했다.

한 예로 프로그래머 3명과 테스터 1명으로 이루어진 팀이 있었다. 테스팅 병목현상이 가장 큰 문제였는데, 라파엘이 팀에게 테스터가 하는 일이 무엇인지 질문하고 화이트보드에 적어보았다. 그리고 프로그래머에게 그 중에 프로그래머가 하지 못하는 것은 무엇인지 물어보았다. 프로그래머가 다루기 어렵다고 한 항목은 단지 한 항목이었다. 이 방법은 프로그래머에게 테스트 업무의 책임은 단지 테스터에게만 있는 것이 아니라 개발 팀 모두에게 있다는 것을 이해하도록 도와준 매우 효과적인 방법이었다.

이런 창조적인 접근법은 새로운 애자일 팀이 어려운 테스팅 도전에 맞부딪히는 것을 도와준다. 회고는 실험적인 행동을 위한 좋은 환경이다

이슈를 수면 위로 떠오르게 하고 모든 팀이 가능한 해결방법에 대해 생각하도록 하는 기회로 회고를 이용하자. 저자는 지금 일하는 방식을 개선하기 위한 방법을 찾는 과정에서 전체 팀이 집중해서 획기적인 아이디어를 발굴해 크게 놀랐던 경험이 있다.

성공 축하하기

애자일 개발의 실천사항은 기존의 전통적인 프로세스와 혼란스러운 프로세스의 중간 정도로 볼 수 있다. 폭포수 개발팀이 두 달 동안의 스트레스 가득한 수정-테스트의 반복을 거쳐 일 년간 개발한 제품을 출시했다면, 큰 파티와 축하 이벤트를 준비하거나 아니면 2주 정도 지쳐 쓰러져 있을 것이다. 매 2주 간격으로 릴리즈하는 애자일 팀은 꾸준한 코딩과 테스팅 리듬을 유지하고, 이터레이션 검토와 회고 후 충분히 숨을 돌린 후 다음 스토리를 시작한다. 이것도 괜찮긴 하지만 모두 일에 대한 내용이지 노는 것이 아니라는 것을 알 것이다.

팀이 최소한 스스로 격려하고 성취한 일을 인지할 어느 정도의 시간을 주어야 한다. 작은 성공일지라도 보상을 누려야 한다. 즐거움은 필수적인 애자일 가치이고 작은 동기는 팀이 지속적으로 성공적인 길을 가는 데 도움을 준다. 그러나 이렇게 하기는 쉽지 않다. 많은 애자일 팀이 성공을 축하하는 시간 갖기를 어려워한다. 대부분 다음 이터레이션을 진행하는 데 열심이고 지난 성공에 대해서는 스스로 축하하는 시간을 갖지 않는다.

리사의 팀은 이터레이션을 격주로 목요일마다 종료하고 회고, 이터레이션 리뷰, 릴리즈를 다음날 수행한다. 회의가 끝난 후 리사의 팀은 "즐거운 금요일"이라 불리는 행사에 참여한다. 이 행사는 가벼운 놀이나 보드 게임으로 진행되거나 술 마시러 가기도 하고, 미니어처 골프 게임을 하기도 한다. 여유를 갖고 크게 웃을 수 있는 기회를 갖는 것은 팀 빌딩에 더 좋을 것이다.

큰 릴리즈나 테스트 범위 목표의 달성과 같이 더 큰 이정표가 종료된 경우에는 금요일 오후 회사 전체가 축하 파티를 하거나, 출장 뷔페를 부르거나, 레스토랑에 가는 방법도 있다. 이 방법은 비즈니스와 기술팀 모두에게 성공을 일깨워주는 멋진 방법이다.

여러분의 팀이 새로 구성된 애자일 팀이라면 작은 성공을 보상해서 스스로 동기를 부여하고 각 빌드에서 단위 테스트 통과가 증가하는 것을 격려해주자. 프로젝트 진행에 따라 소멸 차트가 진행되는 정도보다 더 크게 환호하자. 제대로 작동하지 않았던 빌드의 단위 테스트가 수정되면 벨을 울리자(물론, 짜증나는 일이지만 어떻게든 알아야 하는 일이다).

개인적인 성공 역시 축하하자. 프로젝트의 첫 번째 성능 테스트 기준선이 완료된 것에 대해 여러분의 동료를 축하해주고, 제품 백업 시스템이 구현되면 DBA에게 "참 잘했어요(gold star)" 도장을 찍어주자. 어려운 테스트 자동화 문제를 해결한 것에 대해 스스로 선물을 주고, 고객과 진행하는 다음 번 미팅에 쿠키를 내놓자. GUI 검증의 속도를 빠르게 하는 Javascript 도구를 준 사람이 프로그래머라는 것을 인정하자. 여러분만의 방법으로 성공을 축하해 보자.

> **"고마움" 상자**
>
> 우리는 애자일 강사이자 코치인 메간 숨렐(Megan Sumrell)이 알려준 축하 방법을 좋아한다. 메간은 애자일 2007 컨퍼런스[1]의 Open Space 세션에서 이 내용을 공유했다.
>
> 나는 팀의 성공을 꽤 정열적으로 축하했다. 최근에 진행한 프로젝트에서 우리는 신발 상자를 이용한 방법을 시행했다. 나는 오래된 신발상자를 가져와서 잘 꾸민 다음 상자 뚜껑의 윗부분에 구멍을 하나 만들었다. 그리고 사람들이 상자 안에 고마운 내용을 넣을 수 있게 했다. 그리고 이 상자는 스프린트 진행 중 팀 전체에게 공개되어 있었다.
>
> 언제든지 한 팀원이 다른 팀원에게 "고마움"을 표시하길 원한다면, 그 팀원은 카드에 내용을 적어 박스에 넣으면 된다. 그 내용은 누군가가 어려운 일을 도와줬던 것부터 원래 해야 하는 일보다 더 일한 것까지 가능했다. 혹시 팀원이 다른 곳에서 프로젝트에 참여 중이라면 전자메일을 통해 고마움을 스크럼 마스터에게 전달해 상자에 넣도록 했다.
>
> 우리 팀의 데모가 끝이 나면, 한 명의 팀원이 그 상자를 가져와 안에 들어있는 내용 전부를 읽었다. 이 방법은 데모에 다른 이해관계자가 있으면 더 좋다. 이렇게 하면 여러분의 팀원은 많은 관중들 앞에서 업무에 대해 공개석으로 인정을 받게 된다. 물론 여러분도 여기에 포함된다.
>
> 이 방법은 진부할 수도 있지만 작은 것이 큰 의미를 가질 수 있다. "고마움" 상자는 다른 팀원들의 가치를 깨닫게 하는 데 기여했다.

성공을 축하하는 시간을 통해 계속해서 제품을 개선할 수 있도록 지난 시간을 되돌아보고, 새로운 시각을 갖고, 에너지를 충전하자. 팀원들에게 서로의 공헌에 대해 축하하는 기회를 주자. 팀원 모두가 줄곧 고개 숙이고 일만 하는 지루한 일상을 만들지 말자.

애자일 개발에서는 하나의 짧은 이터레이션이 끝나면 일을 멈추고 새로운 시각을 갖는 기회가 있다. 이 때 작은 궤도 수정, 새로운 테스트 도구의 시도, 고객에게서 예제를 이끌어내는 더 좋은 방

---

[1] 역자 주: 애자일 2007 컨퍼런스: 2007.8.13~17 미국 워싱턴 D.C에서 열린 컨퍼런스. Open Space는 이 컨퍼런스에서 진행되는 12가지 세션 중 하나이다.

법, 특정한 테스트 전문 지식이 필요한지 발견하는 것 등을 할 수 있다.

요약

- Chapter 19에서 이터레이션이나 릴리즈를 마무리하는 활동에 대해 알아보았다.
- 이터레이션 검토는 고객으로부터 피드백을 받을 수 있는 좋은 기회이다.
- 회고는 팀을 개선하는 데 도움이 되는 중요한 활동이다.
- 팀이 개선할 수 있는 모든 영역을 살펴보되 한 번에 한두 개에 집중하자.
- 이터레이션 기간 동안 개선 항목을 생각하고 있도록 하는 방법을 찾자.
- 작은 성공이든 큰 성공이든 축하하고 다른 역할이나 활동의 공헌을 감사하자.
- 각 이터레이션 완료 후 테스트 관련 장애물을 식별하는 기회를 갖고 장애물을 극복하는 방법을 찾자.

AGILE
Chapter 20
성공적인 인도

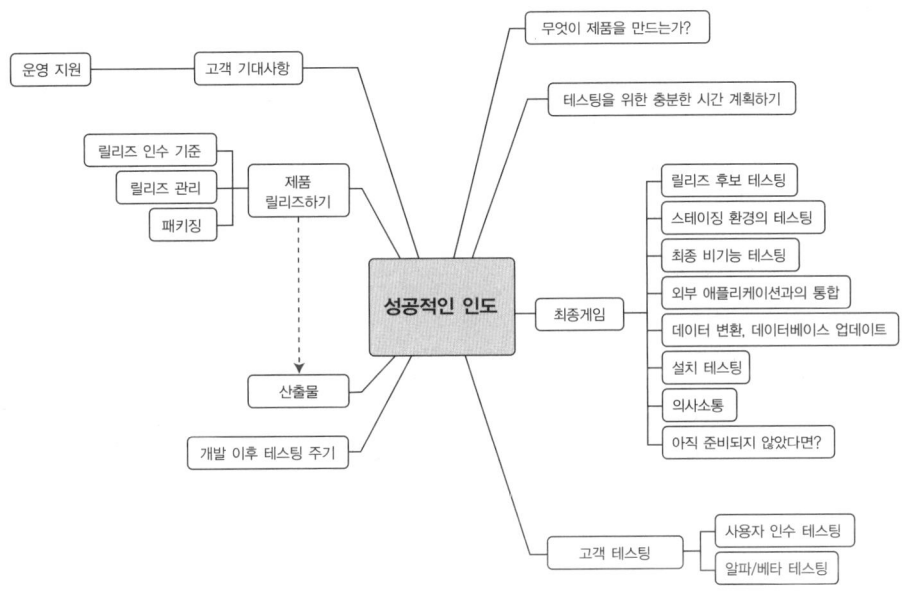

Chapter 20에서는 테스터가 팀과 조직이 성공적으로 고품질의 제품을 인도하는 데 도움을 주는 방법을 공유할 것이다. 특정 영역 전문 제품, 사용자의 의도에 따라 수정한 솔루션, 내부 개발 제품에서는 같은 프로세스와 도구의 사용이 가능하다. 애자일 테스터는 고객팀과 개발팀 모두가 비즈니스에 필요한 가치를 정의하고 생산하는 데 기여한다.

제품을 만드는 것

여러 애자일 개발에 대한 책은 실제 개발 사이클에 대해서는 언급하지만 제품을 만드는 것은 무엇이고 어떻게 해야 성공적으로 인도할 수 있는지는 언급하지 않는다. 단지 코드, 테스트, 완료만으로는 충분하지 않다. 이것은 상점에서 물건을 사는 것과 같다. 물건을 구입할 때 훌륭한 서비스가 함께 제공된다면 다시 방문해서 구입하게 될 것이다.

● 자넷의 이야기

동전 매매업을 하는 내 친구 론(Ron)은 지난 몇 년간 그 업계에서 높은 명성을 쌓아가고 있었고, 너무 바쁜 나머지 동전을 구매하려고 했던 사람들조차 돌려보내기도 했다.

론에게 이렇게 바쁘게 일하게 된 비밀을 묻자 그는 다음과 같이 대답했다.

"그건 비밀이 아닙니다. 저는 제 고객들이 편안하고 믿음을 갖도록 노력합니다. 제 고객은 저와의 거래에서 행복함(만족감)을 느끼길 바랄 뿐이니까요. 하지만 제게 만족하지 못한 단 한 명의 고객이라도 발생한다면 제 명성에 흠집이 갈 수도 있어요."

고객을 존중하고 그들이 행복해질 수 있게 제품을 인도한다면 오랜 기간 그들과 좋은 관계를 지속할 수 있을 것이라는 걸 론의 경험에서 배울 수 있었다.

우리의 목적은 제때에 비즈니스 가치를 인도하는 것이다. 단지 요구사항에 대처하는 것에 그치지 않고, 고객에게 기쁨을 주어야 한다. 릴리즈 전에 인도할 모든 제품이 적절하게 준비되었는지 확실하게 준비해야 한다. 가급적 코드 요구사항을 개발하는 계획뿐만 아니라 그에 관해 교육하고, 문서화하고, 높은 가치의 제품을 구현하는 계획을 일찍 시작하자.

깔끔한 마무리

Primavera Systems의 소프트웨어 테스트 매니저인 코니 타르탈지아(Coni Tartaglia)는 깔끔한 마무리를 한 제품 인도에 대해 다음과 같이 설명한다.

"깔끔한 마무리" 체크리스트가 도움이 된다. 가끔 깔끔한 마무리를 위한 항목들에 만족하지 못한 제품들이 있다. 이 경우 새로운 삽화, 라이선스나 법적 동의서, 실행을 위한 디지털 서명, 저작권 날짜, 트레이드마크, 로고를 포함하기 위해 제품 일부분을 다시 빌드할 필요가 있다.

최종 개발 이터레이션에 이것들을 모으고, 더 이상 추가 빌드가 필요 없는 지속적 통합 빌드를 제품에 포함시키는 것이 도움이 된다.

비즈니스 가치는 애자일 개발의 목적이다. 그리고 이 목적은 단순히 제품 코딩 이상을 말한다. 팀은 제품 인도의 모든 부분에 대한 계획이 필요하다.

제품에 대한 릴리즈가 준비된 상태라고 상상해보자. 독자 여러분은 마지막 이터레이션과 마지막 스토리에 대한 테스트를 막 끝마쳤다. 자동 회귀 수트가 매번 빌드할 때나 최소한 야간 빌드에서 수행되었다. 이제 무엇을 할지는 프로세스가 얼마나 잘 진행되느냐에 달려있다. 버그에 대해 "제로 관용 정책(범법자에 대한 처벌을 대단히 엄격하게 가하는 정책)"을 유지했다면, 여러분의 팀은 꽤 잘해낸 것이다.

그러나 굳이 버그 수정을 끝까지 남겨둬도 된다고 생각하는 팀이라면, "담금질(hardening)" 하기 위한 이터레이션이나 버그 수정이 필요하다. 이러한 내용을 권장하지는 않지만, 아직 개발 단계에서 유입된 많은 버그들이 있다면 "최종 게임(End Game)" 전에 담금질을 하자. 보통 새로운 팀들이 이렇게 하곤 한다.

게다가 릴리즈는 매우 다양한 컴포넌트가 있을 수도 있다. 그리고 사용자들은 설치 방법이나 새로운 기능을 배우고 싶어한다. 정밀하지 못한 것들을 잘 마무리하고 제품을 다듬는 시기이므로 이 모든 조건들이 성공적인 릴리즈에 매우 중요하다는 점을 염두에 두자.

애자일 코치이며 "최종 게임" 전문가인 밥 갤런(Bob Galen)은 애자일 개발이 조직의 모든 팀 사이로 스며들지는 않는다고 했다. 밥 갤런은 "애자일 테스터는 소프트웨어를 물리적으로 인도할 때 협력자나 전달자로서 기여할 수 있다"고 기록했다.

충분한 테스트 시간 계획하기

테스팅과 코딩이 애자일 개발의 프로세스 중 일부이기 때문에 보통 추가적인 테스트를 계획하지는 않는다. 그러나 대부분의 실제 프로젝트에서는 추가적인 시간이 필요하다.

레거시 코드와 관련해 일하는 대부분의 팀은 최고의 계획을 세워도 계속 기술적 채무가 쌓인다. 개발속도 유지를 위해 개발팀은 추가적인 테스트, 도구 업그레이드, 기술적 채무 감소를 위한 리팩토링 이터레이션을 일정 주기로 계획해야 한다. 리사의 팀은 6개월마다 리팩터링 스프린트를 수행했다. 리팩터링 스프린트를 수행하는 동안 비즈니스는 직접적인 가치를 얻을 수 없지만 비즈니스 전문가는 이런 특별한 스프린트가 더 나은 테스트 커버리지, 이후 진행될 개발을 위한 단단한 기초, 기술적 채무 감소, 전반적인 개발 속도 향상 등의 결과를 가져온다는 것을 알고 있다.

일부 팀은 새로운 기능을 개발하지 못하고 오로지 결함을 찾고 고치는 "담금질" 이터레이션에 의지한다. 이 이터레이션은 애플리케이션을 유지하고 구조를 견고하게 하는 마지막 수단이다. 새로운 팀은 테스팅을 완료하기 위한 추가적인 이터레이션이 필요할 수 있고, 그렇다면 릴리즈 계획에 이 시간을 할당해야만 한다.

각각의 이터레이션에서 작성되는 코드가 운영 준비 상태가 되도록 하고, 테스팅과 코딩을 통합하는 방법을 배울 수 있는 회고와 프로세스 개선 실천방법을 이용하자. 제품으로 릴리즈 가능한 안정화 빌드라는 것이 매일 보장되어야 한다. 리사의 팀 구성원들은 모든 빌드가 릴리즈 2년 정도 전에는 안정화 빌드가 불가능한 목표라고 생각했다.

빌드가 안정화 되었을 때 "최종 게임"에 들어갈 준비가 된다.

최종 게임(The End Game)

최종 게임이란 무엇일까? 제품을 인도하기 바로 전 단계를 칭하는 여러 호칭이 있지만, "최종 게임"이 가장 적절해 보인다. 이건 제품이 최종적으로 완성될 때를 말한다. 여러분이 하나하나 꼼꼼하게 마무리하는 중이다. 종료 지점에 닿기 전 마지막 도움닫기라고 할 수 있다. 눈에 띄는 버그가 없을 것이므로 버그 수정 주기를 의미하는 것은 아니다.

조직에는 최초 계획에 포함하지 않았던 그룹이 있을 것이다. 이제 팀 외부에 있던 스테이징 환경과 제품 환경 관리자, 형상 관리자, 데이터베이스 관리자와 소프트웨어를 개발 단계에서 스테이징과 제품으로 이동시킬 사람들과 긴밀하게 일할 시간이다. 만약 초반에 그들과 함께하지 못했다면 다음 릴리즈 계획 기간에 이들과의 대화를 고려하고 개발 주기 내내 그들과 접촉을 유지하자.

밥 갤런(Bob Galen) 팀의 테스터들은 스테이징과 제품 환경을 관리하는 운영자 그룹과 파트너십을 맺는다고 한다. 운영그룹이 떨어져 있기 때문에 애자일 팀으로부터 안내를 받는 것이 특히 가치가 있기 때문이다.

시스템 레벨의 테스트는 항상 자동화할 수도 없고, 그럴 필요도 없다. 종종 스테이지 환경은 단지 시스템 레벨 통합 테스트나 시스템 레벨 성능 테스트를 할 수 있는 곳에 불과하다. 우리는 개발 후 이러한 마무리 업무에 시간을 조금 더 할당하기를 제안한다. 마지막 바로 직전까지 코딩을 하지 말자.

필요한 만큼 최종 게임을 위한 충분한 시간을 계획하자. 자넷은 팀의 성숙도와 애플리케이션의 크기에 따라 최종 게임에 필요한 시간이 다르다는 것을 알게 되었다. 추가로 진행하는 업무를 종료하는 데 하루면 될 수도 있지만 2주 이터레이션과 같이 2주 이상이 소요될 수도 있다. Chapter 12 "테스팅 사분면 요약"에서 예로 들었던 팀은 어느 정도의 설치와 시스템 테스트를 요구하는 복잡한 시스템이었기 때문에 2주를 계획했다.

● 리사의 이야기

고객을 위한 애플리케이션 개발팀에 있을 때 고객의 릴리즈 일정을 따라야만 했다. 거대한 시스템과 다른 파트와의 테스팅은 매 6~8주마다 특정한 2주간만 가능했다. 우리 팀은 2~3번의 이터레이션을 종료했고, 그들이 각 이터레이션을 릴리즈했듯이 각 이터레이션의 모든 스토리를 종료했다.

그리고 다른 개발팀과의 시스템 테스팅을 조정하고, 고객의 인수 테스트를 지원하고, 실제 릴리즈가 가능할 때 테스팅을 진행했다. 이것이 우리의 최종 게임이었다.

조직의 규모가 크다면 아마도 10~15개 팀이 개별 제품이나 한 애플리케이션의 일부 기능을 개발할 것이다. 이런 일부 기능이나 제품을 함께 릴리즈하기 위해 모두 필요할 수 있고, 이 경우 통합된 최종 게임이 필요하다. 이 방법은 끝까지 통합을 방치하라는 것은 아니다. 여러분의 개발 사이클 내내 중요한 것을 다른 팀과 협의하고, 통합 시스템을 테스트한다면 최종 게임 전부터 통합을 시도하는 것을 권고한다.

또한 기업 수준에서 외부 팀과 소프트웨어 인도를 같이 하는 등 여러분의 팀보다 나은 팀들과 같이 일하는 것을 고려해보자.

최종 게임 기간을 최종 탐색적 테스팅을 하는 데 사용해보자. 한걸음 물러서서 전체 시스템과 일부 전체를 아우르는 시나리오를 살펴보자. 이러한 테스팅을 통해 애플리케이션이 제대로 동작함을 확인할 수 있을 것이고, 제품에 대한 신뢰와 함께 다음 이터레이션이나 릴리즈에 대한 정보를 제공한다.

릴리즈 후보 테스팅

우리는 모든 릴리즈 후보에 대해 자동화된 회귀 테스트의 수행을 권고한다. 우리의 권고에 따라 모든 신규 빌드나 최소한 일단위로 계속 자동화된 회귀 테스트를 수행했다면, 여러분은 이미 제대로 수행하고 있는 것이다. 만약 회귀 테스트를 수작업으로 진행하고 있다면 많은 시간이 걸릴 것이다. 하나 이상의 릴리즈 후보가 있다면 변경에 대한 위험 평가로 각 빌드에 어떤 테스트가 필요한지 결정할 수 있다.

스테이징 환경 테스트

전통적인 프로세스를 이용하든 애자일 프로세스를 이용하든, 운영 환경과 유사한 스테이징 환경은 릴리즈 전의 최종 테스트에는 필수적이다. 최종 게임의 일부분으로써, 애플리케이션을 운영 환경에 배포하듯이 스테이징 환경에 배포해야 한다. 자넷이 경험한 많은 조직에서 스테이징 환경은 보통 여러 프로젝트가 공유하고, 배포는 릴리즈 계획의 일부로 반드시 사전에 계획되어야 한다. 어떻게 의존관계를 조정하고, 스테이징 환경을 이용하여 다른 팀과 통합하고, 외부 업체와 함께 일할지 미리 고려하자. 마치 "전통적인" 테스트 계획처럼 느껴지겠지만 애자일 개발을 수용하지 않는 다른 팀들을 다룰 수 있다.

애자일 개발이 지속적인 통합을 촉진하지만 외부 업체 제품이나 프로젝트 통제 밖의 애플리케이션은 보통 통합하기가 쉽지 않다. 스테이징 환경은 외부 애플리케이션이 써드파티의 테스트 환경에 연결하거나 접근할 때 더 나은 통제를 할 수 있다. 또한 스테이징 환경은 부하/성능 테스트, 모의 화면, 장애조치(Fail-over) 테스트, 수작업 회귀 테스트, 탐색적 기능 테스트에 활용할 수 있다. 환경 간의 형상은 늘 차이가 있기 때문에 스테이징 환경은 이러한 테스트를 수행하기에 좋다.

최종 비기능 테스팅

부하 테스팅은 개발하고 있는 애플리케이션의 특정 부분에 대해 프로젝트 내내 진행되어야 한다. 만약 스테이징 환경에 대한 수요가 많다면 최종 게임 전까지 전체 시스템 대상 부하 테스팅이 불가능할 것이다.

이때까지 제품의 모든 기능에 대해 장시간 실행 신뢰성 테스트를 수행해야 한다. 일반적인 부하를 주었을 때 고장이나 성능 저하를 점검하자. 릴리즈가 완료되었다면 이건 오직 최종 승인이어야 한다.

테스트 환경은 보통 환경 설정 작업이 필요 없기 때문에 내결함성과 복구 테스팅은 스테이징 환경에서 최적으로 수행된다. 같은 이유로 보안성 테스트도 이 환경에서 수행이 가능하다. https를 예로 들어 보자. 보안 http(secure http)는 암호화하여 보안 소켓에 연결하는데, 일부 조직에서는 스테이징 환경에서만 필요한 인증서를 갖도록 선택할지도 모른다. 다른 예로 클러스터링이나 데이터 복제가 있다. 필요한 모든 사람들이 테스팅에 포함되는지 확인해야 한다.

외부 애플리케이션과의 통합

여러분의 팀은 애자일하겠지만, 다른 팀이나 같이 일하는 써드파티는 애자일하지 않을 수 있다.

> ● 자넷의 이야기
>
> 같이 일해 본 조직 중 하나는 오로지 스테이징 환경에서만 접근 가능한 테스트 계정의 신용 카드를 승인하는 외부 업체였다.
>
> 개발 중의 테스트는 사용한 신용 카드 번호에 따라 특정 결과를 반환하는 테스트 스텁(stub)을 사용했다. 그러나 그 외부 업체는 가끔 마지막 부분에 기능을 변경하였고, 우리는 알아차리지 못했기 때문에 테스드는 충분하지 못했다. 실제 외부 업체와 테스트하는 것은 프로젝트 성공을 위해 중요할 뿐만 아니라 최종 게임의 핵심 부분이다.

여러분의 프로젝트와 통합할 제품을 개발하는 다른 팀이나 외부 파트너와는 사전에 잘 조정하자. 만약 이러한 위험을 초기에 식별했다면 가능한 많은 선행 테스트를 수행하고, 최종 게임 테스트는 오직 마지막 확인만 하자. 그러나 마지막엔 언제나 뜻밖의 일이 발생할 수 있으니 애플리케이션의 수정을 준비할 필요가 있다.

시뮬레이터와 모형 객체와 같은 도구들은 위험을 완화하기 위해 개발 기간의 테스팅에 사용되지만 위험을 낮추기 위해 외부 애플리케이션과의 테스팅도 수행해야 한다.

데이터 변환과 데이터베이스 업데이트

애플리케이션을 개발하면서 데이터베이스의 필드를 변경하거나 컬럼을 추가하기도 하고 사용하지 않는 것을 제거하기도 한다. 그리고 이를 수행하는 서로 다른 방식 때문에 팀들 간에 의견 충돌이 생기기도 한다. 어떤 팀은 매번 새로운 빌드마다 데이터베이스를 재생성한다. 이런 방법은 새로운 애플리케이션이 기존의 데이터가 없기 때문에 사용된다. 그러나 애플리케이션이 제품에 존재하고 관련 데이터들이 있다면 위의 방법은 사용하지 않는다.

애플리케이션에서 데이터는 제품의 일부분으로 간주되어야 한다. 애자일 개발의 많은 경우에서 데이터베이스 전문가, 프로그래머, 테스터의 협력은 데이터베이스 변경의 성공적인 릴리즈를 보장하는 데 필요하다. 자넷은 데이터 변환과 역방향 호환성을 다루는 두 가지의 다른 전략을 경험했다. 데이터베이스 스크립트는 변경을 위해 개발자나 데이터베이스 관리자가 생성한다. 이 스크립트는 빌드의 일부분이 되고 지속적으로 테스트된다. 다른 방법은 모든 데이터베이스 변경이 완료된 후에 "diff"를 실행하는 것이다.

여러분이 테스터라면 데이터베이스 관리자나 개발자에게 제품과 테스팅, 스테이징 환경 사이에 일관성을 유지하는 데 스키마가 도움이 되는지 확인하자. 테스트 환경에서 진행된 모든 변경이 릴리즈 동안 스테이징 및 운영 환경에서 완료되도록 하는 방법이 필요하다. 스키마가 컬럼 이름, 트리거, 제약 조건, 인덱스 및 다른 컴포넌트와 일치하도록 유지하자(개발 중인 신규 변경은 제외). 코딩과 테스팅에 적용된 원칙들은 데이터베이스를 개발하고 유지·보수하는 데에도 적용해야 한다.

● 리사의 이야기

우리는 최근에 회귀 테스트에 사용되어 제약 조건이 누락된 테스트 스키마 때문에 버그를 릴리즈한 적이 있다. 제약 조건이 없었다면 코드는 버그가 없었을 것이다. 이후 릴리즈마다 각 스키마를 만들도록 동일한 업데이트 스크립트를 사용한다.

이 문제는 어딘가에 남아있는 오래된 컬럼이나 다른 스키마의 다른 순서(order) 컬럼같이 다른 테스트 스키마로 인한 작은 차이로 나타날 수 있으나 모든 환경에서 같은 스크립트로 실행되는 것은 불가능하다. 우리의 데이터베이스 관리자는 제품과 완벽하게 호환되는 모든 테스트 스키마를 재생성했다. 그는 모든 데이터베이스 변경이 포함된 매 이터레이션마다 하나의 스크립트를 생성했고 릴리즈할 때마다 스테이징과 제품 환경에서 같은 스크립트를 실행했다. 단순해 보이겠지만 새로운 기능의 인도에 집중할 때 미묘한 차이를 놓치기 쉽다.

데이터 이행 자동화는 테스트 능력을 향상시키고 사람이 실수할 기회를 줄인다. SQL, 저장 프로시저, SQL*Loader와 bcp같은 데이터 삽입 도구, 쉘 스크립트와 윈도우 명령어 파일과 같은 원시 데이터베이스 도구는 복제와 변경이 쉽게 가능하기 때문에 자동화에 사용할 수 있다.

데이터베이스 업데이트나 변경 스크립트 생성·유지·보수에도 테스트 수행이 필요하다. 업데이트 스크립트에 의한 변경을 보장하는 방법 중 하나는 실제 고객의 데이터를 사용하는 것이다. 고객은 애플리케이션을 기묘하지만 멋지게 사용하는 습성이 있고, 데이터는 우리가 테스트한 것처럼 깔끔하지 않다. 개발팀이 데이터베이스를 정리하고 컬럼에 추가적인 제약을 해도 고객이 사용하는 애플리케이션이 새로운 제약에 일치하지 않는 데이터에 접근하자마자 폭발할 것이다. 기존의 데이터와 호환 가능한 변경은 항상 점검하자.

● 리사의 이야기

우리 팀은 스테이징 환경을 데이터베이스 업데이트 스크립트를 테스트하는 데 사용한다. 스크립트가 실행된 후에 모든 변경과 데이터 변환이 완벽하게 완료되었음을 검증하기 위해 수작업 테스트를 수행한다. GUI 테스트 스크립트의 일부는 회귀 시나리오의 부분 집합을 다룬다. 이것은 테스트가 제한적인 상황에서 제품을 출시할 때 확신을 얻을 수 있다.

데이터 변환을 계획할 때 이행 전략의 일부로써 데이터 정리에 대해 생각해보자. 우리가 언급한 "기묘하고 멋진" 방법으로 삽입된 데이터를 정리하고, 새로운 제약 조건을 따르도록 조작하고 처리하는 기회를 갖는 것이다. 이런 종류의 작업은 오랜 시간이 걸리지만 데이터 무결성 유지의 측면에서 매우 가치가 있다.

모두가 스테이징 환경에서 제품 데이터의 시뮬레이션을 충분히 할 수 있는 것은 아니다. 고객의 데이터를 이용할 수 없다면 위험 완화 전략은 고객 측면의 인수 테스팅을 하는 것이다. 위험을 감소시키는 다른 방법은 거대한 크기의 업데이트를 피하고 더 작은 단계의 릴리즈를 하는 것이다. 새로운 기능을 오래된 기능과 동시에 개발하자. 오래된 기능은 새로운 기능이 완벽할 때까지 제품을 계속 작동시킬 수 있다. 그 동안 각 이터레이션의 새로운 코드 테스팅을 완료할 수 있다. 최종 릴리즈의 데이터 이행과 변환을 최소화화기 위해 새로운 칼럼과 테이블은 오래된 코드에 영향을 주지 않고 제품 테이블에 추가해야 한다.

설치 테스팅(Installation Testing)

조직은 간혹 제품을 배포하거나 제품 세트 개발을 각각 다른 팀에서 진행한다. 이 팀원들은 그들이 배포할 제품에 대해 사전에 정확히 연습하는 기회가 필요하다. 팀원들이 스테이징 환경을 배포 시험장으로써 사용한다면, 고객에게 릴리즈하기 훨씬 전에 문제를 해결할 수 있다.

제품 설치 테스팅은 특정 분야 전문 제품(shrink-wrapped products)을 다른 운영 체제나 하드웨어에서 다양하게 설치하는 것을 테스팅한다는 의미도 있다. 어떻게 제품이 작동할까? 기대한 대로 작동할까? 설치를 위해 시스템이 얼마나 다운되어야 할까? 시스템 정지 없이 배포가 가능할까? 사용자에게 최고의 즐거운 경험을 줄 수 있을까?

● **자넷의 이야기**

내가 문제를 발견하기 전에 누군가 먼저 테스트해서 고쳐주었으면 하고 생각했던 적이 있다. 새 노트북을 산 후 애플리케이션 라이선스를 새 노트북으로 이관하고 싶었다. 새 노트북에는 동일한 애플리케이션의 평가판이 설치되어 있었기 때문에 이관은 쉬울 것 같았지만, 새 노트북은 "잘못된 제품 키"라고 표시하고 제대로 인식하지 못했다. 지원 센터로 전화해서 약간의 진단을 받은 후 서로 다른 제품이라 제품키가 인식되지 않는다는 이야기를 들었다.

그로부터 2시간 후 문제는 해결되었다. 평가판을 삭제하고 이전 버전을 재설치해야 했다. 제품키를 재입력하고 이전 버전 이후의 모든 업데이트를 설치했다. 개발팀의 테스트 시나리오에 포함되고, "평가판 제품이 입력하신 제품키 버전과 호환되지 않습니다."라고 고객에게 정보 메시지를 제공해주었으면 좋았을 것이다. 이런 메시지를 보고 문제를 스스로 이해하고 해결하고자 했을 텐데...

설치 테스팅에 대한 요구사항을 검토하는 시간을 갖자. 결국 고객을 만족시키는 데 도움이 될 것이다.

의사소통

개발 팀원들이 끊임없이 의사소통하는 것은 언제나 중요하지만, 릴리즈를 마무리할 때는 중요성이 더욱 커진다. 필요하다면 릴리즈를 위한 모든 것이 준비되었는지 추가 일일회의를 하자. 중간 단계를 빠뜨리지 않도록 릴리즈 업무를 기록하는 카드를 작성하자.

> ● 리사의 이야기
>
> 우리 팀은 매 이터레이션 후 릴리즈를 했다. 스프린트에 대해 협의하고 미진한 부분을 찾아내기 위해 오후 늦게 간략한 일일 회의를 가지곤 했는데, 릴리즈는 절차와 업무가 복잡했으므로 릴리즈하기 전에 "스테이징 환경에서 데이터베이스 업데이트 스크립트 수행", "운영 환경에서 데이터베이스 업데이트 검증"과 같은 릴리즈 업무 카드를 작성했다.
>
> 재확인이 필요한 신규 팀원이 들어오지 않는 이상, 배포에 대한 경험이 쌓인 후에는 이런 카드가 필요하지 않았다.

전체 구현 계획이든지 리사의 팀처럼 업무카드에 간단하게 적든지 여부에 관계없이 업무를 상기시키는 것이 필요하다. 간단한 계획이라면 화이트보드도 충분하다.

아직 준비되지 않았다면?

팀은 릴리즈할 때 문제가 발생할 것이라는 것을 빌드와 회귀 테스팅 수트, 스토리 보드, 소멸 차트 등으로 계속 상태를 추적하여 알아낼 수 있다. 이때는 스토리를 중단하거나 재정의해야 한다. 그래도 여전히 마지막에 큰 사건이 발생할 수 있다. 이터레이션 마지막 날 빌드 시스템이 멈춰버리거나 최종 테스팅이 끝나지 않았는데 테스트 데이터베이스가 작동하지 않는다면, 또는 매우 심각한 버그가 최종 기능 테스팅 전까지 발견되지 않았다면 어떻게 해야 할까?

우리는 하나의 이터레이션에 임시 일정을 추가하지 말기를 강력히 충고했다. 왜냐하면 추가된 임시 일정은 다음 이터레이션이나 릴리즈 개발 일정을 부족하게 만들 것이기 때문이다. 경험이 많은 팀이라면 충분히 유연하게 대처하겠지만 신규 팀이라면 계획이 수포로 돌아갈 수 있다. 다급해지면 물불 가리지 않고 일을 진행하게 된다. 2주마다 릴리즈를 한다면 현재의 릴리즈를 건너뛰고 다음 이터레이션에 문제를 수정한 후 마무리할 시간을 계획하고 다음 일정에 릴리즈를 하는 것이 좋다. 테스팅을 연기하거나 무시하고 릴리즈를 진행한다면 이슈는 더욱 커질 것이다. 테스팅에 변경이 필요하거나 데드라인을 맞추기 위해 품질이 희생되었는가? 납기일이 정해졌고 아직 위험이 남았다면 팀은 릴리즈 범위를 줄여야 한다.

만약 릴리즈 주기가 3개월 정도로 길다면 릴리즈가 위험해지기 전에 문제 발생을 알게 된다. 아마 최소 2주의 최종 게임을 계획했을 것이고, 최종 확인을 위해 사용될 것이다. 릴리즈 사이클이 길다면 기능을 축소하거나 일정 변경을 결정할 여유가 있다.

조직에서 어떤 기능을 일정한 날짜에 릴리즈하도록 요청하고 마지막 순간에 결함이 릴리즈를 위협한다면 대안을 생각해보자. 개발 사이클을 동일하게 계속할 수 있다면 릴리즈가 하루나 한 주정도 연기되는지 살펴보자. 문제가 되는 코드의 일부분은 일시적으로 제외하고 나중에 패치할 수 있다. 고객은 일에 관한 최종 결정권을 갖고 있다.

● 리사의 이야기

우리 팀이 마지막 순간의 시스템을 멈추게 할 만큼 심각한 문제를 접한 경우, 상황에 따라 다른 접근법을 사용했다. 바로 릴리즈하지 않아도 큰 문제가 없다면 릴리즈를 생략하고 두 개의 이터레이션을 수행한 다음 릴리즈했다. 계속 진행해야 할 만큼 중요한 경우에는 하루 이틀 정도 연기했다. 가끔 계속 진행 가능한 경우 패치해서 다음날 릴리즈했다. 문제를 수정하기 위한 특별한 한 주짜리 이터레이션을 진행하기로 결정한 후 릴리즈했고, 보통의 2주 이터레이션 일정으로 돌아갔다.

4년 이상의 애자일 개발을 경험한 후 거의 100% 안정화된 빌드를 하게 되었고, 필요할 때 언제든지 릴리즈할 수 있다는 자신감에 차있었다. 더 유연하게 접근하기 위해 프로세스에 대해 많은 훈련과 지속적인 개선이 필요했다. 이 방법은 가능하다면 기능의 중요한 부분을 먼저 릴리즈할 수 있게 해주었다. 열심히 일함으로써 정해진 일정에 릴리즈를 가능케 하고 지켜야 할 데드라인을 엄수할 수 있다.

정해진 일정에 릴리즈할 수 없다고 스스로 자책하지 말자. 여러분의 팀은 매우 잘하고 있는 것이다. 왜 일정에 뒤쳐져 있었거나 낭비했는지 분석하는 시간을 갖고, 다시 발생하지 않도록 조치를 취하자.

좋은 계획을 세우고, 밀접하게 의사소통을 하고, 테스트와 코딩을 병행하고, 테스팅의 코드화를 통해서 프로젝트의 "진행 불가" 상태를 방지하자. 만약 개발 상태를 추적한 결과 릴리즈에 위기가 있을 것 같다면, 가능하다면 완료 불가능한 기능은 제거하자. 기대하지 않았던 나쁜 상황이 발생해도 혼란에 빠지지 말자. 모든 팀과 고객 팀을 참여시키고 최고의 해결안에 대해 최선책을 모색하자.

고객 테스팅

고객을 참여시켜서 그들의 승인이나 피드백을 받는 두 가지 방법이 있다. 비즈니스가 승인하는 사용자 인수 테스팅이 보다 공식적인 방법이다. 이 방법은 릴리즈에 대한 승인을 의미한다. 또 다른 방법인 알파 또는 베타 테스팅은 완전히 준비되지는 않았지만 여러분이 릴리즈를 기대하는 제품에 대해 피드백을 받는 다른 방법이다.

사용자 인수 테스팅(UAT)

사용자 인수 테스팅(UAT: User Acceptance Testing)은 내부 애플리케이션과 같이 사용자의 요구에 따라 수정된 애플리케이션에 중요하다. 사용자 인수 테스팅은 시스템의 사용성에 영향을 받는 모든 비즈니스 부서가 수행하며, 기존에 있었거나 새로 개발된 시스템 비즈니스 기능을 확인한다. 고객은 항상 애플리케이션과 같이 생활하므로 시스템과 데이터가 정상적으로 동작하는지 확인할 필요가 있다.

앞의 장에서 사용자의 조기 참여에 대해 언급했으나 특정 기능은 개발 단계에서 테스팅한다. 보통 사용자 인수 테스팅은 팀이 릴리즈하기에 충분한 품질이라고 결정한 후 진행한다. 비록 가끔은 타임라인이 릴리즈 주기에 영향을 준다. 만약 이런 경우가 생기면 사용자 인수 테스팅 주기를 최종 게임과 병행하도록 앞당기자. 애플리케이션은 팀이 스테이징 환경에 배포하는 시기에 고객의 테스트 시스템에 배포할 수 있도록 충분히 안정되어야 한다.

● **자넷의 이야기**

나는 매우 까다로운 고객들이 있던 팀에 참여했던 경험이 있다. 사실 이런 까다로운 경험은 이전에도 있었다. 사용자 인수 테스팅 기간 동안 항상 듣는 질문은 전체를 테스트할 시간을 확보할 수 있냐는 것이었다. 그 고객들은 영어와 프랑스어 내용을 포함한 모든 것에 대해 테스트 케이스를 준비하고 체크했다. 프랑스어 내용에 강세가 빠진 것과 같은 철자 오류도 "진행 중지" 버그에 포함됐다. 시간이 지나 고객들이 우리의 릴리즈에 대해 확신을 갖게 되고 발견하는 오류가 감소하자 요구는 잦아들었으나 그들이 원하는 것을 얻지 못할까봐 여전히 일주일의 시간을 요구했다. 그래서 고객의 비즈니스 그룹은 항상 바빴다.

한번은 릴리즈가 일정에 쫓기는 경우가 있었다. 릴리즈 시기를 유지하려 했지만 모든 기능을 구현하기는 어려웠고, 2수 동안의 최종 게임은 남겨두고 있었다. 그래서 비즈니스 사용자와의 회의를 통해 최종 게임을 한 주로 줄이기로 결정했다. 이에 따라 비즈니스 사용자는 개발팀이 시스템 테스팅과 조치를 마무리하는 동시에 사용자 인수 테스팅을 수행했다. 이런 진행이 가능했던 단 하나의 이유는 고객이 우리 팀과 릴리즈 일관성을 신뢰했기 때문이다.

이 경험의 좋았던 점 하나는 사용자 인수 테스팅에서 다음 릴리즈까지 해결을 기다려야 하는 문제를 발견하지 못했다는 것이다.

[그림 20-1]은 릴리즈 주기의 마지막 부분에 진행되는 일반적인 사용자 인수 테스팅이 포함된 타임라인의 예제이다. 팀은 다음 릴리즈의 작업을 시작하고, 릴리즈를 계획하고, 진행이 준비된 모든 팀원들과 첫 번째 이터레이션을 시작한다.

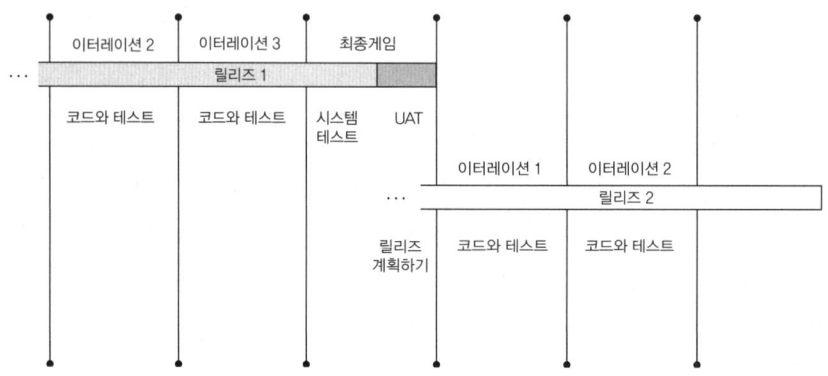

[그림 20-1] UAT가 포함된 릴리즈 타임라인

고객이 프로세스와 자신들의 역할, 그들에게 기대하는 것을 이해하기 위해 고객과 함께 진행한다. 만약 사용자 인수 테스팅이 순조롭지 못하다면, 높은 수준의 지원이 필요하다. 경험 많은 고객 테스트팀은 테스트 케이스를 정의하겠지만 대부분이 애드혹 테스팅이다. 고객은 그들이 매일 하는 업무로 테스팅에 접근하겠지만, 아마 새로운 기능에 집중할 것이다. 이때가 사람들이 일을 잘 수행한 경우와 개선이 필요한 경우 어떻게 시스템을 이용하고 피드백을 받는지 관찰할 기회이다.

테스터는 사용자 인수 테스팅을 진행하는 고객에게 테스트 수행이나 결함 기록을 검토하는 것과 결함이 조치 완료되었는지 추적하는 것을 지원할 수 있다. 사용자 인수 테스팅에서 고객에게 개발 기간 동안의 결과를 포함한 모든 테스팅 결과를 제공하는 것이 도움이 된다. 이런 지원은 고객이 테스트에만 집중하는 데도 도움이 된다.

알파/베타 테스팅

만약 거대한 사용자 집단에게 소프트웨어를 배포해야 하는 조직이라면 공식적인 사용자 인수 테스팅은 진행하지 않을 수 있다. 이 경우 알파 테스팅이나 베타 테스팅을 진행하는 것이 훨씬 낫다. 이 테스팅이 개발팀이 원하는 실사용자로부터 새로운 기능에 대한 피드백을 얻어내는 하나의 방법이다. 알파 테스팅은 새로운 버전의 소프트웨어를 조기에 배포한다. 여기에는 주요 버그들이 포함되어 있을 것이고, 개발팀은 고객을 현명하게 선택할 필요가 있다. 고객의 피드백을 받기 위해 알파 테스팅을 사용한다면 고객에게 그들의 역할에 대해 확실히 이해시켜야 한다. 알파 테스팅은 버그를 찾는 것이 아니라 기능에 대한 피드백을 받는 것이다.

베타 테스팅이 사용자 인수 테스팅과 가깝다. 베타 테스팅의 릴리즈는 꽤 안정화된 상태이고 실제 사용이 가능할 것이다. 모든 사용자에게 "출시 단계"는 아니지만, 많은 사용자들은 새로운 기능이 위험을 감수할 만한 가치가 있다고 생각할 것이다. 고객들은 이 릴리즈가 공식적인 릴리즈가 아니라는 것과 개발팀이 그들에게 제품 테스트와 버그 결과에 대해 물어보는 것임을 이해해야 한다.

고객이 제품을 바라보는 시각을 이해하는 것은 테스터가 어떻게 테스트를 해야 하는지에 영향을 줄 수 있으므로 중요하다. 알파 테스팅과 베타 테스팅은 테스터가 최종 사용자와 교류할 수 있는 유일한 시간이고, 최종 사용자가 제품에서 그들이 필요한 것을 어떻게 사용하는지 배울 수 있는 기회이다.

개발 이후 테스팅 주기

거대한 조직에서 일하거나 큰 컴포넌트나 복잡한 시스템을 개발하고 있다면 개발 단계 이후에 테스팅하는 계획이 필요할 수 있다. 때때로 사용자 인수 테스팅이나 테스팅에 대한 협력은 순조롭지 못하고 타임라인은 늘어지게 된다. 모든 운영 시스템의 테스트 버전이 포함된 테스트 환경은 계획된 짧은 시간 안에서만 사용 가능할 것이다. 여러분의 애플리케이션과 상호작용하는 다른 애플리케이션 개발팀과 테스팅 시간에 대한 조정이 필요하다. 그리고 이유가 무엇이든, 전체 개발팀이 참여하는 테스팅에 대한 추가 시간이 필요하다.

- **리사의 이야기**

    나는 초대형 통신사의 내/외부 애플리케이션 컴포넌트를 개발하는 팀에서 일했던 적이 있다. 완전한 테스트 환경에는 예정된 짧은 시간만 접근이 가능했고 릴리즈 또한 타이트하게 예정되었다.

개발팀은 2주 이터레이션을 진행했고, 테스트 환경에는 오직 매 3번째 이터레이션 후 릴리즈가 가능했다. 그 당시 2주 단위 시스템 통합과 사용자 인수 테스트 주기를 진행했고 릴리즈도 이 주기를 따랐다.

우리 팀의 누군가가 개발 이후 테스팅 단계를 지휘할 필요가 있었다. 동시에 개발자들은 새로운 기능을 위한 새로운 이터레이션을 시작했고 테스터의 도움이 필요했다.

팀은 테스터 역할을 하는 누군가가 각 릴리즈의 처음부터 끝까지 살펴보게 하는 특별한 노력이 필요했다. 예를 들면 내가 릴리즈 1의 처음부터 끝까지 참여한다면 샤우나(Shauna)는 팀이 릴리즈 2의 이터레이션 1을 시작할 때 테스터 역할을 넘겨받고, 나는 릴리즈 1의 시스템 테스팅과 사용자 인수 테스팅을 조정한다. 샤우나가 릴리즈 2의 주요 테스터 역할을 맡는 동안 나는 릴리즈 3에서의 역할을 맡을 것이다.

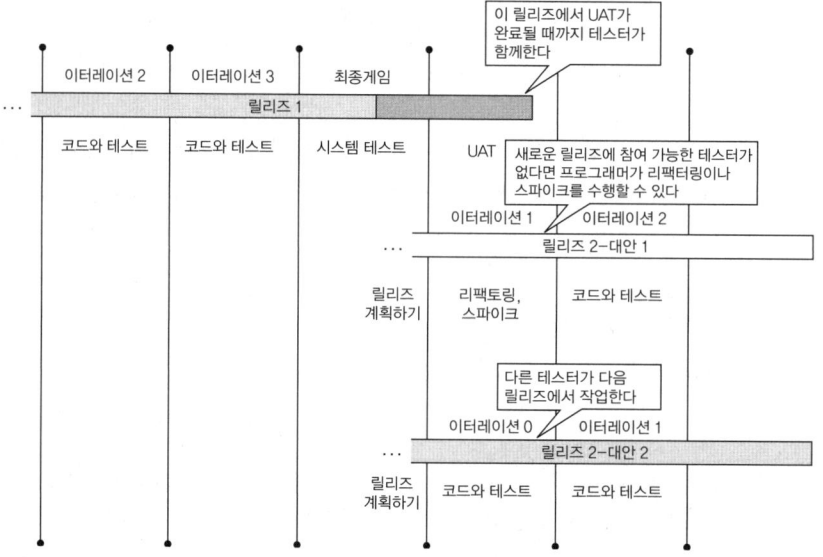

[그림 20-2] 릴리즈 타임라인 – 확장된 UAT를 가진 대안 접근방법

[그림 20-2]는 사용자 인수 테스팅 부분이 확장된 타임라인의 예제를 보여준다. 이 타임라인 예제에서는 많은 이유의 다양한 일들이 발생할 수 있고, 사용자 인수 테스팅에서도 이슈가 발생할 수 있다. 많은 팀들이 다음 릴리즈를 시작할 준비가 되어 있어도 테스터들은 고객과 함께 작업 중이거나

최종 테스팅을 마무리하고 있는 경우가 많고 이 과정에는 프로그래머도 포함될 수 있다. 이 경우 두 가지 방법이 있다. 충분히 팀이 크다면 두어 명의 팀 멤버가 현재의 릴리즈를 진행하는 동안 여러분은 다음 릴리즈를 시작하면 된다([그림 20-2]의 릴리즈2 - 대안 2 참조). 그러나 작은 팀이라면 프로그래머의 리팩터링이나 새로운 기능에 대한 문제해결(스파이크)을 하도록 이터레이션 0을 고려할 필요가 있다([그림 20-2]의 릴리즈 2 - 대안 1 참조).

프로젝트의 현실에 맞게 사정에 따라 창조적으로 팀에 적용하자. 계획이 기대만큼 진행되지 않더라도 계속 계획하는 것은 시간에 맞춰 제품을 인도하기 위해 적합한 사람이 있다는 것을 확인하는 데 도움이 될 것이다.

산출물(DELIVERABLES)

Chapter 20의 첫 번째 부분에서 우리는 무엇이 제품을 만드는가를 언급했다. 대답은 독자에 따라 다르다. 누가 제품을 인수하고 무엇이 그들이 기대하는 바인가?

만약 고객이 SOX(sarbanes-Oxley)법을 준수해야 한다는 요구사항을 주었다면 요구를 만족시키는 특정한 제품이 만들어질 것이다. 예를 들어 자넷이 같이 일했던 어떤 고객은 테스트 결과를 철저히 문서화해야 한다고 생각했고, 테스트 결과를 SOX법 준수의 평가시점 중 하나로 만들었다. 반면 다른 고객은 모든 테스트 결과를 평가하지는 않았다. 프로젝트를 시작할 때 필요한 보고서를 감사 담당자와 함께 식별하자.

문서가 얼마나 많아야 충분한 것일까? 자넷은 이 질문에 답하기 전에 항상 두 개의 질문을 했다. "누구를 위한 것인가?", 그리고 "문서를 무엇을 위해 사용할 것인가?" 이 질문에 적절한 답이 없다면 문서화가 정말 필요한지 고민해보자.

산출물은 항상 최종 사용자를 위한 것은 아니며 또한 언제나 소프트웨어의 형태도 아니다. 고객 중에는 제품 지원팀과 같은 내부 고객도 있다. 무엇이 내부 고객들의 업무를 쉽게 만들어 주는 것일까? 워크플로 다이어그램은 내부 고객이 새로운 기능을 이해하는 데 도움을 줄 것이고, 고객이 문제가 생겼을 때 도와줄 수 있을 것이다.

자넷은 보통 관리적인 차원에서 코드의 테스트 범위에 대한 질문을 종종 받는다. 얼마나 많은 애플리케이션이 단위 테스트나 회귀 테스트를 수행할까? 문제는 숫자는 그냥 숫자일 뿐이고 왜 높거나 낮은가에 대한 많은 이유가 있다는 것이다. 또한 코드 범위는 빠졌을지도 모르는 기능에 대해 말해주지는 않으며 어떠한 코드도 아직 존재하지 않는다. 코드 커버리지는 관리의 목적이 아니라 팀이 사용하는 지표가 되어야 한다. 코드 커버리지는 코드의 어느 영역이 테스트되지 않았는지 확인할 때 사용될 수 있다.

산출물의 교육도 생각해봐야 한다. 많은 애플리케이션은 고객을 위한 맞춤 교육이 필요하다. 그 외에는 단지 온라인 도움말이나 사용자 매뉴얼이 필요할 것이다. 교육이 제품의 성공을 결정할 수도 있기 때문에 중요하게 고려해야 한다. 리사의 팀은 교육 자료와 시간을 준비하기 위해 테스트와 제품 담당자를 위한 업무 카드를 종종 작성하였다. 어떤 사람들은 교육이 테스터나 개발팀의 업무가 아니라고 생각할 수 있다. 그러나 애자일 팀은 비즈니스와 가급적 밀접하게 협력해야 한다. 테스터는 신규로 추가되거나 수정된 기능에 대해 필요한 교육을 그들의 도메인 지식을 이용하여 찾을 수 있다. 교육은 테스터의 책임이 아니라고 해도 테스터는 비즈니스가 교육을 계획하고 있지 않다면 이슈를 제기할 수 있다.

많은 애자일 팀은 온라인 도움말이나 전자 문서를 작성하는 테크니컬 라이터를 둔다. 어떤 애플리케이션은 첫 사용을 지원하기 위해 교육 비디오를 포함하기도 하고 다른 팀원들은 교육 담당자로 참여한다. 이것이 성공적인 제품을 만드는 팀의 책임이다.

비 소프트웨어 산출물(Nonsoftware Deliveravble)

PrimaveraSystems의 소프트웨어 테스트 매니저인 코니 타르타글리아(Coni Tartaglia)는 그녀의 팀이 개발한 코드는 아니지만 성공적인 릴리즈에 필요했던, 인도할 제품에 대해 회고했다.

소프트웨어 외에 무엇을 팀이 인도하는가? 이 질문에 대한 대답은 이 질문과 관계있는 개발팀 외부의 사람들과 대화하는 것이 도움이 된다. 법무팀, 마케팅팀, 교육팀, 고객 지원팀과 같은 그룹들도 산출물 목록에 기여하고 싶어한다.

무엇이 인도될 것인지 합의되고 난 후 컴포넌트의 조립을 시작할 수 있고, 릴리즈 관리 역할은 릴리즈 체크리스트를 확인함으로써 승인을 지원할 수 있다. 만약 릴리즈가 현재의 제품을 업데이트하는 것이라면 테스터는 이전 릴리즈에서 업데이트 패키지에 중요한 문제가 남아있지 않은지 산출물을 확인할 수 있다. 법적 고지와 문서, 외부 업체 소프트웨어를 고객에게 관례상 제공할 수 있다.

> 애자일 팀이 인도하는 것은 단지 소프트웨어 하나만이 아니다. 우리는 제품의 모든 측면을 개선하기 위해 고객팀과 같이 일한다.
>
> 제품을 인도하기 위해 반드시 지켜야 할 규칙은 없다. 산출물을 제품에 가치를 더하는 것으로 생각하자. 누가 산출물을 인도받을 것이고 언제 산출물을 인도하는 것이 타당한가?

제품의 릴리즈

제품의 인도에 대해 언급했을 때 고객이 인도받기 원하는 어떤 방식으로도 가능해야 한다고 말했다. 여러분의 조직은 업데이트를 위한 웹사이트나 몇 곳의 큰 고객에게 인도하기 위한 사용자 애플리케이션이 있을 수 있다. 또는 제품이 특정 분야 전문 제품(shrink-wrapped products)이거나 전 세계의 수백만 개 PC에 전달하거나 인터넷에서 다운로드할 수도 있다.

릴리즈 인수 기준

언제 완료되는지 어떻게 알까? 인수 기준은 언제 제품을 인수할지 정의하는 전통적인 방법이다. 성능 기준을 충족시켜야 할 수도 있다. 이러한 기준은 각 이터레이션 시작 시 각각의 스토리에서 포착해 내고, 테마나 에픽을 시작할 때 더 큰 기능 세트로써 명세해야 한다. 고객은 자동화된 테스트가 특정 퍼센트의 코드를 포함시키는 것이나 특정 테스트가 반드시 통과해야 된다는 것처럼 품질 기준을 정할 것이다. 중대한 버그가 없거나 시스템에 심각한 영향을 끼치는 버그가 없는 것과 같은 내용이 릴리즈 기준이 되기도 한다. 고객은 제품이 충분한 가치가 있는 상태인지 알 수 있는 방법을 결정해야 한다. 테스터는 고객들이 목적을 달성하기 위한 릴리즈 기준을 정의하는 것을 지원할 수 있다.

애자일 팀은 단지 말뿐이 아니라 품질 목표를 달성하기 위한 태도를 가져야 한다. 애자일 팀은 결함 심각도를 '상(high)'에서 '중(medium)'으로 낮춤으로써 높은 심각도의 결함이 없어야 한다는 기준을 만족시켰다고 말하지 않아야 한다. 대신 버그의 추세를 자주 확인하고 높은 심각도의 버그가 제품에서 발생하지 않도록 만드는 방법을 고민해야 한다.

품질 수준은 고객과 기분 나쁜 사건들이 아직 생기지 않은 초기에 고객들과 협상해야 한다. 개발팀과 고객이 정의한 인수 테스트는 실제 예제를 사용해야 하고, 향후 릴리즈의 진행상황에 대한 이정표로 제공되어야 한다. 고객이 매우 낮은 수준의 버그 허용성을 가지고 있고 인수 테스트가 반드시 100% 통과해야 한다면, 이터레이션 개발 속도는 심사숙고할 필요가 있다. 만약 새로운 기능이 버그 수정보다 중요하다면 버그가 있는 채로 출하할 수도 있을 것이다.

여러 단계의 "완성도" 이야기

애자일 코치이자 〈Software Endgames〉(Dorset house, 2004)의 저자인 밥 갤런(Bob Galen)은 그의 팀이 어떻게 릴리즈 인수 기준을 정의했고 기준 충족을 평가했는지 다음과 같이 설명한다.

지난 몇 년간 여러 신규 애자일 팀에 참여해보고 이 팀들의 공통된 패턴을 확인할 수 있었다. 현재 소속된 팀은 정의된 인수 기준에 근거한 사용자 스토리나 기능 수준의 기준을 훌륭하게 만족시켰다. 우리 팀은 인수 기준을 정제하기 위해 열심히 일했다. 처음에 인수 기준은 제품 담당자의 관점에서 개발되었고 어떤 부분은 많이 애매모호하고 불분명했다. 테스터는 고객의 테스트가 더욱 적절하고 명확하고 테스트 가능하도록 돕기로 했다. 이러한 협력은 스토리 수준에서 중요한 승리를 가져다주었고 제품 담당자들은 이런 참여와 지원에서 진정한 가치를 느꼈다.

테스터들은 자주 사용자 스토리 인수 테스트를 자동화시켰고, 스프린트 검토 기간에 전반적인 인수 항목을 보여주는 것뿐만 아니라 각 스프린트 기간에 이 자동화된 테스트를 수행시켰다.

물론 우리도 스토리의 "완성된 정도"를 같은 수준으로 명료하게 정의하는 것에 문제가 있었다. 이런 문제는 종종 발견되었지만 스프린트의 종료나 릴리즈의 최종 게임에 다다르면 스프린트 내에 업무를 완수할 수 있을 것이라 기대했다. 예를 들어 "작은" 테스트를 한 스토리를 인도한다는 것은 스토리의 기능에 대해서는 테스트했지만 광범위한 테스트를 위해서 스테이징 환경에 통합된 것은 아니라는 의미이다. 이것은 우리가 생각하는 "합의"의 일부분은 아니지만 외부 이해관계자는 팀이 인도한 결과물에 대한 기대가 있었다.

이러한 문제를 해결하는 방법은 애자일 개발의 각 단계별로 기준을 가능한 한 여러 단계로 정의하는 것이다. [표 20-1]은 그 예를 보여준다.

이런 각 수준의 완성된 정도를 정의하는 것은 우리 팀이 일했다는 것을 입증해 주고 수치화된 우리의 능력을 크게 개선시켜 주며 다양한 고객의 기대 사항을 충족시킨다. 모든 기준은 서로 연결되어 있기 때문에 한 기준의 수준을 정의하는 것은 다른 수준을 정의하는 데 도움이 된다. 우리는 종종 릴리즈 기준의 수준에서 시작해서 역으로 일을 진행했다.

스토리나 이터레이션, 릴리즈가 "완료"되지 않으면 애자일 개발은 수행되지 않은 것이다. "완성된 정도"는 테스팅을 포함하고, 테스팅은 시간이 빠듯하면 종종 연기된다. 모든 수준의 성공 기준은 개발을 안내하고 확인하는 모든 필요한 테스팅이 포함된다는 것을 확인하자.

[표 20-1] 다양한 수준의 완성된 정도

활동	기준	예제
기본 팀 업무 산출물	완성된 정도 기준	동료와의 체크인 이전의 코드 공식 검토나 단위 테스트의 개발, 실행, 통과
사용자 스토리 수준	인수 테스트	적합성 기반의 고객 인수 시험의 개발, 실행, 통과
스프린트나 이터레이션 수준	완성된 정도 기준	스프린트와 관련된 기능 개발 및 외부와 연관된 모든 관계의 명확한 스프린트 목적의 정의
릴리즈 수준	릴리즈 기준	광범위한 조건 집합(산출물, 테스팅 활동 또는 범위 수준, 결과/지표, 다른 그룹과의 협력, 법적 준수 수준의 만족 등)의 정의. 만족한다면 릴리즈가 될 수 있음을 의미.

모든 프로젝트, 팀, 비즈니스는 각각 특징이 있다. 애자일 팀은 소프트웨어를 제품으로 인도할 준비가 되었는지 결정하기 위해 비즈니스 전문가와 함께 일한다. 만약 릴리즈 데드라인이 확정되었다면 비즈니스는 범위를 변경해야만 한다. 소프트웨어가 기준이 되는 가치를 달성했는데 릴리즈에 여유가 있다면, 팀은 소프트웨어의 품질 기준을 결정하고 소프트웨어를 출시할 수 있다.

> **릴리즈 후보 빌드 도전하기**
>
> 코니 타르타글리아(Coni Tartaglia)의 팀은 각 릴리즈 후보 빌드를 평가하기 위해 체크리스트를 사용한다. 체크리스트는 릴리즈 후보 빌드에 대해 다음의 내용을 포함하고 있다.
>
> - 릴리즈에 비즈니스 가치를 제공하는 모든 기능이 포함되고 삽화, 로고, 법적 동의서, 문서도 포함되었는지
> - 모든 빌드가 인수 기준에 만족하는지
> - 모든 동의된 테스트(인수, 통합, 회귀, 비기능, 사용자 인수 테스트)가 통과되었다는 것을 입증할 수 있는지
> - 조치 진행 중인 결함이 없는지
>
> 코니의 팀은 소프트웨어를 공식 검토와 동의된 "릴리즈 인수 테스트"로 보낼지 시험한다. 그녀의 다음과 같이 설명한다.

> 핵심 구문은 "동의된 테스트"라는 것이다. 사전에 테스트에 동의한다면 릴리즈 체크리스트의 범위는 쉽게 정의된다. RATS에서 시스템 수준과 종단 간 테스트를 포함하자. 그리고 릴리즈 후보 빌드를 호환성 테스트에 선택하자. 성능 테스트 역시 릴리즈 인수 테스트에 포함될 수 있다. 수작업 테스트 일부분만 아니라 자동화 수트의 내용도 각각이 릴리즈 인수 테스트에 포함할 것인지 사전에 합의하자.
>
> 릴리즈 인수 테스트에서 릴리즈 후보 빌드가 오류가 있다면 어느 테스트를 다시 진행할 것인지 사전에 합의하자. 소프트웨어가 지속적인 자동화된 회귀 테스트 수행의 여러 이터레이션에서 살아남는다면 시험을 통과하는 것은 식은 죽 먹기일 것이다.
>
> 인수 기준을 정의하는 것은 궁극적으로는 고객에게 달려있다. 테스터는 고객과 개발팀이 최대한 좋게 만든 제품 품질의 기준을 합의하는 데 도움을 주는 독특한 위치에 있다.

전통적인 소프트웨어 개발은 오랜 기간 작업하고 데드라인이 매우 일찍 정해지고 장애물은 다음 단계에서 처리했다. 애자일 개발은 작은 증분을 통해 품질 높은 소프트웨어를 생산하고, 필요한 만큼 릴리즈한다. 개발팀과 고객팀은 어떤 릴리즈를 언제 할지 가까이서 함께 정의하고 결정한다. 테스터는 이런 목표 설정 프로세스에서 중요한 역할을 한다.

릴리즈 관리

많은 조직에 릴리즈 관리팀이 있고 만약 없더라도 누군가는 릴리즈 관리 업무를 담당하고 있다. 작은 조직에서는 QA 관리자가 이 역할을 수행하는 경우가 많다. 릴리즈를 지휘하는 담당자는 준비 상태를 평가하기 위해 이해 관계자와 릴리즈 준비 회의를 주관해야 한다.

릴리즈 준비 체크리스트는 팀에서 무엇이 중요한지 검토할 때 사용할 수 있는 좋은 도구이다. 이 체크리스트의 목적은 무엇이 완료되었는지와 만약 완료되지 않았다면 이와 관련된 위험은 무엇인지 객관적인 평가를 지원하는 것이다.

예를 들어 제품의 변경을 최종 사용자가 알기 쉬워서 교육에 대한 요구가 없었다면, 이 위험은 낮은 것이다. 그러나 시스템에 신규 사용자를 추가하는 것과 같이 프로세스의 중요한 변경이 있다면, 제품 지원팀에 매우 높은 위험일 것이며 위험에 대한 보증은 지연될 것이다. 모든 이해 관계자의 요구는 반드시 고려되어야 한다.

릴리즈 노트는 어느 제품 릴리즈에나 중요하다. 릴리즈 노트의 공식화 여부는 독자 여러분에게 달려있다. 만약 제품이 개발자를 대상으로 한다면, "read me" 텍스트 파일도 릴리즈 노트로 괜찮을 것이다. 경우에 따라 더욱 공식화된 것을 원할 수 있으나 어떤 매체를 사용하든지 독자 여러분의 필요에 따라 결정된다. 그러나 필요 이상으로 너무 많은 정보를 제공하지는 말자.

자넷이 새로운 릴리즈를 받았을 때 처음 한 일은 모든 컴포넌트의 버전을 확인하는 것이었다. "그들이 나에게 준 것에 대한 설명을 받았는가? 종속성이나 업그레이드 스크립트 같이 설치 전에 내가 고려해야 하는 특별한 설명이 있는가?" 와 같이 릴리즈 노트에는 답하기 좋은 간단한 질문을 포함한다. 그 외에 고객이 찾을 만한 새로운 기능이 포함되어야 한다.

릴리즈 노트는 다른 팀에서 준비한 도움말 파일이나 사용자 매뉴얼처럼 여러분의 팀이 인도하지 않은 컴포넌트에 대한 고려사항도 제공해야 한다. 가끔 오래된 릴리즈 노트는 사용자에게 쓸모없는 것으로 남아 있기도 한다. 여러분의 팀과 애플리케이션에 어떤 것이 적절한지 고려하자.

패키징

앞서 지속적인 통합에 대해 많이 언급했다. 우리는 지속적인 통합을 당연한 것으로 여기지만 형상 관리의 좋은 의미는 잊어버리는 경향이 있다. "빌드는 한번에, 배포는 여러 번에"는 릴리즈에 신뢰를 주는 방법 중 하나이다. 우리는 스테이징에서 테스트하는 빌드는 고객이 사용자 인수 테스팅에서 테스트하는 것과 같은 빌드이고, 제품으로 릴리즈할 것이라는 것을 알고 있다. 이러한 방식은 성공적인 릴리즈에 중요하다.

만약 제품을 외부 사용자가 사용할 것이라면 설치는 고객이 제품을 접하는 첫 번째 단계이기 때문에 쉬워야 한다. 그러므로 사용자와 그들의 오류 허용 수준에 대해 이해해야 한다. 어떻게 제품을 인도할 수 있을까? 예를 들어서 인터넷으로 다운로드를 한다면 다운로드와 설치는 간난해야 한다. 거대한 기업용 시스템이라면 조직에서 제품의 설치를 지원할 인력을 보내야 할 수도 있다.

고객의 기대

고객에게 새로운 소프트웨어를 인도하기 전에 고객이 인도받을 준비가 되었는지 확인해야 한다. 고객이 기대했던 새로운 기능이 무엇인지 알고 문제를 다룰 수 있는지 확인해야만 한다.

제품 지원

많은 조직에서 제품 인도 후 코드를 유지·보수하고 고객을 지원하기 위한 제품 지원이나 운영 지원팀을 운영한다. 여러분의 회사가 제품 지원팀을 운영하고 있다면 이 팀이 여러분의 첫 번째 고객이다. 이들이 작업을 잘 할 수 있도록 만들자. 제품 지원팀은 고객으로부터 결함 보고서와 개선 요청을 받고 높은 위험 영역을 발견하기 위해 여러분의 팀과 같이 일한다.

때로는 제품 지원팀은 개발팀으로부터 릴리즈를 인수하는 팀이기도 하다. 조직이 이런 방식으로 지원팀을 운영한다면 개발팀과 지원팀이 자연스럽게 제품을 주고받을 수 있도록 밀접하게 일해야 한다. 제품 지원팀이 운영을 추적하고 문제를 빨리 식별할 수 있도록 하기 위해서 시스템 로그 파일과 모니터링 시스템의 사용법을 이해하고 있는지 확인하자.

비즈니스에 대한 영향 이해하기

운영 환경에 배포할 때마다 시스템을 중단해야 할 수도 있다. 웹 사이트의 경우 이러한 중단은 아주 큰 영향이 있을 수 있다. 또는 PC에 다운로드하는 독립적인 시스템이라면 영향도는 낮을 것이다. 애자일 팀은 비즈니스 가치를 최대화하기 위해 자주 릴리즈하고, 작은 규모의 릴리즈는 부정적인 영향의 위험을 낮춘다. 작동 중지 시간을 최소화하도록 배포시기를 업무 시간과 조정하는 것은 상식적인 일이다. 자동화되고 능률적인 배치 프로세스는 작동 중지 시간을 가능한 적게 만들 수 있다. 그리고 빠른 배치 프로세스는 하루에 여러 번 배포하는 짧은 이터레이션 개발에서 유용하다.

> **글로벌화된 업무환경에서의 고려사항**
>
> "agile affected" 테스팅 그룹을 이끌고 있는 마커스 가트너(Markus Gärtner)는 릴리즈 타이밍에 대한 팀의 접근방법에 대해 다음과 같이 설명한다.
>
> 우리는 핸드폰용 통신 소프트웨어를 개발했고, 아무도 전화하지 않는 밤에 주로 소프트웨어를 설치했다. 이 시간이 우리의 근무시간이었고 호주에 있는 고객을 대할 때는 보통 밤 시간대였다.
>
> 설치를 담당하는 팀원은 3명이었는데 팀에 이 업무를 담당하는 독립된 그룹이 없었기 때문에 이들은 다음날 늦게 출근하곤 했다.
>
> 비즈니스팀과 개발팀이 더욱 글로벌화될수록 릴리즈 타이밍은 더 복잡해진다. 그러나 다행스럽게도 운영 설정이 릴리즈를 쉽게 만들어준다. 릴리즈 환경이 여러 애플리케이션 서버를 사용한다면 릴리즈할 때 사용 중단 없이 한번에 하나의 서버만을 내릴 수 있을 것이다.

새로운 릴리즈는 가급적 고객에게 명백하게 알려져야 한다. 릴리즈 후에 진행되는 긴급 릴리즈나 패치는 고객이 제품과 개발팀 모두를 더 신뢰하게 할 것이다.

각각의 릴리즈에서 배운 것을 바탕으로 다음 릴리즈가 좀 더 매끄럽게 진행되도록 조치를 취하자. 시스템 관리자나 데이터베이스 관리자와 같은 모든 역할을 계획에 포함시키자. 그리고 각각의 릴리즈를 평가하고 다음 릴리즈에서 개선할 방법에 대해 생각하자.

요약

Chapter 20에서는 아래와 같은 내용을 다루었다.

- 제품의 성공적인 인도는 구현한 애플리케이션 그 이상을 포함한다. 문서, 법적 고지, 교육과 같이 비 소프트웨어적인 부분에 대한 인도를 계획하자.
- 최종 게임은 제품을 마지막으로 다듬을 수 있는 기회이다.
- 다른 그룹도 최종 게임이나 릴리즈의 환경, 도구 등에 책임이 있다. 그들과 계속 협력하자.
- 테스트 데이터베이스의 스크립트, 데이터 변환, 다른 설치 부분의 업데이트를 확인하자.
- 사용자 인수 테스트는 운영 환경에서 사용자의 데이터를 이용하여 제품에 대한 신뢰를 쌓을 수 있는 기회이다.
- 필요하다면 다른 조직과 같이 테스트하는 개발 후의 주기와 같은 추가적인 주기를 계획하자.
- 릴리즈 계획 동안 릴리즈 준비가 되었는지 파악할 수 있는 릴리즈 인수 기준을 수립하자.
- 테스터는 패키징을 릴리즈하고 테스트하는 것을 관리하는 데 종종 참여한다.
- 제품을 릴리즈할 때 고객이 필요로 하고 기대한 것이 무엇인지 전체 패키지를 고민하자.
- 각각의 릴리즈에서 배우고 프로세스를 개선하고 적용하자.

AGILE 요약

PART 6

Chapter 21 "핵심 성공 요인"에서는 테스팅에 대한 애자일 접근방법을 같이 살펴보고 요약한다.

AGILE
Chapter 21
핵심 성공 요인

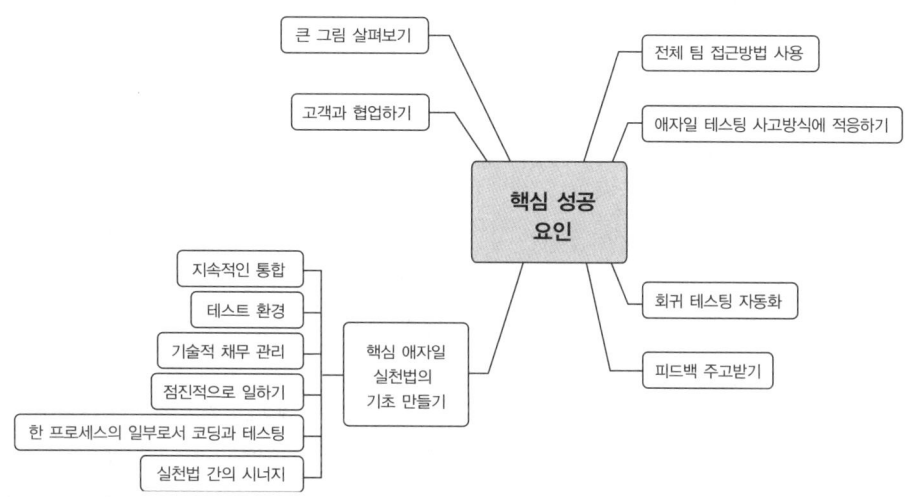

이제 테스터들이 애자일 팀에서 성과를 올리는 방법과 애자일 팀이 높은 품질의 제품을 고객에게 성공적으로 인도하는 것과 관련한 몇 가지 핵심 요인들을 추려보자. 애자일 테스터들은 개발팀에 "특별한 것"을 제공하는 사람들이다. "애자일에 감염된" 테스터들은 전체 팀이 애자일의 실천사항과 원칙들로 더 나은 제품을 개발하는 데 도움을 주는 방법을 배우게 된다. "테스트에 감염된" 애자일 팀의 프로그래머는 테스팅을 활용해 더 나은 소프트웨어를 만들기 위한 방법을 배우게 된다. 두 역할의 경계선은 명확하지 않지만 모두 품질에 초점을 맞추고 있어 개발을 위해서는 필요한 것이다.

우리들은 그 동안 함께 일했던 팀들과의 경험을 통해 애자일 팀과 테스터에게 필요한 테스팅 가이드라인을 수집했다. 이 가이드라인은 애자일 테스팅 매트릭스, 문화/조직적 장애를 극복한 학습경험, 애자일 팀에서 테스터 역할을 수행하면서 겪은 모험, 그리고 가장 좋았던 테스트 자동화의 활용에 대한 경험을 바탕으로 작성하였다. 이번 장에서는 행운의 숫자에 맞춰서 애자일 테스터의 성공을 도와줄 7개의 핵심 요인을 제시한다.

우리는 이 책을 검토한 사람들에게 여기 나오는 성공 요인의 순서를 제시해달라고 요청했다. 결과는 매우 다양했으나 처음 두 장의 중요성에 대해서는 대부분이 동의했다. 여러분도 가장 큰 투자대비 효과가 있는, 바로 시작할 수 있는 성공 요인을 선택해보자.

성공요인 1: 전체 팀 접근법 이용하기

개발팀 전체가 테스팅과 품질에 대한 책임감을 가지게 되면 여러분은 크고 다양한 기술 수준과 경험을 갖게 된다. 숙련된 프로그래머에게 테스트 자동화는 큰 문제가 아니다. 팀에서 테스트가 높은 우선순위에 있고 모두가 테스트에 참여할 수 있다면 팀은 테스트 가능한 코드를 설계할 수 있다.

테스터가 개발팀의 진정한 구성원이 된다는 것은 팀이 애자일 개발의 빠른 페이스에 적응하도록 지원하고 교육한다는 의미이다. 개발팀과 고객 구성원 모두가 밀접하게 협업하기 위해서는 새로운 기술을 습득하기 위한 시간이 필요하다.

만약 여러분이 애자일 팀의 관리자라면 전체 팀의 적응을 돕기 위해 Part 2의 "조직이 경험하는 도전"을 참고하도록 하자. 애자일 개발팀의 목적은 높은 품질이지 빠른 속도가 아님을 기억하자. 여러분의 팀은 고객이 요구사항을 명확히 하는 것을 도와주고 견고한 제품을 단계적으로 인도하기 위한 특별한 관점을 가진 테스터가 필요하다. 테스터의 기술과 전문지식이 다른 팀원들에게 전수되어야 하며 테스터를 단지 수작업 테스팅을 하는 역할로 구분해서는 안 된다. 다른 팀원들이 (그들에게는 상당한 용기가 필요했을지도 모르는) 도움을 요청했을 때 그들의 팀에 도움을 주어야만 한다. 그 반대도 마찬가지이다.

Tip
"3의 힘"을 이용하는 방법에 대한 예는 Chapter 2 "애자일 테스터를 위한 열 가지 원칙"을 살펴보자.

여러분이 애자일 팀의 테스터이고 다른 팀원들이 여러분을 포함하지 않고 회의를 계획하고 문제에 대해 논의하거나 비즈니스 사용자가 그들의 스토리나 요구사항을 정의하기 위해 혼자서 애쓰고 있다면, 그 사람들에게 다가가서 대화를 나누자. 프로그래머 옆에 앉고, 스스로 회의에 참여하고, 프로젝트에 참여한 테스터로써 "3의 힘"을 프로그래머와 비즈니스 전문가에게 제안하자. 피드백을 주고 고객에게 예제를 제공함으로써 그들을 도와주어야 한다. 여러분의 문제를 팀의 문제로 만들고, 팀의 문제도 여러분의 것으로 만들어야 한다. 여러분의 팀원들에게 전체 팀이 적응되는지 물어보자.

성공요인 2: 애자일 테스팅 사고방식 적용

Chapter 2 "애자일 테스터를 위한 10가지 원칙"에서 우리는 지금까지 생각해온 "품질 정책"에 대한 사고방식을 떨쳐버릴 것을 경고했다. 프로그래머가 테스트를 수행하고 테스터는 팀이 최고의 제품을 인도할 수 있도록 도와주는 상황이라면, 여러분은 지금부터 애자일 팀에 속해있는 것이다. 우리가 Chapter 2에서 강조한 것처럼, 애자일 테스팅의 자세는 능동적이고 창조적이며, 새로운 아이디어에 열려있고 어느 업무든 기꺼이 처리하는 것이다. 애자일 테스터는 항상 협업할 준비가 되어 있고, 그들의 본능을 믿고, 팀과 비즈니스의 성공을 위해 열정적으로 그들의 기술을 끊임없이 연마할 것이다.

여러분이 슈퍼 테스터 망토를 입고 버그로부터 세상을 구할 것이라는 뜻은 아니다. 팀원들은 품질을 위해 여러분의 열정을 공유할 것이다. 팀이 목표에 집중하고 팀원들이 최고의 일을 하도록 도울 수 있다.

애자일 원칙과 가치를 자신을 가이드하는 것에 사용하고 항상 시도하자. 테스팅의 필요성에 대한 가장 간단한 접근을 시도하자. 용감하게 도움을 구하고 새로운 아이디어를 시험하자. 인도해야 하는 가치에 집중하자. 가능하면 자주, 그리고 직접적으로 의사소통하자. 변화에 유연하게 대응하자. 애자일 개발은 인간 중심임을 기억하고, 우리 일에서 즐겨야 하는 것임을 잊지 말자. 만약 주저하게 될 때에는 의사결정을 위한 애자일 가치와 원칙을 되새겨보라.

Tip
애자일 테스팅 사고방식에 대한 더 많은 내용은 Chapter 2 "애자일 테스터를 위한 열 가지 원칙"을 살펴보자.

애자일 테스트 사고방식의 중요한 요소는 업무 개선을 지속적으로 추진하는 것이다. 성공적인 애자일 테스터는 끊임없이 그들의 기술을 연마한다. 새로운 아이디어와 기술을 얻기 위해 좋은 책과 블로그, 신문, 잡지를 읽자. 현지 관련 커뮤니티에 참여하자. 만약 회사가 괜찮은 컨퍼런스에 참여하는 비용을 지원하지 않는다면, 여러분의 경험을 공유하고 컨퍼런스 참석을 지원받도록 하자. 여러분이 속한 테스팅과 애자일 개발 커뮤니티가 도움을 줄 것이다.

새로운 실천법이나 도구, 기법을 실험하자. 그리고 팀에 새로운 접근방법의 시도를 장려하자. 짧은 이터레이션은 시도를 위한 이상적인 방법이다. 만약 실패한다 해도 이터레이션은 빠르게 지나가고, 다음 이터레이션에서 다른 것을 시도할 수 있다.

만약 여러분이 애자일 테스터나 애자일 팀을 관리한다면 팀원들에게 학습할 시간을 주고 그들이 필요한 것을 훈련할 수 있게 지원하자. 장애물을 제거하면 그들은 최고의 업무를 할 수 있다.

테스팅에 영향을 주는 문제와 대면할 때에는 그 문제를 팀에게 전달하자. 팀에게 이러한 장애를 극복할 수 있도록 브레인스토밍을 요청하자. 회고하는 것도 이슈에 대해 이야기하고 해결법을 찾는 한 방법이다. 장애 백로그를 유지하고 매 이터레이션에 한두 개를 처리하자. 모두가 발생한 문제를 알아야 하고, 코딩과 테스팅의 진행상황을 추적할 수 있게 크고 잘 보이는 차트나 이런 기능을 할 소프트웨어를 사용하자.

성공요인 3: 자동화된 회귀 테스팅

테스트 자동화 없이 애자일 팀의 성공이 가능할까? 그럴 수도 있을 것이다. 그러나 우리가 아는 "성공적인 팀"은 자동화된 회귀 테스트를 수행했다. 이 책에서 여러 번 언급한 것과 같이 만약 수작업으로 회귀 테스팅을 한다면 코드 내부의 결함을 발견하는 탐색적 테스팅을 수행할 시간이 없을 것이다.

Tip
애자일 테스트 사분면에 대한 더 자세한 내용은 Part 2를 살펴보자.

애자일에서 개발 가이드의 역할로 테스트를 사용한다. 테스트에 성공하는 코드를 작성하기 위해서는 빠르고 쉽게 테스트를 수행하는 방법이 필요하다. 짧은 피드백 사이클과 안전한 회귀시험이 없다면, 곧 고쳐야 할 결함은 늘어나고 개발속도는 점점 늦어지는 기술적 채무에 빠질 것이다.

Tip
테스트 자동화 피라미드에 대한 더 자세한 내용은 Chapter 14 "애자일 테스트 자동화 전략"을 살펴보자.

자동화된 회귀 테스트에는 팀의 노력이 필요하다. 전체 팀은 테스트의 각 종류에 맞는 적절한 도구를 선택해야 한다. 프로그래머가 쉽게 테스트 자동화를 할 수 있도록 코드를 설계하는 방법을 생각하자. 다른 종류의 테스트를 효과적으로 자동화하는 데 도움이 되는 애자일 테스팅 사분면과 테스트 자동화 피라미드를 사용하자.

단순하게 시작하자. 여러분은 기본적인 자동 스모크 테스트와 자동화된 단위 테스트가 얼마나 많은 가치를 제공하는지 놀라게 될 것이다.

Tip
변화를 일으키는 자원에 대해서는 참고문헌의 자료를 살펴보자.

테스트 자동화는 팀의 노력이 필요하다. 그리고 처음에는 어렵고 넘어야 하는 고통이 따르게 된다. 만약 여러분이 개발 또는 테스팅팀을 관리한다면 시간과 훈련, 동기에 대해 충분한 지원을 제공했는지 확인하자. 만약 여러분이 자동화되지 않은 팀의 테스터이고 프로그래머가 코드 작성에만 몰두하며 테스트는 신경 쓰지 않는다면 여러분은 큰 도전에 직면한 것이다. 관리자와 팀 구성원으로부터 자동화의 작은 노력을 시작하기 위해 각기 다른 형식의 지원을 요청하자.

성공요인 4: 피드백 주고받기

피드백은 애자일의 핵심 가치다. 애자일의 짧은 이터레이션은 팀이 정상 궤도에 올라선 것을 유지하기 위해 지속적인 피드백을 제공하도록 설계되었다. 테스터는 자동화된 테스트 결과의 형태, 탐색적 테스팅을 통한 결함의 발견, 시스템의 실제 사용자의 관찰로 피드백을 제공하도록 도와주는 유일한 방법이다.

테스터도 피드백이 필요하다. 고객이 요구하는 동작의 좋은 예제를 어떻게 알 것인가? 올바르게 테스트 케이스를 작성했는지 어떻게 알 것인가? 프로그래머들이 여러분이 수집하고 만든 테스트 예제를 보는 것만으로 이해할 수 있는가?

여러분이 배울 수 있는 가장 가치 있는 기술 중의 하나는 여러분이 하는 일에 피드백을 제공하도록 부탁하는 방법이다. 프로그래머에게 요구사항을 이해할 수 있을 만큼의 충분한 정보를 얻고 있는지, 그 정보가 코딩에 도움이 되는지 물어보자. 고객에게 그들의 품질 기준에 만족하는지 물어보자. 이터레이션 계획 회의 마감 회의에 이러한 이슈와 개선방안을 제안할 시간을 가지자.

> **애자일은 결국 피드백이 전부**
>
> WatirCraft 사의 CTO이며 〈소프트웨어 테스팅 법칙 293가지〉(정보문화사, 2004)의 공동 저자인 브렛 페티코드(Bret Pettichor)는 애자일 개발에서 피드백의 중요성에 대해 다음과 같이 말했다.
>
> 애자일 방법은 여러분 팀이 개발하는 소프트웨어 대해 피드백을 얻는 것을 허락한다는 것이 요점이다. 피드백은 여러 수준으로 진행된다. 짝 프로그래밍은 개발자들이 코드에 대해 바로 피드백을

한다. 스토리는 테스터와 분석가가 개발자에게 피드백할 수 있는 작업의 단위를 나타낸다. 이터레이션 릴리즈는 팀 외부에서의 피드백을 쉽게 한다. 대부분의 애자일 원칙들은 팀들이 적응하는 피드백 고리를 만들기 때문에 가치가 있다.

많은 팀들이 애자일을 우연히 선택했을 뿐이며, 정말 애자일 원칙에 대해 정확히 이해하고 선택하지 않았다. 그들은 의견 교환이나 드라이버의 교체를 하지 않고 짝 프로그래밍을 한다. 이들 팀은 QA에게 코드를 보내는데 스토리 경계가 제멋대로여서 테스터가 테스트할 수 없다. 그래서 테스터들은 그들이 버그를 찾거나 또는 하나의 스토리를 완성했는지 말할 수 없다. 이터레이션은 설계를 개선하고 목표를 조정하기 위한 실질적인 기회보다 일정에 대한 이정표였다.

애자일 팀이 작은 계획으로 개발을 진행하는 이유는 피드백을 통해 정상적으로 진행하고 있다고 믿기 때문이다. 만약 여러분이 의미 있는 피드백을 받지 못한다면, 그것은 애자일하지 않은 것이다. 단지 새로운 형태의 혼돈에 빠졌을 뿐이다.

마지막 프로젝트에서 우리는 스토리를 정의했고 이 스토리는 우리 모두에게 팀이라는 자각을 심어줬다. 우리의 분석가, 테스터, 그리고 개발자들은 각각의 스토리를 모두 이해하고 검토할 수 있었다. 그러나 우리는 반드시 기능이라 불리는 큰 그룹을 생성해야 했고, 팀의 외부로부터 의미 있는 검토를 받을 수 있도록 만들었다. 그리고 반드시 기능 그룹의 모든 스토리들은 팀 외부로부터 피드백을 요청하기 전에 완성했다.

의미 있는 피드백을 주고받는 것은 사람들에게 어려울 수도 있으나 애자일의 성공에 중요한 요소이다.

프로젝트 시작 시 회사의 중역이나 고객이 요구사항 리스트를 전달하고 애자일을 사용하자고 말하면서(왜냐하면 애자일의 개발속도가 더 빠르므로) 피드백 프로세스에는 참여하지 않으려고 할 때 애자일 팀은 공포에 빠진다.

애자일 자체는 빠르지 않다. 애자일은 단지 적응의 가치를 인정하는 세계에서만 이득이 될 뿐이다. 그리고 적응성은 프로젝트에 참여하는 누구든지 참여할 필요가 있다. 이것은 팀 자체가 애자일한 것으로는 충분하지 않고 스폰서 역시 애자일해야 한다. 모든 요구사항이 정말 필요한가? 우리는 처음부터 어떤 소프트웨어가 필요한지 명확하게 알고 있는가?

애자일은 피드백을 사용하면 가장 가치 있는 기능을 찾고 집중할 수 있도록 해주기 때문에 더 빠르다. 어떤 것을 만들어야할지를 분명히 안다면 애자일을 사용하지 않아도 좋다. 고객으로부터 피드백을 얻고 그에 따라 행동을 취할 시간이 없다면 이때는 애자일을 사용하지 않아도 된다. 모두가 시작부터 끝내야할 것을 정확히 이해한다면 그 때도 애자일을 사용하지 않아도 좋다.

애자일 실천법은 피드백을 얻고 그에 따른 행동을 가능하게 하는 기술적 인프라와 조직적 인프라를 만든다. 여러분이 피드백에 적응하고 있지 않다면 그 때 이 인프라는 여러분을 천천히 맥 빠지게 만드는 쓸모없는 것이다.

우리에게 애자일 개발의 가치는 더 빠른 것이 아니라 비즈니스를 성장시키고 성공하게 만드는 데 충분한 도움을 신속하게 제공하는 가치를 충분히 제공하는 것이다. 테스터는 피드백을 제공해 무언가를 일으킬 수 있는 핵심 역할을 수행한다.

성공요인 5: 핵심 실천사항의 기초를 구축하기

테스트 비즈니스에는 오래 전부터 이런 이야기가 있다. "여러분은 제품의 품질을 테스트할 수 없다." 물론 애자일 개발에서도 마찬가지이다. 기초적인 실천법을 따르지 않는다면 고품질의 소프트웨어를 인도할 수 없다고 생각한다. 지금까지 애자일 실천법으로 언급했지만 이것들은 이미 "애자일 개발"이라는 용어보다 이전부터 사용된, 성공적인 소프트웨어 개발을 위한 간단하고 핵심적인 실천법이다.

지속적인 통합

개발팀은 소스코드 관리와 지속적인 통합을 성공적으로 운영해야 한다. 자신이 테스트하는 것을 정확하게 알지 못한다면 테스트를 효과적으로 할 수 없으며, 배포 가능한 코드가 없다면 원하는 모든 것을 테스트할 수 없다. 모든 팀 구성원이 최소 하루에 한번은 체크인을 해야 한다. 통합은 소프트웨어의 상태에 대해 신속한 피드백을 제공하기 위해 자동화된 빌드에 의해 검증되어야 한다.

Tip
지속적인 통합에 대한 더 자세한 정보는 참고문헌을 살펴보자.

지속적인 통합 프로세스의 구현은 소프트웨어 개발팀의 첫 번째 우선순위여야 한다. 팀이 하루에 한 번 이상 일 단위 빌드를 검증하지 않는다면 하고 있는 일을 중단하고 검증부터 시작하자. 이것은 중요한 일이다. 그리고 처음부터 완벽하게 시작될 필요는 없다. 만약 거대한 시스템 통합(SI)을 하고 있다면 이것은 정말 더 큰 도전이지만 크게 어렵지는 않다. 오픈 소스 및 상업적인 제품 등 목적을 달성할 수 있는 뛰어난 도구들이 넘쳐나고 있기 때문이다.

테스트 환경

통제할 수 있는 테스트 환경이 없다면 생산적인 테스트를 할 수 없다. 어떤 빌드가 배포되고 데이터베이스 스키마가 사용되는시, 누군가 그 스키마를 업데이트하지 않는지, 다른 프로세스가 시스템에서 동작 중인지 알아야 한다. 하드웨어의 가격은 점점 하락하고 있고 테스트 환경을 위한 더 많은 오픈 소스를 사용할 수 있다. 팀은 테스터가 빠르고 효과적으로 자동화 및 수작업 탐색적 테스트를 하도록 투자를 해야 한다. 테스트 환경에 문제가 있다면 팀을 위해 이 문제를 창의적으로 해결할 수 있게 목소리를 높여야 한다.

기술적 채무 관리

훌륭한 소프트웨어 개발팀이라 하더라도 신속한 수정과 문제 해결에는 시간적 압박을 받는다. 코드가 점점 혼란스러워지고 유지·보수가 어려워짐에 따라 코드에는 더 많은 버그가 생길 것이며, 버그 수정과 새로운 기능 추가를 위해 코드를 이해하려고 시도할수록 개발팀의 개발 속도는 점차 저하될 것이다. 팀은 지속적으로 기술적 채무의 양을 평가해야 하며 채무를 감소시키고 채무 발생을 방지하도록 해야 한다.

개발팀은 흔히 "경영진은 우리에게 제대로 일할 시간을 주지 않아 리팩터링할 시간도 없고 빡빡한 마감 시간에 맞추어 일하고 있다"고 말한다. 그래도 기술적인 채무의 증가가 회사의 비용을 얼마나 지출하는지 확인하는 것은 여러 사례를 통해 쉽게 알 수 있다. 코드와 결함 비율의 측정 방법은 여러 가지가 있으며 기술적인 채무를 영향력으로 바꿀 수 있다. 아마 저하되는 개발 속도를 지칭하는 것만으로도 충분할 것이다. 기업은 소프트웨어 개발팀이 지속적으로 생산성이 높기를 원한다. 이를 위해서는 테스트로 지침을 제공하는 코드 설계와 지속적인 작은 리팩터링과 같은 사례에 충분한 시간을 쓰도록 자신이 원하는 기능의 범위를 줄여야 한다.

자동화된 회귀 테스트에서의 적절한 커버리지는 기술적 채무를 최소화하는 열쇠이다. 만약 각 이터레이션에서 자동화된 테스트를 수행할 시간이 부족하다면, 필요한 툴을 업그레이드하거나 추가할 "리팩터링 이터레이션"을 계획하자. 테스트를 작성하고 주요 효과를 측정하자. 매 이터레이션에서 테스트와 더불어 코드를 가이드할 시간을 가지고, 조치가 필요한 코드를 리팩터링하고, 개발팀이 빠뜨린 자동화된 테스트를 추가하자.

점진적으로 일하기

애자일 팀이 높은 품질의 제품을 만들 수 있는 이유 중 하나는 작은 규모로 일하기 때문이다. 스토리들은 며칠간의 작업량을 나타내고, 각각의 스토리는 업무를 작게 쪼개어 단계적으로 구축할 수 있다. 각각의 작은 조각을 테스팅 가능하게 만들고 이 조각을 합쳐가며 점진적으로 테스팅한다.

Tip
작은 덩어리와 최소한의 기능에 대한 내용은 Chapter 8 "팀을 지원하는 비즈니스 중심 테스트"을 읽어보자.

팀 구성원이 한 번에 구현할 기능의 양에 욕심을 부린다면 순차적인 접근을 검토하도록 권장하자. "이 스토리의 핵심 비즈니스 가치는 무엇인가? 이 코드를 진행하는 가장 기본적인 경로는 무엇인가? 그 다음은 어떻게 될 것인가?"와 같은 질문을 하자. 작은 조각을 코딩하고 테스트할 작업 카드의 작성을 제안하고, 여러분의 설계에 대한 개념을 증명하고, 테스트 및 테스트 자동화 전략을 확실하게 하자.

코딩과 테스팅은 한 프로세스의 일부

애자일을 새로 접하는 사람들은 종종 모든 스토리가 완료되고 테스트할 수 있을 때까지 애자일 테스터는 무엇을 하는지 물어본다. 풍부한 경험의 애자일 실무자는 "테스터는 전체 공정과 모든 개발 프로세스에 걸쳐 참여해야 한다. 그렇지 않으면 제품은 동작하지 않는다." 라고 말한다.

테스터는 고객에게서 제공되는 예제를 기반으로 프로그래머들이 스토리를 이해하고 개발을 시작하는 데 도움이 되도록 테스트를 작성한다. 테스트와 예제는 소프트웨어 개발에 포함된 모든 사람들이 공통의 언어로 이해하도록 도와준다. 테스터와 프로그래머가 코딩에 밀접하게 협력하면 이것 역시 고객과 밀접하게 협력하는 것이다. 프로그래머는 그들이 작성한 기능을 테스터에게 보여주고 테스터는 프로그래머들이 예상치 못한 동작을 찾아서 보여준다. 테스터는 코딩의 진척에 따라 더 많이 테스트를 작성하고 프로그래머는 테스트를 통과하도록 코드를 작성하면 테스터는 올바른 값이 전달되었는지 확인하기 위하여 더 많은 탐색적 테스팅을 한다. 각 애자일 이터레이션은 테스트-코딩-테스트-코딩-테스트처럼 점증 반복되도록 구성되었다.

주기적인 협업과 피드백에 문제가 생길 때, 또는 테스팅이 개발로부터 분리될 때 바람직하지 않은 일들이 발생한다. 이터레이션에서 코딩 후 스토리가 테스트되고 버그가 발견된다면 프로그래머는 새로운 스토리의 작업을 중단하고 이전 이터레이션의 스토리가 어떻게 작업되었는지 생각해내서 수정해야 한다. 그리고 누군가 수정한 것을 테스트할 때까지 기다려야 한다. 찾아낸 버그를 빨리 수정할수록 비용이 적게 든다는 것은 소프트웨어 개발에서 누구나 아는 사실이다.

Tip
코딩과 테스팅에 대한 더 읽어볼 거리는 Chapter 18 "코딩과 테스팅"을 읽어보자.

테스트를 통해 코딩을 항상 가이드하고 테스팅과 코딩이 동시에 진행된다면 고객이 원하는 대로 동작하고 고객이 원하는 가치를 제공하는 데에 좀 더 가까워질 것이다. 테스팅은 팀의 공동 책임이다. 만약 팀이 이러한 관점을 공유하지 않는다면 모두에게 그들의 품질에 대한 관심, 최고의 제품을 이행하는 것에 대한 그들의 욕망, 어떠한 절차가 팀이 목표를 달성할 수 있도록 하는지 물어보라.

실천법 간의 시너지효과

지속적인 통합과 같은 하나의 애자일 개발 실천사항은 변화를 만들 수 있으나 여러 애자일 실천사항의 조합은 더 큰 효과를 줄 수 있다. 테스트 주도 설계와 공동의 코드 소유, 지속적인 통합은 빠른 피드백, 지속적으로 향상되는 코드 설계, 빠르게 비즈니스 가치를 인도하는 능력을 발생시킨다. 테스트 자동화도 좋지만, 자동화된 테스트가 개발을 주도한다면 탐색적 테스팅으로 부족한 부분을 채우자.

일부 실천사항은 개별 실행 시 잘 동작하지 않을 것이다. 자동화된 테스트 없이 리팩터링은 불가능하다. 이 방법은 소규모 폭포수 방법의 작은 릴리즈에서만 가능하고 애자일 개발에서는 모든 효과를 얻을 수 없다. 만약 상주하고 있는 고객에게 의사결정의 권한이 없다면 그가 팀에 주는 가치는 제한된다.

애자일 실천사항은 서로 보완하도록 설계되었다. 각자의 목적을 이해하는 시간을 가지고, 각 실천사항의 최대 장점을 가지려면 무엇이 필요한가를 고려하고, 어떤 작업이 팀을 위하는 것인지 사려 깊은 결정을 내려야 한다.

성공요인 6: 고객과의 협업

고객이 요구사항을 명확하게 하고, 우선순위를 결정하도록 지원하고, 사용자 시나리오의 구체적인 사례와 요구사항을 설명하고, 이러한 사례를 실행 가능한 테스트로 전환하도록 도와주는 것이 테스터가 애자일 팀에 기여하는 최고의 가치 중 하나이다. 테스터는 비즈니스 도메인 언어와 개발팀의 기술적인 언어 모두를 이야기해야 한다. 이것은 우리에게 좋은 협력자와 번역자를 만들어준다.

프로그래머와 고객 간 직접적인 의사소통을 절대 방해하지 말고 될 수 있으면 직접 대화를 권장하자. "3의 힘"을 사용하자. 고객, 프로그래머, 테스터는 요구사항이 누락되거나 잘못 인식되었을 때 함께 문제에 대응할 필요가 있다. 화이트보드 앞에서나 가상의 장소라도 필요한 만큼 자주 고객과 이야기를 하도록 만들어야 한다. 고객이 캠퍼스, 다른 지역, 세계에 흩어져 있더라도 가능한 모든 도구를 활용하여 의사소통과 협업하도록 해야 한다. 화상회의나 메신저는 얼굴을 맞대고 하는 대화의 완벽한 대체 수단은 못되지만 전자메일이나 전혀 대화를 하지 않는 것보다 낫다.

성공 요인 7: 큰 그림을 보기

우리가 생각하기에 테스터는 큰 그림을 보려는 경향이 있으며, 보통 고객의 관점에서 관찰한다. 프로그래머는 보통 지금 하고 있는 스토리의 이행에 집중해야 하며, 요구사항의 기술적인 구현에 초점을 맞추어야 한다.

이렇게 전체적인 관점에서 보는 것은 팀에게 큰 도움이 된다. 성공적인 테스트 주도 개발은 결함 없는 견고한 코드를 넘겨준다. 만약 몇 가지 새로운 기능이 서로 관련이 없어 보이는 어플리케이션의 다른 부분을 멈추게 한다면? 누군가는 더 큰 시스템에 대한 영향을 고려하고 팀의 관심을 환기시켜야 한다. 우리가 간과하는 작은 내용이 고객을 짜증나게 한다면? 새로운 UI가 나무랄 데 없는 코드일지라도 글씨를 읽기 힘든 배경색이라면 최종 사용자의 지적을 받게 될 것이다.

애자일 테스팅 사분면을 지침으로 사용해서 모든 부분을 커버하는 테스트를 계획하자. 테스트 자동화에서 좋은 ROI를 보장하기 위해 테스트 피라미드 아이디어를 이용하자. 테스트를 통해 개발을 가이드하는 것은 무엇인가 큰 것을 실수하지 않도록 해주지만, 그렇다고 완벽한 것은 아니다. 애플리케이션이 어떻게 동작하고 여러분의 테스팅에 무엇이 더 필요한지 학습하기 위해 탐색적 테스팅을 이용하자. 실세계를 반영하는 데이터를 이용해 테스트 환경을 운영 환경과 유사하게 만들어라. 부지런히 부하 테스트 등을 이용하여 동작 상황을 재현하자.

Tip
Part 3에서 애자일 테스팅 사분면을 사용하는 방법을 설명했다.

팀의 누구든지 가까이에 있는 작업이나 스토리에만 집중하는 것은 쉽다. 이것은 한 번에 기능의 일부분에만 공들인다는 단점이 있다. 때로는 한걸음 뒤에서 현재의 스토리를 어떤 방법으로 비즈니스의 웅대한 모습에 반영할지 평가하여 팀을 지원하자. 진정한 가치를 전달하기 위해 어떤 것을 할 수 있는지 스스로에게 계속 물어보자.

요약

테스팅과 품질은 팀 전체의 책임이지만 테스터는 그들만의 특별한 관점과 기술을 제공한다. 테스터로서 고객을 기쁘게 하는 제품의 인도에 대한 열정은 여러분과 팀에 불만스러운 결과를 줄 수 있다. 지속적인 개선을 위한 에이전트가 되는 것을 두려워하지 말라. 각 이터레이션을 통해 가치를 더하면서 고객팀과 개발팀이 여러분과 함께 일할 때 애자일 실천법과 가치를 안내하도록 하자.

Chapter 21을 마치면서 성공적인 애자일 테스팅을 위한 7가지 핵심 요인을 다시 정리해보면 다음과 같다.

1. 전체 팀 접근방식을 사용하자.
2. 애자일 테스팅 사고방식을 적용하자.
3. 회귀 테스팅을 자동화하자.
4. 피드백을 주고받자.
5. 핵심 실천사항의 기초를 구축하자.
6. 고객과 협업하자.
7. 큰 그림을 보자.

AGILE 용어집

SOAP
SOAP는 일반적인 HTTP/HTTPS를 이용하여 네트워크를 통해 XML 기반 메시지를 교환하는 프로토콜이다. SOAP는 웹 서비스 프로토콜 스택의 기본적인 계층을 형성하며, 구축 가능한 추상 계층을 위한 기본 메시지 프레임워크를 제공한다. 공통적인 SOAP 메시지 패턴은 원격 프로시저 호출(RPC) 패턴이며, 클라이언트 네트워크 노드가 요청 메시지를 서버 노드에 보내고 서버는 즉시 응답 메시지를 클라이언트에 보내는 것이다.

개발속도 (Velocity)
개발 팀의 속도는 각 이터레이션에서 인도되는 가치나 스토리 점수로 측정되는 목표 일수나 시간의 크기이다. 일반적으로 완료된 스토리들이 속도에 포함된다. 속도는 비즈니스에서 향후의 기능과 릴리즈를 계획하는 데 유용하다. 애자일 팀은 그들의 속도를 사용한다. 이전의 이터레이션을 참고하여 애자일 팀에서는 이전 이터레이션의 개발속도를 다음 이터레이션의 개발속도를 결정하는 데 사용한다.

개발팀
개발팀은 고객팀의 요구에 따라 소프트웨어를 생산하는 기술적인 팀이다. 소프트웨어 인도에 포함되는 있는 개발자, 프로그래머, 테스터, DB 전문가, 시스템 관리자, 테크니컬 라이터(technical writers), 아키텍트, 사용성 전문가, 분석가가 포함된다. 개빌딤은 같은 곳에 있거나 가상팀이어도 함께 소프트웨어를 생산하고 비즈니스 가치를 만들어낸다.

고객 테스트(Customer Test)
고객 테스트는 고객에게 보이고 스토리 또는 특징과 직접적으로 연관이 있는 단편적/부분적인 기능성을 검증한다. 비즈니스 측면의 테스트와 고객 측면의 테스트는 모두 같은 유형의 고객 테스트이다.

고객팀(Customer Team)

고객팀은 비즈니스에서 요구되는 특성을 식별하고 우선순위를 결정한다. 스크럼에서 이 특성들은 작은 스토리들로 분류되어 제품의 요구사항을 구성하는 에픽이나 테마가 된다. 고객팀은 개발팀 외의 모든 이해관계자들(비즈니스 전문가, 업무영역 전문가, 최종 사용자)을 포함한다. 테스터와 개발자들은 각각의 내용을 위해 요구되는 동작의 예를 상세화하고 이를 개발하는 데 가이드가 될 수 있는 테스트로 만들기 위해 고객팀과 긴밀하게 업무를 수행해야 한다.

그린필드(Greenfield)

그린필드 프로젝트는 새로운 애플리케이션 개발 프로젝트를 기존의 코드 기반이 아니라 새로 시작하는 것이다. 그린필드에는 제약조건이 없어서 개발팀은 선택할 수 있는 옵션이 많아진다.

기능(Feature)

기능은 고객에게 설명되는 기능성의 한 부분이며, 제품 백로그에서 하나의 항목이다. 기능은 크기를 재고 추정한 관련된 스토리들로 나눌 수 있다. 애자일 개발에서는 "에픽", "테마"란 용어가 종종 기능 대신 사용된다.

기능 테스트(Functional Test)

기능 테스트는 주어진 입력값과 행동에 따라 기대되는 시스템의 동작을 검증하는 것이다.

기술적인 채무(Technical Debt)

워드 커닝햄(Ward Cunninghan)이 최초로 이 메타포를 소개했다. 팀이 TDD, 지속적 통합, 리팩터링과 같이 좋은 실천사항을 이용하지 않고 소프트웨어를 개발할 때 그것이 기술적 채무를 지는 것일 수 있다. 회계상의 채무와 마찬가지로 기술적 채무도 마지막에 팀이 지불해야 할 이자가 증가한다. 때때로 이 채무는 갑작스러운 비즈니스 기회 이익처럼 가치가 있을 수 있다. 그럼에도 불구하고 일반적으로 기술적 채무는 이자를 계산하고 팀의 속도를 느리게 한다. 코드는 자동화된 회귀 테스트가 부족하고 유지·보수가 어렵게 됨에 따라 각 이터레이션에서 비즈니스 가치가 점점 더 부족하게 생산될 수 있다.

단위 테스트(Unit Test)
단위 테스트는 전체적인 시스템의 작은 일부분의 행위를 검증한다. 단위 테스트는 하나 또는 그 이상의 설계 의사결정의 결과인 단일 객체나 메소드만큼 작을 수 있다.

레거시 시스템(Legacy System)
레거시 시스템은 그 어떤 자동화된 회귀 테스트도 지원하지 않는 시스템이다. 레거시 코드를 변경하거나 리팩터링하는 것은 시스템 행위 내의 의도되지 않은 변경을 찾아내는 어떠한 테스트도 불가능하므로 위험도가 클 수 있다.

리팩터링(Refactoring)
리팩터링은 유지보수성, 가독성, 확장성을 향상시키기 위해 기능의 변경 없이 코드를 변경하는 것이다.

릴리즈 후보(Release Candidate)
릴리즈 후보는 제품으로 릴리즈될 가능성이 있는 제품의 버전 또는 빌드이다. 릴리즈 후보는 테스팅을 수행했거나 무서나 다른 구성요소가 추가될 수 있다.

마임(MIME, Multi-Purpose Internet Mail Extensions)
다목적 인터넷 메일 확장으로 비 텍스트 메시지, 여러 부분의 메시지 본문, 비 US-ASCII 문자 메시지 및 헤더가 가능하도록 인터넷 메일의 포맷을 확장한 것이다.

만족 조건(Conditions of Satisfaction)
만족 조건은 비즈니스 만족 소선이라 불리기도 하며, 고객팀이 주이진 스토리에 필요한 동작을 정의한 결정이나 가정이다. 만족 조건은 측정 가능한 스토리 성과에 대한 기준이다. 만족 조건은 고객과 각각의 스토리에 대한 높은 수준의 인수 기준을 대화를 통해 이끌어 낸다. 만족 조건에 대해 논의하는 것은 스토리의 완료를 위해 모든 업무를 작성하고 정확히 추정하는 과정에서 위험이 있는 가정을 식별하고 팀의 신뢰를 향상시키는 것에 도움을 준다.

모의 개체(Fake Object)

모의 개체는 간단하게 이행한 의존 컴포넌트의 기능을 대체한다. 모의 개체는 실제 의존 컴포넌트의 동작을 본뜻 것이긴 하나, 일반적으로 테스팅을 위해 사용된다.

모형 객체(Mock Object)

모형 객체는 기존 객체의 응답을 시뮬레이션하는 것이다. 모형 객체는 객체들 간의 설계와 상호작용에 도움을 주며, 실제 컴포넌트를 대체하므로 테스트는 모형 객체의 간접적인 결과 값 검증이 가능하다.

빌드(Build)

구축은 소스코드를 애플리케이션 실행을 위해 설치되고 배포될 산출물로 변환하는 프로세스이다. "빌드"라는 용어는 배포될 산출물을 말하기도 한다.

상황 주도 테스팅(Context-Driven Testing)

상황 주도 테스팅은 7개의 원칙을 따른다. 그 첫 번째는 어떠한 수행의 가치는 이 테스트가 상황에 의존한다는 것이다. 모든 새로운 프로젝트와 새로운 애플리케이션은 다른 방식의 접근방법이 요구될 수 있다. 7가지 원칙은 아래 웹사이트에서 찾을 수 있다.

www.context-driven-testing.com

스토리(Story)

사용자 스토리는 사용자와 고객팀 모두에게 가치 있는 사용자의 관점으로 본 기능에 대한 간략한 설명이다. 스토리는 전통적으로 색인 카드에 쓴다. 이 카드는 일반적으로 기능에 대한 한 줄 설명을 적는다. 예를 들면 "구매자로서, 내 장바구니에 상품을 넣을 수 있고 나중에 그것을 구매할 수 있다"가 하나의 스토리가 될 수 있다. 카드는 고객과 개발팀의 대화 이후 내용을 조합할 때와 테스트의 작성과 수행을 통해 스토리가 완료되었는지 검증할 때 유용하다.

스토리 보드(Story Board)

업무 게시판이라고도 불리는 스토리 보드는 하나의 이터레이션 동안 작업을 추적하기 위해 사용된다. 업무의 타입에 따라 색깔이 결정된 업무 카드는 각각의 스토리를 쓴다. 이 카드들은 몇몇 종류의 가시적인 힌트와 마찬가지로, 하나의 이터레이션 진행 상태에 대한 현재의 상태를 쉬운 메커니즘으로 보여준다. 이 카드에 서로 다른 색의 스티커를 붙임으로써 "해야 할 일", "진행 중", "검증", "완료"와 같은 각기 다른 상태에 이용되기도 한다. 스토리 보드는 벽에 붙이는 물리적인 게시판일 수 있고 가상의 온라인 게시판일 수도 있다.

스토리 테스트(Story Test)

스토리 테스트는 스토리에 따라 전달될 코드로 기대되는 행동이라고 할 수 있다. 스토리 테스트는 비즈니스 중심, 기능 요구사항 명세 및 보안/성능 테스트 같은 기술적 중심일 수 있다. 이 테스트들은 전달된 코드의 검증과 마찬가지로 개발 가이드로 사용된다. 대부분의 애자일을 실천하는 사람들은 인수 테스트라는 단어가 스토리보다 상위 수준에서 행위를 검증하는 테스트로 사용됨에도 불구하고 스토리 테스트라는 단어와 동의어로 사용한다.

애플리케이션 프로그래밍 인터페이스(API)

API는 다른 소프트웨어의 기능의 일부를 동작시킬 수 있다. API는 다른 프로그램에 의해 만들어진 요구사항을 지원하는 기능, 절차, 클래스로 이루어져 있다.

에픽(Epic)

에픽은 고객이 설명하는 하나의 기능/특징이며 제품 요구사항 중 하나의 항목이다. 또한 연관된 스토리들로 분석되어 규모를 판단하고 추정한다. 일부 팀에서는 테마(theme)라는 용어를 사용하기도 한다.

웹 서비스 기술 언어(WDSL)

웹 서비스 기술 언어(WDSL)는 문서 지향과 절차 지향 정보를 모두 포함하는 메시지의 말단 운영 세트로, 네트워크 서비스를 기술하는 XML 포맷이다.

이터레이션(Iteration)

이터레이션은 일반적으로 1주에서 4주 정도가 소요되는 하나의 짧은 개발 사이클로 하나의 이터레이션이 끝나면 개발이 완료된 부분까지의 기능은 모두 정상적으로 동작하는, 잠재적으로 배포 가능한 수준의 제품이 개발된다. 여러 번의 이터레이션(동일한 기간) 후에는 계획된 전체 요구사항이 구현되어 있어야 한다. 아마도 일부 팀은 실제 각각의 이터레이션에 코드를 릴리즈하겠지만, 만약 그 코드가 릴리즈되지 않았더라도 그것을 제외한 나머지 코드들은 릴리즈할 수 있는 준비가 되어 있다고 볼 수 있다.

인수 테스트(Acceptance Test)

인수 테스트는 각 스토리가 반드시 전달해야 하는 정의된 비즈니스 가치를 테스트하는 것이다. 이 테스트는 기능 요구사항이나 성능, 신뢰성 같은 비기능 요구사항을 검증할 수 있다. 인수 테스트는 개발을 가이드할 때 활용하기도 하나 테스트 주도 개발에서 코드 설계를 활용해 단위 수준 테스트를 하는 것보다는 상위 수준의 테스트이다. 인수 테스트는 비즈니스와 기술 중심의 테스트 모두를 포함하는 광범위한 단어이다.

자바 메시징 서비스(JMS)

자바 메시징 서비스(JMS) API는 자바 2 플랫폼, J2EE 생성, 메시지의 생성/보내기/받기를 기반으로 하여 애플리케이션 컴포넌트를 가능하게 하는 메시징 표준이다.

작업(Task)

작업은 하나의 스토리를 완료하기 위해 필요한 작업의 부분들이다. 하나의 작업은 스토리의 작은 부분을 구현하는 데 필요한 활동이거나 구조의 일부분을 구축하는 것, 또는 하나 이상의 스토리를 완수하기 위한 테스트일 수 있다. 일반적으로 하루 이내의 작업을 의미한다.

제품 백로그

제품 백로그는 스크럼 용어로, 제품에 기대되는 모든 기능 리스트에 우선순위를 정한 것이다. 이 백로그는 조직이 필요할 것이라 생각하는 새로운 기능에 따라 시간이 흐를수록 증가된다.

제품 책임자(Product Owner)

제품 책임자는 스크럼 용어로, 제품 백로그나 스토리의 우선순위에 대해 책임을 지는 사람이다. 또한 마케팅 역할이나 핵심 비즈니스 전문가로 개발에 포함된 공식적인 사람이다.

컴포넌트(Component)
컴포넌트는 별도로 배포 가능한 전체적인 시스템의 일부분이다. 예를 들어 윈도우 플랫폼에서 동적 링크 라이브러리(DLLs)는 컴포넌트로 사용되며 Java Archives(JAR Files)는 자바 플랫폼에서의 컴포넌트로, 서비스 지향 아키텍처(SOA)는 웹 서비스의 컴포넌트로 사용된다.

컴포넌트 테스트(Component Test)
컴포넌트 테스트는 컴포넌트의 행위를 확인하는 테스트이다. 컴포넌트 테스트는 컴포넌트 설계와 객체(object) 간의 상호작용을 테스트하는 데 도움을 준다.

탐색적 테스팅(Exploratory Testing)
탐색적 테스팅은 테스트 설계를 애플리케이션에 대한 테스트 실행 및 학습에 대한 초점과 결합하는 상호작용적인 테스팅이다. 탐색적 테스팅에 대한 확장된 정의는 Chapter 10 "제품을 평가하는 비즈니스 중심 테스트"를 참고하자.

테마(Theme)
테마는 에픽이나 기능과 동일하다. 에픽은 고객이 요구한 기능의 일부로 스토리별로 분석되어 규모를 가늠하고 산정하여 제품 백로그에 위치한다.

테스터(Tester)
테스터는 개발 중인 소프트웨어의 정보를 이해관계자에게 제공한다. 테스터는 고객이 기능과 비기능 요구사항과 품질 조건을 정의하는 것과 개발을 가이드하고 요구된 행위들을 검증하는 것을 테스트에 포함되도록 지원한다. 테스터는 테스트 자동화와 탐색적 테스팅과 같이 높은 품질의 소프트웨어를 인도하기 위해 다양한 활동들을 수행한다. 에지일 개발에서 개발팀이 모든 구성원은 테스트 활동을 수행한다. 스스로를 테스터로 인정한 팀 구성원들은 개발자나 고객팀과 같은 다른 구성원들과 밀접하게 작업을 수행한다.

테스트 더블(Test Double)
테스트 더블은 테스트 수행의 특별한 목적을 위해 실제 컴포넌트를 대체하여 인스톨된 객체나 컴포넌트이다. 테스트 더블은 더미 객체, 모의 객체, 테스트 스텁, 모의 객체를 포함한다.

테스트 스텁(Test Stub)

테스트 스텁은 테스트 중인 시스템에 간접적인 입력이 요구될 때 사용하는, 필요한 실제 객체를 대체하는 테스트에 특화된 객체이다. 이것은 다른 컴포넌트와의 로직을 독립적으로 검증할 수 있다.

테스트 우선 개발(Test-First Development)

테스트 우선 개발에서 테스트는 운영 코드보다 앞서 작성된다. 그러나 코드는 한번에 하나의 테스트를 수행하도록 만들 필요는 없다. 고객 또는 스토리 테스트는 단위 테스트와 마찬가지로 테스트 우선 개발에서 사용된다.

테스트 주도 개발(TDD)

테스트 주도 개발에서 개발자는 코드의 일부분을 작성하기 전에 테스트를 통과할 작은 단위 테스트를 작성하고 자동화한다. 생산 코드는 한 번에 하나의 테스트를 수행하도록 만들어준다.

테스트 팀(Test Team)

테스트 팀은 테스트 중인 시스템의 요구되는 행위를 정의하고 그 결과를 검증하는 활동을 수행한다. 테스트 팀은 시스템의 대외적인 품질, 발생할 수 있는 위험, 잠재 위험의 완화 전략에 대해 이해관계자에게 정보를 제공한다. 이 활동들은 애자일 개발에서 개발 활동과 통합된다. 테스터들은 개발팀의 일원으로 포함되어 소프트웨어 개발을 수행한다.

통합 개발 환경(IDE)

통합 개발 환경(IDE)은 개발과 테스팅을 지원하는 하나의 도구 세트이다. 일반적으로 IDE는 편집기, 컴파일러 또는 인터프리터, 디버거, 리팩터링 가능한 기능, 빌드 자동화 도구를 포함하고 있다. 또한 소스코드 제어 시스템과 통합이 가능하며 코드 설계를 위한 특정 개발언어에 대한 지원을 제공한다.

투자 대비 효과(ROI)

투자 대비 효과(ROI)는 금융 투자 업계에서 차용한 단어이며, 투자의 효과를 측정한 것이다. ROI는 다양한 방법으로 계산이 가능하나 기본적으로 투자에 대한 이득과 투자에 대한 비용을 비교하는 것이며 투자된 비용으로 나눈 것이다. 테스팅에서의 ROI는 자동화 테스팅과 같이 테스팅 활동으로얻어진 이익을 말하며, 테스트 또는 행동들을 생산하고 유지·보수하는 비용에 대해 대비하여 평가하는 것이다.

품질보증(QA) 팀

품질보증(QA)은 품질 표준에 따라 수행하는 활동으로 정의할 수 있다. 소프트웨어 개발에서 "QA 팀"이란 용어는 소프트웨어 테스팅을 하는 팀이란 뜻으로 자주 쓰인다. 테스트팀(테스트팀 참조)은 소프트웨어 제품의 품질에 대한 정보를 이해관계자에게 제공한다. 애자일 개발에서 이 활동은 개발 활동들과 완전히 통합된다. 테스터들은 소프트웨어를 개발에 포함된 사람들과 마찬가지로 개발팀의 한 부분으로 포함된다.

프로덕션 코드(Production Code)

프로덕션 코드는 시스템에 사용되거나 운영에 사용될 코드로써 테스트에 사용된 코드와 구별된다. 테스트 코드는 생산 코드의 행위를 검증하기 위해 호출하거나 작동한다.

회귀 테스트(Regression Test)

회귀 테스트는 테스트가 변경되지 않은 상태에서 시스템의 행위를 검증하는 것이다. 회귀 테스트는 보통 코딩을 주도하는 단위 테스트나 요구되는 시스템의 행위를 정의하는 인수 테스트에 쓰인다. 테스트가 한번 통과되고 나면 이 테스트는 회귀 테스트 수트의 일부분이 된다. 회귀 테스트는 자동화됨으로써 지속적인 피드백을 보장할 수도 있다.

AGILE
참고문헌

BOOKS, ARTICLES, PAPERS, AND BLOG POSTINGS

디에크 쾨니히, 기욤 라포르쥬, 앤드루 글러버, 폴 킹, 존 스킷. 『프로그래밍 그루비』, 인사이트 (2009)

릭 머그리지, 워드 커닝햄. 『FIT 통합 테스트 프레임워크』, 인사이트(2010)

마이크 콘, 『고객중심의 요구사항 기법 사용자 스토리』, 인사이트(2006)

마이크 콘, 『불확실성과 화해하는 프로젝트 추정과 계획: 규모 추정, 우선순위, 일정 배치』, 인사이트(2008)

마이크 클라크, 『실용주의 프로그래머를 위한 프로젝트 자동화』, 인사이트(2005)

마이클 C. 페더스, 『레거시 코드 활용 전략』, 에이콘(2008)

메리 포펜딕, 톰 포펜딕. 『린 소프트웨어 개발』, 인사이트(2007)

메리 포펜딕, 톰 포펜딕. 『린 소프트웨어 개발의 적용속도 경쟁에서 승리하기』, 위키북스(2007)

앤드류 헌트, 데이비드 토머스. 『실용주의 프로그래머』, 인사이트(2007)

에스더 더비, 다이애나 라센. 『애자일 회고: 최고의 팀을 만드는 애자일 기법』, 인사이트(2008)

요한나 로스맨, 에스터 더비. 『실천가를 위한 실용주의 프로젝트 관리 7WEEKS: 위대한 관리의 비

밀』, 위키북스(2007)

제라드 메스자로스, 『X UNIT 테스트 패턴: 68가지 단위 테스트 패턴을 통한 테스트 코드 리팩토링 기법』, 에이콘(2010)

켄트 벡, 신시아 안드레스. 『익스트림 프로그래밍(Extreme Programming)』, 인사이트(2006)

크리스 와이소팔, 루카스 넬슨, 디노 다이 조비, 엘프리드 더스틴. 『소프트웨어 보안 검사 기술』, 대웅(2007)

톰 디마르코 외, 『소프트웨어 프로젝트에서의 리스크 관리』, 인사이트(2004)

폴 M. 듀발, 스티븐 M. 마티야스, 앤드류 글로버. 『지속적인 통합: 소프트웨어 품질을 높이고 위험을 줄이기』, 위키북스(2008)

헨릭 크니버그, 『스크럼과 XP: 애자일 최전선에서 일군 성공 무용담(16판)』, 인사이트(2009)

KANER, CEM. 『소프트웨어 테스팅 법직 293가시』, 정보문화사(2004)

Robbins, Stephen P. and Timothy A. Judge. 『핵심조직행동론(11판)』, 시그마프레스(2011)

Agile Alliance. "Principles Behind the Agile Manifesto," www.agilemanifesto.org/principles.html, 2001.

Alles, Micah, David Crosby, Carl Erickson, Brian Harleton, Michael Marsiglia, Greg Pattison, and Curt Stienstra. "Presenter First: Organizing Complex GUI Applications for Test-Driven Development," Agile 2006, Minneapolis, MN, July 2006.

Ambler, Scott. Agile Database Techniques: Effective Strategies for the Agile Software Developer, Wiley, 2003.

Astels, David. Test-Driven Development: A Practical Guide, Prentice Hall, 2003.

Bach, James. "Exploratory Testing Explained," www.satisfice.com/articles/et-article.pdf, 2003.

Bach, Jonathan. "Session-Based Test Management," Software Testing and Quality Engineering Magazine, November, 2000, www.satisfice.com/articles/sbtm.pdf.

Beck, Kent. Extreme Programming Explained: Embrace Change, Addison-Wesley, 2000.

Berczuk, Stephen and Brad Appleton. Software Configuration Management Patterns: Effective Teamwork, Practical Integration, Addison-Wesley, 2003.

Bolton, Michael. "Testing Without a Map," Better Software, January 2005, www.developsense.com/articles/Testing%20Without%20A%20Map.pdf.

Bos, Erik and Christ Vriens. "An Agile CMM," in Extreme Programming and Agile Methods–XP/Agile Universe 2004, 4th Conference on Extreme Programming and Agile Methods, Calgary, Canada, August 15–18, 2004, Proceedings, ed. Carmen Zannier, Hakan Erdogmus, Lowell Lindstrom, pp. 129–138, Springer, 2004.

Boutelle, Jonathan. "Usability Testing for Agile Development," www.jonathanboutelle.com/mt/archives/2005/08/usability_testi_1.html, 2005.

Brown, Titus. "The (Lack of) Testing Death Spiral," http://ivory.idyll.org/blog/mar-08/software-quality-death-spiral.html, 2008.

Buwalda, Hans. "Soap Opera Testing," Better Software Magazine, February 2004, www.logigear.com/resources/articles_lg/soap_opera_testing.asp.

Crispin, Lisa and Tip House. Testing Extreme Programming, Addison-Wesley

2002.

Crispin, Lisa. Articles "Hiring an Agile Tester," "An Agile Tool Selection Strategy for Web Testing Tools," "Driving Software Quality: How Test-Driven Development Impacts Software Quality," http://lisa.crispin.home.att.net.

De Souza, Ken. "A tester in developer's clothes" blog, http://kendesouza.blogspot.com.

Dustin, Elfriede. "Teamwork Tackles the Quality Goal," Software Test & Performance, Volume 2, Issue 200, March 2005.

Eckstein, Jutta. Agile Software Development in the Large: Diving Into the Deep, Dorset House, 2004.

Evans, Eric. Domain-Driven Design: Tackling Complexity in the Heart of Software, Addison-Wesley, 2003.

Freeman, Steve and Nat Pryce. "Mock Objects," www.mockobjects.com.

Fowler, Martin. "Continuous Integration," http://martinfowler.com/articles/continuousIntegration.html, 2006.

Fowler, Martin. "StranglerApplication," www.martinfowler.com/bliki/StranglerApplication.html, 2004.

Fowler, Martin, "TechnicalDebt," http://martinfowler.com/bliki/TechnicalDebt.html, 2003.

Gårtner, Markus, Blog, http://blog.shino.de.

Galen, Robert. Software Endgames: Eliminating Defects, Controlling Change, and the Countdown to On-Time Delivery, Dorset House, 2005.

Ghiorghiu, Grig. "Performance vs. load vs. stress testing," http://agiletesting.blogspot.com/2005/02/performance-vs-load-vs-stresstesting.html, 2005.

Ghirghiu, Grig. "Agile Testing" blog, http://agiletesting.blogspot.com.

Hagar, Jon. Software Testing Papers, www.swtesting.com/hagar_papers_index.html.

Hendrickson, Elisabeth. "Tester Developers, Developer Testers," http://testobsessed.com/2007/01/17/tester-developers-developer-testers/, 2007.

Hendrickson, Elisabeth. "Test Heuristics Cheat Sheet," http://testobsessed.com/wordpress/wp-content/uploads/2007/02/testheuristicscheatsheetv1.pdf, 2007.

Hendrickson, Elisabeth. "Agile-Friendly Test Automation Tools/Frameworks," http://testobsessed.com/2008/04/29/agile-friendly-test-automationtoolsframeworks, 2008.

Highsmith, Jim. Agile Project Management: Creating Innovative Products, Addison-Wesley, 2004.

Kerth, Norman. Project Retrospectives: A Handbook for Team Reviews, Dorset House, 2001.

Kniberg, Henrik. "How to Catch Up on Test Automation," http://blog.crisp.se/henrikkniberg/2008/01/03/1199386980000.html, 2008.

Kohl, Jonathan."Man and Machine," Better Software magazine, December 2007.

Kohl, Jonathan. Blog and articles, www.kohl.ca/.

Louvion, Christophe. Blog, www.runningagile.com.

Manns, Mary Lynn and Linda Rising. Fearless Change: Patterns for Introducing New Ideas, Addison-Wesley, 2004.

Marick, Brian. Everyday Scripting with Ruby: For Teams, Testers and You, Pragmatic Bookshelf, 2007.

Marick, Brian, "My Agile Testing Project," www.exampler.com/old-blog/ 2003/08/21/, 2003.

Marick, Brian. "An Alternative to Business-Facing TDD," www.exampler .com/blog/category/aa-ftt, 2008.

Marick, Brian. Blog and articles on agile testing, http://exampler.com.

Marcano, Antony. Blog, www.testingreflections.com.

Meszaros, Gerard and Janice Aston. "Adding Usability Testing to an Agile Project," Agile 2006, Minneapolis, MN, 2006, http://papers.gerardmeszaros .com/AgileUsabilityPaper.pdf.

Meszaros, Gerard, Ralph Bohnet, and Jennitta Andrea. "Agile Regression Testing Using Record & Playback," XP/Agile Universe 2003, New Orleans, LA, 2003, http://agileregressiontestpaper.gerardmeszaros.com.

Meszaros, Gerard. "Using Storyotypes to Split Bloated XP Stories," http://storyotypespaper.gerardmeszaros.com.

Newkirk, James and Alexei Vorontsov. Test-Driven Development in Microsoft .NET, Microsoft Professional, 2004.

Nielsen, Jakob. "Time Budgets for Usability Sessions," www.useit.com/alertbox/usability_sessions.html, 2005.

North, Dan. "Introducing BDD," http://dannorth.net/introducing-bdd, 2006.

Patterson, Kerry, Joseph Gernny, Ben McMillan, Al Switzler and Stephen R. Covey. Crucial Conversations: Tools for Talking when the Stakes are High, McGraw-Hill, 2002.

Patton, Jeff. "Test Software Before You Code," StickyMinds.com, August 2006, www.stickyminds.com/sitewide.asp?Function=edetail&ObjectType=COL&ObjectId=11104.

Patton, Jeff. "Holistic Agile Product Design and Development," www.agileproductdesign.com/blog/agile_product_development.html, 2006.

Pols, Andy. "The Perfect Customer," www.pols.co.uk/archives/category/testing, 2008.

Pettichord, Bret. "Homebrew Test Automation," www.io.com/~wazmo/papers/homebrew_test_automation_200409.pdf, 2004.

Pettichord, Bret. "Seven Steps to Test Automation Success," www.io.com/~wazmo/papers/seven_steps.html, 2001.

Rainsberger, J. B. JUnit Recipes: Practical Methods for Programmer Testing, Manning Publications, 2004.

Rasmusson, Jonathan. "Introducing XP into Greenfield Projects: Lessons Learned," IEEE Software, 2003, http://rasmusson.files.wordpress.com/2008/01/s3021.pdf.

Schwaber, Ken. Agile Project Management with Scrum, Microsoft Press, 2004.

Shore, James and Shane Warden. The Art of Agile Development, O'Reilly Media, 2007.

Soni, Mukesh. "Defect Prevention: Reducing Costs and Enhancing Quality," iSixSigma, http://software.isixsigma.com/library/content/c060719b.asp.

Sumrell, Megan. "Shout-Out' Shoebox – Boosting Team Morale," http://megansumrell.wordpress.com/2007/08/27/shout-out-shoebox-boostingteam-morale, 2007.

Sutherland, Jeff, Carsten Ruseng Jakobsen, and Kent Johnson. "Scrum and CMMI Level 5: The Magic Potion for Code Warriors," Agile 2007, Washington, DC, 2007, http://jeffsutherland.com/scrum/Sutherland-ScrumCMMI6pages.pdf.

Tabaka, Jean. Collaboration Explained: Facilitation Skills for Software Project Leaders, Addison-Wesley, 2006.

Thomas, Mike. "Strangling Legacy Code," Better Software magazine, October 2005, http://samoht.com/wiki_downloads/StranglingLegacyCodeArticle.pdf.

Tholfsen, Mike. "The Rise of the Customer Champions," STAREAST, May 7–9, 2008.

Voris, John. ADEPT AS400 Displays for External Prototyping and Testing, www.AdeptTesting.org.

Wake, Bill. "XP Radar Chart," http://xp123.com/xplor/xp0012b/index.shtml, 2001.

Vriens, Christ. "Certifying for CMM Level 2 and ISO9001 with XP@Scrum," in ADC 2003: Proceedings of the Agile Development Conference, 25–28 June 2003, Salt Lake City, UT, USA, 120–124, IEEE, 2003.

TOOL REFERENCES

Abbot Java GUI Test Framework, http://abbot.sourceforge.net/doc/overview.shtml.

Adzik, Gojko. DbFit: Test-driven Database Development, http://gojko.net/fitnesse/dbfit/.

Faught, Danny. "Test Tools List," http://testingfaqs.org, 2008.

Canoo WebTest, Open Source Tool for Automated Testing of Web Applications, http://webtest.canoo.com.

easyb, Behavior Driven Development Framework for the Java Platform, www.easyb.org/.

Fit, Framework for Integrated Test, http://fit.c2.com.

JUnit, Resources for Test-Driven Development, www.junit.org.

JUnitPerf, JUnit Test Decorators for Performance and Scalability Testing, http://clarkware.com/software/JUnitPerf.html.

FitNesse, Fully Integrated Standalone Wiki and Acceptance Testing Framework, www.fitnesse.org.

Hower, Rick, Software QA and Testing Tools Info, www.softwareqatest.com/qattls1.html.

NUnit, Unit-testing Framework for .NET Languages, http://nunit.org/index.php.

Open Source Software Testing Tools, News and Discussion. www.opensourcetesting.org/.

RpgUnit, RPG Regression Testing Framework, www.RPGunit.org.

Selenium, Web Application Testing System, http://selenium.openqa.org.

soapUI, Web Services Testing Tool, www.soapui.org.

Source Configuration Management, http://better-scm.berlios.de.

Subversion, Open Source Version Control System, http://subversion.tigris.org/.

Unit Testing Frameworks. http://en.wikipedia.org/wiki/List_of_unit_testing_frameworks.

Watir, Web Application Testing in Ruby, http://wtr.rubyforge.org, http://watircraft.com.

AGILE 찾아보기

기타

.NET Memory Profiler 295
.NET용 NBehave 223
2사분면 테스트 186
3의 힘(Power of Three) 69, 79
3사분면 250
4사분면 278
4사분면 테스팅 279

A-B

AADD(애자일 주의력 결핍장애, Agile Attention Deficit Disorder) 73
Abbot 180
ADEPT(AS 400 Display for External Prototyping and Testing) 170
ANTS Profiler Pro 295
API 411
API 테스팅 265
assert 427
AUT(application under test) 318
BDD(Behavior-driven development) 222

C-D

Canoo WebTest 233, 364
CMMI 124
CMMI(Capability Maturity Model Integration) 141
CrossCheck 227
CruiseControl 180
CruiseControl.net 180
CruiseControl.rb 180
databene benerator 369
Data Generator 369
Datatect 369
DOM 307
DTS 130
du jour 94

E-F

easyb 180, 223
EasyMock과 Ruby/Mock 180
Eclipse 178
emasc 178
Everyday Scripting with Ruby for Teams, Testers, and You 361, 367
Fearless Change 174
FireWatir 231
Fit 340
Fit(Framework for Integrated Tests) 220

Fit(Functional for Integrated Test)	189
FIT IssueTrack	135
FitNesse	210, 220, 226, 340
Fit와 FitNesse	226
Fit 테스트	226
FOX(FXRuby)	308
fuzzing 도구	286

G-I

Groovy	179
GUI 스모크 테스트	171, 351, 364
GUI 주도 자동화	268
GUI 테스트	287
IDE(integrated development environment)	178
IntelliJ IDEA	178
IRB	308, 344
I3O 9000	124
ITIL(Information Technology Infrastructure Library)	141

J-M

Javadoc	312
JBehave	223
Jonkins	180
JProfiler	295
JUnit	222
LogWatch	274
Man and Machine(2007)	261, 265
Mimeo	220

N-Q

Nessus	286
NetBeans	178
NSpec	223
PASFIT	236
PAS 기능 테스트	235
PerlClip	274
PMO	509
PSR	281
Python	179
QA 관리자	108
QA 정체성	90

R-

RDoc	312
Remedy	143
ROI(투자 수익률)	101
RPGUnit	170
RSpec	180
RTU(Remote Terminal Units)	303
Ruby	306, 320
Ruby Test::Unit:	228

S

SafariWatir	231
SAS 70	140
Scriblink	220
SDD	324

soapUI:	228	xUnit	180
soapUI Pro	229	XUnit 작업 카드	463
Software Configuration Management Patterns: Effective Teamwork, Practical Integrations	177	xUNIT 테스트 패턴	241, 360
SQL 인젝션(SQL injection)	285	**ㄱ**	
story test-driven development	324	가비지 수집(Garbage collection)	298
strangler application	169	가스정과 유정 모니터링	302
SWTBot	180	가장자리 케이스(edge cases)	192
		감사 용이성(auditability)	293
T		강철 스레드	200
tail -f	274	개발자 중심 테스트	149
TDD(tests driving development)	304	개발팀	51
testgen	369	개정 통제(revision control)	177
TestingRefections.com	134	게오르규(Grig Gheorghiu)	285
TestNG	180	견고성(robustness)	293
TestPartner	359	결함률	129
Test:Unit	307	결함 비율	130
top	295	결함 우선순위 결정하기	448
Turbo Data	369	결함 추적	137
		결함 추적 시스템	130, 486
U-X		결함 측정지표	432
User Stories Applied	211	경계값 테스트	475
vi	178	경계 조건	192
vim	178	계층 테스트 패턴	355
Visual Studio	178	고객과 검토하기	468
Watir	231, 306, 320	고객 권리 장전	96
Watir 스크립트	369	고객 중심 테스트	149, 172
WebEx	220	고객 테스트	149
www.satisfice.com	274	고객 테스팅	534
XP(eXtreme Programming)	93	고객팀	51
XP 레이더 차트	94	고무 오리	368

고수준 인수 기준 198
고유한 조직화 수단................................. 385
고통의 고갯마루 327, 351
고품질 지향 기법(quality-oriented practices) . 86
공격 패턴 284
공유 자원 89
교살자 애플리케이션............................. 168
구루를 내편으로 175
구성 용이성(Configurability) 293
구조적 위험 분석 284
그린필드 프로젝트................................. 86
기능 자동화 프레임워크......................... 306
기능 테스트 스크립트............................ 273
기능 회귀 테스팅 273
기록/재생 도구 229, 358
기록/재생 방법 360
기록/재생 스크립트 380
기반구조 412
기술 관점 테스트 148
기술 작가 269
기술적인 채무 156, 164
기술 중심 실천법 323
기술 중심 테스트 49, 149, 153, 161
기술 측면의 테스트.............................. 277
기준선 295
기준선 수립 296

ㄴ

나중에 수정하기 493
내게 보여줘 483

ㄷ

단계별 접근방법 57
단순하게 시작하기 474
단위 테스트 149, 162
단위 테스트 도구 180
단위 테스트 실패 490
단위 테스트의 자동화 344
대면 시간 195
댄 노스(Dan North) 222
데모 252
데이터 공급 테스팅 309
데이터 변환과 데이터베이스 업데이트........ 530
데이터 이행 자동화............................... 531
데이터 이행 테스트 375
데이터 주도 테스트........................ 242, 344
데이터 픽스처 372
데클런 윌렌(Declan Whelan) 386
도움을 구하라 174
독립된 QA 108
독립된 테스트 팀 109
동작을 멈추는 중요한 문제(showstopper) 503
드라마 테스트 253
드라이버(driver)................................... 289
디르크 쾨니히(Dierk König) 385

ㄹ

래셔널 클리어케이스(Rational ClearCase) 177
레거시 시스템 관련 버그......................... 491
레거시 코드 330
레거시 코드 활용 전략 169
리치 클라이언트 단위 테스팅 180

리팩토링 이터레이션	377	모형	216, 467
린다 라이징(Linda Rising)	174	문서화	269
린 소프트웨어 개발	124		
린 소프트웨어 개발의 적용:	124	**ㅂ**	
린 측정	125	버그 데이터베이스	131
릴리즈 관리	544	버그 무관용 정책	488
릴리즈 노트	545	버그 수정	491
릴리즈 인수 기준	541	버그질라(Bugzilla)	131
릴리즈 준비 체크리스트	544	버전 제어 시스템	387
릴리즈 측정지표	425	버퍼 오버플로(buffer overflow)	285
릴리즈 후보 테스팅	528	범위 무단 변경	453
		베타 테스팅	537
ㅁ		변화 에이전트	176
마감	405	보고서용 테스트 데이터	270
마이크 콘(Mike cohn)	211	보안	283
마이크 클라크	320	보안 테스팅	285
마이클 볼턴(Michael Bolton)	256	복잡성 추가하기	475
마이클 페더스(Michael Feathers)	169, 351	부하 테스트	346
마인드맵	214	브라운 백	175
마크 트웨인(Mark Twain)	127	브라이언 매릭	70, 188, 228, 327, 367
마틴 파울러	169	브래드 애플턴(Brad Appleton)	177
만족 조건	197	브렛의 리스트	325
맥락 주도 학파	157	브렛 페티코드(Bret Pettichord)	325
메간 숨렐(Megan Sumrell)	389	블랙박스 테스터	258
메리(Mary)	124	비기능 요구사항	154
메리 린 만(Mary Lynn Manns)	174	비기능 테스트	280
명명 규칙(naming convention)	287	비밀 백로그	134
명확성	439	비 소프트웨어 산출물	540
명확성 증진	196	비즈니스 가치	78
모든 관점 고려하기	454	비즈니스 관점	148
모조 개체	171	비즈니스 도메인	150

비즈니스의 만족 조건 410
비즈니스 전문가 150
비즈니스 중심 사례 152
비즈니스 중심 테스트 150, 185, 206, 209, 249
비즈니스 중심 테스트의 목적 225
빌드/작동/검사 패턴 239
빌드 프로세스 344
빌드 프로세스 프레임워크 112

ㅅ

사베인-옥슬리 법(SOX: Sarbanes-Oxley Act) 140
사용성(usability) 테스팅 348
사용자 경험 전문가 262
사용자 상호작용 전문가 150
사용자 스토리용 위키 389
사용자 인수 테스트(UAT) 152, 310, 535
사이클 타임 125
산출물 539
상세한 내용 학습하기 453
상업용 DTS 135
상위 수준의 사용자 인수 테스트 케이스 410
상위 수준 테스트 445
상위 수준 회귀 테스트 실패 490
상호 운용성 테스팅 289
색인 카드 184
생산성 패턴 175
서비스 수준 계약(SLA: Service Level Agreements) 291
설치 용이성(Installability) 292
설치 테스팅 532

성능(performance) 281
성능 테스팅 283, 294
세션 기반 테스트 관리 260
세션 기반 테스팅 260
셀레늄(Selenium) 233, 382
소멸 차트 126
소스 코드 제어 177
수작업 처리 319
수정하지 않음 493
수평적 계층화 168
숨겨진 백로그 496
스모크 테스트(Smoke Test) 72
스스로 성장하는 팀 118
스크럼(Scrum) 76
스크럼 속 스크럼(Scrum of Scrums) 88
스텁(stub) 289
스테이징 환경 테스트 528
스테펀 베르작(stephen Berczuk) 177
스토리 187
스토리 분석 72
스토리 크기 441
스토리 테스트 339
스토리 테스트 주도 개발 324
스톡(stock) 155
스트레스 테스트 298
스파이크 448
스프레드시트 215
스프린트 검토 514
승인된 문서(sign-off documentation) 99
시간 기반 절차 패턴 240
시드(seed) 347

시드(seed) 데이터베이스 373
시뮬레이터 274
시작, 중지, 계속 515
시험 매트릭스 67
신뢰성(Reliability) 281, 290, 311
실용주의 프로그래머를 위한 프로젝트 자동화 320
실천법 92

ㅇ

안전망(safety net) 322
안정성(stability) 281
안토니 마르카노(Antony Marcano) 134
알파 테스팅 537
애드혹 테스트(Ad hoc testing) 152
애자일 47
애자일 가치와 원칙 66
애자일 개발 47
애자일 개발 코치 175
애자일 매니페스토 47, 66
애자일 이터레이션 74
애자일 탐색적 테스터 260
애자일 테스터 64
애자일 테스팅 47, 50, 57
애자일 테스팅 사고방식 63
애자일 테스팅 사분면 147, 301, 336
애자일 프로세스 84
애자일 프로젝트 59
앤드류 글로버 223
앨리스테어 콕번 168
얇은 조각 68, 200, 238
어댑터 패턴 168

에뮬레이터 275
에픽 126
엔지니어링 스프린트 102, 377
엘리자베스 헨드릭슨 380
예광탄 200
오남용 284
오즈의 마법사 테스팅 194, 195
오픈소스 결함 추적 시스템 135
오픈소스 테스팅 프레임워크 226
온라인 포럼 도구 221
완벽한 고객 190
외부 애플리케이션과의 통합 529
외부 업체 408
요구사항의 구조 188
용기 70
용이성(testability) 287
용이한 테스팅 462
우선순위 402
운영 환경에서 나온 버그 491
워드 커닝엄(Ward Cunningham) 156
웹 서비스 268
웹 서비스 테스트 227, 308
위키 221
위험 분석 203
위험 평가하기 475
유스케이스 466
유지보수성 287
의사 결정권 90
의사소통 134
이식성(portability) 293
이터레이션 데모 513

이터레이션 이후 버그 491
익스트림 프로그래밍 54, 71
인수 테스트 88, 150, 305
일회성 테스트 350

ㅈ

자기 조직화 75, 95
자기 조직화 팀 97, 118
자동화 315
자동화된 배포 프로세스 343
자동화된 빌드 도구 179
자동화된 테스트 206
자동화된 테스트 목록 421
자동화된 테스트 케이스 133
자바 메시지 서비스(JMS) 303
자세 64
작은 기능 조각 199
작은 조각 395
작은 폭포수 모델 92, 103, 111
저수준 테스트 183
전체 팀 접근방법 60, 108
전체 팀 접근법(whole-team approach) . 341, 364
전통적인 SDLC 92
전통적인 테스트 팀 86
전통적인 프로세스 123
정규 데이터베이스 373
정의된 단계(Stage) 101
정황 주도적 학파(context-driven school) 260
제라드 메스자로스 194, 241, 360
제품 백로그 134
제품을 평가하는 테스트 148, 152

제품 지원 546
제품 지원팀 546
조나단 콜(Jonathan Kohl) 261, 265
조직 규모 88
조직 문화 83
존 하거(Jon Hagar) 258
종단 간 테스트 310
종이 프로토타이핑 195
종이 프로토타입 67
주 경로 68
주경로 테스트 474
중요 임무 시스템(mission-critical system) ... 298
즉시 수정 492
지속적인 통합: 소프트웨어 품질을 높이고 위험을
줄이기 223
지속 통합 179, 238, 344
지식 저장소(knowledge base) 131
식소 뻐글 261
짝 테스팅(Pair Testing) 220, 479, 482
짝 프로그래밍 109, 113, 479

ㅊ

차이 발견하기 478
책임 추적성 260
체크 리스트 212
최악의 시나리오 191
최종 게임 59, 526
최종 비기능 테스팅 528
추적성 133
추적성 측정지표 139, 140
측정지표 124, 126

측정지표 관리 형식 98

ㅋ

컴포넌트 테스트 149, 163
켄 드 소자(Ken De Souza) 283
켄트 벡(Kent Beck) 71, 149
코드 라인수(line of code) 127
코드 커버리지 125, 428
코딩과 테스팅을 함께 진행하기 477
쾌속 테스팅 256
퀵오피스(Quickoffice) 97
크기 396
크로스 사이트 스크립팅(cross-site scripting) ... 285
크리스토프 루비옹 111
큰 그림 205
큰 그림 테스트 465
키워드 주도 테스트 242

ㅌ

타임라인 405
탐색적 테스팅 152, 260, 262, 349
테마(themes) 72
테스터:개발자 비율 115
테스터 권리 장전 96
테스터 모자 115
테스터의 삶 391
테스터 풀 112
테스트 가능한 코드 167
테스트가 용이한 설계 170
테스트 결과 415
테스트 계획 137, 410

테스트 계획 문서 139
테스트 데이터베이스 412
테스트 매트릭스 416
테스트 목적 336
테스트 스토퍼(test stopper) 135
테스트 스프레드시트 420
테스트에 감염 379
테스트 용이성 244, 345
테스트 우선(Test-first) 접근법 381
테스트 우선 개발 55, 165
테스트 자동화 321
테스트 전략 138, 447
테스트 전용 객체(Test double) 168
테스트 주도 개발(TDD) ....
.... 49, 109, 149, 163, 165, 304
테스트 주도 설계(test-driven design) 49
테스트 카드 155
테스트 커버리지 61
테스트 케이스 133
테스트 통과 개수 425
테스트 패턴 356
테스트 피라미드 338
테스트 픽스처 241
테스트 환경 412
테스팅 보고서 270
테스팅 자동화 75
테스팅 피라미드 341
톰 포펜딕(Tom Poppendieck) 124
통합 개발 환경 178
통합 빌드 프로세스 389
통합 프로젝트 팀 110

투자 대비 효과(ROI: return on investment) .. 129
팀 배치 113
팀을 지원하는 테스트 148
팁 하우스(Tip House) 96

ㅍ

파문 효과 198
패키징 545
패트릭 윌슨-윌시 341
퍼포스(Perforce) 177
페르소나 263
평가 151
평균 개발 속도 397
포맷 스트링 공격(format string attack) 285
폭포수(waterfall) 326
품질 경찰(Quality Police) 85, 104
품질 모델 141
품질 철학 84
프로그래머 권리 장전 96
프로그래머와 검토하기 468
프로그래머 테스트 149, 163
피드백 67
피드백 루프 252
피에르 베라겐(Pierre Veragen) 126

ㅎ

하나의 목소리로 말하는 고객 440
하나의 스토리에 집중 480
한스 부왈다(Hans Buwalda) 253
함수 병렬처리 호출을 위한 멀티 스레드 엔진 281
핵심 애자일 실천법 164

행위 주도 개발 180, 222
현재 이터레이션내의 스토리 버그 490
협력사-공급자의 관계 87
협력자 104
형상 관리(Configuration management) 전문가 111
호환성 테스트 289
화이트보드 토론 70
확장성(scalability) 293
확장성 테스팅 293
회고(RETROSPECTIVES) 515
회귀(regression) 버그 288
회귀 결함 174
회귀 테스트 72, 318, 503
흐름도 218